P 522
K H N 1

22765

DICONAIRE
PORTATIF
DES FEMMES
CÉLÈBRES,

Contenant l'Histoire des Femmes Savantes, des Actrices, & généralement des Dames qui se sont rendues fameuses dans tous les siècles, par leurs aventures, les talens, l'esprit & le courage.

Nouvelle édition revue & considérablement augmentée.

Prix des deux Volumes reliés, 12 liv.

TOME PREMIER.

À PARIS,

Chez { BELIN, Libraire, rue Saint-Jacques, près Saint-Yves.
VOLLAND, Libraire, quai des Augustins, N°. 25.

M. DCC. LXXXVIII.

AVEC APPROBATION, ET PRIVILÈGE DU ROI.

DICTIONNAIRE
PORTATIF
DES
FEMMES CELEBRES.

ABA

BAN, (*la femme d'*) l'un des commandans de l'armée Mahométane, qui fit le siege de Damas en 634. C'étoit pour la seconde fois que cette ville étoit assiégée par les Arabes, dans la même année. Les habitans, tous Chrétiens & sujets de l'empereur Héraclius, firent une sortie vigoureuse sous les ordres d'un certain Thomas, excellent capitaine. Ce jour-là même, les Arabes se préparoient à donner un assaut général. Thomas, à la tête de ses troupes, les empêcha non-seulement d'exécuter ce dessein, mais les chassa des postes qu'ils avoient occupés, en en faisant un grand carnage. Il en tua plusieurs de sa propre main, & entr'autres un des officiers généraux, qui s'appelloit *Aban*. Cela irrita à un tel point la courageuse femme d'Aban, que s'étant rendue

F. C. *Tome I*, A.

à l'endroit où son mari avoit été tué, elle blessa le porte-enseigne à la main ; ce qui donna occasion aux Mahométans de saisir l'étendard, & de l'emporter. Thomas fit des efforts inutiles pour le reprendre : quoiqu'il attaquât comme un lion l'officier entre les mains duquel il l'apperçut, & quoique les machines qui jouoient de dessus les murailles le favorisassent, il fut obligé de se retirer dans la ville, ayant perdu un œil, que la veuve d'Aban lui creva d'un coup de flèche.

ABBASSA, sœur d'Aaron, ou Haroun-al-Raschid, cinquieme Calife de la race des Abbassides. Son frere lui fit épouser un certain Giafar, à condition qu'ils ne coucheroient pas ensemble ; mais l'amour fit oublier aux deux époux l'ordre qu'ils avoient reçu ; & ils eurent bientôt un fils qu'ils envoyerent secrettement élever à la Mecque. Le Calife en ayant eu connoissance, Giafar perdit la faveur de son maître, & peu après la vie ; & Abbassa, chassée du palais, fut réduite à l'état le plus misérable. Plusieurs années après, une dame qui la connoissoit, touchée de son malheur, lui demanda ce qui le lui avoit attiré. Elle répondit qu'elle avoit eu autrefois quatre cens esclaves, & qu'elle se trouvoit dans un état où deux peaux de mouton lui servoient, l'une de chemise, & l'autre de robe ; qu'elle attribuoit sa disgrace à son peu de reconnoissance pour les bienfaits qu'elle avoit reçus de Dieu ; qu'elle reconnoissoit sa faute, en faisoit pénitence, & vivoit contente. La dame lui donna alors cinq cens dragmes d'argent, qui la rendirent aussi joyeuse, que si elle eût été rétablie dans son premier état.

Abbassa avoit beaucoup d'esprit, dit-on, & faisoit fort bien des vers. Ben Abou-hagelah en a donné pour preuve ceux qu'elle écrivit à Giafar, son époux, avant que d'avoir violé l'ordre rigoureux de son frere. Elle exprime ainsi sa passion pour lui dans ce sixain.

J'avois résolu de tenir mon amour caché dans mon cœur;
Mais il échappe & se déclare malgré moi:
Si vous ne vous rendez pas à cette déclaration,
Ma pudeur se perdra avec mon secret;
Mais si vous le rejettez, vous me sauverez la vie par votre refus.
Quoi qu'il arrive, au moins je ne mourrai pas sans être vengée:
Car ma mort déclarera assez qui a été mon assassin.

ABÉ. (*Louise l'*) Voyez LABÉ.

ABELA, (*femme de la ville d'*) de la tribu de Néphtali. David, ayant remporté la victoire sur son fils Absalon, & taillé ses troupes en piéces, avoit repris tranquillement le chemin de sa capitale, persuadé qu'après une si grande défaite & la mort de leur chef, aucun des rebelles n'oseroit tenir la campagne. Cependant un nommé *Séba*, fils de Bochri, de la tribu de Benjamin, fit encore révolter toutes les tribus, à l'exception de celle de Juda. Il sonna de la trompette; ce qui, chez les Israëlites, étoit le signal d'une guerre ouverte & déclarée; mais, comme il n'avoit pas eu le tems de rassembler les troupes des tribus confédérées, il prit le parti de s'enfermer dans Abéla, ne doutant point que l'armée royale ne se ruinât bientôt par d'inutiles efforts, devant les murailles de cette place. David n'eut pas plutôt appris les desseins pernicieux de Séba, que, sans lui donner le loisir de se fortifier, il fit marcher contre lui toutes ses troupes, sous les ordres de Joab, son général. Le siége fut mis devant Abéla, & les habitans, sommés d'ouvrir les portes de leur ville, & de livrer les rebelles, ayant refusé l'un & l'autre, Joab, transporté de colere, jura qu'il feroit tout passer au fil de l'épée, & qu'il détruiroit la ville de fond en comble, s'ils s'opiniâtroient à la défendre; & joignant les effets aux menaces, il commença par faire faire un dégât affreux dans la campagne. Un grand nombre de bourgs & de villages des environs devinrent bientôt la proie des flammes, après l'avoir été de l'avarice des soldats. Les maisons de plaisance n'étoient pas plus épargnées. Témoins de ces ravages, les habitans d'Abéla étoient dans la derniere consternation, & ne sçavoient quel parti prendre. Ils eussent infailliblement été les victimes de leur imprudence, si une de leurs concitoyennes, femme de grand esprit, n'eut pris une résolution hardie, lorsque les plus sages paroissoient en manquer. Animée par l'amour de la patrie, elle se leve au milieu du peuple, & traverse la ville en silence; sa vue seule fait renaître l'espoir dans les cœurs les plus abbatus. On la regarde comme une autre Judith, inspirée par le Tout-puissant; & tous, en formant des vœux pour le succès de son entreprise, la suivent de loin & sans tumulte. Elle monte sur la muraille, fait signe à la garde la plus avancée des assiégeans, & dit qu'elle veut parler au général. Joab arrive aussi-tôt : elle lui demande pourquoi le roi son maître employoit une puissante armée pour détruire ses propres sujets, lui qui ne devoit porter les armes que pour les défendre. Joab, étonné de cette hardiesse, répond que David ne regardoit les habitans d'Abéla comme ses ennemis, que parce qu'ils avoient donné retraite au rebelle Séba ; & que, pour preuve de ce qu'il avançoit, il étoit encore prêt à lever le siége, si l'on vouloit lui remettre ce traître entre les mains. Cette femme le prie de se souvenir de sa parole, & de patienter un moment. Aussi-tôt elle retourne dans la place publique; & s'adressant à ses concitoyennes, elle leur représente avec tant de force & d'éloquence la grandeur du danger auquel ils s'exposoient, qu'elle les détermine sur le champ à se saisir du rebelle Séba, & à lui couper la tête, qui fut jettée dans le camp de Joab. Ce général, agréablement surpris, ne balança pas à décamper suivant sa promesse, & la ville d'Abéla dut sa conservation au courage d'une femme.

ABIGAIL. Par sa prudence & sa douceur, elle sçut gagner le cœur de David, & devint son épouse. Nabal, son premier mari, homme avare & farouche, demeuroit dans le désert de Maon, & possédoit plusieurs terres situées sur le Carmel. David, poursuivi par Saül, quoique souvent pressé par les plus grands besoins, avoit toujours respecté ce qui appartenoit à Nabal. Dans une extrême nécessité, ce prince lui envoya demander quelques rafraîchissemens pour lui & pour sa suite. Nabal les refusa, & ajoûta l'insulte à son refus.

David, justement irrité, se met en marche, dans la résolution d'exterminer Nabal & toute sa maison. Cet homme brutal alloit porter la peine de sa dureté, si la prudence d'Abigaïl n'eut détourné l'orage ; elle fit charger sur un chameau une grande quantité de vivres de toute espece, & s'avança vers David. Elle s'inclina profondément devant lui, & lui offrit ses présens avec une grace touchante, le priant d'excuser la brutalité de son époux. David, charmé de la douceur d'Abigaïl, oublia son ressentiment. Dix jours après, Nabal mourut. David, à qui les graces d'Abigaïl étoient toujours présentes, lui manda qu'il vouloit l'épouser. Abigaïl reçut cette proposition avec une humble reconnoissance, témoignant qu'elle se croyoit indigne de cet honneur ; elle vint trouver David, qui l'épousa la même année de la mort du prophète Samuël, l'an du monde 2975, & 1060 avant J. C.

L'histoire sainte fait aussi mention d'une autre Abigaïl, fille de Naab, sœur de Servia, & mere de Joab.

ABISAG, jeune fille Sunamite, d'une grande beauté. Elle fut choisie pour servir & pour échauffer David en sa vieillesse. Elle dormoit auprès du roi, qui ne donna aucune atteinte à la chasteté de cette jeune Sunamite. Depuis, Adonias, un des fils de David, demanda permission de l'épouser, comme étant encore vierge ; mais Salomon, qui sçavoit qu'Adonias ne demandoit Abisag en mariage, que

A iij

dans le dessein d'usurper la couronne, le fit mourir l'an du monde 3021, avant Jesus-Christ 1014.

ABISSINE, femme de l'Abissinie, grand empire d'Afrique. En 1641, les Abissins, aidés des Portugais, étant en guerre avec les Maures, & ayant été vaincus dans une rencontre, leur Impératrice, qui avoit suivi l'armée, n'eut que le tems de gagner une hauteur, & de s'y metre en sûreté. Une nourrice de cette princesse, dame fort vertueuse, qui avoit avec elle deux de ses filles & d'autres femmes, se saisit d'un baril de poudre; &, pour ne pas tomber entre les mains des Maures, elle y mit le feu au milieu de sa tente, & périt ainsi misérablement avec toute sa suite.

ABOULAINA (*la fille d'*) docteur célébre parmi les Arabes, au commencement du huitieme siécle. C'étoit une personne de beaucoup d'esprit & d'une grande beauté. Le docteur, qui étoit fort pauvre, faisoit assidument sa cour au Vizir, ou premier ministre, Ismaël. Un jour elle lui dit : « Mon pere, » vous allez tous les jours chez le Vizir, ne lui par-» lez-vous point de vos besoins?...» Oui, lui ré-» pondit le pere, mais il n'écoute point ce discours... » Mais, repliqua-t-elle, ne voit-il pas votre pau-» vreté?... » Comment la verroit-il? dit le doc-» teur, il ne me regarde pas seulement. » Alors sa fille lui cita fort à propos ce verset contre les idoles: *Ne servez point ce qui n'entend point, ce qui ne voit point, & ce qui ne vous apporte aucun profit.*

ABROTA, Béotienne, femme de Nisus, le dernier des quatre fils d'Egée.

Elle sçut si bien gagner le cœur de son époux par sa prudence & sa vertu, & en fut si regrettée après sa mort, qu'il ordonna aux femmes de Mégare de porter toujours le même habillement dont son épouse s'étoit servi. Cet habillement fut appelé de son nom *Aphabrome*. Les Mégarides s'ennuyèrent depuis de porter toujours le même vêtement, & voulurent le changer; mais l'oracle les en empêcha.

ABROTÉLIE, fille d'Abrotéle de Tarente. Elle

est nommée par Iamblique comme une personne très-instruite de la philosophie de Pythagore. Stanley, dans son Histoire des Sectes des Philosophes, l'a confondue avec Lasthénie, femme sçavante d'Arcadie.

ABROTONE, mere de Thémistocle.

ABUSAID (*la femme d'*). La connoissance que le roi de Perse avoit de la sagesse & des talens supérieurs de la reine, la lui fit préférer aux plus habiles ministres pour l'administration de son royaume. Elle se montra digne d'un choix si glorieux, & sa réputation s'étendit dans tout l'Orient. Jamais, depuis le grand Cyrus, la Perse n'avoit été si sagement gouvernée.

ACARIE, (*Marguerite*) dite *du S. Sacrement*, religieuse Carmélite Déchaussée. Elle étoit fille de M. Acarie, maître des comptes, & de Barbe Avrillot, fille de M. Avrillot, aussi maître des comptes, laquelle après la mort de M. Acarie, son mari, entra dans les Carmélites d'Amiens, & y prit le nom de *sœur Marie de l'Incarnation*. La mere Marguerite du S. Sacrement prit l'habit à Paris aux Carmélites du fauxbourg S. Jacques, le 15 Septembre 1605, & y fit profession le 18 Mars 1607. Elle fut envoyée, en 1615, au couvent de Tours, pour y être supérieure; & trois ans après, en fut élue prieure en présence de M. de Bérulle, l'un des supérieurs de l'ordre.

En 1620, elle fut choisie pour aller appaiser les troubles excités dans le couvent de Bordeaux, à l'occasion de la direction des Carmélites, à laquelle les Carmes prétendoient. Elle y souffrit, durant deux ans, de grandes persécutions; & elle en fut chassée avec une violence qui lui donna lieu de faire des actes héroïques d'une patience chrétienne. Au sortir de Bordeaux, elle alla à Xaintes, avec la mere Marie de J. C. mere de M. le chancelier Séguier. Au mois de Juillet 1624, elle fut élue prieure des Carmélites de la rue Chapon de Paris, & en fit aussi-tôt clorre le jardin, & achever les bâtimens. Elle ne fortit de cette charge qu'en 1631. En 1644, il fe forma une cabale pour la faire fortir de cette maifon, & l'envoyer en province, fous prétexte que fes prétendues révélations n'étoient que des illufions, & que fes actions les plus éclatantes ne tendoient qu'à des intérêts humains. En 1650, elle fut encore élue prieure du même couvent; & dix ans après, elle fut attaquée d'une hydropifie, accompagnée de fiévre, dont elle mourut le 24 Mai 1660, âgée de foixante-dix ans, dix mois, vingt jours, dont elle avoit paffé plus de cinquante-fix ans dans la religion.

Sa Vie a été écrite par M. Tronfon de Cheneviere, homme de naiffance, employé autrefois pour le fervice du roi de France, en des négociations importantes avec les couronnes du Nord. Cette Vie fut imprimée à Paris, *in-8°*, en 1690. L'auteur entre dans un grand détail des actions de cette religieufe. Il décrit fort au long fes jeûnes & fes veilles, fon affiduité à la priere, fon foin infatigable pour l'avancement des filles qui étoient fous fa conduite; la lumiere qu'elle avoit, dit-on, pour découvrir les plus fecrettes penfées, & fa pénétration dans l'avenir. Il rapporte des témoignages qu'elle prédit à M. de Gondi, général des galères, qu'il entreroit un jour dans la congrégation de l'Oratoire, & y recevroit les ordres; & au cardinal de Richelieu, que fi Louis XIII affiégeoit la Rochelle, il la prendroit infailliblement. On prétend encore qu'elle guériffoit des maladies par fon attouchement & par fa parole; mais fon auteur la loue principalement dans l'exacte obfervation de tous fes devoirs.

ACARNANIENNES: (*les*) femmes de l'Acarnanie, province de l'Epire en Grèce. Cette contrée s'appelle aujourd'hui *la Carnia* dans l'Albanie, & fait partie de la Turquie Européenne.

Après une longue guerre, entre les Etoliens & les Acarnaniens, des traîtres livrerent la ville de

les derniers à leurs ennemis. Les hommes se battirent avec courage ; les femmes montées sur les maisons, tuerent un grand nombre des ennemis en lançant sur eux des pierres & des tuiles. Quand les hommes avoient du dessous, elles les ranimoient par leurs prieres & leurs reproches ; mais quand après une résistance renouvellée plusieurs fois avec vigueur, ils succomberent enfin à la fatigue, & furent tous tués ou blessés, les femmes embrasserent si étroitement les corps de leurs peres, de leurs maris, de leurs freres, de leurs enfans, que les Etoliens, ne les en pouvant détacher, les tuerent avec eux.

ACCA LAURENTIA, femme de Faustus ou Faustulus, intendant des troupeaux de Numitor, roi d'Albe.

Elle fut la nourrice de Rémus & de Romulus, qu'on avoit exposés sur le Tibre, vers l'an du monde 3241, & avant J. C. 794. La tradition des Romains portoit que ce fut une louve qui les allaita ; mais il est plus vraisemblable que la prostitution d'Acca Laurentia donna lieu à cette fable, parce qu'on appelloit alors, comme on le fait encore aujourd'hui, les femmes débauchées du nom de *louve*. Les Romains célébroient au mois d'Avril la fête qu'ils appelloient *Laurentale*, en l'honneur de cette Acca Laurentia. Plutarque prétend que cette fête se faisoit à l'honneur d'une autre Acca Laurentia, fameuse courtisane, & depuis épouse de Taruntius, noble Toscan, qui amassa de grands biens par ses prostitutions, & qui, en mourant, institua le peuple Romain son héritier. Le sénat, par reconnoissance, dit cet auteur, institua des jeux & une fête en l'honneur d'Acca Laurentia. *Voyez* l'article suivant.

ACCA LAURENTIA, *ou* TARUNTIA, courtisane Romaine.

Il ne la faut pas confondre avec Acca Larentia ou Laurentia, surnommée *Tabula*, nourrice de

Romulus, en l'honneur de laquelle on faisoit une fête au mois d'Avril. On rendoit ce même honneur à celle dont il s'agit, au mois de Décembre, où l'on alloit solemnellement faire sur son tombeau des libations de lait & de vin; & voici comme on en raconte la cause.

Un garde du temple d'Hercule, n'ayant le plus souvent rien à faire, passoit son tems à jouer. Un jour qu'aucun de ceux qui jouoient avec lui ne l'étoit venu voir, ne sçachant à quoi s'amuser, il s'avisa de prier son dieu de jouer Les conditions furent que, si le jeu favorisoit Hercule, il lui procureroit quelque heureuse aventure, & que si lui-même perdoit, il serviroit au dieu un grand souper avec une jolie fille pour passer la nuit. Il jetta les dés pour tous deux, & perdit. Il fit donc préparer un excellent souper, & fit venir Acca Laurentia, courtisane, que sa beauté rendoit célèbre. Il soupa très-gaiement avec elle, & la fit coucher seule dans le temple, dont il ferma les portes. Hercule, dit-on, la vint trouver pendant la nuit, & se conduisit en dieu très-honnête. Il ne lui toucha point, & lui dit seulement d'aller le lendemain, de grand matin, sur la place voisine; d'accoster le premier homme qu'elle y rencontreroit, & d'en faire son ami. Le premier qu'elle rencontra fut Taruntius, homme très-riche, qui n'avoit pas encore pris de femme, quoiqu'il eût passé la fleur de sa jeunesse. Elle fit ses arrangemens avec lui; & tant qu'il vécut, il la laissa maîtresse dans sa maison, & l'institua, par son testament, héritiere de tous ses biens. Elle-même ensuite, en mourant, laissa toutes ses richesses au peuple Romain, qui, par reconnoissance, institua la fête dont on a parlé. L'on n'a pas beaucoup de peine à deviner que le garde du temple d'Hercule & Taruntius étoient d'intelligence, & que le ministre du dieu ne se faisoit pas de peine, quand on le payoit bien, d'un métier qui n'étoit alors que trop commun.

ACCIAIUOLI, (*Madeleine Salvetti*) femme de Zanobi.

Elle étoit de Florence, ainsi que son mari, qui fut chevalier de l'ordre de S. Etienne. Elle ne fut pas moins vertueuse que belle; & supérieure aux autres femmes par les qualités de l'esprit, elle égala les hommes les mieux partagés à cet égard. Elle donna, durant toute sa vie, plus de tems à l'étude des sciences & des belles-lettres, qu'aux occupations de son sexe. Elle cultiva beaucoup la poësie italienne, & ne s'écarta jamais du bon goût des excellens poëtes du seizieme siècle. Les brillantes extravagances du cavalier Marin & de ses imitateurs, ne purent pas la séduire. Ses Poësies diverses, imprimées à Florence en 1590, en deux volumes *in*-4°, par François Zosi, sont presque toutes à la louange de la grande duchesse Christine de Lorraine, & du grand duc Ferdinand II, & fournissent la preuve de ce qu'on vient de dire. Elle mourut en 1610, n'ayant pas achevé son poëme épique de *David persécuté*. Ce qu'elle en avoit fait parut digne d'être mis au jour; & l'on ne douta pas, après l'avoir lu, que cet ouvrage, s'il eût été fini, n'eût fait marcher son auteur sur la même ligne que les plus grands poëtes de son siècle.

ACCO, femme de l'ancienne Grèce. On ignore le tems où elle vivoit.

Cette femme étant devenue vieille, & se regardant un jour dans un miroir, se trouva, dit-on, si défigurée & si laide, qu'elle en devint folle. Sa folie consistoit à se regarder continuellement dans un miroir, & à s'entretenir avec son image, comme si elle eût parlé à une autre femme. Elle lui faisoit des signes, des promesses, des menaces, des souris, & tout ce qui se pratique dans un entretien. On dit aussi qu'elle s'efforçoit quelquefois d'enfoncer un clou à coups d'éponge, comme si elle eût tenu un marteau.

ACCURSIA (*N*.) étoit fille du célèbre Accurse,

ce gloſſateur du droit Romain, auquel on accorda long-tems une très-grande autorité dans les tribunaux. Elle naquit apparemment à Bologne, où ſon pere enſeignoit le droit. Elle devint très-ſçavante, & ſans doute dans la ſcience que ſon pere profeſſoit, puiſqu'on a dit qu'elle fit des leçons publiques de droit à Bologne ; mais Panziroli, qui rapporte ce fait, n'en parle que par *on dit* ; ce qui montre que le fait eſt douteux. De ce qu'on s'eſt imaginé qu'elle avoit enſeigné le droit publiquement, il réſulte du moins, que ſon pere l'avoit inſtruite avec ſoin de cette ſcience, & l'avoit miſe en état de pouvoir en donner des leçons.

ACERAUNIA. Lorſque l'empereur Néron, l'an 60 de J. C. eſſaya de faire périr ſa mere Agrippine, par le moyen d'une galère qui devoit s'entr'ouvrir ſous cette princeſſe, Acéraunia, l'une des femmes d'Agrippine, donna, dans cette occaſion, une grande marque d'attachement & de fidélité. Le projet de l'empereur ayant manqué, la galère ne s'ouvrit point ; mais Agrippine tomba dans la mer. Acéraunia ſe jette auſſi-tôt après elle, & crie qu'on ſauve l'impératrice. Il étoit nuit. Dans le tumulte de cette exécution, on prit pour la voix d'Agrippine celle de ſa ſuivante, & les miniſtres de Néron aſſommerent à coups de rames la fidèle Acéraunia. *Voyez* AGRIPPINE.

ACESTIUM, femme Athénienne. Elle deſcendoit du fameux Thémiſtocle ; ſon grand âge & ſa naiſſance font toute ſa célébrité. On aſſure qu'elle vit dans ſa vie ſix perſonnes de ſa famille prêtres d'un temple de Cérès à Athènes, ſçavoir Léonce ſon biſaïeul ; Sophocle ſon aïeul, Xénocle ſon pere, Thémiſtocle ſon mari, Théophraſte ſon fils, & un autre Sophocle ſon frere.

ACHINOAM, femme de David, de la ville d'Iſraël, dans la tribu de Juda.

Elle fut mere d'Amnon, qu'Abſalon, autre fils de David, fit aſſaſſiner pour venger l'honneur de

ACT

sa sœur Thamar. Les Amalécites la firent prisonniere, & David la délivra l'an du monde 1980.

L'histoire parle aussi d'une autre Achinoam, fille d'Achimaas, & femme de Saül.

ACMÉ, fille Juive, d'une illustre origine.

Etant à Rome, elle s'attira l'estime de l'impératrice Livie, femme d'Auguste, qui la retint à son service, & lui accorda toute sa confiance. Voulant rendre service à Antipater, fils du grand Hérode, qui étoit persécuté par Salomé, sœur de son pere, elle écrivit une lettre à Hérode, comme venant de la part de l'impératrice Livie, dont elle avoit contrefait l'écriture. Cette lettre tendoit à détruire Salomé dans l'esprit d'Hérode; mais la fourberie fut malheureusement découverte, & Acmé fut punie de mort l'an du monde 4000, le premier de la naissance de J. C.

ACMÉ, jeune Romaine. Catulle nous apprend qu'elle fut la maîtresse d'un Romain, nommé *Septimius*. Il en parle dans l'épigramme, qui commence par ces vers :

Acmen, Septimius, suos amores,
Tenens in gremio : Mea, inquit, Acme !

» Septimius tenant entre ses bras sa maîtresse Acmé,
» lui dit : Ma chere Acmé, &c.

ACTÉ affranchie de Néron. Ce prince, dans sa jeunesse, l'aima beaucoup, & fut sur le point de l'épouser. Comme elle étoit d'Asie, Néron qui vouloit annoblir l'objet de ses amours, prit de-là occasion d'assurer qu'elle descendoit d'Attale, roi de Pergame.

ACTIA, dame Romaine, fille d'Actius Balbus, & de Julie, sœur de César.

Le pere d'Actia n'étoit pas aussi illustre que sa mere. Quoiqu'Actius Balbus eût été décoré de la préture, son nom n'étoit pas sans tache, & on lui reprochoit d'avoir exercé d'autres emplois peu honorables; mais Actia est assez illustre par le titre de mere d'Auguste. Elle fut la seconde femme de Caïus Octavius, & c'est de ce mariage que naquit Auguste.

Les anciens historiens ont peut-être cru ajoûter quelque chose à la gloire des grands hommes, en racontant des prodiges arrivés à leur naissance. Ils rapportent qu'Actia s'étant endormie dans le temple d'Apollon, songea qu'elle avoit commerce avec un dragon. Lorsqu'elle fut arrivée au terme de son accouchement, elle eut un autre songe, pendant lequel il lui sembloit que ses entrailles étoient enlevées au ciel, & répandues sur toute la terre : présages assurés, disent ces graves auteurs, de la suprême puissance dont Auguste devoit jouir un jour. Après la mort d'Octavius, Actia se remaria à M. Philippus. Elle en eut un fils nommé *L. Philippus*, qui fut depuis mis à mort par l'ordre de Caligula. Actia ne goûta point le plaisir de voir son fils dans tout l'éclat de sa gloire. Elle mourut pendant son premier consulat, l'an de Rome 711.

ACUTIA, femme de Publius Vitellius. Elle fut accusée de crime de lése-majesté par Lelius Balbus, & condamnée sous le consulat de Cnéius Acerronius, & de Caïus Pontius.

ADA, fille d'Elon, prince Héthéen. Esaü, alors âgé de quarante ans, l'épousa l'an du monde 2239, avant J. C. 1796, & en eut un fils nommé *Eliphas*. L'écriture nous apprend qu'Isaac & Rébecca n'approuverent point ce mariage d'Esaü avec une fille étrangere & réprouvée par leur loi.

ADA, reine de Carie. Suivant la coutume des Cariens, elle épousa son frere Hidricé, & gouverna avec lui pendant sept ans. Hidricé étant mort, Ada régna seule l'espace de quatre ans, au bout desquels la couronne lui fut ravie par son jeune frere Pexadore. Pour soutenir son usurpation, Pexadore rechercha l'alliance d'Orondaobate, Satrape du roi de Perse, & lui donna en mariage sa fille Ada. Après la mort de son beau-frere, le Satrape s'empara du trône de Carie ; mais il n'en jouit pas long-tems.

Alexandre, dans le cours de ses conquêtes, étant entré dans la Carie, Ada vint implorer son secours. Alexandre prit & rasa la ville d'Halicarnasse, après en avoir chassé Orondaobate ; il soumit ensuite toute la Carie, & en laissa le gouvernement à la reine Ada, avec un secours de deux cens hommes de cavalerie, & cinq cens d'infanterie, la quatrieme année de la CXI olympiade, 333 ans avant J. C.

ADA, comtesse de Hollande. En 1203, elle succéda à son pere Thierry VII. Elle épousa un comte de Looz ; mais ni ses sujets ni les princes voisins n'approuverent ce mariage. Guillaume I, frere de Thierry, profita du mécontentement général pour se rendre maître de la Hollande vers l'an 1204.

ADALINDE *ou* ADELAÏDE *ou* ADELVIDE. On donne ce nom à une concubine de Charlemagne, qui fut mere de Thierry. C'est tout ce qu'on sçait de cette dame.

ADELAIDE, reine de France, seconde femme de Louis II, dit *le Bégue*, & sœur de Wilfrid ou Wilfied, abbé de Flavigni en Bourgogne. On croit que ce prince l'épousa plus par obéissance que par inclination, & que Charles le Chauve, son pere, à l'insçu duquel il avoit contracté un premier mariage avec Ansgarde, le força de prendre Adélaïde. Quoi qu'il en soit, après la mort de Charles, Louis le Begue, affranchi de l'autorité paternelle, voulut renvoyer sa seconde femme. Il la garda cependant ; mais il ne la fit point couronner.

Il est à présumer qu'Adelaïde auroit joui de tous les droits de reine, si le roi, son époux, eût vécu plus long-tems. Elle avoit sçu déja rendre Louis sensible ; &, lorsque ce prince mourut en 879, après dix-huit mois de règne, elle étoit grosse de quatre mois. Elle fut mere de Charles III, dit *le Simple*, qui ne monta sur le trône qu'en 898. On ignore le tems de la mort d'Adélaïde.

ADELAIDE, Adelaïs *ou* Alix, reine de France. Elle étoit femme de Hugues Capet, roi de France en 987, & mere de Robert.

On ne connoît ni sa famille ni le tems de sa mort. Un fragment de l'histoire de France marque qu'elle étoit fille d'un comte de Poitou. Les historiens modernes croient qu'elle étoit fille de Guillaume III dit *Tête d'Etoupe*, duc de Guienne, probablement le même que ce comte de Poitou. Helgaud dit qu'elle étoit Italienne ou venue d'Italie ; &, suivant cet auteur, elle fit bâtir le monastère de S. Frambault à Senlis ; mais, ce qu'on ne révoque point en doute, & ce qui doit la rendre chere à tout François, c'est qu'elle est la tige maternelle de la maison régnante. Adelaïde vivoit encore en 987, après le couronnement de Hugues Capet.

ADELAIDE *ou* Adelaïs de Maurienne ou de Savoye, reine de France.

Elle étoit fille aînée de Humbert II du nom, comte de Maurienne & de Savoye. Sa mere nommée *Gisle* ou *Gizele* de Bourgogne-Comté, étoit niéce du pape Calixte II. Elle épousa, en 1115, Louis VI, dit *le Gros*, roi de France ; & ce mariage fut conclu en partie à la sollicitation d'Yves, évêque de Chartres, comme on l'apprend par une de ses lettres. C'est la 239ᵉ : le prélat y remontre à Louis, que les intérêts de la religion & ceux de l'état exigent qu'il épouse Adelaïde.

„ Elle est, dit-il dans cette lettre, d'un âge con-
„ venable, d'une naissance illustre, & passe pour
„ avoir beaucoup de vertu & de mérite : on res-
„ pecte ses sentimens, on estime ses mœurs. C'est
„ enfin une alliance que le ciel approuvera, & à
„ laquelle applaudiront tous ceux qui prennent sin-
„ cèrement vos intérêts. Ce mariage, ajoûte-t-il,
„ est d'autant plus nécessaire, que vous êtes sans
„ enfans ; & que, si vous mourez sans laisser de
„ successeur, il seroit à craindre qu'on ne vît naî-
„ tre des désordres & des factions qui déchireroient
„ cruellement

» cruellement la France : au contraire, par la naif-
» fance d'un prince, la paix de l'état & celle de
» l'église font affurées. »

Adélaïde eut peu de part au gouvernement. Elle fit bâtir à Montmartre un monaftère pour les religieux de l'ordre de S. Benoît, avec l'église & la chapelle des martyrs.

ADELAIDE DE CHAMPAGNE, reine de France. *Voyez* ALIX.

ADELAIDE, femme de Robert le Fort, duc & marquis de France, & mere d'Eudes & de Robert qui furent couronnés rois de France. On ne fçait pas bien quelle étoit fa famille. Quelques-uns la font fille de l'empereur Louis le Débonnaire. Il eft fûr qu'elle étoit veuve de Conrad, comte en Allemagne. On dit qu'elle avoit eu de ce mariage Conrad le Jeune, comte de Paris; Welf, abbé de fainte Colombe de Sens, duc de Bourgogne; & une fille nommée *Petronille*, femme de Tertulle, premier comte d'Anjou.

ADELAÏDE *ou* ADELE de Normandie, furnommée *Gerloc* ou *Guibord*. Elle étoit fille de Rollon, duc de Normandie & de Poppé, & fœur de Guillaume, dit *Longue-Epée*, qui lui fit époufer, l'an 927, Guillaume, furnommé *Tête-d'Etoupes*, comte de Poitiers, & depuis duc de Guienne. On prétend qu'elle eft mere d'Adelaïde, femme de Hugues Capet.

ADELAIDE, ADELEÏDE, *ou* ALIX, fille de Raoul ou Rodolphe, roi de Bourgogne, née l'an 931. C'étoit une des plus belles perfonnes de fon tems. A l'âge de feize ans, elle époufa Lothaire, dit *le Jeune*, roi d'Italie. Ce prince ayant été empoifonné, Adélaïde refta veuve à dix-neuf ans. Trois femaines après la mort de fon mari, Berenger fe fit couronner roi d'Italie, & voulant la forcer d'époufer fon fils, l'affiégea dans Pavie; prit cette ville; viola cette princeffe, & l'enferma enfuite dans le château de Garde, ne lui laiffant qu'une de fes femmes pour la fervir, & un prêtre pour lui

F. C. *Tome I*, B

dire la messe. Elle trouva le moyen de s'échapper de sa prison. L'archevêque de Reggio lui avoit offert une retraite ; elle ne marchoit que de nuit, à pied, se cachant le jour dans les bleds, tandis que son aumônier alloit quêter des vivres dans les villages. Un détachement de l'armée d'Othon, roi d'Allemagne, l'ayant rencontrée, la conduisit à Canose, où ce prince l'épousa, & en eut Othon II, qui fut appellé à Rome à l'âge de douze ans, & couronné par le pape Jean XIII l'an 667.

Adélaïde, après la mort de son mari, gouverna quelque tems en Allemagne ; mais Théophanie, femme d'Othon II, jalouse de l'autorité, la força de se retirer auprès de son frere Conrad, roi de Bourgogne. Après la mort d'Othon II & de Théophanie, Adélaïde fut rappellée par Othon III, son petit-fils, qui lui confia toute l'autorité. Quelques troubles, qui s'éleverent en Bourgogne, l'obligerent à y faire un voyage sur la fin de ses jours. Après avoir rétabli le calme dans ce royaume, elle se retira au monastère de Payerne qu'elle avoit fait bâtir au-delà du mont Jou. Elle acheva de le doter, & reprit ensuite la route d'Allemagne ; mais elle fut obligée de s'arrêter au monastère de Celtz sur le Rhin, où elle mourut âgée d'environ soixante-neuf ans, le 16 de Décembre 999. Cette princesse a été mise au nombre des saintes.

ADELAIDE ou Alix de Flandre, fille de Robert I, dit *le Frison*, & de Gertrude de Saxe. Elle fut d'abord mariée à S. Canut, roi de Dannemarck, & en eut Charles le Bon, comte de Flandre. Elle contracta depuis une seconde alliance avec Roger, duc de Calabre en Italie.

ADELAÏDE, femme de Frédéric, prince de Saxe. Cette princesse, célèbre par sa beauté, conçut un amour criminel pour Louis, marquis de Thuringe ; & n'écoutant que sa passion, elle résolut d'immoler son époux à son amant.

Un jour le marquis, accompagné d'une troupe

de cavaliers, fit appeller Adélaïde pour lui parler. Après s'être entretenu quelque tems avec elle, il commença à chasser dans le bois du château de Frédéric. Adélaïde courut aussi-tôt vers son époux qui étoit alors au bain ; &, comme elle en étoit convenu avec son amant, feignant une grande colere, elle dit à Frédéric qu'il falloit qu'il fût bien lâche pour souffrir que le marquis vînt chasser si près de lui sur ses terres. Frédéric, confus & animé par les reproches de sa femme, poursuit imprudemment le marquis, n'étant suivi que d'un très-petit nombre de ses gens. La querelle s'engage ; & Frédéric qui avoit beaucoup moins de monde que son adversaire, y fut tué l'an 1065. Après sa mort, Adélaïde combla sa perfidie, en épousant le meurtrier de son époux.

ADELAIDE, nommée aussi *Praxede*, fille du roi des Russes, veuve d'Othon, margrave de Brandebourg. Elle épousa l'empereur Henri IV. Ce prince conçut pour elle la haine la plus violente, & lui fit les outrages les plus sanglans. Il l'enferma dans une étroite prison. Là, il abandonna son honneur à la brutalité de plusieurs hommes, & poussa la rage jusqu'à exhorter son propre fils à la violer. Adélaïde fut assez heureuse pour se sauver. Elle se réfugia auprès de la comtesse Mathilde, dont elle fut très-bien reçue. Elle se rendit avec elle au concile de Plaisance, au mois de Mars 1095. Elle exposa devant les peres assemblés les outrages & les infamies qu'elle avoit essuyés de la part de son époux. Elle alla ensuite cacher sa douleur & sa honte dans un monastère, où elle mourut saintement.

ADELAIDE, religieuse de Bingen, vers l'an 1140. Un sujet bien léger, en apparence, lui inspira le desir d'embrasser la vie religieuse. Elle alloit un jour à l'église, parée magnifiquement. En chemin, elle heurta du pied contre la racine d'un arbre, & tomba. Ses suivantes la releverent ; Adélaïde changée tout-à-coup, s'écria : « Mon corps a heurté & est » tombé. Que cette chute procure le salut & la ré-

»furrection de mon ame!» Elle renonça dès-lors à toutes les parures mondaines, & se retira dans une petite maison qui joignoit les murailles de l'église, où elle passa le reste de sa vie. On lui attribue le don de prophétie. On assure qu'elle eut, en dormant, diverses inspirations, & qu'elle apprit par infusion plusieurs sciences, & même la langue latine.

ADELE. *Voyez* ALIX, comtesse de Crépi. ADELAÏDE *ou* ALIX de Champagne est aussi nommée *ADELE*.

ADELINDE, ADALINDE, ADELAÏDE, *ou* ADELVIDE, l'une des concubines de Charlemagne, laquelle fut mere de Thierry.

ADORNI. (*la bienheureuse Catherine Fieschi*) Elle naquit à Gènes, en 1447, de Jacques Fieschi, qui descendoit de Robert frere de Sinibald, qui fut le pape Innocent IV. Elle parut, dès l'âge le plus tendre, dans l'intention de se consacrer à Dieu; mais Dieu la voulut conduire à lui par la voie du monde, & permit que ses parens la mariassent à Julien Adorni, noble Génois, d'une famille illustre, mais homme de mœurs extravagantes & d'une humeur fâcheuse. Elle n'opposa, durant plusieurs années, que de la douceur & de la patience aux travers de son mari, qu'elle sçut enfin résoudre à vivre avec elle dans la continence, & même à s'engager dans le tiers-ordre de S. François.

Dès qu'il fut mort, elle se retira dans un hôpital de Genève pour y servir les pauvres. Elle y mourut le 14 de Septembre 1510, après environ neuf ans d'une maladie extraordinaire, que les dévots regarderent comme surnaturelle, & comme l'effet d'un excès d'amour de Dieu. Quoi qu'il en soit, ses vertus la rendirent très-digne d'être proclamée bienheureuse par la voix publique, & même par de très-saints personnages.

Elle n'avoit fait aucune sorte d'étude; &, n'ayant eu pour maître que l'Esprit-Saint, elle composa deux ouvrages, que S. François de Sales loue beaucoup dans la Préface de son *Traité de l'Amour de Dieu*; l'un est sur le Purgatoire & l'autre est un *Dialogue de l'ame & du corps*. Ils ont été l'un & l'autre imprimés; & l'on est étonné de l'y voir traiter d'une maniere satisfaisante des questions théologiques très-difficiles.

Elle avoit souvent des extases; & communément ce qu'elle disoit alors étoit en vers; mais elle n'a rien composé de sang froid en ce genre. Elle aimoit la poësie, & faisoit ses délices de la lecture des poëtes qui s'étoient consacrés à chanter le divin amour, dont elle étoit elle-même enflammée. Elle gravoit profondément dans sa mémoire les plus beaux endroits de leurs ouvrages, & les répétoit souvent avec plaisir. Vraisemblablement ces morceaux de poësies lui fournissoient les vers qu'on entendoit sortir de sa bouche durant ses extases. On a pour le moins sept éditions de sa Vie écrite en italien par Cattaneo Marbatto. L'on y voit à la fin une longue liste de tous les écrivains qui parlent d'elle avec éloge.

ADRIA & AUSTRIA, filles naturelles de Pierre Arétin. Elles serviront de matiere à cet article qui, par occasion, fera connoître les maîtresses de cet homme si célèbre, qui ne mérita de l'être que par ses défauts, par ses vices, & par l'abus qu'il fit presque toujours de l'esprit qu'il avoit reçu de la nature, & que la pauvreté, dans laquelle il passa son enfance & sa jeunesse, l'avoit empêché de cultiver par aucune sorte d'étude.

Tout ce que l'on dira sera pris des pages 86, 99 & 171 de sa Vie par le comte Mazzuchelli, la seule à laquelle on puisse s'en rapporter, parce que l'auteur n'avance rien, dont il ne donne ou n'indique les preuves. Elle parut à Padoue, en 1741, *in*-8°, chez Joseph Comino, sous ce titre: *Vita di Pietro Aretino scritta dal conte Giammaria Mazzuchelli Bresciano*. L'on ne fera que traduire, mais très-librement, en faisant rentrer des notes dans le texte, & supprimant la plûpart des citations que l'on peut voir, l'ouvrage même étant suffisamment connu dans ce pays-ci.

La dissolution des mœurs étoit assez commune dans le XVIe siécle; mais il paroit qu'à cet égard l'Arétin se distingua beaucoup plus que les autres, puisque l'on voit des médailles qu'il fit frapper en l'honneur de ses concubines, & des filles qu'il en eut. Il ne voulut jamais se marier; & rien n'est plus ridiculement orgueilleux que la raison qu'il en donne dans une lettre de son sixieme Livre.

« Si je n'ai pas voulu prendre femme dans ma
» jeunesse, dit-il, c'est uniquement parce que le jour
» que je naquis, le ciel me donna pour compagne
» la vertu, qui, par son union avec moi, m'a fait
» pere des enfans que tout le monde sçait. »

Ses amours cependant avec un grand nombre de femmes l'ont fait connoître pour un homme très-lascif; mais il seroit trop long & trop difficile de donner la liste complette de ses maîtresses.

Il fait mention dans le premier volume de ses lettres, d'une Paule & d'une Laure, qu'il aima lorsqu'il étoit à Reggio. Dans le second volume, il dit
» qu'il devint amoureux de la derniere, pour faire
» compagnie à l'amour généreux de Jean de Mé-
» dicis, aussi facile que difficile. » Il s'agit-là de Jean de Médicis, grand homme de guerre, & pere du duc Côme I, lequel mourut le 30 de Décembre 1526, à Mantoue, entre les bras de l'Arétin, qu'il aimoit beaucoup, d'une blessure qu'il avoit reçue au siége de Governolo.

L'Arétin eut ensuite pour maîtresse une Angèle Zaffetta, courtisane publique; une autre qu'il appelle *contessa Madrina*; une *Catherine Sandella*; une *Angèle Sarra*; une *Franceschina*; une *Madonna Paolina*, qui peut-être ne différe pas de Paule nommée ci-dessus. La femme de Jean-Antoine Sirena, laquelle s'appelloit *Angèle*, & dont il est beaucoup parlé dans le premier volume de ses Lettres, fut aussi l'objet de son amour. Il composa quelques stances à sa louange ; &, comme il affectoit de dire que ses liaisons avec la Sirena, qu'il qualifioit jeune femme très-chaste, étoient honnêtes, il voulut dédier ces stances à l'impératrice, en disant qu'il les avoit composées très chastement. Cela n'empêcha pas que les parens de cette femme ne trouvassent que tout l'honneur qu'il lui faisoit par la chasteté de son intention, ne lui fît du deshonneur.

Mais les amours de l'Arétin ne se bornerent pas là. La plûpart des femmes qu'il eut à son service, satisfirent son incontinence. Le Sansovin, son ami, ne put s'empêcher de le reprendre dans une Lettre, de ce qu'il ouvroit trop facilement sa maison aux femmes de joie. Entre celles qui le servirent, il fait mention lui-même d'une Marietta dall' Oro, d'une Claire, & d'une Marguerite Pocosila, lesquelles étoient surnommées *Arétine*.

Marietta dall' Oro pourroit bien être celle dont il fit la femme d'Ambroise Eusebi, son élève ; ce qui semble résulter d'une de ses Lettres du second tome, & d'une d'Eusebi, qui se trouve dans le même volume.

Il n'est pas tout-à-fait hors de propos, à l'occasion de cet Eusebi, de rapporter quelque chose qui concerne l'Arétin dans la premiere scène du troisieme acte de la *Cognata*, (la belle-sœur) comédie de Nicolas Zani. Les acteurs de la scène sont *Pindare*, valet, & *Lurconio*, parasite.

PINDARE.

« Puisque je me suis ressouvenu de l'Arétin, je veux te dire ce qui lui est arrivé. »

LURCONIO.

« Que lui est-il donc arrivé ? »

PINDARE.

« Je te le dirai. »

« Pierre, plus âpre après les jeunes garçons que ne le sont les précepteurs, & qui dépenseroit à

» cet égard plus que les Siennois ne font à la taverne,
» avoit dans sa maison un jeune homme de vingt
» ans ou plus; &, comme ce jeune homme étoit
» honteux d'être en cet état, & le vouloit quitter,
» il lui donna, pour le retenir, une femme; &,
» l'ayant lié de cette chaîne, il se servoit de l'un &
» de l'autre. Ensuite il envoya ce jeune homme en
» France pour quelque affaire; &, suivant sa cou-
» tume, il alla dans les auberges à la chasse des
» jeunes gens, n'en logeant plus chez lui. Cela fut
» cause qu'un jour la femme du jeune homme s'étant
» levée de très-grand matin, lui vola tout ce qu'il
» avoit, &, s'étant embarquée, s'en alla, Dieu
» sçait où. »

LURCONIO.

« Ne lui laissa-t-elle rien ? »

PINDARE.

« Rien, si ce n'est la médisance, & les hardes
» qu'il avoit sur son corps, ou hors de chez lui. Cela
» fit que, dans tout Venise, on le montroit au doigt,
» & que chacun disoit: *Le voilà ! Le voilà !* »

LURCONIO.

« Eh quoi ! n'en rougit-il point ? »

PINDARE.

« Pourquoi veux-tu qu'il en rougisse ? Ne vois-tu
» pas qu'il aime moins son honneur, que nos sei-
» gneurs modernes n'aiment la justice ? »

LURCONIO.

« Ne m'en dis pas davantage, & crois qu'elle le
» traita comme il le méritoit. »

Ce ne fut pas là tout ce que l'Arétin eut à souffrir du mari de la femme. Il avoit envoyé le premier en France, pour recevoir six cens écus d'or;

promis par le roi François I. Eusebi les reçut, & les perdit au jeu. L'Arétin se mit dans la tête que ç'avoit été chez le cardinal de' Gaddi, dont il parle en divers endroits de ses ouvrages, comme d'un homme généralement méprisé. Il se vengea par une Lettre prodigieusement insolente, qu'il écrivit à ce cardinal, & par divers traits de satyre qu'il sema dans d'autres ouvrages.

Il apprit, dans la suite, que la perte de son argent s'étoit faite dans la maison de Pierre Strozzi, fameux capitaine de ce tems-là, qu'il voulut, par des Lettres fort hautes, forcer de lui rendre la somme; mais Strozzi rejetta sa demande, & méprisa ses menaces : il lui sçut même imposer silence, de maniere à le faire trembler. Eusebi, qui précédemment avoit donné des marques de son zèle pour son maître, en donnant des coups de bâton à Niccolò Franco, d'abord ami, puis ennemi mortel de l'Arétin, ayant perdu l'argent de son maître & sa femme, s'enfuit à Lisbonne.

La maîtresse que l'Arétin aima le plus, & le plus long-tems, fut Pernice Riccia, femme mariée qu'il garda quelque tems dans sa maison. Il en eut un soin prodigieux, ne la quitta point durant une maladie de treize mois, & ne cessa point de l'aimer, lorsqu'elle l'eut trahi cruellement, en s'enfuyant avec un autre galant. Il la pleura même, pendant plusieurs années, après sa mort arrivée en 1545. Il parle d'elle dans plusieurs Lettres de son premier & de son second volume.

Il eut de ces diverses concubines plusieurs filles, dont une, qui, peut-être, fut la premiere, & dont la mere fut Catherine Sandella, nommée ci-dessus, vint au monde dans le mois de Juin 1537. Il paroît qu'elle fut tenue sur les fonts par le célèbre peintre Frà Bastiano del Piombo, & par le libraire François Marcolino. Le lieu de sa naissance la lui fit nommer *Adria*. La tendresse qu'il eut pour cette fille, dont il parle souvent comme d'une jeune personne de beaucoup d'esprit & de bonne humeur, fut si grande, qu'il en donne de fortes preuves dans beaucoup de ses lettres, & qu'il en voulut immortaliser la mémoire par une médaille, où d'un côté l'on voit la tête de la mere, avec cette inscription : CATERINA MATER (*Catherine mere*); & de l'autre la tête de la fille, avec ces mots autour : HADRIA DIVI PETRI ARETINI FILIA, (*Adria, fille du divin Pierre Arétin.*)

Son amour pour cette fille lui fit desirer vivement de la marier. Il paroît qu'en conséquence il la fit élever dans un couvent, & prit de bonne heure ses mesures pour lui faire une dot de mille ducats, somme alors très-considérable. Come I, duc de Toscane, le cardinal de Ravenne, & don Juan de Mendoza, ambassadeur de Charles-Quint à Venise, concoururent à former cette dot. Le premier donna trois cens ducats, pour n'être remis au mari qu'après la consommation du mariage. Le second donna deux cens ducats, faisant partie de cinq cens, qu'il avoit promis à l'Arétin; & le troisieme en donna cent. Des sûretés furent données au futur mari, pour les quatre cens ducats de surplus. Le mari fut Diotallevi Rota, citoyen d'Urbin, mais originaire de Bergame, lequel avoit vingt-neuf ans. Le mariage, qui se conclut en 1548, à Venise, se fit l'année d'après; & le mari ne conduisit sa femme à Urbin qu'au mois de Juin 1550, après avoir reçu toute la dot. Le duc & la duchesse d'Urbin firent des honneurs singuliers à la jeune femme, en considération de son pere, qu'ils estimoient beaucoup l'un & l'autre.

« Je ne méritois pas, dit l'Arétin au Duc dans une lettre de son cinquieme volume, « qu'une si grande
» foule de cavaliers allât, par ordre de votre bé-
» nigne politesse, au devant de ma fille jusqu'à huit
» milles d'Urbin. Vous me faites, non paroître,
» mais être réellement quelque chose dans le monde. »

Il parle un peu plus bas, du concours du peuple,
» des fenêtres illuminées, lorsque la chaste jouven-

» celle fit, à trois heures de nuit, son entrée dans
» la ville, » & de l'honneur que le duc & la duchesse lui firent de l'envoyer complimenter de leur part aussi-tôt qu'elle fut arrivée.

Mais le plaisir, qu'il eut de ce mariage & de l'accueil fait à sa fille, fut suivi, quelques années après, d'un violent chagrin, parce que les parens de son gendre en agissoient mal avec sa fille. Il fut obligé de l'aller chercher pour la ramener à Venise, & de la garder chez lui. Depuis, il consentit, après mille promesses du mari, qu'il la remmenât à Urbin ; mais différens dégoûts domestiques occasionnerent une nouvelle brouillerie ; ce qui l'obligea de recourir, par une Lettre très pressante, à la duchesse d'Urbin, pour la supplier de se faire rendre compte de ces querelles domestiques, & d'interposer son autorité pour rendre le sort d'Adria plus heureux.

Il lui naquit au mois de Septembre 1547, une autre fille, dont il parle dans plusieurs des Lettres des tomes cinq & six. Il lui donna le nom d'*Austria*, tant à cause de son extrême vénération pour la maison d'Autriche, que pour avoir dans ce nom un puissant motif de la marier. En effet, comme il n'eut pas pour elle moins de tendresse que pour Adria, il ne desira pas moins fortement de la voir mariée ; mais il n'en eut pas la satisfaction. Elle n'avoit qu'environ dix ans lorsqu'il mourut. Il n'avoit pas oublié cependant de penser à faire la dot de cette fille. Les Juntes avoient à lui sept cens écus. Il pria le duc d'Urbin de vouloir bien recevoir cette somme, & d'assigner un bien qui fût pour la dot d'Austria.

L'on apprend d'une Lettre de Marcolino, compere de l'Arétin, que ce dernier eut une troisieme fille, qui mourut très-jeune, & peut-être au maillot. Elle avoit eu pour parrein ce même Marcolino, qui l'avoit été d'Adria. Cette fille dut être la troisieme, & être née après Austria, puisqu'en parlant de celle-ci, son pere dit quelque part, que Dieu lui avoit donné une seconde fille.

Malgré tous les vices de l'Arétin, il faut lui rendre justice, & le louer d'avoir été bon pere. On vient d'en voir des preuves; on y peut ajoûter quelque chose que le Doni rapporte : voici ce que c'est.

« Etant allé, dit-il, un matin chez le seigneur
» Pierre Arétin, avec un de mes amis, qui desiroit
» de voir un si grand homme; dès l'entrée de sa
» chambre, je le vis qui s'amusoit avec une petite
» fille qu'il avoit, à quelques-uns de ces petits jeux
» qui plaisent ordinairement à des peres très-ten-
» dres pour leurs enfans. Dès que j'eus vu cela, je
» posai mes mains à plat sur la poitrine de celui
» qui m'accompagnoit, en lui disant : Attendez un
» peu, vous ne pouvez pas entrer ici. » L'Arétin
» cependant me dit : Laissez-le entrer aussi......
» Non, lui repliquai-je, il n'a point encore eu d'en-
» fans. »

L'Arétin, né bâtard, & n'ayant point été légitimé, ne pensa jamais, quelque tendresse qu'il eût pour ses filles, à les faire légitimer. Sa réponse aux reproches qu'on lui faisoit à ce sujet, est si singuliere, & si bien dans son goût, qu'elle mérite d'être rapportée. On la trouve dans le cinquieme volume de ses Lettres, pag. 165. « Quant à ce qu'ils me
» blâment, dit-il, de ce que je ne fais point légi-
» timer mes filles, je n'importune pour cette grace,
» ni la sainteté du pape, ni la majesté de l'empe-
» reur, parce que mon esprit, qui les tient dans
» mon cœur, les a légitimées de maniere, qu'elles
» n'ont pas besoin à cet égard d'autre cérémonie. »

ADRICHOMIA, (*Cornelie*) religieuse de l'ordre de S. Augustin au XVI siécle, fille d'un gentilhomme Hollandois. Elle se distingua par son talent pour la poësie, & elle ne l'employa jamais que pour l'honneur de la religion. Elle mit en vers les pseaumes de David, & composa quelques autres poëmes sacrés.

ÆLIA PETINA, dame Romaine, de la famille des Tubérons. L'empereur Claude l'épousa, & en eut un fils nommé *Antoine*. Il la répudia ensuite pour faire place à Messaline, dont il étoit devenu amoureux.

AFRANIE, femme de Lucinius Buccio, sénateur Romain. Elle vivoit encore sous le premier consulat de J. César, l'an de Rome 696. Cette femme étoit possédée du démon de la chicane, & plaidoit elle-même ses procès devant le Préteur, avec une hardiesse qui alloit jusqu'à l'effronterie. C'est pourquoi les femmes hardies & effrontées étoient appellées de son tems *Afranies*.

AFRANIE, fille de L. Ménénius Agrippa, qui fut consul 502 ans avant J. C. Ebusse, veuve de Ménénius Agrippa, possédant un bien très-considérable, institua sa fille Pétronille son héritiere, & ne laissa que vingt mille écus aux fils d'Afranie, son autre fille, quoique les deux sœurs fussent également dignes, par leur mérite, de la tendresse de leur mere. Afranie ne voulut point se servir, contre sa sœur, de la ressource que la loi lui fournissoit, qui étoit de jurer devant les Centurions qu'elle avoit été deshéritée sans aucune cause; elle aima mieux se soumettre aux dernieres volontés de sa mere, que de les faire déclarer nulles par les juges, & se montra d'autant moins digne du tort qu'elle souffroit, qu'elle le supporta plus patiemment.

AFRE, (*sainte*) martyre en Crète. Elle avoit été formée au métier de courtisane par Hilarie, sa mere. Elles étoient payennes. Afre & ses trois servantes, Euprepie, Euménie & Digne se prostituoient à tous ceux qui se présentoient, lorsque Narcisse, évêque de Jérusalem, vint se cacher en Crète pendant la persécution de Dioclétien & de Maximien. Afre l'entendit annoncer l'évangile; & sa vie passée lui fit horreur. Elle en avoua toute l'infamie au saint évêque, qui, l'ayant suffisamment instruite, la baptisa. Sa mere Hilarie, & ses trois servantes reçurent aussi le baptême.

Ceux qu'Afre avoit coutume de recevoir chez elle, voyant que sa porte étoit fermée, & que l'on refusoit de la leur ouvrir, l'allerent dénoncer comme Chrétienne. Elle confessa Jesus-Christ avec beaucoup de fermeté devant le juge, qui ne pouvant l'engager à revenir au culte des faux dieux, la fit brûler vive. Huit jours après, sa mere Hilarie, & ses trois servantes Euprépie, Euménie & Digne, qui ne cessoient pas de veiller à son tombeau, furent arrêtées, & souffrirent le même supplice, avec plusieurs autres martyrs.

AGALIS *ou* ANAGALIS, femme de l'isle de Corfou. Les auteurs anciens parlent avec éloge de son sçavoir. Elle possédoit principalement la rhétorique, & donnoit aussi des leçons de grammaire. On assure même qu'elle en avoit composé quelques traités. Meursius, en son ouvrage *des Jeux des Grecs*, lui attribue l'invention d'une sorte de jeu de paume qui consistoit à prendre la balle avant qu'elle eut touché la muraille.

AGAMÈDE, magicienne. *Voyez* PÉRIMÈDE.

AGANICE, Thessalienne, fille d'Hégétor. Elle est la premiere femme connue pour s'être adonnée à l'étude de l'astronomie. Ses observations l'ayant mise en état de prévoir les tems des éclipses de lune, elle les annonçoit d'avance; &, comme les autres femmes Thessaliennes se livroient presque toutes aux cérémonies magiques; elles la crurent bien plus habile qu'elles dans leur science. Elle leur fit accroire que, par ses enchantemens, elle pouvoit faire descendre la lune du ciel sur la terre.

AGAPE, dame Espagnole de grande maison, qui donna dans les erreurs des Gnostiques avec le rhéteur Elpidius, du tems de l'empereur Théodose.

AGAR, Egyptienne, servante d'Abraham. Sara, femme d'Abraham, se voyant sans enfans, pria elle-même son mari d'essayer si Agar ne seroit pas plus heureuse qu'elle. Abraham se rendit aux volontés de son épouse, & il eut bientôt la joie de voir Agar enceinte. Agar, fière de donner un héritier à la maison d'Abraham, commença à méprifer sa maîtresse. Sara en porta ses plaintes à Abraham, qui lui permit de châtier l'insolence de son esclave. Sara usa de la permission avec tant de rigueur, que la malheureuse Agar s'enfuit dans le désert, & s'arrêta proche d'une fontaine qui étoit sur le chemin de Sur. Là elle vit un ange qui lui commanda de retourner dans la maison d'Abraham, & d'appaiser sa maîtresse par ses soumissions, lui annonçant que sa postérité seroit un jour très-nombreuse, & qu'elle auroit un fils à qui il ordonna de donner le nom d'*Ismaël*. Agar retourna dans la maison d'Abraham, & y mit au monde un fils qu'elle appela *Ismaël*, selon l'ordre de l'ange. Ce fils tant desiré déplut à Sara, qui força son mari de le chasser avec sa mere. Abraham donna à Agar du pain & de l'eau, & la renvoya avec le jeune Ismaël, alors âgé de dix-huit ans. Agar s'enfonça dans le désert de Bersabée; l'eau lui manqua bientôt; &, la chaleur étant excessive, elle vit son fils prêt à mourir de soif: elle le laissa sous un arbre, & s'éloigna, pour ne pas être témoin de sa mort. Un ange vint la consoler, lui recommanda d'avoir soin de son fils, qui devoit être un jour chef d'un grand peuple. Il lui montra un puits plein d'eau, dont elle donna à boire à son fils. L'historien Josephe, sans avoir recours au merveilleux, raconte que des bergers secoururent Agar dans cette extrémité.

AGARISTE *ou* AGARISTIE, fille d'Hippocrate. Elle épousa Xantippe, & eut de ce mariage le fameux Périclès. On rapporte que, quelque tems avant son accouchement, elle s'imagina en songe enfanter un lion.

AGARISTE, jeune Athénienne. Elle étoit d'une beauté si rare, que les jeunes gens de la Grèce, les mieux faits, qui en étoient épris, célébroient à l'envi des jeux publics pour mériter sa tendresse. Elle étoit fille de Clisthènes qui chassa d'Athènes le tyran Hippias, fils de Pisistrate, la troisieme année de la LXVII olympiade, & avant J. C. 510. Clisthènes étoit ajeul de Périclès.

AGASIE, fille d'un roi des Bretons, épousa Durston, roi d'Ecosse, &, bientôt après, fut répudiée sur de faux soupçons.

AGATHE. (*sainte*) Elle naquit à Palerme, capitale de la Sicile, d'une famille distinguée par sa noblesse, dans le troisieme siécle. Sa beauté inspira le plus violent amour à Quintien, gouverneur de Sicile pour l'empereur Dèce, qui résidoit à Catane. Agathe, vertueuse & chrétienne, résista aux promesses & aux menaces du gouverneur. Quintien, irrité de sa résistance, ne songea plus qu'à la vengeance, & n'eut point d'horreur de faire déchirer cruellement ce corps qui avoit été l'objet de ses desirs. Sous prétexte qu'Agathe n'adoroit pas les dieux de l'empire, ce barbare lui fit couper les mammelles, & ordonna qu'on la roulât toute nue sur des charbons ardens, & sur des pointes de pots cassés. Après cette exécution sanglante, on la ramena en prison, où elle mourut le 5 de Février l'an 251, sous le troisieme consulat de l'empereur Dèce. Lorsque les habitans de Catane voient s'élever du sein du mont Etna, aujourd'hui le mont Gibel, des feux qui menacent d'embraser leur ville, il courent vers le tombeau d'Agathe, & se servent, pour repousser la flamme, du voile qui couvre son corps.

AGATHOCLÉE *ou* AGATHOCLIE, courtisane & joueuse d'instrumens, célèbre par sa beauté. Ptolémée-Philopator, roi d'Egypte, en devint amoureux au point que, pour l'épouser, il fit mourir la reine Eurydice, sa femme, qui étoit aussi sa sœur, & dont il avoit eu Ptolémée Epiphane. Cette princesse infortunée, qui est nommée *Arsinoë* par Polybe, & *Cléopatre* par Josephe & Tite-Live, périt la deuxieme année de la CXLIII olympiade, 207 ans avant J. C. Agathoclée, secondée d'Agathocle son frere, & d'Œnanthe sa mere, gouvernoit absolument le royaume. Ils cacherent la mort du roi, pillerent ses trésors, & voulurent même faire mourir le jeune Ptolémée, qui n'étoit âgé que de

quatre

quatre ou cinq ans ; mais le peuple d'Alexandrie le délivra de ce danger, & Agathoclée fut mise en piéces avec sa mere & son frere, la même année que mourut Philopator, 204 ans avant J. C.

AGESISTRATE, mere d'Agis IV, roi de Lacédémone, princesse célèbre par son courage & sa vertu. Dans un tems où les Lacédémoniens avoient dégénéré de la vertu de leurs ancêtres, Agis, leur roi, s'efforçoit, en faisant du bien à tout le monde, de rétablir l'ancienne sévérité des mœurs. Les Ephores, aussi corrompus que le reste des citoyens, la mirent en prison, & la firent mourir. Sa mere Agésistrate, le voyant mort, se jetta sur son corps, & dit en l'embrassant : « Tu t'es perdu, mon fils, & » tu nous a perdu par l'excès de ta douceur & de » ton humanité. »

AGLAIDE, fille de Mégacle. On eut peut-être ignoré jusqu'à son nom, si elle n'eût été fille de bon appétit ; on peut dire qu'elle s'est immortalisée en mangeant. Les historiens ont jugé à propos de transmettre à la postérité, qu'elle mangeoit à un seul repas dix livres de viande, autant de pain, & buvoit à proportion.

AGLAONICE, fille d'Hégétor, seigneur Thessalien. Elle se rendit habile dans l'astronomie. Elle étoit fort orgueilleuse de son sçavoir ; & lorsqu'elle prévoyoit quelque éclipse, elle se vantoit qu'elle feroit descendre la lune du ciel. Cette ridicule vanité a pu donner lieu au proverbe grec : « Vous at- » tirez la lune à votre confusion. »

AGLASIE, dame Gauloise que S. Jerôme met au nombre des femmes sçavantes en théologie. Il la compare à la reine de Saba.

AGNA fut une courtisane célèbre à Rome. Horace en parle, mais uniquement pour lui reprocher qu'elle avoit un polype dans le nez.

AGNÈS. (*sainte*) On ne peut presque faire aucun fonds sur son histoire ; & ce qui suit, est ce qui paroît de plus certain. A l'âge de douze ans, elle fut recherchée en mariage par un homme violemment épris de ses charmes. Agnès lui ayant répondu qu'elle ne vouloit avoir d'autre époux que J. C. cet amant furieux la dénonça au juge comme Chrétienne. La jeune Agnès confessa généreusement sa foi, & souffrit les plus cruels tourmens, avec une constance héroïque. Le juge, voyant qu'elle bravoit les supplices, l'attaqua par un endroit plus sensible : il la fit exposer dans un lieu public ; mais le ciel prit soin de conserver son honneur ; & le premier qui osa jetter sur elle un regard criminel, perdit aussi-tôt la vue, & tomba demi-mort. Ce fait est attesté par Prudence. On ignore le tems du martyre de cette sainte.

AGNÈS, (*sainte*) de Monte-Pulciano en Toscane. Elle prit naissance dans cette ville, l'an 1274, & fut mise, à l'âge de quatorze ans, dans le monastère des sœurs qu'on appelloit *Sachines*, à cause d'un scapulaire de grosse toile qu'elles portoient. Ses talens & ses vertus l'éleverent bientôt aux premieres charges, & la firent nommer d'abord célériere de ce monastère à Monte-Pulciano, ensuite abbesse d'une autre maison du même ordre à Poceno, ville du comté d'Orviette. Elle-même établit ensuite un monastère à Monte-Pulciano, suivant la régle de saint Augustin, & l'institut de S. Dominique ; & ce fut-là qu'elle mourut le 20 Avril de l'an 1313. Ce monastère étant déchu depuis par la misere des tems, ce qui y restoit de religieuses fut transféré au couvent de S. Paul d'Orviette, qui fut donné l'an 1435, à des religieux de S. Dominique, où le corps d'Agnès fut transporté. Le pape Clément VII permit aux habitans de Monte-Pulciano de faire la fête d'Agnès, même avant la canonisation. Clément VIII approuva l'office particulier de cette sainte, & permit d'en faire la fête, & la fit inférer dans le martyrologe Romain au 20 d'Avril. Elle a été canonisée en 1727.

AGNÈS, fondatrice des hospitalieres de S. Jean

de Jérusalem. Dans le tems que le célèbre Gérard, François Provençal, se consacroit, dans l'hôpital de S. Jean de Jérusalem, au service des pélerins, une dame Romaine, nommée *Agnès*, d'un mérite distingué, gouvernoit la maison destinée à recevoir les personnes de son sexe. Leur charité s'étendoit non-seulement à tous les pélerins, mais aux infidèles même, qui y recevoient l'aumône. Gérard ayant eu le soin & la direction de l'hôpital, sous le titre d'administrateur, & voyant le nombre des hospitaliers & des hospitalieres augmenter de jour en jour, il proposa, de concert avec Agnès, aux freres & aux sœurs de renoncer au siécle, & de prendre un habit régulier. Son projet ayant été applaudi, il donna quelques régles. Le pape Pascal II confirma dans la suite (en 1113) & approuva ce nouvel institut ; il prit les hospitaliers sous sa protection, leur accorda divers priviléges, & déclara Gérard administrateur de l'hôpital pour toute sa vie. Telle est l'origine de l'ordre de Malte. Agnès fut établie supérieure des hospitalieres. Elle & Gérard, avec l'approbation du pape & du patriarche de Jérusalem, furent reçus dans l'ordre de S. Augustin, & firent les mêmes vœux.

AGNÈS, impératrice, fille de Guillaume V, dit *le Grand*, duc de Guienne, comte de Poitou, & d'Agnès de Bourgogne-Comté. Elle épousa l'empereur Henri III, surnommé *le Noir*. Elle eut de ce mariage Henri IV & Conrad duc de Baviere. Son époux étant mort en 1056, Agnès fut tutrice de l'empereur Henri IV son fils. Quelques seigneurs enleverent l'empereur à sa mere, de concert avec Conrad, gouverneur du jeune prince, & le conduisirent dans la Saxe. Agnès en conçut tant de chagrin, qu'elle quitta le monde, & se fit religieuse à Frutelle en Lombardie. Le pape Grégoire VII lui fit faire un voyage en Allemagne, pour tâcher de disposer plus favorablement l'esprit de l'empereur son fils, qu'il sçavoit mal-intentionné pour le saint siége.

Elle ne put y réussir, & mourut saintement à Rome l'an 1077.

AGNÈS de France, impératrice de Constantinople, fille de Louis dit *le Jeune*, & d'Alix de Champagne, & sœur de Philippe surnommé *Auguste*. En 1179, Alexis, comme fils de l'empereur Manuel, la demanda en mariage. Elle lui fut accordée. Agnès n'avoit encore que huit ans, lorsqu'on l'envoya à Constantinople, où le mariage fut célebré avec la plus grande pompe, le 2 Mars 1180. Agnès changea bientôt d'époux. Andronic-Comnène ayant fait mourir Alexis & usurpé l'empire, épousa cette princesse; mais elle étoit encore si jeune, qu'Andronic n'en eut point d'enfans. Agnès resta veuve d'Andronic en 1185; elle conçut de l'amour pour Théodore Branas, homme de qualité, seigneur d'Andrinople & de Didymotique, & en fit son troisieme époux.

AGNÈS, comtesse de Nevers, d'Auxerre & de Tonnerre, puis impératrice de Constantinople, fille de Gui I de ce nom, comte de Nevers & d'Auxerre, & de Mahaud de Bourgogne. Le roi Philippe-Auguste lui fit épouser, en 1184, Pierre II, seigneur de Courtenai, empereur de Constantinople, à qui elle porta les comtés de Nevers & d'Auxerre, dont elle avoit hérité en 1181, par la mort de Guillaume V son frere. Elle succéda aussi, pour le comté de Tonnerre, à Renaud de Nevers, son oncle, qui mourut sans enfans, au siége d'Acre, l'an 1191.

AGNÈS DE MÉRANIE, aussi appellée *Marie* & *Marie-Agnès*, reine de France, fille de Berthold IV, duc de Méranie, dans la haute Saxe. Le roi Philippe-Auguste en fit sa troisieme femme en 1196, après avoir répudié Ingelbùrge de Dannemarck, & il en eut Philippe de Hurepel ou Rude-peau, comte de Clermont en Beauvoisis, & Marie qui fut mariée en dernieres nôces à Henri IV, duc de Brabant & de Lothier. Il falloit qu'Agnès eût autant d'esprit que de beauté, pour s'être attachée pendant cinq

ers, le trop volage Philippe-Auguste. Les censures de l'église obligerent ce prince de répudier Agnès, qui fut obligée de quitter la cour, & de se retirer à Senlis en 1201. Elle en conçut tant de chagrin, qu'elle en mourut, la même année, au château de Poissy.

AGNÈS de Poitiers, reine d'Aragon, fille de Guillaume IX, duc de Guienne, comte de Poitiers, & de Philippe ou Mahaud de Toulouse, sa seconde femme. Cette princesse eut deux maris ; un vicomte de Thouars, & dom Ramire II, roi d'Aragon, surnommé *le Moine*, parce qu'on le tira du cloître pour l'élever sur le trône. Elle eut de ce dernier mariage une fille unique nommée *Perrenelle* ou *Urraque*, qui épousa Raimond VI, comte de Barcelone, & roi d'Aragon.

AGNÈS, fille d'Albert I, empereur, femme d'André, roi de Hongrie. Cette princesse se distingua par sa politique & par son adresse à manier les esprits. Son pere étant mort, elle fixa son séjour dans les cantons Suisses, où ses talens furent d'un grand secours à son frere Albert. Elle sçavoit à propos ménager la paix entre son frere & les Suisses. Lorsqu'elle voyoit Albert trop foible, elle engageoit les Suisses à faire la paix,, ou du moins une trève. Albert profitoit du tems, ramassoit des troupes, & attaquoit les Suisses, lorsqu'ils s'y attendoient le moins. Agnès sçavoit couvrir son manége du plus beau prétexte. Elle n'avoit en vue, disoit-elle, que le bien de la paix ; & la compassion des maux que la guerre causoit aux Suisses, étoit le seul motif qui la faisoit agir.

AGNÈS de France, épouse de Robert II, duc de Bourgogne, auquel elle fut mariée en 1279. Cette princesse se montra digne, par ses vertus du roi S. Louis son pere. Elle mourut en 1327, & fut enterrée à Cîteaux, près du Duc son mari.

AGNÈS de Bourgogne, duchesse de Bourbon, fille de Jean *Sans-peur*, duc de Bourgogne, & de

Marguerite de Baviere. Elle épousa à Autun Charles I du nom, duc de Bourbon & d'Auvergne, comte de Clermont, le 17 de Septembre 1425. Sa vertu & sa piété la rendirent recommandable. Elle mourut dans une extrême vieillesse, à Moulins en Bourbonnois, le premier de Décembre 1476.

AGNÈS de Vermandois, duchesse de Lorraine, fille d'Herbert de Vermandois, comte de Troyes, & de la reine Ogine ou Ogive. Elle épousa Charles de France, premier de ce nom, duc de Lorraine. Elle fut faite prisonniere à Laon avec son mari, & souffrit avec lui les incommodités de la prison.

AGNÈS de Bourbon, comtesse d'Artois, fille d'Archambaud IX, dit *le Jeune*, sire de Bourbon, & d'Yolande de Châtillon, épousa Jean de Bourgogne, seigneur de Charolois. Après la mort de ce prince, elle se remaria, en 1277, à Robert II, comte d'Artois, petit-fils de Louis VIII, roi de France. Elle eut de son premier mariage Béatrix de Bourgogne, dame de Bourbon & de Charolois, mariée à Robert de France, comte de Clermont, duquel sont descendus les ducs de Bourbon.

AGNÈS de Navarre, comtesse de Foix, fille de Philippe III, roi de Navarre, comte d'Evreux, & de Jeanne de France, reine de Navarre, fille unique de Louis X dit *Hutin*, roi de France. Elle fut mariée, en 1348, à Gaston Phébus, troisieme du nom, comte de Foix, & vicomte de Béarn. L'illustre Gaston de Foix naquit de ce mariage.

AGNÈS de Savoye, fille puinée de Louis duc de Savoye, & d'Anne de Chypre, morte le 16 de Mars 1508. Son corps fut porté à Notre-Dame de Cleri, & ses entrailles à sainte Geneviève de Paris. Cette princesse épousa à Montargis, en 1466, François d'Orleans, premier du nom, comte de Dunois & de Longueville.

AGNÈS SOREL, dame de Beauté. La belle Agnès naquit au village de Fromenteau, près de Loches en Touraine; mais l'éclat de sa beauté la dédommagea bientôt de l'obscurité de sa naissance. Charles VII, roi de France, entendit parler de ses charmes, & voulut décider par lui-même de leur valeur. Ce prince, qui fut, pendant quelque tems, plus occupé à apprécier les attraits d'une belle, que le mérite d'un sujet, ne put voir Agnès sans émotion. Il parla de son amour. Agnès, pour résister, avoit trop d'ennemis à vaincre; sa jeunesse, son cœur, le desir trop naturel aux femmes de plaire & d'être aimées, l'ambition peut-être. Elle voyoit un roi dans un amant. Charles fut heureux; il oublia dans les bras de sa maîtresse la perte de son royaume.

Cette foiblesse n'est point excusable ; mais la beauté d'Agnès eût fait plus d'un infidèle à la gloire. Elle joignoit aux graces les plus séduisantes, beaucoup d'esprit & de grandeur d'ame. La gaieté brilloit dans ses regards, & sa présence l'inspiroit aux autres. Son visage étoit coloré d'une aimable rougeur, sa démarche noble & aisée, sa conversation amusante & toujours soutenue par l'enjouement le plus naturel & le plus réservé. L'histoire, qui ne tait point sa foiblesse, lui rend cette justice ; & la reine, malgré tous les reproches qu'elle étoit en droit de lui faire, ne pouvoit lui refuser son amitié & même son estime. Les pauvres & les malheureux trouvoient en elle une mere compatissante : les églises ont senti les effets de sa libéralité ; mais ce qui met le comble à sa gloire, c'est le noble usage qu'elle fit de son ascendant sur l'esprit du roi. Agnès étoit pour ce prince un ami intime, qui lui rappelloit sans cesse ce qu'il devoit à son peuple, & ce qu'il se devoit à lui-même. Elle ne voulut jamais souffrir qu'il abandonnât le siége d'Orleans : « Oubliez-moi, lui
» dit-elle, jusqu'à ce que vous ayez vaincu vos en-
» nemis. » Cette parole admirable nous a été conservée par le poëte, qui, sous François I, fit son panégyrique ; & ce prince même, au rapport de S. Gelais, la célebra dans le quatrain suivant :

Plus de louange & d'honneur tu mérites,
Ta cause étant de France recouvrer,
Que ce que peut dedans un cloître ouvrer
Close Nonain ou bien dévot hermite.

Tous les poëtes, à l'exemple de ce prince, jetterent des fleurs sur le tombeau d'Agnès; & son nom fut aussi fameux dans la France, mais moins fatal que celui d'Helene l'avoit été dans la Grèce : on l'appelloit communément *la Belle des Belles*; & ce fut pour lui conserver cet éloge jusques dans son nom, que Charles lui donna le château de Beauté, près de Vincennes.

M. de Fontenelle parle du stratagême dont elle se servit pour inspirer au roi, son amant, le desir de recouvrer le trône de ses ancêtres.

Dialogue. « Le roi, dont j'étois aimée, vouloit
» abandonner son royaume à des usurpateurs étran-
» gers, & s'aller cacher dans un pays de monta-
» gnes, où je n'eusse pas été trop aise de le suivre.
» Je m'avisai d'un stratagême pour le détourner de
» ce dessein. Je fis venir un astrologue, avec qui
» je m'entendois secrettement : il me dit un jour,
» en présence de Charles, que tous les astres étoient
» trompeurs, ou que j'inspirerois une longue pas-
» sion à un grand roi. Aussi-tôt je dis à Charles :
» Vous ne trouverez donc pas mauvais, Sire, que
» je passe à la cour d'Angleterre ; car vous ne vou-
» lez pas être roi, & il n'y a pas assez de tems que
» vous m'aimez, pour avoir rempli ma destinée. La
» crainte qu'il eut de me perdre, lui fit prendre la
» résolution d'être roi de France, & il commença
» dès-lors à se rétablir. »

C'est à ce sujet, que l'on ne donne pas comme un trait historique, que M. de Fontenelle fait cette réflexion ingénieuse : « Voyez combien la France est
» obligée à l'amour, & combien ce royaume doit être
» galant, quand ce ne feroit que par reconnoissance. »

Les charmes & la vertu d'Agnès ne purent la sauver des malheurs attachés à la condition humaine; elle fut attaquée de la dyssenterie dans un voyage qu'elle fit, pour aller joindre le roi qui étoit en Normandie. Elle s'arrêta en l'abbaye de Jumièges, à quatre lieues de Rouen, où le roi étoit, & mourut dans des sentimens très-chrétiens, le 9 de Février 1449, à l'âge de quarante ans. Elle fut enterrée dans l'église collégiale de Loches. On y voit dans le chœur son tombeau de marbre noir, surmonté de son effigie en marbre blanc ; deux anges tiennent l'oreiller sur lequel repose sa tête, & à ses pieds sont deux béliers. Autour on lit cette épitaphe :

Ci gist noble demoiselle Agnès Sorelle, en son vivant, dame de Beauté, Rocherie, d'Issoudun, de Vernon-sur-Seine, pitieuse envers toutes gens, & qui largement donnoit de son bien aux églises & aux pauvres, laquelle trépassa le neuvieme jour de Fevrier 1449. Priez Dieu pour le repos de l'ame d'elle. *Amen.*

L'église de Loches lui accorda volontiers cet honneur, en faveur de deux mille écus d'or qu'elle lui donna, pour acheter les terres de Fromenteau & de Bigorre, pour la fondation d'une messe perpétuelle, & de quatre anniversaires solemnels. Elle lui fit encore présent d'une magnifique tapisserie, de plusieurs joyaux & tableaux, & d'une statue d'argent de sainte Magdeleine, avec une de ses côtes. Après toutes ces obligations, les chanoines pousserent l'ingratitude envers leur bienfaitrice, jusqu'à prier Louis XI, par un motif de lâche adulation, de faire enlever du milieu de leur cloître un objet si mondain. Le roi, malgré l'aversion qu'il avoit toujours témoigné pour tous ceux que son pere avoit chéris, répondit aux chanoines : « Je consens à ce que vous » desirez; mais avant il faut me rendre tout ce que » vous avez reçu d'elle. » Cette réponse les rassura sur les vertus de leur état, qu'ils se disoient en danger de perdre.

Louis XI, étant dauphin, fut accusé d'avoir empoisonné Agnès; d'autres écrivains rapportent que, sous le spécieux prétexte de venger la reine, sa mere, il poussa une fois l'emportement jusqu'à lui donner un soufflet en présence du roi; mais ce fait est aussi peu certain que l'accusation, que l'on intenta à Jacques Cœur, est imprudente. On le soupçonna coupable de la mort d'Agnès: la confiance qu'elle témoigna pour ce surintendant des finances, en le nommant son exécuteur testamentaire, & plus encore sa conduite irréprochable, le justifierent assez de cette imposture.

M. Bonami a prétendu qu'Agnès étoit morte en couches, & que l'enfant vécut six mois; mais est-il probable qu'elle ait choisi une abbaye de moines pour accoucher, & qu'elle ait suivi l'armée dans un tel état ? Les panégyristes contemporains pensent bien autrement, ils disent que le roi n'eut que de l'estime pour elle. Voici ce que dit Jean Chartier. » Si aucune chose elle avoit commis avec le roi, » cela avoit été fait très-cauteleusement & en ca- » chette. Bien est-il vrai que cette Agnès eut une » fille, laquelle ne véquit guères, & qu'elle disoit » être & appartenir au roi; mais le roi s'en est tou- » jours fort excusé, & n'y réclama oncques rien. »

Ce qu'il y a de certain, c'est que Charles VII la pleura beaucoup, & répéta souvent, dans les premiers accès de sa douleur, qu'il n'en aimeroit jamais d'autre; mais les charmes d'une nouvelle maîtresse firent bientôt sécher ses larmes, & son premier amour disparut avec l'objet qui l'avoit fait naître.

AGNÈS ARNAULD, fille d'Antoine Arnauld. *Voyez* ARNAULD.

AGNÈS, fille d'Othocar, roi de Bohême. L'empereur Frédéric lui offrit sa couronne & sa main; mais Agnès préféra à la pourpre l'habit des religieuses de sainte Claire qu'elle prit en 1254.

AGNODICE, jeune fille Athénienne. On ignore dans quel tems elle vivoit. L'aréopage, ou sénat d'Athènes, défendit aux femmes la médecine,

& par conséquent la fonction d'accoucheuses, qui en étoit une dépendance. Plusieurs dames Athéniennes, blessées d'une loi qui ne paroissoit pas s'accorder avec leur pudeur, aimerent mieux mourir que de consentir à être secourues par des hommes. Une jeune fille, nommée *Agnodice*, touchée du malheur de ses concitoyennes, prit le parti de se déguiser, & alla, sous l'habit d'un homme, dans la fameuse école d'Hiérophile, s'instruire de la médecine, & sur-tout de l'art d'accoucher. Ensuite elle fit confidence de son sexe aux dames d'Athènes, & eut par-là toute la pratique. Les médecins, jaloux de son bonheur, dont ils ignoroient la vraie cause, l'accuserent de chercher à corrompre les femmes, sous prétexte de les secourir. Agnodice, citée devant le sénat, découvrit son innocence par son sexe; mais les accusateurs, profitant de cet aveu contre elle-même, alléguerent la loi qui lui interdisoit la médecine; &, sur ce fondement, elle fut condamnée. A cette nouvelle, les femmes d'Athènes accourent au sénat, crient à l'injustice, & se plaignant de la dureté des hommes, leur reprochent que ce sont moins des maris qu'elles trouvent en eux que des meurtriers, puisqu'ils condamnoient dans Agnodice la seule personne qui pouvoit leur épargner une mort cruelle, à laquelle elles s'exposoient plutôt qu'aux mains & aux yeux des hommes. Le sénat comprit l'injustice de la loi, & permit aux femmes de rentrer dans leurs droits sur la médecine & les accouchemens.

AGONNA, (*reine d'*) sur la côte occidentale d'Afrique. Vers la fin du siécle dernier, ce pays étoit gouverné par une reine, & il y avoit déja long-tems qu'il l'étoit par des femmes. Cette princesse, dit Bosman, avoit l'ame noble & grande, beaucoup de courage & de conduite. Elle ne vouloit point se marier, afin de ne pas partager son autorité. Cependant, au rapport de ce voyageur, elle n'étoit pas entiérement privée des douceurs de l'amour.

AGREDA, (*Marie d'*) prit naissance dans la ville d'Agréda en Espagne, qui lui a donné son nom. Elle étoit fille de François Coronel & de Catherine d'Aréna. Toute la famille de Marie se consacra au service de Dieu. Sa mere, s'imaginant avoir reçu une révélation qui lui ordonnoit de fonder un couvent de religieuses de l'Immaculée Conception, en jetta les fondemens dans sa propre maison, du consentement de son mari, & s'y renferma avec Marie & une autre fille qu'elle avoit, le 13 de Janvier 1619 : le pere suivit cet exemple, & alla joindre ses deux fils qui étoient religieux dans un couvent de l'ordre de S. François. En 1627, Marie fut jugée digne de la charge de supérieure, quoiqu'elle n'eût encore que vingt-cinq ans : on obtint pour elle une dispense d'âge ; & par obéissance, elle se soumit au choix qu'on avoit fait d'elle. En 1637, elle commença à écrire la Vie de la sainte Vierge, pour obéir aux ordres réitérés qu'elle dit avoir reçus du ciel. Un confesseur éclairé, qui dirigeoit alors sa conscience, pendant l'absence de son directeur ordinaire, l'engagea à brûler ce livre. Mais son directeur ordinaire, étant de retour, lui commanda de travailler de nouveau à cet ouvrage. Marie obéit ; mais, malgré les nouvelles lumieres qu'elle assure avoir reçues du ciel sur cet ouvrage, il est plein de fables & de rêveries, qu'elle prend pour des révélations. Elle mourut au mois de Mai 1665, à l'âge de 63 ans. Elle fit beaucoup plus de bruit après sa mort que pendant sa vie. Quelques ouvrages obscurs & mystiques, qu'on trouva écrits de sa main, troublerent l'Espagne, la France & l'Italie. Marie avant de mourir, avoit attesté par écrit, que tout ce qui étoit contenu dans ces livres, lui avoit été révélé. Sur cette attestation, l'évêque de Tarragone, ordinaire du lieu où étoit situé le monastere de cette religieuse, en permit l'impression. Ils parurent à Madrid en 1680, sous ce titre : *Myſtica ciudad de Dios, milagro de ſu omnipotencia, y abyſſo de la gracia. Hiſtoria divina* &c. C'eſt à-dire, Myſtique cité de Dieu, miracle de ſa toute-puiſſance, & abîme de ſa grace. Hiſtoire divine de la ſainte Vierge, &c. Ces livres eſſuyerent beaucoup de contradictions; on les regarda comme les viſions d'un cerveau échauffé. Mais l'inquiſition les approuva après un mûr examen, & permit l'édition de Madrid. Ceux qui s'étoient déclarés contre ces livres, eurent recours à l'inquiſition de Rome, dont le jugement ne fut pas favorable à Marie d'Agréda : il en défendit la lecture par un décret du jeudi 26 de Juin 1681, ſous le pape Innocent XI. Ce conflit de juriſdiction entre ces deux tribunaux fut la ſource de mille débats. Le roi d'Eſpagne ne dédaigna pas d'entrer dans cette querelle, qui n'avoit rien de frivole que le ſujet. Mais ſa médiation n'eut pas réuſſi à calmer les eſprits, ſi les erreurs d'un viſionnaire encore plus célèbre, n'euſſent fait oublier Marie d'Agréda. On abandonna ſon affaire pour penſer à celle du Quietiſte Molinos. Des tribunaux d'Eſpagne & d'Italie, Marie fut transférée à celui de la Sorbonne, qui cenſura ſes ouvrages, malgré les cabales de Tirſe Gonzalès, général des Jéſuites, & l'oppoſition de tout l'ordre des Cordeliers, grands partiſans de cette religieuſe.

AGRIA, (*femmes d'*) ville de Hongrie. En 1552, les Turcs faiſant le ſiége de cette importante place, les femmes des aſſiégés ſe diſtinguerent par leur courage & par leur intrépidité. Elles ſe trouvoient dans les endroits les plus périlleux, & portoient à leurs maris des eaux bouillantes & de groſſes pierres, pour les jetter ſur les Mahométans. Deux actions, entr'autres, furent fort remarquables dans ce ſiége.

Pendant un aſſaut des plus furieux, une femme, qui portoit une groſſe pierre ſur ſa tête pour la jetter du haut de la muraille, fut frappée d'un coup de canon, qui lui emporta la tête, & tomba morte aux pieds de ſa fille. Cette généreuſe Amazone, pénétrée d'une juste douleur à ce spectacle, crut qu'elle ne seroit pas digne de vivre, si elle n'avoit point le courage de venger sa mere. Au même instant, elle se saisit de la pierre arrosée du sang maternel; & furieuse, elle vole sur la muraille, & lance sa pierre à l'endroit où les ennemis étoient en plus grand nombre. Elle en tua deux, & en blessa plusieurs autres.

La seconde action est encore plus remarquable: une dame de cette ville étoit proche de son gendre, au moment qu'il fut tué en combattant généreusement sur la muraille. Le voyant étendu mort, elle se tourna vers sa fille qui l'accompagnoit, & lui dit, sans faire paroitre la moindre émotion : « Ma chere » fille, allez rendre les derniers devoirs à votre mari; » mais cette jeune dame, qui n'étoit pas moins courageuse que sa mere, lui répondit, sans verser aucune larme : « Madame, il n'est pas tems de pleu- » rer & de faire des pompes funèbres; nous ne devons » songer qu'à la vengeance. » Aussi-tôt elle prit l'épée de son mari, & courut s'en servir, contre les assiégeans, avec tant d'adresse & d'ardeur, qu'on eût dit qu'elle n'avoit jamais fait autre chose. Elle ne voulut point quitter la brèche, qu'elle n'eût fait tomber trois Turcs sous ses coups. A la fin, sa foiblesse & la délicatesse de son sexe ne lui permettant pas de faire de plus longs efforts, elle se retira pour aller rendre les honneurs de la sépulture à son époux.

François Serdonati, dans ses Eloges des dames illustres, & les historiens de Hongrie, remarquent qu'à ce siége les femmes Chrétiennes combattirent contre les Musulmans, sans se donner aucun relâche; de sorte que les gouverneurs de la place ne purent s'empêcher de s'écrier, dans la harangue qu'ils firent aux soldats : « Nous n'avons pas besoin, » braves guerriers, de vous exhorter à bien faire, » puisque les femmes même, sans avoir égard à » la foiblesse de leur âge & de leur sexe, ont eu déja » la hardiesse & le courage de repousser les enne-

» mis, & font cause que nous avons obtenu la
» victoire. »

AGRIPPINE Vipsania, fille de M. Vipsanius Agrippa, & de Cécilia Attica, sa premiere femme. Tibère, qui en étoit amoureux, l'épousa, & en eut Drusus; mais il fut forcé de l'abandonner pour faire place à Julie, fille d'Auguste, veuve du même Agrippa. Agrippine contracta alors une nouvelle alliance avec Asinius Gallus, fils d'Asinius Pollion. On remarque que, de tous les enfans d'Agrippa, elle fut la seule qui mourut de mort naturelle.

AGRIPPINE, fille de M. Vipsanius Agrippa, & de Julie, petite-fille d'Auguste. Elle est célèbre par sa fierté, son ambition, son courage, & sur-tout par sa fidélité & son amour pour Germanicus, son époux : au-dessus des foiblesses de son sexe, elle l'accompagna en Allemagne, en Syrie, partageant avec lui les travaux & les dangers. On la vit souvent à la tête des armées appaiser les séditions, encourager les soldats, & remplir les fonctions du plus habile général. C'étoit au milieu des camps que la digne épouse de Germanicus mettoit au monde des enfans destinés à être des héros. Germanicus étant mort en Syrie, Agrippine, après avoir signalé sa tendresse par ses larmes, songea à le venger. Elle attaqua Pison, soupçonné d'avoir empoisonné son époux, & le contraignit à se donner la mort. Tibère, qui avoit été jaloux de la gloire de Germanicus, fut blessé de l'éclat des vertus d'Agrippine; il la relégua dans l'isle Pandataire. Agrippine, toujours fière, même dans le sein du malheur, osa reprocher en face à Tibère ses violences & ses cruautés. Ce lâche tyran fit frapper la petite-fille d'Auguste par un centurion, avec tant de violence, qu'elle en perdit un œil. Cet outrage la réduisit au désespoir ; & elle se laissa mourir de faim, l'an 33 de J. C. & le cinquieme de son exil. La rage de Tibère ne fut pas assouvie par la mort d'Agrippine ; il la persécuta jusques dans ses enfans, & il ordonna même que le jour de sa naissance fût mis au nombre des jours malheureux.

AGRIPPINE, fille de Germanicus & de Julie Agrippine. Elle eut toute la fierté & l'ambition de sa mere, sans en avoir les vertus, & principalement la chasteté. Elle prit naissance dans une ville des Ubiens, appellée alors *Colonia Agrippina*, & qu'on nomme aujourd'hui *Cologne*. Elle épousa d'abord Domitius Ahenobarbus, dont elle eut Néron, depuis empereur. Elle se remaria ensuite avec Crispus Passienus, orateur, qui avoit été deux fois consul.

Après la mort de son second époux, son ambition lui fit porter ses vues sur l'empereur Claude, quoiqu'il fût son oncle. Agrippine étoit très-belle, & encore plus artificieuse; elle alloit souvent le voir: ces visites étoient des tête-à-tête, où elle employoit les caresses les plus séduisantes pour enflammer l'empereur. Claude ne résista point à ces attaques, & épousa sa niéce.

Dès qu'elle se vit élevée à l'empire, Agrippine songea à exécuter son principal dessein, qui étoit de placer sur le trône son fils Néron. La chose n'étoit pas aisée; Claude avoit un fils à qui l'empire appartenoit. Le lecteur entendra avec plaisir Agrippine elle-même expliquer par quels moyens elle parvint à son but. Les vers de Racine ne contiennent rien qui ne soit attesté par l'histoire. Voici donc comment Agrippine rappelle à Néron les services qu'elle lui a rendus, dans la seconde scène du quatrieme acte de Britannicus.

. . . . Une loi * moins severe
Mit Claude dans mon lit & Rome à mes genoux,
C'étoit beaucoup pour moi, ce n'étoit rien pour vous.

---

* Le sénat porta une loi qui permettoit à Claude d'épouser sa niéce.

Je vous fis sur mes pas entrer dans sa famille,
Je vous nommai son gendre, & vous nommai sa fille.
Silanus qui l'aimoit, s'en vit abandonné,
Et marqua de son sang ce jour infortuné.
Ce n'étoit rien encore ; eussiez-vous pu prétendre
Qu'un jour Claude à son fils dût préférer son gendre ?
De l'affranchi Pallas j'implorai le secours ;
Claude vous adopta, vaincu par ses discours
Vous appella, Néron, & du pouvoir suprême
Voulut, avant le tems, vous faire part lui-même.
C'est alors que chacun, rappellant le passé,
Découvrit mon dessein déja trop avancé ;
Que de Britannicus la disgrace future
Des amis de mon pere excita le murmure :
Mes promesses aux uns éblouirent les yeux ;
L'exil me délivra des plus séditieux.
Claude même, lassé de ma plainte éternelle,
Eloigna de son fils tous ceux de qui le zèle,
Engagé dès long-tems à suivre son destin,
Pouvoit du trône encor lui rouvrir le chemin.
Je fis plus ; je choisis moi-même dans ma suite
Ceux à qui je voulois qu'on livrât sa conduite.
J'eus soin de vous nommer, par un contraire choix,
Des gouverneurs que Rome honoroit de sa voix.
Je fus sourde à la brigue & crus la renommée ;
J'appellai de l'exil, je tirai de l'armée,
Et ce même Seneque, & ce même Burrhus. . . .
. . . .
De Claude en meme tems épuisant les richesses,
Ma main sous votre nom répandoit ses largesses :
Les spectacles, les dons, invisibles appas,
Vous attiroient les cœurs du peuple & des soldats,
Qui d'ailleurs réveillant leur tendresse premiere,
Favorisoient en vous Germanicus mon pere.
Cependant Claudius penchoit vers son déclin ;
Ses yeux long-tems fermés s'ouvrirent à la fin ;
Il connut son erreur. Occupé de sa crainte,

Il laissa pour son fils échapper quelque plainte;
Et voulut, mais trop tard, assembler ses amis;
Ses gardes, son palais, son lit m'étoient soumis.
Je lui laissai sans fruit consumer sa tendresse,
De ses derniers soupirs je me rendis maîtresse.
Mes soins, en apparence, épargnant ses douleurs,
De son fils en mourant lui cacherent les pleurs.
Il mourut. Mille bruits en courent à ma honte,
J'arrêtai de sa mort la nouvelle trop prompte;
Et tandis que Burrhus alloit secrettement
De l'armée en vos mains exiger le serment,
Que vous marchiez au camp, conduit sous mes auspices,
Dans Rome les autels fumoient de sacrifices.
Par mes ordres trompeurs tout le peuple excité,
Du prince déja mort demandoit la santé.
Enfin des légions l'entiere obéissance
Ayant de votre empire affermi la puissance,
On vit Claude; & le peuple étonné de son sort,
Apprit en même tems votre règne & sa mort.

On peut ajoûter à ce récit qu'Agrippine, pour s'acquérir plus sûrement la protection de Pallas qui étoit tout-puissant auprès de Claude, n'eut point de honte de se prostituer à ce vil affranchi. Il est aussi presque certain qu'elle empoisonna elle-même l'empereur Claude : tous ces crimes ne lui coûterent rien pour satisfaire son ambition & sa tendresse pour son fils. Ayant consulté les devins sur sa destinée, ils lui répondirent que son fils la feroit mourir : « Qu'il me fasse mourir, répondit-elle, pourvu qu'il règne. »

Néron, dans les commencemens de son règne, conserva beaucoup de respect pour sa mere. Agrippine régnoit sous son nom, & c'étoit bien ce qu'elle avoit prétendu; mais lorsqu'elle entreprit de gêner ses desirs, Néron lui fit alors sentir qu'il étoit son maître. Agrippine avoit soin de fournir à son fils les plus belles esclaves de l'Asie, de peur qu'il ne portât les vœux à quelque Romaine distinguée, dont le crédit eût pu l'emporter sur le sien ; mais Néron, dégoûté de ces maîtresses obscures, devint amoureux de Poppée, femme d'Othon ; il résolut même de l'épouser, & de répudier Octavie, pour laquelle il n'avoit jamais eu que de l'indifférence. Agrippine prévit que si Poppée devenoit jamais impératrice, elle régneroit dans Rome comme sur le cœur de Néron ; elle fit donc tout son possible pour écarter du trône cette dangereuse rivale ; mais Néron, indigné de l'obstacle que sa mere apportoit à ses desirs, résolut de s'en défaire, & communiqua son dessein à Tigellin, lâche flatteur qui avoit toute sa confiance.

Tigellin approuva la résolution de son maître, & il lui présenta Anicet, chef d'escadre, homme aussi corrompu que lui, qui s'offrit d'exécuter ce parricide. Il proposa d'ajuster une galère, dont la poupe seroit liée au reste du corps ; de maniere qu'en faisant agir des ressorts préparés, la chambre de pouppe s'écrouleroit tout-à-coup, & enseveliroit sous les ruines l'impératrice ; qu'en même tems la pouppe, se déboëtant du reste du bâtiment, seroit précipitée dans la mer, & entraîneroit avec elle le corps d'Agrippine ; desorte qu'on ne pourroit attribuer qu'au hazard une avanture si extraordinaire.

Néron goûta ce projet, & les ordres furent donnés, pour qu'on travaillât promptement à cette galère. Cependant il dissimula avec Agrippine, & sçut tellement l'éblouir par des caresses étudiées, qu'elle n'eut aucun soupçon de ce qui se tramoit ; la machine fut achevée, & la galère disposée suivant le projet. On la rendit aussi magnifique qu'elle devoit l'être pour le service particulier de l'empereur, & on la conduisit vis-à-vis de Baules, maison de plaisance de Néron, sur le bord de la mer. Ce prince s'y étant rendu, pour y passer les fêtes des cinq jours dédiés à la mere des dieux, il écrivit des lettres fort pressantes à sa mere, & l'invita à venir prendre part aux divertissemens qui s'y préparoient.

Agrippine, trompée par les caresses de son fils & par le penchant de la nature, partit pour Baules. Néron l'y reçut avec des marques excessives de respect & de tendresse, lui parla avec des épanchemens de cœur adroitement concertés, & lui fit les plus grands honneurs, jusqu'à la placer à table au-dessus de lui. Le repas fut poussé jusqu'à la nuit. Si-tôt que les tables furent levées, Agrippine voulut se retirer pour aller coucher à sa maison de Bayes, qui n'étoit qu'à deux milles de Baules. La lune étoit dans son plein, la nuit fort claire ; ce qui fit qu'elle accepta la proposition d'aller par mer. Néron l'accompagna jusqu'à la porte de son palais ; &, en la quittant, l'embrassa plus tendrement qu'il n'avoit jamais fait. Elle monta sur la fatale galère, & se coucha sur le lit de la chambre de pouppe.

Lorsqu'on se fut éloigné du rivage, au signal donné, Anicet fit jouer les ressorts préparés, & en même tems la chambre de pouppe, dont le toît avoit été chargé de plomb, s'écroula tout d'un coup ; mais l'impératrice & sa suivante Acéraunie, n'eurent aucun mal ; elles furent garanties par des bois qui se croiserent, & qui, en se soûtenant les uns les autres, firent une espece de réduit. Cependant on travailloit à détacher la pouppe du corps de la galère ; mais la machine ne pouvant se rompre avec autant de justesse qu'on l'avoit prémédité, la confusion se mit dans l'équipage qui ignoroit le secret, les uns empêchant ce que les autres s'efforçoient d'exécuter. Tout manqua, & le bâtiment vint échouer doucement assez près de terre.

Agrippine & Acéraunie, forcées de se jetter dans l'eau, y sauterent légèrement ; & cette suivante, s'imaginant trouver un prompt secours sous le nom de l'impératrice, s'écria qu'elle l'étoit, & qu'on la sauvât ; mais elle fut aussi-tôt assommée à coups de crocs & de rames, tandis qu'Agrippine, dans la défiance, ne dit mot ; cette princesse, se dérobant en silence, & n'ayant reçu qu'une légere bleſſure à l'épaule, gagna terre vis-à-vis du lac Lucrin, d'où, ſecourue par une barque de pêcheurs, elle ſe rendit dans ſa maiſon de Bayes, fit mettre un appareil ſur ſa plaie, & ſe mit au lit. Là, elle s'abandonna aux plus triſtes réflexions.

Cependant Néron ayant appris le mauvais ſuccès de ſa perfidie, fut ſaiſi d'une frayeur mortelle. Il ne douta point que ſa mere n'eût aiſément pénétré que le coup venoit de ſa main, & qu'elle ne fût réſolue d'en tirer une juſte vengeance. Dans cet état, il écouta les conſeils violens de Tigellin; & jugeant ſa perte inévitable, s'il ne prévenoit le reſſentiment d'Agrippine, il chargea Anicet d'aller la faire mourir, & lui en donna l'ordre par écrit. Cette princeſſe infortunée rouloit dans ſon eſprit mille projets qui ſe détruiſoient les uns les autres, lorſqu'Anicet inveſtit ſa maiſon, en fit enfoncer les portes, & monta droit à ſon appartement. Un bruit confus, qui s'éleva dans le palais, étonna l'impératrice qui étoit dans ſon lit, avec peu de lumiere dans ſa chambre; mais lorſqu'elle vit que ſes femmes prenoient la fuite & la laiſſoient ſeule, elle ne douta plus qu'elle ne fût arrivée au dernier moment de ſa vie; & ſe tenant aſſiſe ſur ſon lit, elle regarda, ſans s'émouvoir, Anicet qui entra, ſuivi de Proculus & d'un autre; & jettant ſur lui un regard aſſuré: « Si vous » venez, dit-elle, pour apprendre l'état de ma » ſanté, vous pouvez dire à mon fils qu'elle eſt fort » bonne; mais ſi c'eſt pour m'aſſaſſiner, je ne croi- » rai jamais qu'il ait commandé ce parricide. »

Dès qu'elle eut achevé ces paroles, les trois aſſaſſins environnerent le lit; Proculus lui donna un coup de canne ſur la tête, & Anicet tira ſon épée. Agrippine le regarda fièrement, & lui dit: « Frappe » ce ſein, & punis-le d'avoir porté ton maître; » à ce mot, elle fut percée de pluſieurs coups, & mourut dans ſon ſang.

AIGREMONT. (*Marguerite de Cambis, baronne d'*) Voyez CAMBIS.

AIUTAMICRISTO, (*Elisabeth*) baronne de Cellaro & de Carcaffi, sortie de la maison des seigneurs de Musilmero & de Calatafimo, étoit de Palerme, capitale de la Sicile. Elle y mourut vers 1580, & fut enterrée chez les Dominicains de cette ville dans la chapelle de S. Hyacinthe. On trouve quelques poësies d'elle dans un recueil de piéces à la louange de donna Giovanna Castriota.

AKATA, femme du major Lamberth, & maîtresse de Cromwel, protecteur d'Angleterre. La femme de Cromwel, non moins adroite ni moins ambitieuse que son mari, employoit toute la subtilité & tous les agrémens de son esprit, à mettre les premiers officiers de l'armée, & les membres du parlement les plus accrédités, dans les intérêts de Cromwel, en s'entretenant avec leurs femmes, qu'elle visitoit continuellement, ou dont elle recevoit les visites, & ne perdant aucune occasion de leur parler du grand zèle que son mari avoit pour le bien public. Entr'autres connoissances qu'elle fit, elle lia sur-tout amitié avec la femme du major Jean Lamberth, homme d'une humeur mélancolique, assez bien fait de sa personne, mais peu enclin à prendre la peine de se faire aimer de sa femme. Celle-ci, au contraire, plus jeune que lui de treize ans, pleine d'attraits dans toute sa personne, ne respiroit que l'amour, aimoit la compagnie, & se plaisoit à aller magnifiquement vêtue. La femme de Cromwel voulut faire de cette dame son amie particuliere, & toutes deux entrerent en commerce dans des vues différentes : la premiere ne songeoit qu'à mettre par là le major Lamberth dans les intérêts de son mari ; l'autre, de son côté, qui avoit été touchée de la bonne mine & de la conversation engageante de Cromwel, presque aussi-tôt qu'elle s'entretint avec lui, espéroit de s'en faire aimer, en liant une étroite amitié avec sa femme. Ces dames vinrent toutes deux à bout de leur dessein ; car Lamberth eut un si grand attachechement pour Cromwel, qu'il ne voulut plus vivre que pour lui, & ne prendre aucune charge dans l'armée que par son avis & par son crédit. Voilà comment la femme de Cromwel réussit dans le dessein qu'elle s'étoit proposé. Celle de Lamberth ne fut pas moins heureuse ; car par les visites fréquentes qu'elle rendit à son amie, elle eut l'adresse de se faire aimer de Cromwel lui-même, & de dompter ce cœur, quelque dur qu'il fût naturellement.

La femme de Cromwel ne tarda pas à s'appercevoir de ce commerce amoureux ; mais elle feignit de ne pas le voir, se servant de la maxime commune : « Faites & laisser faire ; » c'est-à-dire qu'elle fermoit les yeux à tous les déportemens de son mari, afin que son mari ne songeât point à examiner sa conduite. Ainsi Cromwel jouissoit de son amante, avec cette liberté qu'on peut souhaiter dans de telles conjonctures. Il porta le parlement à donner au major Lamberth le commandement des milices, qui devoient servir à garder les frontieres d'Ecosse, afin de le tenir loin de sa femme.

Quelques auteurs ajoûtent que, peu de mois après le départ du major Lamberth, sa femme se trouva grosse, & tira de la gloire de cet accident, ou du moins ne prit aucun soin de le cacher, comme si son dessein étoit que tout le monde sçût qu'elle n'étoit pas grosse de son mari, mais de son galant. Cependant Lamberth, ayant appris cette nouvelle, prit la poste & vint à Londres ; & convaincu de la vérité du fait, il voulut faire du bruit ; mais on lui ferma la bouche par un article assez clair des loix d'Angleterre, qui porte positivement. « Que,
» quand une femme devient grosse en l'absence de
» son mari, quoiqu'il fût absent depuis plusieurs an-
» nées, si, pendant ce tems-là, il a vécu dans le
» royaume, il faut qu'il reconnoisse l'enfant comme

» étant de lui, & que si c'est un premier fils, il
» héritera de tout son bien. » Lamberth fut fort
surpris de voir cette loi ; & s'étant adressé à des
jurisconsultes, pour trouver au moins quelque interprétation favorable sur cette loi, on lui répondit
qu'elle étoit trop formelle contre lui, pour pouvoir
être éludée ; & Cromwel ayant, outre cela, travaillé
adroitement à cette affaire, le pauvre pere putatif
se rendit, après qu'on lui eut représenté que ce seroit un grand scandale à tout le royaume, si lui, qui
étoit un des officiers du parlement les plus zélés pour
l'observation des loix, étoit le premier à les violer
dans le tems qu'on faisoit la guerre contre le roi
pour les maintenir. Persuadé par ces raisons, il
prit patience.

Cependant le commerce de Cromwel avec la
femme de Lamberth, ne fut pas de longue durée.
Celle-ci, naturellement inconstante, prêta l'oreille
à la passion de Henri Rich, comte de Hollande.
Dès que Cromwel apprit cette nouvelle intrigue,
il força son naturel & oublia toute sa prudence pour
empêcher son rival de venir à bout de son dessein. Il
reconnoissoit lui-même qu'il avoit quelque chose de
rude & de farouche jusques dans sa tendresse ; c'est
pourquoi il craignoit que, si sa maîtresse venoit à
goûter les caresses d'un homme aussi aimable qu'étoit
le Comte, elle ne se donnât toute entiere à ce dernier & ne se dégoûtât bientôt de lui. Pour éviter
cet inconvénient, il eut une complaisance aveugle pour elle ; & afin de lui donner de plus fortes
preuves de son amour, il lui fit souvent confidence
de ses desseins les plus secrets ; mais on peut dire
que la politique de Cromwel l'abandonna pour cette
fois. La volage Akata se refroidit de plus en plus
pour lui, & trahit bientôt après son amour & sa
confiance. Depuis ce tems, Cromwel ne voulut
plus entretenir de commerce avec cette femme ni
avec aucune autre, & eut grand soin de cacher
toute cette aventure avec son adresse ordinaire.

ALAIS ou ADÉLAÏDE, fille d'Ebhrard ou Ebhwrard, duc de Frioul, & de Gifele de France. *Voyez* FRIOUL. (GISELE DE FRANCE, *duchesse de.*)

ALANKAVA *ou* ALANCOVA, fille de Gioubiné, & petite-fille de Bolduz, roi des Mogols de la dynastie ou famille de Kiat, la seconde qui a regné parmi eux, dans l'Asie septentrionale, après le rétablissement de cette nation. Cette princesse avoit épousé son cousin germain, nommé *Doujoun*, roi pour lors des Mogols, duquel elle eut deux enfans nommés *Belghédi* & *Bekgiédi*. Après la mort de Doujoun, Alankava gouverna ses états, & éleva ses enfans avec beaucoup de sagesse.

Les Orientaux font, au sujet de cette princesse, un conte, inventé sans doute pour faire honneur à l'origine de ces grandes familles de Turcs, de Mogols & de Tartares, qui ont gouverné tour-à-tour en Asie. Mirkond, qui le rapporte d'après les traditions des peuples de la Scythie, dit que cette princesse étant éveillée dans sa chambre pendant la nuit, une grande lumière l'investit tout d'un coup, lui entra dans le corps par la bouche, descendit dans ses entrailles, & sortit enfin par les voies ordinaires de la génération.

Le phénomène ayant peu après disparu, Alankava se trouva fort surprise de cette apparition; mais elle le fut encore beaucoup plus, lorsqu'elle se trouva grosse, sans qu'elle eût connu aucun homme. Le trouble que lui causa cet évènement, lui fit aussi-tôt convoquer une assemblée de ses sujets, qui étoient tous très-persuadés de sa sagesse : cependant comme elle les trouva fort étonnés de la nouveauté de ce fait, & qu'ils en parloient diversement entr'eux, Alankava, pour dissiper tous les soupçons que l'on pouvoit former contre sa vertu, fit venir les principaux d'entr'eux, &, les enfermant dans sa chambre, les rendit témoins oculaires de ce qui s'y passoit toutes les nuits : ces seigneurs virent donc cette lumière qui l'investissoit de la manière que nous avons déja dit ; de sorte que par ce moyen, ils la juſtifierent pleinement de tous les mauvais bruits qui commençoient déja à ſe répandre contre elle parmi le peuple.

Enfin le terme de cette groſſeſſe étant arrivé, elle accoucha de trois enfans : le premier fut nommé *Boukoun-Cabaki*, duquel les Tartares nommés *Cabakin* & *Capgiak*, ſont deſcendus : le ſecond eut pour nom *Bouskiſalègi*, tige des Selgiucides; & le troiſieme fut appellé *Bouzangir* : c'eſt celui qu'on reconnoît pour un des ayeuls de Genghizkhan & de Tamerlan.

Mirkond ajoute à cette narration, que la merveille qui arriva dans la groſſeſſe d'Alankava, eſt la même qui s'eſt rencontrée dans celle de Miriam, mere d'Iſſa, c'eſt-à-dire de Marie, mere de Jeſus; ce qui pourroit faire croire que cette tradition des Mogols eſt une marque du Chriſtianiſme que ces nations du ſeptentrion ont autrefois profeſſé, & qu'ils ont beaucoup corrompu dans la ſuite.

ALBAINES, (*les*) ou les femmes d'Albe-Royale, ville de Hongrie fameuſe par le couronnement & la ſépulture des rois de Hongrie. Lorſqu'en 1543 cette ville fut priſe, pour la premiere fois, par les Turcs, on vit pluſieurs dames repouſſer ſouvent elles-mêmes les Infidèles, avec un courage & une réſolution héroïques, & paroître plus zélées & plus ardentes que les hommes même à la défenſe de leur patrie. Ceux qui ont lu les Annales de Hongrie, ſçavent que les fortifications de cette place furent, lors de l'aſſaut général, fort généreuſement défendues & gardées par l'infanterie Italienne, à l'aide des femmes. Une, entr'autres, eſt louée pour être montée ſur la brèche avec les capitaines & les ſoldats; là, tenant une faux de ſes deux mains, elle coupa d'un ſeul coup la tête à deux Turcs, qui s'efforçoient à l'envi de gagner la muraille.

ALBANI-AVOGADRI. (*Lucia*) Voyez AVOGADRI.

ALBERINI, (*Rodiana degli*) Parmeſane, de

qui l'on vante la conduite & les vertus, se fit, vers 1530, de la réputation par ses poësies italiennes & latines.

ALBIA TERENTIA, dame Romaine, d'une naissance très-illustre, épousa L. Salvius Othon. L'empereur Othon naquit de ce mariage, le 28 d'Avril, l'an 34 de l'ère commune.

ALBINE, fille de Rufius-Célonius-Albinus. Elle épousa vers l'an 387 de J. C. Publicola, fils de sainte Mélanie l'Ancienne, & en eut une fille nommée aussi *Mélanie*. Albine est une de ces femmes distinguées qui, dans les premiers siécles de l'église, furent la gloire du Christianisme & de leur sexe par leur vertu, leur charité, leurs aumônes, & leur application à la lecture des livres saints.

ALBINE, illustre Romaine, mere de Marcelle. S. Jerôme eut avec elle des liaisons de piété, & lui expliquoit souvent les passages difficiles de l'Ecriture. Albine, qui avoit beaucoup d'esprit & de pénétration, ne recevoit pas aveuglément les explications qu'on lui donnoit; elle les pesoit au poids du bon sens & de la saine raison; & S. Jerôme nous apprend qu'il regardoit Albine plutôt comme son juge, que comme son écoliere.

ALBISINDE ou AUBISINDE, fut fille d'Alboin ou d'Auboin, premier roi des Lombards, & de Clodofrinde, fille de Clotaire, premier du nom.

ALBOFLEDE, dite *Blanche-Fleur*, sœur du roi Clovis I, fut baptisée avec ce prince le jour de Noël 496. Elle fit ensuite à Dieu le sacrifice de sa virginité, & mourut, quelque tems après, fort regrettée de Clovis, qui l'aimoit tendrement.

ALBRET, (*Jeanne d'*) reine de Navarre. *Voyez* JEANNE D'ALBRET.

ALBRET, (*Charlotte d'*) duchesse de Valentinois. *Voyez* VALENTINOIS.

ALCATHÉE, femme de Cléombrote, roi de Sparte, & mere de Pausanias, son successeur, qui fut soupçonnée d'entretenir en Perse quelque intelligence contre sa patrie. Il en est fait mention dans le scholiaste d'Aristophane.

ALCÉ, célèbre courtisane, & vraisemblablement femme de mérite. On lit, dans le quatrieme livre d'*Aulugelle* : « *Pithagore* disoit qu'il avoit été d'abord » *Euphorbe*, ensuite *Pirandre*, puis *Callidène*, enfin » une courtisane très-belle qui s'appelloit *Alcé*. »

ALCESTES *ou* ALCESTIS, fille de Pélias, femme d'Admète, roi de Thessalie. Cette princesse est une des héroïnes de l'amour conjugal. Admète, son époux, étoit attaqué d'une maladie dangereuse. Alcestes allarmée consulta l'oracle, pour sçavoir quel en seroit l'évenement. L'oracle répondit qu'Admète devoit mourir, à moins que quelqu'un de ses amis ne voulût mourir pour lui. Il ne s'en trouva point d'assez généreux pour lui faire ce sacrifice. Alcestes, pour sauver les jours de son époux, se dévoua courageusement, & se donna la mort. Euripide, qui nous a laissé une tragédie d'Alcestes, rapporte que le jour même où Alcestes s'étoit sacrifiée, Hercule arriva chez Admète, son ancien ami : malgré la douleur dont il étoit accablé, Admète s'efforça de bien recevoir son hôte ; &, pour lui épargner le triste aspect du deuil dans lequel son palais étoit plongé, il le logea dans un appartement séparé. Sa générosité fut bien récompensée. Hercule alla, dit-on, attaquer la Mort qui conduisoit l'ame d'Alcestes aux enfers ; il fut vainqueur, & ramena Alcestes à son époux.

Cette histoire, que les poëtes ont défigurée par des fables, est racontée d'une maniere plus naturelle & plus vraisemblable par la princesse Eudocia Macrembolitissa, dans un ouvrage dont on n'a que le manuscrit. Alcestes, fille de Pélias, accusée d'avoir ôté la vie à son pere avec ses autres sœurs, prit la fuite, Admète, roi de Thessalie, lui offrit un asyle à Phérès, sa capitale, & bientôt après l'épousa ; mais leur union fut traversée par Acaste, fils de Pélias. Ce prince, pour vanger la mort de son pere, vint assiéger Phérès. Admète fit une sortie vigoureuse contre les assiégeans, pendant la nuit ; mais, s'étant avancé témérairement, il fut fait prisonnier. Acaste offrit à Admète la liberté, s'il vouloit livrer Alcestes à sa vengeance ; mais ce prince généreux ne voulut point l'accepter à ce prix. Alcestes, instruite du danger où son époux s'exposoit pour elle, alla se livrer elle-même. Hercule, peu-à-près, arriva à Phérès ; on lui raconta le trait généreux de l'amour d'Alcestes. Touché d'un si rare exemple, il redemanda Alcestes à Acaste ; sur son refus, il lui déclara la guerre, le vainquit, & rendit Alcestes à son époux.

ALCIATI. (*Laure Gabrielli Degli*) Voyez GABRIELLI.

ALCINOË, fille de Polybe le Corinthien, & femme d'Amphilochus. On dit qu'elle devint folle d'amour pour un certain Xantus de l'isle de Samos, qui étoit logé chez elle. Elle abandonna sa maison & ses enfans, & s'embarqua avec lui ; mais, pendant le voyage, elle fit des réflexions sur sa conduite. Le souvenir de son époux & de ses enfans se présenta à son esprit. Envain Xantus s'efforça de la consoler en lui promettant de l'épouser, rien ne put calmer son désespoir, & elle se précipita dans la mer.

ALCIPPE. Pline rapporte qu'elle enfanta un éléphant.

ALCISTHENE, femme Grecque, distinguée par son talent pour la peinture.

ALDOBRANDINA, (*Donna Olimpia*) princesse de Rossane. *Voyez* ROSSANE.

ALDROVANDI, (*Lavinie*) d'une famille illustre de Bologne : on a d'elle quelques poësies Italiennes dans un recueil de vers à la louange de donna Lucrèce Gonzague. Son nom ne s'y voit qu'en abrégé de cette maniere : *Lavinia Ald. Bol.* c'est-à-dire, *Lavinia Aldrovandi Bolognese.*

ALDRUDE, comtesse de Bertinoro dans la Romagne, « étoit, dit un historien de son tems,

„ qu'on nommera plus bas, d'une très-illustre
„ naissance, originaire de Rome, & de la noble
„ maison des Frangipani. On louoit sa politesse
„ d'ailleurs entre toutes les dames pour la beauté
„ & sa libéralité. Véritablement elle étoit libé-
„ rale pour tout le monde, & se plaisoit à ras-
„ sembler les plaisirs dans sa cour. Elle brilloit
„ de ses traits, & l'élégance de sa taille, de même
„ qu'à l'approche de l'aurore, l'étoille du matin
„ brille entre toutes les autres. Devenue veuve,
„ elle parut comparable par son courage, tant à
„ celle qui mit Holoferne à mort, qu'à celle qui
„ délivra le peuple d'Israël » (*Debora*). Dans
cette derniere phrase, l'écrivain fait allusion à ce
qu'Aldrude, conjointement avec Guillaume degli
Adelardi, l'un des plus puissans & des plus nobles
citoyens de Ferrare, força les troupes de l'empereur Frédéric I, & les Vénitiens de se retirer
de devant Ancone, qu'ils assiégeoient depuis environ sept mois; & dans les expressions dont il se sert,
on reconnoît qu'il n'étoit pas du parti de cet empereur. Au reste, c'est à cause de la levée de ce
siége d'Ancone, que l'histoire d'Italie a consacré la
mémoire de la comtesse Aldrude à l'immortalité.

Cette ville située sur la mer Adriatique, ayant
fait anciennement partie du duché de Spolète, avoit
été depuis, tantôt du domaine de l'église, tantôt
de celui des royaumes d'Italie. Vers la moitié du
XIIe siécle, on la trouve, sans que l'on sçache
comment, indépendante de l'un & de l'autre, former une espece de république libre, sous la protection des empereurs Grecs, dont un commissaire
& sans doute quelques troupes y résidoient. C'étoit
pour eux une médiocre possession ; mais c'étoit
pour eux une place maritime, qui, leur donnant
entrée en Italie, les mettoit à portée de veiller,
par leurs ministres, à ce qui se passoit dans la Lombardie, dont les peuples, pour la plûpart, étoient
toujours prets à se révolter contre les empereurs

Allemands, leurs souverains, & d'épier les occasions de faire valoir les prétentions qu'ils conservoient sur l'Italie, que les malheurs des tems & l'extravagance de quelques empereurs avoient laissé démembrer de leur empire, dont Rome étoit l'ancien & véritable siége. Les habitans d'Ancone, très-bons hommes de mer, couroient la mer Adriatique, & gênoient beaucoup le commerce des Vénitiens, qui les en avoient fait repentir plus d'une fois. L'empereur Frédéric I, qui voyoit avec d'autant plus de chagrin les Grecs tout-puissans dans Ancone, qu'il n'ignoroit pas que l'empereur Manuel Comnène avoit fait des tentatives auprès d'Alexandre III, pour se faire reconnoître, par le moyen de ce pape, roi des romains, & qu'il fournissoit en secret des secours d'argent aux Lombards révoltés contre lui, entreprit au mois de Juillet 1167, le siége de cette ville. Les habitans animés par les grecs, ayant la mer libre, & secondés sur la bonté de leurs fortifications, se défendirent avec tant de courage, que Frédéric perdit beaucoup de monde dans les différentes attaques, sans espérance de se rendre maître de la place. Il prit donc, au bout de quelques jours, la résolution de lever le siége, mais il eut l'adresse de sauver son honneur, en faisant insinuer aux assiégés de traîter avec lui. Les assiégés s'engagerent à lui payer une somme dont il fut content ; &, l'intérêt de ses affaires l'appellant à Rome, il s'y rendit avec toute son armée, le 24 du même mois de Juillet.

Les Grecs, qui résidoient dans Ancone, continuerent, après cet accommodement, à fournir à l'empereur Frédéric, des sujets de mécontentement ; & les habitans ne cesserent pas d'offenser les Vénitiens par leurs pirateries. C'est ce qui fut cause qu'en 1172, ils convinrent d'unir leur forces navales à celles de terre que commandoit Christian, archevêque de Mayence, archi-chancelier de. empereur Frédéric, & son vicaire ou lieutenant-général dans toute l'Italie ; & d'assiéger Ancone par terre & par mer. Les Vénitiens, avec un gros gallion & quarante galères, fermerent si bien le port, que rien n'y pouvoit entrer, & que rien n'en pouvoit sortir. L'archevêque, avec les troupes Allemandes, que l'empereur avoit en Italie, & celles qu'il avoit pu rassembler dans la Toscane, dans la Romagne, & dans le duché de Spolète, bloqua la ville de très-près.

Maître Buoncompagno, Florentin, de qui l'on est en droit en quelque sorte de faire descendre la maison des Buoncompagni, qui subsiste en Italie, illustrée depuis long-tems par la tiare, par le chapeau de cardinal, & par de grandes dignités séculières, vivoit du tems de ce siége, dont il a fait une relation latine assez-bien détaillée, & qui peut passer pour n'être pas absolument mal écrite. Il fleurissoit principalement vers 1220, & pour lors il enseignoit depuis plusieurs années, à Bologne, les belles-lettres & l'eloquence latine. Sa relation est imprimée dans le T. VI. du vaste recueil des *Historiens d'Italie*, & l'on en tirera tout ce qu'on va lire, à l'exception des dates du commencement & de la fin de ce siége, qu'on apprend des *Annales de Pise*, avoir commencé le 1 d'Avril, & n'avoir été levé que vers le 15 d'Octobre.

On voit dans la relation de Buoncompagno, que, durant ce siége, les habitans se défendirent avec tant de courage, qu'ils souffrirent, avec le temps, beaucoup plus de la disette des vivres, que des attaques des ennemis. Ils furent obligés de recourir aux alimens les plus dégoutans & les plus malsains: quiconque pouvoit avoir sur sa table de la chaire de chiens ou de chats, ou des cuirs de bêtes fraichement tuées, s'estimoit heureux. Réduits à ce triste état, les assiégés députerent un de leurs plus sages citoyens à l'archevêque de Mayence, « pour lui
» promettre, dit la relation, une somme immense,
» s'il

» s'il vouloit lever le siége. Le chancelier, ayant
» entendu cette proposition, répondit en souriant :
» Les Anconitains m'offrent l'argent que nous
» avons, & qui ne peut pas n'être point à nous ;
» mais nous vous disons que l'on auroit juste rai-
» son de mettre au rang des fous quiconque, pos-
» sédant le tout, demanderoit une partie. Ap-
» prenez un apologue qui doit être expliqué par
» un sage : Un certain chasseur, avec beaucoup
» de chiens, entra dans une vaste forêt ; une lionne
» y régnoit sur une multitude d'animaux : après
» l'avoir poursuivie long-tems, en perdant plu-
» sieurs de ses chiens, & déchirant ses propres
» habits, il la rencontra dans une caverne, où la
» faim la pressa tellement, qu'elle ne pouvoit pas
» éviter de tomber entre les mains du chasseur.
» Enfin, en rugissant, elle voulut composer avec
» lui, pour la perte d'une de ses griffes. Conseillerez-
» vous donc au chasseur d'accepter la griffe, &
» de laisser aller la lionne ? Le député pense un
» instant, & répond : Si le chasseur, entré dans la
» forêt, s'en tenoit à mon conseil, il ne laisseroit
» pas aller la lionne pour avoir une griffe ; mais
» si la lionne consentoit de donner avec sa griffe
» l'extrémité de ses oreilles, je conseillerois au chas-
» seur de conclure le marché, parce qu'il auroit
» bientôt tout le corps ; car il arrive souvent que,
» qui veut avoir le tout perd une partie, & se trouve
» ainsi privé du fruit d'un long travail. Un certain
» oiseleur ayant tendu son filet dans un champ,
» pour prendre des pigeons, jetta devant, selon
» la coutume, de la graine ; & sept pigeons vin-
» rent pour la manger. Il ne voulut pas les couvrir
» du filet, dans l'espérance de prendre avec eux
» ceux qu'il voyoit sur les arbres. Lorsqu'il eut at-
» tendu long-tems, parurent des faucons qui vo-
» loient en l'air ; & les sept pigeons, par qui la
» graine avoit été mangée, s'enfuirent. Il eût donc
» été mieux au chasseur d'avoir pris ces sept pi-

» geons, que de s'en retourner enfin haraffé de
» fatigue. Le chancelier en colere, jura par lui-
» même, que les Anconitains ne se pourroient ja-
» mais accommoder avec lui, qu'en se livrant eux &
» leur ville, sans faire aucune condition. »

Cette dernière réponse de l'archevêque jetta les assiégés dans une grande consternation. L'assemblée générale se tint, où les uns furent d'avis de se rendre ; les autres d'aller tous combattre les ennemis, pour mourir les armes à la main, plutôt que d'être les spectateurs de la destruction de leur ville. Un vieillard de près de cent ans, qui, dans un corps usé, conservoit un esprit sain & beaucoup d'éloquence, ranima leur courage, en leur proposant d'employer leurs trésors à se procurer des secours étrangers, & de choisir des députés capables de s'acquitter de cette commission, sinon de jetter toutes leurs richesses dans la mer, & d'aller tous vendre leur vie très-cher aux assiégeans. Trois nobles, dont on fit choix, se jetterent dans un esquif avec beaucoup d'argent, passerent comme par miracle, au milieu de la flotte Vénitienne, & se rendirent à Ferrare chez Guillaume, fils de Marchesello degli Adelardi, qui leur conseilla de s'adresser à la comtesse de Bertinoro. Les députés ne l'eurent pas plutôt priée de secourir leur ville, qu'elle ordonna que tout ce que son état avoit d'infanterie & de cavalerie prît les armes.

De son côté, Guillaume, sans perdre de tems, se rendit en Lombardie, pour y rassembler une armée. Il engagea, pour cet effet, tous ses biens ; & comme l'argent qu'il avoit eu ne lui suffisoit pas, il prit les fils de ses amis & de ses vassaux, en promettant de les avancer à la guerre, & les mit en gage pour d'autre argent qu'il emprunta. Lorsqu'il étoit en marche pour Ancone, il rencontra, près de Ravenne, Pierre de Traversuri, le plus noble des citoyens de cette ville, & son cousin, lequel étant ami de l'archevêque de Mayence, étoit à la tête des troupes qu'il avoit levées pour empêcher Guillaume d'aller secourir Ancone. Celui-ci, qui ne pouvoit pas prendre une autre route, parce que toutes les villes de ces cantons, à la reserve de Rimini, tenoient pour l'empereur, propose à Pierre de renvoyer chacun leur armée, & d'aller ensemble à Ancone, pour y travailler à faire un accommodement. Pierre y consent, & licentie sur le champ ses troupes. Guillaume feint d'en faire autant, & prend le chemin d'Ancone avec Pierre ; mais au commencement de la nuit, son armée se remet en marche, en passant le long des murs de Ravenne ; ensorte que, le lendemain, Pierre & Guillaume étant à Rimini, le premier voit l'armée du second, & se retire très-confus de s'être laissé tromper, en reprochant à Guillaume sa supercherie. Celui-ci ne répond rien, & va très-content se remettre à la tête de son armée, avec laquelle il attend l'arrivée de la comtesse Aldrude.

Cependant l'archevêque de Mayence, étonné de la constance des assiégés, & craignant l'arrivée du secours qu'il étoit bien informé qu'on leur préparoit, leur fit remettre par un prétendu courier une lettre supposée de leurs députés, dans laquelle ils disoient « qu'ils avoient perdu tout l'or dont
» on les avoit chargés ; que la comtesse de Ber-
» tinoro manquoit à la parole qu'elle avoit don-
» née, parce qu'elle craignoit l'armée que l'em-
» pereur venoit d'envoyer au Chancelier, & que,
» dans la crainte d'attirer sur eux les armes impé-
» riales, les Lombards n'osoient rien faire pour les
» secourir. Qu'ils leurs conseilloient donc très-sé-
» rieusement de ne pas attendre que le Chance-
» lier fût instruit de tout, & de se hâter d'en tirer
» une capitulation la moins désavantageuse qu'il
» seroit possible. » Cette lettre fit peu d'effet dans la ville, parce que les principaux assurerent avec serment, qu'elle ne contenoit rien que de faux.

Quelques jours après, on vit paroître les troupes

de la comtesse Aldrude, & celles de Guillaume Adelardi, lesquelles avoient à leur tête un étendart d'étoffe d'or. Elles étoient composées de douze escadrons de deux cens hommes d'armes chacun, tous gens d'élite & d'une multitude innombrable, tant de troupes reglées d'infanterie, que d'autres armées à la legère. Comme le jour commençoit à baisser quand elles arriverent, elles camperent sur une hauteur non loin du camp de l'archevêque ; & lorsqu'il fut tout-à-fait nuit, Guillaume ordonna que tous les fantassins & les écuyers allumassent promptement deux chandelles ou davantage, & qu'ils les missent au haut de leurs piques & de leurs lances. Les batteurs d'estrade du Chancelier, voyant, des hauteurs voisines, cette multitude de lumières, coururent lui dire que l'armée qui venoit d'arriver, étoit immense. Le prélat décampa sur le champ, &, s'éloignant un peu de la ville, s'alla poster sur une hauteur que la nature rendoit très-forte.

Guillaume fit assembler ses soldats pour les haranguer. Il exposa tout ce qu'il avoit fait pour être en état de secourir Ancone, dont il dépeignit la misère. Il leur représenta « qu'ils n'avoient à com-
» battre qu'une foule de brigands, commandés par
» un prêtre, qui n'étoient pas moins détestés de
» ceux en faveur desquels ils portoient les armes,
» que de ceux contre lesquels ils combattoient ; &
» que, comme ils le voyoient, ces gens accoutumés
» à vivre de rapines, n'osoient pas les attendre,
» & fuyoient devant eux, comme les milans fuient
» lorsque l'Aquilon souffle : qu'au reste, s'ils osoient
» tenir ferme, ils n'auroient que la peine d'éten-
» dre leurs cadavres à terre, pour être la pâture
» des oiseaux du ciel, & de faire un exemple, qui
» rempliroit de terreur les brigands & les malfai-
» teurs de tout l'univers. » L'armée répondit à ce discours par des acclamations de joie & d'approbation, qui, répétées & multipliées par les échos des environs, firent trembler toute l'armée de l'archevêque.

La comtesse Aldrude, se levant ensuite, harangua l'armée ; & voici la traduction un peu libre de ce que Buoncompagno lui fait dire. « Encouragée
» & fortifiée par la faveur & la grace du ciel,
» j'ai résolu, contre l'usage général des femmes,
» de vous parler ici, parce que ce que je vous
» dirai, vous sera de quelque utilité, quoique dé-
» nué de l'agrément des figures de l'éloquence,
» & de la force des raisonnemens de la philosophie.
» Il arrive souvent qu'un discours tout simple for-
» tifie l'esprit des auditeurs, au lieu que des dis-
» cours bien travaillés ne flattent que les oreilles.
» Ce n'est point l'envie de dominer, la cupidité de
» quelques avantages temporels, ni le desir de
» m'emparer du bien des autres, qui m'ont con-
» duite ici. Depuis la mort de mon mari, je règne
» plongée dans la tristesse, sur tout son Comté, sans
» éprouver aucune contradiction. J'ai tant de châ-
» teaux, de petites villes, de bourgs & de terres,
» que j'ai peine à conserver ce que je possede.
» C'est ordinairement ceux dont le bien est mé-
» diocre, & qui se voient à peine de quoi vivre,
» qui veulent s'emparer du bien des autres. Ce
» qui m'anime, c'est le misérable état où les ci-
» toyens d'Ancone languissent ; ce sont les larmes
» & les prières des dames de cette ville : elles
» craignent, plus qu'on ne peut dire, de tomber en-
» tre les mains des assiégeans, qui feroient de leurs
» corps un objet d'opprobre éternel ; car cette dé-
» testable troupe de brigands se laisse conduire
» par un instinct aveugle, & n'épargne personne,
» tant qu'elle est dans la possibilité de mal faire.
» Vous sçavez tout ce dont il s'agit, & je n'ai
» pas besoin d'entrer dans aucun détail. C'est
» donc pour secourir des gens consumés par la faim,
» accablés par les fatigues de longs combats, ex-
» posés continuellement à de nouvelles fatigues, à
» de nouveaux dangers, que je viens avec mon fils
» unique, qui, bien qu'encore enfant, se rappelle

E. iij

» la grandeur d'ame de son pere, & montre le
» même courage & le même zèle pour la défense
» & la protection de ses amis. Et vous, guerriers
» de la Lombardie & de la Romagne, qui ne bril-
» lez pas moins par votre fidélité sincère à vos
» engagemens, que par votre valeur dans les com-
» bats, c'est la même raison qui vous amène.
» Vous obéissez aux ordres, & vous imitez l'exem-
» ple de Guillaume Adelardi, qui, n'écoutant que
» sa générosité naturelle & son amour pour la li-
» berté, n'a pas fait difficulté d'engager ses biens
» & ceux de ses amis & de ses vassaux, pour la
» délivrance d'Ancone : je ne sçais comment je
» pourrois à ce sujet assez dignement le louer,
» parce que la langue ne suffit pas à l'expression
» des volontés & des pensées de l'homme. Il con-
» venoit qu'il fît ce qu'il a fait, parce que l'on
» devient véritablement vertueux, quand on es-
» time plus la vertu que les richesses & les hon-
» neurs. Au reste, cette entreprise glorieuse vous
» a réussi jusqu'à présent, puisque vous êtes par-
» venus ici par les pays & les défilés occupés par
» vos ennemis. Mais il est tems à présent que la
» semence produise son fruit. Il est tems de faire
» l'essai de vos forces, puisque vous avez occasion
» d'exercer votre courage. Loin donc tout délai,
» qui ne fait le plus souvent qu'émousser la valeur
» de beaucoup de gens. Soyez sous les armes à
» la premiere pointe du jour, afin que le soleil,
» en se levant, éclaire la victoire que le Très-Haut
» promet à votre charité pour le malheureux peu-
» ple d'Ancone. Que mes prières puissent donc
» quelque chose sur vous, & que la vue de ces
» belles personnes, qui m'accompagnent, anime
» votre courage. Si les gens de guerre ont coutu-
» me de faire, suivant leur bon plaisir, des tour-
» nois, où, déployant leur force & leur courage
» dans de cruels combats, ils exposent leur vie
» en l'honneur, non-seulement des belles qu'ils ont

» devant les yeux, mais aussi de celles qu'un léger
» souvenir rappelle à leur esprit ; combien plus
» devez-vous faire vos efforts pour obtenir la vic-
» toire, vous qui, par le seul motif de votre en-
» treprise, augmentez la gloire de votre nom, &
» vous acquerez l'estime de l'univers ? Que vos
» mains donc n'épargnent point les rebelles ; que
» vos épées se baignent dans le sang de qui vous
» résistera. L'indulgence ne doit point avoir lieu
» pour ceux qui, lorsque l'occasion de faire du mal
» se présente, ne sçavent point user du pardon. »
Si ce ne fut pas véritablement ce que la Comtesse
dit à l'armée assemblée, c'est du moins un essai
du goût d'éloquence qui régnoit à la fin du XIIe
siécle, & au commencement du XIIIe; & cet essai
pourra faire plaisir à quelques lecteurs. Le discours
d'Aldrude « fit, dit l'historien, refleurir comme
» un lys les bataillons de soldats. Ils éclaterent
» unanimement par des cris de plaisir & de joie,
» & formerent de très-agréables danses au bruit des
» trompettes & des tambours. Les femmes per-
» suadent les hommes sans peine, parce que cette
» espece de persuasion est, dès l'origine du monde,
» l'ouvrage de la nature. »

L'archevêque, se voyant hors d'état de tenir tête
à cette armée nombreuse, si prête à bien faire,
emprunta des armes aux Vénitiens, sous prétexte
de la bataille, & s'enfuit pendant la nuit, sans les
en avertir. Les Vénitiens, ainsi trompés, se retirerent. Ce fut de cette manière qu'Aldrude & Guillaume délivrerent Ancone.

Ils resterent avec leurs troupes près d'Ancone,
jusqu'à ce que les autres villes de la Marche, qui
portoit le nom de cette ville, & dont elle étoit
alliée, l'eussent abondamment pourvue de grains,
& de toute autre sorte de vivres. Toute la ville
ensuite, hommes & femmes, jeunes & vieux, vinrent remercier Aldrude & Guillaume, & leur offrirent un grand nombre de magnifiques présens.

La Comtesse reprit le chemin de ses états avec son armée, & rencontra plusieurs fois dans sa marche les troupes des ennemis, dont elle triompha toujours. Les premiers qui l'attaquerent furent repoussés avec perte de beaucoup de morts & de prisonniers, & forcés, pour échapper à sa poursuite, de s'enfermer dans Sinigaglia.

Guillaume, après avoir licentié ses troupes, s'embarqua pour Constantinople. Il y fut reçu comme un prince puissant. L'empereur le fit asseoir à sa droite, & le logea dans le palais impérial. Les seigneurs & les dames de la cour, dont l'exemple fut imité par tout le peuple, lui firent des honneurs extraordinaires. Lorsqu'il repartit, l'empereur lui fit présent d'habits impériaux, tout brodés d'or & de pierres précieuses; de chevaux, d'une tente, d'une enseigne d'or, & de tout le bagage d'un chevalier; de vases d'or & d'argent, & d'une si grande quantité de Perpères, espece de monnoie d'or, qu'il eut suffisamment de quoi retirer tout ce qu'il avoit engagé pour secourir Ancone.

ALENÇON. (*Anne d'*) Voyez MONTFERRAT.

ALERAC. (*mademoiselle d'*) Voyez CHARCE.

ALESSANDRI, (*Marie Buonaccorsi*) de Florence, appellée, parmi les Arcades de Rome, *Leucride Ionide*, s'est fait en ce siècle, de la réputation par ses poësies italiennes, & par son sçavoir. Crescimbeni parle d'elle fort au long dans son histoire de l'Arcadie, & rapporte plusieurs pièces de sa composition. Elle vivoit encore en 1730.

ALÈTHE ou ALIX DE MONTBARD, fille de *Bernard*, seigneur de ce lieu, fut femme de Tescelin, seigneur de Fontaines près de Dijon, & mere de S. *Bernard*, abbé de Clairvaux, qu'elle mit au monde en 1091. Soumise à son époux, elle faisoit son occupation du gouvernement de sa maison, de l'étude, son pere l'ayant fait instruire dans les lettres, & des œuvres de charité. Une fille & six fils, dont elle fut mere, furent, aussi-tôt après leur naisfance, offerts à Dieu de ses propres mains. Elle les allaita tous elle-même; &, tant qu'elle les eut sous les yeux, non-seulement elle ne souffroit pas qu'ils s'accoutumassent aux viandes délicates, mais encore elle leur donna les premiers principes d'éducation en tout genre, en dirigeant tout vers le service de Dieu. « Elle sembloit dès-lors, dit l'abbé » *Fleuri*, dans son Histoire ecclésiastique, les pré- » parer de loin à la vie monastique, qu'ils em- » brasserent en effet tous sept dans la suite. » Six prirent le parti du cloître, à la persuasion de leur frere *Bernard*, qui fut le troisieme des enfans d'Alèthe.

On raconte que cette dame, étant enceinte de S. Bernard, songea qu'elle l'étoit d'un petit chien blanc, qui ne faisoit qu'abboyer dans son sein. Un homme de piété, qu'elle consulta sur ce songe dont elle étoit effrayée, lui dit, « qu'elle n'avoit rien » à craindre; que l'enfant qu'elle portoit, seroit » un fidèle gardien de la maison du Seigneur; » que ce seroit un prédicateur qui, par la dou- » ceur de sa langue, guériroit les ames malades, » & qui, par la véhémence de ses discours, ter- » rasseroit les ennemis de la foi. » La vertueuse Alèthe fut consolée, dit-on, par ces prédictions, que l'on peut très-bien, sans pécher contre la foi, croire imaginées après coup, pour les faire servir d'une espèce d'annonce à tout le merveilleux, dont on vouloit remplir la vie de S. Bernard. Quoi qu'il en soit, Alèthe offrit cet enfant à Dieu, comme elle avoit fait de ses deux aînés; &, soit par l'effet d'une inspiration particulière, soit par la suite d'un arrangement de famille, elle le destina dès-lors entièrement au service de l'église de Dieu. Ce fut pour cela qu'elle le mit, le plutôt qu'elle put, aux études chez des ecclésiastiques séculiers de Châtillon-sur-Seine.

Elle eut la consolation de jouir de la rapidité des

progrès de ce fils bien aimé. Bernard avoit environ quatorze ans, lorſqu'en 1105 ou 1106 elle mourut en odeur de ſainteté. Dès qu'elle fut morte, Jarenton, abbé de S. Bénigne de Dijon, alla lui-même, avec tous ſes moines, en lever le corps; l'inhuma dans ſon égliſe, & lui fit faire un mauſolée, autour duquel il voulut que l'on repréſentât les ſix fils d'Alèthe.

ALEXANDRA, ſurnommée *Salomé*, reine des Juifs. Elle étoit femme d'Ariſtobule, fils aîné d'Hyrcan. Ce prince s'étant fait proclamer roi des Juifs, conſentit de partager le trône avec ſon frere Antigone qu'il aimoit ; mais il fit garder étroitement ſes trois autres freres, auſſi-bien que ſa mere qu'il laiſſa mourir de faim dans l'appartement qu'il lui avoit donné pour priſon. Sa cruauté ne s'en tint pas là : quelque tems après, il eut ou feignit d'avoir quelques ſoupçons contre Antigone; &, ſur un prétexte vrai ou faux, il le fit mourir. Depuis qu'il eut commis ce crime, il ne ceſſa d'être en proie aux remords les plus cuiſans ; & la douleur le conduiſit au tombeau. Il n'eut pas plutôt fermé les yeux, qu'Alexandra mit en liberté les freres d'Ariſtobule, & poſa la couronne ſur la tête d'Alexandre Jannéus, qui étoit l'aîné, & dont le caractere doux & modéré le rendoit plus agréable aux Juifs. Il monta donc ſur le trône, l'an du monde 3929, & avant Jeſus-Chriſt 106.

ALEXANDRA, reine des Juifs, femme du roi Alexandre Jannéus, dont il vient d'être fait mention. Cette princeſſe fut mere d'Hyrcan & d'Ariſtobule ; & ſa conduite pleine de prudence, conſerva le royaume à ſes enfans. Le règne d'Alexandre Jannéus avoit fort indiſpoſé, contre le prince & toute la famille royale, les eſprits du peuple & des Phariſiens. Ceux-ci ſur-tout ne pouvoient lui pardonner la hauteur avec laquelle il les avoit traités: leurs richeſſes & leur crédit les mettoient en état de tout entreprendre ; & la mort d'Alexandre paroissoit devoir être le signal d'une grande révolution. Le roi sentit trop tard le tort qu'il avoit eu de ménager si peu les grands, ou de ne les avoir pas totalement opprimés. Son âge & ses infirmités lui laissoient peu les moyens de corriger les défauts de son gouvernement. Il se contenta de recommander en mourant à la reine sa femme, de ménager davantage ses sujets, & de ne rien faire sans l'avis des Pharisiens : après qu'il eut instruit cette princesse de ses dernieres volontés, il la laissa régente du royaume, avec la liberté de disposer de la couronne en faveur de celui de ses fils, qu'elle jugeroit le plus digne de la porter.

Alexandra suivit les conseils de son époux, & tout lui réussit au gré de ses desirs. Hyrcan, l'aîné de ses fils, étoit peu capable de gouverner. Né lâche & indolent, il ne cherchoit qu'à vivre dans les plaisirs & dans l'oisiveté. Aristobule, son cadet, avoit au contraire beaucoup d'esprit : il étoit actif, laborieux, plein de hardiesse & de courage. Celui-ci n'étoit pas moins à craindre que l'autre étoit méprisable. La reine qui, pendant la vie du feu roi, s'étoit concilié l'affection du peuple, par la protection constante qu'elle avoit accordée aux malheureux, & par les récompenses ou les bienfaits qu'elle avoit sçu distribuer à propos à l'insçu de son mari, ne trouva dans ses sujets aucune opposition au projet qu'elle avoit conçu ; ce fut de se conserver à elle-même l'autorité souveraine. Dans cette vue, elle fit établir Hyrcan grand sacrificateur & roi des Juifs : elle eut moins égard en cela au droit d'aînesse, qu'à l'incapacité du prince ; car n'ayant d'autre dessein que d'en faire une ombre de roi, elle ne lui laissa que l'exercice de la grande sacrificature, & les marques de la royauté ; deux dignités souvent réunies chez les Juifs dans la même personne. Elle confia cependant aux Pharisiens l'administration & le soin de toutes les affaires, & voulut même que le peuple leur obéit. Les Pharisiens, par reconnoissance pour la régente, ne faisoient rien que de l'avis de cette princesse, qui regna réellement jusqu'à sa mort arrivée peu de tems après, l'an du monde 3965, & avant J. C. 70.

On ne sçauroit refuser à cette princesse les plus grands éloges, puisque non-seulement elle fut, par ses vertus, l'ornement & le soutien du trône, pendant le règne d'Alexandre, mais qu'elle sçut encore prévenir les troubles & les désordres que sa mort devoit occasionner, & régner elle-même glorieusement, aimée & respectée de tous les ordres de l'Etat. L'historien Josephe dit d'Alexandra, qu'elle ne tenoit rien de la foiblesse de son sexe, & qu'elle fit voir par ses actions, qu'elle étoit très-capable de commander.

ALEXANDRA, fille d'Hyrcan, femme d'Alexandre, fils d'Aristobule, second roi des Juifs, & mere d'un autre Aristobule, grand sacrificateur, & de Mariamne femme d'Hérode surnommé *le Grand*. L'ambition excessive & la vanité de cette princesse furent la cause de sa perte & de la ruine de sa famille. Elle eut recours à la fameuse Cléopatre, reine d'Egypte, & la pria de demander à Antoine la grande sacrificature pour son fils. Hérode n'eut pas plutôt appris ces menées secrettes, que, feignant de se réconcilier avec elle, il donna cette dignité à Aristobule. La mere & le fils ne furent point les dupes de cette générosité. Le caractere d'Hérode leur étoit trop bien connu, pour ne pas craindre que ces dons ne fussent empoisonnés. Ils dissimulerent cependant ; mais résolus de se soustraire au ressentiment du monarque, ils imaginerent de faire construire des coffres en forme de bières, de s'y cacher, & de se faire transporter secrettement auprès de Cléopatre leur protectrice. Hérode, informé de ce projet, en empêcha l'exécution & fit noyer le grand sacrificateur. Alexandra, plus animée que jamais contre le tyran, rouloit dans son esprit mille projets de vengeance ; la crainte d'être découverte l'empêchoit de les exécuter. Elle envoya solliciter Hyrcan, son pere, de fomenter quelque révolution, & lui persuada de se retirer chez les Arabes, dont les secours pourroient l'aider à monter sur le trône. Le bon vieillard, moins par ambition que par amitié pour sa fille, se disposoit à suivre ses conseils ; mais Hérode le prévint, & le fit mourir. Le même roi se défit encore de Mariamne, qu'il avoit aimée avec une passion extrême. Alexandra fit voir, dans cette occasion, combien la crainte est capable d'abbatre & de déprimer l'ame la plus généreuse. Par une bassesse indigne de son grand cœur, elle approuva la cruauté d'Hérode, & poussa même la flâterie jusqu'à s'emporter contre sa fille, qui n'avoit que trop mérité, selon elle, la mort qu'elle venoit de subir ; mais cette lâche dissimulation ne servit qu'à la rendre méprisable aux yeux d'Hérode, & ne la mit pas à couvert de la fureur de ce tyran ; car, ayant sçu qu'elle continuoit ses intrigues, & qu'elle tâchoit de se rendre maîtresse de deux forteresses de Jérusalem, il la fit mourir l'an vingt-huitieme avant Jesus-Christ.

ALEXANDRA, fille d'Aristobule, & femme de Philippion, fils de Ptolémée Mennéus, roi de Calcide, province située sur le Mont-Liban. Elle étoit d'une beauté si extraordinaire, qu'elle inspira une passion criminelle à son beau-pere, lequel, pour en jouir, fit massacrer son fils, & l'épousa.

ALEXANDRA, fille de Phazaël, fils de ce Phazaël qui se tua quand il se vit pris par les Parthes, avec Hyrcan & Mariamne, fille du grand Hérode. Elle épousa Limius, un des plus illustres seigneurs de l'isle de Chypre, qui mourut sans enfans.

ALEXANDRA DE L'ESCALE. *Voyez* ESCALE.

ALEXANDRÉE, femme de Carpocrate, chef de l'hérésie des Carpocratiens, dans le second siécle de l'église, native de Céphalonie, isle de Grèce. Le nom de son mari fait toute sa célébrité : elle vivoit vers l'an 130, & eut de Carpocrate un fils nommé *Epiphane*, qui fut élevé dans les maximes de la philosophie de Platon : ce jeune homme ajoûta quelques nouveaux dogmes à ceux de son pere, & mourut agé de dix-sept ans.

ALEXIOWNA, (*Catherine*) impératrice de Russie. *Voyez* CATHERINE ALEXIOWNA.

ALIÉNOR DE GUIENNE. *Voyez* ÉLÉONOR DE GUIENNE.

ALIX DE CHAMPAGNE, reine de France, troisiéme femme de Louis VII, dit *le Jeune* & *le Pieux*, étoit la cinquiéme fille de Thibaud IV, dit *le Grand*, comte palatin de Champagne, & de Mahaud ou Mathilde de Carinthie. Suivant le continuateur d'Aymoin, elle n'étoit pas moins recommandable par les dons précieux qu'elle avoit reçus de la nature, que par les rares qualités qu'une excellente éducation avoit pris soin de perfectionner en elle. Aux charmes d'un esprit vif & brillant, elle réunissoit ceux d'une beauté parfaite & de la vertu la plus pure. Dans une cour aussi galante & aussi magnifique qu'étoit celle du Comte, Alix l'emportoit sans peine sur toutes les princesses de Champagne & des états voisins. Sa douceur & sa générosité la rendoient infiniment chère à son pere : son goût pour la poësie l'avoit rendue l'objet des éloges & des hommages de tous les beaux esprits du tems. Une réputation si bien méritée avoit fait rechercher son alliance par les plus grands princes.

Louis VII, roi de France, venoit de perdre (en 1160) Constance de Castille, sa seconde femme ; il ne balança pas un moment sur le choix qu'il avoit à faire ; & pour la premiere fois peut-être, la politique autorisa son inclination. En effet Louis le Jeune espéroit, avec raison, tirer de ce mariage de grands avantages pour sa couronne : non-seulement il s'unissoit d'intérêt avec l'une des plus puissantes maisons du royaume ; il rompoit encore ses liaisons avec les Anglois, qui n'étoient déja que trop redoutables à la France, par les vastes domaines qu'ils y possédoient.

Déterminé par tant de motifs, Louis envoya demander au comte Thibaud, sa fille qui se rendit sur le champ à la cour de France, suivi de toute sa famille & d'une foule de noblesse. Le mariage fut célébré peu de tems après, avec la plus grande magnificence ; &, pour resserrer les nœuds de cette union, le roi fit épouser deux filles qu'il avoit eues de son premier lit, aux deux fils aînés du comte de Champagne.

Il ne manquoit au bonheur de Louis que d'avoir des enfans de la belle Alix. Cependant, quoiqu'il l'aimât avec toute la tendresse dont elle étoit digne, elle fut quatre années entieres stérile ; ce qui affligea sensiblement le roi & toute la France. De tout tems les François se sont distingués des autres nations, par leur tendre attachement pour leurs rois : ils le témoignerent d'une manière bien éclatante dans cette circonstance, où la crainte de ne point avoir d'héritier à leur souverain, leur tenoit presque lieu d'une calamité publique. De l'avis de Louis & de de son épouse, le clergé n'eut pas plutôt ordonné des jeûnes & des prieres, pour obtenir du ciel un successeur à la couronne, qu'on vit de toutes parts une multitude prodigieuse de peuple courir se prosterner dans les temples, & par les prieres les plus ferventes, implorer la miséricorde du Tout-puissant. Ce ne furent, pendant plusieurs jours, que processions & que pélerinages, dans la capitale & dans toutes les provinces : l'artisan avoit oublié son travail, le marchand son commerce, le riche ses plaisirs ; & tous se réunissoient pour souhaiter, pour demander à Dieu la même chose. Tant de vœux furent enfin exaucés ; &, le 22 du mois d'Août 1165, la reine accoucha d'un fils qui fut appellé *Philippe*, & surnommé *Dieu-donné*, parce que le ciel l'avoit accordé aux prieres de toute la

France. « Louis son pere, dit l'auteur des Anec-
» dotes des reines & régentes de France,
» n'étoit alors âgé que de quarante-cinq ans, &
» non pas de soixante & dix-neuf, comme l'ont
» écrit quelques auteurs ; mais les infirmités, qui
» l'accablerent de bonne heure, le firent regarder
» comme fort vieux, dans un âge où les autres
» sont encore dans toute leur vigueur. »

Alix, devenue mere, ne songea plus qu'à remplir fidèlement les nouveaux devoirs que cette qualité venoit de lui imposer: elle se livra toute entière à l'éducation de son fils ; & la France est doublement redevable à cette illustre princesse d'un de ses plus grands monarques. Mais ce n'étoit pas seulement dans l'éducation de Philippe Auguste, qu'Alix devoit faire briller les rares talens que nous avons dit qu'elle avoit reçus de la nature ; la santé languissante du roi son époux exigeoit encore qu'elle aidât ce prince à supporter le poids des affaires. Elle le fit avec autant de courage que d'habileté. Louis, étant allé en Angleterre visiter le tombeau de saint Thomas de Cantorbery, & y demander le rétablissement de sa santé & de celle du prince Philippe, tomba dans une paralysie complette ; & perdit ensuite l'usage de la moitié du corps, dans un voyage qu'il fit à saint Denis en 1179. Il ne put se trouver au sacre de Philippe, qui se fit le lendemain de cet accident, jour de la Toussaint, & il mourut le 18 de Septembre de l'année suivante.

La régence appartenoit de droit à la reine, & Louis la lui avoit assurée avant de mourir ; mais il avoit voulu voir célébrer le mariage de son fils Philippe, avec la niéce du comte de Flandres, Isabelle de Haynaut, ce qui n'étoit point du goût d'Alix, dont l'authorité ne pouvoit manquer d'être contre-balancée par celle de Philippe comte de Flandres, beau-pere & ci-devant gouverneur & parrein du jeune monarque. En effet, soit ambition

tion de la part du Comte, soit jalousie de la part de la reine, l'un & l'autre ne tarderent pas à se brouiller, du vivant même de Louis VII. Le jeune prince s'étant rangé du parti du Comte, Alix fut obligée de se retirer de la cour avec ses freres. Elle eut recours au roi d'Angleterre pour faire la paix avec son fils. « Après un entretien entre Philippe » & Henri II, dit Roger de Hoveden, historien » du tems, où les deux rois prirent tour-à-tour le » ton de la douceur & celui de la menace, Henri » obtint enfin du roi de France, malgré l'avis du » comte de Flandres & de Robert Clément, qu'il » oublieroit ses mécontentemens contre sa mere » & ses oncles, & qu'il y auroit entr'eux une » réconciliation. Il fut même arrêté que Philippe » payeroit chaque jour à sa mere sept livres pa- » risis, pour son entretien; que sa dot lui seroit » rendue, après le décès de Louis, en totalité, » à l'exception des places fortifiées & des munitions. »

La bonne intelligence se rétablit entre le fils & la mere : on ne sçauroit dire en qu'elle année; mais ce ne dut être que quelque tems après la mort de Louis le Jeune. Quoi qu'il en soit, on voit par des lettres d'Etienne de Tournai, que Guillaume de Champagne, frere de la reine, étoit à la tête des affaires, & premier ministre de Philippe-Auguste en 1185, & que le comte de Flandres étoit en guerre avec le roi, pour le comté de Vermandois. Alix continua donc d'avoir une grande part au gouvernement; & Philippe en fut si satisfait, qu'en 1190, ayant formé le dessein de passer à la Terre sainte, il confia, de l'avis des barons du royaume, la tutelle du jeune Louis son fils, & la régence de de l'état à sa mere, conjointement avec Guillaume frere de la reine, cardinal-archevêque de Rheims.

Pendant l'absence du monarque, il survint une affaire où la régente se comporta avec toute la prudence & la fermeté qu'on attendoit de son caractere. L'évêque de Dole, mal conseillé, préten-

doit non-seulement ne pas dépendre de l'archevêché de Tours, mais même être son métropolitain. Il porta sa cause à Rome ; mais Philippe-Auguste, sur la nouvelle qu'il reçut de ce différend, écrivit au pape, pour lui représenter que lui seul avoit droit dans son royaume de régler de pareilles contestations, & se déclara pour l'archevêque de Tours. La reine mere, de son côté, écrivit aussi à Rome ; & ses lettres à ce sujet sont pleines de force & de grandeur d'ame : « Abuser, disoit-elle, » de l'absence d'un prince auquel la piété a fait » abandonner ses états, y jetter du trouble, ou » le permettre, c'est pécher contre le Fils de Dieu, » contre le Saint-Esprit. Chargée du soin du royau-
» me, je dois, ajoûtoit-elle, pourvoir à sa tran-
» quillité, & faire en sorte qu'il n'y ait point d'inno-
» vations qui puissent ou l'indigner ou le chagriner. »
Elle finit par demander au pape, qu'il laisse les choses dans le même état, jusqu'au retour de son fils ; qu'autrement ce prince sçauroit maintenir ses droits, & ceux des églises de France dont il étoit le protecteur. Par cette fermeté, la plus forte barrière qu'on puisse opposer aux entreprises de la cour de Rome, Alix obtint ce qu'elle demandoit.

Philippe-Auguste étant tombé dangereusement malade en Asie, fut contraint de revenir en France en 1192. Depuis cette époque, l'histoire ne fait plus mention d'Alix de Champagne, que pour rapporter quelques fondations pieuses de cette princesse. Elle mourut à Paris le 4 de Juin 1206, & fut inhumée à l'abbaye de Pontigny, fondée par Thibaud le Grand, son pere.

ALIX, reine de Chypre, fille de Henri, surnommé *le Jeune*, comte de Champagne, & d'Isabelle de Jérusalem. Cette princesse & les suivantes du même nom, ne sont guères illustres que par le rang qu'elles ont tenu dans le monde. Plus voisines de notre tems, leurs vertus ou leurs belles qualités nous auroient été plus connues. Celle dont il s'agit ici, fut femme de Hugues de Lusignan, premier de ce nom, roi de Chypre, dont elle eût Henri, roi de Chypre ; & deux filles, Marie & Isabelle. Hugues étant mort en 1218, Alix se remaria avec Boëmond IV, prince d'Antioche : elle en fut séparée, sous prétexte de parenté, & s'unit à un troisieme époux qui fut Raoul de Soissons ; elle mourut vers l'an 1246.

ALIX, dite aussi *Adèle*, comtesse de Crépi & de Valois, fille de Raoul II, comte de Crépi & de Valois, & d'Alix, comtesse de Bar-sur-Aube. Elle épousa successivement Herbert IV du nom, comte de Vermandois, Thibaud III, comte de Champagne & de Brie, & enfin Renaud II, comte de Clermont en Beauvaisis. On ignore précisément le tems où elle mourut : on sçait qu'elle vivoit encore l'an 1118, comme le témoigne une charte du prieuré de Crépi. Elle est enterrée auprès de son mari à saint Arnould de Crépi.

ALIX de France, fille du roi Louis VII & d'Eléonore, duchesse de Guienne, sa premiere femme, nâquit au retour du voyage que son pere avoit fait en orient. Elle épousa en 1164, Thibauld I, dit *le Bon*, comte de Blois, sénéchal de France, dont elle eut sept enfans.

ALIX de France, fille de Louis VII, dit *le Jeune*, & d'Alix de Champagne, sa troisieme femme, fut fiancée à Richard d'Angleterre, comte de Poitou ; mais elle fut mariée le 20 d'Août 1195, avec Guillaume II, comte de Ponthieu.

ALIX, comtesse de Toulouse, dite aussi *Héle*, *Hélène* ou *Helute*, fille d'Eudes I, surnommé *Borel*, duc de Bourgogne, & de Mathilde de Bourgogne-Comté. Elle fut mariée d'abord à Bertrand comte de Toulouse & de Tripoli. Après la mort de ce seigneur, elle contracta une nouvelle alliance avec Guillaume III de ce nom, surnommé *Talvas*, comte d'Alençon & de Ponthieu. Alix mourut le dernier de Février 1191, & fut enterrée dans l'abbaye

F ij

de Perseigne en Sonnois, diocèse du Mans, fondée par son second mari.

ALIX, comtesse de Bretagne, fille de Gui de Thouars, & de Constance, héritiere de Bretagne, fut mariée en 1213, avec Pierre de Dreux, dit *Mauclerc* ; elle mourut en 1221, & fut enterrée dans l'abbaye de Villeneuve-lès-Nantes.

ALIX, fille de Jean I, duc de Bretagne, née le 6 de Juin 1243 épousa en 1254 Jean de Châtillon Ier du nom, comte de Blois. Elle alla à la Terre sainte en 1287, & mourut à son retour le 2 d'Août 1288 ; son corps fut mis près de celui de son mari, dans l'abbaye de la Guiche, près de Blois, dont elle étoit fondatrice.

ALIX DE VERGI, duchesse de Bourgogne, fille de Hugues, seigneur de Vergi. Elle épousa en 1199 Eudes III, duc de Bourgogne, & en eût un fils & deux filles. Cette princesse a fait passer à la postérité la renommée de ses vertus. Pieuse, libérale & charitable, elle fit de grands biens aux églises ; enrichit des monasteres, & fut pendant toute sa vie, la ressource des pauvres, & la protectrice des affligés. Les Dominicains de Dijon la reconnoissent pour leur fondatrice. Elle mourut dans un âge très-avancé, le 3 de Mai 1251.

ALIX, (*la bienheureuse*) mere de S. Bernard. *Voyez* ALÈTHE.

ALMODIS, Béarnoise. On ignore quelle étoit sa famille. Un historien la croit fille de Bernard comte de la Marche. Elle vivoit vers l'an 1055. Elle n'est presque connue que par ses crimes. Guillaume de Malmesbury dit qu'elle eut trois maris en même tems ; le comte d'Arles, qu'elle quitta par caprice, & sans autre formalité ; le comte de Toulouse, Pons II, de qui elle eut deux enfans, & qu'elle abandonna sous prétexte de parenté, pour épouser Raimond Béranger, comte de Barcelone. Elle empoisonna Pierre & Raimond, troisieme fils d'Isabelle, premiere femme de Raimond Béranger.

ALMUCS, (*domna*) dite Nalmucs, doit avoir rang parmi les poëtes Provençaux. Elle étoit née à Château-neuf, & fut amie d'Isée de Capion, autre poëtesse Provençale. Qu'il nous soit permis de faire ici de ce mot poëtesse, le pendant de celui de poëte, à l'exemple des Italiens, qui, plus avisés que nous, disent *poëta* d'un homme, & *poëtessa* d'une femme.

La poëtesse Almucs aima beaucoup un Gigon de Tornen, comme on l'apprend d'une réponse en vers, qu'elle fit à son amie Isée. Cette piéce, & ce qui fait connoître son auteur, se trouvent au quarante-sixieme feuillet d'un manuscrit provençal du Vatican, cotté 3207.

ALOARA, princesse d'un grand mérite, étoit fille d'un comte appellé Pierre, que l'histoire ne fait pas connoître autrement. Elle fut mariée à Pandulf ou Paldulf, surnommé Tête-de-Fer, qui se qualifioit quelquefois dans ses diplômes prince, duc & marquis. Il étoit, en effet, prince de Capoue & de Bénevent, comme successeur du prince Pandulf IV, son pere; & l'empereur Otton I, dont il s'étoit reconnu vassal, en 963, l'avoit créé duc de Spolète & marquis de Camérino; ce qui l'avoit rendu le prince le plus puissant qu'il y eût alors en Italie. Il mourut à Capoue en 981, ayant eu d'Aloara six fils, qui furent Landulf VI & IV, prince de Capoue & de Bénevent; Pandulf, prince de Salerne; Aténulf, qualifié comte, qui fut aussi marquis, peut-être de Camérino; Landénulf, qui fut prince de Capoue; & Laidulf, qui lui succéda.

Landulf IV, comme prince de Bénévent, & VI, comme prince de Capoue, périt dans une bataille que l'empereur Otton II perdit, le 11 de Juillet 982, contre les Grecs & les Sarasins unis ensemble. Son frere Landénulf lui succéda; mais il étoit encore fort jeune; & le même empereur, en lui promettant l'investiture de la principauté de Capoue, voulut qu'Aloara fût reconnue souveraine,

& qu'elle gouvernât toute sa vie, conjointement avec son fils. Ce ne fut que par l'acte d'investiture, que l'impératrice Théophanie fit expédier, en 984, au nom de son fils Otton III, encore mineur, que la disposition qu'Otton II, mort en Décembre 983, avoit faite en faveur d'Aloara, fut confirmée; mais cette princesse avoit commencé de régner en son nom, dès la fin de Juillet 982. On trouve depuis ce tems-là tous les diplômes que l'on a de Capoue, donnés par elle & par son fils; & l'on voit de même le nom de l'un & de l'autre à la tête des chartes qui concernent les affaires des particuliers. Aloara mourut vers la fin de Décembre 992. Sigonius, en marquant sa mort en 991, s'est trompé.

L'histoire, qui ne nous apprend aucune des actions particulières de cette princesse, nous dit seulement qu'elle gouverna ses états avec beaucoup de sagesse & de courage.

Landénulf fut assassiné par un complot de ses parens même, en 993; & son frere Laidulf, qui le remplaça, fut destitué par Otton III, en 999, parce qu'il fut convaincu d'avoir eu part au meurtre de Landénulf.

Le cardinal Baronius rapporte, d'après la Vie de S. Nil, abbé, qui vivoit dans ce tems-là, qu'Aloara fit tuer un comte, son neveu, dans la crainte qu'il n'usurpât la principauté sur ses fils, & que S. Nil lui prédit que sa postérité ne subsisteroit pas. On lit aussi, dans la même Vie, que S. Nil avoit prédit que Laidulf seroit le dernier du sang d'Aloara, qui régneroit à Capoue. L'événement a justifié la prédiction, supposé qu'elle n'ait point été faite après coup.

ALODIE, (*sainte*) sœur de sainte Nunillon. *Voyez* NUNILLON.

ALPAIDE, femme ou maîtresse de Pepin le Gros ou d'Héristel, qui l'épousa après avoir répudié Prectrude son épouse. Il falloit que cette princesse fût douée d'une rare beauté, puisqu'on la trouve nommée, dans nos premiers historiens, *la* belle *Alpaïde*. Le divorce de Pépin avec Plectrude empêcha qu'on ne regardât Alpaïde comme sa légitime femme; & plusieurs modernes ne la comptent pas au nombre de nos reines, fondés sans doute sur le trait suivant. Lambert, évêque de Liége, osa condamner, avec une fermeté héroïque, les amours criminelles de Pépin: il refusa même de donner la bénédiction qu'on demandoit à table pour le verre d'Alpaïde. Indignée de la liberté de ce saint prélat, elle forma le dessein de lui ôter la vie, & fit consentir Pépin à cette indigne vengeance. Dodon, frere d'Alpaïde, se chargea de l'exécution de ce meurtre; mais il fut attaqué bientôt après d'une maladie terrible, qui fit naître une infinité de vers sur son corps, & qui l'obligea de se jetter dans la Meuse. Si l'on considere pourtant que, dans ces siécles éloignés & demi-barbares, les divorces étoient fort communs, & en quelque sorte autorisés dans les princes, on ne fera pas difficulté de donner à notre Alpaïde un titre qu'elle méritoit par sa naissance illustre, & par le choix de Pépin, qui la traita & l'honora comme sa femme jusqu'à sa mort. Alpaïde, sur la fin de ses jours, se retira dans un monastere de religieuses qu'elle avoit fondé au diocèse de Namur, & y mourut, on ignore en quelle année. Alpaïde fut mere de l'illustre Charles Martel, & bisaïeule de Charlemagne.

ALPAÏDE, fille du roi Louis le Débonnaire, & d'Ermengarde, sa premiere femme, épousa Bégon comte de Paris, & fut mere de l'Etard & d'Etard.

ALPAÏDE, (*sainte*) vierge, remplissoit avec tant de zèle tous les devoirs de la religion, qu'elle mérita de recevoir du ciel la grace de pénétrer le sens des saintes écritures.

ALPHEIDE. *Voyez* ALPAÏDE.

ALPIS, ALPAÏDE *ou* ALPAÏS DE CUDOT, est une pieuse fille, qui fleurissoit à la fin du douzieme siécle, dans le diocèse de Sens. Il suffira de copier ici l'article CCIII de l'*État des lettres en France dans le cours du douzieme siécle*, lequel est à la tête du du neuvieme tome de l'Histoire littéraire de la France. On y parle d'Alpis d'après ce que Robert, moine de S. Marien d'Auxerre, en dit.

« Les anciens s'étant représenté la terre comme
» une superficie plate, n'avoient garde d'imaginer
» des antipodes, ou un autre hémisphère, sous le
» nôtre. Cependant la bienheureuse vierge Alpis ou
» Alpaïs de Cudot, au diocèse de Sens, sur la fin
» de ce siécle, en eut, dans un de ses ravissemens,
» une idée semblable (c'est trop dire) à celle que
» nous en donnent nos derniers géographes. Elle
» vit le monde entier comme un globe d'une forme
» unie de toutes parts. Le soleil lui parut plus grand
» que la terre, & la terre comme un œuf suspendu
» au milieu des airs, & environné d'eau de tous
» les côtés ; représentation qui favorise en plein
» (c'est encore trop dire) l'opinion de nos sçavans
» modernes, qui, après de longues & périlleuses
» observations, donnent à la terre la figure d'un
» sphéroïde applati vers ses poles ; au lieu qu'on la
» croyoit ronde avant leurs sçavantes découvertes.
» Mais on prit apparemment ce qu'en disoit la bien-
» heureuse Alpaïs, pour une vision de dévote, puis-
» qu'on n'en profita point pour rectifier la fausse idée
» qu'on avoit de la terre. On auroit dû au moins
» donner quelque attention à ce qu'en avoit publié,
» quatre cens ans auparavant, S. Virgile, évê-
» que de Saltzbourg. Ce prélat découvrit effective-
» ment les antipodes, c'est-à-dire un autre monde,
» qui avoit son soleil, sa lune & ses saisons comme
» le nôtre. Il est pourtant vrai qu'au tems de Robert
» de Saint-Marien, sur la fin de ce douzieme siècle,
» on croyoit qu'il y avoit, au-delà de l'Océan au
» midi, une quatrieme partie du monde, inconnue
» toutefois à cause de la trop grande ardeur du soleil,
» & qu'elle avoit ses habitans ; mais on regardoit
» cela comme une fable. »

Le but de l'auteur, dans cette partie de son Etat des lettres, est de faire voir qu'au douzieme siècle, on étoit en France, comme par-tout ailleurs, très-dépourvu de connoissances cosmographiques & géographiques.

ALTHAIDE. La même qu'ALPHEÏDE.

ALTOVITI, (*Marseille d'*) demoiselle Provençale, s'est rendue célebre par son esprit & par ses poësies dans le seizieme siècle. Elle étoit originaire de Florence, comme le nom d'Altoviti le fait assez connoitre, & naquit à Marseille dont elle prit le nom, parce que cette ville l'avoit tenue sur les fonts de baptême.

AMAGE, reine des Sarmates. Médosac, roi des Sarmates établis le long des côtes du Pont, étoit continuellement plongé dans la débauche. Amage son épouse, se mit à la tête du gouvernement : elle donnoit les audiences publiques ; alloit elle-même garnir de troupes les postes qui défendoient l'entrée du royaume ; repoussoit les incursions des ennemis, & voloit au secours de ses voisins, quand ils étoient trop pressés.

La réputation d'Amage se répandit dans toute la Scythie ; & ceux de la Chersonnèse Taurique, souffrant beaucoup de la part d'un roi Scythe de leur voisinage, firent alliance avec elle. Elle écrivit d'abord à ce roi, pour lui commander de laisser la Chersonnèse en repos: ce prince ne fit aucun cas d'un pareil ordre. Amage choisit cent vingt hommes des plus braves & des plus forts ; leur donna trois chevaux à chacun, & fit, dans l'espace d'un jour, un chemin de douze cens stades, qui font environ cinquante de nos lieues : elle arrive à la ville royale, & tue les gardes des postes. Les Scythes, qui ne s'attendoient pas à pareille visite, crurent les ennemis en bien plus grand nombre. Amage pousse jusqu'au palais, en force les portes, tue le roi, ses parens & ses amis, & fait présent du pays aux Scythes de la Chersonnèse ; mais elle en nomme roi le fils de celui qu'elle venoit de tuer, & lui recommande de gouverner avec justice, de ne point perdre de vue le sort de son pere, & de respecter les Barbares & les Grecs de son voisinage.

AMALABERGUE, fille de Théodoric, roi des Goths en Italie. Elle épousa Hermanfroi, roi d'une partie de la Thuringe. Baudri & Berthier, freres d'Hermanfroi, en possédoient chacun une partie. Amalabergue conseilla à son époux de faire assassiner Baudri, & de s'emparer de ses états Son ambition n'étant pas encore assouvie, elle voulut régner seule & se défaire de Berthier. Voici le stratagême dont elle usa pour porter Hermanfroi à ce second parricide. Elle ordonna un jour à dîner qu'on ne couvrît la table qu'à demi. Le roi, surpris de cette nouveauté, en demanda la raison : « Vous n'avez » que la moitié d'une couronne, lui répondit froi- » dement Amalabergue ; votre table ne doit-être » servie qu'à demi. » Ces paroles piquerent Hermanfroi ; il se ligua avec Thierri, roi de Metz, & fit la guerre à Berthier, qui fut tué dans un combat. Le crime d'Hermanfroi ne fut pas long-tems impuni. Thierri le fit précipiter du haut des murailles de Tolbiac, l'an 531. L'ambitieuse Amalabergue fut forcée de se retirer auprès d'Athalaric, roi des Ostrogoths, & passa sa vie dans une obscurité plus cruelle pour elle que la mort.

AMALAFREDE ou AMALAFRIDE, fille de Valamer, & sœur de Théodoric, roi des Ostrogoths, fut mariée d'abord avec un seigneur de sa nation, dont elle eut Théodat ou Théodahade & Amalabergue, femme d'Hermanfroi, roi de Thuringe. Théodoric la remaria depuis avec Trasimond, roi des Vandales en Afrique. Ce prince étant mort sans enfans l'an 523, Hilderic, fils d'Hunneric, qui lui succéda, fit arrêter Amalafride, qui finit ses jours en prison, vers l'an 526.

AMALASONTE ou AMALASUNTE, fille de Théodoric, roi des Ostrogoths en Italie, & d'Audeflede, sœur du roi Clovis. Cette princesse fut célèbre par son esprit & par sa science : elle possédoit parfaitement les langues grecque & latine ; elle parloit même les différentes langues des peuples qui composoient l'empire Romain, & ne se servit jamais d'interprète pour leur répondre. Elle fut mariée à Eutharic, petit-neveu de Trasimond, & en eut Athalaric. Ce prince ayant succédé aux états de son aïeul ; mais étant trop jeune encore pour gouverner par lui-même, Amalasonte se chargea de l'administration des affaires, & fit admirer sa prudence. Athalaric étant mort, cette princesse, privée de son fils & de son mari, fit monter sur le trone Théodat, son cousin-germain, fils d'Amalafride, sœur du roi Théodoric : elle croyoit trouver en lui un appui ; elle ne trouva qu'un tiran. Le cruel Théodat paya ses bienfaits de la plus noire ingratitude : il l'enferma dans un château bâti au milieu d'une petite isle du lac de Bolsene en Toscane, & la fit mourir sur la fin de l'an 544 ; on dit que lui-même l'étrangla dans le bain. La mort d'Amalasonte fut vangée. L'empereur Justinien, plein d'estime pour cette princesse, envoya contre les Goths le général Belizaire, qui ruina leur état en Italie.

AMALBERGUE, fille de Théodoric, roi des Goths. *Voyez* AMALABERGUE.

AMALFI, (*donna* CONSTANCE D'AVALOS, *duchesse d'*) Napolitaine, de la même maison que les deux célèbres généraux d'armées, François-Ferdinand d'Avalos, mari de la très-illustre Victoire Colonne, & Alphonse d'Avalos, mari de Marie d'Aragon, fut célébrée par tous les poëtes de son tems. Ces deux Avalos furent l'un après l'autre marquis de Pescaire. La duchesse Amalfi qui fleurissoit vers 1550, joignit de telle maniere à la grandeur de sa naissance, celle de l'esprit, qu'elle fit douter si la noblesse de sa maison l'illustra davantage, qu'elle-même n'illustra sa maison. La poësie lyrique italienne fut un de ses amusemens.

Il reste peu de ses ouvrages en ce genre ; mais ce peu la place honorablement entre les poëtes Italien du premier ordre : on y trouve tout ce qui fait les bons vers ; & ces bons vers qui ne traitent que de sujets sérieux, sont remplis de pensées graves & solides, quoique très-ingénieuses & des sentimens de la piété la plus chrétienne. Les poësies de cette dame, que l'on a pu recouvrer, sont telles que des critiques très-judicieux les ont jugées dignes d'aller presque de pair avec celles de Victoire Colonne. C'est en faire le plus grand éloge; car Victoire Colonne, marquise de Pescaire, est généralement reconnue pour le meilleur poëte, dont son sexe ait honoré l'Italie. Les poësies de la duchesse d'Amalfi sont imprimées à la suite de celles de cette marquise. On s'étonne avec raison que le Zoppi l'ait oubliée dans sa Bibliothéque Napolitaine. Paul Jove, dans la vie de Consalva, parle d'elle, comme d'une dame d'un très-grand mérite, & d'une vie très-exemplaire.

AMALTHÉE, Démophile ou Hierophile. C'est ainsi qu'on nomme la Sybille de Cumes, si célebre dans l'antiquité. L'an 219. de la fondation de Rome, elle vint, dit-on, présenter à Tarquin le Superbe, roi de Rome, neuf livres de prédictions qui concernoient l'empire Romain, & lui demanda 300 écus d'or de la monnoie de Philippe. Tarquin ne témoigna que du mépris pour ses livres. La Sybille indignée en brûla trois devant lui. Quelques jours après, elle revint lui présenter les six qui restoient, & lui demanda la même somme ; elle essuya le même refus, & s'en vengea de la même maniere, en brûlant trois autres livres. Le roi fut surpris de l'action de cette femme, & voulut sçavoir combien elle demandoit pour les trois derniers livres. La sybille ne diminua rien de la somme qu'elle avoit d'abord demandée. Tarquin consulta les pontifes, qui lui conseillerent de payer à cette femme les 300 écus d'or. Ces livres furent l'objet de la vénération des Romains ; ils croyoient que les destinés de leur empire y étoient contenues. Il y avoit toujours deux magistrats, dont l'unique fonction étoit de les garder & de les consulter dans l'occasion. Dans les calamités publiques, dans les nécessités pressantes, on ouvroit ces livres sacrés, & l'on y trouvoit la maniere d'expier les prodiges, & d'appaiser le courroux des dieux.

AMASTRIS, fille d'Oxathrés, frere du dernier Darius, étoit cousine-germaine de Statira, fille de ce Darius & femme d'Alexandre le Grand. Elles avoient été élevées ensemble, & s'aimoient beaucoup lorsqu'Alexandre épousa Statira : il donna Amastris à Cratere, un de ses plus chers favoris. Cratere vécut avec son épouse dans une étroite union jusqu'à la mort d'Alexandre. Alors ses intérêts ou peut-être son inclination le portèrent à épouser Phila, fille d'Antipater. Amastris du consentement même de Cratere, épousa Denis, tiran d'Heraclée : elle eut de ce prince trois enfans, deux fils & une fille, la fille s'appelloit comme sa mere, l'un des fils s'appelloit *Cléarque*, l'autre *Oxathrés*. Denis, en mourant, laissa Amastris tutrice de ses enfans, & régente de l'Etat. Lisimaque roi de Macédoine, épousa la veuve de Denis, & se déclara protecteur de ses enfans ; mais ce Prince étant devenu amoureux d'Arsinoë, fille de Ptolemée Philadelphe, se sépara d'Amastris, & la laissa commander seule dans Héraclée. Cette princesse périt par la cruauté de ses fils Cléarque & Oxathrés, qui la firent noyer lorsqu'elle étoit sur mer. C'est elle qui a fait bâtir la ville d'Amastris, & lui a donné son nom.

AMATA *ou* AIMÉE, fut la premiere fille consacrée au culte de la déesse *Vesta*. On donna depuis le nom d'*Amata*, à la supérieure des Vestales.

AMATA, femme de Latinus, roi des Latins en Italie. Virgile nous apprend que cette reine desiroit de faire épouser sa fille Lavinie à Turnus, son neveu, roi des Rutules, quoique le roi Latinus l'eut promife à Enée, chef des Troyens échappés des flammes de leur patrie. Elle fit tous fes efforts pour venir à bout de fon entreprife, & porta même le roi fon époux à joindre fes troupes à celles de Turnus, pour chaffer les Troyens d'Italie. Mais la valeur du prince Rutule n'ayant pu le garantir de la mort, Amata, qui vit tous fes projets échoués, fe pendit de défefpoir vers l'an du monde 2859, & 1174 avant J. C.

AMAZONES, eft le nom de peuples de femmes guerrieres que nous diftinguerons en anciennes & modernes.

Les Amazones anciennes ont réellement exifté, quoique Strabon, Arrien, Paléphate, & quelques modernes ayent regardé tout ce que l'on en a dit comme de pures fables. Leur exiftence eft fi bien prouvée par le témoignage des hiftoriens de l'antiquité les plus dignes de foi, par des monumens dont plufieurs d'entr'eux ont parlé, par des médailles, dont nous avons encore quelques-unes, qu'elle ne fçauroit donner prife au pirrhonifme hiftorique.

On rapporte diverfes étymologies de leur nom. La feule qui paroiffe devoir fatisfaire, fe forme de deux mots grecs, dont le premier eft une prépofition (ἅμα) qui fignifie *avec*, & le fecond (ζώνη) un nom qui veut dire *ceinture*; & ce nom leur fut donné par les Grecs, parce qu'elles portoient toujours une ceinture, fymbole, dans la Grèce, dans tout l'Orient, & dans d'autres pays, de la pudeur, de la modeftie, de la continence des femmes. En effet, une grande partie des Amazones gardoit une virginité perpétuelle, & les autres ne quittoient leur ceinture que durant le tems que la néceffité de donner des fujets à leur république, les obligeoient d'avoir commerce avec des hommes. Gronovius, dans fon *Tréfor de l'antiquité grecque*, a rejetté toutes les anciennes étymologies du mot *Amazones*, qu'il a prétendu même être corrompu. Le véritable nom de ces femmes guerrieres étoit, à son avis, *Amizônes*, c'est-à-dire, *Viriles*. Ce n'étoit pas la peine d'être aussi sçavant que Gronovius l'étoit, pour démentir ainsi toute l'antiquité, sans autre fondement qu'un pur caprice. Comme les Amazones étoient originaires de Scythie, le nom d'*Eorpates*, qu'Hérodote dit que les Scythes leur donnoient, & qui *veut dire avides du sang des hommes*, servoit à les caractériser.

Les Scythes ont eu sous leur domination une grande partie de l'Asie durant près de quatre siècles; c'est-à-dire, depuis environ l'an 2130 avant J. C. jusques vers 1720, que Ninus, fondateur de l'empire des Assyriens, conquit tous les pays soumis aux Scythes. Après la mort de Ninus, de Sémiramis, & de leur fils Ninias, on ne sçait pas en quel tems précis, Ilinus & Scolopite, prince du sang royal de Scythie, furent chassés de leur pays par d'autres princes qui, comme eux, aspiroient à la couronne. Ils partirent avec leurs femmes, leurs enfans & leurs amis; &, suivis d'une nombreuse jeunesse de l'un & de l'autre sexe, ils passèrent dans la Sarmatie Asiatique, au-dessus du mont Caucase. Ils se firent un établissement les armes à la main, & suppléerent aux richesses qui leur manquoient, en faisant des courses continuelles dans les contrées qui bordent le Pont-Euxin. Les peuples de ces pays, fatigués des incursions de ces nouveaux venus, s'unirent, prirent leur tems, les surprirent, & les massacrerent tous, ou presque tous.

Leurs femmes, résolues d'en venger la mort, en pourvoyant à leur sûreté, conçurent le projet hardi d'une nouvelle sorte de république; c'est-à-dire, de demeurer unies, de se donner des loix, de se choisir des reines, & de se maintenir, sans le secours des hommes, contre les hommes même. Ce dessein courageux n'est pas aussi surprenant qu'il le paroît. Le plus grand nombre des filles étoient élevées, chez les Scythes, aux mêmes exercices que les garçons, à tirer de l'arc, à lancer le javelot, au maniment des autres armes, à la course, à la chasse, & même à quelques travaux pénibles, qui paroissent réservés aux hommes. Chez eux, de même que chez les Sarmates, Scythes d'origine, qui donnoient au sexe la même éducation, beaucoup de femmes accompagnoient à la guerre les hommes, dont elles avoient le courage & la férocité. Qu'on ne s'étonne point de voir celles dont il s'agit ici, prendre l'étrange résolution de former un peuple de femmes. Elles ne l'eurent pas plutôt prise, qu'elles se préparerent à l'exécution, en s'exerçant à toutes les opérations militaires. Bientôt elles s'assurerent la possession du pays qu'elles occupoient; &, non contentes d'apprendre à leurs voisins qu'ils feroient des efforts inutiles pour les en chasser, ou pour les assujettir, elles porterent la guerre chez eux, & reculerent leurs frontiéres.

Elles avoient eu besoin jusques-là des instructions & du secours des hommes restés dans leur pays; mais, voyant qu'en état désormais de se passer d'eux, elles pouvoient se maintenir & s'aggrandir par elles-mêmes; elles tuerent tous ceux qu'un heureux hazard ou la fuite avoit soustraits à la fureur des Sarmates, & renoncerent pour toujours au mariage, qui ne leur paroissoit plus qu'un esclavage insupportable. Mais, comme elles ne pouvoient assurer la durée de leur nouveau royaume que par une propagation qui ne devoit pas se faire sans elles, elles se firent une loi d'aller tous les ans sur leurs frontiéres; d'inviter les hommes de leur voisinage à les venir trouver; de se livrer à leurs embrassemens, sans choix de leur part, sans prédilection, sans attachement, & de s'en séparer dès qu'elles se sentiroient ou se croiroient enceintes. Ce n'étoit que pour habiter avec les hommes qu'elles quittoient leu ceinture; & la reprenoient dès qu'elles étoient retournées chez elles. Toutes celles que leur âge rendoit propres à la génération, & qui vouloient rendre à l'état le service de lui donner des

filles,

filles, n'alloient pas en même tems chercher la compagnie des hommes. Il n'y en avoit qu'un certain nombre ; &, pour avoir droit de travailler à la multiplication de l'espece, il falloit avoir travaillé d'abord à sa destruction. On n'étoit digne de donner naissance à des enfans, qu'après avoir tué trois hommes.

Si de leur commerce de brutalité, comme Cédrénus l'appelle, il venoit des filles, elles les gardoient pour les élever. A l'égard des garçons qu'elles mettoient au monde, si l'on en croit Justin, elles les étouffoient au moment de leur naissance ; &, selon Diodore de Sicile, elles leur tordoient les jambes & les bras, pour les rendre inhabiles aux exercices militaires ; mais Quinte-Curce, Philostrate & Jornandès, ou plutôt Jordanus, disent que les moins féroces les envoyoient à leurs peres. Les contradictions ne sont-là qu'apparentes. Distinguons les tems. Quand les Amazones eurent tué ce qui restoit chez elles d'hommes de leur nation, elles eurent recours à leurs voisins, pour devenir meres. Il est vraisemblable que leur fureur contre les hommes, étant alors dans sa plus grande force, leur barbarie & leur cruauté naturelles les engagerent à donner la mort, presqu'à l'instant de la naissance, aux enfans mâles dont elles accouchoient. Leur haine pour ce sexe regardoit comme un véritable supplice le soin de les élever. Lorsqu'ensuite leur fureur se fut un peu ralentie, & que, chez le plus grand nombre, les entrailles de mere se furent émues, elles eurent horreur d'ôter à ces petites créatures la vie qu'elles venoient de leur donner. Elles remplirent à leur égard les premiers devoirs de mere ; pourvurent en même tems à ce qu'ils ne pussent pas causer de révolution dans l'état, en les estropiant de maniere à les rendre incapables de manier les armes, & les dresserent à quelques ministères vils, que des femmes guerrières trouvoient trop au-dessous d'elles. Enfin, lorsque leurs conquêtes eurent affermi leur puissance, & que, sans aucune altération de leur courage, leur férocité se fût adoucie par des liaisons que des intérêts politiques les obligerent d'avoir avec des peuples voisins, & même d'autres plus éloignés; alors, soit d'elles-mêmes, parce que le nombre d'enfans mâles qu'elles conservoient, s'étoit multiplié jusqu'à leur être à charge, soit à la priere de ceux qui les rendoient fécondes, elles convinrent avec eux qu'ils se chargeroient des garçons, & qu'elles continueroient de garder les filles. Ce qu'on a dit jusqu'ici, suppléera, réformera même, si l'on veut, quelque chose dans un assez long passage cité plus bas.

Des femmes, continuellement occupées de la guerre, n'avoient pas le tems d'administrer à leurs enfans l'aliment que la nature formoit pour eux dans leur sein. Peut-être leur donnoient-elles de leur lait pendant les premiers jours; mais il est certain qu'elles y substituoient le lait de jument, auquel elles joignoient une espèce de manne qu'elles recueilloient le matin sur les fleurs & les feuilles des plantes, & de quelques arbres qui naissoient dans les contrées voisines du Pont-Euxin, & la moëlle de certains roseaux ou cannes à sucre que la terre produisoit sur le bord du Thermodon. Elles ne leur continuoient que le moins qu'elles pouvoient cette nourriture, qui leur paroissoit trop foible. Elles se hâtoient de les accoutumer par degrés aux alimens solides, dont elles usoient elles-mêmes; & ces alimens étoient la chair des oiseaux & des bêtes fauves qu'elles tuoient à la chasse, & des différentes espèces de serpens. Elles mangeoient cette chair à demi-cuite, & souvent crue; & les mets de leur enfans n'étoient jamais plus délicats que les leurs. Dès que l'âge des jeunes filles le permettoit, elle songeoient à les débarrasser de la mammelle droite afin de les mettre en état de tirer de l'arc avec plu de roideur. L'opinion commune est qu'elles leu brûloient cette mammelle, en y appliquant, dè l'âge de huit ans, des fers chauds qui desséchoient insensiblement les fibres & les glandes de cette partie. Quelques-uns semblent dire qu'on n'y faisoit pas tant de cérémonies, & que, quand cette partie étoit formée, on la faisoit disparoître par l'amputation. Enfin, & c'est peut-être la vérité, quelques-autres prétendent qu'on n'employoit aucun moyen violent, mais que, dès l'enfance, on serroit aux filles la partie droite du sein, & que, par une compression continue, on empêchoit la mammelle de se former, ou de croître du moins au-delà d'un certain point, qui ne leur pouvoit pas être incommode.

Les habillemens des Amazones nous sont peu connus. Les écrivains n'en disent pas assez pour nous en instruire; & les médailles offrent à ce sujet des variétés qui ne permettent pas de se décider. Il suffit de sçavoir qu'ils étoient ordinairement faits de peaux des bêtes qu'elles tuoient à la chasse. Noués sur l'épaule gauche, ils laissoient le côté droit à découvert, & tomboient sur les genoux. Il paroit qu'en guerre, les reines & les autres chefs au moins, portoient un corcelet ou corps de cuirasse légere, terminé par une ceinture, au-dessous de laquelle pendoit la cotte d'armes jusqu'au genou. L'armement de tête étoit le casque, garni de panache. Le reste de leurs armes étoit la flèche, la lance, le javelot, la hache d'armes, d'abord simple, ensuite à deux tranchans, & le bouclier. Cette derniere arme défensive, que l'on nomma *pelta*, ne ressembloit point aux boucliers ordinaires. On voit dans les médailles, que la pelte des Amazones avoit à-peu-près la forme du croissant de la lune, & pouvoit, dans sa plus grande largeur, avoir un pied & demi de diamètre. Les deux pointes du croissant étoient en haut, se recourbant un peu en dedans; & du fond du croissant s'élevoit à la hauteur des pointes, & peut-être au-dessus, une piéce bombée se terminant en angle, laquelle, sans doute, étoit renforcée pour parer le coup de sabre, & servoit d'ailleurs à ren-

G ij

dre l'anse plus sûre & plus commode. Ce petit bouclier, différent de ceux des autres nations, lesquels étoient ovales ou quarrés, & couvroient chez la plûpart la plus grande partie du corps, annonçoit l'adresse de celles qui s'en servoient. Isidore, dans ses *Origines*, leur donne pour instrument guerrier, au lieu de la trompette, le sistre des Égyptiens, qui le croyoient de l'invention d'Isis. On ne devine pas de quel auteur Isidore avoit pris cette particularité, qui ne se trouve dans aucun de ceux que nous avons. Mais le reste d'un monument de la plus grande ancienneté, dans lequel on voit une Amazone en attitude de tristesse avec une petite fille nue sur ses genoux, & derriere elle un cornet & une trompette, fait connoître qu'elles se servoient à la guerre de ces deux instrumens.

Scythes d'origine, elles ne sçurent d'abord combattre que de loin; de-là vint leur science à tirer de l'arc. Elles lançoient par derriere, en fuyant, des flèches à ceux qui les poursuivoient, avec cette adresse que les Romains furent depuis si surpris de trouver aux Parthes; mais les Parthes étoient sortis de la Scythie; & cette maniere de combattre en fuyant avoit toujours été d'usage chez les Scythes. Les Amazones, ne tardant pas à reconnoître que ceux contre qui elles faisoient la guerre ne pouvoient pas manquer d'avoir à la longue, par leur maniere de combattre de pied ferme, de grands avantages sur elles, armerent de lances une partie de leurs troupes, & s'accoutumerent à tenir ferme devant l'ennemi; ce qui contribua beaucoup à leurs grandes conquêtes. La lance leur plut tellement, & elles s'appliquerent à la manier avec tant de grace, qu'elles s'en servirent comme d'une espece d'ornement, lorsqu'il ne s'agissoit pas de combattre. Thalestris parut devant Alexandre le Grand, avec deux lances dans la main, quoiqu'elle ne vint que pour lui faire une requête galante. Celles qui l'accompagnoient portoient, au lieu de lances, des haches d'armes à deux tranchans, dont la hampe étoit aussi longue que le bois d'un javelot.

Les Amazones n'affermirent leur trône qu'en soumettant les habitans des environs du Caucase & des rives méridionales du Tanaïs; c'est-à-dire, les Cimbriens ou Cimmériens, les Colches, les Sarmates ou Sauromates, les Laziens, les Ibériens & les Albaniens. Ces peuples occupoient la Crimée & la Circassie; c'est-à-dire, une partie de la petite Tartarie. Tous étoient extrêmement barbares & courageux; & ces derniers, c'est-à-dire, les Ibériens & les Albaniens se vantoient, du tems de Pompée, de n'avoir jamais subi le joug des Mèdes, des Perses, ni des Macédoniens.

« Quelque danger qu'il y eût, dit M. l'abbé Guyon
» dans son Histoire des Amazones ancienne & mo-
» derne, part. 2, chap. 4, art. 1, d'entrer en guerre
» avec ces peuples agrestes & belliqueux, qui étoient
» tous enfermés entre le Tanaïs, le Pont-Euxin,
» les environs du Caucase, & la mer Caspienne,
» les Amazones n'en furent point effrayées. C'est
» contre eux qu'elles firent leurs premieres armes.
» Après le massacre de leurs maris, elles montre-
» rent qu'elles avoient hérité de leur esprit & de
» leur cœur. D'abord elles s'assurerent la possession
» de la contrée qu'elles occupoient, & l'heureux
» succès de cette entreprise les encouragea à por-
» ter leurs vues plus loin. Ce fût de jetter les fon-
» demens d'une monarchie, qui établit la gloire de
» leur sexe, en faisant voir que des femmes étoient
» capables d'honorer le sceptre & la couronne, par
» la maniere dont elles sçauroient les porter. Mar-
» pésie & Lampéto furent celles qu'on en jugea les
» plus dignes, & dès-lors on leur donna le titre
» de *reines*. Elles choisirent celles que l'âge, la
» force & la bravoure rendoient propres à porter
» les armes. Le caractère, la vengeance & l'ému-
» lation les eurent bientôt formées aux exercices
» militaires. Les exploits, par lesquels elles s'an-

» noncerent, les rendirent formidables; & ces pre-
» mieres prospérités donnerent occasion aux loix
» simples qui soutinrent & firent briller l'état des
» Amazones : *Renoncer pour jamais au mariage ;*
» *n'avoir de commerce avec les hommes, que pour*
» *se procurer des survivantes ; n'élever aucun enfant*
» *mâle ; ne garder que les filles, qu'elles préparoient*
» *à la guerre dès l'enfance ; vivre du fruit de leur*
» *arc ; craindre par-dessus tout la domination des*
» *hommes ; enfin ne recevoir d'autres ordres que de*
» *celles que le choix ou la naissance auroient placées*
» *sur le trône :* ce furent les seules maximes par les-
» quelles les Amazones résolurent de se gouverner.
» Tandis qu'une de leurs reines demeuroit à la cour
» pour veiller au-dedans, l'autre étoit à la tête de
» l'armée, qui observoit la disposition & les mou-
» vemens des peuples voisins de la frontiere. Au
» bruit des plus légères hostilités, elle en tiroit un
» prétexte de déclarer la guerre. Elle entroit dans
» le pays ennemi ; elle y jettoit l'effroi par ses ra-
» vages ; elle renversoit tout ce qui se présentoit
» pour faire résistance ; &, profitant du droit de
» conquête, elle assujettissoit à sa puissance le pays
» & les peuples qu'elle avoit vaincus. Les Ama-
» zones s'étendirent au loin ; elles subjuguerent ces
» nations, qui faisoient la terreur de l'Asie méri-
» dionale. Elles les forcerent de les reconnoître
» pour leurs souveraines, & de leur obéir, quoique
» la plûpart eussent des rois redoutables à tout au-
» tre ennemi, mais qui devinrent vassaux des Ama-
» zones. Elles subjuguerent ainsi les environs du
» Bosphore Cimmérien, & une grande partie de
» la Sarmatie, d'où leur vint le nom de *Sauroma-*
» *tides,* parce qu'elles avoient conquis ce royaume,
» dont les habitans, d'ailleurs guerriers formida-
» bles, étoient tombés sous la domination des fem-
» mes.... Plus cet empire étoit flateur, plus il
» excitoit l'émulation de celles qui l'avoient acquis.
» Transportées de l'esprit de conquête, elles vou-

» lurent continuer la noble carriere qu'elles s'étoient
» ouverte. » Marpéfie, fous la conduite de qui ces
premieres conquêtes s'étoient faites, choifie par le
fort, continua de commander l'armée des Amazones, & fubjugua les habitans du Caucafe; ce qu'aucun conquérant n'avoit jamais tenté de faire. Après
avoir foumis ces peuples, elles paffèrent dans l'Ibérie
qu'elles foumirent du moins à leur payer tribut, &
parcoururent la Colchide & l'Albanie qu'elles rendirent auffi tributaires.

« On ne fçauroit douter, dit l'hiftorien qu'on
» vient de citer, que, dans le cours de cette ex-
» pédition, elles ne fe foient affocié d'autres fem-
» mes qui, par caractère, par mécontentement de
» leurs maris, ou par d'autres motifs, demande-
» rent à être reçues dans leur armée. Il paroît en-
» core qu'elles prenoient des hommes pour leur
» fervir de troupes auxiliaires, & pour renforcer
» leurs milices. La puiffance qu'elles avoient ac-
» quife fur eux, l'efpérance certaine de la victoire,
» l'appas du butin faifoient marcher les Scythes à
» la fuite des Amazones, & ils obéiffoient volon-
» tiers à des guerrieres plus habiles qu'eux dans la
» fcience des combats. » On peut croire, avec ce
fçavant écrivain, que les Amazones avoient des troupes auxiliaires, parce qu'il eft contre la vraifemblance qu'elles aient pu faire, fans être aidées, un fi
grand nombre de conquêtes; mais il eft permis de
douter qu'elles empruntaffent des fecours aux Scythes,
fi ce n'eft à ceux qu'elles avoient affujettis. Les autres étoient à craindre pour elles. En fe prêtant à les
fervir, ils auroient pu, s'ils l'avoient entrepris, les affujettir elles-mêmes. Elles obligeoient plutôt chacune
des nations qu'elles avoient rendues tributaires, de
leur fournir un certain nombre de troupes, quand
elles les demanderoient; & vraifemblablement les
nations qui les reconnoiffoient pour fouveraines,
n'étant pas fort unies entr'elles, les Amazones n'en
avoient rien à craindre. Quoi qu'il en puiffe être,

G iv

secourues de qui que ce fût, elles se jetterent dans l'Asie mineure, le long du Pont-Euxin ; s'emparerent des vastes plaines que le Thermodon & l'Iris baignent de leurs eaux, & s'y formerent le plus considérable de leurs établissemens. Elles y bâtirent Themiscire, cette ville si célèbre, qui fut le siége de leur empire. Après cette conquête, elles s'étendirent jusques sur les côtes de la mer Egée, & s'y maintinrent assez long-tems pour y fonder plusieurs villes très-considérables, qui furent des monumens éternels de leurs victoires. « Soit indolence, dit
» leur historien, soit terreur bien fondée, on ne
» voit pas que les rois d'Assyrie, successeurs de Ni-
» nias, se soient opposés à des progrès aussi éten-
» dus que rapides. La mollesse, dans laquelle ces
» princes vivoient, ne leur permettoit pas de se
» présenter en campagne devant des guerrieres
» telles que les Amazones. Ils aimerent mieux
» abandonner une partie de leur royaume, que de
» sortir de leurs palais, le sein des délices & des
» plus honteuses voluptés. »

Les Amazones, parvenues par degrés à se faire un empire de plus de cinq cens lieues d'étendue, ne crurent pas qu'il fût possible qu'une seule reine le gouvernât. Elles en formerent trois royaumes, qui eurent chacun leurs reines indépendantes, dit-on, l'une de l'autre, mais tellement unies ensemble, qu'elles furent toujours en état de partager les projets l'une de l'autre, & de se défendre mutuellement. Quoi que l'on dise de l'égalité de ces reines, on a peine à croire qu'elles fussent absolument égales. L'une d'elles avoit la Sarmatie pour principale province de son royaume. Une autre régnoit aux environs d'Ephèse. Enfin la troisieme tenoit sa cour à Thémiscire. Comme toute l'antiquité paroît s'accorder à reconnoître cette ville pour le véritable siége de l'empire des Amazones, on peut s'imaginer, avec assez de fondement, que la reine, qui résidoit à Thémiscire, étoit l'unique souveraine absolue des

Amazones; & que les deux autres n'étoient, pour ainsi dire, que ses lieutenantes-générales qui tenoient, en souveraineté subordonnée, les provinces qu'elles étoient chargées de gouverner. Ce qui fonde cette opinion, est que nous voyons une pareille forme de gouvernement subsister très-long-tems en Asie. Les gouverneurs généraux de l'empire de Perse gouvernerent souverainement leurs provinces sous le nom de *Satrapes*, aux conditions que le grand roi leur imposoit; & de ces gouverneurs même, quelques-uns porterent le titre de rois, sans doute parce qu'ils avoient quelques degrés de souveraineté de plus que les autres. Les Grecs, mal informés de l'intérieur de l'état des Amazones, voyant agir presque despotiquement la gouvernante générale de la portion de cet état, dont Ephèse étoit la capitale, & sçachant confusément qu'une autre gouvernante, qui résidoit en Sarmatie, jouissoit d'un pouvoir égal, ne balancerent pas à les nommer reines l'une & l'autre. Sans vouloir donner cette opinion pour autre chose que pour une conjecture, il suffira de faire observer que les Amazones, en partageant leur vaste empire en trois grandes portions, ne manquerent pas de pourvoir à ce qu'elles pussent aisément se donner l'une à l'autre des secours contre leurs ennemis communs.

L'Hercule Thébain leur fit la guerre. Quel en fut le sujet ? Nous l'ignorons. L'antiquité fabuleuse débite qu'Euristhée, roi de Mycènes, son frere, qui cherchoit à le faire périr dans des expéditions qui paroissoient impossibles, & qui tournerent toujours à la gloire d'Hercule, le chargea d'aller enlever la ceinture de la reine des Amazones, pour la donner à la princesse Adméta, sa fille. Cette expédition est comptée parmi les douze fameux travaux d'Hercule. Ce héros choisit, pour l'accompagner, les plus jeunes & les plus braves guerriers de la Grèce, dont le principal, suivant Plutarque, fut Thésée, roi d'Athènes. D'autres écrivains cependant ont dit que ce prince alla de lui-même & sans Hercule, faire la guerre aux Amazones; c'est ce qu'il n'est pas nécessaire ici de discuter. Ce seroit même en vain qu'on l'entreprendroit dans un ouvrage d'une autre espèce. Les secours manquent. Neuf galères conduisirent Hercule & ses compagnons à l'embouchure du Thermodon, qu'ils remontèrent jusqu'à Thémiscire. Antiope & sa sœur Orithrie régnoient alors; mais Antiope seule étoit dans la ville, avec peu de guerrieres. Orithrie, à la tête des principales forces de l'état, veilloit à la sûreté des frontieres. Un hérault alla faire la demande indécente d'Euristhée. Elle fut rejettée avec indignation. La ville fut assiégée vigoureusement, & défendue de même. De brusques sorties firent connoître la bravoure & l'habileté des Amazones; mais elles étoient en trop petit nombre, & risquoient trop à continuer de perdre autant qu'elles perdoient; ce qui fut cause qu'Antiope, désespérant que l'on tint assez long-tems, pour que sa sœur pût accourir au secours de la capitale; après s'être exposée dans une sortie, avec tant de témérité qu'elle tomba dans les mains des Grecs avec Hyppolite & Ménalippe, deux de ses sœurs, prit le parti, pour se racheter & sauver la gloire de sa nation, qui ne pouvoit pas manquer de succomber sous les efforts d'Hercule, de détacher sa ceinture, & de la remettre à ce héros. Hercule la rendit à son trône, & remit Ménalippe en liberté; mais Hyppolite n'obtint pas la même grace de Thésée, qui l'emmena. Thésée est connu pour avoir eu le talent de séduire les femmes; & l'on peut croire qu'Hyppolite ne se laissa pas faire beaucoup de violence pour le suivre. Les Grecs, la confondant avec la reine sa sœur, l'appellerent *Antiope*. Il y avoit, suivant Diodore de Sicile, plusieurs siècles que l'empire des Amazones étoit florissant, quand Hercule alla leur faire la guerre; mais la chronologie force de réduire ces plusieurs siècles à moins de trois cens ans.

Les Amazones ne tarderent à vouloir tirer vengeance des affronts qu'elles avoient reçus, qu'au tant de tems qu'il leur en fallut, pour rassembler des forces suffisantes de toutes les parties de leur empire, & prendre à leur solde un corps de Scythes. Orithrie se mit à la tête de cette armée, passa la mer, & vint dans l'Attique par la Thessalie, en laissant par-tout de tristes marques de sa vengeance & de sa fureur. Campée dans l'ancienne ville d'Athènes, elle envoya demander Hyppolite à Thésée. Le dessein de ce héros n'étoit pas de la rendre. Après différentes escarmouches, on livra bataille. Les Amazones repoussèrent l'aîle droite des Athéniens ; mais elles-mêmes, enfoncées ensuite par leur aîle gauche, furent obligées de s'enfuir, & perdirent beaucoup de monde. Cette guerre finit par un traité, dont Hyppolitte fut la médiatrice. Elles durent peut-être leur défaite à leur brouillerie avec les Scythes, de laquelle on ignore le sujet. Les auxiliaires les quittèrent avant la bataille ; mais ils ne les abandonnèrent pas tout-à-fait. Ils les reçurent dans leur camp après leur déroute, & forcèrent les vainqueurs de les respecter. Hyppolite fit prendre soin, à Chalcis, des blessées. Les Chalcidiens enterrèrent honorablement celles qui moururent, & nommèrent *Amazonien* l'endroit de leur sépulture. Il en mourut à Mégare, où l'on voyoit dans la suite leurs tombeaux: on en voyoit de pareils près d'une petite rivière voisine de Chéronée dans la Béotie ; & ce fut, dit-on, pourquoi cette rivière porta depuis le nom de *Thermodon*.

Quelques siécles après cette bataille, en fouillant la terre près de la même ville de Chéronée, on trouva la statue d'un soldat, tenant entre ses bras une Amazone blessée. Il y avoit encore en Thessalie auprès de Scotyse & des Monts-Cynocéphales, des tombeaux d'Amazones tuées dans le cours du ravage qu'elles avoient fait en venant dans l'Attique. Ajoûtons à cela que, la veille des fêtes instituées en l'honneur de Thésée, les Athéniens offroient tous les ans un sacrifice aux Amazones, pour appaiser leurs manes; & l'on ne doutera point de la réalité de l'existence de ces femmes guerrieres, & de la vérité d'une partie au moins de leur histoire; on dit une partie, parce qu'il n'est pas douteux que les Grecs, n'en rapportant le plus souvent quelque chose que d'après des traditions ou des bruits populaires, nous l'ont transmise & altérée dans les circonstances à peu-près autant que dans les noms de ces guerrieres, qu'ils ont tous grécisés. Les Amazones, qui ne périrent pas à la malheureuse bataille d'Athènes, eurent tant de honte de leur défaite, qu'elles n'oserent s'aller faire voir à Thémiscire, & qu'elles se retirerent dans la Scythie Européenne, au dessus de la Thrace; ce qui les fit surnommer *Thraciennes*. Elles y formerent un établissement qui dura peu, parce que n'étant pas assez fortes pour s'y soutenir conformément à leurs loix, elles rentrerent sans doute dans l'ordre commun des femmes.

On place, quelques années après, une guerre des Amazones contre les Phrygiens, à qui Priam, roi de Troie, donna du secours; mais on n'a nul détail de cette guerre; l'on ne sçait pas même pour qui se déclara la victoire; & l'on trouve seulement que Myrine, leur reine, y périt.

Comme le roi Priam n'avoit été qu'auxiliaire de leurs ennemis, elles se reconcilièrent avec lui, d'autant plus aisément, qu'il se présentoit une occasion de satisfaire leur haine contre les Grecs. Ils assiégeoient Troie, & la reine Penthésilée crut devoir aller signaler sa bravoure en faveur des Troyens. Elle se rendit à Troie, avec quelques guerrieres, peu de tems après que le seul honnête homme qui soit parmi les héros de l'Iliade, le brave Hector, eût été tué par Achille. Nous n'avons le détail de ce qu'elle fit, que dans le premier des poëmes que Quintus Calaber, ou Smyrneus, sans avoir les talens d'Homère, osa composer pour en continuer l'Iliade. Il suffira donc ici de dire que cette reine périt de la main d'Achille, & que celles qui l'accompagnoient tombèrent fous les coups d'Ajax, fils de Télamon, & d'autres chefs des Grecs. On en verra davantage dans l'article de Penthéfilée, qu'il ne faut pas oublier d'annoncer ici pour l'inventrice de la Bipenne, ou hache à deux tranchans.

La colère des Amazones contre Hercule fit place à celle dont le regret de la perte de Penthéfilée les anima contre Achille & fa mémoire; mais elle n'éclata que longtems apres la mort de ce héros, devenu pour elles un objet d'horreur & de vengeance. Les Grecs & d'autres peuples avoient élevé des temples & confacré des autels aux vainqueurs d'Hector. Une ifle que le Danube formoit à fon embouchure dans le Pont-Euxin, & que divers auteurs placent en pleine mer du côté du Borifthène, avoit été confacrée à la mémoire d'Achille, fous le nom d'*Achillæa*. Celui de *Penxu*, que quelques auteurs lui donnent, eft peut-être fon premier nom. « On en difoit des chofes merveilleufes, dit
» M. l'abbé Guyon, dans le chapitre cité plus haut
» article 5, à l'occafion du féjour qu'Achille y avoit
» fait dans le cours d'une navigation. La crédulité
» des anciens avoit établi, comme faits publics &
» conftans, que Thétis & Neptune lui donnerent
» cette ifle, quand il y eut célébré les jeux de courfe
» avec fes compagnons; qu'il y habitoit même après
» fa mort, avec fon époufe Hélène ou Iphigénie,
» que Diane y avoit tranfportée; qu'il y étoit ac-
» compagné des héros Grecs, qui avoient combattu
» avec lui devant Troie, tels que les deux Ajax,
» Patrocle fon ami, Antilochus & plufieurs autres;
» que les étrangers, qui y abordoient, ne pouvoient
» faire voile le jour même, mais qu'ils étoient obli-
» gés de paffer la nuit dans leurs vaiffeaux, où
» Achille & Hélène les venoient voir, buvoient avec
» eux, & chantoient, non-feulement leurs amours,
» mais auffi les vers d'Homère; que les héros Grecs
» y apparoiffoient en même tems aux voyageurs;

» que certains oiseaux de mer venoient, tous les ma-
» tins, arroser l'isle & le temple, & les balayer
» par le mouvement de leurs ailes ; que ce temple
» étoit dédié à Achille, & que, quand il agréoit la
» victime, elle se présentoit d'elle même au pied
» de l'autel, & ne s'enfuyoit plus ; qu'il y avoit un
» oracle célèbre, que l'on alloit consulter de fort
» loin, & où l'on trouvoit la guérison de ses ma-
» ladies, comme il arriva à Léonime Crotoniate ;
» que ceux qui passoient près de ce rivage, en-
» tendoient une musique mêlée d'horreur, un bruit
» de chevaux, un cliquetis d'armes & de cris de
» guerre : enfin c'étoit le siège de la gloire d'Achille,
» & le lieu de son apothéose. » Ce tas de fables a
fait imaginer sans doute le détail des malheurs arrivés aux Amazones dans cette isle. Elles y firent
vraisemblablement une perte considérable, & ne
purent réussir au dessein de détruire ou de piller
le temple d'Achille ; ce qui devoit les y avoir conduites. C'est sur ce fond, brodé par quelque imagination oisive, qu'est fondé le récit que l'on va
voir dans ce qui suit chez M. l'abbé Guyon, qui le
tire de Philostrate. « Plus les choses que l'on disoit
» de cette isle étoient surprenantes, plus elles ex-
» citoient la jalousie & la colère des Amazones.
» Le hazard leur présenta une occasion de faire
» éclater les sentimens qu'elles avoient dans le cœur.
» Des marchands de quelque ville maritime du Pont-
» Euxin, ayant été jettés par une tempête à l'em-
» bouchure du Thermodon, lorsqu'ils alloient du
» côté de l'Hellespont pour leur commerce, furent
» arrêtés par les Amazones. Elles se saisirent de
» leurs personnes, & résolurent de les envoyer
» vendre en Scythie comme esclaves ; mais un jeune
» homme de l'équipage obtint grace pour eux, par
» la sœur de la reine, dont il avoit gagné l'amitié
» pendant leur détention à Thémiscire : ils parle-
» rent de l'isle d'Achillée, dont ils avoient souvent
» rangé les côtes : ils racontèrent tout ce que l'on en

» difoit ; & ils firent un grand récit des tréfors im-
» menfes, que la renommée affuroit être dans le
» temple d'Achille. L'ufage ordinaire des Amazones
» n'étoit pas de faire des courfes pour s'enrichir,
» encore moins d'exercer des pirateries, n'ayant au-
» cune expérience fur mer. La haine, qu'elles con-
» fervoient contre Achille, les fit fortir de leur tran-
» quillité à cet égard. Elles obligerent les matelots,
» qui conduifoient la flotte marchande, à leur bâtir
» cinquante galères, propres à embarquer de la ca-
» valerie, pour aller déclarer la guerre à Achille,
» que les Dieux foutenoient dans toute la fleur de
» l'âge, même depuis fa mort ; car fon tombeau
» étoit exiftant : à mefure que l'on fabriquoit les na-
» vires, elles apprenoient à manier la rame, dont
» elles ne s'étoient jamais fervies pour des voyages
» de long cours ; & auffi-tôt que leurs préparatifs
» furent finis, elles s'embarquerent en grand nom-
» bre, avec les marchands, qui leur avoient don-
» né l'avis. Elles leur commanderent, en entrant
» dans l'ifle, d'abbatre le bois qui environnoit le
» temple d'Achille (ce qui, chez les anciens, étoit
» un horrible facrilége ;) mais à peine eurent-ils com-
» mencé à exécuter cet ordre, continue Philoftrate,
» que le fer de leurs coignées fe détacha, les frappa
» à la tête, & les renverfa morts fur la place. Plus
» outrées que furprifes de cet événement, les Ama-
» zones coururent au temple avec fureur ; mais,
» lorfqu'elles approcherent de la ftatue du héros qui
» étoit à l'entrée, on ne fçait quel objet effrayant
» frappa leurs chevaux de telle manière, qu'ayant
» pris l'épouvante, ils fe cabrerent horriblement,
» renverferent celles qui les montoient, les foule-
» rent aux pieds, & les mirent en pièces, comme
» s'ils euffent été des lions furieux. Après cet affreux
» défordre, ils s'échapperent dans l'ifle : ils brife-
» rent les plants & les bofquets : ils la ravagerent
» entiere, & allerent enfin fe précipiter dans la mer.
» Une violente tempête s'éleva en même tems fur

» les vaisseaux des Amazones : elle en brisa une
» partie ; elle en coula une autre à fond ; & il n'en
» resta qu'un fort petit nombre, qui servirent à
» porter sur le Thermodon la nouvelle du mauvais
» succès de cette fatale entreprise. »

A s'en tenir à ce que l'antiquité nous apprend des Amazones, il semble que leur expédition dans la Grèce, & celle dans l'isle d'Achillée, ayent occasionné la ruine de leur empire. Depuis cette derniere du moins, les historiens ne disent plus rien de leur puissance & de leurs exploits ; c'est-à-dire que depuis onze à douze cens ans avant Jesus-Christ, elles ne font plus aucune figure dans l'histoire. Deux entreprises malheureuses, où le plus grand nombre d'elles périrent avec leurs reines, découragerent sans doute les autres, & les réduisirent dans un état de foiblesse, qui permit à leurs vassaux de secouer le joug, & de les chasser d'une partie des vastes états qu'elles occupoient. Elles resterent cependant dans la Cappadoce & s'y maintinrent en suivant leurs anciennes loix ; mais vraisemblablement trop foibles pour entreprendre de recouvrer ce qu'elles avoient perdu, tout ce qu'elles purent faire fut de se soûtenir dans ce petit royaume. C'est-là que régnoit Thalestris, qui nous est connue par l'histoire d'Alexandre le Grand. Resserrées comme elles étoient, dans un état d'une étendue médiocre, elles n'attirerent plus sur elles, par l'éclat de leurs exploits, les yeux de l'univers ; mais il faut convenir qu'elles ne renoncerent point à la profession de la guerre, puisque nous apprenons de Plutarque & d'Appien, qu'il y avoit des Amazones dans cette armée des Albaniens, qui fut défaite par le grand Pompée, dans une grande bataille où leur roi fut tué. C'est la derniere chose que l'on trouve d'elles dans l'histoire. On verra cependant, dans la seconde partie de cet article, qu'il y a lieu de penser qu'il en a subsisté quelques restes jusqu'à ces derniers tems.

On a dit qu'elles fonderent plusieurs grandes villes ; mais

mais il ne faut pas mettre Thémiscire de ce nombre ; elle existoit long-tems avant la conquête de la Cappadoce, par la reine Marpésie. La beauté de sa situation la fit choisir par cette reine pour la ville royale des Amazones. Elle y bâtit un palais ; &, sous son règne & ceux de celles qui lui succéderent, la ville fut considérablement augmentée & embellie.

Ephèse n'étoit qu'une bourgade, dont un Grec qui s'appelloit *Ephesus* avoit jetté les fondemens ; & les Amazones, conduites par leurs conquêtes jusqu'à cette extrémité de la côte de l'Ionie, n'y trouverent qu'un petit amas confus de maisons, bâties à quelque distance l'une de l'autre. La situation avantageuse de ce bourg plut à la reine Otrine : elle y fixa sa résidence ; elle y fit élever un palais, & jetta les fondemens de la plus illustre cité, qu'il y ait eu dans l'Asie mineure. Le commerce, que les Amazones eurent avec les Grecs établis dans ce pays, leur fit connoître les divinités de la Grèce. Diane, dont la chasse étoit l'occupation, & qui faisoit observer à ses compagnes une exacte continence, qu'elle observoit elle-même, leur parut digne d'un culte particulier. Elles se hâtèrent de lui sacrifier des victimes. Elles lui firent élever une statue, qui fut posée, d'abord dans un tronc d'arbre, & puis dans le temple qu'elles lui bâtirent, & qui fut remplacé dans la suite, par ce magnifique temple d'Ephèse, si célèbre dans l'histoire. La dédicace du premier temple « se fit, dit M. l'abbé Guyon, » part. 2, chap. 5, art. 2, au milieu des chants » de joie & des divertissemens des Amazones, qui » dansoient au son de la flûte, (à plusieurs tuyaux) » & de certaine harmonie en cadence, qui se fai- » soit par le choc des lances & des boucliers.... » Le bruit de cette fête se fit entendre jusqu'à Sar- » des, capitale de la Lydie. » Une chose très remarquable, c'est que, dans le temple d'Ephèse, qui fut rebâti sept fois, il n'y eut jamais d'autre statue de la Déesse, que celle que les Amazones avoient fait faire, laquelle bien que de bois, se conserva par les précautions que l'on prit, jusqu'à l'extinction de l'idolatrie par Constantin le Grand. Les Amazones d'Ephèse firent passer le culte de Diane dans les contrées maritimes du Pont-Euxin, qui les reconnoissoient pour souveraines. Ce fut dans la Tauride, ou Chersonèse Taurique, que le culte en fut le plus solemnellement établi. Le temple de Diane dans la ville d'Héraclée, avoit, comme celui d'Ephèse, des prêtresses qui vivoient dans la même continence, & dont les mœurs étoient aussi régulières. On offroit dans le temple d'Ephèse des fruits de la chasse & de la pêche, des bœufs, des gâteaux de fleur de farine, & les prémices des productions de la campagne. Dans le temple d'Héraclée, on immoloit des hommes étrangers, & par préférence, des Grecs. Les Amazones, irritées contre eux depuis l'attentat d'Hercule, avoient imaginé que la Déesse, qu'elles avoient choisie pour protectrice, prendroit plaisir à voir le pied de ses autels arrosé de sang grec.

La ville de Smyrne, plus célèbre encore aujourd'hui, qu'elle ne le fut dans l'antiquité, laquelle étoit dans l'Ionie, à dix-huit lieues au dessus d'Ephèse, dût sa fondation à Smyrna, reine des Amazones. Un excellent port, formé par l'embouchure du fleuve Hermus, ou Mélès, fit paroître ce lieu propre à construire une ville. Elle reconnut toujours les Amazones pour ses fondatrices, après même qu'Alexandre le Grand l'eut rebâtie. L'Hermus, qu'on appelloit aussi *Thermodon*, atteste son origine.

Ce qu'on a dit de la fondation d'Ephèse & de Smyrne, s'établit invinciblement sur des médailles qui nous restent. Ce sont aussi des médailles qui nous apprennent que les Amazones bâtirent encore dans l'Ionie la ville de Thiatire; ce dont les géographes & les historiens n'ont rien dit.

Mirine & Cumes, dans l'Eolide, furent aussi des ouvrages des Amazones. La première dut sa naissance à Mirine, qui fit la guerre aux Phrygiens, & dont il est parlé plus haut. Une transposition & suppression de lettres, jointe à la ressemblance des noms, a fait confondre cette ville avec Smyrne. Les premiers fondemens de Cumes furent jettés par Pélops ; mais l'Amazone Cumée ou Cimée, acheva de la bâtir & l'aggrandit. Le poëte Hésiode, comme il le dit lui-même, étoit originaire de cette ville, d'où partirent dans la suite, les Eoliens, qui fonderent Cumes en Italie.

Strabon attribue aux Amazones la fondation d'une ville du nom de *Paphos*, sur laquelle il ne donne aucune lumière ; & nul autre écrivain n'en parle. Nous ne connoissons que la Paphos de l'isle de Cypre, sur laquelle ces guerrières n'ont rien à prétendre.

Amasie, Amastris, Amise, Cinne, Clète, Hiérapolis, Mirtilée, Mitylène, Pithopolis, Priné, Sinope, & beaucoup d'autres villes & de lieux que l'on pourroit nommer, avoient été, soit aggrandis, soit embellis par les Amazones ; en conservoient des monumens glorieux, ou portoient le nom de quelques unes. Mais on n'a sur tout cela que des connoissances très-bornées ; & l'on ne pourroit en parler qu'en se livrant à des conjectures assez souvent frivoles.

Voyez MARPÉSIE, LAMPÉTO, ANTIOPE, ORITHRIE, MIRINE, PENTHÉSILÉE, OTRINE, SMIRNA, THALESTRIS, toutes reines des Amazones; HIPPOLITE, sœur de la reine Antiope ; & HIPPOLITE, sœur de la reine Penthésilée.

On ne dira rien des Amazones d'Afrique. M. l'abbé Guyon paroît avoir eu droit de traiter de fables ce qu'on en trouve dans le prétendu troisieme livre de Diodore de Sicile. On peut à ce sujet voir son histoire, part. 2, chap. 4, art. 5, pages 89 - 94.

II. L'existence des Amazones modernes n'est pas plus sujette à contestation que celle des anciennes. L'inclination guerrière de celles-ci s'est perpétuée chez les personnes de leur sexe dans les pays qu'elles soumirent d'abord à leurs armes. Parmi les nations du Caucase, beaucoup de femmes accompagnent les hommes à la guerre ; & l'on voit dans la relation du P. Archange Lamberti, que des peuples sortis de ces montagnes, se partageant en trois corps, attaquerent les Russes, les Suanes & les Curatcholi ; qu'ils furent repoussés ; & que l'on trouva parmi leurs morts un grand nombre de femmes. On apporta des armures de ces femmes à Dadian, prince de Mingrélie ; & ce voyageur, qui les avoit vues, en fait la description qu'on va rapporter dans les termes de M. l'abbé Guyon, part. 2, ch. 9, pag. 181. « Ces armes étoient belles à voir, & ornées avec une curiosité de femmes. C'étoient des casques, des cuirasses, des brassarts faits de plusieurs petites lastres ou lames de fer, couchées les unes sur les autres. Celles de la cuirasse & des brassarts se couvroient comme nos ressorts en feuilles, & obéissoient ainsi aisément aux mouvemens du corps. A la cuirasse étoit attachée une espece de cotte, qui leur descendoit au milieu de la jambe, d'une étoffe de laine semblable à notre serge, mais d'un rouge si vif, qu'on l'eût prise pour de très-belle écarlatte. Leurs brodequins ou bottines étoient couvertes de petites papillottes ou paillettes de léton, percées par dedans, & enfilées ensemble avec des cordons de poil de chèvre fort déliés, & tissus avec un artifice admirable. Leurs flèches étoient de quatre palmes de longueur, toutes dorées, & armées d'acier très-fin. Elles n'étoient pas absolument pointues, mais larges par le bout, de trois ou quatre lignes, comme le taillant d'un ciseau. » Le voyageur ajoûte que ces Amazones sont continuellement en guerre avec les Tartares Calmouks ; mais nous ne voyons-là que des peuples chez qui des femmes s'adonnent à la guerre, & nous n'y voyons point une nation toute composée de femmes guerrieres.

Le chevalier Chardin, par qui les mêmes pays avoient été parcourus, compte, dans son voyage de Perse, la nation des Amazones parmi les peuples du Caucase, & dit qu'elles touchent par le nord au royaume de Caket; qu'il en avoit entendu parler à beaucoup de gens; qu'on lui fit voir, chez un prince, un grand habit de femme d'une grosse étoffe de laine, & d'une forme particuliere, qu'on lui dit être celui d'une Amazone tuée en guerre, près de Caket, mais qu'il n'avoit vu personne qui dît avoir été dans le pays que cette nation des Amazones habite. Il ne nous apprend donc rien de plus que le P. Lamberti; peut-être même nous en apprend-il moins. Il dit que dans un long entretien qu'il eut avec le fils du prince de Georgie, au sujet de cette nation des Amazones, il dit à ce jeune prince ce qui se trouve, touchant les Amazones, dans les historiens Grecs & Latins; & qu'après avoir raisonné là-dessus quelque tems, le prince fut d'avis que ce qu'on appelloit la nation des Amazones, devoit être un peuple de Scythes errans, qui, comme les Achinois, se donnoient des reines au lieu de rois, & que ces reines se faisoient toujours accompagner & servir par des femmes. On voit-là que ces reines d'un peuple errant & belliqueux doivent être guerrieres elles-mêmes, & que les femmes, qui composent leur maison, le doivent être aussi; mais ce n'est point ce qu'on cherche ici. Si l'on nous envoie au Monomotapa, qu'y trouverons-nous ? un corps de femmes armées, qui font partie de la garde de l'empereur, & que nous nous garderons bien de compter pour une nation d'Amazones.

Albert Krantz, & Enéa Silvio Piccolomini, qui fut depuis le pape Pie II, tous deux compilateurs sans jugement, ne nous offriront point, comme à M. l'abbé Guyon, des Amazones modernes en Bohême dans la personne de la duchesse Libissa ou Libussa, & dans celle d'Ulasta, qu'il nomme *Valasca*, sur la foi de ses guides. Elles furent guerrieres l'une & l'autre ; Libuſſa, par néceſſité, comme ſouveraine d'un peuple guerrier ; Ulaſta, par un étrange caprice qui ne fait voir en elle qu'un monſtre d'ambition & de cruauté. On renvoie les lecteurs à leurs articles. Celui d'Ulaſta ne leur préſentera, ſans doute, que des fables qu'ils réduiront à leur juſte valeur.

Mais voici véritablement un peuple d'Amazones, trouvé depuis trois cens ans en Afrique. Le P. Jean des Saints, Dominicain Portugais, dans ſa deſcription de l'Ethiopie orientale, « rapporte, dit M. l'abbé
» Guyon, pag. 189, que, dans le royaume de Dal-
» mut en Ethiopie, il a vu une ſociété nombreuſe de
» femmes, qui avoient conſervé les mœurs & les
» coutumes des Amazones du Pont-Euxin. L'exer-
» cice des armes, ſoit à la chaſſe, ſoit à la guerre,
» faiſoit leur occupation principale. On leur brûloit
» la mammelle droite, dès qu'elles étoient en âge
» de pouvoir ſoutenir l'opération. Pour l'ordinaire,
» elles vivoient dans le célibat ; mais celles qui pre-
» noient le parti du mariage n'élevoient que leurs
» filles ; &, dès qu'elles avoient ſevré les garçons,
» elles les remettoient à leurs peres, pour qu'ils en
» priſſent ſoin. Le trône ne pouvoit être occupé
» que par une reine, qui donnoit l'exemple d'une
» continence rigide, & que ſa vertu rendoit reſ-
» pectable, non-ſeulement à ſes ſujets, mais aux
» princes étrangers. Ils traitoient avec elle, comme
» ils auroient fait entr'eux : ils s'eſtimoient heureux
» d'être du nombre de ſes alliés ; &, loin de chercher
» la ruine de ſa puiſſance, ils lui envoyoient du ſe-
» cours pour ſe défendre contre les ennemis qui l'at-
» taquoient. Elle ne relevoit que des ſucceſſeurs du
» Prète-Jean, dont la domination s'étendoit ſur tous
» les princes de l'Ethiopie. Une iſle, qui étoit vers
» la côte orientale de ce pays, n'étoit habitée que
» par des femmes, qui avoient embraſſé le même
» genre de vie. » La découverte des ces Amazones donne quelque crédit à ce que les premiers livres de Diodore de Sicile, qui ſont manifeſtement interpo-

lés, comme on l'a fait remarquer plus haut, difent des grandes conquêtes que les Amazones du Pont-Euxin firent en Afrique, c'eſt-à-dire qu'il ſe peut qu'originairement Diodore eût parlé d'Amazones, qui, de ſon tems, exiſtoient en Afrique, & qu'il eût dit comment elles s'y étoient établies. La conformité des uſages, & ſur-tout la circonſtance de la ſuppreſſion de la mammelle droite, ſuppoſé que la relation du voyageur Portugais ſoit bien exacte, ſemblent obliger à croire que les Amazones Africaines tirent leur origine des Amazones Aſiatiques.

C'eſt ce qu'on ne peut pas croire de celles qu'on a trouvées dans l'Amérique. Elles nous ſont principalement connues par deux ouvrages, que nous avons en notre langue, ſous le même titre de *Relation de la riviere des Amazones*, l'un traduit de l'eſpagnol du P. Chriſtophe d'Acugna, miſſionnaire Jéſuite, par Marin le Roi de Gomberville, de l'académie Françoiſe ; & l'autre eſt compoſé par le comte de Pagan, d'après les meilleures relations du nouveau monde. On ne fera, comme M. l'abbé Guyon a déja fait, pag. 192 - 203, que copier dans ces deux livres, ce qui peut convenir ici. « Les preuves que nous » avons, dit le P. d'Acugna, pour aſſurer qu'il y a » une province d'Amazones ſur les bords de cette » riviere, (la riviere des Amazones) ſont ſi gran- » des & ſi fortes, qu'on ne peut s'y refuſer. Je ne » parlerai pas des recherches qui ont été faites par » les ordres de la cour de Quito, (capitale de Pérou) » par leſquelles on apprit de différens témoins, na- » tifs des lieux même, qu'une de ces provinces, » voiſines de la grande riviere, eſt peuplée de » femmes belliqueuſes, qui vivent & ſe gouvernent » ſeules ſans hommes ; qu'en certain tems de l'an- » née, elles ſe donnent à des hommes du voiſi- » nage pour en avoir des enfans ; & que, tout le » reſte de l'année, elles vivent dans leurs bourgs, » ne s'occupant qu'à cultiver la terre, & à ſe pro- » curer, par le travail, les choſes néceſſaires à la

» vie. Je n'infifterai pas non plus fur les informa-
» tions du gouvernement de Pafto, dans le nou-
» veau royaume de Grenade, où l'on entendit plu-
» fieurs Indiens, & particulièrement une Indienne,
» qui affurerent avoir été dans le pays, où ces fem-
» mes courageufes font établies, & qui n'avancerent
» rien, qui ne fût conforme à tout ce qu'on en fça-
» voit déja par les anciennes relations. Je n'avan-
» cerai que ce que j'ai entendu moi-même, & ce
» que j'ai vérifié pendant tout le tems que j'ai été
» fur la riviere des Amazones. Ceux qui en habi-
» tent les bords m'ont attefté qu'il y avoit dans
» leur pays des femmes telles que je les leur dépei-
» gnois ; & chacun en particulier m'en donnoit
» des preuves fi conftantes, que, fi la chofe n'eft
» pas, il faut que le plus grand des menfonges
» paffe par tout le nouveau monde, pour la plus
» conftante des vérités hiftoriques. Mais nous eû-
» mes de plus grandes lumières de la province que
» ces femmes habitent, de leurs coutumes fingulieres,
» des Indiens qui communiquent avec elles, des che-
» mins par lefquels on va dans leurs contrées, & de
» ceux du pays avec lefquels elles ont commerce dans
» le dernier village, qui leur fert de confins & aux
» Topinambous. Elles ont leurs habitations fur de
» hautes & prodigieufes montagnes, dont une s'é-
» leve extraordinairement au-deffus de toutes les
» autres ; & elle eft fi fort battue des vents, & brûlée
» par les ardeurs de la ligne, qu'elle ne peut pro-
» duire aucune forte d'herbe ni de plante. Ces fem-
» mes fe font confervées toujours dans leur répu-
» blique, fans le fecours des hommes. Lorfque leurs
» voifins viennent fur leurs terres au tems dont on
» eft convenu, elles les reçoivent, armées de leurs
» arcs & de leurs flèches, jufqu'à ce qu'elles fe foient
» affurées qu'ils n'ont aucun deffein de les furpren-
» dre. Alors elles quittent leurs armes, & accou-
» rent aux canots, ou autres petits bateaux de leurs
» voifins. Chacune prend celui qui lui convient ; elle

» le mène! dans sa maison ; elle lui offre son
» amuça, (*Hamaq*) qui est un lit de coton, sus-
» pendu avec des cordes ; & elle le traite de son
» mieux pendant tout le tems de ce séjour. Elles
» dressent au travail & à l'exercice des armes,
» les filles qui naissent de cette visite ; & elles ne
» négligent rien pour leur inspirer, dès l'enfance,
» la valeur & l'amour de l'indépendance des hom-
» mes ; mais on ne sçait pas au juste ce qu'elles font
» des mâles. Un Indien me dit que, dans sa jeu-
» nesse, il avoit acompagné son pere à cette en-
» trevue ; & il m'assura qu'elles les rendoient, l'an-
» née suivante, aux hommes dont elles les avoient
» eus, & que ceux-ci les recevoient avec plaisir.
» D'autres tiennent qu'elles les font mourir dès qu'ils
» sont nés ; & c'est ce qui passe pour le plus cons-
» tant. L'un & l'autre peuvent être vrais, selon la
» différence des contrées & des coutumes. On est
» persuadé qu'elles possedent des trésors capables
» d'enrichir plusieurs royaumes ; mais on n'a pas
» encore entrepris de les leur enlever. On craint,
» avec raison, d'attaquer une nation entiere de fem-
» mes belliqueuses, à qui la liberté est plus chère
» que toutes les richesses du monde, & qui ne
» la défendent qu'avec des flèches trempées dans
» un poison, qui porte la mort en même tems que
» le coup. » Voyons présentement ce que le comte
de Pagan dit de ces mêmes Amazones. « Les mon-
» tagnes de la Guyane, fécondes en mines d'or &
» d'argent, sont leurs limites du côté du nord ; &
» le mont Iacamabe, plus élevé que tous les autres,
» est au milieu de leurs belles & fertiles vallées. La
» premiere connoissance qu'en eurent les Espagnols,
» leur vint du prince Aparia, en 1541 ; & le con-
» sentement de toutes les nations du grand fleuve
» des Amazones, en faveur de cette vérité, en a
» donné le nom à cette grande riviere. Quoique
» le détail de leur gouvernement intérieur ne soit
» pas encore bien assuré, les belles actions qu'elles

» firent pendant les guerres de cette conquête, » confirment tout ce qu'on en a appris par leurs voi- » sins. Les histoires d'Acosta & d'Herrera, rap- » portent que souvent on les a vues, armées à la » tête des bataillons, soutenir tout l'effort des en- » nemis, & exciter les Indiens à imiter leur cou- » rage. La valeur d'une jeune fille de la province » de Bogore, qui ne succomba qu'après avoir per- » cé cinq Espagnols de ses flèches empoisonnées, » sera à jamais mémorable ; & celles qui se pré- » senterent à la tête des Américains, sur le bord » du fleuve, frapperent les Européens d'une frayeur, » qui les empêcha d'aller attaquer les autres. L'Au- » dience de Quito se fit un devoir d'en prendre con- » noissance ; & elle apprit par ceux qu'elle avoit » envoyés sur la frontiere, que, dans les vastes » campagnes de cette partie de l'Amérique, il y « avoit une région de femmes guerrieres, qui n'a- » voient de communication avec les hommes, qu'en » certains jours de l'année. L'audience de Pasto fit de » pareilles informations ; & les témoignages se trou- » verent conformes à ce qu'on en avoit appris par » la renommée. Enfin, la nation entiere des To- » pinambous en parloit comme d'un fait incon- » testable ; & elle disoit de leur politique & de leur » valeur les mêmes choses que les Grecs nous ont » transmises des Amazones de l'Asie. » Celles de l'Amérique en diffèrent en ce qu'elles conservent leur mammelle droite. Se sont-elles formées d'elles mêmes dans le pays ? ou viennent-elles d'une colonie partie des bords du Thermodon ? C'est un problême difficile à résoudre. On n'a sur ce sujet que des conjectures à produire. M. l'abbé Guyon, p. 201-215, donne les siennes, qui, dès qu'on admet une supposition très-gratuite, sur laquelle il lui plaît de les appuyer, paroissent fort vraisemblables. Sans les adopter, ni les rejetter, on se dispensera d'en faire de nouvelles, faute de faits historiques, qui puissent leur servir de fondement.

AMBOISE, (*Françoise d'*) fille de Louis d'Amboise, vicomte de Thouars, prince de Talmond, & de Marie de Rieux, fut élevée à la cour du duc de Bretagne, & mariée à Pierre II du nom, qui la mena à Guingamp. La jalousie de son époux fit éclater sa vertu. Elle n'opposa qu'une douceur & qu'une patience héroïque à tous les mauvais traitemens d'un mari furieux : bientôt lui-même, honteux de ses excès, en demanda pardon à sa vertueuse épouse, & vécut avec elle dans une union parfaite.

Quelque tems après leur réconciliation, le duc de Bretagne mourut : Pierre II son frere, lui succéda, & se fit couronner à Rennes avec sa femme. Françoise signala son autorité par des réglemens utiles. La réforme du luxe, dans les habits, fut un des premiers objets de son attention. Du consentement de son époux, elle commença à s'habiller elle-même avec la plus grande simplicité. Son exemple fut suivi des dames de la cour, & la réforme passa insensiblement de la cour à la ville. Le Duc voulut profiter de l'argent qu'une telle réforme devoit nécessairement épargner à ses sujets, & il se disposoit à les charger d'un nouvel impôt ; mais la Duchesse le détourna de ce dessein. Elle ne voulut employer la puissance & le crédit de son époux, que pour l'honneur & les progrès de la religion. Elle l'engagea à solliciter auprès du pape la canonisation de saint Vincent Ferrier, Apôtre de la Bretagne. Elle le pria ensuite de donner un établissement dans ses états aux filles de sainte Claire. Le duc leur fit bâtir une maison dans la ville de Nantes.

Pendant qu'on travailloit à cet édifice, ce prince tomba dangereusement malade. Les médecins ne purent découvrir ni la nature ni la cause de sa maladie ; l'ignorance, où l'on étoit alors, fit qu'on s'imagina que quelque magicien, gagné par les ennemis du prince, l'avoit réduit en cet état. La plûpart des courtisans disoient qu'il falloit chercher quelqu'autre sorcier plus habile, dont le charme plus puissant détruisît l'effet du premier ; mais la vertueuse Duchesse ne voulut jamais consentir qu'on eût recours à cet expédient criminel. Son époux expira entre ses bras au mois d'Octobre 1457, après un règne de sept ans. Artur, son successeur, voulut la dépouiller de ses biens, & lui fit essuyer plusieurs désagrémens. M. d'Amboise, pere de la duchesse, voulut l'engager dans un second mariage : il proposa à la reine de France d'unir Françoise avec le prince de Savoye. La reine approuva beaucoup son projet. Le roi Louis XI se disposa à le faire exécuter. On fit sçavoir à la duchesse les volontés du roi & de son pere ; mais elle demeura toujours ferme dans sa résolution de rester veuve. Louis XI lui écrivit même une lettre tendre & pressante, qui ne fut pas capable de l'ébranler. M. d'Amboise alla la trouver à Rochefort, où elle s'étoit retirée : la veille du jour qu'il arriva, la Duchesse s'étoit liée par un vœu simple de chasteté perpétuelle. Les sollicitations de M. d'Amboise furent inutiles. Les conseils & les prieres ne faisoient rien auprès de Françoise. On employa la violence. Louis XI, ayant appris qu'elle étoit allée à Nantes, envoya ordre à quelques parens de la Duchesse de la faire enlever sur des bateaux disposés pour ce dessein, sur la Loire. Mais ce projet ne put être exécuté ; la riviere se trouva glacée. Quelques historiens, amateurs du merveilleux, placent cet évènement au mois de Juillet ; mais il n'arriva qu'en Novembre. Enfin la duchesse, pour se mettre à l'abri de cette espece de persécution, se retira dans le monastere des Trois-Maries, près de Vannes, où elle prit l'habit de Carmélite, & y mourut saintement le 4 Octobre 1485.

AMBRA, (*Elisabeth Girolami*) de Florence, vers le commencement de ce siécle, fut aggrégée à cause de ses poësies, à l'académie des Arcades de Rome, sous le nom d'*Idalba Corinetea*.

AMELOT, (*madame la préfidente*) contemporaine de M. de Vertron, qui dit, en parlant de cette dame, qu'on ne peut mieux juger des ouvrages d'efprit qu'elle.

AMENA, femme d'Abdallah, & mere du faux prophéte Mahomet. Les Mahométans la repréfentent comme la plus belle, la plus fage & la plus vertueufe femme de fa tribu. Si ce n'eft point à ces titres que nous lui donnons place dans cet ouvrage, c'eft du moins pour avoir donné la naiffance au fameux impofteur, dont une grande partie de l'Afie & de l'Afrique fuit aujourd'hui la loi.

AMESSIS, fœur d'Aménophis I, gouverna l'Egypte après la mort de fon frere, l'an du monde 2239, & avant J. C. 1765. Elle régna pendant vingt & un ans.

AMESTRIS, femme de Xerxès, roi de Perfe. Voyant que ce prince étoit devenu amoureux d'Artaynte, femme de fon fils & fille de fon frere Mafiftès, elle en conçut une fi furieufe jaloufie, qu'elle réfolut de s'en venger fur la mere de cette princeffe, qui elle-même avoit autrefois poffédé le cœur du roi, & qui, pour fe conferver quelque confidération, favorifoit les caprices de fon ancien amant. Xerxès devoit bientôt donner un feftin folemnel que les Perfans nomment *tycta*, c'eft-à-dire parfait & accompli. Ameftris choifit ce temps de joie & d'yvreffe pour demander au roi fon ennemie : lorfqu'elle l'eut en fa puiffance, elle lui fit couper les mammelles, les oreilles, le nez, la langue & les lèvres, & la renvoya ainfi mutilée à fon époux, la quatrieme année de la LXXVe Olympiade, & avant J. C. 477. Mafiftès, furieux de cet outrage, réfolut de fe retirer dans la Bactriane dont il étoit gouverneur, dans le deffein d'y exciter une révolte; mais Xerxès le fit tuer en chemin avec fes enfans.

AMICIE DE COURTENAI, comteffe d'Artois, dame de Conches, &c. étoit fille unique & héritiere de Pierre de Courtenai, seigneur de Conches, &c. & de Pernelle de Joigni. Elle fut promise en mariage à Pierre II, fils de Thibaut VI, comte de Champagne & roi de Navarre; mais la mort de ce prince, qui arriva peu de tems après, empêcha l'accomplissement de ce mariage. Amicie fut accordée en 1259, à Robert II, comte d'Artois, petit-fils de Louis VIII, roi de France: on obtint une dispense du pape Urbain IV, & le mariage fut célébré l'an 1262. Amicie mourut à Rome en 1275, & on lui fit des obsèques magnifiques dans l'église de S. Pierre.

AMMANNATI, (*Laure Battiferri*) née à Urbin en 1513, mourut à Florence au mois de Novembre 1589, dans sa soixante & seizieme année, & fut enterrée dans l'église de San-Giovannino de cette ville. Elle étoit fille de Jean-Antoine Battiferri, & femme du célebre architecte & sculpteur Barthelmi Ammannati. Elle s'appliqua toute sa vie à l'étude de la philosophie & des belles-lettres, & cultiva la poésie italienne avec tant de de succès, qu'on la compte pour un des meilleurs poëtes du seizieme siécle. On estime sur-tout ses traductions, en odes, des Pseaumes pénitentiaux; en rimes tierces, c'est-à-dire en stances de trois vers; de la Priere de Jérémie, en vers blancs, c'est-à-dire non-rimés; de l'Hymne de la gloire du paradis, laquelle est de saint Pierre de Damien, & qu'on a mal-à-propos attribuée à saint Augustin. Ces trois ouvrages furent généralement approuvés de tous les beaux esprits & de tous les gens de lettres du tems, & spécialement d'Annibal Caro, dont elle prenoit les conseils, & de Bernard Tasso, pere du Tasse, qui parle très-avantageusement d'elle dans son Amadis, chant. 100, stance 19. Ce qui fait le principal mérite de ses poësies, qui sont pleines de noblesse & d'élévation, c'est qu'elles offrent par-tout une excellente morale, & qu'elles respirent la piété. Sa mort fut suivie des regrets de tous les amateurs des beaux arts, & de ceux de la cour de Toscane, où l'on avoit pour elle infiniment d'estime. L'académie des *Intronati* de Sienne avoit cru s'honorer en l'admettant au nombre de ses membres. Le fameux peintre Allemand Ans-d'Aken, se pria lui-même d'en faire le portrait, & voulut en emporter une copie à Cologne sa patrie, pour y faire connoître une femme illustre dont on célébroit les louanges dans toute l'Italie. Ses poësies furent imprimées réunies, d'abord à Florence, & puis *in*-12 à Naples, chez Bulifon, en 1694.

AMPHILIE, fille d'Ariston & femme du fils d'Iamblique, fit profession de la philosophie Platonicienne. Porphire, qui fut le maître d'Iamblique, fait l'éloge de la science de cette femme.

AMRA, l'une des quatorze femmes légitimes du faux prophête Mahomet. Elle avoit été convertie à la loi de cet imposteur; mais étant retombée dans l'idolatrie, son mari conçut tant d'aversion pour elle, qu'il ne put gagner sur lui d'en approcher.

AMYTIS, fille d'Astyage, dernier roi des Mèdes, épousa Spitamas, & en eut deux fils, Spitacès & Megabernes. Astyage, son pere, ayant été vaincu par Cyrus, vint se retirer à Ecbatane, & se cacha dans l'endroit le plus secret de son palais. Cyrus, ne le pouvant trouver, devint furieux, & fit donner la torture à Amytis, à son mari & à ses enfans, pour leur arracher le secret de la retraite d'Astyage. Ce généreux vieillard, ne pouvant laisser souffrir ses enfans pour sa propre cause, sortit lui-même du lieu où il s'étoit caché, & se découvrit à Cyrus, qui le traita avec humanité; mais son gendre Spitamas fut mis à mort pour avoir feint d'ignorer l'endroit où il s'étoit caché. Cyrus, pour s'en défaire, se servit de ce prétexte; mais en effet, la beauté de sa femme fut la cause de sa mort.

Cyrus, épris des charmes d'Amytis, s'offrit à la

consoler de la perte de son époux. Amytis eut de ce mariage Cambyse & Tanyoxarces, qui succédèrent à Cyrus. Cambyse ayant fait empoisonner Tanyoxarces son frere, Amytis ne découvrit sa mort que cinq ans après. Elle pressa alors Cambyse de livrer à sa vengeance le traître qui lui avoit conseillé un tel parricide. Cambyse le refusa. Amytis désesperée s'empoisonna elle-même.

AMYTIS, fille de Xerxès I & d'Amestris, épousa Megabise, seigneur Persan d'une naissance très-illustre, & en eut deux fils, Zopire & Artiphie, dignes par leur vertu d'avoir une autre mere. Amytis aimoit son époux; elle lui sauva même la vie dans une occasion pressante. Mais le penchant qu'elle avoit à la galanterie lui fit négliger les devoirs de l'union conjugale, & avança la mort de son époux. Lorsqu'elle se vit délivrée d'un maître incommode, elle se livra toute entiere à ses passions déréglées. Apollonide, son médecin, homme flatteur & complaisant, lui fit accroire que ses débauches étoient même utiles pour sa santé. Les conseils d'Apollonide étoient intéressés; le médecin administroit lui-même à sa malade ces remèdes d'une espece nouvelle. Amytis suivit si bien ses avis, que ses excès lui causerent bientôt une maladie réelle. Apollonide craignit que s'il continuoit son commerce avec Amytis, il ne contractât le même mal, & s'éloigna prudemment. Amytis, outrée de cette lâcheté, en porta ses plaintes à la reine sa mere. Apollonide fut arrêté du consentement d'Artaxerxès; deux mois après, il fut enterré tout vif, & alla rejoindre sa maitresse, qui mourut le même jour.

ANACOANA, reine de Maguana, dans l'Isle Espagnole, plus connue sous le nom de *Saint Domingue* Elle étoit femme de Carnabo, le plus puissant monarque de l'isle, & celui qui soutenoit avec le plus de dignité le rang de souverain. Cette princesse, dont le génie étoit beaucoup au-dessus

de

de son sexe & de sa nation, étoit pleine d'estime pour les Espagnols, & cherchoit toutes les occasions de pouvoir traiter avec eux. Après la mort de son époux, elle s'étoit retirée chez son frere Béchéchio, roi de Xiragua. Dom Barthelemi Colomb, frere du célèbre Christophe Colomb, connoissant l'inclination de cette princesse pour sa nation, résolut d'en profiter, & s'avança vers Xiragua. Béchéchio n'aimoit pas les Espagnols ; mais pressé par les sollicitations de sa sœur, il consentit à se soumettre à eux & à leur payer tribut. Il leur fit donc un très-bon accueil. Dom Barthelemi de son côté, témoigna au prince beaucoup d'estime & d'amitié. Les terres de Béchéchio ne produisant point d'or, il fut arrêté qu'il fourniroit une certaine quantité de vivres & de coton ; cette premiere visite se passa avec beaucoup de tranquillité.

Quelque tems après, lorsque Béchéchio eut recueilli de quoi payer le tribut, il en fit donner avis à dom Barthelemi, qui fit aussi-tôt partir un bâtiment pour Xiragua, & s'y rendit lui-même par terre : il reçut de la part du frere & de la sœur, les honneurs le plus marqués. Le vaisseau qui étoit le premier qu'on eût vu sur ses côtes, piqua la curiosité d'Anacoana & du Cacique : ils l'examinerent avec beaucoup d'empressement, & le firent charger de coton & de cassave en abondance, & même au-delà de ce dont on étoit convenu. Le vaisseau Espagnol en partant, les salua d'une décharge d'artillerie : ils furent d'abord épouvantés ; mais voyant que leur crainte faisoit rire les Espagnols, ils se rassurerent.

Béchéchio étant mort en 1503, & n'ayant point laissé d'enfans, Anacoana lui succéda. Lorsque cette princesse monta sur le trône, elle avoit bien changé de sentimens à l'égard des Espagnols. L'ingratitude dont ils avoient payé ses bienfaits, avoit fait succéder la haine à l'amitié qu'elle avoit eue pour eux. Les Espagnols résolurent de s'en défaire.

F. C. Tome I.

Pour y réussir, ils la firent passer pour une rebelle, & l'accuserent auprès d'Ovando, gouverneur général, de méditer quelque trahison. Ovando, craignant d'être prévenu, ne perd point de temps : il accourt de Saint-Domingue à Xiragua, à la tête de trois cens hommes de pied, & de soixante-dix chevaux. Anacoana, qui ne se défioit de rien, crut qu'Ovando venoit la voir comme un ami; & pour le recevoir avec plus d'honneur, elle assembla tous ses vassaux, & marcha à leur tête au devant du général Espagnol. Une foule de peuple, qui la suivoit, formoit des danses à la maniere du pays, & poussoit des cris de joie. La reine fit un compliment gracieux à Ovando, & le conduisit dans son palais, au milieu des acclamations de toute la ville. On avoit préparé un festin magnifique dans une salle très-spacieuse; le repas fut suivi de jeux & de danses qui durerent plusieurs jours.

Ce fut pendant les plaisirs de cette fête, que le général Espagnol trama la plus noire perfidie. Il pria la Reine de vouloir assister à une fête qu'il vouloit lui donner dans le goût Espagnol. Anacoana, accompagnée de toute sa noblesse, s'y rendit le Dimanche suivant; on l'introduisit avec toute sa suite dans une salle qui donnoit sur la place où la fête devoit se célébrer. Les Espagnols se firent attendre quelque temps : ils parurent enfin, mais en ordre de bataille; l'infanterie qui marchoit la premiere, commença par occuper toutes les avenues de la place. Ovando s'avança ensuite à la tête de la cavalerie, & investit la maison où étoit la reine. Alors tous les cavaliers tirerent leurs sabres, & les fantassins firent main-basse sur une multitude d'Indiens que la curiosité avoit attirés à la suite de leur reine, & qui s'étoient assemblés sur la place. Après cette exécution, les cavaliers mirent pied à terre, & entrerent dans la salle où étoit la reine. Ovando fit attacher à des poteaux, les Caciques & les autres illustres vassaux qui accompagnoient cette princesse. Il ordonna ensuite qu'on mît le feu à la maison, & tous ces malheureux furent dévorés par les flammes. Anacoana fut chargée de chaines, & menée à Saint-Domingue: son procès fut bientôt fait ; on la déclara rebelle; & elle fut pendue publiquement.

ANAGALIS, femme sçavante. *Voyez* AGALIS.

ANASTASIE, (*sainte*) dont les martyrologes parlent au 25 de Décembre, souffrit le martyre à Rome sous le règne de Dioclétien. Elle étoit née dans cette ville d'un pere payen, qui s'appelloit *Prétextat*, & d'une mere chrétienne, nommée *Fausta*, qui l'éleva dans le Christianisme. Après la mort de sa mere, elle fut mariée par son pere à Publius Patricius, chevalier Romain, qui devint très-riche en l'épousant; & qui, s'étant apperçu qu'elle étoit Chrétienne, en usa mal avec elle, la tint renfermée dans une espece de prison, l'y laissant, dit-on, manquer presque du nécessaire, & prodigua les richesses qu'il avoit reçues d'elle. Il mourut au bout de quelques années, sans laisser d'enfans de sa pieuse femme.

Devenue veuve, Anastasie se livra plus librement à l'étude de l'Ecriture-sainte, dont elle avoit toujours fait ses délices, & pratiqua les œuvres de charité, comme elle avoit toujours desiré de faire. Ses richesses, quoique très-grandes, lui suffirent à peine au soulagement des pauvres & des confesseurs de Jesus-Christ, qui gémissoient dans les prisons.

Sa vie retirée & l'usage qu'elle faisoit de ses biens, firent soupçonner sa religion; & les officiers de l'Empereur l'ayant fait arrêter, avec trois sœurs Chrétiennes, qui la servoient, les voulurent obliger toutes quatre à sacrifier aux idoles. Elles le refuserent constamment; &, les trois sœurs ayant été sur le champ mises à mort, Anastasie fut conduite en prison. Elle fut, quelque tems après, exilée dans l'isle de Palmaria; mais on ne l'y laissa pas long-tems. Elle fut ramenée à Rome, & brûlée vive. Ses restes furent enterrés dans son jardin, par une Chrétienne appellée *Apollonie* ; & l'on a depuis bâti, dans cet endroit, l'église de sainte Anastasie. C'est une des saintes martyres nommées dans le canon de la messe.

ANASTASIE, fille de Constance Chlore, & sœur du grand Constantin. Elle épousa Bassien, après la mort duquel on croit qu'elle se remaria à Lucius Ranius Aconcius Optatus, qui fut créé papatrice par Constance, revêtu de la dignité de consul en 334, & mis à mort par l'ordre du même Empereur. Anastasie fit construire à Constantinople des bains publics, qui de son nom furent appellés *Anastasiens*.

ANASTASIE, sœur des empereurs Valens & Valentinien.

ANASTASIE, femme de l'empereur Tibère, morte en 594. Tibère n'étoit encore que particulier lorsqu'il l'épousa, & il tint son mariage secret jusqu'à ce qu'il fut monté sur le trône : c'est même à cette feinte qu'il dut la couronne. L'impératrice Sophie qui avoit des prétentions secretes sur lui, ignorant que sa foi fut engagée, le fit nommer *César* par Justin, & ne fût désabusée que lorsqu'elle n'eut plus le pouvoir de lui nuire. Anastasie laissa deux filles, dont l'une fut mariée à l'empereur Maurice, & eut la douleur de voir tous ses enfans impitoyablement massacrés par l'ordre du tiran Phocas.

ANASTASIE, femme de Constantin Pogonat, & mere de Justinien Rhinotmet. La vie de cette princesse depuis la mort de son époux, ne fut qu'une suite de malheurs. Son fils, oubliant les sentimens de la nature, la traita avec la derniere indignité. Quelque tems après, elle vit ce même fils banni & mis à mort ; spectacle qui lui eût paru doux, après les outrages qu'elle en avoit reçus, si elle eût pu oublier qu'elle étoit sa mere. Elle se réfugia avec son petit fils Tibère dans la fameuse église de Notre-Dame, au fauxbourg des Blaquernes ; mais la fureur du soldat ne respecta point cet asile. Elle vit son fils arraché de ses bras pour être égorgé. On ignore qu'elle fut ensuite sa destinée.

ANAXARETE, princesse du sang royal de Teucer. Elle traita avec tant de rigueurs Iphis, qui l'aimoit avec une passion extrême, que ce malheureux amant se pendit de désespoir à la porte même d'Anaxarete. Selon la fable, Venus, irritée contre cette cruelle, la métamorphosa en rocher. La vérité est que, touchée subitement & attendrie à la vue du cadavre d'Iphis, elle se donna volontairement la mort.

ANCHITÉE, femme de Cléombrote, roi de Sparte. L'amour de la patrie l'emporta dans son cœur sur les sentimens de la nature. Son fils Pausanias, condamné à mort par les Ephores, pour avoir voulu livrer sa patrie à Xerxès, roi de Perse, se réfugia dans le temple de Minerve, qui étoit un asile inviolable. Anchitée, ne reconnoissant plus son fils dans un traitre, boucha elle-même une des portes du temple par où il pouvoit s'échapper, pour qu'il y mourut de faim. Pausanias y périt en effet la troisiéme année de la LXXVI olympiade, 474 ans avant J. C.

ANCRE. (*Elconor Doti, marêchale d'*) *Voyez* GALIGAI.

ANDRÉ. (*madame de Saint*) *Voyez* SAINT-ANDRÉ.

ANDRÉ MILANTIA, femme du célebre canoniste Jean, nous est connue par ce que son mari dit en différens endroits de ses ouvrages, qu'il avoit appris d'elle beaucoup de choses. Nous voyons par-là qu'elle étoit-femme d'esprit, & qu'elle n'étoit pas ignorante. Elle disoit, entr'autres choses, « que si » les noms étoient en vente, les peres & meres en » devroient acheter de beaux pour leurs enfans. » Cette idée, qui ne paroît qu'une niaiserie, est de fort bon sens. Il n'est pas rare qu'un nom ridicule empêche que celui qui le porte, n'arrive où son mérite le pourroit conduire.

Jean André, fils d'un prêtre appellé *Baniconti*, & d'une concubine nommée *Novella*, mourut de peste à Bologne, en 1348, après avoir été quarante-cinq ans professeur en droit canonique. Il le fut à Pise. Il l'étoit, en 1330, à Padoue, & finit par l'être à Bologne. C'est où sa réputation fut dans son plus grand éclat. Il eut un fils illégitime appellé *Banicontius*, qui fut homme de mérite, dont on a quelques traités de droit, & qui mourut avant lui.

ANDRÉ-CALDERINI (*Novella*), fille de Jean André, & de Milantia, joignit à beaucoup de beauté beaucoup de science. Son pere la fit instruire des belles-lettres avec soin, & la mit ensuite à l'étude du droit. Elle y fit de si grands progrès, qu'elle fut en état d'enseigner; & que son pere, quand quelque affaire ou quelqu'incommodité l'empêchoit d'aller faire leçon, l'envoyoit en sa place. Comme cependant il craignoit que sa jeunesse & sa beauté ne fussent matiere à distraction pour les auditeurs, il avoit soin qu'elle fût cachée d'un rideau. C'est ce que Christine de Pise, qui vivoit en France à la cour de Charles VI, environ soixante ans après la mort d'André, rapporte dans la Cité des Dames, ouvrage qui fut depuis imprimé à Paris en 1536. Aucun autre auteur n'a parlé de ce fait, que le Panziroli n'a point connu; mais Christine étant Italienne, comme son surnom l'annonce, & de plus presque contemporaine, devoit être bien informée.

Ce fut pour faire honneur au nom de sa fille & de sa mere, qu'André publia, sous le titre de *Novelles*, son Commentaire sur les décrétales de Grégoire IX.

Novella fut mariée par son pere à Jean Calderini, sçavant canoniste; & sa sœur Bétina, c'est-à-dire, Elisabeth, épousa Jean, de Saint-George, célèbre professeur de droit canonique à Padouë & à Bologne.

On ne dit pas que Bétina fût aussi sçavante que Novella.

ANDREINI, (*Isabelle*) excellente comédienne Italienne, associée à l'académie des *Intenti* de Padoué, sous le nom d'*Accesa*, naquit en cette ville en 1562, & fut femme de François Andreini, comédien & poëte Italien, qui fit d'abord le rôle d'Amoureux, & le quitta pour celui de Capitan, dans lequel il se fit appeller *il Capitan Spavento*. Elle fit un voyage en France où tous les seigneurs de la cour lui firent beaucoup d'accueil, & mourut à Lyon, en 1604.

Son mari témoigna son regret de l'avoir perdue, par des poësies dans lesquelles il en célèbre les talens, les bonnes qualités, & la conduite régulière; louanges que celles de sa profession n'ont guères coutume de mériter, & par cette épitaphe qu'il fit mettre sur sa tombe.

ISABELLA ANDREINA Patavina, mulier magnâ virtute prædita, honestatis ornamentum, maritalisque pudicitiæ decus, ore facunda, mente fœcunda, religiosa, pia, Musis amica, & artis scenicæ caput, hic resurrectionem expectat.

Ob abortum obiit IV Idus Junii 1604, annum agens 42. FRANCISCUS ANDREINUS mæstissimus posuit.

C'est-à-dire:

ISABELLE ANDREINI de Padoue, femme douée d'une grande vertu, l'ornement de l'honnêteté, & l'honneur de la chasteté conjugale, éloquente dans ses discours, féconde par son esprit, religieuse, pieuse, amie des Muses, & la première dans l'art du théâtre, attend ici la résurrection.

Elle mourut d'une fausse couche, le IV des Ides (le 10) de Juin, dans sa quarante-deuxieme année. FRANÇOIS ANDREINI fort triste, lui a dressé ce monument.

Elle est auteur de *la Mirtilla*, pastorale imprimée à Vérone en 1588, chez Sébastien delle Donne, & Camille Franceschini. Les libraires, Jerôme Bordone & Pierre-Martir Locarni, donnerent d'elle à Milan, en 1601, un *Canzoniere*; c'est-à-dire, un recueil de Poësies diverses. Tous ses ouvrages portent le nom d'*Isabella Andreini Comica Gelosa*. C'est elle que Gherardo Bologni loue sous le nom de *Filli*, dans des vers, qui sont à la suite du *Caporali*, imprimé à Milan en 1585, & l'on voit, dans la préface de son *Canzoniere*, son éloge de la façon d'Ericius Puteanus.

ANDROCLÉE, célebre par son amour pour la patrie, étoit de Thèbes en Béotie. Les Thébains étoient en guerre avec les Orchoméniens. On consulta l'oracle, qui répondit que les Thébains seroient vainqueurs, si le plus noble d'entr'eux vouloit se dévouer pour le salut de sa patrie. Antipène, pere d'Androclée, étoit le plus illustre d'entre les Thébains; mais sa générosité ne répondoit pas à sa naissance : il refusa de se sacrifier pour le salut commun. Androclée & sa sœur Alcis, plus courageuses que leur pere, se donnerent volontairement la mort. Les Thébains, pour honorer leur vertu, leur firent dresser dans le temple de Diane Euclie, la figure d'un lion.

ANDROMAQUE, (*femme d'Hector*) étoit fille d'Eétion, roi de Thèbes en Cilicie, lequel, avec sept fils qu'il avoit, périt de la main d'Achille dans un même jour, comme il est dit dans le quatorzieme livre de l'Iliade.

Darès le Phrygien représente Andromaque, comme » ayant les yeux brillans, la peau blanche, » la taille haute; il ajoûte qu'elle étoit belle, mo- » deste, sage, affable & chaste. » Elle aima tendrement son mari & ses enfans; & l'on a dit « qu'Hec- » tor en avoit usé si bien à son égard, qu'il ne l'avoit » jamais exposée au déplaisir à quoi les femmes » des grands héros sont si sujettes. » Ces paroles sont de Bayle; mais cet écrivain, accoutumé de regarder à tout, avertit qu'Euripide n'en est pas convenu.

Ce poëte en effet, dans sa tragédie d'Andromaque, fait dire à cette princesse, « Que sa tendresse » pour Hector s'étoit étendue jusqu'à ses maîtresses, » & qu'elle avoit nourri de son lait les enfans qu'il » avoit eu d'elles. » Le scholiaste d'Euripide avoue qu'un historien, qui se nommoit *Anaxicrate*, avoit

dit qu'Hector avoit laissé deux fils légitimes, nommés *Amphinéus* & *Scamandrius*, qui trouverent le moyen d'échapper aux Grecs, & de plus un fils naturel qui s'appelloit *Palétère*, & qui fut pris dans Troye ; mais, en même tems, il accuse son auteur d'avoir falsifié l'histoire, & soutient qu'Hector n'eut jamais aucun bâtard. Quoi qu'il en soit, si ce qu'Euripide a fait dire à son héroïne avoit quelque fondement, il faudroit convenir qu'Andromaque étoit une femme d'humeur fâcheuse pour un mari. Sa complexion, qu'on n'a point accusée d'être amoureuse, devoit la rendre telle. Ovide, dans le troisieme livre de son Art d'aimer, déclare nettement « qu'il ne l'auroit
» pas priée d'être son amie, & que même, en la
» voyant mere, il avoit peine à croire qu'elle eût
» jamais joui des embrassemens d'Hector. »

La mort de son mari la plongea dans l'affliction. Elle eut cependant le courage, si l'on en croit Dictys de Crète, dans son troisieme livre, d'aller avec Priam à la tente d'Achille, pour redemander le corps d'Hector, & d'y paroître pour émouvoir la pitié du vainqueur, en menant devant elle ses deux fils, Astyanax, nommé par quelques-uns Scamandrius & Laodamus. Quelle que fût cependant la douleur qu'elle eut de la mort d'Hector & de celle d'Astyanax, que l'on croit communément avoir été précipité du haut d'une tour par les Grecs, après qu'ils eurent saccagé Troye ; quel que fût le surcroît de chagrin que sa propre captivité lui dût causer, elle y survécut.

Elle échut en partage à Néoptolème, autrement Pyrrhus, fils d'Achille. Moins délicat ou moins voluptueux qu'Ovide, ce prince trouva des charmes à la froide veuve d'Hector, & la douleur de cette veuve ne l'empêcha pas d'obéir aux ordres d'un maître qui voulut qu'elle partageât son lit. Elle en eut trois fils, que Pausanias, liv. 1, nomme Molossus, Piélus & Pergamus Le scholiaste d'Euripide appelle l'aîné Pyrrhus ; le second, Molossus ; le troisieme, Eacide. Servius ne parle que de Molossus, que le poëte Éacide fait la tige des rois de Molossie; au lieu que Pausanias les fait descendre de Piélus. Nous parlerons plus bas de Pergamus.

Tous les anciens s'accordent assez à dire qu'Hélénus, fils de Priam, & compagnon de la captivité d'Andromaque, fut son second mari; mais ils ne conviennent pas du tems. Virgile, qui vraisemblablement a suivi Trogue-Pompée, fait dire par Andromaque, dans le sixieme livre de l'Enéide, qu'après qu'elle eut été rendue mere par Pyrrhus, ce prince épousa Hermione, & qu'alors il donna sa captive Andromaque pour femme à son captif Hélénus; c'est parce que Justin dit la même chose, qu'on a dit qu'apparemment Virgile avoit parlé d'après Trogue-Pompée. Servius & Pausanias mettant le mariage d'Hélénus & d'Andromaque après le meurtre de Pyrrhus à Delphes; & le premier dit qu'il se fit, parce qu'en mourant, Pyrrhus l'avoit ordonné. De ce mariage vint Cestrinus, qui, lorsque son pere fut mort & qu'on eut remis le royaume d'Epire à son frere Molossus, fils de Pyrrhus, alla s'établir, avec une troupe d'Epirotes, qui voulurent bien le suivre, dans une province au-delà du fleuve Thiamis.

Andromaque, destinée à survivre aux auteurs de sa fécondité, sortit d'Epire avec Pergamus, l'un des fils qu'elle avoit eu de Pyrrhus, pour lequel peut-être elle avoit quelque prédilection, & le suivit en Asie, où Pausanias dit que Pergamus disputa la souveraineté de la ville de Teuthranie au prince Aréus avec lequel il se battit en duel, & le tua; que resté maître de la ville, il la nomma *Pergame*, de son nom, & que l'on y voyoit son tombeau & celui de sa mere.

C'est de Molossus, fils de Pyrrhus & d'Andromaque, qui fut roi d'Epire après la mort d'Hélénus, que bien des auteurs ont fait descendre tous les rois de ce pays jusqu'à ce Pyrrhus, si célebre, qui fit la guerre aux Romains.

ANGELE MERICI, native de Dezenzano,

sur le lac de Garde. Le long séjour qu'elle a fait à Bresse, capitale du Bressan en Lombardie, lui a fait donner le nom d'*Angele de Bresse*, sous lequel elle est plus connue. Sa naissance étoit obscure ; mais elle l'a illustrée par ses vertus. C'est elle qui a jetté les premiers fondemens de l'ordre des Ursulines. L'an 1537 elle assembla dans la ville de Bresse un grand nombre de saintes filles : elle mit cette pieuse association sous la protection de sainte Ursule. Soixante-seize filles y entrerent d'abord sous la direction d'Angele ; mais elles ne formoient point de communauté ; elles vivoient chacune dans la maison de leurs parens. Angele étant morte agée de trente-quatre ans, le 21 de Mars 1540, elles se réunirent & formerent un corps sous le nom d'*Ursulines*. Le pape Paul III approuva leur institut en 1540.

ANGÉLELLA, femme du célebre philosophe Augustin Niphus. *Voyez* NIPHUS.

ANGÉLIQUE ARNAULD. *Voyez* ARNAULD.

ANGÉLUCIE, & sa sœur dont on ignore le nom, furent élevées à Fontevrault, & s'y livrerent à l'étude des lettres. La premiere se fit religieuse dans cette abbaye, & nous avons sa vie écrite par sa sœur. Elles vivoient vers le milieu du douzieme siècle.

ANGENNES, (*Julie d'*) marquise de Rambouillet, duchesse de Montausier. *Voyez* RAMBOUILLET.

ANGILBERGE, ANGELBERGE, ENGELBERGE, ENGILPIRGE, INGELBERGE *ou* INGILPERGE, impératrice d'Occident, étoit femme de Louis II, empereur & roi d'Italie, fils de l'empereur Lothaire I, petit-fils de l'empereur Louis le Débonnaire, & frere de Lothaire, roi de Lorraine, & de Charles, roi de Provence.

On ne sçait rien de certain sur l'origine de cette princesse. Du Bouchet la dit fille d'un duc de Spolète, qu'il ne nomme pas, & ne rapporte rien pour appuyer son opinion. MM. de Sainte-Marthe lui donnent pour pere Eticon Welf, fils d'Eticon, duc de Souabe ; mais Conrad de Lichtenau, plus connu sous le nom de *l'abbé d'Usperg*, qui s'étend beaucoup, dans sa chronique, sur la maison Welf, descendue de ce duc de Souabe, ne fait nulle mention d'Angilberge, qu'assurément comme femme d'un empereur, il ne devoit pas oublier. Le Campi, dans son histoire ecclésiastique de Plaisance, & d'autres disent Angilberge fille de Louis le Germanique; ainsi nommé parce qu'il étoit roi de Germanie; mais on ne trouve point son nom parmi les enfans légitimes de ce roi, que les anciens nous ont fait connoître; & l'on supposeroit témérairement qu'elle en étoit fille naturelle. Le roi Louis le Germanique étant frere germain de l'empereur Lothaire I, Angilberge & Louis II étoient cousins germains; & l'on sçait qu'au IXe siécle, l'usage des dispenses, dans un degré si proche, ne s'étoit pas encore introduit. Mais, sans recourir à cette raison, le Campi se trouve pleinement réfuté par Louis le Germanique lui-même. Muratori, dans la dissertation 11 & 13 de ses Antiquités d'Italie, rapporte un diplôme de ce prince, qui, parlant de cette princesse, la qualifie, notre chere & spirituelle fille Engilpirge; ce qui veut dire uniquement qu'elle étoit sa filleule; & c'est ce qui donne en même tems lieu de la croire Allemande & d'illustre naissance, puisqu'elle avoit été levée des fonts de baptême par le roi de Germanie.

Angilberge fut une princesse habile & courageuse; mais haute, dure & trop avide de richesses; peu s'en fallut que ses défauts ne fissent, comme on verra plus bas, perdre à l'empereur son mari, le trône & la vie. On apprend d'un document historique, rapporté dans la dissertation 22 des Antiquités d'Italie, qu'en 864 ou 65, Gualbert ou Walbert, évêque de Modène, commissaire de l'empereur Louis, mit Angelberge en possession de la *Court* de Wardistalla, laquelle est aujourd'hui la ville de Guastalla.

Cette princesse, en 866, alla visiter avec l'empereur, le Mont-Caffin, où l'abbé Berthaire les reçut avec la plus grande magnificence, & Louis confirma tous les privilèges de ce monastere, qu'on ne dit pas qu'Angilberge ait enrichi de ses dons.

Adrien II, qui monta sur la chaire de S. Pierre, à la fin d'Avril 867, eut, comme on l'apprend des annales de S. Bertin, un horrible sujet d'affliction, dans lequel Angilberge trouva de quoi satisfaire son avarice. Il avoit été marié dans sa jeunesse; & depuis, du consentement de sa femme Stéphanie, il avoit embrassé l'état ecclésiastique. Quand il fut élu pape, Stéphanie vivoit encore avec une fille nubile, dont il étoit le pere, & qui fut fiancée quelque tems après avec un jeune homme d'une des nobles maisons de Rome. Anastase, noble Romain, & cardinal du titre de Saint Marcel, que Léon IV avoit déposé, parce que ses mœurs étoient scandaleuses, & qu'Adrien II, au commencement de son pontificat, eut la facilité de rétablir, avoit un frere nommé *Eleuthère*, qui devint amoureux de la fille d'Adrien & de Stéphanie. Il sçut lui plaire, la dégoûta de l'amant qu'elle devoit épouser, l'enleva, de son consentement, & l'épousa. Le pape eut sans doute le bonheur de retirer sa fille des mains de ce ravisseur, qui, désespéré d'avoir perdu l'objet de sa tendresse, s'introduisit dans la maison de Stéphanie, & tua la mere & la fille. Les officiers de la justice le saisirent & le mirent en prison. Arsène, pere d'Anastase & d'Eleuthère, n'avoit pas attendu ce second forfait de son fils, pour aller à Bénevent implorer la clémence de Louis. S'il ne réussit pas d'abord auprès de l'empereur, il s'assura par de très-riches présens, la protection de l'impératrice, que sa mort, survenue bientôt après, laissa jouir tranquillement de tout ce qu'elle s'étoit fait donner, & « dispensa, dit l'abrégé chronologique de l'Histoire d'Italie, » des injustices auxquelles elle devoit se prêter. Elle » en fit une cependant, en ce qu'ayant prévenu » l'empereur, ce ne fut qu'à force de sollicitations

» qu'Adrien obtint des commissaires, qui jugerent
» Éleuthère suivant les loix Romaines, & le con-
» damnerent à mort. »

L'affaire que Lothaire, roi de Lorraine, eut avec avec le saint Siége, parce qu'il avoit renvoyé la reine sa femme, sans cause & sans procédure légitime, pour épouser une concubine qui s'appelloit *Waldrade*, fut pour l'impératrice de quelque utilité, comme on le verra dans l'article de cette Waldrade.

Angilberge avoit aussi tiré bon parti, l'on ne sçait pas bien en quelle année, de la nomination qu'elle avoit fait faire de l'archevêque d'Arles, à la riche abbaye de Saint-Césaire, située dans son diocese. Les annales de Saint-Bertin disent expressément que ce ne fut pas la main vuide, que l'impératrice fit donner cette abbaye à ce prélat.

Le roi Lothaire étant mort à Plaisance en Italie, le 10 d'Août 869, sans laisser de fils légitime; la nouvelle de sa mort n'eut pas plutôt passé les Monts, que Charles le Chauve, roi de France, son oncle paternel, prit possession du royaume de Lorraine & s'en fit donner la couronne à Metz. Louis le Germanique étoit alors malade; mais il ne fut pas plutôt rétabli, qu'il voulut avoir sa part de ce royaume; &, pour cet effet, il déclara la guerre, l'année suivante, au roi Charles le Chauve, son frere de pere. Mais ils s'accorderent au mois d'Août, c'est-à-dire, un an après la mort de Lothaire, & partagerent entr'eux ses états, sans que ni l'un ni l'autre fit aucune attention aux droits de l'empereur Louis, alors unique & légitime héritier de Lothaire, Charles, roi de Provence, étant mort dès 862. Quand Lothaire mourut, Louis étoit occupé, dans le fond de l'Italie, à faire la guerre aux Sarrasins, & par conséquent très loin de la Lorraine; & comme les circonstances ne lui permettoient pas de se rapprocher de ce pays, ou de s'y transporter, pour y veiller à ses intérêts; il eut recours au pape Adrien, qui, sur le champ, dépêcha deux évêques en France, avec des lettres pour les évêques & les barons de ce royaume, dans lesquelles il défendoit que qui que ce fût osât envahir & troubler le royaume de Lothaire, dévolu par droit héréditaire à l'empereur Louis; menaçoit de l'excommunication ceux qui ne déféreroient point à sa défense, & d'autres peines, les évêques qui consentiroient ou ne s'opposeroient pas à l'usurpation. Boderad, l'un des principaux ministres de Louis, accompagna les nonces d'Adrien, pour exposer les droits de son maître, & faire les protestations & les autres actes requis en pareille occasion. Tout cela n'empêcha pas Charles le Chauve de s'emparer d'un royaume qu'il trouvoit à sa bienséance, ni Louis le Germanique de s'en faire ensuite céder la moitié.

La guerre que Louis faisoit au fond de l'Italie, l'y retint jusqu'en 871; année que l'orgueil & la rapacité d'Angilberge, rendirent funeste à l'empereur son mari. « Pendant qu'une partie de son armée
» faisoit le siége de Tarente, (dont les Sarrasins
» étoient en possession,) dit l'abrégé chronolo-
» gique de l'Histoire d'Italie, vol. II, p. 542, ce
» prince étoit à Bénevent avec sa cour. Les troupes
» qu'il avoit dans la ville & dans le voisinage, mé-
» nageoient peu le bien & l'honneur de leurs hôtes.
» L'impératrice Angilberge, aussi haute qu'avare,
» traitoit les dames de Bénevent avec mépris ; &
» donnoit lieu de craindre qu'elle n'eût dessein de
« destituer (le prince) Adelgise, (II) pour ven-
» dre à quelque autre, la principauté. Celui ci, ren-
» fermant en lui-même ses secrets mécontentemens,
» & cherchant à soulager ses peuples des vexations
» qu'ils éprouvoient de la part de ceux qu'ils avoient
» appellés à leur secours, prête volontiers l'oreille
» au conseils d'un commandant (Sarrasin) de Bari,
» son prisonnier, dont il avoit fait son ami le plus
» intime ; & se laisse séduire par les insinuations &
» les offres des Grecs, jaloux de la gloire des Fran-
» çois, allarmés des succès de leurs armes, & résolus

» de souffrir plutôt les Sarrasins en Italie, que de
» permettre qu'ils en fussent chassés par les Fran-
» çois, qui leur paroissoient des hôtes & des voisins
» beaucoup plus dangereux. D'ailleurs, les Lom-
» bards de ces cantons, qui se regardoient, non
» comme sujets, mais comme vassaux du roi d'Ita-
» lie, étoient fâchés de voir entre les mains de l'em-
» pereur plusieurs places fortes de l'ancien duché
» de Bénevent, avec lesquelles il eût aisément
» pu les réduire à la condition de simples sujets.
» Adelgise fait entrer dans ses vues Waifre, prince
» de Salerne, & Landulf, évêque-comte de
» Capoue. Ils font de concert révolter plusieurs
» villes de la Campanie, du Samnium, & de la
» Lucanie ; & ces villes se donnent ou feignent de
» se donner aux Grecs, dont elles reçoivent même
» quelques troupes dans leur enceinte. La défection
» éclate pendant que Louis étoit hors de Bénevent.
» Il rassemble aussi-tôt ses troupes, & marche vers
» cette ville. Adelgise vient au-devant de lui ; l'as-
» sure de son obéissance & de sa fidelité ; proteste
» qu'il n'a point de part à la révolte ; lui fait des
» présens ; dissipe ses soupçons, & recouvre sa bien-
» veillance. Louis marche contre les villes rebelles,
» & les fait rentrer la plûpart dans le devoir. Ca-
» pouë se fioit à la force de ses murailles. Il l'as-
» siège, & ravage les environs. Les habitans, qui
» voient leurs terres ruinées, & qui, par l'exem-
» ple d'un siége précédent, sont convaincus qu'ils
» seront obligés de se rendre à discrétion, prient
» l'évêque-comte de faire leur paix. Ils sortent de
» leur ville en procession, avec le corps de S. Ger-
» main, se jettent aux pieds de l'empereur, & lui
» demandent miséricorde. Ce spectacle le touche,
» & le discours de Landulf, achève de l'ébranler. Il
» leur fait grace, & retourne à Bénevent. Adelgise
» lui persuade de permettre à celles ses troupes,
» dont la patrie n'est pas trop éloignée, d'aller chez
» elles ; & de distribuer les autres dans les villes,

» les

» les bourgs & les villages, afin qu'elles soient plus
» à leur aise, & que la ville de Bénevent soit moins
» foulée. Louis ne réserve que sa garde ; &, le 25
» d'Août, lorsqu'il reposoit après midi dans le pa-
» lais, Adelgise y court avec une foule de conjurés
» rés : la garde ferme les portes, & prend les ar-
» mes ; l'empereur s'éveille & se met en défense.
» Adelgise fait appliquer aux portes des torches
» allumées. L'empereur, l'impératrice, leur fille
» Hermengarde, & quelques uns de leurs domesti-
» ques s'enferment dans une tour très-haute &
» très-bien fortifiée, & s'y défendent pendant trois
» jours. Le manque de vivres oblige l'empereur de
» se rendre, & les conjurés le mettent en prison.
» Une flotte Sarrasinne, venant d'Afrique, paroît
» alors à la hauteur de Salerne ; & les troupes Fran-
» çoises se rassemblent de toutes parts. Adelgise,
» enrichi des dépouilles des officiers François, qui
» s'étoient trouvés à Bénevent, & prévoyant que
» les Lombards, avec le foible secours des Grecs,
» pourroient difficilement se défendre contre tant
» d'ennemis, remet l'empereur en liberté, le 17
» de Septembre : mais en exigeant de lui, de l'im-
» pératrice, de la princesse Hermengarde, & de ceux
» qui les accompagnoient, qu'ils jurent sur les sain-
» tes Reliques, de ne tirer jamais, par eux-mêmes
» ou par d'autres, aucune vengeance de ce qui s'é-
» toit fait, & de n'entrer jamais en armes dans la
» principauté de Bénevent. »

Après être sorti de Bénevent, le 18 de Septembre, l'empereur envoya l'impératrice tenir une diète à Ravenne ; on commença d'y prendre des mesures pour se venger d'Adelgise. Elle n'avoit pas, sur l'obligation d'observer un serment forcé, les mêmes scrupules que son mari. L'empereur & le pape Adrien II tinrent à Rome, dans les fêtes de la Pentecôte de l'année suivante 864, un concile mixte, qui déclara la guerre au prince de Bénevent, en le qualifiant de Tyran & d'Ennemi de la République, du Sénat

F. C. *Tome I.* K

Romain ; & le pape délia l'empereur de son serment, comme étant nul en lui-même, parce qu'il l'avoit fait pour sauver sa vie, & parce qu'il étoit préjudiciable au bien public. Mais Louis, dont la conscience étoit délicate, & qui craignoit qu'on ne l'accusât de parjure, ne voulut pas lui-même aller porter la guerre dans la principauté de Bénevent, & se reposa du soin de sa vengeance sur Angilberge, qui rassembla promptement une armée. Elle ne servit point à sa vengeance. Les Sarrasins ayant assiégé Salerne, la même année 872, Louis ne put se dispenser de secourir cette ville, & ce fut une occasion au prince Adelgise, qui la secourut aussi, de se raccommoder avec lui ; mais il ne compta pas si fort sur la réconciliation, qu'il ne craignît quelque retour de la part des François ; ce qui fit qu'il se lia, plus étroitement qu'il n'avoit jamais fait, avec les Grecs ; & se rendit vassal de leur empereur.

Comme Louis, avec raison, avoit extrêmement à cœur l'affaire de la succession de Lorraine, il envoya, cette même année 872, Angilberge traiter à ce sujet, avec les deux rois ses oncles. Charles le Chauve se rendit, après Pâques, à Saint-Maurice en Valois, comme on en étoit convenu, pour s'aboucher avec l'impératrice ; mais ayant appris qu'elle iroit d'abord à Trente, où Louis le Germanique se devoit trouver, il s'en retourna. Le roi de Germanie se rendit en effet à Trente ; & son entrevue avec Angilberge, sa filleule, ne fut point infructueuse pour l'empereur. Elle tourna si bien l'esprit du roi Louis, qui dans le fond étoit assez honnête homme, que, sans en avertir ses nouveaux sujets de Lorraine, il rendit à son neveu la part qu'il venoit d'avoir de ce royaume. Angilberge fit ensuite avertir Charles qu'elle alloit se rendre à Saint-Maurice ; mais Charles, instruit vraisemblablement de ce qu'elle avoit obtenu du roi Louis, quoique l'on tînt la chose secrette, refusa de se trouver au lieu de la conférence projettée. Elle envoya depuis Wibod, évêque de Parme, sous prétexte de complimenter Charles de sa part ; mais en effet, pour traiter de la restitution de l'autre partie du royaume de Lorraine. Mais où Charles évita la présence de Wibod, ou, s'il consentit à le voir, il le renvoya sans lui rien accorder.

Pendant qu'Angilberge s'employoit, & l'on ne peut pas dire inutilement, pour les intérêts de l'empereur, les grands seigneurs d'Italie, qui la haïssoient à cause de sa hauteur, profitant du chagrin que Louis avoit contre elle, à cause de la triste aventure de Bénevent, produisirent auprès de ce prince, pour lui servir de concubine, une personne que les Annales de Saint-Bertin disent fille de Winigise, & firent si bien qu'ils obtinrent de l'empereur qu'il envoyât un courrier dire à l'impératrice de l'attendre dans la Lombardie, où lui-même avoit dessein d'aller incessamment. Soit qu'Angilberge fût instruite des intrigues de la cour de son mari, soit qu'un pareil ordre lui parût suspect, elle se hâta de joindre l'empereur, & déconcerta les projets de ses ennemis. Le comte Campelli, dans son histoire de Spolète, a pris occasion de ce fait, pour imaginer qu'Angilberge répudiée par Louis II, se fit religieuse, & que Louis épousa la fille de Winigise, duc de Spolète ; mais il est faux que le mariage de Louis & d'Angilberge ait jamais été dissous. D'ailleurs Winigise, duc de Spolète, étant mort en 822, sa fille en 872, devoit avoir plus de cinquante ans, & ne pouvoit plus être la concubine, encore moins la femme d'un empereur, qui n'avoit point de fils pour lui succéder

Après un séjour de près d'un an à Capoue, l'empereur quitta cette ville en 874, pour passer en Lombardie, où des affaires importantes l'appelloient. Il laissa l'impératrice & leur fille Hermengarde à Capoue. L'évêque-comte Landulf, qui, par ses flateries, avoit si bien gagné la confiance de l'empereur, qu'il en étoit devenu comme le premier miniſtre, profita de ſon abſence pour obtenir de l'impératrice, auprès de laquelle il avoit tout crédit, quelle fit mettre en priſon Waifre, prince de Salerne, auquel il avoit depuis prêté ſerment de fidélité, comme ſon vaſſal pour le comté de Capoue, qu'il avoit uſurpé ſur ſes neveux. On ignore le ſujet ou le prétexte de l'empriſonnement de Waifre; mais il fut bientôt remis en liberté par l'impératrice, qui lui fit appparemment bien payer ſa délivrance; & qui, pour donner quelque couleur de juſtice à ce qui s'étoit fait, exigea de lui des ôtages. Elle ſe mit peu de tems après en chemin pour aller trouver l'empereur.

Ce fut en 874, comme on l'apprend d'un diplôme de l'empereur Louis II, donné le 13 d'Octobre à la Court d'Olonna, près de Pavie, qu'Angilberge fit bâtir à Plaiſance un monaſtere de religieuſes, en l'honneur de la Réſurrection de notre Seigneur, & des ſaints martyrs Sixte, Fabien, &c. Par ce diplôme, rapporté par Muratori dans la diſſertation 7 des Antiquités d'Italie, Louis II confirme toutes les donations faites par Angilberge à ce nouveau monaſtere, qui devint un des plus illuſtres d'Italie, auquel on a donné depuis le nom de *Saint-Pierre*, & que les Bénédictins poſſedent aujourd'hui. Le Locati, le Ripalta, le Campi, tous hiſtoriens de Plaiſance, ſe ſont trompés en plaçant la fondation de ce monaſtere, les deux premiers en 822, le troiſieme en 852.

L'empereur Louis mourut à Breſcia le 14 d'Août 875; & ſon ſucceſſeur, comme empereur & comme roi d'Italie, fut notre roi Charles le Chauve, qui prévint ſon frere aîné, Louis le Germanique, & ſe rendit en Italie ſans y être invité par perſonne. Le procédé des Italiens, après la mort de Louis II, doit paroître aſſez étrange. Les ducs, les marquis, les comtes & les évêques tinrent, au commencement de Septembre, à Pavie, une grande diète, où l'impératrice Angilberge affifta. La réfolution qu'ils prirent, & que blâme l'hiftorien contemporain qui la rapporte, fut d'offrir en même tems la couronne d'Italie aux deux rois, Louis le Germanique & Charles le Chauve, fans que l'un fçût l'offre faite à l'autre. On peut croire qu'Angilberge, qui n'avoit pas lieu d'être contente de Charles, n'eut aucune part à cette réfolution. Louis le Germanique, informé que fon frere étoit en Italie, y fit paffer promptement fon fils Charles, qui fut depuis l'empereur Charles le Gros, auquel fe joignit Bérenger, duc de Frioul, qui dans la fuite devint roi d'Italie, & puis empereur. Les troupes de ces deux princes ravagerent, en commettant toutes fortes d'excès, les territoires de Bergame & de Brefcia. Charles entra même dans cette derniere ville, & s'empara des richeffes qu'il trouva dans le monaftere de fainte Julie, defquelles la plus grande partie, appartenant à l'impératrice Angilberge, étoit le fruit de toutes fes extorfions. Elle avoit obtenu de l'empereur, fon mari, ce monaftere en commande; &, comme c'étoit un lieu forrifié, fon tréfor, à fon avis, y devoit être en fûreté. Quand les hoftilités furent ceffées dans cette portion de la Lombardie, elle fe retira dans ce même monaftere; & l'on voit, dans une lettre écrite l'année fuivante par le pape Jean VIII, que le bruit courut qu'elle s'y étoit fait religieufe; mais rien n'eft moins certain. Quoiqu'elle eut perdu le trefor qu'elle avoit dépofé dans cet endroit, elle refta cependant encore très-riche par le grand nombre de terres & d'autres biens-fonds qu'elle s'étoit fait donner par fon mari. Ce fut pour s'en affurer la poffeffion, qu'elle fe la fit confirmer par un diplôme du roi Louis le Germanique, du 20 de Juillet 876. C'eft celui dans lequel ce prince la qualifie fa filleule. Il ne paroit pas qu'elle fe foit mife en devoir d'en obtenir un pareil de l'empereur Charles le Chauve, auprès de qui fans doute, elle avoit peu de crédit.

Au mois de Mars 877, elle fit à fainte Julie de

Brescia, son testament, que le Campi a fait imprimer. Elle y donne à son monastère de saint Sixte de Plaisance, une très-grande quantité de *courts*, dont les principales sont celles de Campo Migliaccio, dans le Modenès ; de Corté-Nuova, de Pigagnaga, de Felina, de Wardestalla, aujourd'hui Guastalla ; de Cabroï & de Masino, dans le comté de Stazfona, présentement Anghiera sur le Lac majeur ; de Brunago & de Trécate, dans le comté de Burgarie, aujourd'hui du territoire de Milan. Elle y donne aussi d'autres biens à l'hôpital bâti pour les malades & les voyageurs, selon l'usage de ce tems-là, près de ce monastère. Le tout est fait « pour le remède & le rachat de l'ame du » très-clément empereur, son maître & seigneur, » & de la sienne. » Elle s'y réserve, sa vie durant, le patronat & le gouvernement du monastere & de l'hôpital : « Mais après ma mort, ajoûte-elle, je » veux & j'ordonne que, si ma fille unique Hermen- » garde s'est revêtue de l'habit religieux, elle prenne » en ma place le gouvernement du même lieu.... Que » si, lorsque je sortirai de cette vie, elle ne s'est pas » revêtue de l'habit de religion, je veux & statue » qu'elle ne diminue en rien ce monastere & cet » hôpital. » Elle fit confirmer ce testament par le pape Jean VIII, dont la bulle est du 1er d'Août de la même année.

Hermengarde, du consentement de l'impératrice sa mere, vivoit alors à la cour de Bérenger, duc de Frioul, son oncle à la mode de Bretagne, comme étant fils de Gisèle ou Gisla, sœur germaine de Charles le Chauve ; &, cette même année 877, le duc Bérenger y donnant les mains en secret, elle consentit d'être enlevée comme par force, par Boson, frere de Richilde, femme de Charles le Chauve, qui l'épousa. Boson, que l'empereur son beaufrere avoit fait duc de Provence, s'en fit, à l'instigation de sa femme, couronner roi à Montale, près de Vienne en 879, lorsque les rois de France

Louis & Carloman, fils du roi Louis le Begue, & petits-fils de l'empereur Charles le Chauve, étoient dans l'embarras de la guerre, que Louis II, roi de Saxe, fils de Louis le Germanique, venoit de leur déclarer. Dès qu'ils furent débarrassés de cette guerre, ils la firent à Boson, qui, par son courage & son habileté, sçut conserver la couronne qu'il avoit usurpée en 881. Charles le Gros étant en Italie, où, cette année même, il fut couronné empereur ; &, voulant favoriser les rois Louis & Carloman, fit enlever de saint Sixte de Plaisance, ou plutôt de sainte Julie de Brescia, l'impératrice Angilberge, à laquelle il avoit confirmé tous ses biens, par un diplôme datté de Plaisance le 23 d'Avril de l'année précédente, & la fit conduire prisonniere en Allemagne. On craignoit qu'elle ne secourût de ses richesses & de ses intrigues son gendre & sa fille. Elle étoit alors dans une étroite liaison avec Jean VIII ; & lorsque Charles le Gros fut arrivé à Rome pour recevoir la couronne impériale, ce pape lui demanda la liberté d'Angilberge. Charles la promit, pourvu que Louis & Carloman y consentissent. Jean leur écrivit donc le 12 de Mars, & les pressa vivement à ce sujet, en leur représentant « que cette princesse étoit sous » la protection du Siége apostolique, auquel l'em- » pereur Louis II l'avoit recommandée ; & les pria » de consentir qu'on la renvoyât à Rome, où lui- » même la feroit si bien garder, qu'elle ne pourroit » pas même aider de ses conseils son gendre & sa » fille. » Il écrivit encore à ce sujet une lettre circulaire à tous les archevêques, évêques & comtes d'Italie, pour qu'ils concourussent à la délivrance d'Angilberge. Enfin l'année suivante, en écrivant à l'impératrice Richarde, femme de Charles le Gros, il la pria de s'entre-mettre auprès de l'empereur, pour qu'il remît sa prisonniere en liberté. Mais malgré toutes ses instances, il n'obtint ce qu'il demandoit avec tant de chaleur, qu'après que les rois Louis & Carloman eurent pris Vienne, qu'ils assiégeoient depuis près de deux ans, & qu'Hermengarde elle-même avoit jusques-là courageusement défendue. Alors, c'est-à-dire en 882, Charles tira de prison Angilberge, qu'il chargea Luitward, évêque de Verceil, son archichancelier & son premier ministre, de conduire à Rome, & de la remettre au pape, comme il l'avoit demandé.

Depuis ce tems-là, tout ce qu'on trouve d'Angilberge, c'est que, par une bulle du 15 de Mai 885, le pape Adrien III, à la priere de cette princesse, confirma les privilèges de son monastere de saint Sixte, & les augmenta; que le 18 de Mai 888, elle obtint de Bérenger, créé roi d'Italie en Janvier ou en Février de cette année, un diplôme de confirmation pour ses biens, datté de Pavie; & qu'en 889, sa fille Hermengarde étant en Allemagne, obtint pour elle à Forcheim de l'empereur Arnould, un pareil diplôme, en datte du 12 de Juin.

On ignore en quelle année elle mourut. Elle n'avoit eu de son mariage que des filles, dont nous ne connoissons qu'Hermengarde & Gisele ou Gisla, qui fut abbesse de sainte Julie de Brescia, & qui certainement ne vivoit plus lorsqu'Angilberge fit son testament en 877, puisqu'elle y nomme la premiere, sa fille unique. On peut assurer que Gisele mourut avant son pere, puisqu'ainsi que nous l'avons vu, ce prince donna l'abbaye de sainte Julie en commande à sa femme; ce qu'il n'auroit pas fait sans doute du vivant de sa fille.

ANGITIE, sœur de Circé, demeuroit dans le voisinage du Lac Fucin en Italie. Elle fit son étude de la médecine, & se rendit célèbre dans l'exercice de cet art.

ANGLETERRE, (*Cécile d'*) abbesse de la Trinité de Caën. *Voyez* CÉCILE.

ANGLETERRE, (*Mathilde*) impératrice &c. *Voyez* MATHILDE.

ANGLETERRE, (*Agude d'*) épouse par procureur d'Alphonse VIII, roi de Léon. *Voyez* LÉON.

ANN

ANGOSCIOLA, (*Hyppolite Borromée*, comtesse d') de qui l'on trouve quelques vers à la suite des Madrigaux de Louis Caſſole, imprimés à Veniſe en 1544, vivoit alors. Elle étoit de la même maiſon que S. Charles Borromée, & fut mariée au comte Jérôme Angoſciola. Ce fut une femme de beaucoup d'eſprit, d'un grand ſens, & très-vertueuſe.

ANGOULÊME, (*Marguerite d'*) reine de Navarre. *Voyez* MARGUERITE D'ANGOULÊME.

ANGOULÊME, (*Elizabeth* ou *Iſabeau*) reine d'Angleterre. *Voyez* ÉLIZABETH D'ANGOULÊME.

ANICIA, ſurnom de *Proba Falconia*, femme d'Anicius Probus, qui fut conſul Romain en 371, avec l'empereur Gratien. Elle eſt auſſi ſurnommée *Valeria*. Cette femme ſe rendit illuſtre par ſon eſprit & ſa piété. S. Auguſtin, S. Chryſoſtome, ſaint Jérôme lui ont donné les plus grands éloges. Elle compoſa la vie de J. C. de divers fragmens de Virgile qu'elle aſſembla, & dont elle fit ce que les Latins appellent des *Centons*. Elle eut trois fils qui furent honorés de la dignité de Conſul.

ANITE, femme Grecque, eſt comptée parmi les poëtes de ſa nation.

ANJOU, (*Marguerite d'*) Voyez MARGUERITE D'ANJOU.

ANJOU, (*Bertrade de Montfort*, comteſſe d') Voyez MONTFORT.

ANJOU, (*Mathilde d'*) abbeſſe de Fontevrault. *Voyez* MATHILDE.

ANJOU, (*Hermengarde d'*) ducheſſe de Bretagne. *Voyez* BRETAGNE.

ANNE, ſœur de Pigmalion & de Didon. Sa tendreſſe pour Didon ſa ſœur, veuve de Sichée, lui fit abandonner le ſéjour de Tyr, ſa patrie, où règnoit Pigmalion, que ſon avarice & ſes cruautés en avoient rendu le tyran. Elle avoit eu ſoin d'embarquer avec elle les riches tréſors qu'elle avoit hérité de ſon époux, & dont Pigmalion avoit tenté de la dépouiller. Suivie de la fleur de la jeuneſſe Tyrienne, elle aborda sur les côtes d'Afrique, où elle fonda, & selon d'autres rétablit la ville de Carthage, l'an du monde 3147, & 888 ans avant J. C.

Les poëtes ont défiguré ce fait historique par un grand nombre de fables que des écrivains peu éclairés ont adoptées grossierement. Fondés sur ce que Virgile raconte des amours d'Enée & de Didon, de la passion & de la jalousie d'Iarbas, roi des Nomades, de la fuite du prince Troyen, & du désespoir de la reine de Carthage, ils prétendent qu'Iarbas alla mettre le siége devant la nouvelle ville des Tyriens, & s'en rendit maître; que, pour ne pas tomber entre les mains de ce prince, Anne, sœur de Didon, s'enfuit à la cour de Batrus, roi de l'isle de Malte, d'où Pigmalion son frere essaya de la faire enlever; que cette princesse, informée du danger qui la menaçoit, s'enfuit en Italie, où après diverses aventures, elle se noya dans le fleuve Numicius. Ovide, qui renchérit toujours sur les fables les plus absurdes, dit qu'Anne se jetta dans les bras de ce fleuve, pour éviter la colere de Lavinie, femme d'Enée; qu'Enée cherchant la malheureuse sœur de son amante, la vit au milieu des eaux du Numicius, & apprit de cette princesse qu'elle avoit pris le nom d'*Anna Perennis*. Le pieux fondateur de Rome ne dut pas manquer de consacrer ce nom à la surperstition de ses peuples; sans doute qu'il en fit l'objet d'une fête particuliere, puisqu'on la retrouve chez les premiers Romains, qui la transmirent à leurs descendans. C'étoit une fête de débauches qui se célébroit aux ides de Mars, & l'on a cru qu'ils s'imaginoient que la nymphe ajoûtoit autant d'années à leur vie, qu'ils y buvoient de coups en son honneur.

ANNE, femme Juive, épouse d'Elcana, Lévite, qui s'étoit établi dans la tribu d'Ephraïm. Après plusieurs années de mariage, voyant qu'elle n'avoit pas d'enfans, elle s'abandonnoit à la plus vive douleur: elle alloit dans le tabernacle pleurer devant le Seigneur, la honte de sa stérilité. Un jour, priant avec une ferveur extraordinaire, elle fit vœu, si Dieu lui donnoit un fils, de le consacrer à son service. Sa prière fut exaucée; l'année suivante, avant J. C. 1124, elle mit au monde un fils qui fut nommé *Samuël*, c'est-à-dire, *demandé à Dieu*. Anne, fidèle à son vœu, consacra au Seigneur cet enfant chéri, & le mit entre les mains du grand-prêtre Héli. Samuël devint dans la suite un des plus illustres prophètes d'Israël.

ANNE, femme Juive, de la tribu de Nepthtali, épouse de Tobie. Son mari, après avoir dépensé en aumônes presque tout son bien, étoit devenu aveugle. Anne n'eut plus de ressources pour l'entretien de sa famille, que dans le travail de ses mains. Elle s'occupoit tous les jours à faire de la toile; & le produit de son ouvrage suffisoit pour soutenir sa maison. Elle acheta un jour un chevreau, & l'apporta chez elle : Tobie l'entendant bêler, dit à sa femme : » Ce chevreau a peut-être été dérobé à quelqu'un, ma » femme prenons garde que le bien d'autrui entre » dans notre maison. » Cette remontrance mal placée mit Anne dans une furieuse colère : elle s'emporta contre son époux, & lui fit les reproches les plus amers : « Vous voilà, dit-elle, avec vos scrupules ; » aussi vous en avez une belle récompense ; à quoi » vous servent aujourd'hui votre justice & vos bonnes » œuvres ? Sans moi vous mourriez de faim avec toute » votre vertu. » C'est le seul chagrin qu'Anne ait jamais causé à son vertueux époux, elle vécut depuis avec lui dans une union parfaite ; & elle eut la joie de voir avant de mourir, l'heureux mariage du jeune Tobie son fils.

ANNE, femme de Raguel, de la tribu de Nephtali, qui fut menée à Ninive en captivité par Salmanazar, roi d'Assyrie. Elle étoit cousine du vieux Tobie, qui habitoit à Ragès, ville des Mèdes.

ANNE, (*sainte*) mere de la sainte Vierge. Elle étoit fille de Mathan, prêtre de Bethléem, de la famille d'Aaron. Elle fut mariée à faint Joachim ; & après vingt ou vingt-deux ans de ftérilité, elle eut fainte Marie, mere de Jefus-Chrift. Les fçavans ont beaucoup écrit fur cette fainte ; & plufieurs, fondés fur un paffage de S. Jean l'Evangelifte, l'ont fait femme de trois maris, & mere de plufieurs enfans. Ce paffage parle des freres & des sœurs de Jefus-Chrift ; mais en obfervant qu'on employoit autrefois les noms de frere & de sœur pour défigner en général les plus proches parens, on ne trouvera point de matiere à conteftation dans les termes de l'apôtre. Les circonftances de la vie de fainte Anne & le tems même de fa mort font abfolument ignorés.

ANNE, prophéteffe Juive, fille de Phanuel, de la tribu d'Afer. Après fept ans de mariage, & la mort de fon époux, elle fe rendit le modèle de toutes les veuves, par fa continence & fa piété. Elle paffa le refte de fa vie jufqu'à l'âge de quatre-vingt-quatre ans, dans les jeûnes & dans la priere, demeurant tout le jour au temple. Lorfque le Sauveur du monde y fut préfenté, elle annonça fes grandeurs, & joignit un témoignage public à celui que le vieillard Siméon lui avoit déja rendu. Cette fainte veuve mourut peu de tems après avoir eu la confolation de voir le Sauveur que Dieu avoit envoyé au monde : ce fut l'année même de la naiffance de Jefus-Chrift.

ANNE DE SAVOYE, impératrice de Conftantinople, fille d'Amédée V, comte de Savoie, & de Marie de Brabant, fa feconde femme, morte en 1545. Elle époufa Andronic III, dit *le Jeune*, fils de Michel Paléologue, empereur d'Orient. Elle fit fon entrée dans Conftantinople avec une magnificence extraordinaire, en 1537. Le règne de fon époux ne fut qu'une fuite de malheurs, dont elle partagea toute l'amertume ; & avant de mourir, elle eut la douleur de voir fes enfans dépouillés de l'héritage paternel par Jean Cantacuzène, qu'Andronic leur avoit laiffé pour tuteur.

ANNE DE RUSSIE *ou* DE ROUCI, dite auſſi *Agnès*, fille de Jaroſlas ou Ladiſlas, roi de Ruſſie, épouſa, en 1044, Henri I, roi de France, ſecond fils de Robert le Pieux, & eut de ce mariage Philippe I, roi de France, Robert, mort jeune, & Hugues, ſurnommé *le Grand*,, tige de la ſeconde branche des comtes de Vermandois. Le roi, ſon époux, étant mort en 1060, elle ſe retira dans l'abbaye de S. Vincent de Senlis, qu'elle avoit fondée. Elle ſe remaria, en 1062, à Raoul II, dit *le Grand*, comte de Crépi en Valois ; mais ce ſecond mariage s'étant fait malgré la parenté qui ſe trouvoit entre Raoul & Henri I, & ſans le conſentement des évêques, les deux époux furent excommuniés, & vécurent cependant enſemble juſqu'en 1066, qu'ils ſe ſéparerent. Anne, n'ayant plus rien qui l'attachât à la France, retourna dans ſa patrie, & y finit ſes jours. Un ſçavant a prétendu que ſon tombeau ſe trouvoit dans l'abbaye de Villiers, ordre de Citeaux, près la Ferté-Alais en Gâtinois, & qu'elle s'appelloit *Agnès*, comme le témoigne l'inſcription qu'on lit ſur la tombe : *Cy gît Agnès, autrefois épouſe du roi Henri.*

ANNE DE BRETAGNE, reine de France, & ducheſſe de Bretagne, eut pour pere François II, duc de Bretagne, un des plus généreux & magnanimes princes de l'Europe ; & pour mere, Marguerite de Foix, qui mourut avec la réputation d'être une des plus belles & des plus vertueuſes princeſſes de l'univers. Elle naquit à Nantes le 26 de Janvier 1476 ; &, ſuivant l'uſage des maiſons ſouveraines, qui concluent les alliances des princes & princeſſes dès le berceau, la jeune Anne n'ayant encore que cinq ans, fut promiſe à Edouard, prince de Galles, fils aîné d'Edouard IV, roi d'Angleterre ; mais la mort violente de ce jeune prince, arrivée deux ans après, rompit ce mariage.

François II, pere d'Anne, ſe voyant ſans enfans mâles, tourna toute ſa tendreſſe du côté de ſa fille aînée. Il en confia l'éducation à Françoife de Dinant, dame de Laval, qui l'éleva comme une princeffe deftinée à partager un jour un des premiers trônes de l'Europe. Anne répondoit aux foins de fa gouvernante par une grande pénétration d'efprit, & beaucoup de facilité. Ces qualités, jointes à une grande beauté, la firent rechercher, à treize ans, par tout ce que l'Europe avoit de princes dignes d'elle. Alain, fire d'Albret, Louis XII, alors duc d'Orléans, & Maximilien d'Autriche, roi des Romains, depuis empereur, firent jouer auprès du duc François, tous les refforts de la politique, pour obtenir fa fille. Charles VIII, roi de France, la demandoit auffi pour lui-même. La mort de François, pere d'Anne, & l'embarras où fe trouverent les états de Bretagne, les déterminerent à préférer Maximilien, en 1490, & le mariage fut célébré par procureur. Il fut rompu la même année, par la crainte qu'eurent les Bretons des armes du roi de France; & leur princeffe fut enfin mariée, le 16 de Décembre 1491, à Charles VIII, qui renvoya Marguerite d'Autriche qu'il avoit déja fiancée. Marguerite étoit fille de Maximilien d'Autriche, qui, dans cette occafion, reçut un double affront.

L'auteur des Anecdotes de nos reines, fait d'Anne de Bretagne le portrait qu'on va voir. « C'étoit une
» blancheur de teint admirable, animée par les
» plus belles couleurs; un front grand & élevé, où
» la modeftie tempéroit la majefté; le tour du vifage
» un peu long, le nez bien pris, la bouche dans
» une belle proportion. Sa taille étoit moyenne &
» noble, & elle n'avoit d'autre défaut que d'être un
» peu boiteufe; mais à peine s'en appercevoit-on,
» par le foin qu'elle avoit pris de le corriger par
» une attention d'habitude dans fa démarche, ou
» par fa chauffure. Les qualités de fon efprit répon-
» doient parfaitement à celles du corps. Elle étoit
» naturellement éloquente, s'exprimoit avec beau-
» coup de dignité; judicieufe, fenfée, agréable,

» malgré la groſſièreté de ſon ſiècle, où les graces
» étoient auſſi inconnues que les lumieres du ſça-
» voir. Pour ſon cœur, il étoit généreux, rempli
» de bonté pour ceux qu'elle aimoit, franc, & vrai-
» ment pénétré des devoirs d'une reine ; mais ſa
» fierté l'avoit rendue vindicative : elle ne pardon-
» noit guères à ceux dont elle croyoit avoir droit de
» ſe plaindre. Cependant Anne étoit d'une piété
» vive & ſincère ; mais la dévotion l'avoit conduite
» à des ſcrupules mal entendus, & d'autant plus opi-
» niâtres, qu'ils étoient aveugles & deſtitués de lumie-
» res.... Un autre défaut de cette princeſſe étoit
» d'être tellement attachée à ſes ſentimens, que rien
» ne pouvoit la vaincre, lorſqu'une fois elle avoit pris
» ſon parti. Ces défauts, je veux dire, ſon caractère
» vindicatif, ſa piété mal entendue & ſon opiniâ-
» treté furent cauſe de quelques fautes qu'on a de
» la peine à excuſer ; mais on eſt pourtant obligé
» d'avouer que les bonnes qualités l'emportoient. »

Charles VIII, étant allé en Italie pour la conquête du royaume de Naples, laiſſa entre les mains de ſon épouſe l'adminiſtration des affaires. Anne, quoiqu'à peine âgée de dix-huit ans, gouverna avec une ſageſſe admirable. Après la mort de Charles VIII, en 1498, Louis XII, ſon ſucceſſeur, épouſa, l'année ſuivante, la reine Anne, & fit caſſer ſon mariage avec Jeanne de France, fille de Louis XI. Ce prince, n'étant encore que duc d'Orléans, avoit été amoureux d'Anne de Bretagne, avant que Charles VIII ſongeât à l'épouſer : le duc François avoit même été ſur le point de la lui accorder. Ce ne fut pas ſans douleur qu'il la vit paſſer dans les bras d'un autre ; mais il conſerva toujours pour elle beaucoup de reſpect & d'amour ; & dès qu'il ſe vit ſur le trône, ſon premier ſoin fut de le partager avec elle. Anne étoit digne d'un amour ſi tendre & ſi conſtant ; ſa beauté, ſa piété, ſa générosité, ſa grandeur d'ame étoient bien ſûres de plaire à un prince tel que Louis XII, le plus généreux & le plus humain de tous les rois.

Anne avoit un cabinet & une galerie remplis de diamans, de perles, de rubis & de toutes fortes de pierres précieufes, dont elle faifoit des préfens aux femmes des généraux François qui avoient acquis de la gloire dans les combats & bien fervi l'état. Louis XII donnoit peu ; il craignoit de fouler fon peuple, dont il étoit le pere : Anne fe chargeoit de diftribuer les graces & les récompenfes, & les prix du courage & du mérite étoient donnés par les mains de la beauté.

» Elle aimoit les fçavans, dit l'auteur cité ci-deflus,
» & fe les attachoit par fes bienfaits. Jean Marot,
» pere de Clément, prenoit la qualité de *Poëte de*
» *la magnifique reine*, *Anne de Bretagne*. André
» de la Vigne, auteur de l'Hiftoire de Charles VIII,
» publiée par Théodore Godefroi, étoit à fes ga-
» ges, & fon fecrétaire. Elle fe piquoit elle-même de
» répondre fçavamment à ceux qui la haranguoient.
» On en rapporte une preuve finguliere. Pour fe
» faire eftimer, elle mêloit, dans fon difcours aux
» étrangers, quelques phrafes, quelques mots de
» leur langue, comme fi elle l'eût entendue ; &,
» pour s'en tirer avec diftinction, elle fe fervoit de
» Grignaux, fon chevalier d'honneur, qui fçavoit
» une partie des langues vivantes, les ayant appri-
» fes à la guerre & dans fes voyages. La reine lui
» ayant demandé quelques mots efpagnols pour ré-
» pondre à l'ambaffadeur d'Efpagne, Grignaux lui
» en apprit quelques-uns d'une fignification obfcène.
» Elle devoit s'en parer le lendemain ; mais Gri-
» gnaux en avertit le roi, qui en rit avec lui, &
» en fit avertir la reine. Elle en fut dans une grande
» colere, & il fallut que le roi joignît fes follicita-
» tions aux excufes de Grignaux, pour obtenir fon
» pardon. »

Elle eft la premiere qui fit élever à la cour des filles de qualité que l'on a appelleés depuis *filles de la reine*. Perfuadée de cette maxime, que l'oifiveté eft la mere de tous les vices, elle faifoit travailler ces demoifelles à différens ouvrages de broderie &
de

de tapisserie, dont elle enrichissoit ensuite les églises. Toujours attachée à ses sujets naturels, elle avoit sa garde de Bretons, qui se rendoit ordinairement sur une terrasse du château de Blois, qu'on appella *le Porche aux Bretons*, où elle prenoit plaisir à les voir. A l'imitation des princes qui ont institué des ordres de chevalerie, elle institua l'ordre de la Cordeliere, en l'honneur des cordes dont Notre-Seigneur fut lié dans sa passion, & le donna aux principales dames de sa cour, « les admonestant, dit un
» historien, de vivre chastement, & d'avoir toujours
» en mémoire les cordes & les liens de J. C. » Elle fut la premiere de nos reines qui porta le deuil noir à la mort de Charles VIII. Les autres reines, avant elle, avoient toujours porté le deuil en blanc ; aussi Louis XII, après sa mort, porta le deuil noir contre la coutume de nos rois.

Anne fit plusieurs fondations. Elle donna son ancien hôtel de Bretagne, qu'on appelloit *le château de Nigeon*, près de Chaillot, à François de Paule, qui y établit une maison de son ordre. Comme on donnoit communément, depuis Louis XI, le nom de *Bon-homme à François*, les religieux, dont il est le pere, ont conservé le nom de *Bons-hommes*. Son estime pour ce même François de Paule, le lui fit choisir pour nommer au baptême son fils aîné le Dauphin, qui fut appellé *Charles Orland* ou *Roland*, mort à trois ans.

» Quelque chose de plus remarquable & de bien
» plus glorieux pour elle, c'est que son exemple
» avoit rendu la sagesse & la modestie si estimables
» à la cour, que les femmes du plus haut rang n'o-
» soient y paroître sans ces deux qualités ; & qu'en
» y introduisant ce grand nombre de dames dont
» elle étoit accompagnée, bien loin d'y introduire
» la galanterie & le désordre, *elle planta l'honneur*
» *& la pudicité* au cœur des dames Françoises, dit
» Pierre de Saint-Julien. Ajoûtons ici que nos reines
» lui doivent plusieurs des prérogatives dont elles

» jouiffent, telles que celles d'avoir leurs gardes,
» les cent gentilshommes ; de donner audience aux
» ambaffadeurs, & quelques autres droits qu'elle
» prit, du confentement du roi, comme duchesse
» de Bretagne, & dont les reines, qui ont été après
» elles, ont joui à son exemple. »

Cette princeffe mourut au château de Blois, le 9 de Janvier 1514 ; elle fut portée avec pompe à Saint Denis. Le roi François I lui fit conftruire un magnifique tombeau de marbre, fous lequel elle repofe auprès de Louis XII.

ANNE MAURICE D'AUTRICHE, reine de France, fille de Philippe III, roi d'Espagne, & de Marguerite d'Autriche, naquit à Valladolid le 22 de Septembre 1601, cinq jours avant Louis XIII, roi de France, deftiné à être fon époux, & qu'elle époufa à Bordeaux le 9 de Novembre 1615. Cette princeffe étoit belle, à en juger par le portrait que madame de Motteville nous en a laiffé.

« Elle me parut, dit cette dame, lorfque je vins
» la faluer en 1639, auffi belle qu'aucune de celles
» qui compofoient fon cercle. Elle fe coëffoit felon
» la mode, d'une coëffure ronde, frifée, clair, &
» beaucoup de poudre. Ses cheveux étoient de-
» venus d'une couleur un peu brune, & elle en
» avoit une grande quantité. Elle n'avoit pas le
» teint délicat, ayant même le défaut d'avoir le nez
» gros, & de mettre, à la mode d'Efpagne, trop
» de rouge ; mais elle étoit blanche, & jamais il
» n'y a eu fi belle peau que la fienne. Ses yeux
» étoient parfaitement beaux ; la douceur & la ma-
» jefté s'y rencontroient enfemble ; leur couleur,
» mêlée de verd, rendoit leurs regards plus vifs &
» remplis de tous les agrémens que la nature leur
» avoit pu donner. Sa bouche étoit petite, vermeille ;
» les fourires en étoient admirables. Elle avoit le tour
» du vifage beau, & le front bien fait. Ses mains
» & fes bras avoient une beauté furprenante, &
» toute l'Europe en a ouï publier les louanges ; leur

» blancheur, sans exagération, avoit celle de la neige.
» Elle avoit la gorge belle, sans être parfaite. Elle
» étoit grande, & avoit la mine haute sans être fière.
» Elle avoit dans l'air de son visage de grands char-
» mes; & sa beauté imprimoit, dans le cœur de ceux
» qui la voyoient, une tendresse toujours accom-
» pagnée de vénération & de respect. Avec tous
» ces agrémens, elle ne se fit point aimer du roi
» son époux, elle fut toujours liée avec les mécon-
» tens, & rendit suspecte son affection pour le roi
» d'Espagne, son frere, en ne lui écrivant qu'en
» cachette, & par l'entremise de gens souvent en-
» nemis secrets de l'état. »

Elle étoit portée à la galanterie; & persuadée que les femmes sont faites pour être adorées & servies des hommes, elle ne rebuta point ceux qui oserent se déclarer ses amans. Toute reine qu'elle étoit, elle fut flattée des hommages du duc de Montmorenci; & elle fut si piquée, lorsqu'elle apprit son change- ment, qu'elle ne voulut plus le voir; elle regarda son inconstance comme une injustice qu'il lui faisoit. On sçait jusqu'à quel point le duc de Buckingham poussa la folie pour prouver sa passion à la reine, qui ne fit jamais un mystere de cette conquête. Prêt de s'embarquer à Calais, pour y conduire à son roi madame Henriette de France, il y laissa la future reine; revint à la cour de France, sous un frivole prétexte, pour avoir encore l'occasion de voir la reine. A peine fut-il arrivé en Angleterre, qu'il chercha les moyens de repasser en France; mais Louis XIII n'y voulut pas consentir. Ce favori fit tant qu'il brouilla les deux couronnes, pour avoir occasion d'y revenir traiter de paix. Cette intrigue fut connue de toute la cour.

La reine étant à Ruel, (elle étoit alors régente) apperçut Voiture qui se promenoit seul : elle lui demanda à quoi il rêvoit; il lui répondit par trois couplets, dont en voici un.

Je penfois : car nous autres poëtes,
Nous penfons extravagamment,
Ce que dans l'humeur où vous êtes
Vous feriez, fi dans ce moment
Vous avifiez en cette place
Venir le duc de Buckingham,
Et lequel feroit en difgrace
De lui ou du pere Vincent. (*Confeffeur de la Reine.*)

On a dit même que le cardinal de Richelieu avoit été du nombre des amans de la reine : cela peut être ; mais il eft certain qu'il conçut depuis beaucoup de haine contre elle. La reine devint dans la fuite, plus férieufe & plus grave, & ne voulut plus entendre parler d'amans.

Le marquis de Gerze étoit auffi devenu amoureux de cette princeffe ; il lui écrivit même plufieurs lettres, qu'il lui faifoit remettre par madame de Beauvais, premiere femme de chambre de fa majefté. Mazarin, qui étoit jaloux de la reine, comme un avare l'eft de fon argent, lui repréfenta qu'elle devoit le chaffer, & elle y confentit : elle commença par congédier la femme de chambre qui avoit remis les lettres, croyant par-là fe difpenfer de faire fon compliment à Gerze ; mais le Marquis, quoiqu'il fçût la difgrace de fon amie, vint fe préfenter devant la reine à fon ordinaire, étant capitaine des gardes. Alors elle lui dit : « Vraiment vous êtes
» bien ridicule : ayant cinquante ans, je ne croyois
» pas avoir un vifage propre à donner de l'amour.
» Voyez un peu le joli galant, je vous regarde
» comme un fou, plus digne de pitié que de
» colère. » La reine ne devoit que rire de cette aventure ; l'éclat qu'elle fit la rendit publique ; & bien des gens difoient qu'une femme Efpagnole, quoique dévote & fage, peut toujours être attaquée avec quelque efpérance.

Louis XIII eût pardonné à la reine fes galanteries, s'il ne l'avoit foupçonnée d'entretenir des intrigues plus sérieuses. Elle haïssoit le cardinal de Richelieu, & ne s'en cachoit pas. Barriere, un de ses gens, s'étant offert à le tuer : « Non, dit la reine, je ne » puis y consentir ; car il est prêtre. » Chalais, grand-maître de la garde-robe, qui devoit sa fortune au cardinal, ayant complotté de l'assassiner, on soupçonna fortement la reine d'être entrée dans la conjuration. Elle eut connoissance des intrigues de Cinqmars, & elle étoit aussi coupable que M. de Thou, dont tout le crime fut d'avoir sçu cette affaire, & de ne l'avoir pas déclarée. Les enfans qu'elle eut du roi la réconcilierent un peu avec lui. Elle ne les dut cependant qu'au hazard.

Le roi étant aller voir mademoiselle de la Fayette au couvent de Sainte-Marie, y resta si long-tems que la nuit l'y surprit. Le mauvais tems, outre cela, l'empêcha de retourner à Saint-Germain. Un de ses courtisans lui conseilla de rester au Louvre : « Mais » il n'y a point de lit, dit le roi. Il y a celui de la » reine, repartit-il, vous n'en trouverez point de » meilleur. » Ce fut à ce conseil que la France dut Louis XIV, après vingt-deux ans d'un mariage stérile. Deux ans après, elle eut encore un second fils, qui fut pour le roi un nouveau sujet de joie.

Louis XIII mourut quelques années après, & ne laissa à la reine que le titre de Régente, donnant toute l'autorité à un conseil qu'il avoit nommé ; mais à peine eut-il les yeux fermés, que la reine, peu contente d'une régence bornée, fit casser, par le parlement, la déclaration du roi. Personne n'étoit cependant moins propre qu'elle à soutenir le poids d'une régence. Outre qu'elle étoit naturellement paresseuse, elle n'avoit pas la moindre connoissance des affaires. Née pour être gouvernée, elle reconnut de bonne foi son incapacité, & le besoin qu'elle avoit d'une bonne tête. Mazarin, souple lorsqu'il le falloit, s'étant présenté à elle ; il n'en fallut pas davantage pour gagner toute sa confiance. Jamais la France n'a été si agitée que pendant le tems de sa régence :

la cour fut toujours en guerre avec le parlement &
avec le peuple, & eut presque toujours le dessous.

Dans les premiers jours de son administration,
la reine répandit à pleines mains les bienfaits; elle
accorda les demandes les plus impertinentes. Il y
eut une personne à qui l'on expédia un brevet pour
mettre un impôt sur la messe; ce qui fit dire qu'il
n'y avoit plus dans la langue françoise, que ces mots:
La reine est si bonne. Beautru disoit qu'elle faisoit
des miracles, parce que les plus dévots avoient même
oublié ses coquetteries. Elle se corrigea bientôt de
cette prodigalité.

Tous les malheurs de la régence ne vinrent que
parce que la reine se livra trop d'abord à ses amis,
lorsqu'elle ne connoissoit pas encore le prix des libéralités, & de ce qu'elle les abandonna trop dans
la suite, pour satisfaire le Cardinal auquel elle s'étoit
entierement livrée. Les revenus de l'Etat, épuisés
par ses largesses inconsidérées, ne furent bientôt
plus suffisans. Pour avoir de l'argent, la reine re-
trancha un tiers de toutes les pensions ; ce qui lui
artira un grand nombre d'ennemis. Cette ressource
se trouvant trop foible, il fallut mettre de nouveaux
impôts sur le peuple, qui étoit déja dans la misère.
Le parlement voulut s'y opposer : le peuple, soutenu par ce corps respectable, devint furieux; il étoit
sur-tout irrité de voir les dépenses qu'on faisoit à
la cour en jeux & en spectacles. Pendant qu'il gémissoit sous le poids des taxes, on joua un opéra
dont la premiere représentation coûta plus de cinq
cens mille écus.

Le 7 de Janvier 1648, le mécontentement éclata,
huit cens marchands de vins s'assemblerent & se mu-
tinerent à cause d'un impôt mis sur les maisons.
Un autre corps plus considérable se souleva en même
temps : ce corps étoit celui des maîtres des re-
quêtes, qui ne voulut jamais souffrir qu'on l'aug-
mentât de douze nouveaux officiers. La reine irritée
le cassa; ce qui ne fit qu'aigrir le mal : elle le ré-

tablit enfuite. On attribua cette démarche à une foibleffe qui ne fit que donner du courage aux mécontens : c'étoit le défaut de la reine & de fon confeil, de faire d'abord bien du bruit, & de fe relâcher lorfqu'il n'étoit plus temps. Il n'y a point de petit maître aujourd'hui qui méprife la robe autant que cette reine la méprifoit : elle ne la traitoit que de *canaille*, & ne pouvoit s'imaginer que ce corps pût lui être redoutable. Toutes les affemblées du parlement l'effrayoient moins qu'une troupe de femmes. Elle avoit coutume d'aller tous les famedis à Notre-Dame : le 11 de Janvier elle y alla à fon ordinaire ; deux cens femmes la fuivirent jufques dans l'églife, en criant juftice & miféricorde. Elle eut fi peur de cette canaille, qu'elle cria aux gardes de l'empêcher d'aborder.

Pouffée à bout par les révoltes fréquentes du parlement, elle fe réfolut à faire un coup d'éclat, fans confidérer fi elle étoit en état de le foutenir. Le 26 d'Août 1648, elle fit arrêter plufieurs membres du parlement ; & pour le faire avec plus d'éclat, elle voulut que ce fût en plein jour. Ceux qu'elle fit arrêter furent le préfident Potier de Blancménil, & Brouffel. Paris fe mutina & renouvella la fcène des barricades. Un des courtifans, nommé *Guitaud*, confeilla à la reine de remettre en liberté le confeiller Brouffel, qui étoit fort chéri du peuple : « Rendez ce vieux coquin, lui dit-il, & tran-
» quilifez-vous. ».... Le rendre, répondit la reine qui
» étoit fort vive, je l'étranglerai plutôt avec mes
» deux mains. » Il fallut cependant s'y réfoudre : la fédition augmenta à un tel point, qu'il n'y avoit plus de fûreté pour elle dans fon propre palais. Deux jours après, Brouffel & les autres prifonniers rentrerent à Paris en triomphe dans les carroffes du roi, aux acclamations du peuple qui crioit : *Vive le Roi tout feul & M. de Brouffel.*

Pendant tous ces troubles, la reine n'interrompit point fes exercices de dévotion : elle prioit, & Mazarin combattoit. Les railleurs demandoient si dans son oratoire elle apprenoit à commander ou à obéir. Cependant le parlement commença ses assemblées & ses cabales : on vit même les curés de Paris s'assembler pour prendre connoissance des affaires de l'Etat, & faire des remontrances. La reine, excédée de toutes ces tracasseries, résolut d'abandonner le champ de bataille aux factieux, & de faire sortir le roi de Paris : elle exécuta très-heureusement ce projet, qui demandoit les plus grandes précautions.

Le 5 de Janvier 1649, les princes & le Cardinal allerent faire les Rois chez madame de Grammont. La reine pour lors resta seule avec quelques-unes de ses femmes, & s'amusa à tirer un gâteau avec elles. Elle avoit coutume, les veilles de fête, de se coucher de bonne heure, parce qu'elle se levoit plus matin pour satisfaire à ses dévotions : elle annonça qu'elle iroit les faire au Val-de-Grace. S'étant mise au lit, tout le monde se retira tranquillement. Aussitôt elle commanda qu'on fermât les portes, qu'on n'ouvrît à qui que ce fût, & manifesta son dessein à ceux qui nécessairement devoient le sçavoir. Vers les deux heures, elle fit lever le Roi & Monsieur, & sortit avec eux par une petite porte du Palais royal, où un carrosse les attendoit. La reine aussitôt envoya des ordres à tous ceux qui devoient la suivre, & leur fit dire de venir la trouver au Cours qui étoit le lieu du rendez-vous ; elle y arriva la première ; les princes qui étoient du secret, & le cardinal Mazarin, s'y rendirent quelque tems après ; & lorsque tous les princes, les princesses & les personnes les plus considérables furent rassemblées, on partit & on arriva heureusement à Saint-Germain.

Il ne s'y trouva point d'autres lits que trois petits qu'on y portoit ; il n'y avoit ni meubles, ni linge ; ainsi on se trouva forcé de répandre de la paille dans les appartemens. La duchesse d'Orleans & Mademoiselle n'eurent point d'autre lit ; on peut penser que les autres ne furent pas plus à leur aise.

Quelques jours après, le prince de Conti s'échappa de la cour, & vint à Paris se mettre à la tête des Frondeurs ; c'étoit le nom qu'on donnoit aux factieux, parce qu'ils frondoient le gouvernement. Alors les rebelles, ayant un chef du sang royal, devinrent plus hardis & plus redoutables. Ils soutinrent un siége de plus de deux mois, après lequel la Régente fut forcée de conclure avec eux un traité des plus ignominieux.

Le 18 d'Août de la même année, le roi rentra dans Paris avec la reine & le Cardinal, aux acclamations de tout le peuple ; mais cette joie ne fut pas de longue durée. La guerre de la Fronde se ralluma avec plus de chaleur que jamais : les Frondeurs en vouloient sur-tout au cardinal Mazarin, & ils forcerent la reine à l'éloigner de la cour ; mais il rentra en triomphe dans Paris le 3 de Février 1653. Les troubles s'appaiserent en 1660, & les solemnités du mariage du roi, qui épousa l'infante d'Espagne, ramenerent le calme & la joie dans le royaume.

La reine étant tombée malade, en 1663, des fatigues du carême qu'elle observoit scrupuleusement, le roi la veilla lui-même pendant plusieurs nuits. Il lui avoit donné, pendant les jours gras, un petit chagrin qui donna occasion aux dévots de se déchaîner contre la reine. Le roi ayant déclaré publiquement que ce seroit mademoiselle de la Valliere qu'il meneroit au bal, la jeune reine se trouva offensée de cette préférence. La reine mere, pour la consoler, lui dit qu'elle l'y meneroit. Il se donnoit chez Monsieur, & l'on n'y entroit que masqué. La reine mere mit une mante de taffetas noir à l'espagnole ; ce déguisement, aussi innocent que ses motifs, donna lieu aux dévots d'exercer leur malignité.

Au commencement de l'été suivant, il lui vint au sein une petite glande, dont elle ne s'inquiéta point d'abord, & qui dégénéra ensuite en un cancer incurable, par l'ignorance des médecins qui, ne connoissant point le mal, y appliquerent des remèdes contraires. Le 27 de Mai 1665, elle fut attaquée d'une fiévre, suivie d'un érésipele qui lui couvrit la moitié du corps, & la mit à deux doigts de la mort. L'abbé de Montaigu, Anglois, un de ses anciens confidens, le lui annonça. Elle lui répondit : « Vous me faites plaisir; ce sont-là les plus solides & les plus véritables marques d'amitié. » Elle fit alors son testament ; &, le mal augmentant, elle demanda ardemment le Viatique & l'Extrême-Onction, qu'elle reçut avec la plus grande ferveur.

Son cancer ne fut pas le seul mal dont elle eut à souffrir : il lui vint un abscès sous le bras du côté opposé, qui lui causa les plus vives douleurs. On ne peut exprimer par combien de maux sa patience fut exercée pendant cette cruelle maladie. Jamais femme n'aima plus les odeurs : son mal répandoit alors une infection insupportable. Elle étoit d'une propreté si grande, que, dans le tems même qu'elle portoit la mort dans le sein, elle apportoit autant de soins à sa toilette que dans les jours de sa meilleure santé : alors elle se voyoit couverte d'emplâtres dégoûtans de pus & de sang. Elle avoit la peau si délicate, qu'on ne pouvoit trouver de batiste assez fine pour lui faire des chemises & des draps. Le cardinal Mazarin lui disoit que si elle alloit en enfer, elle n'auroit pas d'autre supplice que celui de coucher dans des draps de toille de Hollande. Malgré tant de maux, il ne lui échappoit pas la moindre plainte, ni le moindre mouvement d'impatience.

Le 4 d'Août, elle se trouva beaucoup mieux, & l'on commença à espérer : on la transporta de Saint-Germain à Paris, & elle fut d'abord conduite au Val-de-Grace ; mais elle ne jouit pas long-tems de la consolation d'être au milieu de ces bonnes filles. Les cérémonies qu'il falloit observer, lorsqu'on ouvre les portes, impatienterent les médecins & les officiers : la reine fut transportée au Louvre. Alors la gangrène parut, & l'on perdit toute espérance. Il fallut couper son corps par tranches avec un rasoir.

Elle difoit, au milieu de ces opérations : « Les autres » ne pourriffent qu'après leur mort, pour moi je fuis » condamnée à pourrir pendant ma vie. » Le 16 de Janvier 1666, on vit paroître un nouvel éréfipèle, qui, en rentrant, abrégea fes jours & fes douleurs.

Enfin, le 19, l'archevêque d'Aufch lui annonça qu'il n'y avoit plus d'efpérance. Elle étoit depuis long-tems préparée à cet arrêt; un moment auparavant, elle regarda fes mains, qu'on avoit tant admirées, & qui étoient encore fort belles. « Ma main s'enfle, dit-elle, » il eft temps de partir. » Elle vécut encore jufqu'au lendemain matin, qu'elle mourut entre cinq & fix heures le 20 de Janvier 1666.

Voici le portrait que le cardinal de Retz a fait de cette reine : « La reine avoit, plus que perfonne » que j'aie jamais vue, cette forte d'efprit qui lui étoit » néceffaire pour ne pas paroître fotte à ceux qui » ne la connoiffoient pas : elle avoit plus d'aigreur » que de hauteur, plus de hauteur que de grandeur, » plus de maniere que de fonds, plus d'applica- » tion à l'argent que de libéralité, plus de libéralité » que d'intérêt, plus d'intérêt que de défintéreffe- » ment, plus d'attachement que de paffion, plus » de dureté que de fierté, plus de mémoire des in- » jures que des bienfaits, plus d'intention de piété » que de piété, plus d'opiniâtreté que de fermeté, » & plus d'incapacité que tout ce que deffus. »

La plus grande vertu de cette princeffe fut la bonté & le pardon des injures qui n'attaquoient que fa perfonne. Une certaine femme, qui gagnoit fa vie en chantant des chanfons infâmes qu'on avoit faites fur la reine, après avoir exercé longtems cet odieux métier, fut mife en prifon : la reine le fçut; on lui dit même que cette femme étoit réduite à la plus affreufe mifère; la reine lui envoya en fecret des fecours abondans. La derniere grace, qu'elle demanda avec inftance au roi, fut le rappel d'un feigneur qui avoit fait des libelles contre elle. Cette pieufe reine fut enterrée à Saint-Denis. On porta fon cœur au Val-de-Grace, dont elle est fondatrice. On lui fit cette épitaphe :

Et soror & conjux & mater nataque regum
Nulla unquam tanto sanguine digna fuit.

» Sœur, femme, mere & fille de rois, qui fut ja-
» mais plus digne qu'elle de ces glorieux titres ? »

On lit, dans l'histoire de l'Imprimerie de la Caille, un trait qui fait voir qu'Anne d'Autriche aimoit les lettres, & en soutenoit la dignité. Antoine Berthier, libraire de Paris, ayant dessein de joindre à la vie du cardinal de Richelieu, par Aubery, deux volumes de Lettres & de Mémoires qu'il avoit rassemblés avec beaucoup de soin, il s'adressa à la reine mere, à laquelle il remontra qu'il n'osoit, sans une autorité & une protection aussi puissante que la sienne, hazarder l'impression de ces recueils ; sa raison étoit que biens des gens qui y étoient maltraités, étoient rentrés en grace à la cour. « Travaillez » sans crainte, lui dit la reine, & faites tant de honte » au vice, qu'il ne reste que de la vertu en France. » Ce trait est sans contredit un des plus beaux de la vie d'Anne d'Autriche.

ANNE IWANOWNA, Czarine & grande duchesse de Moscovie, impératrice de toutes les Russies, naquit le 7 de Juin 1693. Elle étoit fille puînée de Jean Alexiowitz, Czar & grand duc de Moscovie, mort le 26 de Janvier 1696, & de Proscovie Fœderowna Solticow sa femme. Elle épousa le 13 de Novembre 1710 Frédéric-Guillaume, duc de Courlande, qui mourut le 21 de Janvier 1711 sans laisser d'enfans. Le czar Pierre Alexiowitz II du nom, son neveu à la mode de Bretagne, étant mort en 1730, elle fut aussitôt reconnue & proclamée impératrice de toutes les Russies à Moscow, vers les dix heures du matin, à la tête des troupes, au bruit du canon, & au son de toutes les cloches. Cette princesse étoit alors à Mittau en Courlande, où elle faisoit son séjour ordinaire. Le prince Dolgorucki arriva dans cette ville le 5 de Février; le sénat & les grands l'avoient envoyé avec trois autres seigneurs & un lieutenant des gardes du corps, pour annoncer à la nouvelle impératrice la mort du jeune Czar, & sa proclamation. Peu de jours après, elle partit de Mittau, & se rendit à Moscow le 19 du même mois de Février. Elle se retira dans un monastere des environs, où elle passa quelques jours. Elle fit ensuite son entrée dans la capitale le 26.

Les députés qu'on lui avoit envoyés à Mittau, lui avoient présenté, de la part du haut-conseil, quelques articles qui limitoient beaucoup le pouvoir monarchique, & ne lui laissoient que la moitié de l'autorité. Elle les avoit acceptés & signés : le haut-conseil, les généraux & la noblesse vouloient encore lui faire accepter quelques autres conditions ; mais, le 8 Mars, trois cens quatre-vingt-dix gentilshommes, la plupart revêtus de charges militaires & civiles, ayant à leur tête le velt-maréchal Trubetzkoi & le Kneès Alexis Czerkaski, sénateur, se présentèrent au palais, & demanderent audience à la nouvelle Czarine : elle leur fut accordée, & en même tems les membres du haut-conseil furent mandés ; le maréchal Trubetzkoi entra dans la salle d'audience avec toute sa suite, & présenta à l'impératrice un Mémoire, dans lequel on lui représentoit que quelques uns des articles qu'elle avoit signés, ayant paru préjudiciables à l'État, il étoit nécessaire que le conseil délibérât encore sur ce sujet, & on la supplioit de le lui permettre : elle y consentit. L'après midi, le maréchal rentra dans la salle d'audience, & rendit compte à la Czarine de la délibération du conseil. Il lui apprit qu'on avoit jugé d'une voix unanime que le gouvernement monarchique étoit le seul convenable à l'empire Russien, & qu'il étoit député de la part du conseil pour la supplier de vouloir accepter la souveraineté entiere, & conserver la même autorité dont avoient joui ses prédécesseurs. La Czarine accepta l'offre qu'on lui faisoit : les articles qu'elle avoit signés lui furent rapportés, & on les déchira aussi-tôt. Elle réunit ensuite en un seul corps le haut-conseil privé & le sénat, sous le nom de Régence, & elle le composa de vingt & un membres. Son couronnement se fit avec le plus grand appareil dans la grande église de Moscow le 9 Mai 1730. Elle fit publier un manifeste le 28 de Décembre 1731, qui règloit la succession future au trône de Russie, & partit de Moscow avec sa cour le 11 de Janvier 1732, pour se rendre à Pétersbourg. Elle y arriva le 26, & le lendemain elle y fit son entrée. Cette princesse mourut dans cette ville le 28 d'Octobre 1740, âgée de quarante-sept ans quatre mois & vingt-un ans.

ANNE DE CLÈVES, reine d'Angleterre, fille de Jean III du nom, duc de Clèves & de Juliers, comte de la Marck, & de Marie duchesse de Juliers & de Mons, comtesse de Ravemberg, épousa le 6 Janvier 1540, Henri VIII, roi d'Angleterre, dont elle fut la quatrieme femme. Cette princesse joignoit à beaucoup d'esprit une fierté & une ambition démesurée. Ce fut elle qui conseilla à Henri d'unir la dixieme partie des biens ecclésiastiques au domaine de la couronne, & de supprimer l'ordre de saint Jean de Jérusalem en Angleterre. Thomas Cromwel, principal ministre de Henri, ayant été convaincu de plusieurs entreprises criminelles, fut condamné à avoir la tête tranchée : sa mort fut la premiere cause de la disgrace de la reine ; c'étoit lui qui avoit fait son mariage avec Henri. Le roi, irrité contre son ministre, commença à se dégoûter d'une union dont il étoit l'auteur. Après six mois de mariage, il fit dire à la reine qu'il ne pouvoit plus la reconnoître pour sa femme, puisqu'elle professoit la religion Luthérienne. Anne reçut ce compliment avec la fierté qui lui étoit naturelle : elle s'emporta même en paroles injurieuses contre le roi, & dit qu'elle avoit été promise à un autre, avant son mariage avec Henri. Cette raison parut suffifante à des juges flateurs & corrompus, pour prononcer une sentence de séparation. Henri, au comble de sa joie, épousa huit jours après Catherine Howard, qui fut sa cinquieme femme. Anne fut bientôt vengée de sa rivale : Henri ne l'ayant pas trouvée vierge, lui fit couper la tête. La princesse de Clèves se retira chez son frere, où elle mourut en 1557.

ANNE, reine d'Ecosse & d'Angleterre, fille de Frédéric II, roi de Dannemarck. Elle fut mariée à Jacques VI, roi d'Ecosse, puis d'Angleterre, premier du nom, & mourut le 2 de Mars 1619.

ANNE STUART, reine d'Angleterre. *Voyez* STUART. (*Anne*)

ANNE DE BRANDEBOURG, reine de Dannemarck, fille de Jean II de ce nom, électeur de l'Empire, & de Marguerite de Saxe, épousa le 10 Avril 1502, Frédéric I, roi de Dannemarck, qui fut depuis dépouillé de ses états. Cette princesse mourut le 2 Mai 1521, âgée de trente-quatre ans.

ANNE D'AUTRICHE, reine d'Espagne, fille aînée de l'empereur Maximilien II, & de Marie d'Espagne ou d'Autriche, naquit le 11 de Novembre 1549, dans la ville de Cigale. Elle épousa en 1570, avec une dispense du pape, le roi Philippe II, son oncle, après la mort d'Elizabeth ou Isabelle de France, sa troisieme femme. Anne d'Autriche passa dans les pays-bas accompagnée de ses deux jeunes freres, les archiducs Albert & Vinceslas, & fut reçue par le duc d'Albe à Nimègue, au nom du roi son maître. Elle fit son entrée à Anvers & dans les autres villes, où on lui rendit les plus grands honneurs. Elle s'embarqua ensuite à Flessingue le 25 de Septembre. Elle s'arrêta quelque tems en Angleterre, où la reine Elizabeth la reçut très-bien, & arriva enfin en Espagne, où son mariage fut célébré avec une magnificence extraordinaire. Elle eut cinq fils & une fille ; mais tous ces enfans moururent, à l'exception de Philipe III, qui succéda à son pere. Anne se distingua par sa douceur, sa patience, sa piété & sa charité. Le roi son époux ayant été attaqué d'une maladie dangereuse en 1580, elle le servit toujours avec le plus grand soin. Peu de temps après, elle tomba malade elle-même, & mourut le 25 d'Octobre de la même année. Ses obséques furent faites à Milan, le 6 de Septembre 1581; & saint Charles Borromée prononça lui-même l'oraison funébre de cette reine.

ANNE JAGELLON *ou* DE HONGRIE, reine de Hongrie & de Bohême, fille de Ladislas VI, roi de Hongrie & de Bohême, & d'Anne de Foix, fille de Jean & de Catherine de Foix, comte & comtesse de Candale. Elle fut mariée en 1521 à Ferdinand, Archiduc d'Autriche, fils puîné de Philippe, roi d'Espagne. Louis dit *le Jeune*, son frere, roi de Hongrie & de Bohême, étant mort sans laisser d'enfans, le 29 d'Août 1526, Anne lui succéda, & Ferdinand son époux fut couronné à Albe-Royale en 1527. Il eut une guerre fâcheuse à soutenir contre Jean de Zapol ou Zapolski, comte de Scépus & Vaivode de Transilvanie, qui avoit été élu roi par un autre parti dès le 11 de Novembre 1526. Cet usurpateur, fier de la protection de Soliman, empereur des Turcs, prit les armes contre l'archiduc Ferdinand & Anne, & vint mettre le siége devant Vienne en Autriche, l'an 1529. Anne témoigna dans cette occasion beaucoup de prudence & de fermeté, & ranima le courage de son époux, qui succomboit à tant de maux.

Pendant que Ferdinand faisoit tête à ses ennemis, elle tâchoit d'attirer la bénédiction du ciel sur ses armes, par ses prieres & ses bonnes œuvres : sa principale occupation étoit d'élever ses enfans dans la piété.

Elle eut de son mariage avec Ferdinand quatre fils & onze filles. Entre ses filles, Anne d'Autriche fut mariée par l'empereur Charles-Quint son oncle, l'an 1546, avec Albert, duc de Baviere. Deux autres ont été meres de deux de nos reines de France. Marguerite d'Autriche d'Autriche, reine d'Espagne, fut mere d'Anne d'Autriche, épouse de Louis XIII, & mere de Louis XIV. Jeanne, grande duchesse de Toscane, eut de François de Médicis, Marie, épouse de Henri IV, & mere de Louis XIII.

La reine Anne, dit le pere Hilarion de Coste, n'est pas seulement louée pour le soin qu'elle eut de ses enfans, & pour avoir aimé uniquement le roi Ferdinand son époux, mais encore pour avoir été l'une des plus belles & des plus sages princesses de son tems, ornée de toutes les graces & perfections du corps & de l'esprit, d'une dévotion & d'une piété vive & sincère. Elle étoit la mere des pauvres & des ecclésiastiques, dont elle avoit toujours un grand nombre à sa suite. Elle fonda plusieurs monastères, enrichit ou embellit plusieurs églises. Elle mourut à Prague, en accouchant de la princesse Jeanne d'Autriche, le 27 de Janvier 1547, & fut enterrée dans l'église cathédrale de cette même ville.

ANNE DE POLOGNE ou JAGELLON, reine de Pologne, fille du roi Sigismond I, & de Bonne Sforce, fille de Jean Galeas, duc de Milan, & sœur du roi Sigismond II, surnommé *Auguste*. Après la mort de ce dernier, en 1572, Henri duc d'Anjou, depuis roi de France, IIIᵉ de ce nom, lui succéda, & fut couronné le 15 de Février, 1574. Étant sorti de Pologne, au mois de Juin, on mit à sa place Etienne Batthori, prince de Transilvanie, qui fut couronné le 1 de Mai 1576. Anne de Pologne, quoique sexagénaire & incapable d'avoir des enfans, épousa le roi Etienne, pour complaire aux états du royaume. Ce prince étant mort le 15 de Décembre 1586, Anne passa le reste de ses jours dans un saint veuvage, & mourut en 1596.

ANNE D'AUTRICHE, reine de Pologne & de Suède, étoit fille de Charles d'Autriche, archiduc de Gratz, & de Marie de Baviere, sœur de l'empereur Ferdinand II. Elle naquit à Gratz, le 15 d'Aout 1573. L'archiduchesse, sa mere, l'éleva dans la plus grande piété. Elle profita si bien de cette éducation, qu'elle fut une des plus vertueuses princesses de son tems. On la trouvoit toujours ou dans les monastères & les hopitaux, ou occupée de la lecture des livres saints, ou abîmée dans une profonde méditation. Les exercices de charité & de dévotion étoient son unique plaisir. Etienne Batthori, roi de Pologne, étant mort, Maximilien d'Autriche fut élu par quelques sénateurs, le 12 d'Août 1587; mais la couronne lui fut disputée par Sigismond III, roi de Suède, qui avoit été élu le 9 du même mois. Les deux concurrens prirent les armes, & la fortune ne fut pas favorable à Maximilien. Le cardinal Hyppolite Aldobrandin, depuis le pape Clément VIII, s'employa pour terminer ce différend, & y réussit. Afin de confirmer la paix qui venoit d'être conclue, il proposa le mariage d'Anne d'Autriche avec Sigismond. Les nôces furent célébrées en 1592, & la nouvelle reine fut conduite en Pologne par l'archiduchesse sa mere. Anne eut deux filles & un fils unique, Ladislas IV, qui fut aussi roi de Pologne. Elle mourut extrêmement jeune, en 1595. Elle étoit alors prête d'accoucher; on tira de ses flancs l'enfant qu'elle portoit, & elle eut la consolation de le voir baptiser. Le pape Clément VIII avoit une si grande idée des vertus de cette princesse, qu'il dit à Ferrare, en présence de quelques cardinaux, à l'archiduchesse sa mere, qu'il pouvoit la canoniser.

ANNE COMNÈNE, fille de l'empereur Alexis Comnène, dit *l'Ancien*, & d'Irène, renonça aux frivoles amusemens de son sexe pour se livrer avec ardeur à l'étude, qui étoit son unique passion: elle acquit une connoissance parfaite de l'histoire & des belles lettres; elle fit même de grands progrès dans la philosophie, quoique les obscurités dont on l'enveloppoit de son tems, fussent bien capables de rebuter tout autre esprit que le sien. Ses études ne furent point inutiles; elle employa pour la gloire de son pere & de sa famille les connoissances qu'elle avoit acquifes : elle écrivit en quinze livres l'hiftoire du règne d'Alexis Comnène fon pere, depuis l'an 1069 jufqu'à l'an 1118. Cet ouvrage eft intitulé *L'Alexiade* : on y trouve beaucoup d'art & d'éloquence, & cette hiftoire peut en quelque façon être mife en parallèle avec celle de Quinte-Curce ; mais il y règne un grand défaut qu'il étoit bien difficile que l'auteur évitât. On n'y remarque point la vérité, qui eft la premiere qualité d'un hiftorien. Cette hiftoire n'eft qu'un panégyrique : cependant Anne Comnène promet, dans fa préface, qu'elle ne dira rien qui ne foit conforme à la vérité, & qu'elle fe tiendra en garde contre la prévention ; mais l'intérêt naturel qu'une fille prend à fon pere, lui a fait illufion fans qu'elle s'en apperçût. On a dit qu'un bon hiftorien ne devoit être d'aucun pays, il faudroit auffi qu'il n'eût point de parens.

ANNE DE LORRAINE, princeffe d'Orange, fille d'Antoine duc de Lorraine & de Bar, & de Renée de Bourbon, naquit le 25 de Juillet 1522, & fut mariée en 1540 à René de Naffau de Châlons, prince d'Orange ; mais cette union ne dura pas long-tems : le prince mourut fans laiffer d'enfans, le 15 Juillet 1544, étant au camp de l'empereur Charles-Quint, devant la ville de Saint-Dizier. Anne fe remaria avec Philippe de Croi, premier de ce nom, duc d'Arfchots ; & c'eft de ce mariage que font iffus les ducs de Croi & d'Havré.

ANNE DE SAXE, princeffe d'Orange, fille de Maurice, duc & electeur de Saxe, mort en 1553, fut mariée par fon oncle Augufte de Saxe en 1561, à Guillaume de Naffau, prince d'Orange. Le mariage fut célébré à Leipfick avec un appareil magnifique : plufieurs princes y affifterent, entr'autres, Frédéric, roi de Dannemarck. Anne eut de ce mariage Maurice, prince d'Orange, capitaine général de la république de Hollande ; Anne, femme de Guillaume-Louis, comte de Naffau, gouverneur de Frife ; Emilie, mariée l'an 1597 à Emmanuel I, prince de Portugal & vice-roi des Indes. Anne de Saxe mourut vers l'an 1573.

ANNE DE SAVOYE; princesse de Tarente, fille d'Amédée IX, dit *le Bienheureux*, & d'Yolande de France, fille du roi Charles VII, & sœur de Louis XI, épousa Frédéric d'Aragon, prince de Tarente, puis roi de Naples & de Sicile. Ce prince étoit fils puîné de Ferdinand I, dit *le Bâtard*, roi de Naples & de Sicile, & frere d'Alfonse. Son mariage fut conclu à la Lande, dans le diocèse de Chartres, le premier du mois de Septembre de l'année 1478, par l'autorité du roi Louis XI, oncle d'Anne de Savoye. Louis lui promit une terre de douze mille livres de rente, avec les comtés du Roussillon & Cerdagne, à la charge de l'hommage; & Ferdinand I constitua deux cens mille ducats à son fils Frédéric, qui fut depuis roi de Naples & de Sicile, après Ferdinand II, son neveu, l'année 1496.

ANNE DE CHYPRE, duchesse de Savoye, fille de Janus, roi de Chypre, de Jérusalem & d'Arménie, fut promise en mariage, par contrat du 19 Août 1431, à Amédée de Savoye, prince de Piémont, fils d'Amédée VIII, premier duc de Savoye, & de Marguerite de Bourgogne. La mort de ce prince, qui arriva quelque temps après, rompit ce projet. Anne fut mariée à Nicosie, le premier de l'an 1432, avec Louis, comte de Genève, fils puîné du même Amédée VIII : elle eut en dot cent mille ducats d'or de Venise, & le duc Amédée lui assigna dix mille écus de douaire. Le duc de Savoye invita Marguerite sa fille, femme de Louis III, roi de Naples, à assister à la célébration de ce mariage; elle s'y trouva, & avec elle le duc de Bourgogne, Hugues de Lusignan, cardinal de Chypre, oncle de la princesse, le duc de Bar, le comte de Nevers, le prince d'Orange, le comte de Fribourg, & plusieurs autres seigneurs. Louis son époux fut depuis duc de Savoye. Elle sçut si bien s'emparer de son esprit, qu'elle jouit, sous son nom, de toute l'autorité. C'étoit elle qui disposoit des dignités & des revenus de l'Etat. Sa piété l'engagea à fonder plusieurs maisons religieuses, telles que le monastere des Cordeliers de Genève, une chapelle de sainte Anne dans l'église des Dominicains de Chambéry, les Observantins de Turin & de Nice, &c. La princesse Anne mourut le 11 Novembre 1462 ; elle fut enterrée avec l'habit de S. François dans l'église des Cordeliers, dont elle étoit la fondatrice. Les historiens en parlent comme de la plus belle princesse de son tems, & qui joignoit à toutes les graces du corps beaucoup d'esprit & de finesse.

ANNE DE DANNEMARCK, duchesse de Saxe, fille de Christiern III, roi de Dannemarck, & de Dorothée de Saxe, épousa, au mois d'Octobre 1548, Auguste, duc & depuis électeur de Saxe. Maurice, frere de ce prince, ayant eu beaucoup de part aux guerres d'Allemagne, dans le XVIe siécle, l'empereur Charles V lui avoit donné la confiscation des biens de Jean-Frédéric, duc & electeur de Saxe. Maurice n'ayant point d'enfans, Auguste son frere devoit lui succéder, comme en effet il lui succéda. C'est pourquoi le roi de Dannemarck fit mettre dans le contrat de mariage de sa fille, que le même Auguste renonceroit aux biens provenus de la confiscation du duc Jean-Frédéric, voulant faire voir par cette clause qu'il n'approuvoit point ce qui s'étoit passé ; ce qui n'empêcha pas que Christiern, né de ce mariage en 1560, ne fût electeur, après la mort de son pere en 1586. La princesse Anne mourut l'année d'auparavant, en 1585.

ANNE DE POLOGNE, duchesse de Poméranie, fille de Casimir, roi de Pologne, & d'Elizabeth d'Autriche, dite *de Hongrie*, sœur de Ladislas, roi de Hongrie, épousa Bogislas ou Boleslas X de ce nom, duc de Poméranie & de Stetin, qui mérita par ses belles actions le surnom de *Grand*. Anne, dont la santé étoit foible & délicate, mourut après quelques années de mariage, en 1503.

ANNE DE PISSELEU. *Voyez* ESTAMPES.

ANNE DE FRANCE, dame de Beaujeu. *Voyez* BEAUJEU.

ANNE DE BOURGOGNE, fille de Jean surnommé *Sans-Peur*, duc de Bourgogne, & de Marguerite de Bavière. Elle épousa, en 1423, Jean d'Angleterre, duc de Bedford, régent du royaume de France, pour son neveu Henri VI, roi d'Angleterre. Cette princesse mourut sans laisser d'enfans, dans l'hôtel de Bourbon, le 14 de Novembre 1432, à l'âge de vingt-huit ans. Son corps est aux Célestins de Paris, & son cœur aux Grands-Augustins.

ANNE D'EST ou DE FERRARE, duchesse de Guise & de Nemours, étoit fille d'Hercule II, duc de Ferrare, & de Renée de France, fille puînée de Louis XII. Elle reçut au baptême le nom d'*Anne* en mémoire de son aïeule Anne de Bretagne, reine de France. Anne fut envoyée en France; & le roi Henri II, son cousin, lui fit épouser en 1549, au château de Saint-Germain en Laye, François de Lorraine, duc d'Aumale, puis second duc de Guise, prince de Joinville, chevalier de l'ordre du roi, puis grand-maître, grand-chambellan & grand-veneur de France, gouverneur du Dauphiné, & lieutenant-général des armées de sa Majesté. Ce ne fut pas un petit honneur à ce prince d'avoir pour femme une princesse, petite-fille, nièce & cousine de nos rois, aussi vertueuse que belle, & dont le poëte Ronsard disoit dans son vieux langage :

> Venus la sainte en ses graces habite;
> Tous les amours logent en ses regards.
> Pour ce à bon droit telle dame mérite
> D'avoir été femme de notre Mars.

Le duc de Guise ayant été assassiné par Poltrot

devant Orléans, en 1563, Anne poursuivit avec ardeur la vengeance de ce meurtre. Elle contracta depuis une nouvelle alliance avec Jacques de Savoye, duc de Nemours, fils de Philippe & de Charlotte d'Orléans. Elle eut encore le malheur de perdre cet époux le 15 de Juin 1585, & elle resta veuve l'espace de vingt-trois ans. Cette princesse eut beaucoup de part au dessein de la Ligue, dont ses fils étoient les chefs. Elle vit périr à Blois le duc & le cardinal de Guise; elle fut elle-même arrêtée quelques jours prisonniere à Blois & à Amboise. Étant embarquée sur la riviere de Loire, pour aller de Blois à Amboise, elle se retourna vers le château de Blois, où étoit la statue du roi Louis XII, son aïeul maternel, & s'écria, en levant les mains au ciel: » Ah! grand roi, avez-vous fait bâtir ce château pour » y faire mourir les enfans de votre petite-fille? »

ANNE DE BOURBON, duchesse de Nevers, fille de Louis II, duc de Montpensier, & de Jacqueline de Longwic, comtesse de Bar-sur-Seine, fut mariée, en 1561, à François de Clèves II du nom, duc de Nevers; & elle mourut sans enfans, en 1594.

ANNE DE BOURBON, fille de Jean I, comte de la Marche, de Vendôme, &c. & de Catherine de Vendôme, fut dame de Cailli, de Quillebeuf, &c. du côté de sa mere, qui avoit hérité des terres de Richard VII, son frere. Elle épousa Jean de Berri, comte de Montpensier, fils de Jean de France, duc de Berri. Elle se remaria depuis avec Louis dit *le Barbu*, duc de Baviere & seigneur d'Ingolstad. Cette princesse mourut en couches, à Paris, en 1404.

ANNE GENEVIEVE DE BOURBON, duchesse de Longueville. *Voyez* LONGUEVILLE.

ANNE, dauphine d'Auvergne, comtesse de Forez, dame de Mercœur, puis duchesse de Bourbon, fille unique & héritiere de Béraud II, comte de Clermont, dauphin d'Auvergne, surnommé *le Grand*, & de Jeanne de Forez, dame d'Ussel, épousa Louis II, duc de Bourbon, le 19 d'Août 1371. Cette princesse se distingua par sa vertu & par plusieurs fondations pieuses. Elle mourut en 1416, & fut enterrée dans la chapelle de Bourbon, du prieuré de Souvigni, que le duc son mari avoit fait bâtir.

ANNE DE VIENNOIS, comtesse de Savoye, fille d'André de Bourgogne, dit *Guigues XI*, comte de Viennois, & de sa troisieme femme Béatrix, fille de Boniface I, marquis de Montferrat, épousa Amédée IV, comte de Savoye, & en eut deux filles.

ANNE, dauphine, comtesse d'Albon & de Viennois, fille de Guigues XII, dauphin de Viennois, & de Béatrix de Savoye, & sœur de Jean I, aussi dauphin, qui mourut sans enfans, en 1282, & la laissa héritiere de ses états. Anne fut mariée à Humbert, baron de la Tour-du-Pin; mais Robert, duc de Bourgogne, obtint de l'empereur Rodolphe l'investiture du Dauphiné, prétendant qu'étant un fief masculin, il étoit le plus habile à succéder au dauphin Jean, mort sans postérité. Amédée IV, comte de Savoye, appuyoit les intérêts de Robert; & on en vint à une guerre ouverte, qui donna occasion à de sanglans combats & à plusieurs siéges. Le roi Philippe le Bel se porta pour médiateur entr'eux, & le différend fut terminé, de maniere que le duc Robert fut content, & que la possession du Dauphiné demeura à Anne & à Humbert, & à leurs descendans; mais le dauphin & le comte de Savoye resterent toujours en contestation au sujet de la baronnie de la Tour, dont Amédée fut enfin obligé de reconnoître l'indépendance. Anne & son époux avoient fondé le monastere de Salettes, pour des religieuses Chartreuses: ce fut le lieu de la sépulture d'Anne, qui mourut en 1296. Humbert se retira aux Chartreux du Val-sainte-Marie, & y mourut l'an 1307.

ANNE D'ALENÇON, marquise de Montferrat. *Voyez* MONTFERRAT.

ANNE DE BOULEN. *Voyez* BOULEN.

ANNE, troisieme fille de Charles I, roi d'Angleterre, née à Saint-James le 17 de Mars 1637, & morte à l'âge de quatre ans. Elle faisoit déja voir dans un âge si tendre beaucoup d'esprit & de raison. Etant près de mourir, ceux qui entouroient son lit, l'exhortoient à prier Dieu ; elle leur répondit : « Je ne suis pas en état de dire ma longue » priere, (l'Oraison Dominicale ;) mais je vais dire » la courte : Eclairez mes yeux, Seigneur, de peur » que je ne dorme du sommeil de la mort. » En achevant ces paroles, elle expira.

ANNE MARIE DE SAINT-JOSEPH, religieuse de l'ordre de saint François, dans le monastere de Salamanque, a été célèbre par sa piété. Elle étoit de Ville-Castin, bourg du diocèse de Ségovie en Espagne. Son confesseur lui ordonna d'écrire sa vie : elle obéit, & cet ouvrage fut imprimé à Salamanque en l'année 1632 ; c'est celle de la mort de cette bonne religieuse, qui arriva le 12 du mois de Mars.

ANNE BINSIA ou DE BINS. *Voyez* BINS.

ANNE MARIE MARTINOZZI, princesse de Conti, fille puiné du comte Jérôme Martinozzi, gentilhomme Romain, & de Laura Marguerite Mazarin, sœur puiné du cardinal Mazarin, ministre d'état, épousa au Louvre à Paris Armand de Bourbon, prince de Conti, le 22 Février 1644. Elle tint sur les fonds de baptême monseigneur le Dauphin, le 24 Mars 1668. Cette princesse resta veuve à vingt-neuf ans, & mourut à Paris le 4 de Février 1672, âgée de trente-cinq ans. Le mérite de cette princesse a été célébré dans toute l'europe, & sa mémoire est encore chère à la France.

ANNE DE LOBERA, dite *de Jesus.* Voyez LOBERA.

ANNE DE SAINT-BARTHELEMI. *Voyez* GARCIE.

ANNE, excellente chanteuse, étoit Angloise. Elle demeura longtems à la cour de Ferdinand I, roi de Naples.

ANNIA Galeria Faustina, femme de l'empereur Antonin le Pieux. *Voyez* Faustine.

ANNIA Faustina, femme de l'empereur Marc-Aurèle. *Voyez* Faustine la jeune.

ANNIA Faustina, femme de l'empereur Héliogabale. *Voyez* Faustine.

ANNIA, dame Romaine. Veuve, mais encore jeune & belle, on la voulut engager à se remarier: » Je n'en ferai rien, répondit-elle. En épousant un » honnête homme, je ne veux pas courir encore le ris- » que de le perdre, & je serois folle d'en épouser un » qui ne le fût pas, après la perte de celui que je » regrette. »

ANSGARDE, sœur d'Eudes, duc de France, & fille du comte Hardouin, épousa secrettement, en 862, le roi Louis II dit *le Begue*, qui n'avoit alors que dix neuf ans, & eut de ce prince Louis III & Carloman, qui succéderent à leur pere. Charles le Chauve n'approuva point cette alliance, & Louis le Begue fut obligé de répudier Ansgarde. Quelques historiens croient que Louis, dégoûté de son épouse, se fit ordonner par son pere de la répudier. Quoi qu'il en soit, elle ne supporta point patiemment cette injure; car, après la mort de Charles le Chauve, elle fit éclatter ses plaintes; & l'archevêque de Reims, Hincmar, fut nommé pour examiner l'affaire du divorce. Il se déclara pour Ansgarde; mais des considérations particulières l'empêcherent de prononcer un jugement définitif. Le pape Jean VIII, qui s'étoit refugié en France, ne pensa pas autrement que l'archevêque, & refusa même de couronner Adélaïde, que Charles le Chauve avoit fait épouser à son fils. Ansgarde ne remonta point sur le trône; mais elle eut probablement la consolation d'y voir monter ses fils Louis III & Carloman, qui succéderent à Louis le Bégue.

ANSTRUDE, femme de Drogon, frere de Charles Martel.

ANTHIS, courtisane Grecque. *Voyez* STUGO-NIUM.

ANTHUSE, mere de S. Jean Chrysostome, ayant perdu, à l'âge de vingt-huit ans, son mari Secundus, elle resta veuve le reste de ses jours.

ANTHUSE, vierge solitaire, vivoit dans une maison retirée, hors de Constantinople. L'empereur Copronyme, qui faisoit alors une guerre cruelle aux images, fut informé qu'Anthuse en recommandoit le culte à tous ceux qui alloient la voir dans sa solitude. Irrité de son audace, il la fit cruellement maltraiter; & pour ébranler sa constance, il eut eu recours aux plus cruels tourmens, s'il n'eut été appaisé par les prieres de l'impératrice Eudoxe. Cette princesse estimoit beaucoup Anthuse, & avoit une grande confiance dans sa vertu. Se voyant stérile, elle eut recours aux prieres de cette pieuse solitaire, qui lui prédit qu'elle auroit des enfans. La prédiction s'accomplit; Eudoxe eut une fille qu'elle fit appeller *Anthuse*.

ANTHUSE, fille de Constantin Copronyme, préféra le cloître & la solitude aux honneurs & aux plaisirs du siècle. L'empereur Léon, son frere, lui ayant laissé la disposition libre de ses biens, elle les employa à réparer les monastères; &, ce qui étoit sans doute bien plus utile, à racheter les captifs pris par les Infidèles sur les terres de l'empereur, & à faire élever, dans des maisons particulieres, les enfans exposés par leurs parens.

ANTHUSE, qui se rendit célèbre sous l'empire de Léon I, par un nouvel art de deviner. Photius, dans sa Bibliothèque, donnant l'Extrait de la Vie du philosophe Isidore par Damascius, dit de ce Damascius: « Il rapporte qu'une femme nommée *An-
» thuse*, trouva, du tems de Léon, empereur des
» Romains, la divination par les nuages, de la-
» quelle les anciens n'avoient pas même entendu
» parler. Née, disoit-on, à Eges en Cilicie, &

» fortie d'une famille de Cappadoce, établie fur le
» mont Oreftiade, près de Comane, elle tiroit
» fon origine de Pelops (roi d'Argos.) Inquiète de
» fon mari, qui, pourvu d'un emploi militaire,
» avoit été, comme plufieurs autres, envoyé fervir
» dans la guerre de Sicile ; elle demanda, dans fes
» prieres, de connoître l'avenir par des fonges. Elle
» avoit prié, tournée vers le foleil levant. Son pere
» lui vint en fonge ordonner de prier auffi du côté
» du foleil couchant. Pendant qu'elle prioit ainfi,
» tout-à-coup, par un tems ferein, il s'élève autour
» du foleil un nuage, qui s'augmente enfuite, &
» prend la figure d'un homme. Un autre nuage
» s'élève en même tems, s'accroît jufqu'à la même
» grandeur que le premier, & fe change en lion
» furieux. Ce lion, ouvrant une gueule immenfe,
» engloutit l'homme. La figure d'homme, formée
» par le nuage, étoit celle d'un Goth. Peu de tems
» après, l'empereur Léon fit mourir, comme en
» trahifon, Afper, général des Goths, & fes fils.
» Depuis ce tems-là jufqu'à préfent, Anthufe n'a
» pas ceffé de chercher, dans l'infpection des nua-
» ges, à deviner & prédire l'avenir. »

ANTIANIRE, reine des Amazones. Elle dit très-librement à ceux qui s'étonnoient qu'elle eut fait choix d'un boiteux pour fe marier : « Un boi-
» teux eft un très-bon mari. »

ANTICIRE fut une fameufe courtifane Grecque, très-belle & très-aimable. Ce n'eft pas là fon véritable nom, qui n'eft pas venu jufqu'à nous ; & l'on dit qu'elle fut furnommée ainfi, ou parce que fes charmes naturels & fon habileté dans fon art tournoient fi bien la tête à fes amans, qu'ils étoient dans le cas de faire le voyage de l'ifle d'Anticire, où l'on envoyoit les fous, ou parce qu'elle fit fervir à la cure de beaucoup de pareils malades une très-grande quantité d'ellébore, la principale production de la même ifle. Elle avoit eu cet ellébore par un legs, que le célèbre médecin Nicoftrate lui avoit fait par fon teftament; & l'on doit penfer qu'elle avoit appris du même médecin la maniere dont il le falloit employer.

ANTIGUA, (*Maria de la*) religieufe Efpagnole qui vivoit au commencement du dix-feptieme fiècle. On la croit native de Cazalla, petit bourg d'Efpagne dans l'Andaloufie. Elle prit l'habit du tiers ordre de S. Dominique, puis celui de S. François, & enfin celui de la Merci. Elle n'avoit fait aucunes études; on affure cependant qu'elle écrivoit avec une facilité prodigieufe; elle a compofé en effet un grand nombre de traités fur des matieres pieufes; que nous avons encore.

ANTIOCHIDE, maîtreffe d'Antiochus Epiphanes. Ce prince lui donna le revenu des villes de Tharfe & de Mallo en Cilicie; mais les habitans trouverent qu'il feroit honteux pour eux de payer tribut à cette femme; ils fe révolterent, & la fédition devint fi confidérable, qu'Antiochus fut obligé de venir en perfonne pour l'appaifer, l'an avant J. C. 170.

ANTIOPE, reine des Amazones, régnoit à Thémifcire avec fa fœur Orithrie, lorfqu'Euriftée, roi de Mycènes, qui cherchoit à perdre fon frere Hercule, dont il redoutoit la valeur, le chargea d'aller enlever la ceinture, ou, fi l'on veut, l'écharpe volante de la reine des Amazones, qu'il vouloit avoir pour la princeffe Admète, fa fille. C'eft ce que la fable compte pour le neuvieme des douze travaux d'Hercule. On ne fe propofe d'en dire ici que ce qui s'en trouve dans Diodore de Sicile, dans la bibliotheque d'Apollodore, dans Juftin, & dans Plutarque.

La réputation de la puiffance des Amazones, qui poffédoient alors un royaume de plus de cinq cens lieues, qu'elles avoient conquis, rendoit l'expédition digne d'Hercule. Il choifit les plus braves guerriers de la Grèce dont le plus confidérable fut Théfée, roi d'Athènes; & neuf galères le porterent avec fes compagnons à l'embouchure du Thermodon. Il remonta ce fleuve jusqu'à Thémiscire, capitale de tout l'empire des Amazones. Il envoya, tout en arrivant, un hérault demander de sa part la ceinture de la reine ; & déclarer la guerre en cas de refus. Orithrie veilloit alors à la sûreté des frontières, avec la plus grande partie de l'armée. Antiope, restée à Thémiscire, n'avoit avec elle qu'un petit nombre de combattantes. Elle refusa la ceinture, & fit fermer les portes, résolue de se défendre courageusement contre qui venoit l'attaquer & l'outrager sans sujet. Hercule assiégea la ville. Les Amazones, après quelques assauts soutenus avec succès, rougirent de se tenir renfermées dans leurs murailles. Elles firent une sortie, & livrerent aux assiégeans un combat, où l'on fit voir des deux parts autant d'habilité que de courage. La force & la bravoure d'Hercule attirerent par préférence l'attention des Amazones. Les plus braves d'entr'elles ambitionnerent la gloire de triompher d'un pareil guerrier.

Aëlle, qui joignoit à la valeur une legéreté surprenante, fut la premiere qui l'attaqua. Son adresse, la rapidité de ses mouvemens, ses feintes, furent admirées des Grecs ; mais enfin elle ne put éviter un coup de la massue d'Hercule, qui l'étendit à terre sans vie.

Philippis, son amie, voulut en venger la mort ; & n'en remporta que l'honneur de mourir de la main du plus grand héros de la Grèce.

Prothoé, furieuse de la perte de ses deux compagnes, courut sur Hercule, lui porta sept coups de javeline, sans pouvoir percer la peau de lion qui le couvroit, & fut renversée morte d'un seul coup de massue.

Euribée, qui s'étoit illustrée par un grand nombre d'actions éclatantes, se flatant de réparer seule l'honneur des Amazones, se présente hardiment devant Hercule, & le combat de maniere à l'obliger de faire usage de toute son adresse & de toute sa force. Elle n'eut que la gloire d'avoir donné plus de peine que les autres au héros, qui termina leur combat par l'envoyer leur tenir compagnie chez les morts.

Euribie, Célène & Phobée, comptant sur leur extrême adresse à tirer de l'arc, se joignirent pour lui lancer des flèches ensemble. Il eut l'art de s'en garantir, les joignit, & les tua l'une après l'autre.

Il fit ensuite périr sous ses coups Astérie, Déjanire, Tecmesse, Alcippe & Marpée : bientôt après, celles qui restoient furent obligées de rentrer dans la ville.

Antiope, emportée par l'ardeur de son courage, s'exposa plus témérairement que les autres ; & fut prise dans le fort de la mêlée, avec ses sœurs Hyppolite & Ménalippe, qui combattoient à ses côtés.

Son infortune termina la guerre. Elle balança quelque tems sur le parti qu'elle avoit à prendre ; mais enfin elle jugea qu'il étoit plus sage de donner sa ceinture, que de deshonorer les Amazones, en laissant emmener leur reine en esclavage. Elle recouvra sa liberté, son trône & sa sœur Ménalippe, en satisfaisant Hercule, & lui donnant ce qui, suivant les mœurs de sa nation, lui devoit être plus cher que son diadème.

Thésée, volage adorateur de toutes les belles, n'ayant point vu les charmes d'Hyppolite, sans en être épris, refusa de la rendre ; ou peut-être Hyppolite, devenue amoureuse de Thésée, le voulut suivre en Grèce.

On apprend de Plutarque, dans la Vie de Thésée, que, suivant quelques historiens qu'il nomme, ce fut Thésée qui fit cette expédition contre les Amazones, & qu'Hercule n'en fut point.

ANTOINETTE DE BOURBON, duchesse de Guise. *Voyez* GUISE.

ANTOINETTE D'ORLÉANS, marquise de Belle-Isle. *Voyez* BELLE-ISLE.

ANTOINETTE DE PONS. *V.* GUERCHEVILLE.

ANTONIA, fille de Marc-Antoine & d'Octavie, sœur de l'empereur Auguste, épousa L. Domitius Ænobarbus. Elle eut de ce mariage Cn. Domitius, pere de l'empereur Néron, Lépida, femme de M. Valerius Barbarus Messala, puis de Silanus, enfin de Galba qui fut empereur ; Domitia, femme de Crispus consul, que Néron fit empoisonner.

ANTONIA, autre fille de Marc-Antoine & d'Octavie, fut mariée à Drusus frere de l'empereur Tibère, & fut mere de l'illustre Germanicus, de l'empereur Claude, & de Livia ou Livilla qui épousa Drusus fils de Tibère. Antonia étoit encore jeune, lorsqu'elle perdit son époux. Elle pouvoit sans honte contracter un second engagement ; mais elle voulut conserver jusqu'au tombeau l'amour tendre qu'elle avoit eu pour Drusus : l'amour maternel ne l'aveugla point sur la stupidité de son fils Claude, qui fut depuis empereur ; & lorsqu'elle vouloit se moquer de quelqu'un, elle disoit qu'il étoit aussi bête que son fils. Caligula, son petit-fils, ayant succédé à Tibère, lui donna d'abord quelque part aux affaires ; mais il revint bientôt à son caractère farouche, & traita si indignement Antonia, qu'elle en mourut de chagrin, l'an 38 de J. C. On croit même que ce prince dénaturé la fit empoisonner.

ANTONIA, fille de Claude, & d'Ælia Petina, née avant que son pere fut empereur. Elle eut deux maris : Cn. Pompeïus Magnus, & Cornelius Sylla. Ils périrent tous deux par les ordres de Néron. Ce prince, après la mort de Poppée, voulut épouser Antonia ; mais elle ne put jamais consentir à donner la main au meurtrier de ses deux époux. Néron, irrité de ce refus, la fit accuser d'avoir cabalé contre l'Etat.

ANTONIA, femme de Bernard Pulci, poëte Italien. *Voyez* FULCI.

ANTONIE, (*sainte*) vierge, reçut la couronne du martyre à Nicomédie. Après avoir souffert divers tourmens cruels & longs, elle fut pendue par un bras

bras durant trois jours. On la mit ensuite dans une prison, où, pendant deux ans, on employa toutes sortes de moyens pour l'engager à sacrifier aux faux Dieux. Sa constance à confesser Jesus-Christ mit enfin le préfet dans une telle fureur, qu'il lui fit trancher la tête.

ANTONINE, femme de Bélisaire, fut la favorite de l'impératrice Théodora, femme de l'empereur Justinien I. Antonine avoit beaucoup d'esprit & de manège ; ce qui la mettoit en état de gouverner l'impératrice, & par elle tout l'empire; Justinien se laissant gouverner par sa femme. Mais Théodora, princesse d'autant plus impérieuse, qu'elle étoit d'une extraction plus vile, avoit l'humeur très-inégale ; & ses caprices occasionnoient souvent des disgraces à sa favorite ; de-là vinrent les variations de la fortune de Bélisaire. Quoiqu'il fût dès sa première jeunesse l'ami de Justinien, il étoit plus ou moins en crédit, plus ou moins employé de manière à faire briller ses grands talens, selon qu'Antonine étoit bien ou mal avec Théodora. Le besoin qu'il avoit d'elle, pour se soûtenir dans la faveur de l'empereur, le rendit esclave de tout ce qu'elle vouloit. Ce fut pour lui complaire qu'il ternit toute sa gloire, par la sacrilège déposition qu'il fit militairement du pape Sylvestre, pendant le siège de Rome, par Witigès, roi des Goths, & par l'intrusion simoniaque du diacre Vigile, en la place de ce pape.

ANYTE, femme de la Grèce, illustre par son talent pour la poësie. Il nous reste quelques fragmens de ses ouvrages. On ignore le tems où elle a vécu.

APICATA, femme de Séjan. Son époux l'avoit répudiée plus de six ans avant sa disgrace. Elle ne fut point soupçonnée d'avoir part à ses crimes ; elle n'avoit pas même joüi de sa prospérité & de sa fortune, & n'avoit jamais excité l'envie. Lorsque cette dame infortunée vit les corps de ses enfans exposés aux Gémonies, qui étoit un lieu de supplice, elle envoya à Tibère un mémoire écrit de sa main, dans lequel elle lui découvroit la trahison de Livie, femme de Drusus, son commerce criminel avec Séjan, enfin tout le secret de la mort de Drusus. Apicata se donna ensuite la mort, contente de périr, pourvu qu'elle se vengeât de sa rivale.

APOLLONIAS ou APOLLONIS, femme d'Attale, premier roi de Pergame, étoit de Cyzique & de basse extraction. Sa beauté ne fut pas son seul mérite; & ce ne fut point par des artifices & des ruses de courtisanne, qu'elle parvint à monter sur le trône. Elle se fit si généralement estimer par sa modestie, par sa gravité, par sa prudence & par sa probité, qu'Attale, l'ayant eue quelque tems pour concubine, la crut digne d'être sa femme légitime, & la déclara reine, au grand contentement de ses sujets. Le trône ne changea point ses mœurs; & ses vertus la rendirent toujours également chère à son mari, qui mourut long-tems avant elle. Mere de quatre fils, qui furent Eumène & Attale, rois successivement après leur pere, Philétère & Athénée, elle eut pour eux une tendresse égale & sans prédilection pour aucun d'eux. Il semble que l'on peut penser que l'amitié dont ces quatre freres furent toujours unis, fut le fruit de l'exemple & des conseils de leur mere. Eumène, au rapport de Polybe, se conduisit si bien avec ses cadets, gens habiles & braves, qu'il en fit les plus sûrs appuis de son trône, & la garde la plus fidèle de sa personne. Et Plutarque dit qu'on entendit souvent leur mere s'écrier « qu'elle étoit » heureuse, & rendre graces aux dieux, non de » ce qu'ils l'avoient fait opulente & reine, mais » de ce que ses trois plus jeunes fils étoient les gar- » des & les défenseurs de leur aîné, qui pouvoit » être sans crainte au milieu d'eux, quoiqu'ils fus- » sent toujours armés d'épées & de piques. » Les quatre freres eurent pour leur mere la même tendresse & le même respect. Eumène mourut avant elle. Après la mort de ce fils, elle fit un voyage dans sa patrie. Attale II l'y voulut accompagner avec un de ses freres, & tous deux donnerent à la ville de Cyzique un spectacle qui les fit combler de louanges & de bénédictions. On les vit conduire ensemble leur mere par la main dans tous les temples & les lieux publics de la ville, qu'elle voulut visiter : exemple d'une piété bien rare parmi les descendans des successeurs d'Alexandre.

APOLLINE *ou* APOLLONIE, vierge & martyre du IIIe siécle. Sous le règne de Philippe en 248, il s'éleva une sédition contre les chrétiens à Alexandrie, pendant laquelle Apollonie fut arrêtée. On voulut la faire renoncer à la religion ; & sur son refus, on se disposa à la jetter dans un brasier ardent qu'on avoit allumé. Apolline demanda d'être relâchée, comme si elle eut changée de dessein ; mais dès qu'elle se vit libre, elle s'élança elle-même au milieu des flammes, dont elle fut consumée.

AQUILÉENNES *ou* Femmes d'Aquilée, ville d'Italie. Vers l'an de J. C. 239, l'empereur Maximin, irrité de ce que le sénat de Rome l'avoit déclaré ennemi de l'État, & s'étoit donné un autre souverain, quitta les Gaules où il faisoit la guerre, & vint en Italie à la tête de son armée, dans le dessein de massacrer les sénateurs & le peuple Romain. La ville d'Aquilée, qui se trouva la premiere sur son passage, & qui étoit alors la plus belle & la plus forte place de l'Italie, lui ferma ses portes ; ce qui obligea Maximin de l'assiéger. Les femmes se signalerent dans ce siége ; car, comme on manquoit de cordes pour bander les arbalêtres & les machines propres à lancer des pierres, elles couperent leurs cheveux & en firent des cordes. En mémoire de cette action, le sénat fit bâtir un temple à Vénus la Chauve, & y fit mettre une statue de cette déesse sans cheveux.

AQUILIA SEVERA. (*Julia*) On la croit fille d'Aquilius Sabinus, homme consulaire & jurisconsulte. Elle s'étoit consacrée à la déesse Vesta ; & ce sacrifice avoit dû lui coûter, d'autant plus qu'elle étoit une des plus belles filles de Rome : cependant sans son titre de *Vestale*, peut-être n'auroit elle jamais eu un époux aussi illustre que l'empereur Héliogabale ; ce prince qui ne trouvoit rien de piquant dans les plaisirs, s'ils n'étoient criminels, se fit une gloire de violer les loix les plus sacrées de l'empire. Il épousa cette belle Vestale l'an 219 de J. C., & tournant ce sacrilège en plaisanterie, il disoit que le prêtre du soleil devoit naturellement épouser une Vestale, & que, de deux époux consacrés par la religion, il naîtroit une postérité toute divine. Héliogabale ne tarda pas à se dégoûter d'Aquilia : il la répudia ; &, par une inconstance qui lui étoit ordinaire, il la reprit ensuite. On conserve une médaille de cuivre qui représente cette Aquilia Severa ; sur le revers on voit le génie de la ville d'Alexandrie.

AQUILINE & NICÈTE, courtisanes converties, souffrirent le martyre dans une ville de Licie. Elles étoient sœurs & payennes. N'ayant que leur beauté pour patrimoine, elles l'employoient à suppléer ce qui leur manquoit.

Un Chrétien appellé *Christophe*, étant venu dans leur ville, fut arrêté par ordre du gouverneur, qui, leur promettant une grande récompense, les chargea d'aller dans la prison essayer de faire succomber ce Chrétien à leurs agaceries, & de le faire sacrifier aux Dieux. La chose tourna tout différemment. Christophe leur remontra si pathétiquement l'infamie de leur métier, & leur annonça l'évangile du salut avec tant de force, que, touchées de la grace, elles résolurent d'embrasser le christianisme. Au sortir de la prison, elles confessèrent le nom de Jesus-Christ ; & le gouverneur les fit mourir en même tems que Christophe.

AQUITAINE, (*Agnès d'*) reine de Léon, puis comtesse du Mans. *Voyez* LÉON.

ARA-BEGUM. *Voyez* JEHAN-ARA-BEGUM.

ARABES. (*femmes*) Tous les voyageurs s'accordent à louer extrêmement la fidélité, la prudence & la modeste retenue des femmes Arabes. C'est ce qui paroît d'autant plus surprenant, qu'il semble que la chaleur du climat devroit, comme il arrive dans les pays voisins, allumer la jalousie dans les hommes, & l'esprit d'intrigue & de libertinage dans les femmes. Il est rare d'entendre parler d'infidélité parmi ces peuples ; &, dans ce cas, un mari n'a pas besoin d'user d'autre sévérité que de renvoyer la femme à ses parens, qui ne manquent pas, si elle se trouve coupable, de venger l'affront qu'elle a fait à son mari & à sa famille, par le poison, le poignard, ou par quelque autre genre de mort prompt. La crainte de s'y voir exposées rend les femmes attentives & retenues à éviter de donner le moindre ombrage.

Bien qu'elles ne paroissent jamais en public sans leur voile, qui est assez grand pour leur couvrir le visage & les mains, & qu'elles ne sortent que lorsque les soins & les affaires du ménage les y obligent ; elles ont, plus qu'en aucun autre pays, le goût du luxe & de la parure ; elles aiment sur-tout passionnément à s'orner la tête, le cou, les bras, les jambes de chaînes d'or, de perles, de colliers riches, & quand elles n'en peuvent avoir de ceux-ci, elles en ont de corail, de crystal, & d'autre matiere moins précieuse.

L'an 634 de J. C. l'armée du Calife Abubecre assiégeant Damas, capitale de la Syrie, & les Chrétiens, commandés par Werdan, étant venus au secours de la place, les assiégés firent une sortie sous la conduite de deux officiers, dont l'un s'appelloit *Pierre* & l'autre *Paul*. Le premier commandoit l'infanterie, & le second la cavalerie. Paul attaqua l'arriere-garde de l'armée Mahométane avec tant de courage, qu'il la mit en désordre, pendant que Pierre se saisit des femmes, des enfans, du bagage & des richesses des ennemis qui étoient à l'arrière-garde. Le général Mahométan, ayant reçu avis de ce désastre, envoya huit mille chevaux au secours des siens : leur arrivée changea la face du combat; la cavalerie Chrétienne fut taillée en piéces; il n'en échappa qu'une centaine de chevaux qui regagnerent la ville avec beaucoup de peine. Pierre, avec toute l'infanterie, au lieu de soutenir Paul, comme il le devoit, l'abandonna sans rien faire, après avoir pillé les Arabes. Paul fut fait prisonnier ; & il auroit été massacré d'abord, si les Musulmans n'avoient craint qu'on ne se vengeât de cette cruauté sur leurs femmes & leurs enfans, que Pierre avoit emmenés.

Parmi ces prisonnieres, il y en avoit quelques-unes de la tribu de Hamyar, qui étoient exercées à monter à cheval, & à combattre comme les Amazones; & Khawlah, sœur de Devar, l'un des généraux, femme d'une grande beauté, & d'un courage mâle. Pierre en devint éperdûment amoureux; mais bien loin de condescendre aux propositions qu'il lui fit, elle se mit en devoir, conjointement avec Ofeirah, une des plus résolues, d'attaquer Pierre & ses gens à la tête des autres prisonnieres armées de piquets de tente; ce qui irrita tellement Pierre, qu'il ordonna de les passer toutes au fil de l'épée. Mais, dans le tems que ces Amazones Arabes étoient réduites à la derniere extrémité, elles eurent le bonheur d'être secourues. Après un court combat, Pierre & trois mille des siens demeurerent sur la place; le reste eut beaucoup de peine à regagner la ville assiégée.

L'armée auxiliaire des Chrétiens & celle des Mahométans se trouverent bientôt en présence. Khaled, qui commandoit la derniere, la rangea en ordre de bataille. Il anima Khawlah, Ofeirah & les autres femmes Arabes de la premiere qualité, avec un nombre considérable d'autres d'un moindre rang, non-seulement à combattre elles-mêmes, mais à se servir du pouvoir qu'elles avoient sur les hommes, pour les encourager à se battre vaillamment. Elles s'y engagerent toutes, & leur valeur ne contribua pas peu à faire remporter aux Arabes une victoire complette.

ARACHNÉ, de qui Pline l'Ancien dit, liv. vij. « qu'elle trouva le lin & les filets, » étoit d'une ville de la Colchide, & fille d'Idmon, qui gagnoit sa vie à teindre les laines. On lui attribue l'invention de l'art de filer le lin, & d'en employer le fil à faire des filets, ou pour la pêche ou pour la chasse. On dit aussi que son fils Closter fut l'inventeur de fuseaux propres à filer la laine d'une maniere plus parfaite qu'on ne l'avoit pu faire jusqu'alors avec les instrumens dont on se servoit, & qu'à cette invention il joignit celle de la navette & de quelques autres instrumens. A l'aide des inventions de son fils & de la laine mieux filée qu'auparavant, elle imagina de faire de la tapisserie, y représentant tout ce qu'elle voulut, aussi parfaitement, dit-on, qu'un peintre l'auroit pu faire avec son pinceau. L'on ajoûte que la beauté de ses ouvrages l'ayant rendue très-célèbre, elle prétendit l'emporter sur une autre Asiatique, appellée *Minerve*, premiere inventrice de cet art; qu'elles travaillerent en concurrence, & qu'Arachné, honteuse de se voir inférieure à celle qu'elle s'étoit vantée de surpasser, se pendit. Les poëtes ont feint que Minerve, dont ils ont fait une déesse sous ce nom & sous celui de Pallas, l'avoit changée en araignée; mais on peut prendre pour vrai ce que disent quelques-uns, sçavoir que les esclaves d'Arachné s'étant apperçus à tems qu'elle s'étoit pendue, couperent la corde, & lui sauverent la vie, & que, par dépit, elle ne voulut plus travailler en tapisserie.

ARAGON. (*Blanche de Naples, reine d'*) *Voyez* BLANCHE, reine d'Aragon.

ARAGON, (*Catherine d'*) reine d'Angleterre. *Voyez* CATHERINE D'ARAGON.

ARAGON, (*Constance d'*) reine de Hongrie, puis de Sicile. *Voyez* CONSTANCE D'ARAGON.

ARAGON, (*Eléonor d'*) reine de Portugal. *Voyez* ELÉONOR D'ARAGON.

ARAGON, (*sainte Elizabeth d'*) reine de Portugal. *Voyez* ELIZABETH (*sainte*).

ARAGON, (*Elizabeth d'*) dite *de Castille*, reine de Portugal. *Voyez* ELIZABETH D'ARAGON.

ARAGON. (*Iolande de Hongrie, reine d'*) *Voyez* IOLANDE.

ARAGON, (*Iolande d'*) duchesse de Calabre, puis infante de Castille. *Voyez* IOLANDE.

ARAGON, (*Isabelle d'*) duchesse de Milan. *Voyez* ISABELLE D'ARAGON.

ARAGON, (*Jeanne d'*) femme d'Ascagne-Colonne. *Voyez* JEANNE D'ARAGON.

ARAGON, (*Léonor d'*) duchesse de Ferrare. *Voyez* FERRARE.

ARAGON, (*Marie d'*) concubine de l'empereur Otton III; car cet empereur ne fut jamais marié. *Voyez* MARIE D'ARAGON.

ARAGON. (*Marie de Montpellier, reine d'*) *Voyez* MONTPELLIER.

ARAGON. (*Pétronille, infante & reine d'*) *Voyez* PETRONILLE.

ARAGON, (*Tullie d'*) Napolitaine, célèbre par son érudition, par son esprit, & par ses poësies. Elle fleurissoit vers 1550. Amenée dans son enfance à Rome, elle y fut élevée avec soin ; &, très-jeune encore, elle se livra par goût à l'étude des belles-lettres. La rapidité de ses progrès la fit bientôt connoître. On la plaça de bonne-heure au rang des sçavans les plus illustres. Elle vécut dans la suite plusieurs années à Venise, & fut en liaison avec tous les gens de mérite qui s'y trouvoient.

Elle eut, presque dès l'enfance, les plus heureuses dispositions pour la poësie Italienne, & s'en amusa toute sa vie. Ses Poësies diverses, où l'on remarque du génie, avec des pensées agréables, ingénieuses & fines, & dont on loue le style pour sa pureté, parurent d'abord éparses dans différens Recueils, & puis rassemblées en 1547, à Venise, chez Giolito.

Ses conversations avec des gens de beaucoup d'esprit, & leurs instances l'engagerent à composer son Traité de l'Infinité de l'Amour (*Dell' Infinita d'Amor*), où l'on voit toute la beauté de son esprit. Elle le fit imprimer à Venise. Elle y fit aussi paroître *Il Meschino* (l'Infortuné) roman de chevalerie en vers, que l'on auroit peut-être raison de regarder comme un Poëme épique. Le héros est Guerrino da Durazzo, qui, comme Télémaque dans le quatrieme livre de l'Odissée, n'a pour but que de retrouver son pere. Il ne se fait rien dans le poëme, dont il ne soit le principal acteur. Au reste, cet ouvrage, dont la versification & le style furent estimés, eut un médiocre succès. Il passa pour être la traduction d'un Roman Espagnol. S'il existe en cette langue, ce n'est sans doute qu'en manuscrit; & les copies en doivent être extrêmement rares. Miguel de Cervantes ne l'a point connu, puisqu'il ne le nomme pas dans cette énumération de romans, qui composoient la bibliotheque de Dom Quichote; & Nicolas Antonio n'en fait aucune mention dans sa Bibliotheque d'Espagne.

Si les Espagnols cependant ont le Meschino dans leur langue, ce doit être une traduction d'un très-ancien Roman Italien, dont le Poggianti, qui, dans son Catalogue des Ecrivains de Florence, dit en avoir vu dans une bibliotheque célèbre, une ancienne copie manuscrite, dit aussi que l'auteur étoit un Florentin, qui s'appelloit *André Patria*. D'autres littérateurs Italiens prétendent que ce Roman est plus ancien que le Dante, qui lui doit l'idée de cet Enfer, qui fait une partie de son grand poëme, qu'il a nommé *Comédie*, sans qu'on en devine la raison.

Quoi qu'il en soit, on trouve le Roman original du Meschino mis au jour pour la premiere fois à Venise, en 1440, *in-folio*. Ce qu'on vient de dire conduit à conclure que le Meschino de Tullie-d'Aragon n'est que cet ancien Roman refondu, mieux écrit, & bien versifié. Beaucoup de beaux esprits d'Italie l'ont louée dans leurs écrits ; mais aucun n'a mieux parlé d'elle, que le célèbre Girolamo Muzio, qui l'aimoit éperdument, & ne l'estimoit pas moins ; dans le troisieme livre de ses Lettres, il s'étend beaucoup sur les belles qualités & les vertus de cette ingénieuse sçavante, & ses plus belles Poësies, qui sont en assez grand nombre, n'ont pour but que d'en célébrer les charmes & le mérite, tantôt sous le nom de *Tyrrhénie*, tantôt sous celui de *Thalie*.

ARBOUZE, (*Marguerite de Veni d'*) abbesse de Notre-Dame du Val-de-Grace. *Voyez* MARGUERITE D'ARBOUZE.

ARBUSCULE, actrice de mimes, sorte de farces estimées chez les Romains, étoit, au rapport d'Acron, ancien scholiaste d'Horace, une courtisanne très-célèbre à Rome.

Horace dit d'elle, qu'un jour étant sifflée, elle dit « Qu'il lui suffisoit d'être applaudie par les chevaliers, & qu'elle méprisoit tous les autres. »

ARC. (*Jeanne d'*) *Voyez* PUCELLE D'ORLEANS.

ARCADIE, fille de l'empereur Arcadius, & sœur de l'empereur Théodose II, mourut à Constantinople, en 444, à l'âge de quarante-cinq ans. En se conformant aux pieuses exhortations de l'illustre Pulchérie, sa sœur, elle conserva sa virginité jusqu'à la mort. Comme fille d'empereur, elle portoit le titre de *nobilissime*. Ce fut elle qui fit bâtir à Constantinople les bains Arcadiens. Gennade, dans ses Ecrivains ecclésiastiques, dit que le patriarche

Atticus dédia son ouvrage *de la Foi & de la Virginité* aux reines, filles de l'empereur Arcadius. En parlant de cette maniere, il veut faire entendre qu'Arcadie étoit une des princesses à qui cet ouvrage étoit dédié. L'histoire loue beaucoup les vertus, & sur-tout la piété d'Arcadie, qui, dissemblable en un point de sa sœur Pulchérie, ne se voulut jamais mêler des affaires de l'Etat.

ARCANGELO-DI-FIORE. (*Jeanne*) Voyez FIORE.

ARCHIDAMIE, fille de Cléonyme, roi de Sparte. Le sénat ayant appris que Pyrrhus se préparoit à mettre le siége devant Sparte, vers la deuxieme année de la CXXVII° olympiade, ordonna que toutes les femmes sortissent de la ville. Archidamie, indignée de cet arrêt, parut devant les sénateurs, l'épée à la main. Elle leur représenta vivement que les meres de tant de braves guerriers qui se préparoient à défendre la ville, combattroient pour la patrie, avec autant de courage que leurs enfans, & leur donneroient même l'exemple: le sénat ne put s'empêcher d'admirer la magnanimité de cette femme, & révoqua son décret.

ARCHILÉONIDE, femme Lacédémonienne. Ayant appris que son fils avoit été tué dans le combat, elle demanda s'il étoit mort en brave homme? Des étrangers, témoins de la valeur de ce jeune homme, en firent de grands éloges à sa mere, & lui dirent qu'ils ne croyoient pas qu'il y eût à Lacédémone un plus vaillant citoyen: « Vous vous » trompez, répondit cette généreuse mere: mon fils, » il est vrai, avoit du courage; mais, grace au » ciel, il reste encore à ma patrie plusieurs citoyens » qui valent mieux que lui. »

ARDOINI-LODOVISI, (*Anne Marie*) princesse de Piombino. *Voyez* PIOMBINO.

ARDRA. (*femmes du royaume d'*) Ce royaume est situé sur la côte occidentale d'Afrique, appellée *la côte des esclaves*, parce que les marchands Européens y vont acheter des nègres. Les femmes de ce pays portent fort loin le luxe des habits & le goût pour la parure. On les voit, dit Dapper, chargées des plus beaux satins, de brocards & d'indiennes, & succombant sous le poids, pour satisfaire leur vanité. Ce n'est pas tout-à-fait leur faute néanmoins; il faut l'attribuer au mauvais goût des hommes, qui ne croient pas qu'une femme soit bien parée, si elle n'a pas sur elle des piéces entieres de soie ou d'autres étoffes.

ARÉGONDE, sœur d'Ingonde, l'une & l'autre femmes de Clotaire I, roi de France. Ce prince avoit épousé Ingonde en 517. Elle en étoit aimée uniquement, dit Grégoire de Tours, lorsqu'un jour elle lui parla en ces termes : « Le roi mon seigneur a
» fait ce qu'il lui a plu de sa servante, & il m'a ho-
» norée de sa couche ; je supplie maintenant mon sei-
» gneur & mon roi de vouloir bien entendre ce que
» sa très-humble servante a à lui proposer : s'il dai-
» gne mettre le comble aux faveurs dont il l'honore,
» je le conjure de vouloir bien donner à ma sœur
» Aregonde, sa servante, un mari dont le rang &
» le mérite répondent à l'état & au rang où il m'a
» élevée, afin de m'attacher, par une pareille al-
» liance, de plus près encore, s'il se peut, à la per-
» sonne de mon roi. »

Clotaire témoigna bien singulièrement sa bonne volonté pour Ingonde ; car étant allé voir sa sœur, il en fit sa femme, & vint apprendre lui-même cette nouvelle à la reine. « J'ai eu égard, lui dit-il, à la
» prière que vous m'avez faite, & vos desirs doi-
» vent être pleinement satisfaits, après ce que je
» viens de faire pour votre sœur. Vous me deman-
» diez pour elle un mari puissant & riche ; je lui en
» ai donné un tel que vous pouviez le demander ;
» & ce mari, ajoûta-t-il, c'est moi-même. Je vous
» apprend que j'ai épousé Arégonde, & je crois
» que cela doit vous faire plaisir. »

L'ufage, dans ces tems barbares, autorifoit fans doute de pareils mariages ; car on ne voit point que Clotaire eût été moins eftimé de fes fujets, après avoir pris les deux fœurs pour femmes. La réponfe d'Ingonde au difcours du monarque n'annonce pas beaucoup de fatisfaction, elle prouve feulement fon obéiffance & fon refpect. « Je tâche- » rai, dit-elle, de ne rien faire qui puiffe déplaire » à mon feigneur ; toute la grace que je lui demande, » c'eft que fa fervante ne perde pas l'honneur » de fon eftime. »

On ignore le tems de la mort de ces deux princeffes. Aregonde fut mere du roi Chilpéric, fucceffeur de Clotaire au royaume de Soiffons, & l'un de nos plus fçavans rois.

AREMBERG, (*Ifabelle d'*) fille d'Albert, prince de Brabançon, & fœur d'Octave-Ignace, dernier prince de Brabançon, fut mariée à Albert-François de Lalain, comte d'Hochftrate. Elle eut de ce mariage Marie-Gabriel de Lalain, héritiere de la maifon d'Hochftrate, mariée au Rhingrave Charles Florentin, qui fut tué en 1676 devant Maftricht, un peu avant que le prince d'Orange fût obligé d'en lever le fiége. Ifabelle contracta une nouvelle alliance, en 1651, avec le duc Ulric de Wirtemberg. Ce prince étant mort, elle fe retira à Paris, & amena avec elle la princeffe Marie-Anne, née de fon fecond mariage en 1653. La reine Anne d'Autriche, mere de Louis XIV, prit foin de cette jeune princeffe, & la fit élever dans la religion catholique. Ifabelle, fa mere, mourut à Paris le 17 d'Août 1678, à l'âge de cinquante-cinq ans.

ARÉTAPHILE, fille d'Æglaton, naquit à Cyrène dans la Libye, du tems de Mithridate Eupator, vers la CLXXI^e olympiade, & environ l'an 96 avant J.C. Elle fut d'abord mariée à un certain Phœdimus ; mais le bruit de fa beauté s'étant répandu dans toute la ville, Nicocrate, fouverain de Cyrène, la vit &

en devint éperdument amoureux. Les crimes ne lui coûtoient rien pour se satisfaire. Il fit mourir le mari d'Arétaphile, & l'épousa.

Cette femme vertueuse ne put se voir sans horreur dans les bras du meurtrier de son époux, & du tyran de ses concitoyens : elle ne songea qu'à délivrer sa patrie d'un tel monstre. Dans ce dessein, elle prépara du poison ; mais elle fut surprise, & son barbare époux la fit mettre à la torture. Arétaphile avoua dans les tourmens, qu'elle avoit préparé un poison ; mais un poison propre à inspirer de l'amour, un philtre qui devoit la rendre encore plus chère aux yeux de son époux. Nicocrate, qui chérissoit toujours Arétaphile, se laissa tromper par cette confession ingénieuse, & l'aima plus que jamais ; mais cette princesse ne fut point rebutée par le malheureux succès de son entreprise. Elle gagna par ses charmes Léandre, frere du tyran, & le conjura de la délivrer d'un barbare, dont la compagnie lui étoit odieuse, promettant de lui donner en mariage une fille qu'elle avoit. Léandre fit assassiner Nicocrate ; mais il s'empara de la souveraine autorité, & Cyrène ne fit que changer de tyran.

Arétaphile, dont le premier dessein avoit été de rendre la liberté à sa patrie, chercha les moyens de se défaire de Léandre. Elle engagea Anabus, prince de Libye, à la seconder dans son dessein : Anabus surprit Léandre, le fit enfermer dans un sac & précipiter dans la mer. Les habitans de Cyrène, pour reconnoitre les services d'Arétaphile, voulurent lui déférer le pouvoir souverain ; mais, contente d'avoir affranchi ses concitoyens, elle refusa le trône qu'on lui offroit, & se retira chez ses parens.

ARÉTÉ, fille & disciple d'Aristippe de Cyrène, disciple de Socrate, & fondateur de la secte Cyrénaïque, fut mere d'Aristippe, surnommé *Metrodidacte*, c'est-à-dire *disciple de sa mere* : ce fut en effet par sa mere que le jeune Aristippe fut instruit de la philosophie, dont elle donna même des leçons publiques, avec un applaudissement universel.

ARGENTARIA Polla. *Voyez* Polla.

ARGENTINE Palavicine, dame Romaine. *Voyez* Palavicine.

ARGIE, Théognide, Artémise & Pantaclée. Elles étoient filles du philosophe Dialecticien Diodore, surnommé *Cronus*. Elles firent toutes quatre profession de la même philosophie que leur pere, comme le dit le Dialecticien Philon dans un ouvrage cité par Clément d'Alexandrie, livre quatre de ses Stromates.

S. Jerôme, dans son premier livre contre Jovinien, donne cinq filles à Diodore, en disant : « On » dit que Diodore, disciple de Socrate, eut cinq » filles Dialecticiennes, illustres par leur chasteté. »

Philon, maître de Carnéade, a écrit leur histoire fort au long. C'est d'après ce même Philon, que Clément d'Alexandrie nomme les quatre filles de Diodore. Il se peut que S. Jerôme, écrivant de mémoire, ait dit cinq, au lieu de quatre.

ARGIENNES *ou* femmes de la ville d'Argos dans la Grèce. Pyrrhus, roi des Epirotes, ayant été introduit dans Argos, tandis qu'il se battoit dans les rues avec les habitans, une femme lui jetta de sa fenêtre une tuile sur la tête, & s'acquit, par cette action hardie, une très-grande réputation. Pyrrhus mourut du coup qu'il reçut. Les Argiens, préservés du dernier malheur, ne manquerent pas de donner du merveilleux à l'action de leur concitoyenne, en publiant que la déesse Cérès avoit elle-même lancé la pierre qui avoit tué leur ennemi.

Environ trois cens ans avant la mort de Pyrrhus, les femmes de la ville d'Argos s'étoient rendues célèbres par leur bravoure & par leur résolution. Cléomène I, roi de Lacédemone, ayant tué dans une sanglante bataille un grand nombre d'Argiens, s'avança vers Argos, avec beaucoup de promptitude, à dessein de prendre cette ville qu'il croyoit dépourvue d'habitans. Mais quelle fut sa surprise, lorsqu'il s'apperçut que les femmes Argiennes avoient pris les armes sous la conduite de la noble Télésille, & s'étoient portées sur les murailles de la ville, bien résolues de périr plutôt que de la laisser prendre ! Cléomène, qui ne s'étoit pas attendu de trouver cet obstacle, prit le sage parti de déloger, après avoir vu périr à ses côtés un grand nombre de ses soldats; & Démarate, l'autre roi Lacédémonien, qui s'étoit déja emparé, par surprise, d'un quartier de la ville ne tarda pas à le suivre.

Pour récompenser les femmes Argiennes du service qu'elles avoient rendu à l'État en cette occasion, on leur permit de consacrer une statue au dieu Mars ; & l'on établit une fête, où les femmes portoient des saies & des manteaux à l'usage des hommes, tandis que les hommes portoient des cottes & des voiles à l'usage des femmes. Il fut ordonné de plus, que les nouvelles mariées auroient des barbes feintes au menton, lorsqu'elles coucheroient avec leurs maris. C'étoit pour faire entendre que les femmes, ayant conservé la ville d'Argos, lorsque les hommes étoient dans l'impuissance de le faire, devoient être les maîtresses de leurs maris.

ARGONTE, reine de Léon & des Asturies, étoit d'une des meilleures maisons de Galice. Elle étoit belle ; & sa beauté frappa si fort, en 922, le roi Ordogno II, qu'il l'épousa ; mais il la répudia quelques mois après, & la renvoya chez ses parens ; on ignore pour quelle raison, ou sous quel prétexte. Argonte supporta sa disgrace en chrétienne, & s'enferma dans le monastère de Sainte-Marie de la Sulcéda en Galice. Elle y mena jusqu'à sa mort une vie exemplaire. L'histoire ne dit point en quelle année elle mourut ; mais elle nous donne lieu de croire qu'Ordogno l'avoit répudiée très-injustement,

puisqu'elle

puisqu'elle nous apprend qu'il s'en repentit dans la suite, & qu'il en fit une digne pénitence.

ARIADNÉ, fille de l'empereur Léon I, dit *le Vieil*. Cette princesse épousa Zénon d'Isaurie, qui fut empereur en 474. Les débauches excessives de son époux, & peut-être plus encore son amour pour Anastase surnommé *le Silentiaire*, la porterent à ôter la vie à Zénon. Ce prince s'étant un jour enyvré selon sa coutume, & étant tombé comme mort, Ariadné le fit enfermer dans un tombeau, & l'y laissa périr. Elle mit ensuite la couronne sur la tête d'Anastase, quoiqu'elle appartînt de droit à Zénon, frere de Longin, & confirma par cette conduite les soupçons qu'on avoit de son amour pour Anastase.

ARIGNOTE, femme sçavante, dont S. Clément d'Alexandrie fait mention. On ignore le tems où elle a vécu; on sçait seulement qu'elle composa une histoire de Denis le Tyran.

ARIGNOTE, fille de Pythagore. *Voyez* THÉANO.

ARIOSTI (LIPPA, c'est-à-dire, PHILIPPE, d'une ancienne & noble famille de Ferrare, fut long-tems la maîtresse d'Obizzon, marquis d'Este, & seigneur de Ferrare & de Modène. Elle eut cinq fils, qui furent *Aldrobrandin, Nicolas, Foulques, Hugues* & *Albert.* Si le marquis Obizzon l'aima d'abord à cause de sa beauté, l'on doit présumer que la fidélité qu'elle lui garda, jointe à des agrémens plus enchanteurs qu'une beauté fragile, & sans doute des qualités solides, & même des vertus, perpétuerent la passion qu'il avoit pour elle, & l'engagerent à l'épouser.

On ne sçait pas en quelle année se fit le mariage, & c'est sans aucune preuve qu'on le fixe en 1352. Par ce mariage, les cinq fils d'Obizzon & de Lippa furent légitimés; & c'est par eux que la branche Italienne de la maison d'Este, qui possède depuis long-tems les duchés de Modène & de Reggio, s'est continuée jusqu'à présent.

F.C. *Tome I.*

Le marquis Obizzon étant tombé malade à Ferrare, le 15 de Mars 1552, fit venir ses cinq fils, déja légitimés ; &, suivant l'usage de ces tems-là, les créa chevaliers, en même tems que plusieurs nobles de Ferrare, de Modène, de Padoue, & d'autres villes. Il mourut ensuite le 19 ou 20 du même mois ; & ce fut une consolation pour Lippa de voir son fils aîné, Aldobrandin, succéder à son mari, par la libre élection des peuples, dans les seigneuries de Ferrare & de Modène.

ARISTARÈTE, fille de Néarque, célèbre peintre de Sycione, apprit de lui la peinture, & passa pour en être une digne élève.

ARISTOCLÉE, nommée *Théoclée* par Suidas, & *Thémistoclée* par Diogène de Laërce, étoit prêtresse du temple de Delphes; & Pythagore disoit qu'elle l'avoit instruit de la science des mœurs. Porphyre, dans sa Vie de ce philosophe, dit, « qu'il » enseigna touchant la morale ce qu'il disoit avoir » appris à Delphes d'Aristoclée. » Ce passage de Porphyre sert à corriger une très-ancienne leçon défectueuse du texte de Diogène de Laërce, par laquelle cet historien fait Thémistoclée sœur de Pythagore. Suidas, qui copie ce texte corrompu de Diogène, fait aussi sœur de Pythagore, celle qu'il nomme *Théoclée*.

Croira-t-on que Pythagore, entreprenant de corriger les mœurs licentieuses des Crotoniates, n'ait appuyé la morale sévère qu'il leur enseignoit, que de l'autorité de sa sœur, qui n'en devoit avoir aucune pour eux. Les législateurs avoient coutume d'attribuer à quelque divinité les nouvelles loix qu'ils vouloient établir. Lycurgue disoit tenir les siennes d'Apollon. Romulus ne faisoit qu'exécuter, disoit-il, les ordres du dieu Consus ; & Numa, son successeur, se donnoit pour conseillé par la nymphe Egérie. Pythagore dut en agir de même.

D'ailleurs cette sœur, dont le texte vicieux de Diogène gratifie Pythagore, ne se trouve nommée dans aucune des Vies de ce philosophe, ni par aucun autre auteur que par Suidas, qui copie la faute du texte de Diogène.

ARISTONE, fille de Cyrus le Grand, femme de Darius, fils d'Hystaspe, roi de Perse. La beauté de cette princesse dut être bien extraordinaire, puisque le roi son époux l'aima de la plus forte passion. Il alla même jusqu'à lui faire dresser des statues par tout son empire, & voulut que ses sujets les adorassent comme celles d'une divinité.

ARLES. (*Constance d'*) *Voyez* CONSTANCE.

ARMANÇAI. (*madame la marquise d'*) Elle étoit fille de M. de Sabattier, gentilhomme de Provence, & se distingua, sur la fin du dix-septieme siècle, par son esprit & son goût pour la poësie. On a d'elle des vers adressés à M. le duc de Chartres, où les quatre Saisons de l'année parlent à ce prince. Elle est encore connue par une lettre en prose & en vers qu'elle fit en l'honneur de madame Royale, en 1684. M. de Vertron, parlant de cette épître, a dit fort galamment :

> Tout est charmant, & tout est vrai
> Dans ce que cette Muse expose.
> On retrouve dans d'Armançai,
> Soit pour les vers, soit pour la prose,
> La Vigne, la Suze, & Gournai.

ARNAULD, (*Marie-Angélique*) fille d'Antoine Arnauld, & sœur du fameux Arnauld, docteur de Sorbonne, abbesse titulaire & réformatrice de Port-Royal des Champs. Elle se montra, pendant toute sa vie, digne sœur de ce sçavant homme, & fut regardée comme un prodige d'esprit, de science & de vertu. N'étant encore âgée que de dix-sept ans, elle fut la premiere de son sexe, dans un aussi grand ordre que celui de Cîteaux, qui pensa à en faire revivre le premier esprit. Elle commença par mettre toutes choses en commun, & faire observer la clôture, comme les deux choses les plus nécessaires pour vivre religieusement. Usant de la voie de persuasion & de douceur, non de commandement & de contrainte, elle exécuta son dessein avec tant de sagesse & de prudence, qu'elle y fit entrer les plus anciennes religieuses, accoutumées depuis long-tems à un genre de vie bien différent.

Attentive à ne rien exiger de ses filles dont elle ne leur eût donné l'exemple, & à ne leur imposer aucune nouvelle obligation, qu'elles ne s'y portassent volontiers, elle fut la premiere à porter un habit fort pauvre & fort simple, & garda seule assez long-tems l'abstinence de la chair, avant que d'introduire ces pratiques dans sa communauté.

A peine la réforme, qu'elle avoit établie, fut-elle connue, que le général de l'ordre la chargea d'en faire autant à Maubuisson, en lui donnant pouvoir sur le spirituel & le temporel de cette grande abbaye. Chargée de cette commission, & munie d'un arrêt du parlement, qui lui permettoit d'y recevoir jusqu'à cinquante filles, elle en reçut trente presque toutes gratuitement, pendant cinq ans qu'elle y demeura. Elle prit un soin extrême de les bien instruire de l'esprit & des devoirs de leur état, & de porter les anciennes religieuses de la maison à penser sérieusement à embrasser une vie plus réguliere. Elle eut la consolation de voir que les religieuses agréerent enfin le bon ordre qu'elle mit dans le monastere, qui bientôt fut en une aussi bonne odeur, qu'il avoit été auparavant un grand sujet de scandale.

Ce fut pendant le séjour qu'elle fit à Maubuisson, qu'elle eut connoissance de S. François de Sales, évêque de Genève, qui étoit alors à Paris pour des affaires importantes. Aussi-tôt elle se mit sous sa conduite, & lui donna un pouvoir si entier sur son ame, que ce saint prélat l'a regardée toujours depuis comme l'une de ses plus cheres filles, & lui continua ses assistances jusqu'à la mort, soit par ses visites, lorsqu'elle en étoit à portée, soit par ses lettres, dans son éloignement.

De retour à Port-Royal, la mere Marie-Angélique se donna des soins infatigables pour les affaires temporelles & spirituelles de sa maison. Ayant formé le dessein de mettre le monastere sous la jurisdiction de l'ordinaire, elle s'adressa au pape Urbain VIII, qui répondit favorablement à sa requête. Prévoyant encore que la régularité s'altere aisément dans le changement de conduite, par l'introduction des abbesses qui viennent des monasteres étrangers, elle travailla de tout son pouvoir à obtenir le droit d'élection, qui lui fut accordé par Louis XIII. Alors, se trouvant dans la liberté qu'elle desiroit depuis plus de vingt ans de se démettre de sa dignité, elle le fit avec une joie incroyable; & l'on élut à sa place une religieuse de grande vertu, qu'elle avoit reçue à profession, & à laquelle elle se soumit comme si elle fût tout nouvellement entrée dans le cloître.

Douze ans après qu'elle se fut démise, les religieuses l'élurent pour abbesse, & la continuerent quatre triennaux de suite, avec la permission de leur supérieur. Elle mourut âgée de soixante-dix ans, le 6 d'Août 1661.

ARNAULD. (*Catherine-Agnès*) Elle étoit sœur & coadjutrice de Marie-Angélique Arnauld, qui la choisit, lorsqu'elle étoit encore au noviciat, pour être la maîtresse des novices, parce qu'elle étoit seule capable de cet emploi. Peu d'années après, elle fut chargée du gouvernement de toute la maison, pendant l'espace de cinq ans, que la mere Marie-Angélique passa dans l'abbaye de Maubuisson, pour y établir la réforme. Ce fut en cette occasion que celle-ci fit son possible pour résigner son abbaye à la mere Agnès; mais elle ne put obtenir que de la faire sa coadjutrice. Agnès instruisit par ses exemples autant que par ses discours. Aimée & respectée de ses religieuses, elle mourut d'une fluxion de poitrine le 19 de Février 1671, à l'âge de soixante-dix-sept ans passés, dont il y avoit soixante-douze qu'elle portoit le voile sacré.

Elle ne fut pas moins célèbre par son esprit que par sa piété. Elle composa deux petits livres, dont l'un est intitulé *Le Chapelet secret du Saint-Sacrement*; l'autre *L'image de la Religieuse parfaite & imparfaite*, tous deux imprimés à Paris. M. Hallier, docteur de Sorbonne, censura le livre intitulé *Le Chapelet secret du Saint-Sacrement*. Quelques autres docteurs furent de son avis; mais l'évêque de Langres, qui étoit alors supérieur de Port-Royal, fit revoir cet écrit par d'autres docteurs, qui lui donnerent leur approbation. Les sentimens étant ainsi partagés dans la Sorbonne, l'affaire fut portée au tribunal du souverain pontife, qui déclara que ce Chapelet ne seroit point censuré ni mis dans l'expurgatoire; mais qu'il seroit supprimé, afin que les simples n'en abusassent pas.

ARNAULD, (*Angélique*) nièce des précédentes, abbesse de Port-Royal des Champs. Elle entra dans le cloître dès l'âge de six ans, & y fut formée à la piété par les soins de ses tantes. Comme elle réunissoit en soi leurs qualités naturelles, ces deux personnes la jugeoient digne de remplir leur place dès les premieres années de sa profession. Angélique répondit à leurs espérances, & les prit pour ses modèles lorsqu'elle fut élevée à la premiere place de la communauté. Elle avoit pour bien écrire & pour bien parler, une facilité singulière. Son discernement & le goût qu'elle avoit pour les bonnes choses, étoient exquis. Elle mourut dans la derniere année de son second triennal, âgée de cinquante-neuf ans, le 29 de Janvier 1684.

ARNAUDE DE ROCAS, l'une des filles Chypriotes qui furent emmenées en esclavage par les Turcs, après la prise de Nicosie, en 1570. Sa grande beauté l'ayant fait destiner aux plaisirs du serrail avec plusieurs de ses compagnes, on les mit sur un vaisseau qui fit voile incontinent vers Constantinople; mais cette généreuse fille, préférant la mort à la honte qui la menaçoit, mit le feu, pendant la nuit, aux poudres du bâtiment, & périt avec tous ceux qui le montoient.

ARRIE, femme de Cécinna Pætus, homme consulaire, s'est acquis une gloire immortelle par son amour pour son époux, son courage & sa grandeur d'ame. Son mari & son fils furent attaqués en même tems d'une maladie très-dangereuse. Le fils mourut : c'étoit un jeune homme fait pour plaire, qui joignoit à la plus aimable figure toutes les vertus de son âge. Le pere déja affoibli par la maladie, n'auroit pas survécu à la perte de son fils. Arrie employa toute son adresse pour lui cacher ce funeste évènement : elle fit faire, le plus secrettement qu'il fut possible, les obsèques de son fils. Quand elle étoit seule, elle s'abandonnoit sans réserve à sa douleur amère ; mais lorsqu'elle entroit dans la chambre de son époux, elle dévoroit ses larmes, & prenoit un visage gai & content. Pætus lui demandoit des nouvelles de son fils : « Il se porte mieux, il a bien »reposé, répondoit Arrie d'un ton doux & tranquille.» Pendant toute la maladie de son époux, elle se comporta avec la même adresse, sans que jamais la douleur la trahît. Il faut être bien maître de soi même, pour soutenir un pareil effort.

Scribonien, ayant excité une révolte en Illyrie, sous l'empereur Claude, fut vaincu & mis à mort. Pætus, qui se trouva engagé dans le parti de ce rebelle, fut fait prisonnier & conduit à Rome par mer. Arrie conjura les soldats qui escortoient son époux, de la recevoir sur leur vaisseau : « Vous ne » pouvez vous dispenser, leur dit-elle, de donner à » un homme consulaire quelques esclaves pour lui ser- » vir à manger, pour le chauffer, l'habiller ; hé bien, » je lui rendrai moi seule tous ces services.» Les soldats la refuserent avec dureté. Arrie ne se rebute point, elle loue une barque de pêcheur, & vogue sur ce petit bâtiment à la suite du gros vaisseau que montoit son époux. Lorsqu'elle fut arrivée à Rome, elle rencontra dans le palais la femme de Scribonien,

qui demanda à lui parler. « Moi te parler, s'écria
» Arrie ? à toi femme lâche & sans cœur, qui vis encore
» après avoir vu expirer ton époux ! » Traséas son gendre, fit tous ses efforts pour la détourner du dessein où elle étoit de mourir avec son époux : « Quoi,
» lui dit-il, si j'étois forcé de quitter la vie, vous
» voudriez donc que votre fille mourut avec moi ?...
» Oui, sans doute, répondit Arrie avec fermeté, si
» elle avoit vécu avec vous aussi long-tems & dans
» une aussi parfaite union que j'ai vécu avec Pætus. »
Ce discours répandit l'allarme dans toute sa famille : on l'observa de près, de peur qu'elle ne se portât à quelque extrêmité funeste. Arrie s'en apperçut: « Vos
» soins sont inutiles, dit-elle, il n'est pas en votre
» pouvoir de m'empêcher de mourir ; le seul fruit de
» vos importunités sera de me faire mourir d'un genre
» de mort plus douloureux. » Elle se leve aussi-tôt avec précipitation, s'élance, tête baissée, contre le mur, & tombe presque sans vie. On s'empresse à la secourir : « Vous voyez, dit-elle à ceux qui l'en-
» vironnoient, que si l'on me ferme les chemins or-
» dinaires de la mort, je sçaurai m'en frayer de nou-
» veaux. » Quand on la vit si ferme dans sa résolution, on la laissa en liberté. Cette illustre héroïne, voyant que son époux n'avoit pas le courage de prévenir la mort qu'on lui préparoit, voulut l'animer par son exemple. Elle s'enfonça en sa présence un poignard dans le sein ; &, le retirant tout sanglant, elle le présenta à son époux : « Tiens, Pætus, lui
» dit-elle, il ne m'a point fait de mal. » Pætus, honteux d'être moins courageux qu'une femme, se perça du même poignard.

ARRIE, Platonicienne, vivoit du tems de l'empereur Sévère Alexandre, comme Jonsius le fait voir dans son Histoire philosophique. L'auteur du livre de la Thériaque, adressé à Pison, dit, chapitre second, « qu'elle avoit fait une étude très-particulière
» des ouvrages de Platon. » Reinesius & Ménage croient qu'elle est cette dame *Philoplatone*, c'est-à-dire,

amie de Platon, à qui Diogène de Laërce a dédié ses Vies des philosophes.

ARRINGHIERI DE CERETANI. (*Ermellina*) Voyez CERETANI.

ARRIVA BENE-GONZAGUE. (*Emilie*) *Voyez* GONZAGUE. (*Emilie Arriva Bene-*)

ARSINOÉ, femme de Magas, roi de Cyrène, fameuse par ses débauches & le dérèglement de ses mœurs. Magas avant sa mort, avoit promis Bérénice, leur fille unique, au fils de Ptolémée, roi d'Egypte. Dès qu'il eut fermé les yeux, Arsinoé, qui avoit d'autres vues, rompit l'accord fait avec le fils du roi d'Egypte, & proposa Bérénice avec le royaume de Cyrène à Démetrius, frere du roi Antigonus. Sa proposition fut acceptée, Démétrius s'embarqua aussi-tôt, & secondé d'un vent favorable, il ne tarda pas à paroître aux yeux de Bérénice. La bonne mine de Démétrius produisit un grand effet sur le cœur d'Arsinoé. Oubliant qu'elle l'avoit elle-même destiné pour époux à sa fille, elle en devint éperdument amoureuse. Démétrius, qui avoit plus d'ambition que d'amour, ne parut pas se soucier beaucoup de la fille, & n'eut d'empressement que pour la mere. Il commença à exercer dans Cyrène le pouvoir le plus tyrannique ; il maltraita les gens de guerre, & se rendit si odieux à tout le peuple, qu'on résolut de se défaire de Démétrius, & de déférer la couronne au fils de Ptolémée, selon les intentions de Magas. Bérénice, irritée du mépris que Démétrius avoit fait d'elle, entra dans cette conspiration : les assassins s'insinuèrent dans la chambre de Démétrius, dans le tems qu'il alloit se mettre au lit auprès d'Arsinoé : cette femme désespérée couvrit son amant de son corps ; mais ses efforts furent inutiles. Démétrius fut tué ; & Bérénice, après sa mort, épousa le fils de Ptolémée. On ignore, après cette révolution, quelle fut la destinée d'Arsinoé.

ARSINOÉ, fille de Ptolémée Lagus, roi d'Egypte, épousa Ptolémée Philadelphe, son propre frere. Les Epyptiens permettoient ces sortes de mariages, afin que la couronne se conservât toujours dans la famille royale. Arsinoé n'est célèbre que par le monument que la tendresse de son époux voulut lui ériger après sa mort. Ptolémée Philadelphe voulant conserver à la postérité, la mémoire de cette princesse, entreprit de faire bâtir un temple magnifique en son honneur : il confia le soin de cet ouvrage à Dinocrate, le plus fameux architecte de son tems. Dinocrate résolut de construire la voûte du temple de pierres d'aimant, afin que la statue d'Arsinoé, qui étoit de fer doré, restât suspendue en l'air ; mais la mort ne lui permit pas d'achever cet ouvrage.

ARSINOÉ, autre fille de Ptolémée Lagus, fut mariée à Lysimaque, roi de Macédoine, & en eut deux fils, Lysimaque & Philippe. Ce roi ayant été tué dans une bataille contre Séleucus, la troisieme année de la CXXIV^e olympiade, 282 avant J. C. Arsinoé gouverna la Macédoine en qualité de tutrice de ses deux enfans, qui n'étoient pas encore en âge de régner. Ptolémée son frere, surnommé *Ceraunos* ou *le Foudre*, lui témoigna beaucoup d'amitié, & l'engagea à l'épouser. Arsinoé, trompée par ces fausses apparences, y consentit avec trop de facilité, & reçut le perfide dans la ville de Cassandrée ; elle envoya même au devant de lui ses deux enfans, qui vinrent le saluer tenans des couronnes dans leurs mains. Ptolémée les embrassa avec toutes les marques d'une véritable tendresse ; mais il ne fut pas plutôt entré dans la ville qu'il leva le masque. Il s'empara d'abord de la citadelle, & ordonna qu'on mît à mort les deux jeunes princes. Ils furent égorgés presque entre les bras de leur mere, auprès de laquelle ils s'étoient réfugiés. La malheureuse Arsinoé sortit de la ville, déchirant ses habits & s'arrachant les cheveux : elle se retira dans la Samothrace, où elle mourut de douleur.

ARSINOÉ, l'une des filles de Ptolémée Aulètes, roi d'Egypte, & des sœurs du dernier Ptolémée, & de la fameuse Cléopâtre, fut une princesse qui n'eut pas moins de courage que d'ambition. Lorsqu'après l'assassinat du grand Pompée, le jeune Ptolémée fut mal reçu de Jules-César, qu'il avoit cru servir en consentant au meurtre de Pompée, & qu'il en fut retenu comme prisonnier, Arsinoé, qui crut qu'au défaut de son frere, le trône lui devoit appartenir, alla joindre l'armée des Egyptiens, & la commanda, conjointement avec Achillas. Il ne tarda pas à s'élever de la mésintelligence entr'eux : Achillas vouloit commander seul ; Arsinoé tranchoit de la souveraine, & vouloit être obéie. Elle se débarrassa d'Achillas, en le faisant tuer par l'eunuque Ganimède. Elle se conduisit ensuite comme si véritablement elle eût été reine ; & vraisemblablement elle se fit proclamer telle au moins par l'armée. Mais quand Ptolémée eût été remis en liberté par César, il fallut que, renonçant à sa royauté chimérique, elle rentrât sous l'obéissance de son frere ; ce ne fut pas pour long-tems.

Ptolémée, se livrant à de mauvais conseils, osa se révolter contre César. Ayant une armée considéble, il ne douta pas qu'il n'eût bon marché d'une poignée de Romains. Il eut donc la hardiesse de les combattre. Son armée fut mise en déroute, & lui-même périt dans sa fuite.

César alors fit monter Cléopatre sur un trône, qu'elle avoit acquis au prix de ses faveurs ; & voulut, pour la sûreté de la nouvelle reine, qu'Arsinoé sortît d'Egypte. Elle choisit Ephèse pour retraite ; & Mégabize, prêtre de Diane, la reçut dans sa maison, & la traita comme reine ; peu s'en fallut que ce bon office, dans la suite, ne lui coûtât la vie. Lorsque Marc-Antoine, esclave des volontés & des caprices de Cléopatre, fit mourir Arsinoé dans Milet, il fit arrêter Mégabize. Il eût suivi de près Arsinoé, si les

Ephésiens n'eussent pas demandé sa grace à Cléopatre, qui la leur accorda.

ARTÉMIE, (*sainte*) vierge, souffrit le martyre à Rome, sous Maximien, que l'empereur Dioclétien s'étoit associé à l'empire. Elle étoit fille de ce même Dioclétien. Tourmentée d'une violente maladie convulsive, qui la fit croire possédée d'un esprit immonde, elle en fut guérie par les prieres de S. Cyriaque, qui la convertit à la foi, & lui procura la grace du baptême. Ce saint fut martyrisé lui-même dans le même tems.

ARTÉMISE I du nom, reine de Carie, fille de Lygdamis. Cette princesse, célèbre par son courage & sa prudence, jouissoit de l'autorité souveraine à cause de la minorité de son fils. Lorsque Xerxès déclara la guerre aux Grecs, vers l'an 480 avant J. C. l'amour de la gloire lui inspira le dessein d'accompagner le roi de Perse dans cette expédition; & elle s'y distingua plus qu'aucun des généraux Persans. Elle conseilla à Xerxès de ne point risquer la bataille de Salamine, dont l'évènement fut si malheureux pour lui. Pendant ce combat, elle se tira habilement d'un très-grand danger. Se voyant poursuivie par un vaisseau Athénien, sans aucune espérance de pouvoir se dérober à sa poursuite, elle attaqua un vaisseau des Perses, monté par Damasithymus, roi de Calinde, avec qui elle avoit eu une querelle, & le coula à fond. Ceux qui la poursuivoient, jugerent par cette action que son vaisseau étoit du parti des Grecs, & cesserent de l'inquiéter. Heureusement il ne se sauva personne du vaisseau de Damasithymus; & sans qu'on pût lui faire aucun reproche, elle se défit d'un ennemi, évita d'être prise, & eut encore la gloire d'avoir coulé à fond un vaisseau grec. Xerxès fut sur-tout la dupe de son stratagême; & dans l'excès de son admiration pour Artémise, il s'écria « que ses hom- » mes s'étoient comportés comme des femmes &

» ſes femmes comme des hommes. » Il lui confia la conduite des jeunes princes ſes enfans, lorſque, par ſon avis, il abandonna la Grèce pour repaſſer en Aſie.

Les Athéniens étoient ſi fâchés qu'une femme leur fit la guerre, qu'ils promirent une grande ſomme à ceux qui prendroient Artémiſe, & qu'ils ordonnerent à tous leurs capitaines de la pourſuivre. On voyoit ſa ſtatue à Lacédémone, parmi celles des généraux Perſans, dans le portique qui avoit été conſtruit des dépouilles de cette nation.

La ruſe dont elle ſe ſervit pour s'emparer de Latmus, mérite d'être remarquée. Elle mit ſes troupes en embuſcade, & s'en alla avec un grand équipage de dévotion, compoſé d'eunuques, de femmes, de trompettes & de tambours, célébrer la fête de Cybèle, dans un bois qui lui étoit conſacré, auprès de la ville. Les habitans, édifiés de ce zèle, y accoururent pour admirer ſa dévotion; & pendant ce tems-là, les troupes d'Artémiſe s'emparerent de Latmus.

Avec toutes les qualités qui font les héros, Artémiſe ne fut point exempte des foibleſſes de l'amour. Elle aima paſſionnément un homme d'Abydos, nommé *Dardanus*, & fut ſi outrée de ſon mépris, qu'elle lui creva les yeux pendant qu'il dormoit. Cette vengeance n'éteignit pas ſon amour. Réduite au déſeſpoir, elle alla ſur le rocher de Leucate, refuge des amans malheureux, & ſe précipita dans la mer.

ARTÉMISE II, autre reine de Carie, princeſſe non moins célèbre que la précédente, par ſes qualités guerrieres, & qui lui eſt de beaucoup ſupérieure par la rare tendreſſe qu'elle eut pour ſon mari Mauſole. Toute l'antiquité nous vante avec raiſon l'amour de cette reine, le vrai modèle des femmes & des veuves. Voulant immortaliſer ſes regrets, après avoir perdu ſon cher Mauſole, elle lui fit élever un monument ſi magnifique, qu'il a paſſé pour une des ſept merveilles du monde, & qu'on a depuis appellé *mauſolées* tous les ouvrages superbes érigés en l'honneur des morts. Pline le Naturaliste en a fait une ample description. Il suffira de présenter ici l'abrégé qu'en ont donné les auteurs du Moreri.

Ce mausolée étoit de soixante-trois pieds du midi au septentrion; les faces étoient un peu moins larges, & son tour étoit de quatre cens onze pieds. Il avoit vingt-cinq coudées de hauteur, & trente-six colomnes dans son enceinte. Scopas entreprit ce qui regarde l'orient; Timothée eut le côté du midi; Léocharès travailla au couchant, & Briaxis au septentrion. Artémise mourut de déplaisir, avant que de voir finir cet ouvrage, que les architectes ne laisserent pas de continuer. Pythis se joignit à ces quatre fameux architectes, & éleva une pyramide au-dessus du mausolée, sur laquelle il posa un char de marbre attelé de quatre chevaux.

Au rapport d'Aulu-Gelle, Artémise mêloit tous les jours dans sa boisson une partie des cendres de Mausole, & lui servit elle-même de tombeau. En même tems, pour qu'il ne manquât rien à la gloire de son époux, elle établit un prix destiné à celui qui réussiroit le mieux à faire l'éloge de Mausole. Théopompe de Chio fut le premier qui le remporta.

La douleur d'Artémise ne l'empêcha point de veiller à la sûreté de ses états. Les Rhodiens avoient formé le dessein de la détrôner; elle leur fit une guerre sanglante, & les repoussa jusques dans leur ville, qu'elle assiégea en personne. S'en étant rendue maîtresse, elle traita les habitans avec rigueur; & pour perpétuer sa vengeance & leur honte, elle fit dresser dans l'enceinte de leurs murailles deux statues de bronze, dont l'une représentoit Rhodes habillée en esclave, & l'autre Artémise qui marquoit cette captive d'un fer chaud. Ce monument subsista long-tems à la honte des vaincus, parce que c'étoit un point de religion parmi eux de ne jamais abbatre les trophées même de leurs ennemis; mais, dans la suite, pour dérober à la vue ces marques de leur deshonneur, ils les firent entourer d'un édifice, avec défenses à toutes sortes de personnes d'y entrer, sous peine de la vie.

On ignore l'année de la mort d'Artémise: Pline place celle de son mari sous la deuxieme année de la C^e olympiade, 379 ans avant J. C. Le pere le Moine, dont la poësie gigantesque est pleine de chaleur & d'images, a mis le sonnet suivant dans la bouche d'Artémise:

> Voyez de ce tombeau la superbe structure,
> Où la gloire & le deuil règnent également;
> Et l'Asie érigée en un seul monument,
> A lassé tous les arts & vaincu la nature.
>
> L'amour avec ses traits en a fait la sculpture,
> Il en a de ses yeux préparé le ciment,
> Et fait, malgré la mort, au nom de mon amant
> Une éternelle vie en cette sépulture.
>
> Mais, amour, quelle gloire ai-je de ces travaux,
> Si je souffre aujourd'hui des marbres pour rivaux,
> Et partage avec eux le beau feu de mon ame?
>
> Non, non, si sa belle ombre etre parmi les morts,
> Il faut que mon esprit en nourrisse la flamme,
> Et que la cendre même en vive dans mon corps.

ARTÉMISE, fille de Diodore le Dialecticien, *Voyez* ARGIE.

ARTOIS, (*Blanche d'*) reine de Navarre. *Voyez* BLANCHE D'ARTOIS.

ARTOIS, (*Bonne d'*) comtesse de Nevers. *Voyez* BONNE D'ARTOIS.

ARZÉMIDOKHT *ou* AZURMIDOKT, reine de Perse, dans le septieme siècle. On ne sçait point de particularités de son règne, si ce n'est qu'il fut assez malheureux, & que les Persans, irrités des mauvais succès de leurs armes contre les Arabes, déposerent leur souveraine, pour lui substituer Isdegerde.

ASELLE, (*sainte*) vierge, étoit une Romaine d'illustre famille. Elle fut la disciple de sainte Marcelle, dont elle étoit la filleule ; & S. Jerôme en parle comme d'un modèle pour les vierges Chrétiennes. En 390, n'ayant pas encore dix ans, elle se destina d'elle-même à n'avoir point d'autre occupation que de servir Dieu. Dans ce dessein, elle pria sa mere de la vêtir de brun ; & n'ayant pu l'obtenir, elle trouva moyen de se défaire, dit-on, à l'insçu de ses parens, d'une chaîne d'or qu'elle avoit, & dont elle fit servir le prix à se vêtir comme elle le vouloit être. Quand elle eut douze ans accomplis, elle se retira dans une cellule auprès de sainte Marcelle, pour ne s'occuper que de la priere & du travail des mains. Elle jeûnoit trois ou quatre jours de chaque semaine, ne prenant le plus souvent pour nourriture, que du pain & de l'eau. Dans le Carême, elle continuoit ordinairement son jeûne durant toute la semaine, ne mangeant que le dimanche. Son lit le plus commun étoit le plancher de sa cellule. Elle portoit un cilice, au lieu de chemise. Elle ne sortoit jamais en public ; &, quand elle vouloit aller prier aux tombeaux des Apôtres, elle prenoit si bien ses mesures, qu'elle n'étoit vue de presque personne. Elle n'avoit jamais d'entretien avec aucun homme, ne voyoit même que très-rarement sa sœur qu'elle aimoit beaucoup, & qui vivoit chrétiennement. Par la longueur du tems qu'elle étoit à genoux en prieres, la peau de ses genoux devint aussi dure que celle d'un chameau. Malgré la rigueur de sa pénitence, ses jeûnes si fréquens & si longs, & le peu de soin qu'elle prenoit de sa personne, elle mourut dans sa cinquantieme année, sans avoir jamais eu de mal à l'estomac, ni senti de douleur dans les intestins ; &, l'on ajoute, sans qu'il se fût exhalé jamais aucune mauvaise odeur de sa peau, son corps & son esprit s'étant conservés sains jusqu'à son dernier moment.

ASMA,

ASMA, une des femmes du prophète des Musulmans, qui, par un privilége spécial, en épousa jusqu'à quatorze ou quinze, d'autres disent vingt-six, & entretint de plus onze esclaves ou concubines.

Asma s'étant trouvée lépreuse, Mahomet ne lui permit pas d'approcher de son lit, & la renvoya.

ASPASIE, dont le véritable nom étoit *Milto*, naquit à Phocée en Ionie, vers l'an 421 avant J. C. d'un pere libre, mais pauvre, qui s'appelloit *Hermotime*; sa mere dont on ne trouve pas le nom, mourut presque aussi-tôt après l'avoir mise au monde. Elle fut élevée dans la pauvreté; mais dans la vertu. Dès son enfance, différens songes semblerent lui prédire qu'elle seroit la femme d'un homme aussi vertueux que beau.

Lorsqu'elle étoit encore jeune fille, il lui vint au menton une tumeur, qui l'enlaidissoit beaucoup, & qui la plongea dans le chagrin. Son pere, qui n'étoit pas moins affligé qu'elle, la mena chez un médecin, qui promit de la guérir pour trois statères, valans douze à quinze francs de notre monnoie. Hermotime ayant dit « qu'il n'avoit pas cette » somme, » & le médecin ayant répondu « qu'il » n'avoit point le remède, » le chagrin de la jeune personne augmenta, comme on le peut croire, très-considérablement. Retournée chez elle, elle répandit beaucoup de larmes, en se regardant dans un miroir qu'elle tenoit sur ses genoux. L'excès de sa douleur ne lui permettant pas de manger, elle se coucha sans souper, & par bonheur elle s'endormit. Un songe vint, dit-on, la consoler. Elle vit une colombe, qui, se changeant en femme, lui dit: » Aie bon courage; prend des roses offertes à Vé- » nus & déja fanées, broye-les dans tes mains, » & les applique sur cette tumeur. » Ce songe lui parut un ordre de Vénus elle-même. Elle en exécuta le conseil, & la tumeur fut dissoute. Elle parut alors plus belle que toutes ses compagnes.

Elle avoit les cheveux blonds & naturellement

F. C. *Tome I.* P

frisés, les yeux très-grands, le nez un peu aquilin, les oreilles petites, les levres vermeilles, les dents très-blanches, la peau fine, le teint de la couleur des roses, & la voix douce & tendre. Comme elle étoit pauvre, elle étoit vêtue simplement, & l'éclat de sa beauté n'emprunta rien de celui de la parure.

Un des satrapes de Cyrus le Jeune força, de quelque maniere que ce fût, Hermotime de lui livrer sa fille, sans qu'elle y consentît, pour le serrail de ce prince. Il la fallut battre pour lui faire mettre les riches habits destinés à la parer. Elle les trouvoit plus dignes d'une courtisane, que d'une fille sage. Elle fut présentée à Cyrus, au moment qu'après le repas, il alloit, suivant la coutume des Perses, se mettre à boire. Trois autres filles l'acompagnoient; leurs cheveux masqués de couleurs étrangeres, embellissoient leur visage; & les femmes, qui les avoient élevées pour le sort qu'elles eurent, leur avoient appris tous les petits artifices, dont usent celles qui trafiquent de leurs appas. Elles n'avoient songé qu'à paroître plus belles l'une que l'autre. Dès qu'elles furent devant Cyrus, elles égayerent leur physionomie, & lui lancerent des regards agaçans, accompagnés de doux sourires. Aspasie, les yeux baissés, le visage couvert d'une honnête rougeur, versoit des larmes, & n'offroit dans ses gestes & dans son maintien, que de la pudeur. Cyrus leur ayant ordonné de s'asseoir auprès de lui, les trois autres coururent s'y placer. Aspasie ne fit aucun mouvement; & le satrape qui la présentoit, la força de s'asseoir. Ses compagnes se prêterent de bonne grace, lorsque Cyrus voulut examiner leurs yeux, & lorsqu'il leur toucha les joues & les mains. Aspasie s'y refusa, disant même à Cyrus « qu'il ne la toucheroit pas impunément. »

C'est Ælien qui nous apprend cette particularité, peut-être embellit-il sa narration. Plutarque, dans la Vie d'Artaxerxès, ne dit pas qu'Aspasie menaça Cyrus. Il dit seulement que, lorsque les gens de ce prince la voulurent prendre pour l'en faire approcher, elle s'écria « que quiconque mettroit » la main sur elle, s'en repentiroit ; » & que les courtisans, la trouvant farouche & grossière, l'accuserent de ne sçavoir pas vivre.

Quoi qu'il en soit, les refus d'Aspasie charmerent Cyrus. Il lui porta la main à la gorge. Elle se leva précipitamment, & s'éloigna. Ce mouvement acheva de le rendre amoureux. « Celle-ci, dit-il au sa- » trape qui l'avoit amenée, doit seule tout à la nature ; » & rien encore ne l'a corrompue. Les mœurs & » les manieres des autres ne sont pas moins far- » dées que leur visage. » Il eut, dès ce moment, pour elle une tendresse plus vive, que pour aucune autre de ses concubines ; & dès-lors il la surnomma *la Sage*. Il s'appliqua sérieusement à lui plaire, & parvint à s'en faire aimer.

La tendresse mutuelle de Cyrus & d'Aspasie s'accrut au point que l'égalité s'établit entr'eux ; & que leur union, par la concorde & la modestie, ne différa point des mariages des Grecs. Le bruit de cet amour remplit non-seulement l'Ionie, mais aussi toute la Grèce : il se répandit même dans la Perse ; & l'on n'y douta pas que Cyrus n'eût renoncé pour Aspasie à toutes ses autres femmes. Elle le méritoit par sa beauté sans apprêt, par la régularité de sa conduite, par l'ingénuité de sa conversation, & par une solidité d'esprit peu commune. Mais on se trompoit : Cyrus continua d'avoir d'autres concubines. Xénophon parle d'une Milésienne, plus jeune qu'Aspasie, que Cyrus avoit dans son camp avec elle, & d'une reine de Cilicie, avec laquelle on croyoit qu'il avoit couché. Contentons-nous de dire qu'Aspasie fut, de toutes les femmes, la plus aimée de Cyrus, &, que se prêtant aux mœurs des Perses, & contente de régner sur le cœur & sur l'esprit de son amant, elle voyoit sans jalousie des rivales, qui n'étoient peut-être employées à la remplacer, que quand elle étoit forcée de rester en repos.

Ce fut sans doute à cause de son esprit, qui faisoit que Cyrus la consultoit souvent sur les affaires les plus importantes, & qu'il ne se repentit jamais d'en avoir suivi les conseils, que ce prince lui fit quitter son nom de *Milto*, pour prendre celui qu'Aspasie de Milet avoit rendu si célèbre, beaucoup plus encore par l'excellence de son esprit, que par les charmes de sa beauté.

Livrée à son amour, Aspasie n'oublia pas l'éducation vertueuse qu'elle avoit reçue. Il faut juger d'elle par les mœurs de son pays, & par celles du pays dans lequel elle fut transplantée. La profession de courtisane n'étoit point deshonorante dans la Grèce, si ce n'est peut-être à Lacédémone. A plus forte raison, le concubinage d'une femme, qui se contentoit d'un seul homme, & qui ne s'éloignoit pas des loix de la tempérance & de la modestie, ne devoit pas y paroître contraire à la vertu. Chez les Perses, le concubinage étoit autorisé par un usage général ; & les concubines y différoient peu des femmes. D'après cette remarque, on voit qu'Aspasie put être la concubine de Cyrus, sans cesser d'être vertueuse. Elle fut toujours fidèle à son amant ; &, tant qu'il vécut, elle fut toujours très-sobre sur l'article de la volupté : c'est un éloge que les femmes de la Perse & celles de la Grèce lui donnoient également.

Lorsqu'elle trouva son bonheur à faire celui de Cyrus, elle se rappella les songes de son enfance, & sur-tout celui de la colombe. Elle attribua toute sa fortune à la protection de Vénus. Elle en fit faire une statue d'or, auprès de laquelle elle mit une colombe ornée de pierreries ; & tous les jours, par des prieres & des sacrifices, elle remercioit la déesse de ses faveurs, & lui demandoit de les lui continuer.

Elle fit encore mieux : elle tira son pere Hermotime de la misère ; les présens qu'elle lui fit ou qu'elle lui fit faire par Cyrus, prince généreux & bienfaisant, le rendirent très-riche, & l'un des citoyens les plus puissans de Phocée.

Pour elle, sa haute fortune ne la priva point de la modération que sa naissance & son éducation pauvre avoient dû lui donner. On envoya de Thessalie à Cyrus, un collier d'or, fait en Sicile, dont le travail étoit exquis, & qui fit l'admiration de tous ceux qui le virent. Il en fut enchanté lui-même, & passa vers le midi chez Aspasie. Il la trouva couchée, & dormant. Il se plaça doucement auprès d'elle, & ne fit ni bruit ni mouvement, jusqu'à ce qu'elle s'éveillât. A son réveil, elle voit Cyrus & l'embrasse, suivant sa coutume ; & lui, tirant le collier de son érain, le lui montre, en disant : « Ce » bijou sans doute est digne d'une mere ou d'une fille » de roi. » Chez les Perses, certains ornemens ou bijoux d'or, réservés pour les meres, les femmes & les filles de rois, étoient interdits à toutes les autres femmes. Aspasie ayant considéré le collier, répondit à Cyrus, qu'il avoit raison. « Eh bien ! reprit-il, je » te le donne, aie soin de me le faire voir à ton col. » Elle refusa ce présent, & dit : « Eh ! comment ose- » rois-je me parer de ce qui convient beaucoup mieux » à votre mere. Envoyez-le lui ; j'aurai soin que mon » col vous paroisse assez beau. » Cyrus admira cette réponse, qui dut lui paroître dictée en même tems par une véritable modestie & par une sage politique. Il étoit le fils bien-aimé de Parisatis. Cette reine ambitieuse, jalouse & vindicative, vouloit gouverner seule l'esprit, & régner seule dans le cœur de ce fils. En lui faisant envoyer le collier, Aspasie lui procuroit, de la part de son fils, une marque d'attention, qui lui devoit être chère, & s'assuroit en même tems pour elle-même la bienveillance & la protection de cette reine. L'envoi du collier fut accompagné d'une lettre dans laquelle Cyrus instruisoit Parisatis de ce qui s'étoit passé. Plus contente encore du procédé d'Aspasie, que de la magnificence du présent, elle crut que celle, à la modération de qui elle en étoit redevable, devoit en être récompensée par des présens dignes d'une reine ; & ces présens furent accompagnés d'une grande somme d'argent. Aspasie loua la générosité de Parisatis, en disant « qu'elle » n'en avoit pas besoin, » & remit le tout à Cyrus, en ajoûtant : « Tout cela peut vous servir, puisque » vous avez une si grande multitude de gens à faire » vivre. Il me suffit de vous avoir; vous êtes ma » richesse & ma parure. »

Cyrus, excité par sa mere & par sa propre ambition, avoit entrepris de détrôner son frere Artaxerxès. Ce qu'il fit à cet égard, n'appartient point à l'histoire d'Aspasie. Il suffit de dire qu'il périt dans une bataille, peut-être même de la main de son frere. Aspasie fut une partie du butin que fit l'armée d'Artaxerxès. Ce roi, qui l'estimoit sur ce que la renommée en publioit, ordonna qu'on la cherchât, & qu'on la lui remît. Elle lui fut amenée chargée de fers. Il en fut dans une grande colère, fit mettre en prison ceux qui l'amenoient, & commanda qu'on lui donnât de magnifiques vêtemens. Cet ordre fit couler les larmes d'Aspasie en abondance. Elle avoit tendrement aimé Cyrus; elle le regrettoit sincèrement. Il la fallut forcer à mettre les habits qui lui furent présentés de la part du roi. Quand elle parut avec devant Artaxerxès, il la trouva plus belle qu'aucune femme qu'il eut vue : sur le champ, il en devint extrêmement amoureux, & ne tarda pas à lui donner le premier rang entre ses concubines; Ælien dit entre ses femmes : il se trompe; Statira, femme d'Artaxerxès, vivoit encore; &les rois de Perse, maîtres d'avoir autant de concubines qu'il leur plaisoit, ne pouvoient avoir qu'une femme légitime. Artaxerxès, ne pouvant pas épouser Aspasie, lui fit rendre à-peu-près les mêmes honneurs que l'on devoit rendre à la reine. Il vouloit lui faire oublier Cyrus, & lui paroître aussi digne d'être aimé; mais il fut long-tems à mériter de la reconnoissance d'Aspasie des sentimens qui ressemblassent à de l'amour.

Elle commençoit à s'accoutumer avec lui, quand Tiridate, jeune eunuque adolescent, mourut. C'étoit le confident & le favori d'Artaxerxès. Ce prince en fut accablé de douleur ; & personne n'osoit approcher de lui pour le consoler. Trois jours se passerent ainsi ; le quatrieme, Aspasie, soit d'elle-même, soit qu'elle fût invitée par les reines, mere & femme d'Artaxexès, d'essayer de le distraire un peu de sa douleur, se présenta devant lui, vêtue de deuil, les yeux baissés, & versant des larmes, lorsqu'il alloit au bain. Il fut consterné de la voir en cet état, & lui demanda ce qui l'amenoit ? » Seigneur, lui dit-elle, je suis venue pour vous » consoler, si c'est votre bon plaisir, sinon je m'en » retourne. » Il lui sçut gré de son attention, & lui dit de l'aller attendre. En arrivant chez elle, il lui fit mettre le magnifique vêtement de l'eunuque mort. Il se trouva convenir à sa taille, & la fit paroître aux yeux du roi, si belle, qu'il la pria de ne se montrer à lui qu'avec cet habit, jusqu'à ce que sa douleur fût diminuée. Elle obéit ; & par sa complaisance, elle parvint en assez peu de tems à consoler Artaxerxès.

Il est à croire que l'amour d'Artaxerxès diminua sans s'éteindre, & qu'au bout de quelques années, Aspasie vit un peu de déchet dans son crédit ; c'est ce qui semble résulter de ce qui reste à dire.

Artaxerxès n'étant plus de la premiere jeunesse, & voyant ses fils légitimes se disputer déja la succession au trône, & s'intriguer & cabaler pour cet effet, déclara son successeur Darius, leur aîné, lequel avoit vingt-cinq ans. Ce dut être en 383 avant J. C. Quoique Bayle, sur des suppositions que l'on ne peut pas admettre, prétende qu'alors Aspasie avoit soixante & quinze ans, elle n'en avoit cependant qu'environ trente-huit, & sa beauté se soutenoit encore chez les Perses. Ce prince, désigné successeur, avoit droit, par une ancienne loi, de demander un don, que le roi lui devoit accorder, s'il n'y avoit point d'impossibilité. Celui que Darius demanda, fut As-

pasie. Artaxerxès en fut mécontent, & lui dit « qu'il
» la pouvoit prendre, pourvu qu'elle y consentît ;
» mais qu'il ne vouloit pas qu'on lui fît aucune vio-
» lence. » Aspasie fut mandée, & déclara contre
l'attente du roi, « qu'elle consentoit d'être à Darius. »
Sur quoi le dernier traducteur des Vies de Plutarque
s'égaie, en disant : « Artaxerxès étoit bien simple
» de s'attendre à autre chose ; voilà un assez bon
» tour de courtisane. »

Aspasie, qui pouvoit avoir quelque sujet de mécontentement, étoit dans un âge, où la beauté commence à perdre de son éclat; & par conséquent, elle
se livroit à des vues d'ambition. Elle se flata d'avoir plus
d'empire sur l'esprit & sur le cœur du fils, qui, se déclarant tout-à-coup amoureux, alloit commencer à la
posséder, qu'elle n'en conservoit sur l'esprit & sur le
cœur du père, qui, sans doute, après dix-huit ans
de possession, n'avoit plus pour elle les mêmes em-
pressemens. Elle voyoit par cette raison décroître
insensiblement son crédit à la cour, & craignoit d'y
devenir un objet de mépris. Le parti qu'elle prit &
qu'elle crut le plus sage, réchauffa l'amour d'Artaxerxès ; mais ce fut pour se venger d'elle & de son
fils, d'une maniere cependant qui ne fut point rigoureuse, & qui pouvoit se tourner en plaisanterie.
Aspasie n'étoit que depuis quelques jours avec Darius, lorsqu'il lui fallut subir la loi d'une continence
perpétuelle. Le roi la nomma, suivant Plutarque,
prêtresse de Diane-Anitis dans son temple d'Ecbatane, capitale de la Médie, ou plutôt, suivant Justin,
qui parle d'après Trogue-Pompée, prêtresse du soleil.
C'étoit la principale divinité des Perses. La chose
ne parut point du tout plaisante à Darius. Piqué
jusqu'au vif d'être obligé de renoncer à l'objet de
son amour, il ne respira que la vengeance, &
forma contre la vie de son pere une conjuration
dans laquelle il fit entrer cinquante de ses freres
naturels. Artaxerxès avoit cent quinze fils nés de

ſes concubines, dont le nombre alloit juſqu'à trois cens. La conſpiration fut découverte, & tous les coupables furent punis ſuivant la rigueur des loix. Après cela, l'hiſtoire ne parle plus d'Aſpaſie.

ASPASIE, une des plus célèbres courtiſanes que la Grèce ait eues. Elle étoit de Milet, & fille d'Axidénus. Cependant Heraclide de Pont, cité par Athénée, la dit de Mégare. Vraiſemblablement ce fut en cette ville qu'elle commença de s'illuſtrer par ſa profeſſion. Elle étoit d'ailleurs très-eſtimable à pluſieurs égards. Elle avoit, avec infiniment d'eſprit, un grand fonds d'éloquence naturelle, qu'elle avoit perfectionné par l'étude de la rhétorique; art dans lequel elle égala Prodicus & Gorgias. Elle eut auſſi beaucoup de connoiſſance de la philoſophie; & fut ſur-tout extrêmement ſçavante dans la partie de la morale, qui concerne le gouvernement. Il faut auſſi qu'elle eût fait quelque étude de la poëſie, & qu'elle ſe fût exercée dans cet art agréable, puiſque dans la ſuite un certain Hérodien rendit public un recueil d'ouvrages en vers, dont on la croyoit auteur.

Telle étoit Aſpaſie, lorſque, croyant Athènes le ſeul théâtre qui fût digne d'elle, elle y vint, ſuivie de jeunes filles qu'elle avoit formées dans l'art de mettre leurs charmes en valeur, ouvrir une école d'éloquence, & tenir une académie d'amour. C'étoit le moyen d'attirer chez elle tout Athènes: les uns y vinrent chercher à s'inſtruire dans ſes conférences ſur l'art oratoire & ſur diverſes matieres philoſophiques. Les autres y vinrent chercher à jouir de ſes embraſſemens ou de ceux de ſes élèves. Elle fit des diſciples & des conquêtes illuſtres. Elle enſeigna la rhétorique à Socrate. Elle inſpira l'amour le plus vif à Périclès, & leur fit à tous deux des leçons de politique; c'eſt ce qu'on apprend de Platon, de Plutarque & d'Athénée.

Périclès, au rapport d'Antiſthène, diſciple de Socrate, cité par le même Athénée, liv. xiij, ne paſſoit aucun jour ſans aller voir deux fois Aſpaſie. Il avoit une femme qu'il n'aimoit point. Il saisit avidement l'occasion de l'amour que quelqu'un prit pour elle, & la lui céda très-volontiers. Ensuite, n'écoutant que sa passion pour Aspasie, il l'épousa. Ses attentions pour elle ne diminuerent point, quand il la posséda dans sa maison. Chaque fois qu'il sortoit de chez lui dans la journée, & qu'il y rentroit, saluer Aspasie d'un baiser, étoit la derniere chose qu'il faisoit en sortant, & la premiere en rentrant. Mais ce n'étoit pas l'amour seul qui la lui rendoit si chere; il la consultoit sur toutes les affaires publiques, & se trouvoit très-bien d'en suivre les conseils. Quoiqu'il fût grand orateur; comme il n'avoit pas toujours le tems nécessaire pour donner à ses harangues toute la perfection qu'il souhaitoit, elle l'aidoit dans leur composition: souvent même, quand le tems lui manquoit, elle en composoit d'entières, qu'il ne faisoit pas difficulté de prononcer en public.

Elle lui rendoit encore, dit-on, une autre sorte de service. Avant son mariage, les gens les plus assidus à son école y menoient leurs femmes pour leur faire entendre ses leçons & ses discours; & ne craignoient pas que la contagion du mauvais exemple de l'académie associée à cette école influât dans leur ménage. La confiance, inspirée par les maris à leurs femmes, sur le peu de danger que leur réputation avoit à courir en fréquentant Aspasie, devint plus grande, quand elle fut la femme de Périclès; & comme Périclès, tout passionné qu'il étoit pour Aspasie, avoit souvent des goûts passagers, elle lui procuroit les faveurs de celles d'entre les femmes des citoyens qui lui plaisoient. Il est du moins certain qu'elle en fut accusée devant les juges, par le poëte comique Hermippe, qui joignit à ce chef d'accusation celle d'impiété. La cause fut plaidée publiquement: Périclès déploya toute son éloquence pour défendre Aspasie, & la fit absoudre, moins par la force des raisons qu'il fit valoir pour la justifier, que par la compassion, que la vivacité de ses prieres & l'abondance de ses larmes exciterent dans le cœur des juges.

Si quelque chose prouve combien Périclès avoit d'autorité dans sa république, ce sont deux guerres dans lesquelles il l'engagea, sans qu'elle y pût être portée par aucune sorte d'intérêt ; & ce fut à à la priere d'Aspasie qu'il fit entreprendre ces deux guerres. Les Samiens & les Milésiens se disputoient la possession de la ville de Priène. Ils en vinrent aux mains, & les premiers remporterent la victoire. Aspasie s'intéressant pour sa patrie, engagea Périclès à prendre parti pour les Milésiens ; & les Athéniens leur ayant envoyé du secours, les Samiens eurent le dessous. L'autre guerre fut celle de Mégare, qui donna naissance à celle du Péloponnèse, durant laquelle Athènes fut à deux doigts de sa perte. Elle fut encore l'ouvrage d'Apasie ; mais le motif, qui la fit agir, ne lui fait pas grand honneur. De jeunes Athéniens, étant yvres, allerent à Mégare enlever Simèthe, fameuse courtisane. Les Mégariens, en fureur, prirent leur revanche, en enlevant deux des académiciennes d'Aspasie. Ce fut pour venger celle-ci, que Périclès fit passer le décret qui déclara la guerre aux Mégariens ; & cette guerre, où presque tous les Grecs prirent part, dura vingt-deux ans dans le Péloponnèse. Ce fut ainsi que trois filles de joie, dit Aristophane dans Athénée, firent naître une guerre entre tous les Grecs.

Après la mort de Périclès, Aspasie s'amouracha d'un certain Lysiclès, homme de basse naissance, qui faisoit commerce de bestiaux. Ses intrigues & son éloquence le pousserent jusqu'aux premieres charges de la république d'Athènes.

L'histoire nous a conservé un trait de l'éloquence d'Aspasie, qui a beaucoup de rapport à la maniere de Socrate. La femme de Xénophon étoit naturellement envieuse & avide du bien d'autrui. Aspasie lui dit un jour : « Si votre voisine avoit une maison » plus belle & mieux bâtie que la vôtre, vous vou-

» driez l'avoir ? » ....Sans doute.»...Si elle avoit des bi-
» joux plus riches & plus brillans que les vôtres, vous
» en auriez envie.?»...Assurément.»..Si son époux étoit
» plus aimable, plus vigoureux, mieux en fond que le
» vôtre, vous changeriez volontiers avec elle. ? » La
femme de Xénophon rougit & ne répondit rien.
C'est ainsi que Socrate, par des interrogations fines
& adroites, sçavoit amener à son but ceux qui s'en-
tretenoient avec lui, & les réduisoit au silence.

La célébrité du nom d'Aspasie fut cause que Cyrus le Jeune le fit prendre à Milto de Phocée, celle
de ses concubines qu'il aima le plus, & qui méritoit le plus d'être aimée. Elle fait le sujet de l'article précédent.

ASPREMONT, (*N. d'*) étoit d'une ancienne
maison noble d'Aquitaine. Elle étoit douée de prudence, de sagesse & d'autres vertus, autant ou plus
qu'aucune autre dame de son tems. Elle étoit d'ailleurs fort bien instruite dans les sciences ; excelloit
à faire des vers en langue provençale, & possédoit
très-bien la musique. Il ne s'est point conservé de
ses poësies.

Elle eut pour amant Savari de Mauléon, gentilhomme Poitevin, seigneur de Châtel-Aillon en Au-
nis, & gouverneur, pour Jean Sans-Terre, roi d'Angleterre, de cette province, qu'il remit à notre roi
Philippe Auguste, en passant à son service. C'étoit
un très-bel homme, & l'un des plus braves guerriers de son tems. Guillaume Breton en parle avec
éloge dans sa Philippéïde. Il étoit d'ailleurs poli,
sçavant & libéral, plus qu'aucun autre gentilhomme.
La galanterie, les tournois, la poësie, la musique,
& les autres passe-tems honnêtes étoient extrêmement de son goût. Il joignoit à ces qualités aimables celle d'être un des meilleurs troubadours de
son tems ; & c'est à ce titre qu'il choisit la demoiselle d'Aspremont, pour être l'objet de ses chansons
galantes. Quelques écrivains disent que la Beauté,
célébrée dans ses vers, étoit une demoiselle de l'il-

lustre maison de Lévis, qui subsiste encore. Il semble qu'on en peut conclure qu'il y avoit alors une demoiselle de Lévis, personne d'un grand mérite, & qui tenoit un rang parmi les poëtes Provençaux les plus distingués. Vraisemblablement même, Savari de Mauléon fut le chevalier & le poëte de la demoiselle de Lévis, comme il l'avoit été de la demoiselle d'Aspremont. Ses talens poëtiques furent ensuite employés pour une demoiselle de Glandèves, dont on trouvera l'article à BAUX.

ASTERIE, l'une des maîtresses d'Horace, est immortalisée par les vers dans lesquels il en parle.

ASTORGAS, (*la marquise d'*) vivoit sous Charles II, roi d'Espagne. Elle fit voir jusqu'où peut aller la fureur d'une femme jalouse. Le marquis son époux aimoit une jeune personne parfaitement belle. Instruite de cette intrigue, elle court aussi-tôt chez la maîtresse de son mari, bien accompagnée, & la tue elle-même ; elle lui arrache ensuite le cœur, qu'elle fait accommoder en ragoût & servir à son mari. Lorsqu'il en eut mangé, elle lui demanda si ce ragoût lui sembloit bon ? Il lui dit qu'oui. « Je n'en » suis pas surprise, répondit-elle aussi-tôt, car c'est » le cœur de ta maîtresse que tu as tant aimée. » En même tems elle tire d'une armoire sa tête encore toute sanglante, & la fait rouler sur la table où ce malheureux amant étoit avec plusieurs de ses amis. Sa femme disparoît dans le moment, & se sauve dans un couvent, où elle devint folle de rage & de jalousie.

ATHALIE, que Joseph nomme aussi *Gothalie*, fille d'Achab & de Jézabel, épousa Joram, fils de Josaphat, roi de Juda. Cette femme impie corrompit le cœur de son époux, & le porta à élever des temples aux Idoles. Joram étant mort l'an du monde 3150, 885 avant J. C. son fils Ochosias lui succéda ; mais il ne régna qu'un an après sa mort. Athalie, étouffant tous les sentimens de la nature pour n'écouter que son ambition, fit massacrer tous ses enfans & tous les princes de la maison royale, & s'empara du gouvernement. Le seul Joas, qui étoit encore au berceau, échappa à la cruauté de sa mere; Josaba, ou Jocabed sa tante, l'emporta à demi mort, & lui sauva la vie. Le grand prêtre Joïada fit élever cet enfant dans le temple. Lorsqu'il eut atteint l'âge de sept ans, il déclara sa naissance aux Prêtres & aux Lévites; &, par leur secours, il rétablit Joas sur le trône, & fit périr Athalie l'an du monde 3157, & 878 avant J. C. Cette histoire a fourni à l'illustre Racine le sujet de sa plus belle tragédie.

ATHENAIS, dite *Eudoxie*, femme de l'empereur Théodose II, dit *le Jeune*.

Elle devoit être née en 393, selon Nicéphore-Calliste, qui dit qu'elle avoit soixante & sept ans, lorsqu'elle mourut. Elle étoit fille, suivant la Chronique Paschale, ou d'Alexandrie, du philosophe Héraclite; mais, selon Socrate, Évagre, le même Nicéphore-Calliste, & Zonaras, son pere fut le sophiste Léonce, Athénien; & dans un distique, qui se lisoit à la fin d'un de ses ouvrages, & qui peut être, est d'elle, elle est nommée *Leontia*, c'est-à-dire, fille de Léonce; ensorte qu'il ne paroît pas douteux qu'il y a faute dans la Chronique d'Alexandrie au nom de son pere. Elle avoit deux freres, ses aînés, que cette Chronique nomme *Valerien* & *Génésius*. Zonaras donne au premier le nom de *Valerius*, qui différe peu de celui de Valeyron. Socrate & Nicéphore nomment l'aîné des deux *Génésius*, & le plus jeune *Aëtius*.

En 420, comme la Chronique d'Alexandrie le dit, Théodose le Jeune ayant atteint l'âge propre à se marier, s'ouvrit, sur les qualités qu'il souhaitoit dans une femme, à sa sœur Pulchérie, princesse du plus grand mérite, qu'il avoit déclarée Auguste; c'est-à-dire décorée du rang & des honneurs d'impératrice, en 414. « Il lui témoigna qu'il vouloit une
» fille vierge, de race royale, ou patricienne, &
» plus belle que toutes les filles de Constantinople;

» mais qu'au fond, pourvu qu'elle fût excellem-
» ment belle, il ne soucioit ni du rang, ni de l'ori-
» gine royale, ni des richesses. »

Pulchérie, qui s'étoit déja mise au fait du goût de son frere à cet égard, avoit fait élever dans le palais avec grand soin, un certain nombre de filles de qualité; mais n'en voyant point dont la beauté fût telle que Théodose la souhaitoit, elle envoya de tous côtés en chercher une. Paulin, le condisciple & l'ami le plus cher de Théodose, fit diverses courses pour cette recherche. Il étoit fils d'un comte de domestiques, chargé du palais de l'empereur.

Dans ce tems-là, le pere d'Athénaïs mourut; & dans son testament, fait peu de jours avant sa mort, il institua ses deux fils ses héritiers; & dit au sujet d'Athénaïs, « qu'il vouloit que l'on donnât seule-
» ment cent écus à sa très-chere fille, parce que sa
» science & sa beauté, qui la mettoient au-dessus
» de tout son sexe, devoient lui suffire. »

» Athénaïs, se voyant privée de sa part de la
» succession de son pere, implora la tendresse de ses
» freres; se jettant à leurs pieds, elles les conjura de
» n'avoir point d'égard au testament, & de lui re-
» mettre le tiers de la succession, parce qu'ils n'igno-
» roient pas qu'elle avoit toujours rempli les devoirs
» de fille à l'égard de son pere, & qu'elle n'avoit
» point mérité d'être deshéritée. » Ses prieres ne servirent qu'à mettre en colere ses freres, qui la chasserent de la maison paternelle. Une sœur de sa mere lui donna retraite.

Nicéphore-Calliste est le seul des historiens qui nous donne une idée de l'éducation que Léonce avoit donnée à sa fille. « Elle avoit infiniment d'esprit,
» dit-il, livre quatorze de son *Histoire ecclésiasti-*
» *que*, chapitre vingt-trois; & son pere l'avoit ins-
» truite dans tous les genres de la littérature. Elle
» fit autant de progrès que qui que ce fût dans la
» philosophie pratique, & dans la philosophie con-
» templative, de même que dans la partie de l'art

» oratoire, qui s'occupe de la preuve & de la ré-
» futation. Elle fut aussi plus sçavante qu'aucun au-
» tre dans l'astronomie, dans la géométrie, & dans
» les proportions des nombres. » Ajoûtons qu'elle
ne fut pas moins éloquente en vers qu'en prose,
comme ses ouvrages le firent voir.

La tante, qui l'avoit reçue chez elle, la conduisit à Constantinople chez une autre tante, sœur de
Léonce. Ces deux femmes, également touchées du
sort de leur niéce, intenterent procès à ses freres,
& réclamérent la protection de Pulchérie; lui présenterent Athénaïs; lui parlerent de ses talens, &
lui rendirent compte du mauvais procédé de ses
freres. Pulchérie, frappée de sa beauté, s'informa si
sa virginité n'avoit point souffert d'atteinte. Ayant
appris, par la réponse qu'on lui fit, que son pere
l'avoit gardée avec le plus grand soin, & qu'il l'avoit
instruite de toute la philosophie; elle dit qu'elle se
chargeoit elle-même de lui faire rendre justice; la
retint dans le palais, & la fit loger avec les dames
âgées qu'elle avoit à son service.

Elle se rendit ensuite chez l'empereur son frere:
« J'ai trouvé, lui dit-elle, comme la Chronique
» d'Alexandrie le rapporte, une jeune personne de
» mœurs pures, que parent admirablement un front
» bien dessiné, des traits agréables, un nez bien
» fait, une blancheur de neige, de grands yeux,
» une grace singuliere, des cheveux blonds & fri-
» sés, un maintien sage. Elle est Grecque, vierge
» & sçavante. »

Théodose, à ce portrait, s'enflamma comme un
jeune homme, & pria Pulchérie de faire venir
Athénaïs dans sa chambre, afin qu'il pût, avec son
ami Paulin, la voir à travers une portiére. Il fut
enchanté de la vue d'Athénaïs, & Paulin en fut
transporté d'admiration. Elle étoit payenne & suivant la religion des anciens Grecs. Pulchérie la fit
instruire de la religion Chrétienne; lui persuada de
l'embrasser; lui donna le nom d'*Eudoxie* au baptême,

tême, qui lui fut conféré par Atticus, patriarche de Conſtantinople, & l'adopta pour ſa fille. Théodoſe l'épouſa le 7 de Juin de l'année ſuivante 421. Il en eut, en 422, une fille, qui fut appellée *Eudoxie*; &, l'année ſuivante, il déclara ſa femme Auguſte, c'eſt-à-dire, Impératrice.

Théodoſe avoit une tante paternelle, appellée *Galla Placidia*, qu'Honorius, empereur d'Occident, ſon frere, maria d'abord avec Ataulfe, roi des Wiſigoths; enſuite avec le patrice Conſtance, le plus grand général qu'il y eût alors en Occident. Ce ſecond mariage, auquel elle fut forcée, ſe fit le 1 de Janvier 417. Elle ne ceſſa pas de ſe plaindre de ce qu'étant veuve de roi, ſon frere l'avoit réduite à n'être que la femme d'un ſujet. Honorius enfin, pour la contenter, s'aſſocia Conſtance à l'empire, le 8 de Février 421; & par-là, Placidie ſe vit impératrice. Conſtance ne porta la pourpre impériale que ſix mois & vingt-cinq jours, & mourut le 2 de Septembre de la même année, laiſſant une fille appellée *Honorie*, & *Valentinien*, qui devint empereur d'Occident. Placidie, veuve pour la ſeconde fois, ſe livrant à de mauvais conſeils, & dans la vue, ſans doute, d'aſſurer l'empire à ſon fils, noua des intrigues qui cauſerent à Ravenne des querelles & des ſéditions; ce qui fut cauſe que ſon frere, en 423, la chaſſa de ſa cour avec ſes enfans. Elle alla demander à Conſtantinople un aſyle à ſon neveu Théodoſe, qui ne la traita point comme impératrice, parce qu'il n'avoit pas voulu reconnoître Conſtance pour empereur. Honorius mourut ſans enfans, le 15 d'Août de la même année 423; & par ſa mort l'empire d'Occident revenoit de droit à Théodoſe. Mais Jean, le premier des notaires ou ſecrétaires d'Honorius, ſe fit proclamer empereur à Ravenne; & Théodoſe prit dès-lors des meſures pour le renverſer du trône qu'il venoit d'uſurper.

Lorſque, l'année ſuivante, il fut prêt d'agir, il

reconnut Placidie pour impératrice, & décora Valentinien du titre de *nobilissime* réservé pour les fils des empereurs. Il les fit ensuite partir pour l'Italie; &, quand ils furent à Thessalonique, Valentinien fut déclaré César par le patrice Élion, que Théodose avoit envoyé pour faire cette cérémonie; & le mariage de ce jeune prince, qui n'avoit encore que six ans, avec Eudoxie, fille de Théodose & d'Athénaïs, fut arrêté. Le comte Aspar, à la tête de la cavalerie de Théodose, surprit Ravenne. Ce fut le fruit d'une intrigue sourde. Après un léger combat, Jean, abandonné par les siens, fut pris. Aspar l'envoya chargé de chaînes à Aquilée, où l'impératrice Placidie étoit avec son fils. Le tyran eut la tête tranchée, & Placidie & son fils se rendirent à Ravenne. Peu de tems après, le patrice Elion y vint apporter à Valentinien la pourpre impériale, & le déclara empereur, sous la régence & tutelle de l'impératrice sa mere. On ne sçauroit douter que le desir qu'Athénaïs eut de voir sa fille impératrice, n'ait contribué pour beaucoup à mettre Valentinien III sur le trône d'Occident.

En 427, les troupes de Théodose remporterent deux grandes victoires sur les Persans. Il y eut, à cette occasion, divers panégyriques prononcés à Constantinople en l'honneur de l'empereur. Athénaïs elle-même célebra par un poëme les heureux succès des armes de son mari.

Elle alla, l'année suivante 428, avec la permission de l'empereur, à Jérusalem, s'acquitter d'un vœu pour l'accomplissement du mariage de sa fille, dont la célébration s'étoit faite à Constantinople, le 29 d'Octobre 427. Lorsque sainte Mélanie la Jeune, dame célèbre dans l'Histoire ecclesiastique, étoit venue, quelques années auparavant, à Constantinople, elle avoit engagé l'impératrice à visiter les lieux que le Sauveur avoit consacrés par sa présence. C'étoit une seconde raison du voyage d'Athénaïs à Jérusalem. Quand elle y arriva, sainte Mélanie, qui s'y trouvoit, fortit au-devant d'elle, & reçut d'elle de grands témoignages d'estime, & même de respect.

Socrate, l'*Historia miscellanea*, Théophane, Evagre, parlent de ce voyage d'Athénaïs, & disent qu'elle fit de riches présens à toutes les églises, non-seulement de Jérusalem, mais aussi des autres villes par lesquelles elle passa, soit en allant, soit en revenant. Evagre ajoûte qu'elle fit enceindre de nouveaux murs la ville sainte, & qu'elle y fit bâtir différens monastères; mais il confond ce voyage avec celui qu'elle y fit, quelques années après, pour y passer le reste de ses jours.

Théodose, qui n'avoit guères hérité des vertus de son aïeul Théodose le Grand, se reposoit sur la sagesse & l'habileté de sa sœur Pulchérie des principaux soins du gouvernement, & donnoit d'ailleurs toute sa confiance à l'eunuque Chrysaphe, parvenu par son adresse à l'emporter même sur Paulin, l'ami dès l'enfance de l'empereur, qui l'avoit fait grand maître de sa maison; ce qui s'appelloit *Maître des offices*. La philosophie n'avoit pas mis Athénaïs à l'abri des atteintes de l'ambition. Elle étoit peu contente de n'avoir point eu d'autre rôle à jouer, que celui de donner des successeurs à l'empire. L'étude qui faisoit tout son amusement, ses sentimens de reconnoissance pour Pulchérie, & la tendresse de son mari, tinrent long-tems cachés des mouvemens ambitieux, qui n'attendoient, comme il parut, que l'occasion de se produire. La Chronique d'Alexandrie fait commencer, en 444, la mésintelligence entre Athénaïs & Théodose; mais la suite des faits oblige à la renvoyer plus tard.

Proclus, patriarche de Constantinople, étant mort en 447, Flavien, que l'on compte, ainsi que son prédécesseur, au nombre des saints, lui succéda. L'eunuque Crysaphe, dont le crédit étoit alors au plus haut point, prétendit que Flavien devoit, en reconnoissance de son élection confirmée par l'empereur, envoyer un préfent à ce prince. Il comptoit que ce feroit une fomme confidérable en or, qu'il avoit deffein de s'approprier. Flavien bénit des pains, & les fit porter de fa part à l'empereur; c'eft ce qu'on appelloit l'*eulogie*, ancien ufage par lequel les évêques, en prenant poffeffion de leurs fiéges, & dans d'autres occafions, envoyoient aux princes des pains qu'ils avoient bénis. Chryfaphe, trompé dans fon attente, prit en haine Flavien, qu'il réfolut de faire dépofer; mais, comme il fentit qu'il feroit impoffible d'y réuffir, tant que Pulchérie, la protectrice née de tous les gens de bien, jouiroit du pouvoir qu'elle avoit dans le gouvernement & fur l'efprit de fon frere, il s'infinua, plus qu'il n'avoit fait jufqu'alors, dans la confiance d'Athénaïs; &, n'ayant pas eu de peine à découvrir qu'elle étoit plus ambitieufe qu'elle ne paroiffoit l'être, il vint aifément à bout de lui perfuader de travailler à dépouiller Pulchérie de toute l'autorité qu'elle avoit eue jufqu'alors. C'eft ce qu'on apprend de Nicéphore-Callifte. Ajoûtons que Chryfaphe fçut bien faifir le moment.

Une plaifanterie que Pulchérie avoit faite à l'empereur dans une vue d'utilité, venoit d'indifpofer Athénaïs contre elle. Voici le fait tel que Cédrénus le raconte. Théodofe, prince indolent, que les moindres foins exigés par fon état effrayoient, avoit coutume de s'en rapporter aveuglément à fes miniftres, & fignoit tout fans rien lire. Pulchérie, ayant en vain fouvent tenté de le convaincre de la néceffité de voir tout par lui-même, & de ne rien figner fans fçavoir ce que c'étoit, mêla, parmi les fignatures, un Mémoire par lequel, fur un prétexte, quel qu'il fût, elle prioit l'empereur de lui vendre, comme efclave, fa femme Eudoxie. Théodofe, fuivant fa coutume, figna ce Mémoire, comme tout le refte, fans le lire. Athénaïs étant enfuite venue dans l'appartement de Pulchérie, elle la retint; &, lorfque Théodofe l'envoya chercher, elle refufa de la laisser aller, en disant qu'elle l'avoit achetée. La plaisanterie ne dût être poussée qu'autant qu'il convenoit; mais l'empereur en fut peu content; & l'impératrice en fut indignée.

Ce fut dans ces circonstances que Chrysaphe la fit entrer dans ses vues. Elle ne tarda pas à faire partager son indignation à l'empereur, & lui persuada d'obliger Pulchérie à se mettre parmi les diaconesses. Théodose prit là-dessus l'avis de Flavien, & ce patriarche avertit en secret Pulchérie de ce qui se tramoit contre elle. Il n'en fallut pas davantage pour que cette sage princesse quittât la cour & même Constantinople, pour aller mener dans la retraite une vie tranquille.

Athénaïs se rendit alors maîtresse de l'esprit de Théodose, & se mit à la tête du gouvernement. Elle n'y fut pas assez long-tems pour faire connoître ses talens à cet égard ; mais on n'a guères lieu d'en penser bien, en la voyant continuer de donner toute sa confiance à Chrysaphe. Elle se fit voir vindicative, en ce qu'elle ne pardonna pas à Flavien de l'avoir empêchée de porter sa vengeance aussi loin qu'elle le vouloit, & ne cessa pas d'irriter de plus en plus l'empereur contre lui. De-là vinrent toutes les persécutions que ce patriarche essuya de la part de la cour. Crysaphe, soutenu de la faveur de l'impératrice, se vit en état de tout oser, & gouverna seul l'empereur, après qu'Athénaïs, comme on le va voir, eut été forcée, l'année suivante, d'abandonner la cour. Chrysaphe s'étant associé l'impie Dioscore, patriarche d'Alexandrie, parvint, en 449, à faire déposer Flavien dans ce faux concile qui fut appellé le *brigandage d'Ephèse*. Le saint patriarche mourut en exil au bout de quelques mois ; & l'on n'est pas sûr que ç'ait été de mort naturelle.

Ce faux concile, dans lequel l'hérésiarque Eutychès fut absous de l'excommunication prononcée contre lui dans un concile tenu l'année précédente par Flavien à Conſtantinople, cauſa des maux infinis à l'égliſe d'Orient, & l'adminiſtration de Chryſaphe fit des mécontens ſans nombre, & jetta l'empereur dans de grands embarras. Il eſt fâcheux pour la mémoire d'une princeſſe du mérite d'Athénaïs, qu'on la puiſſe accuſer de tous ces maux, qui ne ſeroient pas arrivés ſans doute, ſi ſon ambition avoit laiſſé Théodoſe continuer de ſe conduire par les conſeils de Pulchérie.

La cauſe de la diſgrace d'Athénaïs eſt rapportée ainſi dans la Chronique d'Alexandrie, par Théophane & par d'autres hiſtoriens. Un pauvre homme vint de Phrygie préſenter à Théodoſe, comme une choſe très-rare, une pomme d'une groſſeur extraordinaire. L'empereur ayant fait donner ſur le champ cent cinquante écus à cet homme, envoya la pomme à l'impératrice, qui la fit porter de ſa part à Paulin, qu'un mal de pied retenoit alors au lit. C'étoit, comme on l'a vu, le favori de l'empereur. Il avoit en même tems beaucoup de crédit auprès de l'impératrice, qui croyoit lui devoir en partie ſa fortune. Paulin, ne ſçachant pas d'où cette princeſſe avoit eu la pomme, l'envoya ſur le champ, comme quelque choſe de très-ſingulier, à l'empereur, qui la reçut comme il ſortoit de l'égliſe.

De retour au palais, Théodoſe n'a rien de plus preſſé que de demander à l'impératrice ce qu'elle a fait de cette pomme. Elle répond qu'elle l'a mangée. Il lui demande une ſeconde fois, ſi véritablement elle l'a mangée, ou ſi plutôt elle ne l'a pas envoyée à quelqu'un. Elle fait la même réponſe, en y joignant un ſerment. Ce menſonge inexcuſable en lui-même, comme menſonge, ne fut produit ſans doute que par la connoiſſance qu'elle avoit de l'eſprit ſoupçonneux de l'empereur; mais les circonſtances le rendirent plus pernicieux qu'elle ne pouvoit l'imaginer. Les ſoupçons qu'il fit concevoir à Théodoſe, lui parurent ſi bien fondés, qu'il ſe ſépara, même avec éclat, de ſa femme, & qu'il fit tuer Paulin quelque tems après. Athénaïs, voyant sa réputation d'autant plus ternie, qu'il se répandoit dans le public que c'étoit à cause d'elle que Paulin avoit péri si malheureusement, demanda la permission d'aller à Jérusalem visiter les saints lieux, & l'obtint.

Ce fut alors, comme on l'apprend de la Chronique d'Alexandrie, & non en 429, ainsi qu'Evagre le dit, qu'elle passa par Antioche. On lui fit dans cette ville tous les honneurs dûs aux impératrices. Elle en témoigna sa reconnoissance aux habitans par une harangue qu'elle leur fit en public, & qu'elle termina par un vers, qui disoit « qu'elle se réjouis- » soit d'être née du même sang qu'eux. » Elle faisoit allusion aux colonies envoyées de la Grèce dans cette ville. Les habitans furent si flattés du compliment d'Athénaïs, qu'ils lui firent ériger une statue d'airain, qui se voyoit encore du tems d'Evagre.

L'année suivante, Théodose, trouvant que son honneur qu'il croyoit offensé, n'avoit pas été vengé suffisamment, envoya Saturnin, comte des gardes-domestiques, à Jérusalem, pour se défaire du prêtre Sevère & du diacre Jean, attachés l'un & l'autre à l'impératrice. Saturnin ayant exécuté sa commission, Athénaïs en fut tellement irritée, qu'elle le fit mettre en piéces sur le champ ; ce qui fut cause que Théodose la priva de tous les officiers qu'elle avoit comme impératrice, c'est-à-dire, qu'il la dépouilla de toutes les marques de son rang. Elle en resta privée jusqu'à sa mort.

Sa disgrace fut aussi l'origine de celle de Cyrus de Panos, ville d'Egypte. Elle l'avoit pris en amitié, parce qu'il étoit bon poëte ; & sa faveur l'avoit successivement fait général d'armée, préfet du prétoire d'Orient, préfet de Constantinople, consul & patrice. Théodose, à qui l'amitié d'Athénaïs rendit Cyrus suspect, n'attendit qu'une occasion de le perdre. Dans un tremblement de terre qu'il y eut en 448, une partie des murs de Constantinople fut renversée. Cyrus, comme préfet de la ville, les fit relever promptement ; & l'ouvrage étant fini, l'année suivante, le peuple en témoigna son contentement à Cyrus au théâtre par des applaudissemens réitérés, accompagnés de cette acclamation générale : *Constantin les a faits ; Cyrus les a renouvellés*. Théodose étoit présent. Ces marques de l'affection du peuple pour un sujet qu'il haïssoit, le rendirent furieux ; &, sous prétexte que Cyrus étoit payen, il l'accusa d'être d'intelligence avec les payens ennemis de l'empire ; le priva de toutes ses charges & dignités, & confisqua ses biens. Cyrus, dans la crainte de pire, se réfugia dans une église, se fit Chrétien, & reçut la tonsure ecclésiastique. Théodose, dont la bonne conduite de Cyrus, dans son nouvel état, appaisa la colère, eut pitié de son sort, & consentit à ce qu'on l'élût évêque de Cotiée en Phrygie.

Ce que ce prince fit de mieux, après la retraite d'Athénaïs, fut de rappeller Pulchérie à la cour, & de la remettre à la tête des affaires. Le retour de cette princesse fut la ruine de Chrysaphe, le véritable auteur de sa disgrace. Elle ouvrit si bien les yeux de l'empereur sur la conduite de ce scélérat, qu'il confisqua tout ce qu'il avoit amassé par ses déprédations, & qu'il l'exila dans une isle. Après sa mort, Pulchérie, alors sur le trône, fit remettre Chrysaphe à quelqu'un, dont il avoit fait mourir le pere, & qui lui fit donner la mort.

Théodose mourut le 28 de Juillet 450. Pulchérie, qui lui vouloit succéder, en cacha la mort quelques jours. Elle offrit sa main au général Marcien, homme âgé, mais de grand mérite, à condition qu'il vivroit en frere avec elle, parce qu'elle vouloit conserver sa virginité qu'elle avoit consacrée à Dieu. Toutes ses mesures prises, elle déclara la mort de son frere, fit proclamer Marcien empereur par le sénat & par l'armée, & l'épousa. La mort de Théodose ne changea rien au sort d'Athénaïs. On sent que Pulchérie ne devoit pas s'empresser de la rappeller à Constantinople, où sans doute elle-même n'eût pas voulu revenir; mais, à voir tout le bien qu'Athénaïs fit dans sa retraite, on a lieu de présumer que Marcien & Pulchérie augmenterent ses revenus.

Elle menoit à Jérusalem une vie très-chrétienne, partageant son tems entre les exercices de la piété, l'étude & la composition de divers ouvrages; mais elle s'étoit malheureusement entêtée des erreurs d'Eutychès. Le moine Cyrille, dans la Vie de l'abbé S. Euthime, dit que toutes les lettres de son frere Valérien & d'Olibrius, homme de grande maison, & sénateur de Rome, mari de sa petite-fille Placidie, furent incapables de l'engager à changer de sentimens. Mais, ayant appris, en 455, que son gendre Valentinien III avoit péri par un assassinat, & qu'un peu plus de deux mois après, Genseric, roi des Vandales, ayant pillé Rome, avoit emmené captives en Afrique sa fille Eudoxie, avec les deux filles qu'elle avoit eues de Valentinien, Eudoxie & Placidie, elle crut que la main de Dieu s'appesantissoit sur elle. Cette pensée la fit rentrer en elle-même, & lui causa des doutes sur les sentimens pour lesquels elle avoit fait voir tant d'affection.

Le célèbre solitaire S. Siméon Stylite, & l'abbé S. Euthime, auxquels elle fit part de ses doutes, les éclaircirent, & la convainquirent que la doctrine d'Eutychès avoit été justement condamnée dans les conciles particuliers de Constantinople, tenu par S. Flavien; de Rome, tenu par S. Léon; & de Milan, tenu par l'archevêque S. Eusebe, & par le concile général de Chalcédoine, que Marcien & Pulchérie avoient fait assembler, & dans lequel près de six cens évêques avoient établi la véritable doctrine de l'Eglise. Elle revint alors à la Foi Catholique de si bonne foi, qu'elle s'employa depuis à faire abjurer à beaucoup d'autres les erreurs d'Eutychès.

Elle survécut cinq ans à cette bonne œuvre, si nécessaire pour son salut, & mourut à Jérusalem le

20 d'Octobre 460, après avoir protesté solemnellement en présence de beaucoup de monde, qu'elle étoit absolument innocente à l'égard des soupçons que l'envoi de la pomme à Paulin avoit fait concevoir à l'empereur, son époux. Elle fut enterrée dans la magnifique église de S. Etienne, hors des murs de Jérusalem.

On a déja vu qu'elle fit rebâtir les murailles de cette ville. Le moine Cyrille, cité plus haut, lui donne de grands éloges; l'appelle *Bienheureuse*, & dit qu'elle éleva tant d'églises en l'honneur de Jesus-Christ, & fonda tant de monastères & tant d'hôpitaux pour les pauvres & pour les vieillards, qu'il seroit difficile de les compter.

Ce fut dans sa retraite qu'elle composa ses principaux ouvrages. Photius, dans sa Bibliothèque, parle d'une Paraphrase en vers hexamètres de l'Octateuque, c'est-à-dire des huit premiers livres de la Bible; d'une pareille Paraphrase des prophéties de Zacharie & de Daniel; d'un Poëme en trois livres sur S. Cyprien, évêque de Carthage & martyr; & des Centons d'Homere sur des sujets de piété. Zonaras dit que ces Centons avoient été faits par un bel esprit, honoré de la dignité de patrice, qui les avoit laissés mal en ordre sans les avoir finis, & qu'Athénaïs les mit en ordre & les acheva. Quelques gens de lettres ont prétendu qu'elle étoit auteur du Centon de Virgile sur la Vie de Jesus-Christ. Mais on le reconnoît aujourd'hui pour être de Valeria Falconia-Proba, sous le nom de laquelle il est imprimé. Cette dame célèbre par son esprit & par sa science, étoit femme du proconsul Adelphius, & fleurissoit vers 440. Au reste, il passe pour certain qu'Athénaïs, bien qu'elle sçût la langue latine, n'a composé d'ouvrages qu'en grec.

Une chose, dont il ne faut pas oublier de lui lui faire honneur, c'est qu'elle pardonna généreusement à ses freres leurs mauvais procédés à son égard; qu'elle obtint pour Génésius la charge de

préfet du prétoire d'Illyrie, & pour Valérien une des principales charges du palais impérial, & qu'elle disoit, comme Zonaras le rapporte, « qu'elle n'avoit
» aucune raison de leur vouloir du mal, parce que,
» s'ils ne l'avoient pas chassée de la maison de leur
» pere, elle ne seroit jamais venue à Constantinople,
» & n'auroit pas fait l'étonnante fortune qu'elle
» avoit faite. »

ATHÉNIENNES. (*femmes*) L'antiquité payenne nous a transmis plusieurs traits héroïques qui les concernent. *Voyez* MACAIRE.

Les trois filles de Léos, fils d'Orphée, dont Ælien nous a conservé les noms, sçavoir, Praxitée, Théope & Eubule, ont partagé avec Macaire l'honneur de se sacrifier pour leur patrie. Ce fut à l'occasion d'une grande cherté dont les Athéniens étoient affligés. Ce sacrifice, qui, suivant la promesse des ministres d'Apollon, devoit mettre fin à la misère, fut suivi d'une grande abondance ; & le peuple témoigna sa reconnoissance envers les trois sœurs, en leur dédiant un temple qui a long-tems porté leur nom. En écartant de ce fait ce qu'il présente de merveilleux, rien n'empêche qu'on n'en admette la réalité.

Plutarque en rapporte un presque semblable d'une autre Athénienne, fille d'un nommé *Embarus*, laquelle délivra, par sa mort volontaire, Athènes & les environs d'une famine que la déesse Diane y avoit, dit-on, envoyée, en punition de ce qu'un de ses temples avoit été détruit. Passons à des faits qui ne tiennent en aucune maniere à la fable.

Une Athénienne, fille de Démotion, chef de l'Aréopage, apprenant que son mari Léosthène, auteur d'une guerre que les Athéniens avoient alors, venoit de périr dans un combat, elle se tua ; mais ce ne fut point par excès d'amour. Avant de se tuer, elle assura « qu'elle étoit encore vierge, & que
» si l'on vouloit la forcer à prendre un second mari,
» elle ne le prendroit point, parce que son esprit

» & son cœur n'avoient jamais épousé le premier. »
Elle ne se donna la mort apparemment, que pour n'être pas obligée de se marier encore une fois contre son gré.

Une autre femme de Nicérate, outrée de douleur de l'affront que l'on faisoit à son mari, se tua, pour n'être pas toujours exposée à satisfaire la lubricité des trente tyrans, que Lysander, général des Lacédémoniens, après avoir pris Athènes, y avoit laissés pour gouverner cet État.

Deux jeunes Athéniennnes, furent mandées par les mêmes tyrans, qui venoient de faire tuer dans un festin leur pere Phidon, & qui leur ordonnerent, comme à des courtisanes, de se mettre nues, & de se coucher sur le plancher teint du sang de leur pere. Elles dissimulerent, du mieux qu'elles purent, la douleur qu'elles ressentoient d'une pareille indignité, jusqu'à ce qu'elles les vissent yvres. Alors, étant sorties de la salle sous prétexte de quelque besoin, elles s'embrasserent & se précipiterent dans le puits, pour conserver, par leur mort, la fleur de leur virginité.

ATOSSE, fille de Cyrus, roi de Perse, sœur de Cambyse & de Smerdis, fut quelque tems femme du Mage qui avoit usurpé le trône de Perse, sous le nom de Smerdis ; mais la fourberie ayant été découverte, sept princes Persans conspirerent contre le Mage, & le firent mourir. Atosse épousa alors Darius, fils d'Hystaspe, qui fut déclaré roi de Perse, 521 ans avant J. C. Elle eut de ce mariage Artabazane & Xerxès. Cette princesse fut attaquée d'un ulcère au sein : le médecin Democède la guérit, & se fit par cette cure une grande réputation.

ATTENDOLI, (*Marguerite degli*) femme de Michel de Cotignola, fut une digne sœur de Sforce Attendolo. Celui-ci, né le 10 de Juin 1369 à Cotignola, ville de la Romagne, étoit d'une très-basse extraction ; quoique, pour flater ses descendans, devenus souverains, on ait dit les Attendoli d'ancienne noblesse. Il se fit simple soldat dans sa premiere jeunesse, & devint bientôt capitaine d'une troupe d'aventuriers. Sa valeur & son habileté dans l'art de la guerre lui firent acquérir de grandes possessions, & lui valurent la charge de grand-connétable du royaume de Naples. Il venoit de l'obtenir de la reine Jeanne II en 1415, lorsque, sur la fin de Juillet de la même année, Jacques, comte de la Marche, prince du sang royal de France, arriva dans le royaume, pour épouser Jeanne. Sforce fut envoyé par la reine, avec un grand cortège de barons, pour complimenter le comte de la Marche ; mais il eut ordre de ne lui point donner d'autres titres que ceux de Prince de Tarente & de Duc de Calabre, comme on en étoit convenu par le contrat de mariage. Plusieurs des barons, envieux de la fortune du grand-connétable, conseillerent au comte de le faire arrêter ; ce qui se fit quelques jours après à Bénevent, où Sforce, avec ceux de ses parens qui l'accompagnoient, & notamment son fils naturel, François, fut renfermé dans une prison. Ce François Sforce, plus grand homme de guerre que son pere, fut proclamé duc de Milan en 1450.

Le comte de la Marche arriva le 12 d'Août à Naples, & n'eut pas plutôt consommé son mariage, qu'usurpant le titre de roi, il se conduisit en véritable souverain, ou plutôt en tyran, & tint la reine comme prisonniere, en ne lui laissant aucun exercice de son autorité.

Lorsque Sforce fut arrêté, sa sœur Marguerite étoit à Tricarico avec son mari & plusieurs de leurs parens, tous gens braves, qui servoient avec honneur dans les troupes de Sforce. Ils ne furent pas plutôt informés de sa prison, qu'ayant rassemblé toutes ses troupes, ils commencerent la guerre dans le royaume, & Marguerite prit le commandement en chef.

Les mauvais traitemens que la reine éprouvoit,

indignerent si fort les Napolitains, que, le 15 de Septembre de l'année suivante, choisissant le tems que les troupes Françoises du comte de la Marche étoient occupées dans l'Abbruzze contre des rebelles, ils se révolterent; & le comte fut obligé de s'enfermer dans le château de Capuana. La reine l'y fit aussi-tôt assiéger. Plusieurs personnes s'entre-mêlerent pour faire un accommodement, dont les conditions furent que le comte se contenteroit des titres de Prince Tarente & de Vicaire, c'est-à-dire, lieutenant-général du royaume, & qu'il remettroit Sforce en liberté.

Le comte députa quelques nobles du royaume à Marguerite & à ses parens, pour les menacer de sa part de la mort de Sforce, s'ils ne lui rendoient Tricarico. Sur cette proposition, Marguerite fit sur le champ mettre en prison les députés. Les familles de ceux-ci presserent le comte d'épargner la vie de Sforce, pour qu'on n'usât point de représailles à l'égard de leurs parens. Sforce recouvra donc la charge de grand-connétable avec sa liberté. Ses parens, mis en prison avec lui, en sortirent, à la reserve de François Sforce, que le comte retint quelque tems, comme un ôtage de la fidélité de son pere.

ATTENDOLI, (*Elise* ou *Elisabeth Sforce degl:*) niéce de la précédente, & femme de Robert de San-Séverino. *Voyez* SAN-SÉVÉRINO.

AUBESPINE, (*Madeleine de l'*) dame de Villeroi, étoit fille de Claude de l'Aubespine, seigneur de Hauterive, & de Jeanne Bouchetel, sa premiere femme. Elle fut mariée à Nicolas de Neufville, seigneur de Villeroi & d'Alincourt, secrétaire d'état, trésorier des ordres du roi, lequel se distingua au service de cinq de nos rois, François II, Charles IX, Henri III, Henri IV & Louis XIII.

Aux charmes d'une beauté parfaite, elle joignoit tous les agrémens d'un esprit fin & délicat. François Grudé, sieur de la Croix du Maine, dans sa Bibliothèque des illustres Ecrivains François, dit qu'elle traduisit en vers les Epîtres d'Ovide, & qu'elle composa de plus une infinité de poëmes de son invention. Louis Jacob, Carme, fait son éloge dans sa Bibliothèque des Femmes illustres par leurs écrits. Abel de Sainte-Marthe, conseiller d'état, fils aîné du grand Gaucher ou Scévole, la loue dans l'Eloge de la très-illustre Maison de l'Aubespine; & plusieurs auteurs ont parlé dans leurs ouvrages du mérite de cette dame. Le célèbre Ronsard lui adressa le sonnet suivant, qui peut faire voir au lecteur en quel état étoit alors notre poësie.

Madeleine, ôtez-moi ce nom de l'Aubespine,
Et prenez en sa place & palmes & lauriers,
Qui croissent sur Parnasse en verdeur les premiers,
Dignes de prendre en vous & tiges & racine.

Chef couronné d'honneur, rare & chaste poitrine
Où naissent les vertus & les arts à milliers,
Et les dons d'Apollon, qui vous sont familiers,
Si bien que rien de vous que vous-même n'est digne.

Je suis, en vous voyant, heureux & malheureux;
Heureux de voir vos vers, ouvrages généreux,
Et malheureux de voir ma Muse qui se couche
Dessous votre orient. O saint germe nouveau!
De Pallas prenez cœur, les sœurs n'ont assez d'eau
Sur le mont Hélicon pour laver votre bouche.

N'en déplaise au prince de nos poëtes du seizième siècle, l'épitaphe que fit pour Madeleine de l'Aubespine, Jean Bertaut, évêque de Séez, en 1596, est d'une poësie plus supportable que la sienne.

Celle qui dort ici fut richement parée
De toutes les vertus qu'on impètre des cieux;
Aussi son ame au ciel s'est-elle retirée,
Quand la mort s'est permis de lui clorre les yeux.

Nul amour que divin ne l'a jamais ravie,
Bien vivre & bien mourir fut son plus grand souci ;
 peut-on justement témoigner de sa vie,
Que, pour mourir heureuse, il falloit vivre ainsi.

 Nous pleurerions sa mort de mille & mille plaintes,
S'il nous étoit permis de pleurer son bonheur ;
Mais elle étant au ciel entre les ames saintes,
Nos pleurs lui feroient tort en lui faisant honneur.

AUBIGNÉ. (*Françoise d'*) *Voyez* MAINTENON.

AUBIN. (*madame*) Cette dame, quoique fille d'un officier François, étoit née à Londres. Se trouvant dans une situation embarassante, & presque réduite à l'indigence, elle chercha une ressource dans les productions de son esprit : c'étoit en effet la seule qui lui restoit ; car quoique son cœur fût capable des passions les plus tendres, elle manquoit de ce qu'il faut pour les faire naître. Madame Aubin étoit donc laide & pauvre, deux qualités qui s'attirent peu de considération dans le siécle où nous vivons. Aprés avoir essayé quelque tems ses forces, par diverses petites brochures qu'elle publioit sans y mettre son nom, elle se hazarda enfin au grand jour, dans un Roman qu'elle avouoit pour son ouvrage, & qui eut d'abord quelque succès, parce qu'il venoit de la plume d'une femme ; mais il cessa de plaire, lorsqu'il n'eut plus le mérite de la nouveauté : le public reçut si froidement les volumes qui vinrent après, que madame Aubin brisa de dépit plume & pinceau, & jura de ne les reprendre jamais. Le Parnasse se consola aisément de cette perte : la religion y gagna plus qu'on ne devoit s'y atttendre.

Madame Aubin, guérie de l'amour du monde par son infortune & par celle de ses livres, ne voulut plus employer ses talens que pour la gloire de Dieu, & l'édification du prochain. Aux Romans succéderent les Sermons ; mais comme elle ne trouvoit pas aisément des prédicateurs qui voulussent
les

les acheter, elle entreprit de les prêcher elle-même. La rareté du fait attira à l'oratoire* de madame Aubin, une foule prodigieuse d'auditeurs de l'un & de l'autre sexe, qui lui apportoient régulièrement leurs trente sols pour entendre un mauvais discours qui duroit environ trois quarts d'heure. Le succès de ses sermons ne fut pas plus constant que celui de ses livres : il s'évanouit avec la nouveauté ; mais il dura du moins assez pour lui donner le tems d'amasser une somme considérable, qui la mit au-dessus de la misère. Mais à peine commençoit-elle à jouir des commodités de la vie, que la mort vint lui ravir le fruit de ses travaux ; elle n'eut que le plaisir des avares, celui de mourir dans l'abondance.

AUCHY. (*Charlotte de Ursins, vicomtesse d'*) *Voyez* URSINS.

AUDOVERE, reine de France, première femme de Chilpéric frere de Chérébert & de Gontran, & fils de Clotaire I. On croit qu'elle étoit fille de quelque seigneur de la nation. Elle n'eut d'autre mérite qu'une grande douceur de caractère, une rare simplicité d'esprit, & beaucoup de fécondité. Le Gendre dit que c'étoit une beauté fade, une belle statue. Elle étoit déja mere de Théodebert, de Mérouée, de Clovis & de Basine, lorsque le roi son époux, partant pour aller faire la guerre aux Saxons, la laissa grosse d'un quatrieme enfant. La célèbre Frédegonde, une des filles d'honneur de la reine, pour qui Chilpéric avoit pris de l'amour, résolut de profiter de l'absence de son amant, pour jetter les fondemens de son élévation. Comme elle avoit beaucoup de pouvoir sur l'esprit d'Audovere, elle lui conseilla, lorsqu'elle fut accouchée, de tenir elle-même son enfant sur les fonts de baptême, sous prétexte que le roi seroit extrêmement flatté de la trouver doublement mere, à son retour. La crédule Au-

---

* On donne ce nom aux assemblées de piété, qui ne forment point des églises régulieres.

dovere donna dans le piége, & fut marreine de sa propre fille, à laquelle elle donna le nom de *Childefinde*. L'évêque ou celui qui fit la cérémonie avoit été, sans doute, gagné par Frédegonde, qui ne manqua pas de repréfenter à Chilpéric, qu'ayant contracté une alliance fpirituelle avec fon époufe, il ne pouvoit, fans crime, habiter avec elle. Le roi ne balança pas un inftant à fe féparer d'Audovere, & lui dit, en la congédiant : « Vous avez fait, ma-
» dame, une faute groffiere & indigne de vous,
» en tenant vous-même votre fille fur les fonts.
» Puifque vous êtes devenue ma commere, vous
» ne fçauriez plus être ma femme. » Il la fit mettre dans un couvent, & donna fa place à Frédegonde : cette ambitieufe princeffe ne s'en tint pas là. Craignant que la reine ne remontât un jour fur le trône, elle la fit, dit-on, précipiter dans un torrent ; d'autres, avec plus de vraifemblance, affurent qu'elle la fit étrangler en 580.

AUFUSTIA, dame Romaine, qui vivoit fous l'empire de Marc-Aurele. Elle fut la premiere qui pratiqua, l'an 175 de J. C. une cérémonie inventée par les payens, à l'imitation ou au mépris du baptême. Voici comme elle fe faifoit.

On immoloit aux dieux un ou plufieurs taureaux. Celui qui vouloit être confacré par ce facrifice defcendoit dans une foffe couverte de planches percées en plufieurs endroits, par où le fang de la victime tomboit fur fa tête, fur fon vifage, fur les yeux & fur toutes les parties de fon corps ; & il croyoit être fi bien lavé par cette cérémonie, qu'il ne la renouvelloit qu'au bout de vingt ans.

AUNOI, (*Marie-Catherine de Berneville, comteffe d'*) vivoit fur la fin du dernier fiècle, & eft morte en 1705. Elle a laiffé plufieurs ouvrages qui lui ont acquis beaucoup de réputation ; entr'autres, les avantures d'Hyppolite comte de Duglas, celles du comte de Warvick, & des contes de Fée en quatre volumes. On eftime fur-tout ce dernier ouvrage, dont il s'est fait plusieurs éditions. Ces contes, qu'on croiroit ne devoir convenir qu'à des enfans, sont capables d'amuser agréablement les gens les plus sérieux. L'imagination la plus féconde, le style le plus pur & le plus coulant, beaucoup de graces & un air de naïveté qui enchantent; telles sont les qualités qui distinguent les contes de madame d'Aunoi. Le célebre Ovide n'a pas répandu plus d'agrément & de variété dans ses métamorphoses; & s'il est vrai qu'Homère ait emprunté pour plaire la ceinture de Venus, on peut dire que les Fées ont prêté à madame d'Aunoi leur baguette pour enchanter ses lecteurs. La fille de madame d'Aunoi, digne héritiere de ses talens, n'est pas moins connue dans la république des lettres. *Voyez* HÉERE.

AURE, (*sainte*) que l'église de Paris fête le 5 d'Octobre, étoit de cette ville; elle y fleurissoit vers l'an 636. Sa famille n'est pas connue; on la croit cependant née de parens illustres. Elle montra dès l'enfance un esprit sage & prudent, une ame élevée & grande, & dédaigna dès-lors de penser ou de dire quoi que ce soit de bas ou de puéril. Tout le tems qu'on lui laissoit pour se récréer, après celui qu'elle devoit employer, soit à cultiver son esprit, soit à s'occuper d'ouvrages propres aux femmes, elle le consacroit à la prière, ou dans l'église, ou dans quelque endroit écarté de sa maison. Elle fit, convenablement à son siécle, de grands progrès dans l'étude des lettres; & son heureux naturel, secondé des leçons de S. Éloy, évêque de Noyon, qui la dirigeoit, la rendit très-habile dans la science de la religion.

Dès sa premiere jeunesse, son unique desir étant de renoncer au monde, elle reçut le voile de religion, des mains du même évêque, qui la plaça dans un monastère de filles, qu'il venoit de fonder à Paris même. Elle fut bientôt mise au nombre des religieuses les plus parfaites qu'il y eût alors. La charité qui régnoit dans son cœur, la rendit capable de vivre dans l'union la plus grande avec ses sœurs, & d'entretenir entre elles toutes une pareille union.

Devenue abbesse de son monastère, dont S. Eloy ne crut pas pouvoir remettre le gouvernement en de meilleures mains, elle y conserva cette union précieuse ; fruit de son exemple & de ses conseils. Elle fut en tout, pour ses filles, le modele qu'elles devoient suivre. Sa dignité d'abbesse ne lui persuada pas de se permettre aucun relâchement, soit à l'égard des habits, soit à l'égard de la nourriture & des commodités de la vie, soit enfin à l'égard de l'observance de la règle & des pratiques religieuses établies dans son monastère. Elle s'acquit l'estime & la vénération des Parisiens, qui disoient tous que c'étoit véritablement elle que l'on devoit appeller la mere des religieuses. On dit que Dieu la favorisa de graces particulieres, comme de révélation & du don des miracles ; mais, comme ce n'est point un objet d'imitation, c'est ce qu'il suffit d'annoncer

Elle mourut agée de plus de quatre-vingt-six ans ; &, par le vœu des peuples, le culte qu'on lui rend commença peu de tems après sa mort.

AUREMBIASSE, comtesse d'Urgel. *Voyez* URGEL.

AURISPI, (*Victoire Galli-*) qui vivoit encore en 1558, se fit estimer par ses poësies italiennes, dont on trouve quelques-unes dans différens recueils de son tems, & d'autres dans les *Egloghe e Rime* (Eglogues & Poësies) de Frédéric Ricciuoli, qui parurent à Urbin, en 1594. Elle étoit de cette ville. Antoine Galli, son pere, avoit eu, comme poëte, de la célébrité. Son mari fut Aurispa Aurispi, gentil-homme d'Urbin.

AURORA, (*Blanche*) femme de Thomas Porcacchi. *Voyez* PORCACCHI.

AUSTREGILDE dite *Bobile*, femme de Gontran, roi d'Orléans & de Bourgogne. Elle fut d'abord demoiselle de la reine Marcatrude : Gontran en étant devenu amoureux, répudia la reine son épouse, &

donna sa place à Austregilde, en 1556. La tendresse de Gontran pour cette princesse fut fatale à plusieurs personnes. Deux fils de Magnachaire, pere de Marcatrude, ayant tenu quelques discours injurieux contre Austregilde & ses enfans, le roi les poignarda de sa propre main.

En 1580, Austregilde n'étant âgée que de trente-deux ans, tomba dangereusement malade, & l'on désespéra de pouvoir jamais la guérir. Se sentant près de sa fin, elle ne put l'envisager sans la plus grande douleur. Les richesses, les plaisirs, les honneurs se peignirent avec tous leurs charmes à son imagination ébranlée; & la perte de tant de biens excitant en elle une sorte de désespoir, elle appella le roi son époux, & lui fit cette priere, rapportée par Grégoire de Tours. « Je pouvois compter sur
» une vie plus longue, si elle ne m'étoit pas ravie
» par les médecins qui ont conjuré de me l'ôter.
» Oui, seigneur, ce sont eux, ce sont leurs abomi-
» nables breuvages qui m'ont donné la mort. Je vous
» prie donc, pour ne pas laisser cette mort impu-
» nie, de les faire tous égorger, dès que j'aurai cessé
» de voir le jour, puisqu'il faut que je meure : ju-
» rez-moi que vous ne les laisserez pas jouir de la
» gloire de m'avoir fait périr; que les regrets de
» ceux qui nous sont attachés soient accompagnés
» des larmes de ceux qui les aiment. »

Le trop complaisant Gontran promit à la reine de faire ce qu'elle demandoit. Il lui tint parole, & fit égorger Nicolas & Donat, les deux médecins qui avoient traité Austregilde.

AUTREVAL, (*madame d'*) l'une des femmes du siécle dernier qui se sont distinguées par leur esprit. Nous ne la connoissons que par deux Lettres qu'elle écrivit à M. de Vertron, le plus grand apologiste qu'ait eu le beau sexe. On y lit avec plaisir, dans la seconde, ce qui suit. « J'ai cru, monsieur,
» que je devois me faire justice, puisque vous ne
» me la faisiez pas, & qu'il ne falloit pas prendre

» le parti de mon sexe, pour le mettre au-dessus
» du vôtre, comme vous vouliez que je fisse. La
» chose, quoique nouvelle, n'auroit pas trouvé quan-
» tité d'approbateurs ; & je vous réponds que si je
» me métamorphosois en orateur, je fuirois ces ma-
» nieres d'abbaisser l'un pour élever l'autre. Je con-
» damne donc, s'il m'est permis de condamner,
» votre manière d'écrire trop flateuse. »

AUTRICHE, (*Anne-Maurice d'*) reine de France. *Voyez* ANNE MAURICE D'AUTRICHE.

AUTRICHE. (*Anne d'*) *Voyez* ANNE D'AUTRICHE.

AUTRICHE. (*Catherine d'*) *Voyez* CATHERINE D'AUTRICHE.

AUTRICHE. (*Eléonor d'*) *Voyez* ELÉONOR D'AUTRICHE.

AUTRICHE. (*Elizabeth d'*) *Voyez* ELIZABETH D'AUTRICHE.

AUTRICHE. (*Jeanne d'*) *Voyez* JEANNE D'AUTRICHE.

AUTRICHE. (*Marguerite d'*) *Voyez* MARGUERITE D'AUTRICHE.

AUTRICHE. (*Marie d'*) *Voyez* MARIE D'AUTRICHE.

AVALOS, (*dona Constance d'*) duchesse d'Amalfi. *Voyez* AMALFI.

AVANDA. (*donna Louise de Padilla, comtesse d'*) *Voyez* PADILLA. (*donna Louise de*)

AVIGNON, (*Adélasie, vicomtesse d'*) contemporaine de la belle Laure, fut une des illustres dames Provençales qui tinrent la cour d'amour d'Avignon, lorsque les papes séjournoient dans cette ville.

AVOCATE. (*l'*) Sous ce nom l'illustre Marguerite de Valois, sœur de François I, désigne une maîtresse du roi son frere. Il y avoit à Paris un avocat célèbre, qui, par le grand nombre des affaires dont il étoit chargé, & ses succès au palais,

étoit devenu l'homme le plus riche de la robe. Se trouvant sans enfans d'une premiere femme qu'il avoit perdue, quoiqu'âgé, il pensa à en prendre une seconde. Celle dont il fit choix étoit une jeune personne de dix-huit à dix-neuf ans; ses traits étoient parfaitemens beaux, son teint admirable, sa taille noble & bien prise. L'amour de l'avocat fut extrême; mais il étoit vieux, l'èpouse étoit jeune; elle chercha à dissiper l'ennui que donnent les complaisances même d'un vieillard, par les amusemens, les petites sociétés, le bal, les promenades, & les autres parties qu'elle lia avec des bourgeoises de son rang, sans s'écarter néanmoins de la décence. Elle alla à une nôce, où se trouva aussi François I, qui n'étoit encore, suivant toutes les apparences, que duc de Valois. Ce prince a toujours passé pour l'homme le mieux fait, le plus galant & le plus aimable de son siécle. Fixé par les charmes de la jeune avocate, il s'approcha d'elle, parla de son amour, & fut écouté favorablement. On convint du rendez-vous, chez le mari même. François y alla sur le soir, & déguisé; mais le premier objet qu'il rencontra sur l'escalier, fut l'avocat, qui descendoit une bougie à la main. Quelque grande que fut la surprise du prince, il se remit aussi-tôt, & s'approchant du vieillard, il lui dit : « Monsieur l'avocat, vous sçavez
» quelle confiance moi & tous ceux de ma maison
» ont toujours eue en vous, & que je vous regarde
» comme un de mes meilleurs amis, & l'un de mes ser-
» viteurs le plus attaché. J'ai bien voulu venir jusques
» chez vous sans suite, pour vous recommander mes
» affaires & vous prier de me donner à boire; car
» j'en ai grand besoin, mais sur-tout, bouche close,
» & ne dites à personne du monde que je sois venu: j'ai
» mes raisons, & d'ici je vais dans un endroit où
» je ne veux pas être connu. » Le mari, ne se sentant pas d'aise de la confiance du prince, & de l'honneur qu'il lui faisoit de le venir voir le mène dans la salle, appelle sa femme, & lui ordonne d'ap-

prêter la collation la plus délicate qu'elle pourroit, Cela fut fait d'auſſi bon cœur que promptement. La ſuite ſent un peu le conte. Il ſuffira de dire ici que François I, pendant la collation, trouva le moment de dire un mot à l'avocate, & prit avec elle d'autres meſures. On croit qu'il demeura aſſez longtems attaché à cette maîtreſſe.

AVOGADRI, (*Lucia Albani*) de Bergame, étoit fille de Jérôme Albani, collatéral général de la république de Veniſe, lequel fut très-célèbre par ſa ſcience & par la pureté de ſes mœurs, & mourut cardinal. Elle fut la femme d'un gentilhomme de Breſcia de l'ancienne maiſon des Avogadri. Les occupations & les amuſemens de ſon ſexe eurent peu d'attraits pour elle. Elle n'eut de goût que pour les belles-lettres, & ſur-tout pour la poëſie Italienne dans laquelle elle excella. Les plus grands poëtes de ſon tems la comblerent de louanges, & le Taſſe lui-même en élève beaucoup le mérite dans quelques-unes de celles de ſes poëſies, qu'il a commentées lui-même. Ses inventions ſont pleines de feu. Son langage eſt pur, ſa verſification aiſée, & ſon ſtyle coulant. Différens recueils offrent de ſes poëſies, & ſur-tout celui qu'on fit en 1561, des piéces compoſées ſur la mort d'Irène de Spilembergue, femme célèbre par la beauté de ſon chant, & par la délicateſſe de ſon pinceau. Lucie vécut pluſieurs années au-delà de 1561. Après ſa mort, Barthélemi Aringio & Diomède Sala, tous deux académiciens *Occulti* (cachés) de Breſcia; le premier ſous le nom d'*Il Solingo*, le ſecond ſous celui d'*Il Sommerſo*, & beaucoup d'autres gens de lettres s'empreſſerent de célébrer ſes louanges; & depuis le P. Calvi l'a placée honorablement dans ſa Scène littéraire des écrivains de Bergame. Le Taſſe, dans ſes commentaires indiqués ci-deſſus, dit que l'ancienne & noble famille des Albani tire ſon origine de l'ancienne ville d'Albe, dont la ruine accrut celle de Rome. C'eſt apparemment une fiction poëtique. Voici quelque choſe qui bleſſe moins la vraisemblance. L'abbé Jean-Vincent Lucchesini, dans un discours qu'il fit sur l'exaltation de Clément XI au souverain pontificat, dit cette même famille originaire d'Albanie, où son nom avoit été très-célebre par la puissance & par les vertus de ceux qui le portoient. Les Albani d'Urbin, dont étoit Clement XI, viennent d'un Albani de Bergame, qui s'étoit établi dans cette ville.

AXIOTHÉE, femme Grecque, célèbre par son amour pour la philosophie. Il lui tomba, par hazard, entre les mains quelques livres de la république de Platon, elle les lut avec avidité, & conçut une si haute idée de la sagesse de leur auteur, qu'elle résolut, à quelque prix que ce fût, de l'aller trouver, & d'entendre ses leçons. Elle se déguisa en homme, se rendit à Athènes ; &, sans se faire connoître, elle assista quelque tems aux leçons de Platon. Il y a encore quelques autres femmes moins connues qui ont fait la même chose ; bien des philosophes de nos jours se trouveroient sans doute heureux d'avoir de tels disciples. Aussi le bonheur de Platon excita-t-il l'envie des autres philosophes, dont la doctrine moins aimable n'étoit pas du goût du beau sexe. Ils prétendirent que ce n'étoit pas le seul amour de la philosophie qui amenoit les femmes à l'école de Platon, & qu'elles trouvoient en lui un autre mérite fort indépendant de la philosophie.

AYESHA, la troisieme femme du faux prophète Mahomet, & celle qu'il aima le plus. Elle fut accusée d'incontinence par plusieurs personnes, & cette affaire causa tant d'inquiétude à Mahomet, qu'il tint conseil avec Ali, fils d'Abutaleb, & Osâma, fils de Zeid, sur les moyens les plus propres à rétablir la paix dans sa famille. Osâma soutint de la façon la plus forte l'innocence d'Ayesha ; mais Ali, de l'autre côté, paroissoit pleinement convaincu de son infidélité, de sorte qu'ils donnerent à Mahomet des avis conformes aux idées qu'ils avoient sur ce sujet. Quelques uns croient que ce fut Ali qui découvrit son in-

continence à Mahomet, « qui, dit M. Prideaux,
» ne put jamais se résoudre à la renvoyer. Il com-
» posa le 24ᵉ chapitre de l'Alcoran, pour inno-
» center sa femme, & pour se disculper en même
» tems de ce qu'il la gardoit. Il y déclare à ses
» musulmans, de la part de Dieu, que tous ces bruits
» qui couroient au désavantage d'Ayesha, étoient
» des impostures, de noires calomnies ; leur dé-
» fend d'en plus parler, & menace en même tems
» de peines terribles en cette vie & en l'autre, ceux
» qui oseroient médire des femmes de bien. Maho-
» met, l'ayant épousée jeune, prit soin de la faire ins-
» truire dans toutes les sciences qui avoient cours
» parmi les Arabes, sur-tout dans l'éloquence la
» politesse du langage, & la connoissance de leurs
» antiquités. Elle profita extrêmement des soins de
» son mari, & devint polie & sçavante. »

Baile, d'après Gentius, rapporte une preuve de la tendresse avec laquelle elle étoit aimée de son mari. Sewda étoit celle des femmes de Mahomet qu'il aimoit le moins : il avoit même résolu de la renvoyer ; mais elle le fléchit par l'empressement avec lequel elle lui demanda qu'elle pût continuer à jouir du nom de femme de Mahomet, lui promettant qu'elle n'exigeroit rien de plus, & que, quand son tour viendroit de coucher avec lui, elle le céderoit à Ayesha. L'amour de Mahomet pour Ayesha le fit consentir très-volontiers à ce traité ; ainsi Sewda demeura dans sa maison pendant qu'il vécut, aux conditions qu'elle s'étoit imposées.

Après la mort du faux prophète, le crédit d'Ayesha fut assez grand pour empêcher qu'Ali ne devînt Calife. Elle le haïssoit avec fureur, pour la raison qu'on a vue plus haut. Sa haine fut longue, « Car
» quoique Ali, dit M. Prideaux, eût droit au trône
» vacant, étant gendre de l'imposteur, il en fut
» exclus par trois fois consécutives. Le trône va-
» qua pour la quatrieme fois, & Ali y parvint enfin;
» mais Ayesha parut en armes contre lui, & quoi-

» qu'elle ne réussit point par cette voie, elle le per-
» dit néanmoins en suscitant & en fomentant cette
» révolte, qui, à la longue, ruina Ali & sa famille.
» Ayesha survécut quarante-huit ans entiers à Ma-
» homet. Elle jouit d'une grande réputation dans
» sa secte, qui l'appelloit *la Prophétesse* & *la Mere*
» *des fideles*. Elle étoit l'oracle vivant de sa secte,
» qui la consultoit dans tous les points difficiles de
» la loi, pour apprendre d'elle quel avoit été le
» sens du Législateur. Quelles que fussent ses ré-
» ponses, elles étoient reçues comme des oracles,
» & ont toujours passé depuis, parmi eux, pour des
» traditions authentiques. Toutes leurs traditions
» qui composent leur Sunneh, viennent, selon eux,
» d'Ayesha, ou de quelqu'un des dix compagnons
» de Mahomet ; c'est ainsi qu'ils appellent ces
» dix hommes qui se joignirent les premiers à
» ce séducteur. Mais le témoignage d'Ayesha rend
» une tradition plus authentique. » Elle mourut
à Médine la cinquante-huitieme année de l'hégire,
qui répond à l'an de J. C. 678, sous le Califat de
Moavie, âgée de soixante-sept ans.

AZURMI-DOKHT. *Voyez* ARZEMI-DOKHT.

AZZI DE FORTI. (*Faustine*) *Voyez* FORTI.

B A A

BAAT, (*Catherine*) sçavante Suédoise du dix-septieme siècle. Elle étoit très-versée dans les belles-lettres. Les sçavans de Suède ont extrêmement loué ses Tables généalogiques des familles Suédoises, dressées & peintes par elle-même, & où elle rectifie, en plusieurs endroits, les fautes que Jean Messénius a commises dans son Théâtre de la Noblesse de Suède. C'est dommage que cet excellent ouvrage n'ait pas encore été publié.

BABÉLIME d'Argos est comptée par Iamblique, dans la Vie de Pythagore, au nombre des femmes qui furent de la secte de ce philosophe.

BABILONIENNES (*les*) étoient obligées, par une loi de leur pays, ainsi qu'on l'apprend d'Hérodote, liv. j, chap. 199, d'aller s'asseoir auprès du temple de Vénus *Militta*, pour attendre l'occasion d'avoir affaire à quelque étranger. La loi n'en exemptoit aucune. Il falloit que toutes, riches & pauvres, belles & laides, satisfissent une fois en leur vie au desir de la loi.

Les riches & grandes dames, acompagnées d'une foule de domestiques, attendoient le chaland dans leurs voitures. Toutes les autres formoient comme différentes haies, dans lesquelles elles étoient séparées les unes des autres par des cordes, de maniere qu'il y avoit des entrées & des issues, pour que les étrangers pussent librement aller entre les rangs, les examiner toutes à leur aise, & choisir celle qui leur plairoit le plus. Lorsqu'un étranger avoit fixé son choix, il jettoit, sur celle qu'il avoit choisie, de l'argent qu'elle étoit obligée de prendre, quelque modique que la somme pût être. Cet argent n'étoit pas pour elle. La loi le destinoit à des usages religieux. On entend ce que cela veut dire. L'étranger emmenoit à l'écart celle qui venoit de prendre son argent, & qui n'avoit pas plus droit de refuser sa personne, que son argent même, son devoir étant de se prêter au premier étranger qui voudroit jouir d'elle. Après qu'elle avoit rempli ce que la loi lui prescrivoit, l'étranger faisoit pour elle une priere à la déesse; priere sans doute plus ou moins affectueuse, selon qu'il avoit été plus ou moins content de la belle. Ils se séparoient ensuite. Alors ayant accompli l'expiation ordonnée par Vénus, elle s'en retournoit chez elle, bien ou mal satisfaite de l'étranger.

Cette loi, si l'on met à part les régles de la pudeur, n'étoit pas fort onéreuse aux personnes belles ou jolies. Elles n'avoient pas besoin d'étaler longtems pour trouver un heureux débit; mais les laides n'avoient pas lieu d'en être aussi contentes. Il y en avoit qui restoient trois ou quatre ans en espalier, avant que le moment favorable d'obéir à la loi se présentât. N'étoient-elles pas en droit de maudire une dévotion qu'il ne leur étoit pas libre de ne pas remplir? & quand enfin ce moment arrivoit, les dédommageoit-il de l'ennui de l'attente?

Au reste, on ne se trompera peut-être pas, si l'on pense que, dans un pays où la corruption des mœurs étoit extrême, le clergé, mâle ou femelle du temple de Vénus, imagina, pour grossir son revenu, cette loi plus absurde encore qu'elle n'étoit infâme.

BADAJOZ. (*Catherine*) *Voyez* CATHERINE DE BADAJOZ.

BADIUS, (*Perrette*) femme de Robert-Etienne. *Voyez* ETIENNE.

BAFFA, (*Françoise*) Vénitienne, qui fleurissoit vers 1540, se fit estimer par ses poësies, & passa pour n'être pas une des moindres versificatrices de son tems. Plusieurs écrivains, & sur-tout le Doménichi, parlent d'elle avec éloge. On trouve de ses vers dans le premier livre du Recueil intitulé: *Rime di diversi*, (poësies de divers auteurs,) imprimé par Giolito, à Venise, en 1554.

BAFFO. (*la Sultane*) Nous ne ferons que copier ici ce que nous avons dit de cette femme, Tome I de l'Abrégé chronologique de l'Histoire Ottomane, pages 604, 606 & 608.

Sous le règne de Selim II, des corsaires s'étant rendus maîtres d'un vaisseau de la république de Venise, qui portoit à Corfou Baffo, noble Vénitien, qu'on en avoit fait gouverneur, ils furent surpris de l'extrême beauté de la fille de ce Baffo, qu'ils destinerent aussi-tôt au serrail du Sultan. Mais réfléchissant sur la passion de Selim pour le vin, qui le rendoit insensible aux plus beaux objets, ils aimerent mieux en faire présent au prince son fils. Amurat III vit la jeune esclave, & l'aima d'abord de l'amour le plus violent. Il en fit sa favorite, & négligea pour elle toutes les beautés de son serrail. Etant monté sur le trône en 1575, il la fit proclamer Sultane Aséki, c'est-à-dire Impératrice concubine; car depuis Soliman II, nul empereur Ottoman n'avoit donné le titre d'Épouse à ses femmes. Dans la suite, la fidélité d'Amurat parut tenir du prodige.

La crainte qu'on eut du crédit de la Sultane, lui fit un grand nombre d'ennemis, que ses rivales ne manquerent pas d'entretenir. Le grand Vizir, les Bachas & le Muphti représenterent au Sultan qu'il devoit user du privilége de la loi dans toute son étendue, en prenant plusieurs femmes; que la mort pouvoit lui ravir le seul fils qu'il avoit, & que l'empire souffriroit de ce malheur, si Sa Hautesse ne consentoit à le prévenir. Amurat se rendit aux raisons de ses courtisans; &, passant tout d'un coup d'un excès à l'autre, il partageoit, dit-on, chaque nuit, son lit avec quatre à cinq concubines différentes. Neanmoins il revenoit toujours à Baffo, pour qui sa tendresse ne paroissoit point diminuer.

Jalouses d'une préférence aussi constante, les Sultanes firent entendre à l'Empereur que Baffo se servoit de sortiléges pour le retenir dans ses chaînes. Amurat crut ce discours; &, comme cet empereur Romain, il fut tenté de faire donner la question à sa maîtresse, pour apprendre d'elle son secret. Il fit arrêter toutes les femmes qui la servoient, & tâcha, par les menaces & par les châtimens même, d'en arracher le prétendu crime de Baffo. Les ayant trouvées toutes inébranlables, il eut honte à la fin de son extravagance, & courut se jetter aux pieds de la Sultane, qui voulut profiter de ce repentir pour obtenir sa liberté; mais le Sultan, qui l'estimoit toujours, la retint auprès de sa personne, sans cesser pour cela de voir ses nouvelles favorites. Il en aima jusqu'à trente, qui lui donnerent cinquante enfans.

Baffo jouit d'une grande considération à la Porte pendant les règnes d'Amurat III & de Mahomet III, son successeur. Elle eut même le maniement de toutes les affaires sous ce dernier prince; mais comme elle n'avoit que de l'ambition, sans aucun talent, elle mit plusieurs fois l'empire à deux doigts de sa ruine. Achmet I, son petit-fils, la relégua dans le vieux serrail à son avènement au trône, c'est-à-dire en 1603. On ignore en quelle année mourut cette princesse.

BAGHDAD KHATUN. C'étoit une princesse Tartare, une des plus rares beautés de l'Asie. L'Emir Juban son pere, régent du royaume de Perse sous Abusaïd, l'ayant, en 1323, donnée en mariage à un des plus puissans seigneurs du pays, Abusaïd la demanda pour lui-même; & n'ayant pu l'obtenir, quoiqu'il n'exigeât rien en cela qui fût contraire aux loix, il déclara & fit à Juban une guerre sanglante & opiniâtre.

BAGNO. (*Silvie de Somma, comtesse de*) Voyez Somma.

BALAGNI. (*Renée de Clermont d'Amboise, femme de Jean de Montluc, seigneur de*) Quoiqu'il paroisse naturel de renvoyer cet article à Clermont d'Amboise, ou même à Montluc, nous le laisserons pourtant ici, par la raison que tous ceux qui ont parlé de cette héroïne, ne l'appellent que *la dame* ou *la maréchale de Balagni*. Digne sœur du brave Bussi d'Amboise, elle alla trouver, en 1593, Henri IV à Dieppe, & gagna l'estime de ce généreux prince au point qu'il laissa la souveraineté de Cambrai au seigneur de Balagni, qui s'en étoit mis en possession à la faveur des guerres civiles. Dès l'an 1581, il avoit été fait gouverneur de Cambrai par le duc d'Alençon; &, comme il étoit naturellement dur & orgueilleux, il ne s'étoit point mis en peine de se faire des amis & des créatures. Ce fut bien pis, lorsqu'il se vit souverain de Cambrai; il traita ses vassaux avec hauteur, & tyrannisa ses sujets plus qu'il n'avoit fait jusqu'alors. Ceux-ci cherchoient depuis long-tems l'occasion favorable de secouer le joug. Quelques-uns de leurs amis ou compatriotes, qui servoient dans le parti des Espagnols, persuaderent au comte de Fuentes d'aller assiéger Cambrai; ce qu'il fit au mois de Septembre 1595. Les peuples d'Artois & de Hainaut, pour se délivrer de l'oppression de Balagni, fortifierent l'armée Espagnole de plus de huit mille hommes; & l'évêque même de Cambrai, dans l'espérance de recouvrer les biens de son église dont on l'avoit dépouillé, contribua de son argent à cette expédition. Les Cambrésiens virent avec la plus grande joie les préparatifs du siége. Résolus de se soustraire à la domination tyrannique de leur souverain; ils barricaderent les rues qui menoient à la citadelle; &, après avoir débauché deux cens Suisses de la garnison, ils s'emparerent de la grande place; s'y retrancherent, & députerent au général Espagnol pour traiter de la reddition de la ville.

Balagni, surpris & furieux de la trahison des habitans, n'eut pas le courage d'aller se présenter à eux; sa femme, plus hardie, prit une pique à la main,

main, & descendit seule dans la grande place. Elle employa toutes les ressources de son éloquence pour ramener les habitans à leur devoir ; mais ce fut inutilement. Ils ouvrirent leurs portes aux Espagnols, & se joignirent à eux pour assiéger la citadelle. Notre héroïne en avoit repris le chemin ; & ne cessoit d'encourager la garnison à se bien défendre. « Elle assistoit, dit le P. le Moine, à toutes les
» factions des soldats ; elle visitoit les sentinelles &
» les corps de garde ; elle haranguoit sur les bas-
» tions, & donnoit chaleur aux corvées par sa pré-
» sence & par son exemple ; & si, de bonne heure,
» elle eût sçu gagner le cœur des habitans, la tête
» du comte de Fuentes, & tous les bras de son ar-
» mée se fussent lassés assez inutilement à ce siége. »

Ceux qui défendoient la citadelle de Cambrai, désespérant d'être secourus, capitulerent le 7 d'Octobre 1597. La dame de Balagni crut alors que mourir étoit quelque chose de moins fâcheux pour elle, que de rentrer dans le néant. Lorsqu'elle vit qu'on traitoit, elle s'enferma dans son cabinet où elle mourut de déplaisir, & perdit ainsi la vie avant que d'avoir perdu le titre de princesse.

BALLIANO. (*Marthe Bonanno*) *Voyez* BONANNO. (*Marthe*)

BALLON, (*Louise-Blanche-Therèse de*) fondatrice des religieuses Bernardines réformées, des congrégations de la Divine Providence & de S. Bernard, en France & en Savoye, fille de Charles-Emmanuel de Ballon, gentilhomme de la chambre du duc de Savoye, Charles-Emmanuel I, & qui fut dans la suite ambassadeur de ce prince en France & en Espagne, née, en 1591, au château de Vanchi, à cinq lieues de Geneve, & à égale distance d'Anneci.

Dès sa plus tendre enfance, ses parens la consacrerent à Dieu, & la mirent, à l'âge de sept ans, dans l'abbaye de sainte Catherine, de l'ordre de Cîteaux, dont l'abbesse étoit sa parente. On lui donna dès-

F.C. *Tome I.*   S

lors l'habit de l'ordre, suivant l'usage de ce monastère. Sa piété croissant avec son âge, elle fut admise au noviciat du consentement de ses parens qui étoient eux-mêmes pleins de piété. A l'âge de seize ans, elle fit profession; ses parens desirerent que, pour l'édification de leur famille, une cérémonie si touchante se fît dans leur maison. Dom Nicolas de Rhides, abbé régulier de Tamiers, & vicaire général de l'abbé de Cîteaux, reçut les vœux de la jeune religieuse. Après la profession, elle se hâta de sortir de la maison paternelle, où l'on vouloit la retenir quelques jours, & s'enferma dans son couvent. S. François de Sales, qui étoit de sa famille, ne contribua pas peu à ses progrès dans la spiritualité.

Le saint évêque de Genève, ayant été prié par l'abbé de Cîteaux de travailler à la réforme du monastère de sainte Catherine, qui étoit dans son diocèse, & où l'on n'observoit plus ni régle ni discipline, entreprit cette réforme en 1608. Louise Ballon, qui en avoit déja conçu le projet, le vit exécuter avec plaisir. Son exemple engagea quatre autres religieuses à l'embrasser. Ces cinq personnes jetterent les fondemens de la réforme, en 1622, à Rumilli, petite ville de Savoye: le 8 de Septembre, elles prirent possession de leur chapelle; & le 21 du même mois, elles se revêtirent de l'habit de la réforme. Elles commencerent alors un nouveau genre de vie. Elles récitoient l'office au chœur; elles observoient un silence exact; seulement, après les repas, elles se permettoient un entretien d'une heure pour se récréer. Louise Ballon, d'une voix unanime, fut élue supérieure. Elle écrivit à S. François de Sales, pour lui demander la permission de prendre le nom de *Filles de la Providence*: le prélat voulut qu'elles attendissent encore un an, pour voir si elles se rendroient dignes de ce titre. Ce terme étant expiré, elles prirent ce nom, qui leur fut confirmé par Jean-François de Sales, succeffeur du faint évêque de Genève; mais le peuple a continué de les appeller *les religieuses Bernardines réformées.* Leur nombre devint bientôt confidérable; elles acquirent une grande maifon à Rumilli, dans laquelle elles fe tranfporterent le 24 de Mai 1624.

La mere Ballon fit enfuite un voyage à Grenoble; elle y mit la réforme dans un monaftère, dont elle fut élue fupérieure. Il fut permis à ces religieufes de manger de la viande trois fois la femaine, de porter du linge, de fe fervir de matelas & de tours de lits. Elles voulurent fe fouftraire à la jurifdiction des peres de l'ordre de Citeaux; & malgré les obftacles qu'on leur oppofa, elles obtinrent, en 1628, un bref du pape Urbain VIII, qui les mettoit fous la jurifdiction des ordinaires des lieux où elles s'établiroient.

La mere Ballon étendit fon zèle dans différens lieux où elle fit divers établiffemens. Elle en fit deux en France, l'un à Vienne en Dauphiné, l'autre à Lyon, qui furent fuivis peu après de ceux de Toulon & de Marfeille. Les conftitutions de ces religieufes furent imprimées en 1631, & approuvées par le fouverain pontife en 1634. La mere de Ponçonas, autre religieufe, remplie de zèle, vint à Paris pour y faire un nouvel établiffement; elle fit réimprimer les conftitutions de la mere Ballon; mais elle prit la liberté d'y faire quelques changemens. La mere Ballon en fut choquée; la divifion fe mit entre ces deux religieufes. La querelle fut pouffée avec chaleur de part & d'autre. L'avantage demeura à la mere de Ponçonas, qui fit tant par fes cabales, que les religieufes de Rumilli dépoferent la mere de Ballon; mais celles de Marfeille la confolerent de cette difgrace, en la choififfant pour fupérieure. Elle n'y refta pas long-tems; l'activité de fon zèle la conduifit en différens lieux, où elle fit encore plufieurs fondations. Elle termina enfin fa carrièe au monaſtère de Seiſſel, le 14 de Décembre 1668, âgée de ſoixante-dix-ſept ans.

BALMONT, (*la comteſſe de Saint*) d'une illuſtre maiſon de Lorraine. Elle fut, à pluſieurs titres, l'honneur de ſon ſexe. Elle avoit ſçu joindre la fierté d'un militaire à la modeſtie d'une femme vertueuſe. Elle étoit belle : la petite vérole gâta un peu ſa beauté ; mais cette femme extraordinaire ſe réjouiſſoit d'en être marquée, diſant qu'elle en ſeroit plus ſemblable aux hommes. Elle en rechercheroit volontiers les exercices. Le comte de Saint-Balmont, qu'elle avoit épouſé, ne lui cédoit ni en naiſſance ni en mérite ; ils vécurent enſemble dans une parfaite union. Le comte ayant été obligé de ſuivre le duc de Lorraine à la guerre, madame de Saint-Balmont prit le parti de ſe retirer à la campagne. Un officier de cavalerie étoit venu prendre un logement ſur ſes terres, & s'y comporta fort mal. Madame de Saint-Balmont, avec beaucoup d'honnêteté, lui envoya faire des plaintes qu'il mépriſa. Réſolue d'en tirer raiſon, elle lui écrivit un billet qu'elle ſigna *Le Chevalier de Saint-Balmont*. Elle lui marquoit dans ce billet, que le mauvais traitement qu'il avoit fait à ſa belle-ſœur, l'obligeoit à la venger, & qu'il le vouloit voir l'épée à la main. L'officier accepta le défi, & ſe rendit au lieu marqué. La comteſſe l'attendoit en habit d'homme. Ils ſe battirent ; elle eut l'avantage ſur lui ; &, après l'avoir déſarmé, elle lui dit galamment, « Vous avez cru, monſieur, » vous battre contre le chevalier de Saint-Balmont ; » mais c'eſt madame de Saint-Balmont qui vous rend » votre épée, & qui vous prie, à l'avenir, d'avoir » plus de conſidération pour les prieres des dames. » Après ces mots, elle le quitta rempli de confuſion & de honte ; il s'abſenta auſſi-tôt, & on ne l'a jamais revu depuis.

C'eſt ſans doute à cette dame de Saint-Balmont qu'on attribue une tragédie intitulée, *Les Jumeaux martyrs*, ou *Marc & Marcellin*, imprimée en 1650.

Cette piece n'a guères d'autre mérite que d'avoir été faite en quinze jours, comme on l'apprend dans l'Avis au lecteur; mais, si l'on en doit croire le même Avis, qui dit qu'elle a été imprimée à l'insçu de l'auteur, on conviendra que madame de Saint Balmont auroit pu donner au public quelque chose de meilleur.

BAPTISTE SFORCE. (*femme sçavante*) *Voyez* SFORCE.

BARASSA, (*domna*) dame Provençale, de la maison de Barras, fut femme de Gasbert de Poycybot. C'est ainsi que Jean de Notre-dame l'appelle. C'étoit un gentilhomme Limosin, né dans le diocèse de Limoges, d'un pere, châtelain de Poycibot ou Poggibot. Son pere le fit entrer jeune dans le monastère de S. Lunart, c'est-à-dire S. Léonard. Il y fit son occupation de l'étude des belles-lettres & de la musique. Il apprit en même tems à bien chanter, & parvint à jouer agréablement de tous les instrumens de musique. Une dame de ses parentes, qui, sous prétexte de dévotion, alloit souvent le voir dans son couvent, lui fit honte de l'état auquel il se destinoit, en lui disant « que c'étoit grand dom-
» mage qu'il passât ainsi sa vie dans une pareille pri-
» son ; qu'il valoit mieux qu'il vécût dans le monde,
» que de croupir là dans la paresse & l'inutilité. »
Les remontrances de cette dame l'ayant fait sortir de son monastère, il alla se présenter à Savari de auléon, dont la maison étoit ouverte à tous les ens de mérite; qui le combla de présens, & qui anta ses poësies aux plus grands seigneurs de Provence.

Gasbert cependant devint amoureux de Barassa, our laquelle il composa différentes piéces qui lui onnerent de plus en plus de la réputation. Mais, arassa, fière de sa naissance, lui dit « qu'elle ne l'aimeroit jamais, qu'il n'eût été fait chevalier, & que, lorsqu'il auroit obtenu cet honneur, elle seroit fort contente de l'épouser. » Brûlant du desir de faire un mariage, l'objet de tous ses vœux, il eut recours à Savari, qui ne tarda pas beaucoup à lui procurer l'honneur d'être armé chevalier, & qui lui donna même un revenu considérable. Rien ne s'opposant plus à son mariage, Barassa consentit à l'épouser. Ils demeurerent ensemble jusqu'à ce que Savari, partant pour aller en ambassade en Espagne, emmena Gasbert.

Barassa, restée seule, fut priée d'amour si vivement par un chevalier Anglois, qu'elle se rendit. Il la força de partir avec lui; la conduisit à Arles, & bientôt après l'abandonna, sans même lui dire adieu.

Gasbert cependant, revenant d'Espagne, & passant par Arles, logea chez une pauvre femme qui lui dit qu'elle avoit chez elle une très-jolie personne, qui seroit à son service, s'il le vouloit. Il accepta l'offre pour la nuit. Il n'eut pas de peine à reconnoître sa femme; & le lendemain matin, il l'obligea de venir à Avignon avec lui. Il l'y renferma dans un couvent, en faisant entendre aux religieuses que c'étoit une de ses parentes.

Il eut tant de chagrin de sa disgrace maritale, que, de retour en sa maison, il vendit tout ce qu'il avoit, & s'alla faire moine; les uns disent au monastère de Pignan, les autres au monastère de Torondet, où depuis il ne voulut plus absolument ni chanter ni faire des vers, quelque priere que lui fissent les plus grands seigneurs, & ceux qui faisoient le plus de cas de ses poësies. Il avoit fait un poëme sous ce titre: *Las Bauzias d'Amours* (les Joies de l'Amour.)

Il n'étoit pas seulement un très-bon troubadour; il servit avec honneur dans les troupes de Charles I, comte d'Anjou & de Provence, lorsque ce prince alla châtier pour la seconde fois les Marseillois, qui s'étoient révoltés.

Il mourut dans son monastère en 1263. On trouve de ses poësies dans quelques manuscrits de Florence,

& dans ceux du Vatican, cotés 3204, 3206 & 3207; & par-tout son nom est étrangement défiguré.

BARBARA, (*donna*) reine d'Angola, dans l'Afrique. Après la mort de la reine Zingha, sa sœur, en Décembre 1663, elle fut élue pour lui succéder, le 19 du même mois. C'étoit une princesse très-zélée pour la foi chrétienne, qui avoit de bonnes qualités, mais nullement la force d'esprit & le courage héroïque de la reine sa sœur. Elle mourut de vieillesse & d'infirmité, après deux ans de règne. *Voyez* ZINGHA.

BARBE, impératrice, fille d'Herman, comte de Cilléi, épousa Sigismond, empereur, roi de Hongrie & de Bohême. Elle deshonora son rang & sa naissance par la dissolution de ses mœurs; & dans ses débauches, elle ménagea si peu la décence, qu'elle faisoit publiquement des avances aux jeunes seigneurs de la cour. Sigismond étant mort en 1437, elle voulut contracter une nouvelle alliance avec Ladislas, roi de Pologne & puis de Hongrie, alors fort jeune. Des personnes pieuses lui remontrèrent qu'elle devoit imiter la tourterelle, qui, lorsque la mort lui a ravi son fidèle compagnon, reste dans un veuvage perpétuel. « Si vous voulez, répondit » l'impératrice, que je suive l'exemple des oiseaux » qui sont privés de raison, pourquoi ne me propo- » sez-vous pas plutôt pour modèle, les colombes & » les passereaux ?

BARBE DE BRANDEBOURG, marquise de Mantoue. *Voyez* BRANDEBOURG (*Barbe de*)

BARBIA ORBIANA, (*Salustia*) impératrice Romaine. L'histoire ne nous apprend rien de ce qui concerne cette princesse; on voit seulement par des médailles, qu'elle fut la troisieme femme de l'empereur Alexandre-Sévère.

BARBIER, (*Marie-Anne*) sçavante Françoise, a fleuri jusques vers le milieu de ce siécle. Elle étoit d'Orléans, & reçut dans cette ville une éducation qui développa bientôt ses talens pour les belles lettres, & particulièrement son goût pour la poësie. Etant encore fort jeune, elle faisoit de jolis vers, où l'on remarquoit déja la fécondité de l'invention & les graces du style. Encouragée par ses succès, elle vint à Paris, & y fixa sa résidence. Après s'être exercée sur de petits sujets, elle osa prendre un plus noble essor, & suivre les traces des Racine & des Quinaut. Le public applaudit à ses ouvrages, quoique bien inférieurs à ceux de ces grands hommes.

Pour diminuer le mérite de Mlle Barbier, on a prétendu que l'abbé Pellegrin étoit auteur des piéces dramatiques attribuées à cette demoiselle. Il se peut qu'il y ait eu la part que M. de Fontenelle eut depuis aux piéces de mademoiselle Bernard, c'est-à-dire qu'il l'ait beaucoup aidée; mais il n'est pas probable qu'il eût sacrifié quatre tragédies & une comédie à la seule complaisance. Il est certain d'ailleurs que mademoiselle Barbier avoit beaucoup d'esprit & de connoissance de la poësie. Ses tragédies sont *Arrie & Pœtus*, qu'elle dédia par une épître en vers à madame la duchesse de Bouillon, représentée en 1702. *Cornélie*, mere des Gracques, dédiée à S. A. R. Madame par une épître en vers, représentée en 1703. *Tomyris*, reine des Massagètes, dédiée à madame la duchesse du Maine, représentée en 1707. *La mort de César*, dédiée à M. d'Argenson, conseiller d'Etat. Ces piéces ont été imprimées la même année de leur représentation, de même que le *Faucon*, comédie en un acte en vers, représentée en 1719. Mademoiselle Barbier a composé une cinquieme tragédie, intitulée *Joseph*, qui n'a été ni représentée ni imprimée. On a d'elle encore trois opéra, sçavoir, *les Fêtes de l'été*, dont la musique est de Montclair, représentées pour la premiere fois le 10 de Juin 1716, *le Jugement de Paris*, pastorale héroïque en trois actes, représentée le 21 de Juin 1718; & *les Plaisirs de la campagne*, ballet en trois actes, donné pour la premiere fois le 10 d'Août 1719. Ces trois ouvrages sont encore attribués à M. l'abbé Pellegrin.

BARBOSSA, (*domna*) que Jean de Noſtredame qualifie de Princeſſe, ce qui, peut-être, ne veut dire chez lui que Fille de très-grande qualité, étoit une demoiſelle Provençale, extrêmement belle, de mœurs honnêtes, d'une grace infinie, la plus aimable du monde, & bien inſtruite des ſept arts libéraux. Elle fut l'objet d'une partie des poëſies Provençales d'Aimeric de Belvézer.

Ce poëte étoit du château de Leſparre, dans le territoire de Bordeaux. Il étoit clerc, & ſe fit jongleur ou troubadour. Il devint amoureux d'une demoiſelle de Gaſcogne, que Noſtredame dit de la maiſon de la Valette, & que d'autres nomment *Gentile de Ruis*. Ce fut pour elle que ſa verve s'égaya; mais voyant qu'on parloit mal de ſa liaiſon avec elle, il quitta ſon pays pour aller à la cour de Raimond Bérenger, comte de Provence, à la louange duquel & de ſa femme Béatrix de Savoye, il compoſa beaucoup de vers qui furent eſtimés. Il reſta long-tems dans cette cour, parce qu'il y devint amoureux de Barboſſa. Entre pluſieurs piéces de vers qu'il fit pour elle, il y en avoit une dans laquelle il ſe plaignoit d'une réponſe dure qu'il avoit reçue de cette demoiſelle, & qui l'avoit empêché de reparoître devant elle. Il ajoûtoit « qu'il mouroit du
» deſir de la voir; & que, s'il pouvoit avoir ce
» bonheur, il mourroit de plaiſir. »

Un jour qu'elle cauſoit avec lui dans une converſation chez la princeſſe Béatrix, fille de Raimond Bérenger, elle laiſſa tomber un gant, qu'Aimeric ſe hâta de ramaſſer, & qu'il lui rendit en le baiſant. Les autres demoiſelles, préſentes à la converſation, en reprirent en particulier aigrement Barboſſa, qui, ſecondée de la princeſſe Béatrix, leur repondit :
» que les dames d'honneur ne pouvoient jamais ac-
» corder aſſez de faveurs honnêtes aux poëtes qui
» chantoient leurs louanges, & dont les poëſies les
» rendoient immortelles. » Cette réponſe, dont Ai-

meric fut informé, fut cause qu'il fit deux chansons; l'une adressée à Barbossa sur sa réponse même, & l'autre adressée à la princesse Béatrix.

Quelque tems après, Barbossa se fit religieuse, & devint abbesse du monastère de Monlèges en Provence. Comme il n'étoit pas permis de parler aux religieuses de ce monastère, Aimeric conçut un tel chagrin d'avoir perdu sa maîtresse, & d'être sans aucune espérance d'avoir le plaisir de la revoir encore, qu'il en mourut en 1264; ce qui nous fait connoître en quel tems Barbossa vivoit. Depuis son entrée en religion, le poëte, son amant, fit un poëme intitulé *Las Amours de son Ingrata*, (les Amours de son Ingrate,) & le lui fit remettre peu de jours avant sa mort.

Il y a en Italie des manuscrits des poësies d'Aimeric. Le Redi en avoit un en sa possession; & l'on en conserve quelques autres à Florence. Les manuscrits 3204, 3205, 3206 & 3207 du Vatican offrent aussi quelques-unes de ses poësies.

BARCELONE, (*Bérengère de*) reine de Léon, de Castille & de Tolède. *Voyez* BÉRENGÈRE DE BARCELONE.

BARCLAI, (*Louise Débonnaire, femme du célèbre Jean*) étoit fille de Michel Débonnaire, trésorier des vieilles bandes, & d'Ursine Denisot. Ce fut à Paris que Barclai l'épousa, vers la fin de 1605, ou au commencement de 1606, puisque, cette derniere année là même, il étoit à Londres avec sa femme, de laquelle il eut, pendant le séjour qu'il fit en Angleterre, un fils & une fille.

Il quitta l'Angleterre pour se retirer à Rome en 1616; &, quatre ans après, c'est-à-dire en 1620, sa femme, son fils, & son beau-frere Jean-Louis Débonnaire l'allerent joindre dans cette capitale du monde Chrétien.

Louise Débonnaire y fit son mari pere d'un second fils, dont le cardinal Maphée Barberin, qui fut depuis le pape Urbain VIII, fut le parrein.

Barclai mourut à Rome le 12 d'Août 1621, & fut enterré dans l'église de S. Onuphre au Janicule. Son fils lui fit élever un tombeau de marbre à la porte du cimetière de l'église de S. Laurent, hors des murs, vis-à-vis d'un tombeau que le cardinal Barberin avoit fait ériger pour Bernard Gughelmi, son précepteur. Soit par le choix du fils de Barclai, soit parce que l'artiste n'avoit pas le génie de l'invention, soit enfin parce qu'on affecta ridiculement une vaine symmétrie, le nouveau mausolée fut la copie exacte de l'ancien.

» L'épouse de Barclai, femme accusée d'être haute
» & fière, dit Janus Nicius Erythræus, c'est-à-dire
» Jean Victor Rossi, dans sa *Pinacotheca*, part. 3,
» n'eut pas plutôt vu cette parfaite ressemblance
» des deux tombeaux, que fâchée de ne pouvoir
» pas abbatre tout-à-fait celui de Barclai, elle en
» fit sur le champ ôter son buste, & le fit porter
» chez elle. Elle ne pouvoit pas souffrir qu'on fit com-
» paraison de son époux, illustre par sa naissance,
» & plus illustre encore par son esprit & par sa ré-
» putation de sçavant, avec un homme obscur, un
» petit esprit, un pédant, comme elle disoit. »

Guillaume Barclai, pere de Jean, étoit d'Aberdéen en Ecosse; & la maison noble dont il étoit & dont il portoit le nom, étoit alliée aux plus grandes maisons de ce royaume, comme on le voit dans une patente du roi Jacques, I en Angleterre, & VI en Ecosse, laquelle est imprimée à la tête de l'*Argenis* de Jean Barclai.

Imagineroit-on que l'orgueilleuse extravagance d'une Françoise, que dix ans de séjour en Angleterre n'avoient pas dû rendre plus modeste, eût pu faire imaginer les sottises qu'on va voir. Cet article pourra paroître inutile à quelques lecteurs ; les gens de lettres n'en jugeront peut-être pas de même.

Mais auparavant il est à propos de dire que Jean Barclai, fils d'un pere Catholique, qui, par un attachement sincère à sa religion, avoit abandonné sa patrie, fut élevé dans la religion de son pere, & qu'il la professa toute sa vie. C'est une vérité constante. On le rendit pourtant suspect sur l'article de la religion. Cela devoit être. Il avoit des ennemis. Les plus considérables étoient les Jésuites. Ils haïssoient Guillaume & Jean Barclai, parce que, par les précautions du pere, qui les connoissoit & ne les aimoit pas, ils n'avoient pu venir à bout de mettre la main sur le fils, dont les talens annonçoient un grand sujet, dès le tems qu'il faisoit ses premieres études dans leur collége de Pont-à-Mousson. Ils haïssoient ce dernier en particulier, parce que, par une apologie victorieuse, il avoit vengé la mémoire de son pere, étrangement calomnié par le cardinal Bellarmin. Ajoûtons à ce motif de haine, que, quoique Jean Barclai n'eût fait qu'une fortune très-médiocre à Rome, des gens de lettres Italiens voyoient avec chagrin un étranger avoir quelque part à des faveurs, dont ils croyoient devoir seuls être les objets. Les Jésuites lâcherent un de leurs enfans perdus sur Barclai, qui fut accusé d'avoir fait profession de l'hérésie à la cour de Jacques I, ou du moins d'avoir bien voulu passer pour en faire profession. Il se lava très-bien de cet injuste & cruel reproche. Mais le vieux courtisan de Philippe de Macédoine avoit raison, en conseillant d'employer la calomnie contre ses ennemis. La blessure qu'elle fait se ferme; mais il en reste toujours la cicatrice. L'impudente accusation intentée contre Barclai par le Jésuite Eudémon Jean, fit une impression qui ne put jamais s'effacer entierement.

Le Rossi, qui prenoit plaisir à dire du mal des gens de lettres dont il parloit, n'attaque pas directement la religion de Barclai; mais il la rend suspecte, en disant « que tous les Catholiques Anglois étoient » persuadés qu'il avoit prêté sa plume à Jacques I, » pour un ouvrage de ce prince contre l'église Ro-

» maine. » L'Impériali, dans son Musée ou Cabinet historique, garde moins de mesures, & dit sans façon : » Que Barclai fit profession en Angleterre de la re- » ligion Anglicane, & qu'il l'abjura pour aller à » Rome ; mais que l'on fut si peu persuadé, dans cette » ville, de la sincérité de sa conversion, qu'après » sa mort on fit ôter son buste & l'épitaphe que » son fils avoit fait mettre sur son tombeau. » Fréhérus, honnête Allemand, qui n'avoit point de raison de vouloir du mal à Barclai, dit, dans son Théatre des gens de lettres, « que les peres de la société » de Jesus voulurent qu'on ôtât la statue & qu'on » effaçât l'inscription, qu'après la mort de Barclai, » son fils avoit érigées à sa gloire dans l'église de » S. Laurent, hors des murs. »

Quelques uns de ces oisifs de profession, qui s'occupent de spéculations en l'air, n'ont pas voulu se persuader que Louise Débonnaire eût eu la tête assez pleine de vent pour faire d'elle-même ce que le Rossi raconte. Ils ont commenté tout à leur aise sa folle action, en la combinant avec quelques circonstances de la vie de Barclai. Leurs profondes méditations ont enfin vu, dans un ridicule caprice de femme, des ordres secrets émanés, à l'instigation aussi secrete des Jésuites, du tribunal de l'inquisition. C'est d'après les vains propos de ces sortes de gens, qui se sont répandus de bouche en bouche, que l'Impériali, Fréhérus &c. d'autres ont parlé.

BARDI, (*sœur Dea de'*) de Florence, religieuse à Castel-Fiorentino, vivoit dans le quinzieme siécle. On a d'elle une Ode (*Canzone*) sur la mort d'une Pie, dans le troisieme livre des Œuvres burlesques de François Berni &c. imprimées à Naples, sous le nom de *Florence*, en 1723.

BARINE, courtisane de Rome, nous est connue par une Ode d'Horace, qui l'accuse de perfidies. Elle faisoit son métier.

BARONI, (*Adriène Basile, femme de Muzio*) étoit de Mantoue, sœur du cavalier Basile, poëte

Italien, & baronne de Pian-Carreta ; son mari étoit Napolitain.

Elle fut célèbre par sa beauté, qui la fit appeller *la belle Adriène* ; mais elle ne le fut pas moins par son esprit, & par les charmes de sa voix & les graces de son chant. Elle fut si fort admirée, que grand nombre de beaux esprits composerent à sa louange des vers, dont on fit un recueil qui parut en 1623, sous le titre de *Teatro delle glorie d'Adriana Basile*. (Théâtre de la gloire d'Adriène Basile.) Elle eut deux filles, qui furent, comme elle, de grandes musiciennes, sur-tout celle qui fait l'objet de l'article suivant.

BARONI, (*Léonor*) fille de la précédente, naquit à Naples, & passa la plus grande partie de sa vie à Rome. Elle ne fut pas aussi belle que sa mere; mais elle l'emporta sur elle par la profondeur de la connoissance de la musique, par la beauté de sa voix, & par l'excellence de son chant. Ces talens étoient accompagnés d'un très-bel esprit, d'une heureuse facilité pour la poësie dans sa langue, de mœurs douces, & d'une conduite sans reproche.

Elle fut célébrée comme sa mere l'avoit été. Les beaux esprits la chantèrent à l'envi les uns des autres ; & l'on vit paroitre en 1639, à Bracciano, un recueil de poësies latines, grecques, italiennes, espagnoles & françoises, faites pour elle sous ce titre : *Applausi poetici alle glorie della signora Leonora Baroni*. (Applaudissemens poëtiques à la gloire de la signora Leonora Baroni.) Le Rossi, dans sa *Pinacotheca*, part. 2, confond le titre de ce recueil avec celui du recueil fait pour la mere de Léonor, & dit, en parlant d'une épigramme de Lelio Guidiccioni : « Je l'ai lue dans le Théatre de Léonor Baroni, cantatrice admirable, où tous ceux qui dans Rome excellent par l'esprit & par le talent de la poësie, dans des vers tant italiens que latins, donnent comme des especes de cris de joie, & des applaudissemens à l'art singulier, & presque divin avec lequel cette personne chante. »

Il y a dans ce recueil quelques pièces de vers de Léonor. On en trouve d'autres d'elle dans un autre recueil, qui contient les pièces faites par les académiciens Humoriftes, fur la mort du célèbre Claude Fabri de Peyrefc, lequel avoit paru l'année précédente 1638 à Rome, avec ce titre : *Monumentum Romanum.* (Monument Romain.)

Mais, comme Léonor Baroni, quelque mérite qu'elle eût d'ailleurs, fut principalement célèbre par fon chant, c'eft par-là fur-tout qu'il faut la faire connoître. Dans un petit recueil de divers Traités, donné par Saint-Uffans à Paris en 1672, eft un Difcours fur la mufique d'Italie, à la fin duquel l'éditeur a mis ces paroles : « Ce difcours fut fait par M. Maugars,
» prieur de S. Pierre de Mac, interprète du roi en
» langue angloife, & d'ailleurs fi fameux par la
» viole, que le roi d'Efpagne & plufieurs fouverains
» de l'europe ont fouhaité de l'entendre. » Voici donc ce que le fieur Maugars dit de notre célèbre chanteufe : « Elle eft douée d'un bel efprit ; elle a le ju-
» gement fort bon pour difcerner la mauvaife d'avec
» la bonne mufique : elle l'entend parfaitement bien,
» voire même elle y compofe ; ce qui fait qu'elle
» poffede abfolument ce qu'elle chante, & qu'elle
» prononce & exprime parfaitement bien le fens
» des paroles. Elle ne fe pique pas d'être belle ; mais
» elle n'eft pas défagréable ni coquette. Elle chante
» avec une pudeur affurée, avec une généreufe mo-
» deftie, & avec une douce gravité. Sa voix eft d'une
» haute étendue, jufte, fonore, harmonieufe ; l'a-
» douciffant & la renforçant fans peine, & fans faire
» aucunes grimaces. Ses élans & fes foupirs ne font
» point lafcifs ; fes regards n'ont rien d'impudique,
» & fes gestes font de la bienféance d'une honnête
» fille. En paffant d'un ton en l'autre, elle fait quel-
» quefois fentir les divifions des genres enharmo-
» nique & chromatique, avec tant d'adreffe & d'a-
» grément, qu'il n'y a perfonne qui ne foit ravi à
» cette belle & difficile méthode de chanter. Elle

» n'a pas besoin de mandier l'aide d'un thuorbe ou
» d'une viole, sans l'un desquels son chant seroit
» imparfait ; car elle-même touche les deux instru-
» mens parfaitement. Enfin j'ai eu le bien de l'en-
» tendre chanter plusieurs fois plus de trente airs dif-
» férens, avec des seconds & troisiemes couplets,
» qu'elle composoit elle-même. Il faut que je vous
» dise qu'un jour elle me fit une grace particulière,
» de chanter avec sa mere & sa sœur, sa mere tou-
» chant la lyre, sa sœur la harpe, & elle le thuorbe.
» Ce concert, composé de trois belles voix & de
» trois instrumens différens, me surprit si fort les
» sens, & me porta dans un tel ravissement, que
» j'oubliai ma condition mortelle, & cru être déja
» parmi les anges, jouissant du contentement des
» bienheureux. »

BARSÈNE ou BARSINE, fille du satrape Arta-
base, dont la mere étoit fille d'un roi de Perse, fut
femme de Memnon le Rhodien, le seul des généraux de Darius qu'Alexandre le Grand craignît ;
& le seul capable de retarder ses conquêtes, & de
sauver peut-être le royaume de Perse, s'il ne fût
pas mort avant la bataille d'Arbelles.

Barsène étoit d'une beauté peu commune : elle
avoit l'esprit doux & les mœurs honnêtes. Instruite de
tous les usages des Grecs, elle en parloit fort bien
la langue.

Elle fut prise avec la mere la femme & les filles
de Darius ; & Parménion la voyant si belle, exhorta son roi d'en faire sa maîtresse. Ce conseil fut
cause qu'Alexandre fit plus d'attention à la beauté
de Barsène qu'il n'en eût fait sans doute ; & cette
captive fut, comme le dit Plutarque, la premiere
femme qui lui fit connoître les plaisirs de l'amour :
il en eut un fils, auquel il donna le nom d'*Hercule*.

Barsène avoit deux sœurs, qu'Alexandre maria
dans sa cour. L'une fut femme de Ptolémée, fils de
Lagus, & l'autre d'Eumène.

BARTOLI, (*Minerve*) d'Urbin, vivant à la fin
du

du seizieme siécle, & dans le commencement du dix-septieme, faisoit agréablement des vers italiens; & l'on trouve quelque chose d'elle dans les *Eploghe & Rime* (Eglogues & Poësies diverses) de Frédéric Ricciuoli, imprimées à Urbin en 1594, & dans le *Parnaso de Poetici ingeni*, (Parnasse des esprits poétiques) qu'Alexandre Scaïoli, son auteur, fit paroître à Parme en 1611.

BARTON, (*Elizabeth*) née en Angleterre dans la province de Kent, vivoit sous le règne de Henri VIII. On l'appelloit communement *la sainte fille de Kent*. Elle avoit été long-tems affligée de convulsions terribles, qui lui tournoient la bouche & plusieurs membres du corps. Son mal dura si long-tems, qu'elle contracta l'habitude de faire diverses contorsions extraordinaires, & la conserva même après sa guérison. Son curé crut qu'elle pouvoit tirer un parti très-avantageux de la facilité qu'elle avoit à faire des contorsions. Il lui conseilla de feindre des extases, des ravissemens, des accès d'un saint enthousiasme, pendant lesquels, en faisant ses contorsions, elle débiteroit des maximes dévotes, toutes contre la corruption du siécle, & principalement contre les hérétiques & les auteurs des nouvelles opinions.

Elizabeth Barton entra parfaitement dans les vues de son curé, & convainquit tous ceux qui la virent que l'esprit de Dieu l'animoit intérieurement : ce ne fut pas seulement la populace qui fut dupe de ses impostures; des docteurs, des prélats, les légats & les nonces du pape, Vasham, archevêque de Cantorberi, Fischer, évêque de Rochester, se laisserent prendre à ses grimaces. Un prêtre & une fille se jouerent de toute l'Angleterre. Ils auroient sans doute continué long-tems le même jeu, si la fille de Kent n'eût voulu parler sur les affaires, & se mêler de faire des prédictions qui tendoient à soulever le peuple. Elle eut l'audace de déclamer publiquement contre le divorce de Henri VIII, &

assura que si ce prince épousoit Anne de Boulen, il perdroit sa couronne, & ne vivroit pas un mois après son mariage. On la fit arrêter ; elle fut condamnée à mort comme criminelle d'Etat, le 22 d'Avril 1534. Fischer, évêque de Rochester, fut enveloppé dans sa disgrace, ainsi que le fameux Thomas Morus, quoique ce dernier n'eût eu simplement que la curiosité de la voir. Bien loin de la regarder comme une fille extraordinaire, il la traita de *sotte nonne* dans une de ses Lettres. Sandérus a voulu faire passer cette fille pour une prophétesse, parce que quelques-unes de ses prédictions se sont accomplies, entr'autres, que Marie régneroit avant Elizabeth.

BASILE, (*Adriène*) baronne de Pian-Carretto, femme de Muzio Baroni, & mere de Léonor Baroni. *Voyez* BARONI.

BASILINE, femme d'une naissance illustre, épousa Jules Constantin, frere de Constance le Grand, dont elle fut la seconde femme. Elle eut de lui Julien l'Apostat, qu'elle mit au monde l'an 551. On ne doute pas que Basiline n'ait été Chrétienne, puisqu'on trouve qu'elle a donné des terres à l'église d'Ephèse ; mais il est probable qu'elle adopta l'hérésie des Ariens. La haine qu'elle fit éclater contre S. Eutrope, évêque d'Andrinople, le prouve assez. Ce fut elle en partie qui fut cause de l'exil & de la déposition de cet illustre prélat.

BASINE *ou* BAZINE, reine de France, femme de Childeric I. Elle étoit mariée à Bazin, roi de Thuringe, à la cour duquel Childeric, chassé de ses Etats par ses propres sujets, fut obligé de chercher un asyle. Il n'est pas bien certain qu'il prit d'abord de l'amour pour la femme de son bienfaiteur ; mais on ne sçauroit douter que Basine n'en fût violemment éprise. Lorsque Childéric fut retourné dans ses Etats, dont il se remit en possession par la fidélité de Vidomare, un de ses confidens, il fut surpris d'y voir arriver peu de tems après la reine de Thuringe, & ne put s'empêcher de lui demander le motif de la démarche. « Je n'en ai point eu d'autres, lui répondit Bafine, que l'eftime que je fais de votre valeur, & que l'inclination que m'ont infpirée votre mérite & vos charmes. Si j'eufle cru trouver un prince plus aimable que vous au bout de l'univers, j'eufle été l'y chercher. » Childéric fût fenfible à cette galanterie, & ne fit pas difficulté d'époufer Bafine. Elle le rendit pere de Clovis, le premier roi Chrétien qu'ait eu la France.

Quelques-uns de nos premiers hiftoriens, amis du merveilleux, ont fait, au fujet de Bafine, un conte, qui peut fervir du moins à faire croire qu'elle étoit une princeffe de grand mérite. La nuit de fes nôces, difent-ils, elle pria fon nouvel époux de garder une entière continence, de fe lever, d'aller à la porte de fon palais, & de lui dire ce qu'il y auroit vu. Childéric, trouvant dans cet avis quelque chofe de très-refpectable, s'y conforma fcrupuleufement : il vint tout effrayé rapporter à la reine qu'il avoit vu des léopards, des licornes & des lions. Bafine le raffura d'un ton d'oracle, & lui dit de retourner à la porte du palais : il y vit cette feconde fois des loups & des ours ; & la reine l'ayant renvoyé pour la troifieme fois, il n'apperçut plus que des chiens & d'autres petits animaux qui s'entre-déchiroient. Il demanda l'explication de ces vifions à Bafine : « Vous » ferez inftruit, lui dit-elle ; mais pour cela il faut » paffer le refte de la nuit fagement, & au point du » jour vous fçaurez ce que vous voulez apprendre. » Childéric en paffa par tout ce qu'elle voulut. Le lendemain, de grand matin, il réitéra fes inftances. » Cher » époux, lui dit Bafine, n'ayez point d'inquiétude » & écoutez attentivement ce que je vais vous dire : » Les prodiges que vous avez vus font une image de » l'avenir ; ils repréfentent les mœurs & le carac- » tères de toute notre poftérité. Les lions & les li- » cornes défignent le fils qui naîtra de nous. Les » loups & les ours font fes enfans, princes vigou- » reux & avides de proie ; & les chiens, animaux

» aveuglément livrés à leurs paſſions, déſignent
» les derniers rois de votre race. Ces petits animaux
» que vous avez vus avec les chiens, c'eſt le peuple
» indocile au joug de ſes maîtres, ſoulevé contre
» ſes rois, livré aux paſſions des grands, & mal-
» heureuſe victime des uns & des autres. » On ne
pouvoit pas mieux caractériſer les rois de cette premiere race, ajoûte l'auteur des Anecdotes de nos
reines; & ſi la viſion n'eſt qu'un conte, elle eſt
aſſez bien imaginée.

BASINE, fille de Chilperic I roi de France, &
d'Audovère, après avoir vu tuer ſon frere Clovis,
qui fut aſſaſſiné ſecrettement à Noiſi, au-delà de la
Marne, par les ordres de la cruelle Frédégonde,
fut deshonorée par les gens de cette indigne princeſſe, & envoyée à Poitiers, où elle prit l'habit
de religieuſe ſous l'abbeſſe ſainte Radegonde, dans
le monaſtere de Sainte-Croix, en 580. Baſine parut
d'abord ſupporter ſon état avec patience; mais en
589 Leubouère ayant ſuccédé à Agnès, qui n'avoit
été que peu de tems abbeſſe après ſainte Radegonde,
Chrodielde, fille du roi Chérébert, qui étoit religieuſe dans ce monaſtere, fit jurer à pluſieurs de ſes
compagnes d'accuſer leur abbeſſe de pluſieurs crimes, afin de la chaſſer & d'avoir ſa place. Elle attira
Baſine dans ſon parti; & ces revoltées ſortirent au
nombre de quarante au moins, malgré l'évêque Merouée, & s'en allerent à Tours à pied, & ſans manger. Etant arrivées dans cette ville, très-laſſes &
preſque épuiſées de fatigue, elles s'adreſſerent à
l'évêque S. Grégoire; & Chrodielde lui dit: « Je
» vous ſupplie, ſaint évêque, de vouloir bien garder
» & nourrir ces filles que l'abbeſſe de Poitiers a très-
» mal-traitées, pendant que j'irai trouver les rois nos
» parens, pour leur expoſer ce que nous ſouffrons. »
S. Grégoire la reprit avec douceur touchant cette
fuite ſcandaleuſe, & lui conſeilla de s'adreſſer à
l'évêque Merouée, pour corriger Leubouère ſi elle
étoit coupable; mais Chrodielde réſiſta aux ſages

avis du prélat, & consentit seulement de demeurer à Tours le reste de l'hiver. L'été suivant, elle alla trouver seule le roi Gontran, à qui elle persuada ce qu'elle voulut ; & ce prince ordonna une assemblée d'évêques, pour prendre connoissance de ce différend. Chrodielde revint à Tours pour les attendre : mais elle y trouva les desordres bien multipliés, plusieurs des religieuses, compagnes de sa révolte, s'y étoient mariées, & avoient renoncé à leurs vœux. Chrodielde elle-même, ayant attendu vainement pendant quelque tems l'arrivée des évêques, revint avec le reste de ses compagnes à Poitiers ; & ayant assemblé une troupe de voleurs & de scélérats, elles s'emparerent de l'église de S. Hilaire, où les évêques de Bordeaux, d'Angoulême, de Périgueux & de Poitiers vinrent les trouver, pour les exhorter à finir ce scandale, & à retourner à leur monastere ; & sur leur refus opiniâtre, ils les déclarerer+ excommuniées. Mais les séditieux, que ces filles avoient assemblés, fondirent sur les évêques & le reste du clergé qui les accompagnoit, les fraperent rudement, & en blesserent plusieurs. Ensuite Chrodielde fit administrer les biens du monastere par des gens violens & déterminés au crime, & fit menacer Leubouère de la jetter par-dessus les murailles, lorsqu'elle seroit entrée dans Sainte-Croix. Le roi Childebert, informé de ces desordres, écrivit à Maccon, comte de Poitiers, d'arrêter ces violences. Pendant ce tems-là, Leubovère fut tirée par violence hors du monastere, & mise sous sûre garde auprès de Basine ; & le monastere de Sainte-Croix fut pillé. Il y eut des gens blessés & tués dans ce tumulte, qui eût été beaucoup plus loin si le comte Maccon, qui étoit venu avec main-forte, n'avoit dissipé les scélérats que ces religieuses révoltées avoient pris pour défenseurs, & n'avoit puni sévèrement ceux dont on put se saisir. On trouva moyen de sauver Leubouère, que Chrodielde avoit commandé de tuer. Enfin, la sédition étant appaisée, les évêques assemblés à Poitiers, écouterent les plaintes de Chrodielde; & après un mûr examen, ils le jugerent sans fondement, & déclarerent Leubouère innocente. Basine & les autres se réconcilierent avec elle, & Chrodielde n'ayant point voulu la reconnoître pour abbesse, Childebert lui donna la jouissance d'une terre, où elle se retira. Comme Basine & ses autres complices étoient toujours excommuniées, Childebert demanda, dans le concile de Metz, tenu en 590, qu'on levât l'excommunication; ce qui fut accordé; & Chrodielde même, quoique toujours opiniâtre, eut part à cette faveur.

BATARNAY, (*Françoise de*) fille aînée de René de Batarnay, comte de Bouchage, & femme de François d'Ailly, vidame d'Amiens, qui mourut en 1560. Françoise étoit encore fort jeune alors, n'étant âgée que de vingt-deux ans. Elle donna des larmes abondantes & sincères à la perte de son époux, & chercha sa consolation dans les saintes rigueurs de la pénitence. Elle employa soixante années que dura son veuvage, à la prière, aux jeûnes, aux mortifications, à la pratique enfin de toutes les vertus chrétiennes. Elle traita son corps tendre & délicat aussi rudement qu'avoient fait les anciens anachorètes, & les Paules, les Mélanies, les Eustochium. Outre qu'elle jeûnoit presque continuellement, elle passa vingt ans sans se coucher, & les trois dernieres années de sa vie, elle se coucha l'espace de deux ou trois heures par jour, & cela par obéissance aux ordres exprès de ses directeurs.

Plusieurs fois, elle eut dessein de renoncer au monde, de quitter ses richesses, & de s'enfermer dans un couvent; mais le cardinal de Joyeuse, son neveu, l'en dissuada toujours, en lui remontrant qu'elle feroit plus de bien dans le siécle que dans le cloître. En effet, elle ne cessa point d'être la mere des pauvres, l'appui des orphelins, le refuge des malheureux, & fit en divers lieux beaucoup de fondations & de pieux établissemens. Elle mourut, comblée d'ans &

de mérites, dans la quatre-vingt-troisieme année de son âge.

BATARNAY, (*Marie de*) sœur de la précédente, courut la même carriere, & y fit des progrès non moins rapides. Elle fut mariée à Guillaume vicomte de Joyeuse, maréchal de France, chevalier de l'ordre de nos rois, & leur lieutenant en Languedoc. Les vertus éminentes de Marie, & sur-tout la grande douceur, la rendirent extrêmement chere à son époux. Ils vécurent l'un & l'autre dans une union parfaite ; & ce ne fut pas sans beaucoup de peine que Marie, après avoir passé quelque tems en Languedoc, se vit obligée de quitter le vicomte pour se rendre aux instances de la reine Louise de Lorraine-Vaudemont, qui vouloit s'édifier par ses exemples & par sa conversation. Un autre motif plus pressant la fit résoudre à paroître à la cour ; ce fut le desir de veiller sur ses enfans qui étoient au nombre de six, sçavoir, Anne, duc de Joyeuse ; François le Cardinal, archevêque de Narbonne ; Henri, comte de Bouchage, qui fut depuis duc de Joyeuse, & mourut Capucin ; Antoine Scipion de Joyeuse, grand-prieur de Toulouse ; George de Joyeuse, seigneur de Saint-Didier ; & Claude de Joyeuse, seigneur de Saint-Sauveur, qui tous étoient en grande faveur auprès de Henri III.

Marie de Batarnay profita de l'éloignement de son mari, pour multiplier les dévotions, les mortifications & les pénitences, dont elle s'étoit fait de bonne heure une pieuse habitude. La prière & la méditation étoient ses plus cheres délices ; & ne trouvant pas que les jours fussent suffisans à cet exercice, elle y joignoit souvent les nuits entières ; & lorsqu'accablée de lassitude, le sommeil appesantissoit ses paupieres, elle se servoit d'une chaise pour lit, sommeilloit quelque tems, appuyée sur son bras, & reprenoit bientôt ses prieres avec une nouvelle ardeur. Elle étoit toujours levée la premiere de sa maison. Ses premieres visites étoient aux églises; elle y passoit trois ou quatre heures de suite.

Dans ces jours de fêtes & de réjouissances ausquels Henri III témoigna, de la manière la plus éclatante, son attachement au duc de Joyeuse, par les carrousels, les joûtes, les tournois, les courses de bagues, & mille autres exercices galans dont il voulut honorer les nôces de ce favori, notre pieuse Marie, mere du duc, se tenoit renfermée dans son oratoire. Là, seule & à genoux, le cœur gros de soupirs, les mains & les yeux élevés vers le ciel, elle y adressoit les plus ferventes prières, de peur que tant de somptuosités & de magnificences n'attirassent le courroux de Dieu sur ses enfans, & sur la maison de Joyeuse.

Jamais la prospérité n'altéra son heureuse tranquillité d'ame. Lorsqu'elle apprit, en 1583, que son second fils François avoit été décoré de la pourpre Romaine, elle redoubla ses prières pour que ce prélat fût un jour une des plus fermes colomnes de l'église, & demanda pour lui la piété, la justice, & l'esprit de lumière & de paix. Sa patience ne fut pas moins admirable que sa modération. Ayant eu le malheur de perdre quatre de ses fils & un époux qu'elle chérissoit, elle fit plusieurs fois à Dieu le sacrifice de sa tendresse, & continua de le servir avec zèle jusqu'à sa mort.

BATILDE, BAUTEUR ou BAUDOUR, femme de Clovis II. Cette sainte reine de France, illustre par sa sagesse & par sa piété, descendoit des princes Saxons d'Angleterre, d'où elle fut enlevée, étant encore fort jeune, soit par des pirates, soit par ses propres parens, suivant la coutume des Anglo-Saxons qui vendoient leurs enfans. Quoi qu'il en soit, elle fut amenée sur les côtes de France, & achetée par Erchinoald ou Erchevaldo, maire du palais, que l'on appelle communément *Archambaud*. Il la donna à sa femme, dont elle gagna le cœur. « Batilde, dit un

» historien moderne, étoit parfaitement belle; sa phy-
» sionomie étoit heureuse; & son esprit juste & délicat
» répondoit à tout ce que promettoit sa physionomie.
» Ses charmes étoient soutenus non-seulement de ces
» graces touchantes, & sans lesquelles la beauté n'est
» qu'un mérite imparfait, mais encore de beaucoup
» de vertu. » Le jeune roi Clovis II la vit chez la femme du maire, & prit pour elle la plus forte passion. On n'étoit point scrupuleux alors sur les alliances. Clovis épousa la belle Batilde, & la fit mere de trois princes, Clotaire III, Childéric II, & Thierri III.

Après la mort du roi, Batilde fut régente & tutrice de ses enfans. Elle gouverna sagement le royaume, durant la minorité de Clotaire III. Elle déféra beaucoup, dans les commencemens, aux conseils d'Ebrouin, le plus grand homme d'Etat qu'ayent eus les rois de la premiere race ; mais dans la suite, soit qu'elle craignît l'ambition de ce ministre, soit par quelque autre considération, elle lui donna pour compagnons dans l'administration des affaires, Léger, évêque d'Autun, & Sigebrand, évêque de Paris. Ces trois personnages ne demeurerent pas long-tems unis. Ebrouin laissoit à ses confreres le moins qu'il pouvoit d'autorité. Ceux-ci vouloient éclairer les démarches d'Ebrouin. Les défiances, les jalousies, les inimitiés se succéderent insensiblement. Sigebrand fut assassiné. La reine, dégoûtée de la cour & de ses intrigues, exécuta le projet qu'elle avoit formée depuis long-tems ; ce fut de se retirer à l'abbaye de Chelles, près de Paris, qu'elle avoit fondée, ainsi que celle de Corbie. Elle y prit l'habit de religieuse, & se soumit à l'abbesse qu'elle avoit établie, avec une humilité des plus édifiantes. Le reste de sa vie fut un modèle de douceur, d'obéissance & de ferveur. Elle mourut en réputation de sainteté le 30 de Janvier 680, âgée de quarante-cinq ans.

Le pape Nicolas I la canonisa. Elle fut enterrée dans la petite église de Sainte-Croix à Chelles, qu'elle avoit fait bâtir. Son corps fut transféré, le 17 de Mars 833, par Louis le Débonnaire, dans celle de la sainte Vierge ; il repose à présent sous le grand autel de l'abbaye de Chelles.

BATISTA MALATESTA, duchesse d'Urbin. *Voyez* URBIN. (*Batista Malatesta*)

BATS, (*Violante de*) Espagnole de nation, se rendit célèbre au commencement du dix-septieme siécle par son impudicité, & par la mort honteuse à laquelle le parlement de Toulouse la condamna. Tous les tems, & presque toutes les nations ont produit des monstres. On peut ranger dans cette classe notre Violante de Bats, qui, fâchée de ce que son mari ne lui laissoit pas la liberté de recevoir ses galans, le fit assassiner au mois de Juillet 1608, par Arias Burdéus, moine Augustin, professeur dans l'université de Toulouse, & par un conseiller à la sénéchaussée, ses plus intimes favoris. Ils furent secondés de plusieurs autres ; & l'infortuné mari fut tué de dix-sept coups d'épée & de couteau. Burdéus, convaincu d'adultère & de meurtre, fut condamné à perdre la tête, & à être ensuite écartelé ; ce qui fut exécuté au mois de Février 1609. Violante & plusieurs de ses amans furent aussi punis du dernier supplice.

BATTIFERRI-AMMANNATI. (*Lavinie*) Voyez AMMANNATI.

BAUDONIVIE, religieuse à Poitiers, vivoit sur la fin du sixieme siécle, & au commencement du septieme. Elle fut élevée dans son enfance auprès de sainte Radegonde dans le monastère de Sainte-Croix, que cette princesse avoit fondé à Poitiers. Radegonde vouloit que ses religieuses fussent également formées à la piété & aux sciences. Baudonivie, entrant dans les vues de la fondatrice, fit de grands progrès dans les lettres & dans la vertu. Sainte Radegonde étant morte en 587, on ne trouva personne plus capa-

BAU 199

ble que Baudonivie d'écrire dignement la Vie de cette reine ; l'abbesse & les religieuses, d'un commun accord, la prierent d'entreprendre cet ouvrage, & elle y consentit. L'évêque Fortunat avoit deja écrit sur le même sujet. Baudonivie, sans rien répéter de ce que ce prélat avoit dit, se borna à recueillir les faits qu'il avoit omis. L'ouvrage de Baudonivie se trouve dans le premier volume des Actes des Saints de l'ordre de S. Benoît.

BAULZETTE. *Voyez* BAUX. (*Huguette de*)

BAUX. (*N. de Glandèves, femme d'un seigneur de*) *Voyez* ASPREMONT.

BAUX, (*Clairette de*) dame de Berre, étoit, ainsi que Bérengère, de la très-ancienne maison provençale de Balz, en françois *de Baux*, en italien *di Balzo*, laquelle avoit des droits sur le comté de Provence, & posséda la principauté d'Orange. Le pere de Clairette étoit seigneur de Berre.

Elle étoit belle & vertueuse, & fut aimée de Pierre d'Auvergne, surnommé l'*Ancien*, célèbre poëte Provençal, qui fit pour elle grand nombre de chansons, qu'il mettoit lui-même en musique, & qu'il chantoit en sa présence.

Ce poëte, que Jean de Nostredame nomme *Peire d'Aulvergne*, étoit, suivant le Moine des Isles d'Or, fils d'un bourgeois de Clermont en Auvergne. Il étoit beau, bien fait, d'une physionomie agréable, très-instruit des lettres, & parlant de tout avec une très-grande liberté. Il fut le premier qui, dans sa province, se mit à composer des vers en langue Provençale. Il vécut fort long-tems, & mourut sous le règne de Charles I, comte d'Anjou & de Provence, & roi de Sicile, plusieurs années après le massacre des François, appellé les *Vêpres Siciliennes*, qui lui fournirent l'occasion de faire contre les Siciliens un *Servantèt*, c'est-à-dire une satyre. Avide de gloire, il faisoit très-peu de cas des autres poëtes & de leurs ouvrages. Il sentit pourtant à la fin, que son mépris pour les autres avoit dû lui faire tort ; ce qui fut cause qu'il composa dans sa vieillesse une longue pièce à la louange de tous les poëtes de son tems, & ne s'oublia pas lui-même. Il la finit par dire « qu'il avoit la voix plus belle que tous les » autres ; & que, dès qu'il avoit eu pris de l'amour » en Provence, ses poësies avoient été supérieures » à celles de tous les poëtes du pays. » C'étoit annoncer qu'il s'estimoit beaucoup lui-même. On peut le lui pardonner, parce que véritablement il fut reconnu pour le meilleur versificateur, le meilleur musicien, & le *trouvere*, c'est-à-dire l'inventeur le plus ingénieux que la Provence eut eu jusqu'alors ; ce qui lui fit donner le surnom de *maître des troubadours*.

Il s'étoit si bien acquis l'estime & l'amitié des dames, que, toutes les fois qu'il leur chantoit ou leur récitoit quelques pièces, il en recevoit une récompense de celle qui lui plaisoit le plus ; & le plus souvent c'étoit de la main de Clairette de Baux, comme étant la plus belle & la plus gracieuse.

Il entreprit à la fin de sa vie un poëme intitulé : *Lou Contract del Cors e de l'Arma* ; (le Contrat du Corps & de l'Ame ;) mais il ne le finit pas. Richard Arquier de Lambesc, l'acheva dans la suite fort heureusement.

Il fit aussi quelques poësies spirituelles, entre autres une Hymne (*Canzone*) en l'honneur de la sainte Vierge. Cette pièce fut le modèle de celle que Pétrarque composa dans la suite sur le même sujet.

On trouve de ses vers dans le manuscrit 3204 du Vatican.

N'oublions pas de dire que Clairette de Baux fut une des présidentes de la cour souveraine d'amour de Romanino.

BAUX, (*Huguette de*) dite *Baulzette*, de la même maison que les précédentes, étoit fille d'Hugues de Baux. Elle passa sa jeunesse en qualité de fille d'honneur, auprès d'Esmengarde, c'est-à-dire Ermengarde de Narbonne, femme de Roger, comte de Foix, & fut mariée dans la suite à Blacasse de Beaudinar, seigneur d'Aulps en Provence. Elle avoit de l'esprit, & doit avoir un rang parmi les poëtes Provençaux.

Pendant qu'elle étoit à la cour d'Esmengarde de Narbonne, elle fit la conquête du troubadour Pierre Roger, qui composa pour elle beaucoup de chansons & d'autres vers. Suivant Hugues de Saint-Césaire, historien des poëtes Provençaux, cité par Jean de Nostredame, ce poëte obtint de sa dame des graces excessives, & même les dernieres preuves d'amour. Cette assertion embarrassoit Nostredame, parce qu'il avoit sous les yeux une chanson d'Huguette, dans laquelle elle disoit à Roger, « qu'elle » ne se soucioit de lui nullement, & qu'elle ne fai- » soit aucun cas de tout ce qu'il composoit. » Il observe cependant que le Moine des Isles d'Or, autre historien des poëtes Provençaux, étoit d'avis qu'Huguette n'avoit envoyé cette pièce à Roger, que pour cacher aux autres leurs amours, & que ce fut dans la même intention que Roger fit une pièce dont le titre étoit : *Contra la Dama di mala merce.* (Contre la Dame sans merci.) Quoiqu'il en soit, son commerce innocent ou coupable avec Huguette, fut la cause de sa mort; quelques parens de la demoiselle l'assassinerent en trahison.

Ce poëte est nommé *Peire de Rogier* dans un manuscrit de la bibliothèque de Saint-Laurent de Florence; *Peire Rogier* dans le manuscrit 3204 du Vatican; & *Père Roger* dans celui coté 3205.

Suivant sa Vie, qui se trouve dans le premier des deux, il étoit d'Auvergne, & fut chanoine de Clermont; mais Hugues de Saint-Césaire, & le Moine des Isles d'Or, qui devoient être mieux informés que l'auteur anonyme de cette Vie, avoient dit qu'il étoit chanoine d'Arles & de Nîmes. Jeune, avec une belle figure, de la naissance & de l'esprit, il crut

qu'il figureroit mieux dans le monde que dans un cloître. Il quitta donc ses bénéfices, & se mit à faire & jouer d'ingénieuses comédies, qui lui donnerent de la réputation. Ce fut en allant de cour en cour, qu'il vint dans celle d'Esmengarde de Narbonne. La Vie manuscrite, copiée par divers littérateurs Italiens, comme Mario Equicola, le Velutelle & le Gesualdo, dit « qu'il reçut tant de faveurs d'Es-
» mengarde, qu'il en devint amoureux ; qu'elle,
» de son côté, l'aima tant, qu'elle ne lui refusa rien
» de ce que l'amour lui put faire desirer ; qu'elle en
» fut blâmée de toute sa cour, & qu'elle fut obligée
» de le renvoyer. » La même Vie ajoûte qu'il se retira près de Rambauld d'Orange. Mario Equicola dit qu'il célébra la comtesse de Foix sous le nom feint de *Tortnaves*.

Au reste, il vivoit sous le règne de Robert, roi de Naples, & comte de Provence. Il mourut vers 1330 ; & ce fut sans doute après sa mort qu'Huguette de Baux fut mariée.

La comtesse de Foix, dont il est parlé dans cet article, fut une des présidentes de la cour d'amour, sans doute de Gascogne, où le comté de Foix est situé. Le Crescimbeni rapporte un de ses arrêts dans sa Traduction des Vies des poëtes Provençaux, par Jean de Nostredame. C'est dans la remarque 3, sur la Vie de Percivalle Doria, t. 2 de l'Hist. de la poësie vulg. édit. de Venise 1730. La remarque contient neuf de ces arrêts. Il dit, p. 90, qu'ils ont été tirés, à sa priere, par l'abbé Antoine-Marie Salvini, d'un ancien manuscrit italien que Nicolas Bargiacchi, sçavant illustre de Florence, avoit en sa possession, & dont le titre étoit *Libro d'Amore*. (Livre d'Amour.) Il est daté par le copiste, du 10 de Décembre 1408. Voici l'arrêt d'Esmengarde de Narbonne, mal nommée dans ce livre *Mingarde*; lequel le Crescimbeni donne, p. 91. « Un homme
» de cœur, de mérite, & sage, demande l'amour

» d'une dame. Il en survient un autre de plus grand
» mérite, qui demande de même à la même dame
» son amour. Mingarde, comtesse de Narbonne,
» juge ainsi cette cause : *La dame est maîtresse de*
» *prendre celui qu'elle voudra, le bon ou le meil-*
» *leur.* »

BAUX, (*Jeanne, dame de*) contemporaine de la belle Laure de Sade, maîtresse de Pétrarque. Elle ne fut pas moins illustre par les qualités de l'esprit & du cœur, que par la naissance. Elle fut une des dames, qui composèrent la cour d'amour d'Avignon, lorsque les papes résidoient dans cette ville.

BAUX, (*Jeanne de Quiqueran, femme d'un seigneur de*) est une des dames de mérite, dont B. de Parasolo, chanoine de Cisteron, poëte Provençal, avoit fait éloge dans un livre qu'il avoit composé sur quelques hommes & quelques dames illustres.

BAUX, (*Fanette de*) femme de Bérenger de Pontevès, seigneur de Lambesc. *Voyez* LAMBESC.

BAVIERE. (*Elizabeth Charlotte de*) *Voyez* ELIZABETH-CHARLOTTE DE BAVIERE.

BAVIERE. (*Marie-Christine-Victoire de*) *Voyez* MARIE-CHRISTINE DE BAVIERE.

BAZINE. *Voyez* BASINE.

BÉATRIX, fille de Renaud comte de Bourgogne, épousa l'empereur Frédéric en 1156. Cette princesse, ayant entendu vanter la beauté & la magnificence de la ville de Milan, fut curieuse de voir cette ville célèbre ; mais sa curiosité lui coûta cher : le peuple indigné contre l'empereur Frédéric, qui lui avoit ravi son ancienne liberté, déchargea sa fureur & son ressentiment sur l'innocente Béatrix. Les séditieux arrêtèrent cette princesse ; la mirent sur une ânesse, le visage tourné du côté de la queue, qu'ils lui firent tenir au lieu de bride ; & dans cet état, ils la promenerent dans toutes les rues de la ville, au milieu des huées du peuple.

L'empereur, outré de colère, ne tarda pas à tirer une vengeance éclatante de cet outrage. En 1163, vint mettre le siége devant Milan ; prit & rasa la ville jusqu'aux fondemens, à l'exception des églises; il la fit ensuite labourer, & y fit semer du sel au lieu de bled : tous ceux qui furent pris, furent obligés, pour sauver leur vie, de tirer avec les dents une figue que l'on mettoit au derriere de l'ânesse sur laquelle l'impératrice avoit été mise. Plusieurs préférerent la mort à une si grande ignominie. C'est de-là qu'est venue cette sorte d'injure aujourd'hui d'usage chez les Italiens. Lorsqu'ils veulent se moquer de quelqu'un, ils lui montrent un doigt qu'ils élevent au-dessus des deux autres, & lui disent: » Voilà la figue. »

BÉATRIX DE PROVENCE, reine de Naples, de Sicile &c. fille de Raimond-Bérenger V, comte de Provence, & de Béatrix de Savoye. Comme elle étoit la principale héritiere de Raimond-Bérenger, plusieurs princes prétendirent à sa main. Elle fut accordée, en 1245, à Charles de France, fils du roi Louis VIII. Béatrix avoit trois sœurs qui étoient reines ; Marguerite, mariée avec S. Louis; Eléonor, femme de Henri III, roi d'Angleterre ; Sanche, qui avoit épousé Richard, roi des Romains. Béatrix souhaitoit d'avoir le même honneur, & ses vœux furent remplis. Charles son époux, fut investi des royaumes de Naples & de Sicile par les papes Urbain IV & Clément IV. Ce prince fut couronné à Rome avec son épouse, le 6 de Janvier 1265. Béatrix ne jouit pas long-tems de sa nouvelle dignité ; elle mourut à Nocera deux ans après son couronnement.

BÉATRIX DE SAVOYE, comtesse de Provence, fille de Thomas, comte de Savoye, & de Marguerite de Foucigni, épousa en 1269, Raimond-Bérenger V, comte de Provence, & eut de ce mariage quatre filles. Cette princesse fonda, en 1248, un monastère de Dominicains, près de Sisteron, &, en 1260, une commenderie de l'ordre de S. Jean de Jérusalem. On voit encore son tombeau dans l'église de S. Jean d'Aix.

BÉATRIX

BEA

BÉATRIX DE PORTUGAL, duchesse de Savoye, fille d'Emmanuel roi de Portugal, & de Marie d'Aragon, dite *de Castille*, naquit à Lisbonne le 31, de Décembre 1504, & épousa, en 1521, Charles III duc de Savoye. Cette princesse donna neuf enfans au duc son époux, & mourut au château de Nice, le 8 de Janvier 1538. Les historiens de son tems ont célébré sa beauté, sa sagesse, sa vertu, & surtout la constance qu'elle fit éclater lorsque François I soumit la Savoye, & étendit ses conquêtes jusqu'au Piémont.

BÉATRIX, fille de Hugues dit *l'Abbé*, & sœur du roi Hugues Capet, fut mariée à N.... comte de Rhinsfeld. Elle se remaria depuis, en 954, avec Frédéric, seigneur de Bar, premier duc de la haute Lorraine ou Mozillane. Cette princesse mourut en 1005.

BÉATRIX DE SILVA, demoiselle Portugaise. *Voyez* SILVA.

BÉATRIX PIA, dame de Ferrare. *Voyez* PIA.

BÉATRIX & BRIANDE D'AGOULT, célèbres dames Provençales du quatorzième siècle, desquelles la premiere étoit dame de Sault, & la seconde comtesse de Lème, furent du nombre des dames les plus estimées entre celles qui composoient la cour d'amour qui se tenoit dans la ville d'Avignon, pendant que les papes y faisoient leur résidence.

BÉATRIX DE LORRAINE, duchesse de Toscane, mariée, en premiere nôces, à Boniface, marquis de Montferrat, qui vivoit au commencement du onzieme siècle, & en secondes nôces, à Godefroi *le Barbu*, duc de la basse Lorraine, étoit, dit Benvenuto d'Imola, commentateur du Dante, une dame d'une grande vertu, & selon Muratori, qui parle d'après Donizon, méchant poëte latin d'Italie, une princesse d'une grande piété, d'une égale prudence, & d'un courage mâle. Sa plus grande gloire néanmoins fut d'avoir mis au monde la comtesse

E. C. Tome I. V

Mathilde, que ses grandes qualités, & plus encore ses bienfaits envers le saint Siége, ont rendue très-célèbre dans l'histoire d'Italie.

BEAUDINAR. (*Huguette de Baux, dite* Baulzette, *femme de Blacasse de*) *Voyez* BAUX. (*Huguette de*)

BEAUJEU, (*Anne de France, dame de*) duchesse de Bourbon, fille de Louis XI. Cette princesse se distingua par un génie supérieur à son sexe, par la pénétration de son esprit, & les ressorts de sa politique. Elle étoit née pour gouverner. « C'étoit, dit » Brantome, une maîtresse-femme, un petit pourtant » brouillonne, spirituelle & bonne assez. » Louis XI, qui connoissoit le caractere de sa fille, craignit que s'il lui donnoit un époux aussi ferme & aussi entreprenant qu'elle, elle ne se rendît trop puissante. Par cette raison, il lui fit épouser Pierre de Bourbon, comte de Beaujeu, homme pacifique & d'un esprit borné. Les confidens d'Anne disoient que c'étoit attacher un vivant avec un mort, que de l'unir à un tel époux. Quoique le caractere du comte lui convînt si peu, elle fut heureuse avec lui, contre son attente. Assez judicieux pour reconnoître qu'elle avoit plus d'esprit que lui, son mari la laissa vivre à la cour & gouverner à son gré sa maison ; pour lui il se retira dans le Beaujolois.

Louis XI, quoique jaloux pendant toute sa vie des talens de sa fille, crut cependant qu'elle étoit seule en état de s'opposer aux factions des grands, & de faire régner en repos son frere Charles VIII. En mourant, il lui laissa par son testament l'administration du royaume, jusqu'à ce que son frere, qui n'avoit alors que treize ans, fût en état de gouverner par lui-même. Anne se fit un point d'honneur de remplir si bien son attente, que les peuples n'eussent point à se repentir de ce choix. Mais l'exécution du testament de Louis XI souffrit de grandes difficultés. Le duc d'Orléans, depuis Louis XII, & le duc de Bourbon, princes d'un grand mérite, prétendirent qu'ils devoient être préférés à une femme. Le duc d'Orléans étoit héritier présomptif de la couronne ; les courtisans le regardoient comme devant être bientôt leur maître, parce que Charles VIII étoit d'une santé très-foible. Le duc de Bourbon, âgé de soixante ans, étoit respecté à cause de son expérience & des grands services qu'il avoit rendus à l'Etat. Dans une circonstance aussi délicate, la comtesse se comporta avec une prudence admirable. Elle engagea ses deux compétiteurs à prendre les Etats pour arbitres du différend : il sembloit qu'elle ne demandoit rien ; sa proposition ne pouvoit être refusée. Cette habile princesse, en les y faisant consentir, les mettoit dans la nécessité de céder, puisqu'en attendant la convocation des Etats, le roi qui devenoit majeur, déclareroit qu'il prétendoit avoir le droit de choisir son conseil. Les deux rivaux virent bien que, quelque mauvais que fût ce parti, ils n'en avoient point d'autre à prendre, parce qu'en refusant les Etats pour arbitres, dès-lors ils s'attireroient la haine du public.

La comtesse, pour avoir moins d'ennemis en tête, tâcha de gagner le duc de Bourbon. Elle lui représenta que, si les suffrages n'étoient pas pour elle, ils seroient pour le duc d'Orléans, & jamais pour lui ; qu'ainsi, outre l'avantage qu'il trouveroit à laisser l'autorité dans la maison de Bourbon, elle lui offroit la charge de connétable de France. C'étoit le prendre par son foible. Depuis trente ans, cette charge étoit l'objet de son ambition ; ainsi prudemment il prit le certain & quitta l'incertain. Après avoir remporté cet avantage, Anne ne s'endormit pas ; & toutes ses intrigues réussirent si bien, que les Etats, d'un commun accord, confirmerent la volonté de Louis XI. Il n'y eut que les députés de l'apanage du duc d'Orléans, qui y formerent opposition. Le duc fut piqué jusqu'au vif de l'affront qu'il venoit de recevoir: il ne fut pas assez maître de son ressentiment contre la comtesse, & il lui échappa une vivacité dont il eut lieu de se repentir.

Un jour qu'il jouoit à la paume en présence du roi & de sa sœur, on contesta sur un coup qui fut laissé au jugement des spectateurs. La comtesse de Beaujeu décida aussi-tôt contre le duc d'Orléans. Le duc, naturellement vif & impétueux, aussi irrité contre le juge que contre sa décision, dit assez haut, « qu'il » n'y avoit qu'une P.... qui pût juger ainsi. » La comtesse ne fit pas semblant d'avoir entendu ce mot; mais lorsque la fougue du duc d'Orléans fut appaisée, il comprit qu'une personne qui avoit l'autorité en main, ne pardonnoit jamais une telle injure. Il apprit en même tems qu'on se disposoit à l'arrêter; ce qui le fit résoudre à quitter la cour. Il se retira chez le duc d'Alençon, & entraîna plusieurs princes dans son parti. La guerre se fit de part & d'autre. La Trimouille se signala à la tête des armées, & notre héroïne au conseil. Le duc d'Orléans fut fait prisonnier à la bataille de Saint-Aubin, & remis entre les mains de son ennemie. Cette princesse vindicative retint le duc en prison pendant trois ans.

La mort de François II, duc de Bretagne, lui donna lieu d'immortaliser son administration, en réunissant la Bretagne à la France; mais elle diminua l'éclat de cette action en restituant à Ferdinand le Catholique le Roussillon & la Cerdaigne, sans même exiger la restitution de l'argent prêté. Un moine, qui étoit son confesseur, gagné par Ferdinand, lui fit accroire que Louis XI ne sortiroit point du purgatoire qu'elle n'eût fait cette restitution. Il est étonnant qu'une femme d'esprit ait pu goûter une pareille raison.

Charles VIII étant mort au mois d'Avril 1498, Louis, duc d'Orléans, monta sur le trône. Anne avoit tout lieu de craindre le ressentiment d'un tel ennemi; mais elle fut agréablement trompée. Louis fut plus généreux qu'elle ; il déclara que ce n'étoit point au roi de France à venger les injures faites au duc d'Orléans ; il lui conserva même la place qu'elle avoit au conseil. Cette princesse mourut le 14 de Novembre 1522 au château de Chantelle. Elle fut enterrée avec son mari au prieuré de Sauvigny en Bourbonnois. C'est elle qui a fondé les Filles de sainte Claire de Gien, & les Minimes de la même ville.

BEAUME-MONTREUIL, (*Françoise de la*) femme de Gaspard, seigneur de Tavannes, & maréchal de France, s'acquit beaucoup de réputation dans le seizieme siécle. Elle étoit si sçavante & possédoit tellement à fond l'écriture sainte, qu'elle eut la gloire de convertir un fameux Rabbin, qu'elle convainquit dans une dispute réglée. Elle mérite à ce titre un rang distingué parmi les femmes doctes de la France.

BEAUMER, (*madame de*) dont les talens sont connus du public, a travaillé quelque tems au Journal des Dames. On a d'elle aussi un petit ouvrage in-12, qui porte pour titre : *Œuvres mêlées*.

BEAUMONT. (*madame le Prince de*) On ne sçauroit mieux faire l'éloge de cette dame qui vit encore, qu'en disant que ses ouvrages sont entre les mains de tout le monde. Ils joignent à l'agrément, à la délicatesse, à la simplicité du style, une heureuse fécondité d'imagination, un choix admirable des sujets, une sage économie de morale, le tout à la portée des jeunes lecteurs qu'elle veut instruire. Voici les titres de ses principales productions : *Le Triomphe de la vérité. Le nouveau Magasin, &c. Education complette. Le Magasin des Enfans. Le Magasin des Adolescentes. Instructions pour les jeunes Dames qui entrent dans le monde* ; c'est la suite du précédent ouvrage. *Lettres de madame du Montier. Lettres diverses. Cyrus*, &c.

BEAUMONT, (*madame Elie de*) femme d'un avocat célèbre de cette capitale : tous deux estimés des gens de lettres par les productions de leur esprit ; tous deux chéris de leurs connoissances par les belles qualités de leur ame. Avec autant de modestie que de mérite, madame de Beaumont ne seroit peut-être connue que de notre siécle, si l'on ne sçavoit, indirectement à la vérité, qu'elle est auteur, entr'autres ouvrages, des *Lettres du Marquis de Roselle*, fiction ingénieuse, où les ridicules de nos petits-maîtres sont peints au naturel.

BEAUPRÉ, (*Marotte*) comédienne de la troupe qui fut appellée *la Troupe du Marais*, parce qu'elle s'établit dans ce quartier de Paris, au commencement du règne de Louis XIII. Ayant eu quelque différend avec une de ses compagnes, nommée *Catherine des Urlis*, elle résolut de se mesurer avec elle l'épée à la main. Catherine accepta le défi ; & le théatre parut à toutes deux le rendez-vous le plus convenable pour faire briller leur adresse. Ce fut à la fin de la petite piéce qu'elles se battirent, dit Sauval, qui, ce jour-là même, se trouvoit à la comédie. Il ne nous aprend point si le combat fut meurtrier ; sans doute que l'issue en fut telle qu'elle devoit être, c'est-à-dire fort plaisante.

BEAUVAIS. (*Esther de*) *Voyez* ESTHER DE BEAUVAIS.

BEAUVAISIENNES, (*les*) *Voyez* HACHETTE, (*Jeanne*)

BEAUVILLIERS, (*Marie de*) fille de Claude de Beauvilliers, comte de S. Aignan, & de Marie Babou de la Bourdaisiere, naquit, en 1574, au château de la Ferté-Hubert en Sologne, & fut élevée dès l'enfance au monastère de Beaumont-lés-Tours, auprès d'Anne Babou de la Bourdaisiere, sa tante, dont elle fut, dans la suite, nommée coadjutrice. Dès l'âge de douze ans, elle prit l'habit de l'ordre de saint Benoît, & fit profession à seize ans ; mais elle n'avoit alors pour vocation que le vœu de ses parens, une fortune à ménager, & un grand nombre de freres & de sœurs. M. Dufrêne, son beau-frere, lui fit donner, en 1598, l'abbaye de Montmartre. Henri IV la vit pendant le siége de Paris, & fut touché de ses charmes & de sa jeunesse ; Marie étoit à peine âgée de dix-sept ans. Elle suivit la cour à Senlis. Dans ce tems, une abbesse, ou une religieuse de qualité, pouvoit sortir de sa maison pour éviter les désordres des gens de guerre. Peu de tems après, elle reprit la route de Montmartre, & le roi lui donna, outre son abbaye, la seigneurie de Montmartre, des Porcherons & du Fort-aux-Dames. Le reste de la vie de Marie de Beauvilliers fut un modèle de pénitence & de vertu.

L'abbaye de Montmartre, aujourd'hui si riche, n'avoit alors qu'un revenu de deux mille livres, & elle en devoit dix mille. Tout étoit saisi & engagé, jusqu'à la crosse de l'abbesse ; & dans tout le couvent, on ne trouva pas même de quoi meubler décemment sa chambre. Ce n'étoit pas là le plus grand désordre : les religieuses vivoient dans une extrême licence ; les hommes entroient librement chez elles, & n'en sortoient souvent que fort avant dans la nuit. Marie entreprit de réformer les abus les plus grossiers ; mais elle vit aussi-tôt toutes les religieuses se soulever contre elle, comme autant de furies, & lui reprocher les premiers déréglemens de sa jeunesse. Ces reproches ne firent que l'exciter davantage contre le mal que son exemple avoit autorisé. La fureur s'empara des religieuses, & leur suggéra le dessein de l'empoisonner. N'ayant pu réussir après deux tentatives, elles résolurent d'employer le fer. Marie n'eût pas manqué d'être la victime de son zèle, si un de ceux qui étoient chargés de l'assassiner n'eût découvert le complot. Tous ces dangers ne purent ébranler son courage ; & sans avoir recours à la violence, son adresse, secondée du crédit de M. Dufrêne & de l'autorité du roi, rempli d'estime pour ses vertus, vint à bout d'établir la réforme. Pendant près de soixante ans qu'elle fut abbesse, elle eut la consolation de donner l'habit à deux cens vingt-sept filles, dont plus de cinquante sortirent dans la suite pour aller réformer ou gouverner différens couvens de l'ordre de S. Benoît.

Marie mourut le 21 d'Avril 1657 à l'âge de quatre-vingt-trois ans, après avoir expié sa foiblesse par une conduite édifiante, & toutes les vertus d'une sainte religieuse.

BECTOZ, (*Claude de*) étoit fille de Jacques de Bectoz & de Michelette de Salvaing, l'un & l'autre issus de familles illustres dans le Dauphiné. La vertu, le sçavoir & la piété de Claude la rendirent si recommandable, qu'elle fut non-seulement en estime dans toute la France; mais que sa réputation passa les Alpes, & fut connue en Italie, où deux célèbres écrivains, Ludovico Domenichi & François-Augustin della Chiesa, l'ont jugée digne de leurs éloges; le premier dans son livre intitulé *Nobilta delle Donne*, après quelques détails sur le mérite de Claude de Bectoz, qu'il appelle *madame Scholastique Bettona*, ajoûte: *Mori con lei la belta, la valore & la Cortesia insieme*; paroles que le lecteur peut très-facilement entendre.

Augustin della Chiesa, depuis évêque de Saluces, nous apprend dans son *Teatro delle Donne illustre*, que Bettona ou Bectoz naquit dans un château ou village voisin de Grenoble en Dauphiné, de parens nobles, & fut nommée *Claude*; mais que depuis, s'étant rendue religieuse, elle prit le nom de *Scholastique*. Elle fit voir, dès ses premieres années, qu'elle auroit un jour autant d'esprit que de jugement; ce fut ce qui détermina un religieux nommé *Denis Falchier*, à lui apprendre la langue latine & les belles-lettres. Elle y fit en peu de tems, de si grands progrès, qu'elle surpassa de beaucoup toutes celles de son sexe, qui se livroient à cette étude, & qu'elle égala même les hommes les plus sçavans de son siècle. Elle a laissé des Poësies latines & françoises, qui l'ont fait comparer à l'illustre Sapho; & des discours & des lettres, où, par le génie & la solidité de ses sentimens, elle a mérité d'être comparée aux philosophes de l'ancienne Académie. Elle fut en commerce de lettres avec plusieurs sçavans de France

& d'Italie. Le roi François I ne se contenta pas de lui écrire. Etant à Avignon, il l'envoya visiter de sa part à Tarascon, où elle avoit pris l'habit de religieuse ; & la reine de Navarre, sœur de ce prince, alla la voir dans ce monastère, dont elle fut depuis élue abbesse. Elle mourut en 1547, le même jour que moururent François I, & Henri VIII, roi d'Angleterre.

BECTOZ ; (*Catherine de*) parente de Claude, fut aussi religieuse à S. Honoré de Tarascon. Elle marcha sur les traces de l'illustre abbesse de cette maison ; &, comme elle, se distingua par ses vertus & par son sçavoir.

BEDACIER. (*Catherine*) *Voyez* DURAND.

BÉGUINES, filles vivant en communauté, & engagées par des vœux simples à garder la chasteté. Lambert Beggh fonda la première communauté de cet institut à Liège en 1173. Il en sortit un grand nombre de filles, qui allèrent s'établir à Nivelle en 1207, & de là se répandirent par toute la Flandre, en France & en Allemagne. Elle s'appellerent *Béguines* du nom de Beggh leur fondateur. Leurs maisons, qu'on nomme *Béguinages*, comprennent plusieurs maisons renfermées dans un même enclos, avec une ou plusieurs églises, selon le nombre des Béguines. Dans chaque maison il y a une prieure ou maîtresse, & elles ne peuvent sortir sans sa permission : elles ne prennent l'habit qu'après trois ans de noviciat ; elles ne font point de profession publique ; elles prononcent leurs vœux en particulier, & même au confessionnal, entre les mains du curé de la paroisse où le Béguinage est situé. Ces vœux ne sont autre chose qu'une promesse qu'elles font au curé & aux magistrats de garder l'obéissance & la chasteté tant qu'elles demeureront dans le Béguinage. Elles en peuvent sortir quand elles veulent ; mais on peut aussi les en chasser.

Les Béguines d'Allemagne tombèrent, dans la suite, dans des erreurs qui portèrent le concile de Vienne à abolir leur état comme suspect. En 1551, ce décret eut aussi lieu en France, où Philippe le Bel le fit exécuter; mais les Béguines conserverent leurs établissemens en Flandres, où elles n'avoient donné aucun mauvais soupçon. Il y a peu de villes dans les Pays-bas où l'on ne trouve un Béguinage; & malgré le changement de religion il y en a un fort beau à Amsterdam, qui est habité par cent trente Béguines. Leur cloître est assez grand; & leur église pour contenir aisément douze cens personnes.

BEGUM SAHEH. *Voyez* JEHAN-ARA-BEGUM.

BEHN, (*Aphara*) dame Angloise, qui vivoit dans le dernier siécle, connue sous le nom de *Jonhson*. Elle étoit d'une bonne famille; & le sieur Jonhson son pere, avoit un établissement honnête à Cantorbery. Dans sa plus tendre jeunesse, elle fit avec lui le voyage de Surinam dans les Indes occidentales. A son retour, elle fut présentée au roi Charles II: elle rendit compte à ce prince de l'état de la colonie Angloise, avec tant de netteté & de précision, que le roi en fut charmé, & lui ordonna d'écrire l'Histoire d'Oroonoko, prince Africain. Elle s'en acquitta avec succès. Cette Histoire, ou plutôt ce Roman, est son premier ouvrage.

Son pere & tous ses autres parens étoient morts aux Indes; & elle étoit revenue seule. Quelque tems après son arrivée à Londres, elle se maria avec M. Behn, riche marchand Hollandois, établi dans cette capitale. Charles II connoissant l'intelligence & la pénétration de madame Behn, l'employa, pendant la guerre de Flandres, à plusieurs négociations délicates, dont elle s'acquitta avec honneur; mais les ministres jaloux de ses talens, ayant affecté quelques mépris pour ses avis, elle en fut piquée, & résolut d'abandonner la politique.

Elle tourna son génie du côté de la littérature. Ses poësies ont fait long-tems les délices de Londres, & ont mérité l'estime des connoisseurs. Gildon lui donne toujours l'épithète d'*Incomparable*. On lui a reproché d'emprunter souvent des pensées des poëtes François ; mais elle sçavoit les présenter sous une forme nouvelle, & elle se les approprioit en quelque sorte par le tour qu'elle leur donnoit. On pourroit lui reprocher avec plus de raison, de s'être écartée des règles de la pudeur & de la décence dans les pièces de théatre qu'elle a données au public. Quoique les poëtes dramatiques soient assez licentieux en Angleterre, son sexe eût dû la rendre plus réservée qu'un autre.

Sur la fin de ses jours, elle s'appliqua à des sciences plus sérieuses : la philosophie, les mathématiques, la chronologie, la théologie meme l'occuperent tour-à-tour. Elle a donné une traduction Angloise des Mondes de Fontenelle, enrichie de notes. Madame Behn mourut le 16 d'Avril 1689. En 1747, on a traduit en françois le Roman d'Oroonoko. M. Souchers, poëte Anglois, a tiré de cet ouvrage le sujet d'une tragédie. On prétend que le fond n'en est point romanesque : il y a eu un Oroonoko, fils d'un roi du Cormentin en Afrique, enlevé par trahison & vendu aux Anglois de Surinam, de la même maniere à peu près dont madame Behn le rapporte dans son ouvrage : ce nègre, qui n'avoit point perdu avec la liberté le sentiment de son illustre origine, ne put soutenir l'humiliation de son état ; il souleva plusieurs autres nègres, & fut condamné à mort selon la loi des colonies.

BELLE-ISLE, (*Antoinette d'Orléans*, marquise de) fille de Léonor d'Orléans, duc de Longueville, & de Marie de Bourbon, duchesse d'Estouteville &c. épousa Charles de Gondi, marquis de Belle-Isle, qui périt, en 1596, à l'attaque du Mont-Saint-Michel. Elle renonça alors au monde, & prit l'habit de religieuse Feuillantine à Toulouse, sous le nom de *sœur Antoinette de sainte Scholastique*. Cinq ans après, le roi Henri IV la fit sortir de Toulouse, pour être coadjutrice d'Eléonor de Bourbon-Vendôme, abbesse de Fontevrault. Mais son humilité lui fit regretter l'obscurité où elle vivoit dans son premier monastère; elle tâcha d'obtenir du pape la permission d'y retourner. On l'en empêcha. Après la mort de l'abbesse de Fontevrault, arrivée en 1610, elle refusa constamment de prendre le titre d'Abbesse. Elle alla cacher ses vertus dans le monastère de l'Encloître de l'ordre de Fontevrault, diocèse de Poitiers, où elle avoit établi la réforme. C'est-là qu'elle forma le projet d'une nouvelle congrégation qui fut nommée *du Calvaire*, qui devoit pratiquer dans toute sa rigueur la règle de S. Benoît.

Elle commença, en 1611, d'exercer à ce genre de vie quelques filles pleines de ferveur; & cette réforme commença à s'établir à Poitiers, en 1614. Le pape lui permit de quitter l'habit & l'ordre de Fontevrault, & d'emmener avec elle les filles de l'Encloître qu'elle avoit formées. L'abbesse de Fontevrault s'y opposa; mais le fameux pere Joseph Capucin, employa sa politique dans cette affaire importante, & leva les obstacles qu'opposoit l'abbesse. Antoinette sortit donc au mois d'Octobre 1617, accompagnée de vingt-quatre de ses religieuses, & alla prendre possession du nouveau monastère du Calvaire à Poitiers. Elle y mourut le 25 d'Avril 1618.

BELLEVILLE. (*Jeanne de*) Voyez CLISSON.

BELLOT (*Madame*) fait honneur à la France & à son sexe par ses ouvrages. Les principaux sont des *Observations sur la Noblesse & le tiers Etat*; des *Réflexions d'une provinciale sur le discours de M. Rousseau*; *Mélanges de littérature angloise*; *Histoire de Rasselas*; *Ophélie*; *Histoire de la maison de Tudor*, &c.

BEMBI, (*la bienheureuse Illuminata*) religieuse de sainte Catherine à Boulogne, dans le monastère fondé par sainte Catherine de Boulogne, & dans le tems même que cette sainte en étoit abbesse, c'est-à-dire de 1446 à 1563, en composa la Vie, dans laquelle elle en inséra les poésies spirituelles. Cet ouvrage, dont le titre est *Specchio d'Illuminazione*, (Miroir d'Illumination) & qu'on n'a jamais imprimé, se trouve en manuscrit dans quelques bibliothèques d'Italie. Le Crefcimbeni le fait connoître dans fon Hiftoire de la Poëfie vulgaire, tom. 3 de l'édition de Venife, 1730, pag. 291, article *S. Caterina de Bologna*.

BÉNEVENT, (*Ageltrude, Agiltrude, Agildrude ou Rachetrude, duchesse de Spolète & de*) & impératrice d'Occident, étoit fille d'Adelgife ou Adelchis II, & sœur de Radelgife ou Adelchis II, & d'Aïon II, tous trois princes de Bénevent.

Elle fut mariée, on ignore en quel tems, à Gui, defcendant, par les femmes, de la maifon de Charlemagne, lequel, fait ou rétabli duc & marquis de Camérino, par l'empereur Charles le Chauve, en 876, devint duc de Spolète en 880; fut enfuite élu roi d'Italie, au mois de Mai 889, en concurrence de Bérenger, duc de Frioul & marquis de Trévife, élu roi l'année précédente, reçut, le 21 de Février 891, la couronne impériale des mains du pape Etienne V, & s'affocia, dans le mois de Février 892, fon fils Lambert, encore fort jeune, qui fut couronné empereur par le pape Formofe; qui fut le premier des empereurs d'Occident iffus de la maifon de Charlemagne par les femmes.

Ageltrude ne commence à paroître dans l'hiftoire qu'au couronnement de fon mari, comme empereur. Ce prince, le premier jour même de fon empire, lui confirma, dans un diplôme daté de Rome, & publié par Muratori dans fes Antiquités d'Italie, tous les biens qu'elle poffédoit, foit à titre héréditaire, foit par donation de fon mari.

Gui fut continuellement en guerre contre Bérenger; &, du 12 au 30 de Décembre 894, il mourut prefque fubitement d'un crachement de fang, entre Parme & Plaifance, près du Taro, lorfqu'il s'occupoit à recouvrer ce qu'avoit conquis Arnoul, roi de Germanie, que Bérenger avoit imprudemment fait venir en Italie, après s'être rendu fon vaffal; qui, venu dans l'intention de dépouiller également Bérenger & Gui, s'étoit fait proclamer roi d'Italie; &

qui depuis avoit repassé les Alpes, pour aller faire la guerre à Rodolfe Welf, premier roi de la Bourgogne Transjurane.

La mort de Gui, grace aux talens d'Ageltrude, ne porta point de préjudice aux affaires de l'empereur Lambert son fils. Ce fut sans doute à la sollicitation de l'impératrice, que Foulques, grand seigneur François, archevêque de Rheims, & parent très-proche de Lambert, sollicita par ses lettres le pape Formose de veiller aux intérets de ce jeune empereur, qu'il avoit lui-même couronné. Mais Formose étoit ami, de tous les tems, des princes de la branche Allemande, de la maison de Charlemagne; branche dont étoit Arnoul, roi de Germanie, fils naturel, ou peut-être fils légitime, n'ayant pas droit d'hériter du roi Carloman, fils du roi Louis le Germanique, l'un des fils de l'empereur Louis le Débonnaire. Ce pape, qui faisoit peu d'usage de la bonne foi dans sa conduite, endormit l'archevêque Foulques de belles paroles. Il lui disoit dans une lettre, » qu'il avoit de Lambert le même soin qu'un pere » en pourroit avoir ; qu'il l'aimoit comme son cher » fils, & qu'il vouloit vivre avec lui dans une union » inaltérable. » ... Dans une seconde lettre, « il ap» plaudissoit aux sollicitations de l'archevêque en » faveur de Lambert, avec lequel il se disoit uni » par une paix si solide, & par une amitié si sin» cère, qu'aucun effort des méchans ne pouvoit les » séparer. » Dans le même tems, il exhortoit par d'autres lettres, & par des députés, Arnoul de revenir en Italie, & de se rendre même à Rome. Lambert cependant, guidé par les conseils de sa mere, se mit, quoique très-jeune, à la tête de ses troupes, &, secondé sans doute par de bons généraux, continua de recouvrer ce qu'Arnoul avoit conquis. On trouve que le 4 de Mai 895, il étoit maître de Pavie, puisque, par un diplôme daté ce jour-là de cette ville, il en fit une donation à l'impératrice sa mere.

Arnoul, cédant aux instances de Formose, revint

en Italie au mois de Septembre de la même année. Il passa l'hyver en Toscane, & se mit en marche pour Rome, au printems de 896. A son arrivée près de cette ville, il trouva qu'Ageltrude, qui ne manquoit ni de tête ni de courage, l'avoit prévenu. Résolue de soutenir les droits de son fils, elle étoit entrée dans cette ville avec un bon corps de troupes, & l'intention de défendre en même tems Rome & la cité Léonine, que l'on nomme aujourd'hui *le Bourg de Saint-Pierre*; &, comme elle avoit sans doute reconnu la duplicité de Formose, elle avoit accordé sa confiance à la faction des ennemis de ce pape, qui l'avoient mis en prison. Arnoul prévoyant que les Romains, encouragés par la présence & soutenus par les troupes d'Ageltrude, feroient une si vigoureuse défense, qu'il ne retireroit de son voyage que la perte de son armée, fut tenté de s'en retourner. Si l'on s'en rapporte à ce que Luitprand, évêque de Crémone, dit au chap. 8 du 1er livre de son Histoire, on regardera comme la cause de la prise de Rome par Arnoul, un petit évènement qui ne peut paroître aux gens sensés qu'un mauvais conte. Il dit « qu'un lièvre qui couroit près » du camp d'Arnoul, effrayé par les grands cris » des soldats, s'enfuit vers les murs de Rome; que » la fuite de ce lièvre, prise par les Romains pour » être de mauvais augure, abbatit leur courage; que » les troupes d'Arnoul s'en étant apperçues, don- » nerent l'assaut à la cité Léonine, qu'ils prirent, » & que les Romains capitulèrent sur le champ. » Luitprand, auteur bien informé des événemens de son tems, n'est d'aucune autorité pour tout ce qui précède. Il n'en parle presque jamais que d'après de vaines traditions populaires. Nous n'avons aucun détail concernant le siége de Rome; & nous sçavons uniquement que cette ville fut emportée d'assaut; que Formose fut délivré de prison par Arnoul, qu'il couronna empereur le 17 d'Avril; que le nouvel empereur ne séjourna que quinze jours à Rome; qu'il

y donna les ordres nécessaires pour le gouvernement de la ville, & pour la sûreté du pape ; qu'il fit arrêter Etienne & Constantin, deux des principaux barons de Rome, que l'on soupçonnoit d'avoir aidé l'impératrice à s'introduire dans la ville, & qu'il les envoya chargés de chaînes en Bavière ; enfin qu'il reçut, dans la basilique de S. Paul, le serment de fidélité des Romains. En voici la formule : « Je jure
» par tous ces mystères de Dieu, que, sauf mon
» honneur & la fidélité dûe au seigneur Formose
» pape, je suis & ferai, tous les jours de ma vie,
» le féal de l'empereur Arnoul, & que je ne m'as-
» socierai jamais avec qui que ce soit, pour lui man-
» quer de fidélité ; que je ne prêterai jamais secours,
» soit à Lambert, fils d'Ageltrude, soit à la mere
» elle-même, pour les aider à se maintenir dans
» leur dignité séculière, soit à quelqu'un des leurs
» ou de leurs vassaux. » Arnoul partit ensuite de Rome, en y laissant pour commissaire un seigneur Allemand, appellé *Farold*. Pendant que ses troupes entroient dans cette ville, Ageltrude, comme on l'apprend de la Chronique de Réginon, en étoit sortie secrettement par un autre côté, pour aller rejoindre l'empereur Lambert à Spolète. Arnoul y conduisit son armée, & forma le siége de la place. Mais surpris tout-à-coup d'un mal de tête, auquel Réginon donne le nom de *paralysie* ; au lieu de continuer le siége, il ne songea plus qu'à s'échapper d'Italie, n'osant pas s'arrêter dans un pays où, par ses projets ambitieux & par ses cruautés, il s'étoit fait un très-grand nombre d'ennemis. Ainsi, forçant les marches, il retourna même avant la fin de Mai, par la vallée de Trente en Bavière. Le chap. 9 du 1er. livre de Luitprand, ne s'accorde pas tout-à-fait avec ce récit. On y voit que la maladie subite d'Arnoul fut attribuée à l'adresse de l'impératrice Ageltrude, assiégée par cet empereur dans le château de Fermo. Elle réussit, dit l'historien, à gagner à force d'or un domestique d'Arnoul, par lequel elle

lui

lui fit donner un somnifère, qui lui dérangea l'esprit & la santé, de maniere que l'un & l'autre ne purent jamais se rétablir. Ce n'est là sans doute qu'un vain propos du peuple, toujours enclin à regarder certaines maladies, sur-tout des grands seigneurs, ou comme surnaturelles, ou comme des effets de la méchanceté des hommes. Ce que Luitprand dit là mérite d'autant moins de croyance, que, dans ce chapitre & les suivans, il ne fait qu'entasser faussetés sur faussetés. Ageltrude & Lambert mirent promptement à profit la retraite d'Arnoul. Dans l'espace d'assez peu de jours, ils se virent maîtres de ce qu'il leur restoit à recouvrer dans la Lombardie, & principalement de Milan. Leur autorité fut aussi rétablie entièrement dans Rome.

Cette même année 896 offre autre chose, qui fait honneur à l'habileté courageuse d'Ageltrude. On ne trouve pas dans l'histoire qu'elle ait eu d'autres enfans que l'empereur Lambert. Il plaît cependant au comte Campelli de lui donner, dans son Histoire de Spolète, pour second fils un Gui, que l'anonyme de Salerne, historien Lombard, confond avec l'empereur Gui, dont ce devoit être le neveu, comme on le voit dans l'Abrégé chronologique de l'histoire d'Italie. Ce prince y est mis au rang des ducs de Spolète, & comté Gui IV; mais on y montre que, sous les titres de Duc & de Marquis, il ne dut être que le gouverneur général du duché de Spolète, & de la Marche de Camerino, parce qu'on ne trouve nulle part que les empereurs Gui & Lambert se soient jamais dessaisis de ces Etats, où même ils faisoient leur principale résidence.

Après avoir fait connoître ce Gui, parlons des choses auxquelles Ageltrude devoit prendre un intérêt particulier. Son frere Radelgise II, devenu prince de Bénevent en 881, ne le fut que jusqu'en 884, que ses sujets, peu satisfaits de son gouvernement, le chassèrent, & mirent en sa place son frere Aïon II. Celui-ci mourut en 890, laissant pour successeur Urse son fils, qui n'avoit

F. C. *Tome I.* X

que sept ans, sur lequel les Grecs firent, l'année suivante, la conquête de Bénevent. Ils garderent cette ville & sa principauté jusqu'en 894. Les Béneventains, à qui leur joug étoit insurportable, prièrent secrettement Waimaire I, prince de Salerne, de les aider à le secouer. Waimaire, ayant pour femme Jota, sœur de Gui IV, engagea ce duc à chasser les Grecs de Bénevent. Gui vint assiéger cette ville avec une armée considérable, & la pressa long-tems, sans avancer beaucoup : mais Théodore Turmocas, successeur du patrice George au gouvernement de cette ville, voyant qu'avec ses Grecs seuls, il ne pouvoit pas tenir long-tems, exhorta les citoyens de se joindre à lui pour leur défense commune. C'étoit ce qu'ils attendoient pour l'exécution de leur projet. Ils prirent donc les armes, & firent une sortie avec les Grecs ; mais, comme ils en étoient convenus en secret avec Gui, dès que l'on en fut aux mains, ils tournerent le dos, & rentrerent en fuyant dans la ville, où les troupes de Spolète, en feignant de les poursuivre, rentrerent avec eux. Les Grecs furent taillés en piéces ; & Turmocas donna cinq mille écus d'or pour racheter sa vie & sa liberté. Les Béneventains élurent Gui pour leur prince, & ne tarderent pas à s'en repentir. Il tenoit de son origine une tête Françoise, & vouloit gouverner, en maître absolu, des peuples qu'il s'imaginoit avoir conquis, & qui, suivant le caractère général des Lombards, étoient accoutumés à n'obéir à-peu-près à leurs souverains, qu'autant qu'ils le vouloient. L'évêque Pierre, prélat respectable par ses vertus, & le principal auteur de la révolution, se rendant peut-être importun par ses remontrances & ses conseils, fut exilé. Les Béneventains en murmurerent si hautement, que, craignant une nouvelle révolution, Gui, pour les calmer, alla quatre mois après à Salerne, où l'évêque s'étoit réfugié ; lui fit des excuses, & l'engagea de revenir à Bénevent, où depuis il eut pour lui toutes sortes d'égards. Mais cette démar-

che, & la conduite qu'il tint enſuite, ne lui gagnerent pas l'affection des Bénéventains. Il ne fut pas long-tems leur prince. L'anonyme de Bénevent, hiſtorien Lombard, dit « qu'un an & huit mois
» s'étant écoulés, depuis que les Grecs furent chaſſés
» de Bénevent, l'impératrice Ageltrude y fit ſon
» ſon entrée le 31 de Mars, & que, peu de jours
» après, elle rétablit dans cette principauté ſon frere
» Radelgiſe, qu'on avoit chaſſé depuis environ douze
» ans. » Le même hiſtorien dit auſſi, « que le
» marquis Gui ſe rendit à Spolète, parce qu'il avoit
» envie de voir l'empereur Lambert & l'impératrice
» ſa mere, qui l'un & l'autre étoient ſur le point
» d'aller à Rome viſiter les tombeaux des apôtres,
» où Gui lui-même avoit deſſein d'aller. » On ne peut pas ſe diſpenſer de ſuppléer au peu que dit cet anonyme, qui, ſeul entre les hiſtoriens, parle du rétabliſſement de Radelgiſe, confirmé d'ailleurs par différentes chartres. Il eſt naturel de penſer que Radelgiſe II s'étoit retiré près de l'impératrice ſa ſœur, qui n'attendoit qu'une occaſion favorable pour le rétablir. Il n'eſt pas moins naturel de croire que, comme on étoit à Bénevent peu ſatisfait de la conduite de Gui, quelques mécontens ſolliciterent en ſecret Ageltrude de leur rendre ſon frere, leur prince naturel ; &, cela ſuppoſé, l'on peut dire avec l'Abrégé chronologique de l'Hiſtoire d'Italie : « Ce
» ne fut pas volontairement que Gui rendit la prin-
» cipauté de Bénevent à Radelgiſe II.... Il eſt vrai-
» ſemblable que l'impératrice fit reſter à Spolète le
» duc Gui près de l'empereur ; qu'elle prit avec elle
» quelques troupes qui s'emparerent de Bénevent,
» & que ce fut d'autorité qu'elle rétablit ſon frere. »
Ces derniers mots ne ſont point hazardés. Ageltrude ſe conduiſit à Bénevent comme ſuzeraine. On trouve dans la Chronique de S. Vincent de Volturne, un plaid, qu'elle fit tenir dans le palais de Bénevent par le Gaſtalde Louis, en ſa préſence & en celle du prince Radelgiſe.

L'empereur Lambert mourut d'une chute à la chasse, au commencement d'Octobre 998; & sa mort fit reconnoitre Bérenger pour seul roi d'Italie. Les circonstances obligerent Ageltrude de traiter avec ce prince; mais elle traita comme une princesse habile qu'elle étoit. Elle se fit donner par Bérenger deux riches monastères en commende, & confirmer la possession de tous les biens qu'elle avoit. Elle tourna d'ailleurs si bien l'esprit de ce prince, qu'il écrivit de sa main au bas de leur traité: « Je » Bérenger, roi, promets à vous, Ageltrude, veuve » de Gui, ci-devant empereur, que, dès à présent » & pour toujours, je suis votre ami de la meilleure » manière qu'un ami puisse l'être pour son ami. Je » ne vous ôte, & je ne souffrirai jamais qu'on vous » ôte quoi que ce soit de ce que les empereurs Gui » & Lambert, son fils, vous ont accordé. »

Depuis ce traité, l'on ne trouve plus rien qui concerne Ageltrude, si ce n'est une charte que le Campi rapporte dans l'*Appendix* de son Histoire Ecclésiastique de Plaisance. Dans cette charte, laquelle est du 23 de Septembre 900, cette princesse est qualifiée Dame Ageltrude, autrefois Impératrice; & l'on y voit que, par un échange qu'elle fit avec Maïon, abbé de S. Vincent de Volturne, elle acquit une court & une église, situés dans le Plaisantin, & qu'elle faisoit sa résidence dans le duché de Spolète. On ignore l'année de sa mort.

Au reste, « c'est, dit l'Abrégé chronologique » ci-dessus cité, une conjecture assez vraisemblable » de l'abbé Muratori, qu'après la mort de l'empe- » reur Lambert, l'impératrice Ageltrude sa mere, » resta duchesse de Spolète, en reconnoissant » pour son souverain Bérenger, roi d'Italie. » Ce qu'il y a de certain, c'est que, durant plusieurs années après la mort de Lambert, on ne voit point de duc à Spolète.

BENTIVOGLIO-CALCAGNINI, (*la marquise donna Batilde*) de Ferrare, appellée dans l'Académie des Arcades de Rome *Amarilli Tritonide*, mourut le 13 de Mars 1711. Elle avoit beaucoup d'érudition, & sçavoit plusieurs langues. Elle a traduit en italien de bons ouvrages françois de différens genres; & l'on voit quelques-unes de ses poësies italiennes dans le Recueil que les Arcades de la colonie de Ferrare firent paroître dans cette ville, en 1703. Le Crescimbeni parle d'elle avec éloge, dans son Histoire de l'Arcadie, & dans d'autres ouvrages.

BENTIVOGLIO, (*la marquise donna Camille Caprara-*) qui vivoit à Rome en 1714, s'y fit estimer par ses grandes qualités, par son érudition, & par les agrémens de sa plume. Elle avoit étudié sa langue avec soin, & ne l'écrivoit pas moins bien en vers qu'en prose.

BÉRENGERE, infante de Castille, & reine de Léon. *Voyez* LÉON.

BÉRENGERE DE BARCELONE, reine de Léon, de Castille & de Tolède, fille de Raimond IV, comte de Barcelone, & de Doulce, fille & héritiere de Gilbert comte de Provence, étoit sœur de Raimond V, comte de Barcelone par lui-même, & prince d'Aragon par la reine Pétronille sa femme ; de Bérenger, comte de Provence du chef de sa mere ; & de Cécile, comtesse de Foix.

En 1128, Alfonse VIII, roi de Léon, de Castille & de Tolède, ayant atteint l'âge de vingt-deux ans, & se voyant en paix avec Alfonse I, roi d'Aragon & de Navarre, second mari de la reine Urraque, sa mere, & Thérèse, comtesse de Portugal, sa tante, prit la résolution de se marier, & jetta les yeux sur Bérengere, jeune princesse, dont on vantoit en Espagne non-seulement la grande beauté, mais aussi le mérite extraordinaire. Le mariage se conclut vraisemblablement par l'entremise du roi d'Aragon. La princesse fut amenée à Saldanna, où le roi de Léon l'attendoit ; & les nôces y furent célébrées avec beaucoup de pompe, en présence d'un grand nombre de prélats & de seigneurs des royaumes de Léon, de Castille & de Tolède.

Elle mit au monde l'infant don Sanche, en 1131. On ne marque pas l'année de la naissance de son second fils, l'infant don Ferdinand. Leur pere, vers 1149, les déclara rois l'un & l'autre; Sanche, de Castille, des Montagnes de Burgos, de la Biscaye, & de Tolède; Ferdinand, de Léon, des Asturies, & de la Galice. Il n'est pas sûr que Bérengere, qui mourut le 3 de Février de cette meme année 1149, eût eu le plaisir de voir couronner rois ses deux fils; mais en 1135, elle avoit eu celui de voir les Etats généraux des royaumes & seigneuries d'Alfonse VIII, assemblés à Léon, les fêtes de la Pentecôte, le proclamer empereur des Espagnes, à cause des victoires qu'il avoit remportées en grand nombre sur les Maures, & parce qu'il avoit pour vassaux le roi de Navarre, les comtes de Barcelone & de Toulouse, & d'autres souverains moins considérables. Bérengere fut présente à la cérémonie, avec l'infante donna Sanche, sa belle-sœur. Voici ce que Ferreras, tome 3 de la traduction françoise, pag. 395, dit à ce sujet. « Les Etats, le second jour de leur assemblée,
» étant convenus de proclamer empereur le roi dom
» Alfonse, l'allerent querir au palais, & le menerent
» solemnellement à l'église, où il étoit attendu par
» dom Raimond, archevêque de Tolède, assisté de
» tous les évêques, des abbés & du clergé. En en-
» trant dans l'église, le monarque, vêtu d'un riche
» manteau, fut conduit en procession au maître-
» autel, où on lui mit la couronne sur la tête, & le
» sceptre en main, soutenu à droite par dom Garcie,
» roi de Navarre, & à gauche par dom Arias, évê-
» que de Léon, pendant que tout le clergé chantoit le
» *Te Deum*. On célébra ensuite la messe, après la-
» quelle les assistans le proclamerent empereur, s'é-
» criant tous: *Vive, vive l'Empereur dom Alfonse.*
» Cette cérémonie ainsi terminée, tous les prélats

» & seigneurs conduisirent l'empereur à son palais, » où il leur donna à tous un repas magnifique. »

Bérengere eut une fille appellée *Constance*, qu'elle n'eut pas la consolation de voir marier. Ce fut quatre à cinq ans après sa mort, que l'infante Constance, appellée mal-à-propos par des écrivains Espagnols *Elizabeth*, & par des écrivains François *Adélaïde*, épousa notre roi Louis VII.

On rapporte de Bérengere un trait ingénieux, digne d'une Catalane; c'est l'équivalent d'une Gasconne. Elle étoit à Tolède en 1139, lorsqu'Alfonse VIII faisoit le siége du château d'Oréja, place très-forte que les Maures avoient dans l'Andalousie. La garnison en étoit nombreuse, les provisions d'armes & de vivres abondantes, & le commandant un très-bon homme de guerre, qui s'apppelloit *Ali*. Cette place fut serrée de près; & comme on prévit qu'elle tiendroit long-tems, Alfonse fit détourner l'eau d'une rivière & d'une fontaine, d'où les assiégés tiroient principalement leur eau. Ali, dont le manque d'une chose si nécessaire alloit le réduire dans un cruel état, demanda du secours aux Alcaïdes, ou gouverneurs de Cordoue, de Séville, & de Valence. Les Alcaïdes en donnerent avis au roi de Maroc Aben-Ali-Texefin, alors souverain de l'Espagne Mahométane. Ce prince fit promptement passer de Maroc en Andalousie un corps de troupes, avec un grand convoi de vivres. En attendant ce secours, les Alcaïdes, Aben-Azuel de Cordoue, Aben-Céta de Séville, & Aben-Gama de Valence rassemblerent autant de troupes qu'ils purent; ce qui leur fit avec celles de Maroc trente mille hommes. Ils s'avancerent de Cordoue en bon ordre, jusqu'auprès d'Yépès & d'Ocanna. Campés dans cet endroit, ils mirent un gros détachement en embuscade, en cas qu'Alfonse vînt les attaquer, & firent dire aux assiégés, « de faire une » sortie aussi-tôt que le roi de Léon leveroit le siége, » de brûler toutes les fortifications de son camp, » & de les suivre à Tolède, où leur dessein étoit de

» marcher. » Alfonse, inſtruit par ſes eſpions de ce que les Maures projettoient, tint conſeil; & ſes officiers furent d'avis d'attendre les ennemis de pied ferme, ou même de les laiſſer aller s'engager au ſiége de Tolède, parce que cette grande ville étoit en état de ne rien craindre. Les Maures, ayant inutilement attendu qu'Alfonse vînt les combattre, décamperent & marcherent à Tolède. Bérengere ne les vit pas plutôt approcher, qu'elle envoya quelqu'un de marque dire aux Alcaïdes, « que des officiers généraux » comme eux, recommandables par leur bravoure » & par leur naiſſance, n'en agiſſoient pas comme » il leur convenoit d'agir; que s'ils avoient véri- » tablement du courage & de l'honneur, au lieu de » venir attaquer une femme, ils iroient au château » d'Oréja; qu'ils y trouveroient le roi qui n'oublie- » roit rien pour les bien recevoir. » Les Alcaïdes, que cette incartade devoit offenſer, la tournerent en galanterie. Ils envoyerent aſſurer la reine de leurs reſpects, & lui faire leurs excuſes, & la firent prier de vouloir ſe faire voir de quelque endroit de ſon palais, pour qu'ils puſſent, quoique de loin, avoir l'honneur de la ſaluer. Elle les ſatisfit, & parut à leurs yeux, entourée de ſes dames, avec tout l'éclat & toute la magnificence que la conjoncture put permettre. Saiſis d'admiration, ils la ſaluerent avec toutes les marques du plus profond reſpect, & prirent congé d'elle d'une maniere qui témoignoit le regret qu'ils avoient de ne pas jouir plus long-tems du plaiſir de la voir; ils ſe retirerent en ceſſant toutes les hoſtilités; &, n'oſant aller tenter de ſecourir Oréja, parce que l'armée Chrétienne étoit beaucoup plus conſidérable que la leur, ils s'en retournerent chez eux. Le brave Ali ſe défendit tant qu'il put ſe défendre; mais, voyant la place ſerrée de ſi près que perſonne n'y pouvoit entrer & perſonne en ſortir; que les puits du château étoient preſque taris, les vivres près de manquer, & la brèche ouverte, il envoya demander une ſuſpenſion d'armes, à condition de rendre la place, s'il n'étoit pas secouru dans un mois. Il obtint ce qu'il demandoit. Le secours ne vint point. Oréja fut rendu.

En 1142, les Alcides Aben-Azuel de Cordoue, & Aben-Céta de Séville furent tués dans une bataille contre des troupes du roi de Léon. Leurs têtes, séparées de leurs corps, furent portées en triomphe à Tolède &, par ordre du roi, placées sur le haut du palais. Bérengere les en ayant fait ôter quelques jours après, elles furent mises dans un cercueil décent, & portées de sa part à leurs femmes.

BÉRÉNICE, femme de Ptolémée Lagus, roi d'Egypte, fut mere de Ptolémée dit *Philadelphe*, qui fut élevé sur le trône au préjudice de ses freres, quoiqu'il fût le plus jeune de tous. Cette princesse survécut à Ptolémée Lagus son époux, & vivoit encore sous la CXXIV olympiade, l'an 284 avant Jesus-Christ.

BÉRÉNICE, fille de Magas, roi de Cyrène, & d'Arsinoé, fut mariée à Ptolémée Evergetes, roi d'Egypte, la deuxieme année de la CXXX olympiade, 247 ans avant J. C.

BÉRÉNICE, fille de Ptolémée Philadelphe, roi d'Egypte. Son pere lui fit épouser Antiochus II, surnommé *le Dieu*, roi de Syrie, la quatrieme année de la CXXX olympiade, & 257 ans avant J. C. Antiochus II avoit eu une autre femme nommée *Laodice*, qui lui avoit donné deux enfans, Séleucus dit *Callinicus*, & Antiochus, surnommé *l'Epervier*. Ce prince, naturellement volage & inconstant, se dégoûta de Bérénice, sept ou huit ans après l'avoir épousée. Il rappella Laodice; mais cette femme craignant encore d'être sacrifiée à quelque rivale, empoisonna Antiochus. Bérénice s'étoit retirée, avec un fils qu'elle avoit, dans l'asyle de Daphné au fauxbourg d'Antioche. Laodice l'y fit assiéger. Ptolémée Evergetes, frere de Bérénice, marcha aussi-tôt à son secours; mais, avant son arrivée, le fils de Bérénice tomba entre les mains de Cénée, émissaire de

Laodice, qui massacra impitoyablement ce jeune prince. Sa mere monta aussi-tôt sur un chariot; poursuivit vivement l'assassin, & le tua d'un coup de pierre. Elle se renferma ensuite dans Antioche, où elle fut prise & étranglée.

BÉRÉNICE, sœur, ou, selon d'autres, fille de Ptolémée Aulètes, roi d'Egypte. Les Egyptiens, mécontens du gouverment de Ptolémée, le détrônerent l'an 58 avant J. C. & déférerent la couronne à sa fille Bérénice, qui avoit eu l'art de gagner tous les cœurs. Cette princesse épousa Séleucus Cybiosactès, de la race des Séleucides. Elle le fit dans la suite étrangler, & épousa Archélaüs. Ce dernier périt dans un combat. Ptolémée Aulètes remonta sur le trône par le secours des Romains, la deuxieme année de la CLXXXI olympiade, & 55 ans avant J. C. Le premier usage qu'il fit de son autorité, fut de faire mourir sa fille, pour la punir d'avoir accepté un trône dont il avoit été chassé.

BÉRÉNICE DE CHIO, l'une des femmes de Mithridate le Grand. Ce prince, vaincu par Lucullus, & craignant que Bérénice ne tombât au pouvoir du vainqueur, par une jalousie barbare, envoya un eunuque nommé *Bacchides*, lui porter du poison de sa part. Bérénice partagea avec sa mere le poison que lui offrit l'eunuque; &, la dose qu'elle s'étoit reservée ne se trouvant pas assez forte pour la faire mourir promptement, elle pria l'ennuque d'abréger ses douleurs; ce qu'il fit, en l'étranglant, l'an 71 avant J. C.

BÉRÉNICE, sœur d'Hérode le Grand roi des Juifs, & femme d'Aristobule fils de ce prince, & de Mariamne. Ne pouvant vivre avec son mari, cette princesse essaya de s'en défaire, & ne contribua pas peu à sa mort, par les rapports & les plaintes qu'elle fit à son beau-pere. Elle se remaria ensuite avec un autre fils d'Hérode; & après sa mort, elle alla à Rome, où elle s'attacha particulièrement à la femme de Drusus, Antonia, qui eut pour elle beaucoup de considération. On ignore l'année de sa mort.

BÉRÉNICE, fille d'Agrippa l'Ancien, & sœur d'Agrippa le Jeune, roi des Juifs, épousa son oncle Hérode, & vivoit vers l'an 50 de J. C. Josephe en a fait mention : « Quant à Bérénice, dit-il, la » plus âgée des trois sœurs d'Agrippa, elle demeura » quelque tems veuve après la mort d'Hérode, qui » étoit tout ensemble son mari & son oncle ; mais, sur » le bruit qui se répandoit qu'elle avoit des habi- » tudes criminelles avec son frere, elle fit propo- » ser à Polémon, roi de Cilicie, de l'épouser, & » d'embrasser pour cela la religion des Juifs, dans » la créance qu'elle eut que ce seroit le moyen de » faire connoître que ce discours étoit faux. Ce prince » y consentit, à cause qu'elle étoit extrêmement » riche ; mais ils ne furent pas long-tems ensem- » ble ; car elle le quitta par impudicité, à ce que » l'on dit. L'empereur Claudius l'avoit autrefois » destinée pour être femme de Marc, fils d'Alexan- » dre Lysimachus Alabarche, qu'il aimoit beaucoup ; » mais ce Marc étant mort avant que les nôces se » pussent faire, Agrippa l'Ancien, pere de Béré- » nice, la donna en mariage à Hérode son frere, » pour qu'il obtînt de Claudius le royaume de Chal- » cide. » Cet Hérode mourut en l'an 48, laissant de Bérénice deux fils nommés *Bérénicien* & *Hyrcan.* Bérénice étoit avec son frere Agrippa, l'an 55, lors-que S. Paul plaida sa cause, en leur présence & en celle du proconsul Portius Festus.

BÉRÉNICE ou BÉRONICE, est nommée par Photius dans l'énumération qu'il fait des philosophes, de qui Stobée a rapporté les Apophthegmes ; mais il ne la fait pas connoître, & rien ne nous apprend ni ce qu'elle étoit ni le tems auquel elle vécut.

BÉRÉNICE ou PHÉRÉNICE, sœur & mere de vainqueurs aux yeux olympiques. *Voyez* PHÉRÉ-NICE *ou* BÉRÉNICE.

BERINGHEN, (*madame de*) abbesse de Farsmoustier en Brie, est comptée par M. de Vertron parmi les femmes sçavantes du dernier siécle. Il dit d'elle « qu'elle fut illustre par son sçavoir & par sa » vertu. »

BERNARD, (*Catherine*) née à Rouen, s'est rendue célèbre sur la fin du dernier siécle par son esprit & ses ouvrages. Elle vint s'établir à Paris, & se lia avec plusieurs beaux esprits des plus distingués de son tems. Elle composa pour le théatre françois deux tragédies ; *Léodamie*, imprimée en 1690, piéce qui n'eut qu'un succès médiocre ; & *Brutus*, imprimée en 1691, & reçue avec applaudissement. On a prétendu que M. de Fontenelle, qui étoit un des intimes amis de mademoiselle Bernard, avoit eu beaucoup de part à ces deux piéces. Elle renonça au théatre, par les avis de madame la chanceliere de Pontchartrain, qui l'estimoit beaucoup, & qui lui faisoit une pension. Mademoiselle Bernard remporta plusieurs fois le prix de poësie de l'Académie Françoise. Ses pièces sont imprimées dans les Recueils de cette Académie de 1691, de 1695 & de 1697; elle a été aussi couronnée trois fois aux jeux floraux de Toulouse. Sur la fin de sa vie, elle supprima plusieurs piéces de vers qu'elle avoit composées dans sa jeunesse, & qui lui parurent trop libres. Quoiqu'on lui en offrît une somme considérable, elle ne voulut jamais les communiquer. On trouve dans différens Recueils de poësies, de très-jolis vers de sa façon. Nous rapporterons ici le Placet au Roi, par lequel cette demoiselle demande à Louis XIV de lui faire toucher les deux cens écus de pension qu'il lui faisoit :

 Sire, deux cens écus sont-ils si nécessaires
 Au bonheur de l'état, au bien de vos affaires,
 Que sans ma pension vous ne puissiez dompter
 Les foibles Alliés & du Rhin & du Tage?
 A vos armes, Grand Roi, s'ils peuvent résister,
 Si, pour vaincre l'effort de leur injuste rage,

  Il falloit ces deux cens écus,
  Je ne les demanderois plus.
Ne pouvant au combat pour vous perdre la vie,
Je voudrois me creuſer un illuſtre tombeau,
Et ſouffrant une mort d'un genre tout nouveau,
  Mourir de faim pour la patrie.
Sire, ſans ce ſecours, tout ſuivra votre loi ;
Et vous pouvez en croire Apollon ſur ſa foi ;
Le ſort n'a point pour vous démenti ſes oracles :
Ah ! puiſqu'il vous promet miracles ſur miracles,
Faites-moi vivre & voir tout ce que je prévois.

 Le mérite de mademoiſelle Bernard la fit recevoir dans l'académie des *Ricovrati* de Padoue. Elle mourut à Paris, en 1712, & fut enterrée à S. Paul.
 BERRE, (Claire de) demoiſelle Provençale, *Voyez* PONTEVÈS. (Anne de)
 BERRI, (Bonne de) comteſſe de Savoye. *Voyez* BONNE DE BERRI.
 BERTANA, (Lucie) ſçavante demoiſelle Modénoiſe, comme on le dit dans le quatrieme livre, pag. 280, de l'Hiſtoire de Modène, imprimée en italien ſous ce titre : *Iſtoria della Patria Modaneſe*, édition de 1698 ; mais l'Atanagi, dans la Table raiſonnée du ſecond livre de ſon Recueil de poëſies, qu'il publia ſous le nom de *Gherardo Spini*, dit que cette demoiſelle étoit de Boulogne ; & la nomme *Lucia dell' Oro* ou *Bertana*. Le Betuſſi parle auſſi d'elle dans ſes Images ou Portraits ; & ſes poëſies ſe trouvent dans le Recueil des *Rime di cinquanta Poeteſſe*. (Poëſies de cinquante Dames) Elle eſt connue d'ailleurs par la part qu'elle prit dans une célèbre diſpute littéraire. Le Caſtelvetro, ſçavant littérateur, mais critique vétilleux, reprit dans une belle Ode qu'Annibal Caro, cet excellent traducteur de l'Enéïde de Virgile, avoit faite à la gloire de la maiſon de France, certaines choſes qui parurent alors, & qui paroiſſent encore peu dignes d'être cenſurées,

& les reprit avec une aigreur très-contraire aux ménagemens de la politesse. Les amis du poëte & lui-même prirent feu sur cette attaque indécente ; ce qui produisit de leur part plusieurs pièces contre le Castelvetro, tant en prose qu'en vers, lesquelles coururent manuscrites, & furent ensuite imprimées, principalement par les soins de Commendon, qui devint cardinal avant leur impression. Lucie Bertana, non moins liée sans doute avec Annibal Caro, qu'avec le Castelvetro, s'entremit pour appaiser une querelle qu'il lui paroissoit que l'on poussoit trop loin ; & la chose étoit vraie. Les défenseurs du poëte censuré traitoient indignement le Castelvetro. Cette demoiselle écrivit à Caro, pour l'exhorter à laisser là cette misérable querelle, & l'engager même à retirer les copies des différentes pièces qui couroient ; mais les poëtes ordinairement ne pardonnent pas plus que les dévots. Le Caro se prétendit offensé trop grièvement ; & loin de consentir à la suppression des pièces en question, il donna les mains à ce qu'on les rassemblât pour les faire imprimer. On y joignit les différentes Lettres qu'il avoit reçues de la sçavante Modénoise, avec ses Réponses.

BERTANI, (*Barbe*) de Reggio de Lombardie, laquelle fleurissoit vers 1588, se fit de la réputation par ses poësies italiennes. Le Guasco parle d'elle avec éloge, aux pages 203 & 226 de son Histoire littéraire.

BERTHE, abbesse de Blangi en Artois, fille du comte Rigobert, seigneur de la cour de Clovis II, & d'Ursane, parente du roi de Kent, épousa Sigefroi à l'âge de vingt ans, & eut de lui cinq filles. Après la mort de son époux, cette princesse se retira dans le monastère qu'elle avoit fait bâtir à Blangi, sur la riviere de Fernois au diocese de Térouanne, dans le pays d'Artois, & elle en fut abbesse. Elle fit bâtir trois églises dans ce monastère. Lorsque sa fille Déotile eut atteint un âge convenable, elle lui céda la charge d'abbesse, & s'enferma dans une cel-

BER

lule où elle finit faintement fes jours le 4 de Juillet 725, à l'âge de foixante-dix-neuf ans. Le monaftère de Blangi fut brûlé par les Normands, fur la fin du IXe fiécle. Le comte de Flandres le fit rétablir en 1032 par des religieux de S. Benoît. Les religieufes de ce monaftère, qui avoient pris la fuite à l'approche des Normands, vinrent à Mayence, en 895, emportant avec elles les corps de Berthe & de fes deux filles, Gertrude & Déotile. L'abbeffe d'Erftein, près de Strasbourg, les reçut d'abord dans fon abbaye, & leur fonda enfuite un autre monaftère à Alziac, qu'elles allerent habiter.

BERTHE *ou* EDITHBERGE, fille de Charibert, roi de France, & d'Ingoberge, époufa Ethelbert, roi de Kent en Angleterre. Cette princeffe, par fes exemples & fa vertu, convertit à la foi catholique le roi fon époux, qui étoit payen. Ethelbert fut baptifé en 597, par le moine Auguftin, que Grégoire le Grand avoit envoyé en Angleterre.

BERTHE *ou* BERTRADE, furnommée *au Grand-Pied*, fille de Charibert comte de Laon, époufa Pépin dit *le Bref*, depuis roi de France, & en eut Charlemagne, Carloman, &c. Cette princeffe mourut à Choify, le 27 Juillet 783, & fut depuis enterrée à Saint-Denis auprès de fon époux.

BERTHE, fille de Charlemagne, fut mariée à S. Angilberth, comte & abbé de S. Rigier. Elle eut de ce mariage deux enfans, Harnide, & Nithard, qui fut abbé de S. Rigier. Berthe mourut l'an 853.

BERTHE, fille de Pépin I, roi d'Aquitaine, & d'Ingeltrude, époufa Gérard de Rouffillon, dit *d'Alface*, fi fameux dans l'hiftoire. Elle mourut en 874, & fut enterrée à Ponchière auprès de fon mari.

BERTHE, fille de Lothaire & de Valdrade, vivoit dans le Xe fiécle. Cette princeffe joignoit à une beauté parfaite un courage héroïque & une prudence fingulière. Elle fe maria d'abord avec Thibaut, comte d'Arles, & en eut un fils nommé *Hugues*, qui fut roi d'Arles, puis d'Italie, l'an 928.

Thibaut étant mort, Berthe, qui étoit encore extrêmement jeune, se remaria avec Adalbert ou Adelbert, marquis de Toscane, dit *le Riche*, homme simple & d'un génie très borné, qui se laissa gouverner absolument par sa femme. Elle lui disoit quelquefois en raillant, qu'il falloit qu'elle fit de lui un roi ou un âne. Cette princesse fit une ligue contre Bérenger, roi d'Italie; mais la mort d'Adelbert renversa ses projets. Bérenger se saisit de Berthe, & la fit conduire prisonniere à Mantouë. Il exigea, pour prix de sa liberté, qu'elle lui remît les principales villes & les plus forts châteaux de la Toscane; Berthe n'y voulut point consentir, & ses charmes la servirent si bien dans cette occasion, que Bérenger amoureux de sa prisonniere, lui rendit une liberté qu'elle venoit de lui ravir. Berthe mourut à Lucques en 925. On voit dans cette ville son tombeau, avec une épitaphe qui contient un abrégé de sa vie.

BERTHE, fille de Conrad I, & de Mahaud de France, & sœur de Raoul III, dit *le Fainéant*, roi de la Bourgogne Transjurane, épousa d'abord Eudes, comte de Blois. En 995, elle contracta une nouvelle alliance avec Robert de France; mais le pape Grégoire V obligea ce prince à la quitter, sous prétexte qu'elle étoit sa parente. Pour achever de déterminer Robert à se séparer de son épouse, on lui assura qu'elle étoit accouchée d'un enfant difforme & monstrueux. Berthe conserva cependant toujours le titre de Reine.

BERTILLE, fille du diocese de Soissons, premiere abbesse de l'abbaye royale de Chelles, fondée par sainte Batilde, reine de France.

BERTRADE. *Voyez* BERTHE, surnommée *au Grand Pied*.

BERTRADE DE MONTFORT, reine de France, seconde femme de Philippe I, étoit fille de Simon I, comte de Montfort-l'Amauri, & fut mariée très-jeune encore, en 1089, à Foulques, comte d'Anjou, surnommé *Rechin*, c'est-à-dire *le Querelleur* ou *le Revêche*.

revêche. Jamais époux ne furent si mal assortis. Bertrade étoit parfaitement belle, sage, bien faite, & n'avoit pas moins d'esprit que de beauté. Foulques, usé de débauches & de vieillesse, étoit laid, difforme, goutteux; ses richesses faisoient tout son mérite & toutes ses vertus. On juge bien que Bertrade n'eut pas pour un mari de cette sorte une passion bien violente. Craignant d'ailleurs qu'il ne la traitât comme il avoit fait deux de ses femmes qu'il avoit répudiées, elle résolut de le prévenir. Philippe I, roi de France, prince galant & voluptueux, venoit de répudier la reine Berthe, quoiqu'il en eût eu un fils, qui fut Louis le Gros, son successeur. Il vit Bertrade à Tours en 1092: tout ce que la coquetterie a d'attraits, & la beauté de charmes, fut employé pour fixer ce prince volage, qui jura dès-lors à sa nouvelle amante l'amour le plus tendre & le plus constant, & qui lui tint parole.

Les obstacles ne leur parurent point difficiles à surmonter. Bertrade la premiere, obtint en peu de tems d'être séparée du comte d'Anjou, dont cependant elle avoit un fils. Philippe de son côté n'eut pas de peine à prouver un degré de parenté entre la reine & lui; de sorte que Raimond, archevêque de Reims, & ses suffragans, délégués par le saint siége, ne balancerent pas à prononcer la séparation qu'il demandoit. Le seul Yves de Chartres, prélat comblé de bienfaits par Philippe, se mit en tête de profiter d'une circonstance aussi favorable pour faire sa cour au pape, alors Urbain II, & pour établir en France le despotisme pernicieux de Grégoire VII, sur le temporel des rois. La mort de Berthe, arrivée en 1093, devoit rompre naturellement ce projet. Yves chercha des raisons pour le poursuivre, en alléguant la parenté du comte d'Anjou, premier mari de Bertrade, avec le roi Philippe. En vain le mariage de ce prince fut célébré publiquement par l'évêque de Senlis & deux autres prélats, & du consentement du cardinal Roger, légat en France. Yves de

Chartres, par ses Lettres, porta de plus en plus le pape à la rigueur, fit révoquer le légat Roger, & substituer en sa place Hugues, archevêque de Lyon.

» Ce dernier, dit un auteur moderne, prévoyoit
» les embaras de sa légation, & fit même quelques
» difficultés de l'accepter. Yves ne manqua pas de
» l'enhardir. Le refus d'Hugues eût dérangé son pro-
» jet. Il lui écrivit pour le détourner du refus dont
» on parloit. La lettre est vive & pressante, & très-
» injurieuse au roi & à Bertrade. Il y fait des compa-
» raisons les plus odieuses de Philippe avec Hérode,
» avec Balac, avec Néron ; & de Bertrade avec Jé-
» zabel & avec Hérodiade..... Hugues acccepta la lé-
» gation ; il assembla un concile à Autun, le 16 de
» Novembre 1094, où le roi fut excommunié
» pour avoir épousé Bertrade. » Le pape en indiqua un autre à Plaisance, au commencement de l'année suivante; l'ayant transféré à Clermont, il fut présent lui-même à l'ouverture qui s'en fit dans cette ville le 18 de Novembre 1095. Philippe & sa femme y furent frappés de l'anathême, ainsi que tous ceux qui les reconnoîtroient pour leurs souverains, & communiqueroient avec eux. « Ce qu'il y a de re-
» marquable, dit l'auteur cité ci-dessus, c'est que
» non-seulement un pareil jugement se rendoit en
» France, presque sous les yeux du roi, mais encore
» par un pontife qui étoit venu y chercher un asyle
» contre l'empereur. »

Nous n'insisterons point sur les suites de cette affaire, qui nous meneroient trop loin. Il suffira de dire ici, que Philippe, voyant que des seigneurs mal-intentionnés profitoient de son malheur pour exciter des troubles dans le royaume, consentit enfin à renoncer à sa chere Bertrade ; qu'il en alla faire la promesse au pape dans la ville de Nîmes, au mois de Juillet 1096, & qu'il y reçut l'absolution d'Urbain II. En conséquence, il fit sacrer le fils qu'il avoit eu de la reine Berthe, & le déclara son successeur.

Cependant les craintes de Philippe ne furent pas plutôt appaisées par la soumission des rebelles, qu'il reprit Bertrade, & continua de vivre avec elle comme il avoit fait jusqu'alors. La cour de Rome fit gronder de nouveaux foudres. Pascal II suivit la même politique que son prédécesseur Urbain II ; & deux conciles furent tenus à cet effet ; l'un, à Poitiers, le 18 de Novembre 1100 ; l'autre, à Beaugenci dans l'Orléanois, le 28 de Juillet 1104. La mort seule sépara ces tendres époux. On croit qu'ils avoient obtenu dispense du pape. Quoi qu'il en soit, Philippe ayant terminé ses jours à Melun, le 29 de Juillet 1108, Bertrade se retira dans un monastère de l'ordre de Fontevrauld, qu'elle avoit fondé quelques années auparavant à Hautes-bruyeres, au diocèse de Chartres, & y mourut peu de tems après dans l'exercice de toutes les vertus chrétiennes. Des écrivains passionnés ont laissé de cette princesse des portraits qu'on peut dire affreux. Ils n'ont pas eu honte de la qualifier d'Empoisonneuse, de Magicienne, &c. Le lecteur sage & éclairé ne verra dans Bertrade qu'une femme aimable, ambitieuse peut-être, mais dont le mérite la rendoit digne du trône, qu'elle sçut se conserver malgré les efforts d'une puissance qui faisoit trembler alors tous les souverains.

BERTRUDE, reine de France, étoit de Neustrie, d'autres disent de Saxe, & fut mariée à Clotaire II, vers l'an 607. Ses belles qualités la rendirent infiniment chere à son époux. Elle eut un fils nommé *Chérébert*, roi d'Aquitaine, & mourut en 620, regrettée de Clotaire & de tous ses sujets, qui, suivant le témoignage d'Aymoin, l'avoient beaucoup aimée pour sa douceur & pour sa bonté. Cette princesse fut inhumée à Paris dans l'abbaye de saint Vincent, aujourd'hui S. Germain des Prés, où l'on voit son tombeau de pierre, à main droite du grand autel.

BESTIA APPIA, dame Capouane, très-riche,

s'illustra pendant la guerre d'Annibal contre les Romains, en exerçant, suivant que Capoue fut de l'un ou de l'autre parti, l'hospitalité envers les blessés, & la libéralité la plus noble envers les prisonniers de guerre.

BEUVE. (*Magdeleine Luillier de Sainte*) *Voyez* LUILLIER.

BIANCA-CAPELLO, grande duchesse de Toscane. *Voyez* CAPELLO.

BIBLIS, (*sainte*) célèbre martyre de Lyon, pendant la persécution de l'empereur Marc-Aurèle. Elle eut d'abord la foiblesse de céder à la rigueur des tourmens, & fut du nombre de ceux qui renoncerent à la foi. Mais les payens n'eurent point lieu de se réjouir de son changement : toujours chrétienne du fond du cœur, elle ne pouvoit s'empêcher de témoigner le mépris & l'horreur que lui inspiroient les superstitions du paganisme. Elle fut arrêtée de nouveau, & mise entre les mains des magistrats qui la condamnerent à la torture. Comme on la soupçonnoit d'entretenir des intelligences avec les Chrétiens, on espéroit pouvoir la forcer d'avouer les crimes dont ils étoient faussement accusés, entr'autres, de manger des enfans. Biblis s'arma de constance & de courage. Résolue d'expier sa faute, elle envisagea les peines éternelles dûes à son apostasie ; & cette considération la rendit assez forte, pour braver & lasser même la rage des bourreaux. « Comment se pourroit-il faire, disoit-elle, que les » Chrétiens mangeassent des enfans, eux à qui il » n'est pas même permis de goûter du sang ? » Elle justifia donc les Chrétiens, & rentra dans la société des martyres.

BICHI (*Pia*), qui vivoit avant 1580, fut une dame de Sièné, illustre par son sçavoir. On a ses Poésies dans les *Rime di cinquanta Poëtesse* (Poësies de cinquante Dames,) recueillies à Naples par le libraire Bulifon.

BIGORRE, (*Gisberte de*) & *Félicie de Rouci*,

demoiselles Françoises, ne doivent pas, pour l'honneur de la nation, être oubliées dans cet ouvrage. Elles furent les deux premieres reines d'Aragon.

Gisberte étoit fille de Bernard, comte de Bigorre, & de la comtesse Garsende. Elle fut mariée, en 1036, à Ramire, que son pere Sanche III, dit *le Grand*, roi de Navarre, avoit fait, en 1034, premier roi d'Aragon. Ce prince, tué dans une bataille, le 8 de Mai 1063, laissa Gisberte veuve & mere d'un fils, qui fut Sanche I, second roi d'Aragon, lequel devint, en 1076, roi de Navarre, cinquieme de son nom, ayant été choisi par les Etats du pays, pour être le successeur du roi Sanche IV, son cousin germain, & petit-fils, comme lui, de Sanche le Grand.

Sanche I, second roi d'Aragon, épousa Félicie en 1063, presque aussi-tôt qu'il fut sur le trône. On peut croire qu'elle étoit parente de Gisberte, & que ce fut cette reine qui fit le mariage. Félicie « n'étoit » point, comme le disent les Aragonois, fille du » comte d'Urgel, ni, comme Ferreras le dit, d'Hil- » duin II, comte de Robey, & d'Adèle de Châ- » tillon; mais elle l'étoit d'Hilduin II, comte de » Rouci, & d'Adèle, c'est-à-dire Adélaïde, fille » & héritiere d'Elbe I, comte de Rouci. » Ces paroles sont de l'Abbrégé chronologique de l'Histoire d'Italie, tome 3, page 681. L'auteur de cet ouvrage souhaite qu'on avertisse ici, qu'en relevant les méprises des autres, il s'est mépris lui-même par distraction, en disant, Hilduin II, au lieu d'Hilduin IV. Ce seigneur étoit fils d'Hilduin III, petit-fils d'Hilduin II, & arriere-petit-fils d'Hilduin I, comtes de Montdidier, d'Arcies, &c.

Elbe II, comte de Rouci, l'un des grands hommes de guerre de son tems, beau-frere, par sa sœur, de Sanche I, roi d'Aragon, le fut aussi, par sa femme, de l'empereur Constantin-Ducas-Porphyrogénète. Il avoit épousé Sybille, quatrieme fille du célèbre Robert Guiscard, duc de Pouille; &

Constantin en avoit épousé la troisieme, appellée *Helene*. Pour le dire en passant, Robert Guiscard ne plaçoit pas mal ses filles. Il avoit donné en mariage Herric, l'aînée, à Hugues, comte du Maine, fils de l'illustre marquis Italien, Albert-Azzon II, souche commune de la maison de Brunswick en Allemagne, & de la maison d'Este en Italie ; & Maalte, la seconde, à Raimond II, comte de Barcelone.

On ignore le tems de la mort de la reine Gisberte. Pour la reine Félicie, elle mourut le 24 d'Avril 1085, laissant le roi Sanche, son mari, pere de trois fils ; Pèdre, Alfonse & Ramire, qui succéderent, l'un après l'autre, à leur pere ; les deux premiers, aux royaumes d'Aragon & de Navarre ; le troisieme, au royaume d'Aragon seulement.

La postérité de ces deux reines, *demoiselles Françoises*, occupe encore aujourd'hui tous les trônes d'Espagne, auxquels elle joint le royaume des Deux-Siciles, & les duchés de Parme & de Plaisance. C'est dire assez que toute la branche royale de la maison de France compte ces deux reines entre ses meres.

BIGOT. (*Anne*) *Voyez* CORNUEL.

BILECHILDE ou BLICHILDE, premiere femme de Théodebert II, roi d'Austrasie, que sa beauté fit passer de l'esclavage sur le trône. Brunehaud, ayeule de Théodebert, voulant plonger son petit-fils dans les plaisirs, & se conserver l'autorité souveraine, acheta Bilechilde à Metz, & la donna pour femme à Théodebert. Elle ne craignoit pas qu'une esclave, qu'elle élevoit à une fortune si prodigieuse, pût jamais être un obstacle à ses vues ambitieuses. Cependant la haine des grands pour Brunehaud, les fit ranger du parti de la jeune reine, dont la douceur & les manieres affables attiroient tous les cœurs. Théodebert lui-même penchoit pour son épouse. Il en eut deux fils & une fille. On ignore ce qui porta ce prince à changer tout-à-coup son amour en fureur. Il est certain du moins qu'en 609, il fit tuer Bilechilde, pour une jeune fille nommée Théodechilde.

BILECHILDE ou **BILIHILDE**. *Voyez* **BLITILDE**.

BILIA, dame Romaine, se fit, par ce qu'on en va rapporter, un honneur immortel. Elle etoit femme de Caïus Duellius, plus communément Duillius, qui, consul, vers l'an 259 avant J. C. commanda la premiere flotte que les Romains ayent eue ; battit celle des Carthaginois, &, le premier, obtint le triomphe naval.

Devenu très-vieux, il eut querelle avec quelqu'un qui, dans la colère, lui reprocha, « qu'il avoit l'ha» leine forte. » Il s'en retourna chez lui fort triste, & se plaignit à Bilia de ce qu'elle ne l'en avoit pas » averti. « Je vous en aurois averti, lui dit-elle, » si je n'avois pas cru que tous les hommes avoient » l'haleine de même. » Cette réponse, supposée bien sincère, annonce qu'elle n'avoit jamais connu d'autres baisers que ceux de son mari. Prise d'un autre sens, elle apprend que, par respect & par tendresse pour un mari qu'elle aimoit, elle avoit vaincu la délicatesse de son sexe, & souffert patiemment, & sans paroître s'en appercevoir, les inconvéniens d'une incommodité, qui, dans la liaison conjugale, semble devoir être insupportable. Enfin, en considérant cette réponse d'un autre côté, l'on voit une femme, non moins adroite que sage, qui, d'une maniere obligeante pour son mari, sçait faire tourner à son avantage le reproche qu'il lui fait.

BINS, (*Anne de*) native d'Anvers, dans le seizieme siècle. Elle prit un tel goût pour les belles-lettres, qu'elle refusa de se marier, dans la seule vue de s'y livrer toute entiere. Elle composa des poësies, en langue flamande, contre les hérétiques, & mérita l'estime des sçavans, ses contemporains. Plusieurs même n'ont pas fait difficulté de la comparer à l'illustre Sapho ; ce qui prouve qu'elle sçavoit quelque chose de plus que rimer. François Swertius, écrivain Flamand, a dit, en parlant d'Anne de Bins, dans son Athènes Belgique, que la seule différence qu'il y avoit entre la Sapho d'Anvers &

la Sapho de Lesbos, toutes deux égales d'ailleurs en mérite, c'est que les écrits de la Flamande ne respiroient que la vertu, tandis que ceux de la Lesbienne étoient des leçons de vice.

Arte pares, Lesbis Sapho & mea Binsia distant
Hoc solo, vitia hæc dedocet, illa docet.

BIO, dame Argienne, faisoit profession de la philosophie de Pythagore. Iamblique en fait mention dans la Vie de ce philosophe.

BIRGITTE. *Voyez* BRÉGIDE.

BISATIMA, riche veuve de l'isle d'Ormus, dans le golfe Persique. C'étoit une femme d'âge, veuve d'un Vizir qui avoit gouverné le Mogostan en Perse. On dit qu'elle avoit des grandes richesses, & que, pour se défaire du vieux monarque nommé *Ferragut-Schah*, qui étoit amoureux d'elle, elle lui dit qu'elle l'épouseroit quand il auroit trouvé une autre source d'eau douce à Turonpuka, croyant la chose impossible, parce que cette ville est sur un terrain de terre grasse salée, & qu'on n'avoit découvert jusqu'alors qu'une très-petite source d'eau douce, dont on se servoit pour arroser les vergers du Roi & du Vizir. Le roi remplit cependant la condition prescrite; mais il n'obtint pas les trésors de la vieille.

Ferragut-Schah régnoit en 1596.

BISORRONDE de Tarente est une Pythagoricienne, qui ne nous est connue que par Iamblique, qui parle d'elle dans la Vie de Pythagore.

BLACASSONE *ou* BLANCASSONE, dame Provençale. *Voyez* RIEZ (*Marguerite de*)

BLANCHE DE VALOIS, impératrice. *Voyez* VALOIS. (*Blanche de*)

BLANCHE *ou* BLANDINE, reine de France. *Voyez* BLANDINE.

BLANCHE DE CASTILLE, reine de France, & mere de S. Louis. Elle étoit fille d'Alfonse IX, roi de Castille, qui fut surnommé *le Noble* pour sa magnificence & ses libéralités, & *le Bon*, à cause de ses autres vertus qui le firent adorer des Espagnols. Ce prince avoit pris pour femme Aliénor ou Eléonor, fille de Henri I, roi d'Angleterre; & c'est de ce mariage que naquit, en 1169, Blanche de Castille, qui fut la seconde de onze enfans.

La reine Eléonor, princesse non moins habile que vertueuse, n'oublia rien pour l'éducation de sa petite infante, & pour lui inspirer les grandes vertus d'une sage reine. Il ne s'agissoit que de développer les heureuses dispositions de Blanche, qui, surpassant bientôt toutes les espérances, mérita dès l'âge de quinze à seize ans, d'être choisie pour être le sceau d'une paix solide entre deux grands royaumes, en devenant la femme du prince Louis de France, fils aîné de Philippe Auguste.

Depuis plus d'un siécle, l'ambition & la rivalité n'avoient presque point cessé d'armer l'une contre l'autre la France & l'Angleterre. Ces longues & funestes querelles avoient enfin paru assoupies par la trève que le cardinal de Capouë, légat du pape, avoit ménagée entre les deux couronnes; mais Philippe Auguste avoit cru devoir la rompre le premier, autant pour profiter des troubles de l'Angleterre, que parce que raisonnablement il ne pouvoit faire aucun fonds sur la parole du roi Jean surnommé *Sans-Terre*, prince léger, capricieux, haï & méprisé de ses sujets. On sçait que le fruit de cette guerre pour la France, fut la conquête de la Normandie, & la réunion de cette riche province à la couronne, au bout d'environ trois cens ans qu'elle en avoit été démembrée. La Touraine, l'Anjou, le Maine, eurent le même sort, & la Guyenne seule restoit encore aux Anglois. Jean, craignant de tout perdre, se hâta de faire proposer un accommodement à Philippe, qui s'y prêta volontiers pour s'assurer la possession des provinces qu'il avoit conquises.

Une des principales conditions du traité fut le mariage de Louis, fils aîné de Philippe, avec Blanche de Castille, niéce de Jean Sans-Terre; & la chose fut arrêtée dans une entrevue qu'eurent les deux rois, entre Gaillon & Andely, vers Noël de l'an 1199. Le roi d'Angleterre se chargea de la négociation, & pria sa mere Eléonor d'Aquitaine, qui étoit l'ayeule de Blanche, d'aller elle-même en Espagne faire la demande de cette princesse. Alfonse l'ayant accordée avec joie, la reine d'Angleterre amena sa petite-fille à Bordeaux, vers les fêtes de Pâques de l'an 1200; mais elle se retira tout-à-coup à l'abbaye de Fontevrault, pour y finir ses jours. Elie, archevêque de Bordeaux, & les grands d'Espagne, venus à la suite de Blanche, conduisirent cette princesse en Normandie, où le roi Jean l'attendoit. Vers la fin de Juin ou au commencement de Juillet, la paix ayant été signée de part & d'autre, on fit la cérémonie du mariage à Pont-Audemer; & Philippe reprit bientôt après, avec les nouveaux époux, la route de sa capitale.

La beauté de Blanche, son esprit & ses autres éminentes qualités firent l'admiration & l'ornement de la cour de France. On avoit peine à comprendre qu'une femme de quinze ans fût déja l'exemple & le modèle des plus sages princesses de l'Europe. Le prince Louis, devenu le plus heureux des maris, en étoit aussi le plus tendre. Il eut, en 1205, un gage de son amour; mais c'étoit une fille, & les vœux de la France n'étoient point remplis. Blanche accoucha quelques années après d'un fils nommé *Philippe*, qui mourut en bas âge. Ce ne fut qu'en 1215, le 25 d'Avril, qu'elle mit au monde, au château de Poissy, S. Louis, son second fils. On remarqua, dit un historien, pour preuve de la grande piété de cette princesse, que s'étant apperçue qu'on ne sonnoit plus les cloches de l'église de Poissy, dont sa chambre étoit voisine, de crainte de l'incommoder dans ses douleurs, elle se fit transporter aussi-tôt dans un autre lieu qu'on appelle encore aujourd'hui *la Grange-aux-Dames*, ne pouvant souffrir qu'on préférât le soin de sa santé au service de l'église.

Notre illustre princesse se consola, par la naissance de Louis, de la perte qu'elle avoit faite, au mois d'Octobre 1214, d'Alfonse IX, roi de Castille, son pere, & de sa mere Eléonor d'Angleterre, qui ne survécut que vingt-cinq jours à son mari. Cette même année avoit été très-glorieuse à la France, par la victoire que Philippe Auguste avoit remportée à Bouvines, avec une armée de cinquante mille hommes, sur celle de l'empereur Othon & de ses alliés, forte de plus de cent cinquante mille hommes; tandis que le prince Louis triomphoit en Anjou des Anglois, qui avoient renouvellé la guerre.

En 1216, Blanche fut encore l'objet de l'allégresse publique, parce que Louis, comme neveu du roi d'Angleterre par son mariage avec cette princesse, fut appellé par les Anglois pour les gouverner, en la place de Jean, dont ils avoient secoué le joug. Louis, à la vérité, ne régna que quinze mois, la mort de Jean Sans-Terre ayant rappellé ses enfans au trône; mais il est toujours vrai de dire qu'il acquit, par le vœu de toute la nation, des droits sur le royaume d'Angleterre, autant & mieux fondés que ceux que les monarques Anglois ont prétendus long-tems sur la couronne de France, & dont ils se sont faits depuis une vaine parade. Louis n'étoit pas encore de retour en France, lorsque la mort de l'infant Henri roi de Castille, le seul fils d'Alfonse IX, & d'Eléonor d'Angleterre, ouvrit, en faveur de Blanche, la succession à ce royaume: rien n'étoit plus clair que le droit de cette princesse, l'aînée des filles d'Alfonse IX. Cependant Bérengere, sa cadette, déja régente de Castille, & reine de Léon, fut préférée par les Castillans. Sa présence & son crédit dans le royaume firent oublier aisément celle qui en étoit la légitime héritiere. Quoique plusieurs grands d'Espagne eussent fait solliciter le prince Louis de venir se mettre en possession du patrimoine de son épouse, il continua son expédition d'Angleterre, dont le succès lui paroissoit plus certain; & lorsqu'il l'eut abandonnée, il se soucia peu d'aller donner des loix à des peuples qui s'étoient choisi volontairement un maître : il ne se désista pas néanmoins de ses justes prétentions, qu'il transmit à sa postérité *.

Pendant les six années qui s'écoulerent jusqu'à la mort de Philippe Auguste, Blanche & son mari demeurerent le plus souvent à la cour, & continuerent d'y donner tous les exemples de piété, d'honneur & de toutes les vertus que l'on avoit toujours espéré d'eux. Ils eurent aussi plusieurs enfans, dont la naissance rendit Blanche de plus en plus chere à tous les François. En 1223, le 14 de Juillet, Louis VIII monta sur le trône, & se fit sacrer à Reims, avec la reine son épouse, le jour de l'Assomption : il avoit alors trente-six ans, & Blanche pouvoit en avoir trente-sept à trente-huit.

Le règne de Louis VIII ne fut que de trois ans ; mais il ne laissa pas d'être utile & glorieux à la France. Henri, roi d'Angleterre, ayant fait entrer des troupes en Poitou, sous prétexte qu'on avoit manqué de lui restituer certaines places, selon qu'on en étoit convenu par le traité de Londres, Louis conduisit une armée dans cette province, chassa les Anglois de plusieurs villes, & mit le siége devant la Rochelle. La reine Blanche étoit demeurée à Paris ; mais, toute occupée des dangers où s'exposoit son époux, elle ne cessoit d'adresser au ciel des prières ferventes pour la prospérité de ses armes, & la conservation de sa personne. Elle faisoit faire des processions solemnelles, ausquelles cette pieuse princesse ne manquoit jamais d'assister avec Isemberge de Dannemarck, reine douairiere de France, & Bérengere, reine de Jérusalem, dont le mari étoit dans l'armée royale.

Cependant la Rochelle étoit attaquée & défendue avec une valeur extraordinaire. Savari de Mauléon, qui s'étoit jetté dans la place avec trois cens

---

* Voyez l'article de Bérengere, où le sentiment contraire est établi, avec plus de vraisemblance.

chevaliers, faisoit de continuelles sorties, & détruisoit les travaux des assiégeans. Malgré ses efforts & l'opiniâtreté des Rochelois, ceux-ci furent contraints de se rendre; & leur ville, qui fut depuis jugée imprenable, céda pour lors aux armées victorieuses de Louis VIII. Blanche partageoit en quelque sorte ces heureux succès avec son époux, qui l'aimoit toujours avec tendresse, & témoignoit beaucoup de déférence à ses avis; aussi le plus souvent étoit-elle le canal des graces & des faveurs du monarque.

En 1224, le pape Honoré III, voulant engager Louis VIII à secourir Robert de Courtenai, empereur de Constantinople, qui venoit de perdre une célèbre bataille contre Alexis & Isaac Comnène, s'adressa, dit le continuateur de Baronius, à la reine Blanche, qu'il sçavoit avoir beaucoup de pouvoir sur l'esprit de son époux. Cette demande du pape n'étoit sans doute que le prétexte d'une autre, qu'il obtint sans peine du zèle de Louis : ce fut de recommencer, contre le comte de Toulouse & les Albigeois, la guerre que Philippe Auguste avoit faite à ces hérétiques; & pour donner plus de chaleur à cette expédition, Romain Bonaventure, cardinal de Saint-Ange, fut envoyé légat extraordinaire en France, pour y prêcher une croisade. Louis prit la croix de la main du prélat; & son exemple ayant été suivi de toute la noblesse, il mit ordre aux affaires de son état & de sa conscience par un testament fort chrétien, & se rendit avec une puissante armée devant la ville d'Avignon, vers l'été de 1226. Il la réduisit à son obéissance après un long siége; &, dit Auteuil, historien de Blanche, il donna une terreur si grande & une telle épouvante au Languedoc & à tout le reste du parti des Albigeois, soit par la gloire de ses armes, soit par l'adresse des négociations du cardinal Romain, que l'hérésie & tous ses adhérans se rendirent encore, pour cette fois, aux pieds de notre invincible monarque.

Peu de tems après la prise d'Avignon, Louis VIII

tomba malade dans la ville de Pamiers au pays de Foix. Il voulut se hâter d'aller reprendre son air natal; mais, dans ce voyage, il se trouva si mal à Montpensier, château de la basse Auvergne, qu'il fut contraint d'y demeurer. Ses médecins l'ayant averti du danger de son état, il se prépara sérieusement à la mort, & confirma de vive voix les dispositions qu'il avoit réglées par son testament l'année précédente, aussi-bien que celle d'un autre acte par lequel il avoit déclaré la reine Blanche régente du royaume, & tutrice de Louis son fils aîné. Ce prince, qui vécut trop peu pour sa gloire, expira le 7 de Novembre 1226, âgé de trente-neuf à quarante ans.

On peut rapporter, en l'honneur de Blanche, que Louis VIII faisoit une telle profession de la continence, qu'il n'avoit jamais aimé d'autre femme que la sienne. A ce sujet, Guillaume de Puilaurens, historien assez exact, raconte que la maladie du monarque étoit à la fin dégénérée en un désordre de la nature, dont le remède étoit bien contraire aux inclinations & à la vertu du malade. Les médecins firent entendre à Louis, qu'il n'y avoit qu'un seul moyen qui pût le tirer de l'état dangereux où ils le voyoient; mais que, la reine sa femme étant éloignée, il avoit besoin du secours d'une autre pour lui sauver la vie. Mais le roi rejetta ce conseil avec horreur. Le même historien ajoûte qu'Archambault, sire de Bourbon, ayant appris ce secret des médecins, & n'ayant rien de plus à cœur que la vie de son maître, pourvut adroitement au moyen que l'on jugeoit nécessaire pour la conserver; mais que Louis résista plus fortement encore à l'occasion qu'il n'avoit fait à la proposition, & qu'il ne voulut jamais acheter la santé qu'on lui promettoit, au prix d'un remède qu'il ne croyoit pas pouvoir accorder avec son salut.

On ne pouvoit agir plus sagement qu'avoit fait Louis VIII, en nommant la reine Blanche régente de ses Etats, après sa mort. Cette princesse justifia bien dans la suite un choix aussi glorieux, & fut, par le malheur des tems, le plus ferme soutien de la monarchie. Son premier soin fut de faire ordonner des prières générales dans tout le royaume, pour le salut du feu roi son seigneur. Elle mit ensuite la main au gouvernail, & ne négligea rien de ce qui pouvoit donner une idée avantageuse de sa régence. Mais l'absence ou la fuite des grands du royaume, après la mort de Louis, & l'espece d'abandon où se trouva, pendant quelques jours, notre illustre princesse, mirent à de bien rudes épreuves son courage & sa prudence. Elle mit toute sa confiance au ciel, depuis long-tems sa principale ressource, & prépara sa grande ame à tous les événemens.

Philippe de France, comte de Boulogne, frere unique du feu roi, fut un des premiers à se rendre auprès de la régente. Robert comte de Dreux, premier prince du sang, & Matthieu de Montmorenci, connétable de France, ne furent pas moins empressés; mais ce qui causa beaucoup de satisfaction à Blanche, fut l'arrivée du cardinal Romain, que son expérience & ses rares qualités avoient mis en grande considération dans les conseils du feu roi. Quoiqu'étranger, il avoit fait voir dans plusieurs occasions son attachement à la France, par les services essentiels qu'il lui avoit rendus. Le soin, qu'il prenoit de mériter l'estime & l'affection des grands & du peuple, le rendoit cher à la nation. Blanche ne balança pas à se reposer sur lui de toutes les affaires, & l'établit aussi dans le conseil secret, qui étoit principalement composé des comtes de Boulogne & de Dreux, & du connétable.

Après avoir donné quelque forme à son gouvernement, la régente crut qu'il falloit pourvoir à l'éducation du jeune roi son fils, alors âgé de douze ans, & ce dépôt précieux fut confié, d'un consentement unanime, au connétable de Montmorenci, le plus sage & le plus grand homme d'Etat & de guerre qui fut alors en France. Mais, comme le devoir de sa charge pouvoit l'éloigner souvent de la cour, on lui donna pour sous-gouverneur Jean, sire de Nesle, gentilhomme de Picardie, & parent du connétable. Toutes les autres personnes, qui furent placées auprès des princes, n'étoient pas moins distinguées par leur science que par leur piété. Blanche les choisit surtout dans les ordres de S. Dominique & de S. François, qu'elle affectionnoit singulièrement, & qui, étant alors dans la pureté & dans le premier zèle de leur institut, s'attiroient l'estime & l'admiration de tout le monde.

De quelques calomnies qu'ayent osé noircir notre pieuse reine, des écrivains mal informés, il est certain que l'exemple de Blanche contribuoit, autant & plus que les meilleurs maîtres, à inspirer aux princes ses fils, la vertu & la piété. Elle leur souhaitoit par-dessus tout, & travailloit à leur conserver la pureté de l'ame ; & c'est pour cela qu'elle répétoit souvent au jeune roi ces belles paroles, que l'histoire nous a conservées : « J'aimerois mille fois mieux vous
» voir mourir, tout roi que vous êtes, & quoique
» je vous chérisse par-dessus toutes les choses du
» monde, que de sçavoir que vous fussiez tombé dans
» une faute qui pût vous priver de la grace, & vous
» mériter l'indignation du ciel. » La vie toute édifiante de S. Louis, & les honneurs que l'église a cru devoir lui rendre après sa mort, font assez voir qu'il avoit gravé profondément dans son cœur ces paroles de sa mere.

Dès que Blanche eut formé son conseil, réglé les affaires les plus pressantes de l'Etat, & pourvû à l'éducation de ses enfans, elle n'eut rien de plus pressé que de faire sacrer & couronner le jeune Louis, afin de guérir l'opinion extravagante du vulgaire, qui ne croyoit pas devoir obéissance & fidélité à son roi, qu'après cette double cérémonie. L'usage & la superstition ont prévalu long-tems sur le droit & la raison, depuis même le règne de S. Louis ; & Charles VI ayant éprouvé dans sa jeunesse les effets dangereux de cette opinion, fut obligé, pour la déraciner entièrement

tement de l'esprit des peuples, de donner, en 1403, un édit perpétuel & irrévocable, qui délare que nos princes font rois, par les seuls droits de la succession, & qu'ils n'ont besoin, pour l'exercice de leur autorité souveraine, ni de sacre ni de couronnement.

En conséquence de sa résolution, la régente fit écrire à tous les princes, officiers, seigneurs & prélats du royaume, de se rendre à Reims, le dernier jour de Novembre, pour assister aux sacre & couronnement du roi; qui devoient être faits le lendemain. Elle étoit informée des mauvaises intentions de plusieurs des principaux vassaux de la couronne, & de celles entr'autres du duc de Bretagne, qui faisoit fortifier le château de S. James & de Belesme, dont le feu roi lui avoit confié la garde. Ces avis n'empêcherent pas, qu'après avoir rassemblé tout ce qu'elle put de gens de guerre, elle ne se mît en marche pour Reims, où la cérémonie fut faite par Jacques de Basoches, archevêque de cette ville. Ensuite Blanche, de l'avis de son conseil, conduisit le jeune monarque en Bretagne, pour y faire l'essai de ses armes contre les mécontens. On étoit alors au mois de Décembre ; mais la rigueur de l'hiver, trop capable d'effrayer une femme & un enfant, ne put détourner la régente de ce voyage. Elle étoit depuis long-tems accoutumée à ne consulter d'autres intérêts que ceux de l'Etat. Le desir de donner une idée avantageuse de sa régence excitoit encore son courage.

Les principaux chefs des rebelles étoient Pierre de Dreux, dit *Mauclerc*, duc de Bretagne, frere puîné du comte de Dreux, & Hugues de Lusignan, comte de la Marche. Henri II, comte de Bar, beaufrere du duc de Bretagne; Hugues de Châtillon, comte de Saint-Paul ; Simon de Dammartin, comte de Ponthieu, s'étoient rangés sous les mêmes étendards; mais celui de tous qu'on fut le plus surpris d'y voir, étoit Thibaud, comte de Champagne, dont les soins constans & les respects extraordinaires pour Blanche de Castille avoient fourni matiere à la malignité des ennemis de la France. Les prétextes du soulevement des princes & des barons étoient que le bas âge du roi le rendoit peu propre à gouverner ; que Blanche, en sa qualité d'étrangere, n'avoit pu prétendre à la régence, & qu'en cas qu'on ne lui contestât point son droit, elle devoit du moins donner caution de sa charge, de la tutelle des biens, & de la personne du roi mineur. Mais, dit l'historien de Blanche, ceux qui faisoient publier ces manifestes extravagans ne sçavoient que trop qu'un roi d'un jour est autant le roi légitime de ses sujets que s'il avoit cinquante ans ; & ils n'ignoroient pas que les monarques, au premier moment de leur vie, sont aussi bien les images de la divinité sur la terre, que s'ils avoient déja les cheveux gris, & qu'ils eussent gagné trente batailles. Quant aux intérêts de Blanche, ses ministres crurent qu'il étoit très-important d'informer les étrangers & les François même, que le titre de la reine pour la régence étoit fondé sur la qualité de mere, c'est-à-dire de tutrice naturelle de ses enfans, sur l'usage constant de la monarchie, & sur le choix de Louis VIII.

Blanche se contenta de répandre dans le public un acte d'attestation solemnelle de ce qui s'étoit passé au château de Montpensier, lors de la mort du feu roi, laquelle étoit scellée des armes de trois des principaux évêques qui s'y trouverent ; & sans s'arrêter aux autres objections des mécontens, elle continua sa marche vers la Bretagne. Chemin faisant, elle détacha plusieurs partis pour aller ravager la Champagne & la Brie, & faire repentir le comte Thibaud de sa rebellion. Ce moyen lui réussit au-delà de ses espérances ; car le comte, qui ne s'accommodoit pas de la lenteur des révoltés & du désordre où les jettoit l'approche de l'armée royale, envoya des députés à la reine, pour faire son traité particulier ; mais il ne fut conclu que quelque tems après, parce que le duc de Bretagne & les barons firent leur possible pour y mettre obstacle.

La voie de la négociation ayant heureusement réussi vis-à-vis du comte de Champagne, on résolut de s'en servir à l'égard des autres rebelles. En même tems, pour achever de les ébranler, la reine indiqua une assemblée générale des Etats, qu'on appelloit alors *Parlement*, & fit sommer tous les princes du sang, les pairs de France & les principaux barons du royaume, de se trouver à Chinon, vers les premiers jours de Mars de la même année 1226. (Selon l'ancien calendrier observé en France jusqu'en 1560, l'année commençoit au jour de Pâques.) Etourdis par cette sommation, les mécontens promirent de s'y rendre, & firent supplier la régente de tranférer l'assemblée à Tours, puis à Vendome ; & ce fut dans cette derniere ville qu'ils jurerent & signerent, le 16 de Mars, un traité de réconciliation, que notre auteur appelle une veritable paix fourrée. On avoit, pour la rendre plus solide, arrêté plusieurs mariages entre la famille royale, celle du duc de Bretagne, & celle du comte de la Marche ; mais ils n'eurent aucun effet.

Cependant la régente étoit retournée à Paris, avec la cour, pour y passer les fêtes de Pâques. Elle sçut bientôt qu'il se tramoit de nouveaux complots dans les provinces, & que les factieux n'attendoient que l'occasion d'éclater. Thibaud, comte de Champagne, fut le seul qui resta fidèle à la régente ; & cette princesse, dit-on, exigea de son zèle, qu'en se rangeant avec les mécontens, il se mît en état de l'informer de tous leurs projets & de toutes leurs démarches. Thibaud obéit, & ne tarda pas à donner avis à Blanche, lorsqu'elle étoit sur la route d'Orléans avec le roi son fils, que les barons devoient se rendre à Corbeil un certain jour, & s'y rendre maîtres de la personne du jeune monarque. La reine évita l'embuscade qui l'attendoit dans cette ville, & gagna promptement Montlheri, place alors très-forte, d'où elle envoya demander du secours à la capitale. Sur la nouvelle du danger auquel étoient exposés la reine

& le roi son fils, les Parisiens signalerent leur amour pour leur souverain, & sortirent en foule au-devant de la famille royale, qu'ils ramenerent en triomphe, à la vue du duc de Bretagne & des autres barons ligués. Joinville dit avoir entendu conter à S. Louis lui-même, que depuis Montlheri jusqu'à Paris, on voyoit deux haies de bourgeois, & des habitans bien armés, qui ne faisoient autre chose que des exclamations & des prieres pour sa prospérité.

Les mécontens ayant manqué leur coup, en préparerent un second, que le comte de Champagne rendit encore inutile. Blanche, de son côté, n'oublioit rien pour s'attacher de plus en plus ce seigneur: elle donnoit à sa fidélité les plus grands éloges, & nourrissoit son ambition, en lui promettant d'appuyer & de faire valoir les droits qu'il avoit sur le royaume de Navarre. Des historiens mal-intentionnés ont avancé que cette princesse se servit des avantages de sa beauté, pour obliger le comte de Champagne à demeurer fidèle au service du roi son fils. Peut-être Thibaud, épris des charmes de Blanche, eut-il pour elle des sentimens plus tendres que ceux de l'estime; on ne voit pas du moins qu'il en ait jamais fait l'aveu : ce qu'on ne peut révoquer en doute, c'est que la vertu de la reine, plus admirable encore que sa beauté, dut faire perdre au comte de Champagne jusqu'à l'idée même de la rendre sensible.

Blanche avoit dans sa politique de puissantes ressources. Elle en fit usage pour détacher du parti des confédérés Raimond, comte de Provence, & lui fit entendre que le jeune Louis pourroit un jour épouser une de ses filles. Cette espérance, toute éloignée qu'elle étoit alors, & que l'événement justifia dans la suite, contribua beaucoup à faire rentrer le comte dans son devoir. Son exemple entraîna quantité de barons, & le duc de Bretagne lui-même, qui, bien qu'intérieurement résolu à ne pas tenir sa parole, ne fit pas difficulté d'envoyer à la cour sa fille Isabeau de Dreux ou de Bretagne, pour la sûreté du mariage que l'on devoit faire de cette jeune princesse avec Jean de France, l'un des fils puînés de la régente. Le nouveau traité se fit au mois de Septembre de l'an 1227.

Les choses étant ainsi pacifiées, il ne restoit plus d'ennemis dans le royaume, que Raimond, comte de Toulouse, & les Albigeois, dont il étoit le protecteur & le chef. Les armes de Philippe Auguste & celles de Louis VIII, son successeur, avoient en vain porté les coups les plus terribles à cette hérésie monstrueuse. Son entiere extirpation étoit réservée au courage, à la prudence, à l'habileté de notre illustre régente. Pendant tous les troubles dont on vient de parler, Raimond avoit emporté d'assaut Castel Sarasin dans le haut Languedoc, & mis à contribution les pays d'alentour. Imbert de Beaujeu, qui commandoit pour le roi dans cette province, ne donna pas le tems aux rebelles de se fortifier; il les repoussa même dans Toulouse, & réduisit bientôt cette capitale aux dernieres extrémités, non point en l'assiégeant, comme l'ont cru quelques historiens, mais en ravageant & ruinant tous les environs. Aux approches de l'hiver, il se contenta de bloquer la place, & d'empêcher qu'on n'y fit entrer de vivres. C'en étoit fait du comte, si la régente eut suivi le parti de la rigueur; ce qui n'eût pas manqué d'aigrir & de désespérer les hérétiques répandus dans toute la province. Mais par une politique plus douce, plus raisonnable, plus conforme à l'évangile, elle sit envisager aux hérétiques qu'ils avoient tout à espérer de sa clémence & de sa bonté, s'ils vouloient abandonner leurs erreurs. Il n'est pas aisé de comprendre avec quelle joie & quelle surprise cette proposition fut reçue des Albigeois; on ne leur avoit opposé jusqu'alors, que la force & la violence, & ces moyens qui, comme il arrive d'ordinaire, leur rendoient odieux les Catholiques, les éloignoient de plus en plus du centre de l'église. Blanche résolut de les y rappeller, & n'eut besoin, pour réussir, que de joindre à la douceur naturelle de son sexe, le véritable esprit de la religion. Déja le comte Raimond, suivi de tous ses vassaux, embrasse les genoux de son souverain : déja même il abjure solemnellement, nuds pieds, en chemise, & de la maniere la plus humiliante, l'hérésie dont il s'étoit long-tems fait gloire d'être le chef. Cette cérémonie se fit à Paris, le Vendredi saint, dans l'église de Notre-Dame ; & le traité de réconciliation fut signé cinq ou six jours après, c'est-à-dire, comme on comptoit alors, tout au commencement de l'année 1228.

Les succès constans, qui couronnoient les entreprises de la régente, exciterent de nouveau la jalousie des grands du royaume, qui recommencerent leurs plaintes & leurs murmures. Ils publierent, entre autres choses, que Blanche régnoit trop absolument pour une étrangere ; qu'elle ne consultoit en rien ni les avis ni les intérêts des princes, les plus proches parens du roi ; qu'enfin elle leur préféroit un étranger qui seul avoit toute sa confiance (c'étoit le cardinal Romain.) Sur ces prétextes, la plûpart quitterent la cour.

Blanche avoit fait une nouvelle convocation des états du royaume à Paris, quelques jours après les fêtes de la Pentecôte. Les mécontens, qui n'avoient encore fait alors aucun éclat, ne crurent pas devoir s'en absenter. Ils s'assemblerent ensuite à Corbeil ; & ce fut-là qu'ils arrêterent entr'eux que, pour mieux tromper la régente, le seul duc de Bretagne leveroit le masque, & mettroit une armée en campagne ; que tous les autres alliés, feignant d'abandonner la partie, suivroient le roi, comme pour le servir contre le duc ; mais qu'ils ne se feroient accompagner chacun que de deux cavaliers, afin que le duc de Bretagne pût aisément défaire l'armée royale, & même se rendre maître de la personne du jeune monarque.

Le duc ne tarda pas à déployer l'étendard de la révolte, & commença les hostilités. Sur les premieres nouvelles qu'on en reçut à la cour, aux approches de l'hiver, Blanche assembla ce qu'elle put de troupes, & se mit en campagne avec le roi son fils, sous qui le connétable Matthieu de Montmorenci commandoit l'armée. Après plusieurs jours de marche, on eut avis que les rebelles n'étoient pas éloignés ; & les barons perfides de la suite du roi s'applaudissoient déja du succès prochain de leur trahison. La personne de Louis étoit sans doute alors exposée au plus grand danger, lorsque Thibaud, comte de Champagne, se rendit auprès de la régente avec un renfort considérable de troupes, & découvrit à la reine toute la conjuration. Son arrivée, dont le motif fut pénétré par les barons mécontens, déconcerta tous leurs projets. Ils abandonnerent aussi-tôt leurs postes pour aller joindre le duc de Bretagne.

Cette désertion n'affoiblissoit pas beaucoup l'armée ; mais ce qui causa le plus vif chagrin à la régente, ce fut d'apprendre que Robert, comte de Dreux, premier prince du sang, s'étoit aussi retiré de la cour, & qu'il traitoit secretement avec les mécontens. Elle n'eut plus lieu d'en douter, lorsqu'elle sçut que le brave Enguerrand, sire de Couci, l'un des plus considérables alliés du comte, paroissoit déja les armes à la main au milieu des factieux. Ce n'étoit pas tout encore ; le comte de Boulogne, frere unique du roi, s'étoit aussi laissé gagner ; &, retiré dans les terres de son apanage, il y faisoit fortifier Calais & d'autres places.

Dans ces circonstances critiques, la régente rappella toute sa prudence ; & l'usage heureux qu'elle en sçut faire empêcha la ruine de l'Etat, qui paroissoit infaillible. On ne sçait si les comtes de Dreux & de Boulogne se laisserent persuader sans peine aux invitations de la reine ; il est même probable qu'ils persisterent dans leur révolte jusqu'à l'année 1229 ; mais tout ce tems se passa de leur part en négociations.

Cependant l'armée royale avoit continué sa marche ; &, renforcée par un grand nombre de vassaux, elle avoit mis le siége devant Belesme, place alors très-forte dans le Perche. Une autre armée, rassemblée par les soins de Blanche, faisoit tête en Normandie aux Anglois, qui, pour profiter des troubles de la France, avoient passé la mer. Une troisieme enfin, aux ordres du sire des Vigues, faisoit la guerre en Touraine, contre les alliés du duc de Bretagne. Belesme fut emportée d'assaut à la vue des ennemis, qui n'oserent entreprendre d'y jetter du secours, & qui se retirerent honteusement.

On ne doit point oublier ici ce que dit Guillaume de Nangis, historien contemporain, de la vigilance extraordinaire de notre généreuse reine durant le siége de Belesme. Elle visitoit elle-même son camp, & parcouroit tous les quartiers, & sur-tout avoit un soin très-grand de la cavalerie. Un jour qu'il faisoit un froid excessif, elle fit allumer, pendant la nuit, de grands feux de tous côtés, & principalement autour des chevaux & des gens d'armes. « Ce n'étoit » pas seulement par cette vigilance, ajoûte l'histo- » rien, que Blanche de Castille paroissoit être une » princesse de conduite ; mais, en tout le reste de » ses actions, c'étoit la plus adroite & la plus ha- » bile femme de son royaume. » Blanche ramena comme en triomphe le roi son fils dans sa capitale, pour y passer le reste de l'hiver.

Au printems de 1229, les rebelles se jetterent avec toutes leurs forces sur la Champagne, afin de se venger du comte Thibaud, & commirent dans cette province d'étranges ravages. Ils furent même violemment soupçonnés de vouloir disposer de la couronne ; ce qui détermina la régente à voler au secours du Comte. La seule approche du connétable de Montmorenci fit perdre courage aux barons ; ils prirent la fuite avec une promptitude extraordinaire, & députerent à la régence, pour lui faire de très-humbles protestations qu'il n'avoient pris les armes que contre le comte de Champagne. Nonobstant leur requête, l'armée royale les poursuivit avec chaleur jusqu'à Langres, où Blanche se laissa persuader enfin de traiter avec eux. Elle exigea qu'ils missent bas les armes, & cessassent promptement tous actes d'hostilité contre le comte ; à ces conditions, elle leur accorda la paix, vers la fin de l'été de la même année.

Qui n'auroit cru qu'après tant de révoltes & de pardons, la tranquillité ne dût être parfaitement rétablie dans le royaume ? Mais la rebellion avoit pris de trop fortes racines dans l'esprit du duc de Bretagne. Il falloit, pour le réduire, de plus grands revers que ceux qu'ils avoit essuyés. Sur la fin de l'année 1229, il recommença la guerre par mille entreprises, & par plusieurs actes d'hostilités qu'il commit sur les terres de France. L'infatigable régente part aussitôt de Paris, accompagnée du roi son fils, & d'une armée fort leste, dont le connétable étoit lieutenant-général sous le roi. La terreur & l'effroi précèdent sa marche ; tout fuit dans l'Anjou & dans la Bretagne. Elle met le siége devant Angers, au commencement de 1230 ; & cette ville, appartenante au roi d'Angleterre, est presqu'aussi-tôt prise qu'attaquée. De-là Blanche conduit son fils à Clisson, où ses armes ne sont pas moins heureuses. Ce fut dans cette ville que le comte de la Marche, l'un des principaux chefs des rebelles, vint implorer la clémence de la régente, & conclut son accommodement au mois de Mai de l'an 1230. On remarque qu'il ne demanda point d'autres assurances que la parole du connétable de Montmorenci ; tant cet illustre guerrier s'étoit acquis d'estime parmi ses ennemis même.

Au mois de Juin, l'armée royale fit le siége d'Ancenis, à six lieues au-dessus de Nantes. Le roi d'Angleterre étoit alors dans cette capitale, il en délogea promptement, « aimant mieux, dit l'historien de » Blanche, manquer de foi à son fidèle partisan le » duc de Bretagne, que de se mettre au hazard » d'augmenter les trophées d'une femme, de laquelle » pour la seconde fois il n'osoit attendre les atta-

» ques. » Durant le siége d'Ancenis, la régente fit condamner, par un arrêt solemnel du parlement, ou de l'assemblée des grands seigneurs de France, Pierre dit *Mauclerc*, duc de Bretagne, comme criminel de lèse-majesté, de félonie, & d'autres crimes énormes ; & le même arrêt déclara ses vassaux & sujets absous envers lui du serment de fidélité ; & pour donner plus de peur aux Bretons, Blanche fit confirmer toute cette procédure par l'autorité Apostolique. En conséquence, plusieurs seigneurs du pays vinrent rendre hommage au jeune Louis, entre les mains de sa mere. Cependant la ville d'Ancenis fut forcée d'ouvrir ses portes. Oudon & Chantoceaux, forteresses situées des deux côtés de la Loire, n'opposerent qu'une foible résistance ; en peu de tems, toute la Bretagne fut soumise, à l'exception de Nantes ; & le duc lui-même se voyoit à la veille d'être forcé dans sa capitale. Mais Blanche, qui pouvoit & devoit peut-être terminer la guerre par le châtiment d'un rebelle, se laissa fléchir aux prieres de Robert, comte de Dreux, premier prince du sang, & frere aîné de Pierre, duc de Bretagne. Elle rendit ses états au duc, après avoir pris toutefois ses précautions pour l'avenir, & retourna passer à Paris le reste de l'hiver.

Blanche de Castille employa les dernieres années de sa régence à conserver l'union & la paix parmi les grands du royaume, & s'occupa plus que jamais à faire fleurir la justice & la piété. Elle redoubla ses aumônes envers les pauvres, ses charités envers les églises & les monastères, & fit sur-tout un grand nombre de riches fondations. En 1234, sa politique procura de nouveaux avantages à la France, par une tréve de trois ans, qu'elle fit avec l'Angleterre, & par le mariage du roi son fils avec Marguerite, fille aînée du comte de Provence. L'année suivante, S. Louis ayant atteint l'âge de vingt & un ans *,

---

* Avant S. Louis, on ne trouve point que l'âge de la majorité de nos Rois soit déterminé d'une maniere invariable,

entra dans l'exercice de l'autorité souveraine, qui, dans les mains de Blanche, avoit, comme on l'a vu, reçu beaucoup d'éclat.

On ne dira rien ici des événemens qui se sont passés entre cette premiere régence de Blanche de Castille, & la seconde, c'est-à-dire depuis 1235 jusqu'à l'année 1248, que S. Louis partit le 12 de Juin pour son voyage de la Terre-sainte, après avoir établi la reine sa mere régente du royaume pendant son absence. On remarquera seulement que Blanche, en princesse judicieuse & sage, avoit fait tous ses efforts pour détourner le roi d'une expédition, qui ne pouvoit être que très-funeste à la France.

Blanche n'eut pas de peine à reprendre le maniment des affaires auxquelles elle n'avoit point cessé d'avoir part, depuis même la majorité de son fils. Comme elle étoit fort habile & très-grande politique, elle veilloit de tous côtés pour empêcher que le feu de la sédition ou de la guerre ne s'allumât au dedans ou au dehors du royaume, & disposoit toutes choses pour en éteindre la premiere étincelle.

Au mois d'Août de l'an 1249, la régente perdit un de ses plus fermes soutiens, dans la personne d'Alfonse comte de Poitiers, frere du roi, qui fut obligé de conduire à ce prince des troupes & de l'argent. Mais, sans ressource du côté de sa famille, elle en trouva dans son courage & sa constance. Raimond, comte de Toulouse, dont le comte de Poitiers avoit épousé la fille, étant mort au mois de Septembre, la régente envoya promptement en Languedoc des commissaires pour prendre possession des états de Raimond, au nom d'Alfonse de France, & de la

---

puisque Philippe & Philippe Auguste ne demeurerent sous le pouvoir des regens & des tuteurs que jusqu'à quinze ans. Philippe le Hardi, fils & successeur de S. Louis, commença de le fixer à quatorze ans; & cent ans après, Charles V en fit un réglement certain & perpétuel.

princesse sa femme, qui en étoient devenus héritiers. En même tems, elle fit des traités particuliers avec les principaux vassaux du feu comte, & s'assura de leur fidélité. Ce fut aussi par ses ordres qu'on ménagea si bien les esprits des peuples dans cette province, que, quoiqu'on eût à craindre quelques soulevemens de la part des Albigeois, qui tenoient encore à leurs erreurs, on n'entendit parler d'aucun complot ni d'aucune émeute.

Vers le commencement de l'an 1250, Blanche de Castille envoya au roi son fils une grande quantité d'argent, autant que onze charrettes attelées de plusieurs chevaux en pouvoient porter. Elle avoit déja fait partir plusieurs convois à-peu-près semblables; & ce n'étoit pas un médiocre embarras pour cette princesse d'être obligée d'épuiser le royaume de finances, & d'y conserver pourtant, comme elle faisoit, la paix & l'abondance. Sa tendresse maternelle n'étoit pas à de moins rudes épreuves que son amour pour ses sujets. Elle ne recevoit que de fâcheuses nouvelles de l'Egypte, soit que S. Louis eût vaincu les infidèles, soit qu'il en eût été battu; dans l'un & dans l'autre cas, la France perdoit la fleur de ses guérriers, & des richesses immenses. Quelque tems après les fêtes de Pâques de cette année, S. Louis ayant eu quantité de mauvais succès à la Massoure, ayant vu son armée taillée en piéces, & le comte d'Artois son frere massacré par les infidèles, demeura prisonnier avec la plûpart des princes & des seigneurs de sa cour.

Lorsque Blanche apprit, au bout de quelque mois, cet étrange malheur, elle fut pénétrée de la plus vive tristesse; & sa santé même en reçut un considérable dommage. Depuis ce tems, elle fut presque toujours languissante; mais portant dans un corps foible une ame vraiment héroïque, elle redoubla ses soins pour la prospérité de l'Etat, ou du moins pour en empêcher la ruine. Elle se hâta de ramasser les sommes d'argent prodigieuses, qu'il falloit envoyer en Egypte pour la rançon du jeune monarque & des princes ses freres. L'espérance qu'elle avoit du prompt retour de S. Louis, & de ses autres enfans, donnoit une activité merveilleuse à toutes ses actions.

L'arrivée des comtes de Poitou & d'Anjou, freres de S. Louis, au commencement de l'année 1251, causa beaucoup de joie à la régente; mais cette joie fut bien modérée par une lettre du roi son fils, qui lui marquoit sa résolution de ne point revenir en France qu'il n'eût remis les affaires des Chrétiens en meilleur état, & qu'il n'eût regagné sur les Sarrasins les avantages qu'il avoit perdus. Il finissoit par lui demander de nouveaux secours d'hommes & d'argent. Blanche, étouffant dans son cœur les cruels chagrins que lui donnoit cette lettre, ne songea qu'à suivre les ordres de son fils. Elle fit inviter d'abord, puis sommer tous les seigneurs du royaume à faire le voyage de la Terre-sainte, sous peine de confiscation de leurs terres & châteaux; triste nécessité dont la régente gémissoit la premiere. Pour comble de malheur, la France, jusqu'alors paisible, fut la proie du zèle fanatique de certaine canaille qu'on appella *Pastoureaux*, lesquels, sous prétexte d'aller venger l'outrage fait à S. Louis, s'assemblerent au nombre de plus de cent mille hommes, & commirent dans les provinces du royaume toutes sortes d'excès & de desordres. On les avoit tolérés d'abord, comme pouvant être utiles aux croisés; mais il fallut cette année armer contre eux, & leur faire une guerre sanglante. On en extermina un grand nombre; « & cette vapeur grossiere, dit l'historien » de Blanche, qui s'étoit élevée de la terre, fut » dissipée en un instant, par les soins & par la con- » duite de la régente. »

Blanche de Castille n'eut pas moins d'attention à s'opposer aux prétentions injustes de quelques ecclésiastiques, entr'autres du chapitre de Notre-Dame de Paris, qui prétendoit avoir droit de vie & de mort sur les paysans de sa jurisdiction. Elle se rendit en personne aux prisons de l'officialité, en frappa la premiere les portes, dont elle fit achever l'ouverture par ceux de sa suite, & mit en liberté une troupe de misérables que les chanoines y tenoient renfermés. Depuis, elle les prit sous sa protection, & fit saisir le temporel des chanoines, qu'elle retint jusqu'à ce qu'ils fussent rentrés dans leur devoir. Mais, voulant accorder la justice la plus exacte avec la clémence, elle déclara que les villages dont les habitans avoient été si maltraités, demeureroient affranchis de ces droits odieux que prétendoit le chapitre de Notre-Dame, à condition toutefois que les habitans payeroient une somme raisonnable pour leur liberté.

Cependant la santé de la reine s'affoiblissant de plus en plus, ses médecins lui conseillerent de quitter l'air de Paris, pour en aller respirer un plus sain à la campagne. Elle choisit Melun pour sa résidence, & passa dans cette ville l'été & l'automne de l'an 1253. Elle y fut attaquée d'une fievre lente & continuë, qui l'avertit du peu de tems qu'il lui restoit à vivre. S'étant fait transporter à Paris, elle y mourut le jour de S. André, munie des Sacremens de l'église, & après avoir fait profession entre les mains de l'abbesse de Maubuisson, de l'ordre de Citeaux, âgée de soixante & huit ans. Son corps fut enterré dans l'abbaye de Maubuisson, & fut porté, dit-on, sur les épaules des principaux seigneurs de la cour.

BLANCHE DE BOURGOGNE, reine de France, étoit fille d'Othon IV, comte de Palatin de Bourgogne, & de Mahaud ou Matilde d'Artois. Elle fut mariée, en 1308, à Charles le Bel, comte de la Marche, qui fut depuis roi de France, après la mort de ses deux freres, Louis Hutin & Philippe le Long. Cette princesse étoit parfaitement belle. Mais trop semblable à ses belles-sœurs, femmes de Louis & de Philippe, elle se deshonora par un commerce criminel. Toutes trois furent convaincues d'adultère, & reléguées au Château-Gaillard d'Andely. Blanche y étoit encore en 1321. Elle fut répudiée l'année suivante, sous prétexte de parenté. Trois ans après, elle obtint la permission de se faire religieuse, & finit sa vie à l'abbaye de Maubuisson, en 1326, dans les exercices d'une rigoureuse pénitence.

BLANCHE DE NAVARRE, reine de France, seconde femme de Philippe de Valois, étoit fille de Philippe, III du nom, roi de Navarre, & de Jeanne de France, reine de Navarre. Elle fut mariée fort jeune encore à Brie-Comte-Robert en 1349; accoucha d'une fille posthume, deux ans après, & mourut en 1398, âgée de soixante-sept ou soixante-huit ans.

BLANCHE DE FRANCE, reine de Bohême, fille du roi Philippe III, surnommé *le Hardi*, fut accordée, en 1299, à Rodolphe III, dit *le Débonnaire*, roi de Bohême, dans l'entrevue qui se fit au mois de Décembre à Vaucouleur, entre le roi Philippe & l'empereur Albert I. Le mariage se fit l'année d'après; & Blanche mourut, en 1305, à Vienne en Autriche, où elle fut enterrée dans l'église des Cordeliers.

BLANCHE DE FRANCE, reine de Castille, fille de S. Louis, & de Marguerite de Provence, naquit à Japha en Syrie l'an 1252, & fut mariée, en 1269, par dispense du pape Martin IV, à Ferdinand de la Cerda, infant de Castille, fils aîné du roi Alfonse X. Elle eut de ce mariage Alfonse, seigneur de Lunel, & Ferdinand, seigneur de Lara, qui furent privés du royaume de leur aïeul. Ferdinand étant mort à Valladolid, au mois d'Août de l'an 1275; la reine Blanche revint en France, & y finit ses jours en 1320. C'est elle qui fit bâtir à Paris une partie de l'église des Cordelieres du fauxbourg S. Marcel : elle y fut enterrée, & l'on y voit encore son épitaphe.

BLANCHE DE BOURBON, reine de Castille, fille de Pierre I de ce nom, duc de Bourbon, fut accordée à Pierre roi de Castille, surnommé *le Cruel*; & le mariage se fit en l'abbaye de Preuilly, le 9 de Juillet de l'an 1352. Cette princesse n'étoit alors que dans sa quatorzieme année, & avoit autant de vertu que d'esprit & de beauté. Le roi son mari la traita de la manière du monde la plus cruelle ; & l'ayant long-tems retenue en prison, il la fit enfin empoisonner à Medina-Sidonia, l'an 1361, parce qu'il étoit irrité du parti que les grands du royaume avoient formé contre lui, pour le punir lui-même de ses cruautés. Blanche n'étoit alors âgée que de vingt-trois ans. Elle fut enterrée à Tudelle. Les François ne laisserent pas cette mort impunie.

BLANCHE D'ARTOIS, reine de Navarre, fille de Robert de France, I de ce nom, comte d'Artois, & de Mahaud de Brabant, fut mariée, l'an 1269, par dispense du pape ; avec Henri I, dit *le Gros*, roi de Navarre, & comte de Champagne, dont elle eut Jeanne, mariée au roi Philippe IV, dit *le Bel*. Le roi de Navarre mourut en 1274 ; & Blanche prit une seconde alliance avec Edmond d'Angleterre, comte de Lancastre. Elle fonda l'abbaye d'Argensoles, de l'ordre de Cîteaux ; qui eut pour premiere abbesse la bienheureuse Ida, morte à Paris le deuxieme jour de Mai de l'an 1302.

BLANCHE, reine de Navarre, étoit fille de Charles III, dit *le Noble*, roi de Navarre, & d'Eléonore de Castille. Quoi qu'elle ne fût que la sixieme des enfans de ce roi, elle demeura néanmoins héritiere de cet Etat après la mort de son pere arrivée en 1425, & fut mariée fort jeune à Martin d'Aragon, roi de Sicile. Ce prince étant mort à Cagliari, le 25 de Juillet 1409, elle prit, l'an 1420, une seconde alliance avec Jean d'Aragon, duc de Pennafiel, depuis roi de Navarre & d'Aragon. Ils furent couronnés à Pampelune, le 15 de Mai, jour de la Pentecôte de l'an 1429 ; & la reine mourut à Notre-Dame des Neiges en Castille, le premier d'Avril 1441. Son corps fut porté dans la Navarre, où il est enterré dans l'église des religieux de S. François de Tudelle.

BLANCHE DE FRANCE, fille posthume du roi
Charles

Charles IV, & de Jeanne d'Evreux, née à Châteauneuf près d'Orléans, le premier jour d'Avril de l'an 1328, porta le titre de Comtesse de Beaumont, & fut mariée à Philippe de France, duc d'Orléans, le 18 de Janvier 1344. Elle mourut sans enfans, le 7 de Février 1392, & fut enterrée à Saint-Denis.

BLANCHE DE SICILE *ou* D'ANJOU, comtesse de Flandres, fille de Charles de France, comte d'Anjou & de Provence, roi de Naples & de Sicile, &c. & de Béatrix de Provence, épousa Robert III, dit *de Béthune*, comte de Flandres, & mourut en travail d'enfant, l'an 1272, ne laissant qu'un fils, mort sans lignée. Son corps fut enterré dans l'abbaye de Flines près de Douai.

BLANCHE, reine d'Aragon, fille de Charles II, roi de Naples & de Sicile, qui de Marie de Hongrie, sa femme, eut quatorze enfans ; l'onzieme étoit Blanche, qui fut mariée, le premier du mois de Novembre 1295, à Jacques II, roi d'Aragon. Elle fut couronnée à Saragosse, l'an 1296, & mourut à Barcelone, le 14 d'Octobre de l'an 1310 ; son corps fut enterré au monastere de Sainte-Croix en Catalogne, où l'on voit son tombeau.

BLANCHE, femme de Baptiste de la Porte, citoyen de Padoue, se rendit très-illustre par sa chasteté & par son courage dans le XIIIe siécle. Elle accompagna son mari lorsqu'il fut envoyé de Padoue à Bessano, dans la Marche Trévisane, pour y commander la garnison en 1233 ; & elle défendit généreusement cette place avec lui, contre le tyran Acciolin qui l'assiégeoit. Mais la ville ayant été prise par trahison, son mari y fut tué, & elle-même fut menée captive à Acciolin. Ce tyran, charmé de la beauté & de la majesté de cette Amazone, qui arut sous les armes en sa présence, voulut la forcer ; ce qu'elle évita en se jettant par la fenêtre. orsqu'elle fut guérie de cette chute, Acciolin edoubla ses efforts pour jouir d'elle ; & ne pouvant trouver d'autre moyen pour contenter fa brutalité, il la fit lier fur un lit. Cette femme affligée diffimula fon défefpoir, & fit enforte qu'on lui permît de voir fon mari dans le tombeau, pour y pleurer fa mort. Le fépulcre étant ouvert, elle fe jetta fur le cadavre de fon époux ; & par un effort extraordinaire, elle fit tomber fur elle la pierre qui couvroit le tombeau, dont elle fut écrafée.

BLANCHEFLEUR, ou BLANKAFLOUR, en provençal, (*Flandrine de Flaffan, dite*) étoit contemporaine de la belle Saure, ou Laurette de Sade; elle fe diftingua, comme elle, par fon goût pour la poëfie, & par plufieurs chanfons provençales, fur différens fujets de galanterie.

BLANCHETTI, (*Jeanne de*) native de Boulogne, fille de Matthieu Blanchetti, fut une des fçavantes Italiennes du quatorzieme fiécle. Elle parloit bien les langues latine, allemande & bohémienne, & excelloit dans plufieurs genres de littérature.

BLANDINE, du nombre des célèbres martyres de Lyon, étoit une efclave d'une dame Chrétienne. Quoique foible de corps, & d'une complexion très-délicate, elle fouffrit courageufement les tourmens pendant tout un jour, & laffa les bourreaux fans fe laiffer abbatre & fans mourir. Pendant ces longs & cruels tourmens, elle difoit continuellement: ″ Je fuis Chrétienne, & on ne commet aucun crime ″ parmi nous. ″ Elle fut renfermée dans la prifon, d'où elle fut tirée quelques jours après, pour être conduite au fupplice. On l'attacha à un poteau, & on l'expofa aux bétes farouches. En cet état, elle encouragea les autres martyrs : aucune des bêtes, qui furent lâchées, n'ayant touché fon corps, on la détacha du poteau, & on la mit en prifon pour la réferver à de nouveaux combats. Enfin, après que la plûpart des autres martyrs eurent été exécutés, Blandine fut amenée le dernier jour des jeux publics dans le parterre de l'amphithéatre, avec un jeune garçon de quinze ans, nommé *Pontique*, qu'elle encouragea jusqu'à la mort ; elle resta ainsi la derniere. Après qu'elle eut été fouettée, déchirée par les bêtes, mise sur une chaise de fer ardente, elle fut enfermée dans un filet, & exposée à un taureau, qui la secoua long-tems, & la jetta plusieurs fois en l'air avec ses cornes. Après tant de tourmens soufferts avec une constance que les payens admiroient eux-mêmes, elle fut égorgée comme les autres martyrs.

BLANDINE, aussi nommée *Blanche*, & par quelques écrivains *Constance*, reine de France, & femme de Louis V, dit *le Fainéant*. Elle étoit fille d'un seigneur d'Aquitaine, &, selon d'autres, d'un comte d'Arles, appellé *Rothbaud*. On ne sçait rien de bien certain touchant cette princesse, que quelques-uns ont accusée d'infidélité envers le roi son mari; d'autres de l'avoir empoisonné. Voici ce qu'en dit Mézerai dans son Abrégé chronologique : « Ce ma-
» riage étoit mal assorti; la femme courageuse & ga-
» lante ; le mari sans vigueur d'esprit, ni peut-être
» de corps. Si bien qu'elle conçut du mépris pour
» lui ; & l'ayant mené en son pays, sous prétexte
» de lui en procurer la conquête par le moyen de
» ses parens & de ses alliés, elle le planta là ; &
» le roi son pere (Lothaire II) fut obligé de l'aller
» chercher. »

BLEMUR, (*Marie-Jacqueline Bouttte de*) dite *de S. Benoît*, religieuse Bénédictine du S. Sacrement, naquit, le 8 de Janvier 1618, de parens illustres par leur noblesse, & recommandables par leur piété, qui lui donnerent une éducation chrétienne. Dès l'âge de cinq ans, elle fut envoyée à une de ses tantes dans l'abbaye royale de la Sainte Trinité de Caën. A sept ans, elle se trouva capable de chanter à l'office le martyrologe, les versets & les graduels. Avant onze ans, elle demanda avec tant d'ardeur l'habit de la religion, que les supérieures ne purent le lui refuser. Jamais elle n'eut de joie égale à celle du jour de sa profession. Quatre ans seulement après, elle fut choisie pour être maîtresse des novices. Elle fut ensuite nommée prieure ; & ce fut alors qu'elle commença à travailler à l'*Année Bénédictine*. L'application, qu'elle donna à cet ouvrage, ne lui fit rien relâcher de l'assiduité qu'elle apportoit à l'office. Un des fruits qu'elle tira de cet ouvrage, fut de connoitre l'etendue de ses devoirs, par l'exemple des saints, dont elle écrivoit la vie. Elle rougit de louer ce qu'elle ne pratiquoit pas ; & quoiqu'elle sçût que le royaume de Dieu ne consiste pas dans l'abstinence de certaines viandes, elle crut néanmoins que, pour être véritable imitatrice de S. Benoît, elle devoit joindre cette pratique aux autres observances de sa règle.

La Providence lui en fournit l'occasion, en inspirant à madame la duchesse de Meckelbourg le dessein de faire à Châtillon un nouvel établissement de religieuses Bénédictines du S. Sacrement. Cette duchesse la demanda pour cet effet à son abbesse, qui ne put la refuser ; & la mere Jacqueline Bouette y consentit volontiers, quoiqu'elle eût déja soixante ans. Elle fut donc reçue dans la maison des religieuses du S. Sacrement ; &, de prieure qu'elle avoit été autrefois dans l'abbaye de la Sainte Trinité, elle se réduisit à l'humble état de novice. Après cette profession, elle préféra la derniere place de cette maison à une abbaye qui lui fut offerte.

En ce tems-là, elle mit au jour plusieurs ouvrages, qui sont : *Les grandeurs de la sainte Vierge ; la Vie du P. Fourrier de Mataincourt ; les Exercices de la Mort* ; & sur-tout *la Vie de tous les Saints*, en deux gros volumes, qu'elle acheva dans un âge fort avancé. Pendant les dernieres années, elle sentit ses forces diminuer ; perdit l'usage de la vue & des pieds, & presque entièrement celui de la langue. Le 19 de Mars 1696, elle se trouva dans une grande foiblesse; cependant le 21, jour de la fête de S. Benoît, elle se leva dès cinq heures & demie du matin pour communier; & le 24, après une agonie de vingt-quatre heures, elle expira.

« BLESILLE, une des plus nobles dames Ro-
» maines, fille de la très-sainte dame Paule, &
» sœur de la vierge *Eustochium*, fut un exemple
» d'un très-illustre veuvage. En 389, après avoir
» laissé des preuves très-certaines de son amour
» pour Dieu, n'étant encore que dans sa ving-
» tieme année, elle passa des ténèbres à la lu-
» mière, à Rome chez sa sainte mere ; &, comme
» S. Jérôme le dit, dans l'ardeur d'une foi com-
» mençante, elle reçut la couronne de l'œuvre con-
» sommée.

« Je crois que cette jeune personne mérite d'être
» comptée entre les femmes, non-seulement illustres,
» mais saintes, à cause de la grandeur de sa sainteté,
» de son innocence, de sa chasteté, de sa compas-
» sion pour les malheureux & pour les pauvres,
» ainsi qu'à cause de sa grande connoissance de trois
» langues. Elle fut d'ailleurs un excellent modèle
» de modération & d'humilité. Privée, à la plus belle
» fleur de son âge, d'un mari, dont la noblesse &
» le crédit étoient considérables : elle arbora sur le
» champ, à l'exemple de sa mere, l'étendard de la
» croix ; ensorte qu'elle parut s'affliger plutôt de la
» perte de sa virginité, que de la mort de son mari.

« Blesille, dégagée du lien conjugal, n'eut rien
» de plus à cœur que de se rabaisser par des vête-
» mens si pauvres & si méprisables, qu'elle devint
» pour son siécle l'exemple d'une humilité jusqu'alors
» inouïe. Elle s'étoit parée précédemment de perles
» & de pierreries de très-grand prix, interrogeant
» tout le jour son miroir, pour en apprendre ce qui
» manquoit à son ajustement. Comme elle avoit,
» non une, mais plusieurs fois dans la journée, fait
» peigner & ranger ses cheveux par ses femmes de
» chambre ; depuis, négligeant l'ornement de sa
» tête, il lui suffit qu'on n'arrachât point ses che-
» veux. Elle avoit d'abord trouvé dure la mollesse

» même des plumes ; dans la suite, elle ne cessa pas
» d'être à genoux sur la terre, pour prier & louer
» Dieu, & pour lui demander avec une ferveur
» incroyable & des larmes abondantes, qu'il dai-
» gnât lui pardonner ses péchés. Après sa prière,
» elle chantoit des pseaumes ; & sa tête tombante,
» ses genoux chancelans, & ses yeux à demi-
» fermés par le sommeil, obtenoient d'elle avec
» peine qu'elle prît un peu de repos. Son habille-
» ment étoit pauvre, comme je l'ai dit ; & sa cein-
» ture, loin d'être enrichie d'or, ou chargée de pier-
» reries, étoit de la laine, de la simplicité la plus
» grande, & telle qu'il falloit qu'elle fût pour serrer
» plutôt ses vêtemens que pour les couper. L'ex-
» trême modestie des habits n'étoit pas chez elle,
» comme elle l'est chez la plûpart, la marque de
» l'orgueil de l'esprit. Elle se disoit en elle-même,
» qu'il n'y avoit point d'ajustement mitoyen entre
» celui des femmes de chambre, & celui de leurs
» maîtresses ; & l'on voyoit qu'à cet égard, elle
» avoit plus de négligence & plus de gravité que
» les autres.

» Après quatre mois de persévérance dans sa sainte
» résolution, elle tomba malade d'une fiévre, dont
» le feu la consuma pendant trente jours. Elle en
» devint si foible, que son col délicat pouvoit à peine
» porter sa tête. Elle vouloit cependant avoir tou-
» jours dans les mains quelque prophète, ou l'évan-
» gile, dont la lecture remplissoit ses yeux de lar-
» mes. Enfin, lorsque l'ardeur de la fiévre eut achevé
» de detruire son saint & foible corps, étendue dans
» son lit, & prête à rendre l'ame, elle dit à ceux
» qui l'environnoient : Priez, je vous le demande
» en grace, le Seigneur Jesus qu'il me pardonne,
» puisqu'il ne m'a pas été donné d'achever ce que j'a-
» vois entrepris. Elle dit ; & son ame, débarrassée
» du fardeau de la chair, s'envola vers son Auteur,
» & retourna prendre, après une longue absence,
» possession de son ancien héritage.

» Sa mort fut un coup si cruel pour sa sainte mere,
» qu'en la pleurant, il s'en fallut peu qu'elle ne
» mourût elle-même. Jérôme, qui demeuroit alors
» à Rome, la voulant consoler, se servit de ces
» termes : Tant que l'ame gouvernera mon corps,
» ma langue prononcera le nom de Blesille. Elle
» sera l'objet de mes travaux. Mon esprit s'occu-
» pera d'elle. Il n'y aura point dans mes écrits de
» page qui ne fasse retentir son nom. Les vierges,
» les veuves, les moines, les prêtres la liront écrite
» dans mon cœur ; & la courte durée de sa vie sera
» compensée par une mémoire éternelle.

» Blesille eut un esprit capable d'apprendre tout,
» & presque divin. Sa mémoire fut excellente ; &
» le talent de la parole fut en elle au plus haut dé-
» gré. Elle s'appliqua dès ses plus tendres années à
» l'étude, avec tant de succès, qu'en peu de tems elle
» posséda parfaitement les langues latine & grecque,
» & que, ce qui fut admiré dans Origène par toute
» la Grèce, elle vint très-promptement à bout de
» vaincre si bien les difficultés de la langue hébraï-
» que, qu'elle en sçut prononcer les sons bizarres
» & rompus, de maniere à faire croire à qui l'eût
» entendue, qu'elle ne sçavoit parler que cette lan-
» gue. »

On a traduit, aussi fidèlement qu'on l'a pu, cet article du latin de Jacques-Philippe Foresti, plus connu sous le nom de *Philippe de Bergame*, religieux Augustin, auteur d'un ouvrage intitulé *Des Femmes illustres Chrétiennes*.

BLICHILDE, premiere femme de Théodebert II, roi d'Austrasie. *Voyez* BILECHILDE.

BLITILDE, reine de France, femme de Childéric II, ne nous est connue que par la sanglante catastrophe qui termina ses jours. Le roi, son époux, prince cruel & barbare, ayant, contre la loi, fait battre de verges un seigneur François, nommé *Bodillon* ; celui-ci, qui eût préféré la mort à un traitement qui n'étoit réservé qu'aux serfs, jura d'en tirer vengeance, & s'associa quelques autres mécontens. Ayant, à quelque tems de-là, rencontré Childéric, dans une partie de chasse, près de Chaumont en Vexin, il l'accabla de reproches & d'injures, & le perça de son épée. Non content de ce parricide, il courut au palais, ou la reine Blitilde étoit avec son fils Dagobert, & les massacra l'un & l'autre.

BOBILE, reine de France. *Voyez* AUSTREGILDE.

BOCAGE, (*Marie-Anne le Page, dame du*) de l'académie des Arcades de Rome, & de celles de Bologne & de Lyon, est une des sçavantes Françoises, qui font actuellement le plus d'honneur à notre siécle. Ses ouvrages sont en grand nombre. Voici les titres des principaux. *Le Paradis terrestre*, poëme imité de Milton; *le Temple de la Renommée*, poëme traduit de Pope; *les Amazones*, tragédie; *la Colombiade, ou la Foi portée au nouveau monde*, poëme; *le Prix alternatif entre les belles-lettres & les sciences*, poëme couronné à Rouen en 1746; la Traduction de l'*Oraison funèbre du prince Eugène*, &c.

BOHÊME, (*Elizabeth de*) princesse Palatine. *Voyez* ELIZABETH DE BOHÊME.

BOIS, (*Madeleine du*) de Fontaines-Marans, dite *de S. Joseph*, la premiere des Carmélites Françoises, qui soit morte en odeur de sainteté. Elle étoit fille d'Antoine du Bois, sieur de Fontaines-Marans, en Touraine, & de Marie Prud'homme, fille du sieur de Fontenay, en Brie, & sœur aînée de madame la chancelliere de Silleri, l'une & l'autre illustres par leur noblesse & par leurs vertus. Elle naquit à Paris, le 18 de Mai 1578, & reçut au baptême le nom de *Madeleine*. Le pere Hilarion de Coste rapporte une particularité de son enfance, qui peut paroître curieuse. On ne changera rien au style.

» Dès l'âge de quatre ans, elle fut prévénue de
» Dieu; & en ce tems, où les enfans n'ont point

» encore l'usage de raison, elle fit paroître qu'elle
» étoit raisonnable & pieuse tout ensemble. La grace
» l'éleva de la terre dans le ciel, & lui donna des
» sentimens de l'éternité; car étant seule sur la porte
» du logis de son pere, à Paris, entre les bras de sa
» gouvernante; & voyant passer le corps d'un en-
» fant que l'on portoit en terre, elle fut touchée
» de cette cérémonie, & en demanda, plus soi-
» gneusement que son âge ne portoit, l'explica-
» tion à sa gouvernante. Celle-ci, s'accommodant
» à sa capacité, lui dit que c'étoit le corps d'une
» petite fille qu'on alloit mettre en terre, où il se-
» roit mangé des vers, & que son ame, selon la diffé-
» rence de ses mérites, monteroit en paradis, pour y
» régner avec Dieu, ou descendroit aux enfers,
» pour y brûler dans un feu qui ne s'éteindroit ja-
» mais. Cette réponse ouvrant l'esprit de cette pe-
» tite fille, & le préparant insensiblement au mé-
» pris du monde, lui fit dire à sa gouvernante ces
» paroles : Mais mourrai-je aussi comme elle !... Oui,
» ma fille, lui répondit-elle ; car tout le monde
» mourra comme cette petite fille ; & l'enfant pour-
» suivant ses demandes : Sera-t-elle long-tems en pa-
» radis ou en enfer ?... Une éternité, lui répondit sa
» gouvernante... Et qu'est-ce qu'une éternité, lui re-
» partit la petite ? Dure-t-elle plus d'un jour ?... L'éter-
» nité, lui dit la gouvernante, n'a point de fin ; elle
» dure toujours, & ne finira jamais.... Ce nom
» d'*éternité* l'étonna ; cette durée qui ne finit ja-
» mais, & qui recommence toujours, fit une si puis-
» sante impression dans l'ame de Madeleine du
» Bois, que dès-lors elle passoit des heures entie-
» res à s'entretenir de ce sujet, & disoit souvent,
» par le mouvement de la grace qui l'animoit : Une
» éternité en paradis ou en enfer ! Il nous faut tous
» mourir ! & après cette vie, il en reste une autre
» qui ne doit jamais finir ! »

Ces heureuses dispositions se fortifierent avec
l'âge ; & l'ordre des Carmélites de sainte Thérèse

n'eut pas été plutôt apporté d'Espagne en France, que Madeleine du Bois se présenta aux six meres Espagnoles, pour y être admise. Elle fut la quatrieme qui prit l'habit de cet ordre ; & ses vertus éminentes l'en rendirent bientôt une des plus fermes colomnes. Au sortir de son noviciat, elle fut établie maîtresse des novices ; &, dans cette charge, elle fut très-utile à sa communauté. Depuis, étant prieure des deux monasteres de Paris & de celui de Notre-Dame de Pitié à Lyon, elle eut plusieurs occasions de faire éclater sa charité, sa prudence, sa patience & son humilité.

» Durant l'extrême cherté, qui arriva à Paris en
» 1631, dit le P. Hilarion, elle fit augmenter le
» pain qu'on donnoit aux pauvres, & commanda
» qu'on n'en refusât à personne. Le nombre des
» pauvres, que le bruit de cette aumône attiroit de
» toutes parts, fut si grand, qu'elle fit nourrir long-
» tems plus de quatre cens personnes tous les jours,
» aux dépens du monastere de Notre-Dame des
» Champs, (du fauxbourg S. Jacques) sans l'assis-
» tance duquel plusieurs écoliers Anglois eussent eu
» peine à vivre dans une saison si fâcheuse. Aussi
» cette charité fut si agréable à Notre-Seigneur,
» qu'il la voulut honorer d'un miracle après sa mort ;
» car la mere prieure de ce dévot monastere ayant
» eu dévotion de faire l'aumône à cinquante-neuf
» pauvres, en mémoire des cinquante-neuf années
» que la mere Madeleine avoit vécu sur la terre,
» il s'en trouva plus de cent cinquante qui eurent
» chacun une portion de viande, quoiqu'il n'y en
» eût que cinquante-neuf. La merveille fut encore
» plus grande dans le pain que dans la viande ; car
» la touriere n'en ayant coupé que trente-neuf
» portions, & s'étant résolue de donner de l'argent
» à ceux qui n'auroient point de pain, toutes choses
» se multiplierent de telle façon entre ses mains,
» que non seulement les pauvres en eurent suffi-
» samment pour eux, mais en porterent encore à

» leurs femmes & à leurs enfans. Le miracle eut
» tant d'éclat, qu'on en dreſſa un procès-verbal de-
» vant M. l'archevêque de Paris; &, pour en ho-
» norer le ſouvenir, le couvent de Notre-dame
» des Champs a toujours depuis continué à traiter
» cinquante-neuf pauvres ce même jour. »

Madeleine du Bois mourut le jeudi 30 d'Avril 1637, & fut enterrée dans le cloître, ſuivant ſon intention. Sa vie a été écrite par le P. Sénault, prêtre de l'Oratoire.

BOISMORTIER, (*mademoiſelle de*) fille du muſicien de ce nom, a fait imprimer, en 1751, un ouvrage intitulé: *Mémoires de la comteſſe de Marienbourg.* C'eſt tout ce que nous ſçavons de cette auteur.

BOISSANGERS, (*mademoiſelle de*) nous eſt connue par M. de Vertron, qui dit qu'elle a un génie particulier pour les énigmes.

BOIVAULT. (*madame la préſidente de*) Cette dame naquit avec tous les avantages qui donnent un rang diſtingué dans le monde. Son eſprit, ſa figure, & plus que tout cela, les graces ſéduiſantes répandues ſur ſa perſonne, la rendoient l'idole des cercles; mais à peine entrevit-elle l'uſage de ces talens extérieurs, qu'elle en fit hommage à celui qui l'en avoit ſi libéralement pourvue. M. Hébert, ſon pere, célèbre avocat au conſeil, la maria de bonne heure à M. Boivault, préſident à la chambre des comptes de Dijon, qui mena dans ſa province ſa nouvelle épouſe. Le premier ſoin de la préſidente fut d'employer tous ſes efforts à guerir ſon mari de ſa paſſion pour le jeu. Enſuite elle ſe choiſit pour directeur le P. de Clugny, & mépriſa tous les ridicules que le monde attache à la dévotion.

Nous n'entrerons point ici dans le détail de ſa mortification, & de toutes les œuvres de ſa charité: il ſuffit de dire qu'elle fit aimer la vertu à tous ceux qui la connoiſſoient. On s'aſſembloit chez elle par amuſement; on y revenoit par édification. Sa maison étoit une école de morale, remplie de gens qui n'en avoient pu jusques-là supporter les préceptes. Le président vint à mourir ; alors son épouse, ne tenant plus au monde par aucun lien, déchira son portrait, brûla les tableaux profanes & les ornemens mondains qui servoient à sa parure, & vola chez les Carmélites. Le P. de Clugny voulut en vain s'opposer à ce sacrifice, en lui représentant que le monde avoit plus besoin de ses vertus que le cloître. L'évènement justifia les conseils du directeur : l'avant-veille du jour marqué pour la cérémonie, la Providence permit qu'on lui suscitât de grandes affaires, & qu'on formât opposition à son dessein. Cet obstacle ne put arrêter son zèle ; elle sacrifia la plûpart de ses droits pour jouir de la vie religieuse ; mais comme elle avoit la vue très-foible, quoiqu'elle eût à peine quarante ans, & qu'elle ne pouvoit lire ses offices, le directeur saisit ce prétexte pour la détourner du couvent ; ajoûtant que, par esprit de pénitence, elle devoit se résoudre à passer dans le monde pour une religieuse défroquée. Madame de Boivault, toujours humble & soumise, obéit, mais bien résolue de se macérer par les plus grandes austérités. On peut même dire, à ne consulter que la raison, qu'elle poussa trop loin cette ferveur.

Souvent elle étoit revêtue d'une haire tissue de crins, garnie en plusieurs endroits de petites pointes de fer, & couchoit dans deux cilices faits en forme de draps, étendus sur deux planches de bois. Ces pieuses cruautés sont plus admirables qu'imitables ; mais, ce qui est au-dessus de nos éloges, c'est le soin qu'elle prenoit de cacher ses bonnes actions, & d'étouffer l'amour-propre, qui se masque souvent du voile de la vertu. Sa table étoit toujours bien servie ; & ses domestiques même ignoroient que, se contentant d'un simple potage, & souvent d'un morceau de pain, elle nourrissoit une pauvre, mais vertueuse famille de tous les mets qui couvroient sa table. Son immense charité la dépouilla de tous ses biens, au point que, sa servante étant malade, elle alloit elle-même chercher le nécessaire dans son voisinage, & s'acquittoit auprès d'elle des fonctions les plus humiliantes. Malgré ces mortifications, on ne remarquoit point sur son visage les traces du jeûne, & la pâleur d'une pénitente : son air riant & son aisance naturelle annonçoient la paix & le bonheur. Elle conserva sa vivacité & son enjouement jusqu'au lit de la mort.

Sa maladie, qui dura neuf mois, commença par une fiévre lente & un rhume considérable, qui produisit une oppression & une hydropisie de poitrine ; ses entrailles étoient dévorées par un feu ardent, qui envoyoit au cerveau des fumées noires & malignes. Toute autre eût succombé à une pareille situation ; mais l'Eucharistie, dont elle se nourrissoit tous les jours, la fortifioit contre la maladie & la mort. Pendant une heure entiere, elle perdit connoissance, & parut absorbée dans le sein de la Divinité. Lorsqu'elle fut revenue de son extase, un pieux ecclésiastique lui demanda : « A quoi pensiez-vous, Madame, durant ce tems ? De quoi étiez-vous occupée ? »..... Ce sont, dit-elle en souriant, mes petites affaires. » Elle expira le dernier jour de Décembre 1686, à l'âge de quarante-six ans.

Dès que le bruit de sa mort fut répandu, toute la ville accourut à ses funérailles, & s'empressa de se procurer quelques morceaux de ses vêtemens. On donna aux pauvres, selon son intention, les frais d'un convoi magnifique ; & on l'enterra sans pompe dans la sépulture des pauvres. Si la cour de Rome n'a point couronné ses vertus par la canonisation, on peut présumer sans témérité, que la cour céleste les a récompensés de toute sa gloire.

BONAFOND D'ALBRET, (*mademoiselle Madeleine*) née à Versailles en 1717, est auteur de *Tanassés*, conte allégorique.

BONNE, duchesse de Lorraine, femme de Charles, duc de Lorraine.

BONNE DE SAVOYE, duchesse de Milan, femme de Galéas-Marie Sforce, duc de Milan, morte en 1485, après son mari, qui avoit été assassiné en 1476.

BONNE D'ARTOIS, comtesse de Nevers, puis duchesse de Bourgogne, mariée, en 1413, à Philippe de Bourgogne, comte de Nevers, &c. dont elle eut deux fils, Charles & Jean, comte de Nevers, & en seconde nôces, à Philippe III, dit *le Bon*, duc de Bourgogne, mourut à Dijon, en 1425, sans laisser de postérité de son second mariage.

BONNE DE BOURBON, comtesse de Savoye, fille de Pierre I de ce nom, duc de Bourbon, &c. & mariée à Paris, en 1355, à Amé VI, comte de Savoye, dit *le Verd*. L'histoire nous représente cette princesse comme l'ornement de son siécle, & vante sur-tout sa prudence, son génie, sa libéralité, sa grandeur d'ame. Le comte son époux lui donna beaucoup de part aux affaires, & n'eut pas lieu de se repentir d'avoir suivi quelquefois ses conseils. Après la mort de ce prince, arrivée en 1383, elle prit en main les rênes du gouvernement au nom de son fils Amé VII, qui ne règna que huit ans. Elle conserva son autorité sous Amé VIII, son petit-fils, qui, devenu majeur, paya ses services de la plus odieuse ingratitude, & refusa de lui remettre les terres de son douaire. Louis II, duc de Bourbon, frere de la comtesse, entreprit de la venger; mais les choses s'accommoderent; & Bonne s'étant retirée au château de Mâcon, elle y mourut le 19 de Janvier 1402.

BONNE DE BERRI, comtesse de Savoye, fille de Jean de France, duc de Berri, & d'Armagnac, fut mariée, en 1376, au comte de Savoye, Amé VIII, dit *le Rouge*, lequel étant mort en 1391, laissa la tutelle de son fils Amé VIII à Bonne de Bourbon, sa mere, parce qu'il prévit, comme il arriva, que Bonne de Berri, jeune encore, & aimable, pourroit contracter une seconde alliance. Malgré cette sage disposition, sa veuve disputa la régence à sa belle-mere, & l'on fut à la veille de voir la Savoye en proie aux guerres civiles. Cette affaire ayant été terminée à l'avantage de Bonne de Bourbon, Bonne de Berri contracta un second mariage, en 1393, avec Bernard VII du nom, comte d'Armagnac. Elle mourut dans un âge fort avancé, le 30 de Juin 1434.

BONNE Sforce, reine de Pologne, étoit fille de Jean-Galéas Sforce, duc de Milan, & fut mariée, en 1518, à Sigismond I, roi de Pologne, alors veuf de Barbe, fille d'Etienne Zapolski, Palatin de Transilvanie. Elle le fit pere de cinq enfans, un fils & quatre filles. La tendresse qu'elle eut pour Sigismond ne se démentit jamais; & lorsqu'au bout de trente années de mariage, ce prince tomba dans une langueur qui dura toute sa vie; Bonne ne le quitta pas d'un instant, & ne voulut point permettre qu'aucun autre qu'elle, lui donnât les secours dont il avoit besoin. Sa mort l'affligea sensiblement. Il paroît néanmoins qu'elle ne le pleura pas tout le reste de ses jours. On en jugera par ce qui suit.

Sigismond-Auguste, fils de la reine Bonne, ayant été reconnu roi par les Polonois, ce prince ne vécut pas long-tems en bonne intelligence avec sa mere; car ayant épousé, sans le consentement de cette princesse, Barbe Radziwil, veuve de Gastold, seigneur Lithuanien, vassal de la Pologne, il ne put jamais lui faire approuver ce mariage. Elle alla même jusqu'à se joindre aux seigneurs mécontens qui s'étoient retirés de la cour, & qui vouloient forcer Sigismond à renoncer à une alliance qui leur paroissoit indigne de lui. Les choses auroient été poussées peut-être à l'extrémité, si Barbe qui étoit le prétexte de la rebellion, ne fût morte subitement à Cracovie. Cet évènement fut suivi d'une réconciliation entre le roi Sigismond II & sa mere; mais elle ne fut pas de longue durée. Bonne Sforce, dont on ne sçauroit louer ici la prudence, faisoit souvent des reproches à son fils sur son mariage avec la fille du Lithuanien. Un jour le roi perdit patience, & lui dit brusquement, « qu'il n'avoit pas tant fait de » deshonneur à sa maison, & à la couronne de Po- » logne, lorsqu'il avoit épousé Barbe publiquement » & en face de l'église, qu'elle l'avoit deshonorée » en se mariant secrettement à Pappacoda, homme » de basse condition. » La reine mere, que ce re- proche touchoit d'autant plus vivement qu'il étoit fondé, répondit au prince avec aigreur. La désunion se mit entr'eux; l'empereur Charles-Quint, & Ferdinand, roi des Romains, son frere, voulurent en profiter pour fomenter les troubles dans la Pologne, & em- pêcher les Polonois de secourir Isabelle, reine de Hongrie, dont le fils, Etienne ou Jean Sigismond, avoit été dépouillé de ce royaume par l'empereur & Ferdinand. Ils écrivirent à Bonne des lettres fort engageantes, & lui firent offre de leurs services. Flatée de la protection de deux princes aussi puis- sans, la reine douairiere quitta la Pologne & son fils, & se retira dans ses terres de la Pouille, à l'extrémité de l'Italie, après avoir été reçue magni- fiquement dans tous les Etats de Charles-Quint & de Ferdinand. Elle mourut à Venise, en 1558, lais- sant héritiers de ses biens le roi Sigismond, avec lequel elle s'étoit réconciliée, & ses filles, qui furent mariées toutes quatre à des souverains. On a pré- tendu que Bonne avoit, par un testament, laissé ses biens à Pappacoda, son époux secret; d'autres disent que ce fut à Philippe II, roi d'Espagne; mais c'est ce qui n'est appuyé sur aucune preuve.

BONNE, paysanne, native de la Valteline, paissoit ses brebis à la campagne, lorsqu'elle fut rencontrée par Pierre Brunoro, illustre guerrier Parmesan. Cet officier ayant remarqué de la vivacité & de la fierté dans cette jeune fille, la prit, l'emmena avec lui, & en fit sa concubine. Il prenoit plaisir à la faire habiller en homme, pour monter à cheval, & l'ac- compagner

compagner à la chasse ; & Bonne s'acquittoit admirablement bien de ces exercices. Elle étoit avec Brunoro, lorsque, pour servir le comte François Sforce, il prit parti contre Alfonse roi de Naples, & elle le suivit lorsqu'il rentra au service du roi Alfonse son premier maître. Quelque tems après, Brunoro voulut retourner avec Sforce, & délibéra des moyens de s'enfuir ; mais il ne put les exécuter si secrettement que son dessein ne vnt à la connoissance du roi de Naples, qui le fit arrêter & mettre en prison. Aussi-tôt Bonne, résolue de délivrer Brunoro, alla trouver tous les princes d'Italie, le roi de France, Philippe duc de Bourgogne, & les Vénitiens, de qui elle obtint des lettres de recommandation, pour procurer la liberté de Pierre Brunoro. Alfonse, sollicité par de si grandes puissances, fut obligé de l'élargir, & de le rendre à cette généreuse fille, qui sçut ménager pour son amant, auprès du sénat de Venise, la conduite des troupes de cette république, avec vingt mille ducats d'appointemens Alors Brunoro, considérant les grandes obligations qu'il avoit à Bonne, résolut de l'épouser, & la prit pour sa femme légitime. Bonne, après son mariage, fit de plus en plus paroître la grandeur de son courage. Elle se trouvoit à toutes les rencontres où elle combattoit vaillamment. Elle devint fort intelligente en l'art de la guerre ; & l'on en vit les effets en diverses occasions, principalement dans l'entreprise des Vénitiens contre François Sforce, duc de Milan, où elle força les ennemis de rendre le château de Pavono, près de Bresce, après y avoir fait donner un assaut, dans lequel elle parut en tête, les armes à la main. Enfin le sénat de Venise, ayant une entiere confiance en la conduite de Pierre Brunoro & en la valeur & prudence de sa femme, les envoya à la défense de Négrepont contre les Turcs ; & ils défendirent si bien cette isle, que, pendant tout le tems qu'ils y demeurerent, les Turcs n'oserent plus rien entreprendre de ce côté-là. Brunoro mourut en la ville de Négrepont, où il fut enterré fort honorablement. L'illustre Bonne, s'en revenant à Venise, mourut en chemin, l'an 1466, dans une ville de Morée, laissant deux enfans de son mariage.

BONNEVAUT, (*madame*) sçavante Françoise du siècle dernier, dont on ne connoît point d'ouvrage. On sçait seulement qu'elle étoit grande Cartésienne, & que, par conséquent, elle avoit beaucoup de goût pour la philosophie.

BONTEMS, (*madame*) a traduit quelques ouvrages anglois, entr'autres, *les Saisons*, poëme de Tompson.

BONSUIQUE, héroïne Angloise, se signala par sa valeur & par son intrépidité, du tems que les Romains porterent leurs armes en Angleterre. Plus d'une fois, elle battit les troupes de ces fiers conquérans, & peu s'en fallut qu'elle ne les chassât entiérement de l'isle.

BONZESSES. Ce sont des filles qui vivent en communauté dans la Chine, dans des monastères, comme sont ceux de l'église Grecque & Romaine, dont l'entrée est interdite à tout le monde. Elles s'y occupent principalement du service des idoles, & sont obligées de vivre dans la continence.

BORÉ, (*Catherine de*) femme de Martin Luther, étoit fille d'un simple gentilhomme. Elle quitta le monastère de Nimptschen en Allemagne, où elle étoit religieuse, avec huit autres de ses compagnes. » Entre ces neuf religieuses libertines & dévoilées, » qui étoient toutes filles de qualité, dit le P. Maim-» bourg, il y en avoit une nommée *Catherine de Boré*, » que Luther, qui étoit encore en habit religieux, » trouva fort belle, & dont ensuite il devint fort » amoureux. » Mais ce passage est démenti par les Lettres mêmes de Luther, dont le mariage avec cette fille se fit très-brusquement en 1525, soit pour édifier ses sectateurs, ou pour faire dépit aux Catholiques. Elle survécut à son mari, qui rendit d'elle, dans son testament, un bon témoignage de probité, de fidélité & d'honnêteté. On convient cependant qu'elle étoit impérieuse, hautaine, trop ménagère dans son domestique, & trop prodigue en bâtimens. Elle mourut à Torga, le 20 de Décembre 1552, âgée d'environ cinquante-trois ans.

BORROMÉE, (*Blanche*) demoiselle de Padoue. » C'étoit, dit le P. Hilarion de Coste, la gloire & » l'ornement de Padoue, pour sa beauté, sa bonté, » sa modestie & son sçavoir...... Non-seulement » ses concitoyens l'estimoient pour sa vertu, ses » perfections & ses mérites ; mais aussi les étrangers, » qui venoient de tous côtés à cette belle Acadé- » mie, pour voir & admirer cette sage & sçavante » demoiselle. » Concluons de tout ce verbiage, que Blanche Borromée cultivoit les sciences avec succès, & n'étoit pas moins belle que sçavante. Elle mourut fort regrettée, en 1557 ; & plusieurs sçavans d'Italie lui dressèrent des épitaphes.

BOSNIE, (*Elizabeth de*) reine de Pologne. *Voyez* ELIZABETH DE BOSNIE.

BOTILDE, femme d'Eric II, roi de Dannemarck, qui commença de régner l'an 863, peut passer pour un prodige de complaisance & de fidélité. Le roi son époux choisissoit souvent des objets de son amour parmi les filles de la suite de cette princesse ; non-seulement elle supportoit patiemment ce désordre, elle accabloit encore de caresses & de bienfaits celles qui plaisoient le plus à son mari, & les paroit elle-même de ses mains, pour les lui rendre plus agréables. Sans approuver ni blâmer cette conduite, nous nous contenterons d'observer qu'Eric, touché des procédés de son épouse, renonça volontairement à ses amours passagers, pour s'attacher uniquement à Botilde.

BOUDICÉE, *ou plutôt* BODICÉE, reine des Icéniens, peuple de l'ancienne Albion ou Angleterre, est célèbre dans l'histoire par son courage & par sa leur. Le roi Prasutague, son époux, prince riche puissant, avoit, avant que de mourir, institué par son testament l'empereur Néron héritier de son royaume & de tous ses biens. Il avoit cru par-là mettre sa famille à couvert des violences qu'il craignoit de la part des Romains; mais ses précautions furent inutiles. A peine eut-il fermé les yeux à la lumiere, que les Romains pillerent son palais, outragerent sa veuve, jusqu'à la battre comme une esclave, & violerent ses deux filles presqu'en sa présence. Cette princesse, justement irritée de cet attentat, fit soulever les habitans du pays, les assembla jusqu'au nombre de cent vingt mille, se mit à leur tête; &, après les avoir fortement animés à secouer le joug des Romains, elle les mena courageusement au combat. Malgré les efforts des Romains, Boudicée vint à bout de les faire plier, & remporta sur eux une victoire complette. L'absence de Paulin Suétone, lieutenant de l'empereur, qui étoit allé se saisir de l'isle de Mona, où les mécontens d'Angleterre s'étoient retirés, contribua sans doute beaucoup à cet avantage; car ce général ne fut pas plutôt de retour, qu'il dissipa sans peine cette multitude d'hommes mal aguerris & qui ne suivoient que les mouvemens d'une fureur aveugle. Il en fit un horrible carnage, & l'on dit qu'il en demeura plus de quatre-vingt mille sur la place. Boudicée, réduite au désespoir après une si sanglante défaite, ne put se résoudre à vivre davantage, & se fit mourir par le poison, vers l'an 61 de Jesus-Christ.

BOUETTE DE BLEMUR. *Voyez* BLEMUR. (*Bouette de*)

BOULANGERE. (*une*) Quoique l'histoire ne nous ait point conservé son nom, elle n'en mérite pas moins une place distinguée parmi les femmes célèbres. Elle peut servir de preuve contre ceux qui prétendroient que les personnes du commun sont rarement à l'abri de la corruption. Des ennemis secrets de Crésus, roi de Lydie, cherchant à se défaire de ce prince, s'adresserent à sa boulangere, & lui offrirent une somme d'argent considérable, pour qu'elle empoisonnât le roi. Sans doute qu'elle l'auroit pu facilement, & que son commerce lui en fournissoit les moyens. Mais, irritée d'une proposition aussi injurieuse à sa vertu, elle refusa courageusement de faire ce qu'on lui demandoit, & courut en avertir Crésus. Ce prince, en reconnoissance, lui fit élever une statue d'or.

BOULEN ou BULEYN, (*Anne de*) maîtresse & femme de Henri VIII, roi d'Angleterre, eut pour pere Thomas de Boulen, chevalier & trésorier du cabinet, & pour mere Jeanne Clinston, fille d'un baron de ce nom. Dès l'âge de quinze ans, c'est-à-dire en 1515, elle passa en France en qualité de demoiselle d'honneur de la princesse Marie, sœur de Henri VIII, qui épousa à l'âge de seize ans le roi Louis XII, qui en avoit cinquante-trois. Ce prince mourut après trois mois de mariage, & Marie épousa secrettement à Paris un simple gentilhomme de sa suite, favori de Henri VIII, qui lui donna le duché de Suffolck.

Anne de Boulen revint à Londres, avec sa maîtresse, mais plus belle que jamais. L'air qu'elle avoit respiré à la cour de France, animoit son teint des couleurs brillantes de la gaieté, & rendoit ses moindres actions intéressantes. Le roi d'Angleterre ne put la voir sans émotion : ce fut pour la premiere fois dans le jardin de son pere. Après quelques momens d'entretien sur l'humeur agréable & galante des dames Françoises, il en devint si amoureux, qu'arrivé à Withal, il dit au cardinal Wolsey, son favori : « Je viens d'avoir une conversation de
» demi-heure avec une demoiselle qui a de l'esprit comme un ange, & qui est digne d'une couronne. » Le cardinal répondit : « C'est bien
» assez qu'elle soit digne de votre amour.... » Mais
» je crains, ajoûta le roi, que cet esprit angélique
» ne veuille pas s'abaisser jusqu'aux hommes. »

Wolsey, qui ne cherchoit qu'à éloigner le roi des affaires, pour en avoir seul tout le maniment, l'encou-

ragea dans son amour. « Les grands princes comme
» votre Majesté, lui dit-il, ont dans le cœur & dans
» la main un aimant capable d'attirer même le fer. »
Ensuite il lui conseilla de créer Milord le pere
d'Anne de Boulen, & de lui donner à elle la qualité de demoiselle d'honneur de la reine Catherine.
Ce conseil ne pouvoit manquer d'être agréable ; le
roi envoya les brevets nécessaires à la jeune Boulen,
avec la lettre suivante, écrite de sa main : « Je vous
» ai trouvée si belle & si charmante, que la for-
» tune ne pouvoit me faire de plus grande faveur,
» que celle que j'en reçus l'autre jour, lorsqu'elle me
» procura quelques momens d'entretien avec vous
» dans votre jardin, puisqu'elle me donna par-là
» le moyen de reconnoître, qu'ayant beaucoup
» de mérite, vous êtes digne de tenir un rang plus
» considérable dans le monde, & votre maison
» d'être elevée à de plus grands honneurs. Je vous
» prie d'agréer pour cette fois les deux brevets ci-
» inclus, que je vous envoie, comme une récom-
» pense qui est dûe à votre mérite ; & soyez per-
» suadée que je vous trouve tellement à mon gré,
» qu'il ne dépendra que de vous d'en faire telle
» expérience qu'il vous plaira. Ne négligez pas d'ac-
» cepter ce que vous offre bien plus du cœur que
» de la bouche. »   *Le Roi qui vous aime.*

Anne de Boulen, déja avertie de l'entretien du
roi avec le cardinal, par un page de ses parens,
communiqua la lettre à son pere, qui, plus sensible
à l'ambition qu'à l'honneur, exhorta sa fille à répondre aux vœux du monarque.

Lorsqu'elle parut à la cour, en qualité de dame
d'honneur de Catherine, cette princesse sentit naître
dans son cœur quelque pressentiment de ce qui devoit arriver, & dit aux autres dames : « L'arrivée
» d'Anne de Boulen à la cour, est un présage qu
» la menace de quelque grand malheur. Je ferai c
» que je pourrai pour dissuader le roi de la laisse

» long-tems dans cet emploi. » Malgré tout ce qu'elle put faire, Anne de Boulen devint la source de toutes les faveurs. Le roi donna à son pere le vicomté de Rochefort, avec la plus grande charge de l'Etat, & les ambassades les plus honorables. On a prétendu que le roi, pendant douze ans, n'avoit fait que soupirer auprès de sa maîtresse. Elle craignoit, dit-on, son inconstance, & ne lui accordoit que ce qui pouvoit l'enflammer davantage. Enfin elle dévoila le motif d'un refus si persévérant : elle dit au roi, « que s'il l'aimoit tout de bon, il lui étoit » aisé de répudier la reine pour l'épouser, & que les » plaisirs dérobés ne pouvoient pas être fort doux. » D'autres assurent que le roi s'étoit marié secrettement avec elle, avant qu'il l'épousât publiquement, & qu'elle avoit accouché d'une fille morte, & puis d'un garçon qui ne vécut que peu de jours. Soit qu'elle fût déja sa femme, soit qu'elle lui eût refusé les dernieres faveurs jusqu'à ce qu'il l'eût épousée, le roi aveuglé par sa passion, résolut de lui faire part de son trône, & d'en exclure Catherine. Il ordonna au cardinal de Wolsey de se disposer à demander en cour de Rome son divorce avec la reine. Sur la fin du mois de Mai 1528, Anne de Boulen écrivit au prélat la lettre suivante :

» Milord, je vous supplie très-humblement de
» me pardonner la liberté que je prends d'inter-
» rompre vos occupations par une lettre simple &
» mal concertée. Vous la devez imputer à la joie que
» je ressens d'apprendre que vous êtes en parfaite
» santé : pour moi je ne cesserai jamais de deman-
» der à Dieu dans toutes mes prieres qu'il vous
» conserve en cet heureux état, afin de satisfaire,
» en quelque maniere, à tant d'obligations que je vous
» ai. Je suis très-persuadée des bonnes intentions
» que vous avez pour moi, & que vous avez pris
» tellement mes intérêts à cœur, qu'ils ne vous
» laissent reposer ni nuit ni jour. Cependant, mi-
» lord, je ne puis répondre à tant de bontés, que

» vous avez pour moi, que par une amitié très-
» particulière que j'aurai toujours pour vous, que
» j'aimerai toujours plus que personne du monde
» après le roi ; & comme je n'ai encore rien fait
» qui puisse démentir cette protestation, je me pro-
» mets aussi que je ne ferai jamais rien à l'avenir
» qui n'y réponde. Je crois que vous en êtes assez
» persuadé. Je suis du reste, milord, dans l'impa-
» tience d'apprendre quelque nouvelle de l'arrivée
» du légat, m'assurant qu'elle ne me sçauroit être
» qu'avantageuse, puisque c'est vous qui le faites
» venir. Je sçai que vous êtes en cela dans une aussi
» grande impatience que moi, & qu'elle sera tou-
» jours plus grande jusqu'à ce que les choses auront
» réussi ; mais il faut avoir patience, & toujours
» bien espérer. En attendant, je suis avec passion,
» milord, votre très-humble servante,

ANNE DE BOULEN. »

A la fin de cette lettre, le roi ajoûta de sa propre main cette apostille : « Celle qui vous écrit la lettre
» ci-dessus ne me veut point laisser en repos, que
» je n'y joigne ce peu de lignes de ma propre main.
» Mais, quoique vous ne trouviez ici que peu de
» paroles, je vous prie de les recevoir en bonne
» part, & d'être assuré qu'elle & moi souhaitons
» avec passion de vous voir, pour vous témoigner
» la joie que nous avons de ce que vous avez si
» heureusement échappé à la fureur de la peste.
» J'espère que la malignité de ce mal aura cessé,
» au moins à l'égard des personnes d'une vie aussi
» réglée que la vôtre. Nous sommes dans un grand
» chagrin de n'apprendre point de nouvelles de l'ar-
» rivée du légat ; mais nous espérons que nous sor-
» tirons bientôt d'affaire par votre moyen, & que
» vos soins seront accompagnés de la bénédiction
» du ciel. C'est tout ce que j'ai à vous dire pour le
» présent ; la seule chose que je veux y ajoûter,
» c'est que je vous souhaite tout le bonheur que

» peut desirer pour vous celui qui écrit ces lignes,
» c'est votre roi & bon ami. »

HENRI.

Pour l'intelligence de quelques endroits de ces lettres, il faut sçavoir que la peste ravageoit alors la ville de Londres. Le roi s'étoit retiré dans une maison de campagne avec sa maîtresse, après avoir confié au cardinal toute son autorité. Il avoit déja fait demander au pape Clément VII son divorce avec la reine Catherine, le priant instamment d'envoyer dans son royaume un légat *à latere*, pour faire les informations requises en pareil cas. Mais, comme il craignoit de n'obtenir que fort tard ce qu'il demandoit, il obligea la malheureuse Catherine de rester à Londres, afin que la peste le délivrât des obstacles qui s'opposoient à son nouveau mariage; mais il n'eut pas cette consolation. D'un autre côté, la cour de Rome, dont la politique est de toujours temporiser, n'avoit garde de se presser dans une pareille circonstance. Charles-Quint venoit de saccager Rome, & de rendre la liberté au pape, après l'avoir détenu pendant neuf mois dans les prisons du château Saint-Ange; la reine Catherine étoit la tante de cet empereur. Comment se déclarer pour Henri sans offenser Charles-Quint? Dans cette extrémité, le pape ne songea qu'à gagner du tems, en attendant des conjonctures plus favorables. Il fit son légat en cette affaire le vieux cardinal Campegge, & lui ordonna d'aller le plus lentement qu'il pourroit. Ce prélat, accablé de gouttes, exécuta si bien l'ordre de son maître, qu'il fut plus de neuf mois pour aller de Rome à Paris.

Anne de Boulen, dans son impatience, écrivit à Wolsey : « Milord, vous mavez donné la plus
» grande satisfaction que je pouvois recevoir au
» monde, par la bonté avec laquelle vous m'avez
» fait part de vos bonnes nouvelles, & par le pré-
» sent riche & précieux que vous m'avez fait : quel-
» que grandes que soient les obligations que je vous

» ai, elles seront toujours au-dessous de mon zèle
» pour vous, avec d'autant plus de sujet, que sans
» votre secours, je ne sçaurois profiter de tout ce
» que vous prenez la peine de faire pour moi. Je
» dois à votre bonne conduite, & à l'affection que
» vous avez pour moi, toute la satisfaction & tous
» les avantages dont j'ai joui jusqu'ici ; ce qui fera
» que je rechercherai avec empressement, toute ma
» vie, les occasions de pouvoir vous rendre des
» services proportionnés à vos bienfaits. Je rends
» graces à Dieu, au reste, de ce qu'au milieu de
» tant de périls, il lui a plu de conserver le roi &
» vous, pour lesquels j'ai fait des vœux continuels.
» Je suis aussi persuadée que Dieu vous a conservé
» tous deux, pour quelque grand dessein connu à
» sa providence. Je soupire après l'arrivée du légat
» à Londres, parce que, si Dieu veut permettre que
» ce grand dessein réussisse, je le supplie que ce
» soit bientôt. J'espère que ce sera alors, milord,
» que je serai en état de reconnoître les soins ex-
» traordinaires que vous avez pris pour moi. En
» attendant, je vous prie de recevoir la bonne vo-
» lonté pour l'effet, priant Dieu pour votre pros-
» périté, & qu'il vous conserve toujours dans ce
» haut faîte de grandeur où vous êtes élevé. Je suis
» avec toute la reconnoissance possible, milord,
» votre très-humble & très-obéissante servante,

ANNE DE BOULEN. »

La reine Catherine, informée de l'empressement du cardinal pour la conclusion du divorce, exhala contre lui toute sa douleur, & le traita d'hérétique & de fauteur d'adultère. Wolsey s'en moqua ; il avoit pour lui le roi, sa maitresse & les flatteurs. Catherine n'avoit pour elle que les vœux & les regrets des honnêtes gens. Mais le roi, son mari, se chargea bientôt du soin de sa vengeance. Indigné de la lenteur avec laquelle on avançoit le divorce, il s'imagina que Wolsey, après l'avoir appuyé de tout so pouvoir, travailloit fecrettement auprès du légat à l'empêcher. Cette idée fe confirma, lorfque le légat fortit de Londres fans avoir rien conclu ; & fe livrant à toute fa colère, il priva Wolfey de tous fes emplois, de tous fes bénéfices, & ne lui laiffa pour revenu que celui de fon archevêché : il alla plus loin ; & après lui avoir confifqué pour un million de livres fterling en maifons, meubles & pierreries, il le relégua à Ashery. Ce fut dans cet exil qu'Anne de Boulen lui écrivit.

» Milord, quelque homme d'efprit que vous foyez,
» vous ne laiffez pas d'être blâmé de tout le monde,
» de vous être attiré la haine d'un roi qui vous avoit
» élevé au plus haut dégré, où la plus grande am-
» bition d'un homme de fortune puiffe afpirer. Je
» ne puis comprendre, & le roi encore moins,
» qu'après nous avoir attachés par tant de belles
» promeffes de divorce, vous vous foyez repenti
» de votre deffein, & que vous ayez fait ce que vous
» avez pu pour en empêcher la concluſion ? Quelle
» eſt donc votre manière d'agir ? Vous avez quitté
» la reine pour favorifer mes deſſeins, dans le tems
» que je ne faifois que commencer d'entrer dans les
» bonnes graces du roi ; & après m'avoir donné en
» cela les plus grandes marques de votre affec-
» tion, vous abandonnez mes intérêts pour repren-
» dre ceux de la reine. J'avoue que j'ai pris trop
» de confiance en vos proteftations & en vos pro-
» meffes, où je me trouve aujourd'hui trompée.
» Mais à l'avenir, je ne me fierai plus qu'à la pro-
» tection du ciel, & à l'amour de mon cher roi,
» qui feuls pourront redreffer les chemins que vous
» avez gâtés, & me mettre en cet heureux état,
» que Dieu protégera, que le roi fouhaite tant, &
» qui fera tout à l'avantage du royaume. Le tort
» que vous m'avez fait, m'a caufé beaucoup de cha-
» grin ; mais j'en ai infiniment davantage de me
» voir trahie par un homme qui n'avoit fait fem-
» blant d'entrer dans mes intérêts, que pour dé-

» couvrir les secrets de mon cœur. J'avoue que, vous
» croyant sincère, je fus trop prompte à vous
» les découvrir ; c'est ce qui fera que je garderai
» plus de modération à me venger, ne pouvant
» oublier que j'ai été votre servante. »

ANNE DE BOULEN.

En 1530, le roi d'Angleterre dépêcha ambassadeurs sur ambassadeurs au pape Clément, pour le presser d'autoriser le divorce. Ces ambassadeurs le trouverent à Boulogne, où il venoit de couronner l'empereur Charles-Quint, auquel il promit de ne jamais accorder au roi d'Angleterre ce qu'il demandoit. Quand il eut donné audience aux envoyés de ce prince, il promit de leur répondre lorsqu'il seroit de retour à Rome ; mais, quand il y fut arrivé, ils ne purent jamais rien conclure avec lui. Cependant Henri, averti de la promesse que le pape avoit faite à l'empereur, résolut de se faire rendre justice dans son propre royaume, par une assemblée d'ecclésiastiques. Il défendit ensuite à tous ses sujets, sous de très-grandes peines, de demander à Rome aucune sorte de bulles. Il sçavoit que cette défense feroit perdre plus de quatre mille écus de rente à la datterie de Rome ; & il espéroit que le pape, se voyant attaqué par la bourse, consentiroit aussi-tôt à accorder le divorce ; mais il se trompa : on fit même contre lui plusieurs procédures ; on menaça de l'excommunier, & on lui défendit de faire traiter cette affaire dans son royaume. Malgré cette défense, le roi assembla un synode, & ses avocats plaiderent vivement contre ceux de la reine.

Au commencement de l'année 1531, le roi assembla son parlement pour l'informer de toutes les procédures de la cour de Rome, & contraires aux anciens priviléges de son royaume. L'assemblée du clergé se tenoit toujours à Londres. Les députés du diocèse de Cantorbery, dans le dessein de faire leur cour, proposerent de donner au roi la qualité nouvelle de Chef & de Protecteur souverain de l'église & des ecclésiastiques d'Angleterre. Cet avis ne manqua point de partisans. Les seuls députés du diocèse d'Yorck s'y opposerent; &, dans un Mémoire qu'ils présenterent au roi à ce sujet, ils protesterent qu'ils ne pouvoient en conscience lui accorder ce titre. Le roi s'en plaignit au parlement, qui commença à procéder contre les ecclésiastiques de ce diocèse; mais le roi se laissa appaiser par un présent de vingt mille guinées. Tout le clergé, d'une commune voix, nomma le prince Chef & Protecteur de l'église d'Angleterre, & le roi accorda une amnistie générale de tout ce qui avoit été fait au préjudice de l'autorité royale.

Cependant Catherine avoit relevé appel à Rome d'une sentence prononcée contre elle par le clergé d'Angleterre. Le roi vouloit que l'affaire fût décidée à Londres, en lui laissant la liberté d'en rappeller à un concile général. Catherine répondit « qu'elle
» souhaitoit que Dieu voulût appaiser le roi son
» époux; mais qu'étant sa femme légitime, il n'y
» avoit que le pape qui pût, par une sentence dé-
» cisive, l'empêcher d'être toujours telle. » Le prince irrité de cette obstination, lui fit dire « que,
» depuis ce moment-là, il ne prétendoit plus avoir
» aucun commerce avec elle; mais qu'il lui laissoit
» la liberté de choisir tel endroit de ses Etats qu'elle
» voudroit, pour y demeurer, lui promettant qu'elle
» y seroit traitée selon sa qualité. » .... Il m'est in-
» différent en quelque lieu que je sois, répondit
» Catherine, puisque je serai par-tout reine & épouse
» du roi. »

Le 14 de Juillet fut le jour de la séparation. La reine quitta le château de Windsor, & choisit More pour le lieu de sa résidence. Pendant que son ministre pressoit le pape, afin qu'il obligeât le roi à porter cette affaire devant la cour de Rome, François I ne cessoit de répéter à Henri, qu'il étoit également de son intérêt & de son honneur de venir à bout de ce divorce. Le deſſein du roi de France étoit d'empêcher l'Angleterre de donner aucun ſecours à l'empereur attaqué par Soliman.

Au commencement de 1532, le pape fit citer le roi devant lui, pour déférer à l'appel de la reine, ſous peine d'encourir l'indignation & les cenſures du ſaint ſiége. Le roi, qui ne vouloit pas démentir le zèle qu'il avoit témoigné pour la religion Romaine, en écrivant contre Luther, dépêcha à Rome le chevalier Karnes, avec la ſimple & nouvelle qualité d'Excuſateur, & lui donna pour adjoint le docteur Bonnet. Lorſqu'ils furent arrivés, le pape renvoya la cauſe au conſiſtoire, qui ſe trouva bien embarraſſé par les diviſions des cardinaux. Ne ſçachant à quoi ſe déterminer, il prit le parti de gagner du tems, & de chercher des biais & des détours, pour contenter les deux partis, de Charles-Quint & du roi d'Angleterre. Le chevalier Karnes promettoit, de la part du roi ſon maître, le rétabliſſement des annates, ſi l'on vouloit conſentir au divorce. Anne de Boulen, qui ne manquoit ni d'eſprit pour perſuader, ni d'attraits pour plaire, faiſoit ſa cour au clergé & au parlement, & leur parloit du divorce comme d'un bien également avantageux à l'Egliſe & à l'Etat. Le chevalier Temſe, un des membres de la chambre des communes, ne fut pas de ſon avis. Il oſa dire en plein parlement, qu'il falloit s'oppoſer fortement au divorce, puiſqu'il n'avoit pour motif que la paſſion effrénée du roi pour Anne de Boulen, qu'il vouloit élever ſur le trône. Le roi, averti de ce diſcours, alla au parlement, & proteſta ſur ſa conſcience, qu'à l'âge de quarante & un ans, il n'iroit pas troubler le royaume pour des plaiſirs de jeuneſſe, & qu'il n'avoit d'autre vue en cette affaire que le bien de ſon royaume. Il ſe plaignit auſſi de ce que le parlement, qui ne prenoit aucune part en cette affaire, eût voulu écouter Temſe. Mais on n'alla pas plus avant, parce que la peſte, qui ſe découvrit alors, obligea le parlement de ſe ſéparer.

Le roi, avant que de rompre entièrement avec la cour de Rome, voulut faire un dernier effort ; mais le pape répondit à toutes ses instances, « que, puis- » que la cour d'Angleterre ne vouloit pas que les » formalités du divorce & les prétentions du de- » mandeur fussent décidées à Rome, Sa Sainteté » consentoit qu'elle nommât un lieu neutre, où il » promettoit d'envoyer un légat apostolique, avec » deux auditeurs de Rote, pour prendre les infor- » mations nécessaires, sur lesquelles Sa Sainteté pro- » nonceroit sentence définitive, & que, si les prin- » ces Chrétiens vouloient signer une trève de trois » ou quatre ans, il assembleroit, avant que ce » tems fût expiré, un concile général, comme on » le souhaitoit en Angleterre. »

Ce billet, qui fut mis entre les mains du prélat Anglois, & dans lequel on n'avoit pas seulement daigné nommer le roi, n'étoit signé que d'un audi- teur de Rote. Le roi fut choqué de la fierté du pon- tife : cependant, résolu de le gagner, il employa toutes les caresses imaginables. Le chevalier Eliot fut chargé de porter la réponse suivante, écrite de la main du roi.

» Quant à la suspension d'armes que le pape lui » demandoit, qu'il ne pouvoit donner aucune ré- » solution là-dessus, si la France n'y consentoit. » Quant au concile général, que, quoiqu'il en ju- » geât la convocation utile & nécessaire, néan- » moins il croyoit que ce n'en étoit pas le tems, » vu l'état des affaires. Qu'il étoit vrai que l'An- » gleterre avoit souhaité un concile, mais que les » affaires de l'Europe étoient alors dans un autre » état ; les intérêts de l'empereur étant aujourd'hui » trop confondus avec ceux des Luthériens d'Alle- » lemagne. Quant à la citation & à l'appel en ques- » tion, qu'un simple particulier pouvoit bien en- » voyer à Rome pour y être jugé par procureur ; » mais qu'un prince comme lui avoit d'autres me- » sures à garder, étant indispensablement obligé

» de conserver inviolablement les droits de sa cou-
» ronne, & les privilèges de ses sujets. Que les uns
» & les autres demandoient, en conformité des
» canons anciens & de la pratique de toute l'église,
» que les causes matrimoniales fussent jugées par
» les ecclésiastiques du royaume. Que le serment,
» qu'il avoit fait à son avènement à la couronne,
» ne lui permettoit pas de se soumettre à un tribu-
» nal étranger, sans le consentement de ses Etats,
» & qu'il espéroit que le pape ne voudroit pas souf-
» frir que l'on violât les droits de son royaume, éta-
» blis depuis si long-tems. »

Le roi ne se contenta pas de cette lettre. Il voulut qu'Eliot s'étendît davantage sur la nécessité de juger l'affaire dans le royaume; &, pour rendre ses raisons plus convaincantes, il le pourvut de bonnes lettres de change en faveur de ceux qui se laisseroient persuader. Anne de Boulen lui donna aussi quatre diamans de mille écus chacun, pour en faire présent à ceux qui se déclareroient pour le divorce. Outre cela, le chevalier Eliot reçut des ordres exprès de se démettre de la prétention que la cause se traitât en Angleterre, pourvu qu'on l'assurât qu'elle seroit décidée à Rome en sa faveur. Eliot fut si éloquent, que le pape parut persuadé. Il écrivit aussi-tôt en Angleterre, par le premier courier, que l'affaire étoit en bon état; mais le lendemain, la faction de l'empereur l'emporta, & le cardinal-neveu fit sentir à Eliot l'inutilité de sa présence. Il revint en Angleterre, où il trouva le roi prêt à conclure son mariage, qui ne voulut pas seulement écouter le rapport de sa négociation. Sixte V, alors encore moine, prévoyant les suites de l'obstination du saint siége, ne put s'empêcher de dire « que peu importoit à
» l'église de Dieu que Henri VIII. eût pour femme
» ou Catherine, ou Anne de Boulen. »

Le 9 de Septembre, le roi donna à sa maîtresse le marquisat de Pembroke, un palais superbement meublé, une cour nombreuse & au-dessus de toutes

tes les princesses du sang, avec un présent de vingt mille guinées pour ses menus plaisirs; somme prodigieuse pour ce tems-là. François I, après avoir sollicité le roi, pendant trois ans, à terminer son divorce, obtint une entrevue avec lui à Boulogne dans le mois d'Octobre. Il le pressa encore davantage par les plus fortes considérations, & lui promit de le seconder de tout son pouvoir; il fit complimenter ensuite Anne de Boulen par un gentilhomme, & lui envoya une bague de deux mille pistoles. Henri, persuadé par le roi de France, entraîné d'ailleurs par son amour, épousa secrettement sa maîtresse, le 14 de Novembre, par le ministère d'un chapelain nommé *George Day*, qui fut dans la suite évêque de Chichester. On ne prit pour témoins que les personnes les plus affidées au roi & à la nouvelle épouse, & les plus propres à garder le secret. On persuada au roi que son mariage avec Catherine étoit suffisamment cassé, après que tant de canonistes, théologiens & synodes l'avoient déclaré nul, sans qu'il fût nécessaire d'attendre la formalité d'une sentence de la cour de Rome. Malgré cela, le roi se ménageoit toujours avec le pape, & lui fit de nouvelles propositions qui furent rejettées.

Deux mois après le mariage secret, Anne de Boulen devint grosse; ce qui fit croire à tout le monde que le roi n'avoit satisfait sa passion qu'après son mariage. Cette idée n'est pas vraisemblable. Comment est-il possible qu'un prince aussi voluptueux que Henri VIII, eût passé sept ans auprès d'une maîtresse aussi belle qu'Anne de Boulen, sans avoir jamais enfreint les loix de la continence? Quoi qu'il en soit, le roi, résolu d'achever le divorce, & de rendre public son nouveau mariage, fit assembler un synode général. Le docteur Crammer, dont le roi avoit acheté le suffrage, en lui donnant l'archevêché de Cantorbery, déclara que l'intention de sa Majesté étoit que tous les ecclésiastiques du royaume lui prêtassent le même serment de fidélité & d'obéissance, qu'ils avoient prêté au pape. Toute l'assemblée prêta serment, & declara « que le roi pouvoit légitimement se séparer de la reine Catherine, puisqu'il y avoit des preuves certaines que son mariage avec elle étoit nul, ayant été fait contre les formalités requises. » Le même jour Crammer se transporta dans le comté de Bedfort, où étoit Catherine, pour la citer à venir entendre la sentence du divorce, en présence du roi. La reine, sans le voir ni l'entendre, lui répondit par un secrétaire, « qu'ayant relevé appel en cour de Rome du prétendu divorce que le roi son époux demandoit, elle ne pouvoit reconnoître d'autre tribunal en cette cause, que celui de Rome. » Sans égard à ses protestations, Crammer déclara, en qualité de primat d'Angleterre, que Henri demeuroit séparé de Catherine de corps & de biens. Que leur mariage étoit déclaré nul, & les deux parties mises en leur premiere liberté. »

Le 10 de Mai, le roi envoya des ambassadeurs extraordinaires aux princes étrangers, pour justifier sa conduite. Il ordonna au milord Monjoye de déclarer à Catherine qu'elle ne pourroit plus porter la qualité de Reine, mais seulement celle de Princesse douairiere. Le même jour, le pape excommunia l'archevêque de Cantorbery, & cassa toutes ses procédures. D'un autre côté, l'ambassadeur de l'empereur proposa une ligue entre les princes Chrétiens, pour châtier la rebellion du roi d'Angleterre contre l'église & le saint siége.

Henri se moqua de toutes ces vaines menaces. Le 13 de Mai, veille du jour de Pâques, il fit publier à son de trompe son mariage avec Anne de Boulen, qu'il logea dans le palais de Wite-Hall : ensuite il fit menacer Catherine « que, si elle ne renonçoit à la qualité de Reine, il desheriteroit sa fille Marie. » Elle répondit « que personne ne pouvoit lui ôter la qualité de Reine que Dieu, en la faisant mourir, ou le pape, par une sentence de divorce.

Le premier de Juin, la nouvelle reine fut couronnée avec l'appareil le plus magnifique. Les grands & le peuple s'empresserent à l'envi de lui témoigner la joie que leur causoit son avènement à la couronne. Le lendemain, le roi la mena à Hamptoncourt, la plus belle maison de campagne qu'il y eût alors en Europe. Le cardinal Wolsey l'avoit fait bâtir, & le roi la lui avoit confisquée. En y entrant, la reine ne put dissimuler sa joie, & dit à Henri : « Le car- » dinal mon ennemi, qui a fait bâtir cette belle » maison, ne croyoit pas que j'y entrerois un jour » en qualité de Reine ; mais, malgré lui, votre amour » m'y a conduite, mon cher époux. »

Le bruit de sa grossesse, s'étant répandu depuis seulement que Henri l'avoit épousé, lui acquit l'estime du peuple, qui admira sa vertu. Le 8 de Septembre 1533, elle accoucha d'une fille qui fut nommée *Elizabeth*, dans la chambre que le cardinal Wolsey appelloit *la Vierge*, parce que personne n'y avoit jamais logé, & qu'elle étoit ornée de quantité de riches tableaux de vierges saintes. La reine dit « qu'on pouvoit » alors appeller avec raison cette chambre *la Vierge*, » puisqu'une vierge y venoit de naître, au propre » jour que l'église Romaine célèbre la Nativité de la » Vierge. » Catherine de son côté, dit « que cette » fille étant le fruit d'un adultère abominable, & » n'étant venue au monde que par un coup de la » malédiction de Dieu, elle ne pouvoit être qu'un » monstre terrible contre l'église. »

La jeune princesse fut tenue sur les fonts par le duc & la duchesse de Norfolck ; & la reine, pour se faire mieux valoir, déclara qu'elle vouloit nourrir son enfant ; mais Henri, qui ne pensoit qu'à ses plaisirs, ne le permit pas. Luther & Calvin voulurent profiter de la division qui étoit entre le roi & la cour de Rome ; mais rien ne put ébranler le zèle de Henri pour le saint siége. Il écrivit, au sujet de son divorce, une Lettre fort soumise à l'empereur, qui lui répondit « qu'il aviseroit à ce qu'il auroit à faire. »

François I venoit de marier son fils avec la nièce du pape Clément. Henri saisit le moment favorable, & conjura François I de faire sa paix avec le pontife. Le roi de France envoya à Rome du Bellai, évêque de Paris. Cet habile prélat négocia l'affaire avec beaucoup de prudence; mais, lorsqu'il étoit sur le point de réussir, le pape mourut le 25 de Septembre; &, le 13 d'Octobre suivant, les cardinaux Impérialistes élurent Alexandre Farnèse, qui prit le nom de *Paul III*. Ce nouveau pontife, grand défenseur des immunités ecclésiastiques, déclara, dès qu'il fut sur le trône, « que Henri chasseroit Anne de
» Boulen; qu'il reprendroit Catherine, son épouse
» légitime, & qu'il enverroit un ambassadeur à
» Rome, pour demander pardon des fautes qu'il
» avoit faites. » En même tems, il ordonna aux secrétaires de la chambre de dresser la bulle d'excommunication. On voulut lui représenter les suites dangereuses d'une telle rigueur; mais il répondit avec dédain : « L'église aura plus de gloire de perdre
» deux royaumes, que de souffrir une brebis galeuse
» dans son troupeau.... » Enfin il déclara par une bulle
» que le roi Henri avoit encouru l'excommuni-
» cation majeure, dont il ne pourroit recevoir l'ab-
» solution que du pape, après une pénitence, resti-
» tution des dommages causés, & amende publique.
» De plus il déclare Henri déchu de sa couronne,
» ses enfans nés ou à naître de son mariage illégi-
» time avec Anne de Boulen, incapables de succé-
» der à la couronne : Ordonne, sous peine d'excom-
» munication, que personne n'eût à le recon-
» noître pour roi, &, sous les mêmes peines, à la
» noblesse, de se soulever & de prendre les armes
» contre lui, comme étant rebelle à Jésus-Christ,
« & persécuteur de l'église. Il enjoignit de plus aux
» évêques, curés & archevêques du royaume, de
» l'excommunier tous les jours de fête, après l'é-
» vangile de la messe : Exhortant enfin l'empereur,
» en qualité de protecteur de l'église, de tenir

» main à l'exécution de cette Sentence, par la voie
» des armes ; & le roi de France, en qualité de Prince
» très-Chrétien, de n'entretenir aucune correspon-
» dance avec un tel ennemi de l'église. » Pour irriter davantage l'esprit du roi, on ordonna à tous
les curés des environs de Calais, de publier l'excommunication.

Le parlement assemblé fit un acte, à la requisition du roi, par lequel il ôtoit au pape toute l'autorité qu'il avoit eue jusqu'alors en Angleterre, &
en revêtoit Henri. Ce prince, prévoyant qu'il alloit s'attirer les armes de Rome & de l'Empire, songea à faire de l'argent, & confisqua tous les biens
ecclésiastiques, meubles & immeubles, sacrés &
profanes. On fit pendre tous ceux qui refuserent
de reconnoître le roi en qualité de Chef de l'église
Anglicane. Il tourna ensuite tout son ressentiment
contre la reine Catherine, lui ôta la plus grande
partie des personnes qui étoient à son service, &
défendit aux autres de l'appeller autrement que Princesse de Galles. Catherine rejetta tous ceux qui lui
refuserent la qualité de Reine, & fut plusieurs jours
réduite à se servir elle-même. Elle tomba malade.
Alors le roi ordonna au duc de Suffolck, qui la gardoit comme une prisonniere, de lui faire donner
des gens pour la servir, & lui fournir toutes les
choses nécessaires.

Anne étoit au comble du bonheur ; cependant
elle n'étoit pas sans inquiétude. Elle vouloit que sa
fille Elizabeth fût déclarée la seule héritiere au préjudice de la princesse Marie. Elle commença d'abord
par publier qu'il y avoit de certaines prophéties
qui promettoient la couronne à Marie, après la mort
du roi. Lorsque ce bruit se fut un peu répandu,
elle se présenta au roi, toute éplorée, & lui dit le
sujet de sa douleur. Pour la consoler, Henri promit
non-seulement de deshériter Marie, mais encore de
la faire mourir. Rien ne coûtoit à ce prince cruel
pour assouvir ses passions ou les caprices de son

épouse. Cependant, lorsqu'il se préparoit à faire em‑
poisonner la jeune princesse, il changea tout-à-coup
de sentiment, & se contenta de faire publier à son
de trompe, que Marie étoit incapable de succéder
à la couronne, & qu'Elizabeth étoit sa légitime hé‑
ritiere. Il voulut que tous les ordres des magistrats
vinssent la reconnoître en cette qualité, quoi qu'elle
fût encore au berceau.

Catherine ne put resister à des coups si sensibles.
Elle fut attaquée d'une colique violente, & mourut
le 3 de Janvier 1536. Le roi la fit enterrer sans aucune
pompe dans la cathédrale de Péterborough, & ne
marqua pas d'abord le moindre regret, quoique,
deux jours avant sa mort, elle lui eût écrit cette let‑
tre pleine de tendresse :

» Sire, mon très-cher roi, seigneur & époux,
» je suis sur le point de remettre mon ame entre
» les mains de la miséricorde de Dieu ; & ainsi,
» elle va être délivrée de ce corps, auquel vous
» avez causé tant de peines & d'afflictions. Mais,
» quelque grandes qu'elles ayent été, elles n'ont
» jamais été capables, je ne dirai pas d'éteindre,
» mais non pas même de refroidir l'amour que j'ai
» toujours eu pour vous, & qui durera jusqu'au
» tombeau. C'est ce qui m'oblige à vous écrire au‑
» jourd'hui cette lettre, pour vous exhorter en qua‑
» lité de votre épouse, & vous avertir en qualité
» de Chrétienne, de penser à votre salut éternel,
» qui vous doit être plus cher que la couronne péris‑
» sable que vous portez, & que toutes les grandeurs
» du monde. Je n'ai point manqué, mon cher époux
» & mon roi, de prier le Pere des lumieres pour
» vous, afin qu'il vous inspirât de bons sentimens
» pour le salut de votre ame, en vous éloignant de
» ces plaisirs sensuels qui m'ont coûté tant de lar‑
» mes & de chagrins, & qui vous ont précipité vous‑
» même en un abime de désordres & d'inquiétudes.
» Au reste, je vous pardonne de bon cœur tout ce
» que vous avez fait contre moi ; & je prie Dieu

» qu'il veuille aussi vous pardonnner en son infinie
» miséricorde. Avant que de rendre le dernier soupir,
» je vous supplie de ne pas me refuser une grace que
» toutes les loix du ciel & de la terre vous obli-
» gent à m'accorder ; c'est d'avoir soin de la prin-
» cesse Marie, votre fille & la mienne. Si vous n'a-
» vez pas voulu vous montrer bon mari en mon
» endroit, montrez-vous au moins bon pere au sien.
» Je vous prie encore d'avoir soin de mes trois de-
» moiselles & de mes domestiques, qui m'ont si
» fidèlement servie, & d'avoir la générosité de leur
» faire payer tout ce qui leur est dû de leurs gages,
» & d'y ajoûter une année de leurs appointemens,
» afin de les récompenser en quelque sorte de ce
» que je leur dois. Je finis, en vous assurant que je
» vous aime de tout mon cœur, & que la seule
» chose que je souhaiterois, pour sortir du monde
» avec quelque satisfaction, seroit de vous voir &
» de mourir entre vos bras. »

Lorsque le chevalier Sothon vint annoncer à la nouvelle reine la mort de Catherine, elle étoit à laver ses mains dans un bassin de grand prix, sur lequel il y avoit une coupe fort riche. Sa joie fut si grande, qu'elle donna l'un & l'autre au chevalier, en lui disant : « Recevez ce petit présent en récom-
» pense de la nouvelle que vous m'apportez, qui
» est trop considérable pour vous laisser aller sans
» vous donner quelque marque de ma reconnois-
» sance. » Le même soir, elle reçut la visite de son pere & de sa mere ; du plus loin qu'elle les vit, elle s'écria : « Réjouissez-vous, mes chers pere & mere,
» puisque c'est aujourd'hui seulement que la cou-
» ronne a été raffermie sur ma tête. » Mais, aveuglée par sa joie, elle ne prévoyoit pas que ce qu'elle regardoit comme le commencement de son règne, alloit être l'époque de ses malheurs.

Le roi, tout cruel & tout barbare qu'il étoit, ne put refuser des larmes à la mémoire de Catherine, qu'il avoit si cruellement outragée. Dans ce moment de repentir, Anne de Boulen perdit bien de ses charmes aux yeux de son époux. Il se rappella son injustice qui l'avoit obligé à deshériter la princesse Marie, en faveur d'Elizabeth. Mais rien ne fit plus de tort à la reine que l'accident qui lui arriva le 25 de Janvier 1536. Elle accoucha, pour la seconde fois, d'un prince mort. Les partisans de la cour de Rome ne manquerent pas d'affirmer que c'étoit un coup du ciel, qui menaçoit le roi de plus grands malheurs. Henri approuva cette idée, parce qu'elle favorisoit son inconstance ; car l'amour qu'il sentoit naître dans son cœur pour Jeanne Seymour, demoiselle de la reine, d'une rare beauté, & dont l'humeur agréable & intéressante tenoit un juste milieu entre l'austérité de Catherine, & la gaieté d'Anne de Boulen, le refroidissoit beaucoup pour cette princesse. Elle s'en apperçut, & résolut de perdre sa rivale, ou de devenir enceinte, à quelque prix que ce fût.

Pour réussir dans l'un & l'autre dessein, elle s'unit étroitement avec son frere, qu'elle avoit fait comte de Rochefort ; le baron de Noris, premier gentilhomme de la chambre du roi ; le chevalier Weston ; & un musicien nommé *Smeiton*. Ce commerce ne fut pas long-tems secret. On rapporta au roi, qu'un jour les dames avoient vu milord Rochefort mettre la main au sein de la reine sa sœur, pendant qu'on l'habilloit, & qu'une autre fois la reine étant au lit, il avoit pris avec elle les plus grandes libertés. De plus, on avoit souvent entendu dire à la comtesse de Rochefort, « que la grande familiarité de son mari avec la reine ne lui plaisoit pas. » Elle en étoit même devenue si jalouse, qu'elle n'alloit plus à la cour ; & quand on lui en demandoit la raison : « C'est, disoit-elle, pour ne pas voir de mes propres yeux mon mari faire plus de caresses à la reine qu'à moi. »

Le premier de Mai, comme toute la cour prenoit le divertissement de quelques jeux à Graenwick, le roi s'apperçut que la reine jettoit des regards passionnés sur son frere, sur le baron de Noris, Weston, & le musicien, qu'elle voulut avoir auprès d'elle, & avec lesquels elle rioit beaucoup, sans prendre garde à son époux. Son imprudence alla plus loin : le baron s'étant trop échauffé à la course, la reine lui jetta son mouchoir pour s'essuyer. Le roi furieux, quitta les jeux aussi-tôt, & retourna à Londres. Pendant les divertissemens, il avoit paru triste & pensif. Ce départ précipité confirma qu'il avoit quelque chagrin. La reine ne pouvoit en ignorer le motif ; mais elle espéroit qu'il reviendroit à Greenwick, & que, par ses caresses, elle viendroit à bout de le dissuader ; mais elle n'en eut pas le tems. Le soir du même jour, tous ses amans furent arrêtés & conduits à la Tour de Londres. A cette nouvelle, Anne de Boulen dit à sa mere & à la Metly, une de ses demoiselles, « qu'elle étoit perdue, & qu'on » l'alloit envoyer bientôt à la Tour comme les autres. » En effet, le lendemain de grand matin, on la mit en carrosse, sans lui donner aucun domestique pour l'accompagner ; & on la fit conduire à la tour par une compagnie de gardes, dans une chambre où elle n'eut pas la liberté de voir personne.

Le même jour, Henri créa un tribunal de douze juges, dont il fit chef & président le duc de Suffolck, son beau-frere. Après avoir travaillé aux informations du procès, les juges s'assemblerent, le 15, dans la tour même ; firent paroître la reine devant eux ; &, selon l'usage du pays, ils commencerent à l'examiner. Elle se défendit si bien, que les juges la déclarerent innocente ; mais le duc de Suffolck les obligea de réopiner & de la condamner à la mort. Le jour suivant, les autres accusés furent condamnés, sans avoir rien confessé, à avoir la tête tranchée, excepté Noris. On l'avoit beaucoup pressé de confesser son adultère avec la reine, avec promesse de lui accorder la vie ; mais le baron soutint constamment « que cela étoit faux ; que la reine étoit in» nocente, & qu'il n'avoit jamais rien vu en elle

» qui pût faire tort à son honneur. » Le roi fut si offensé de son opiniâtreté, qu'il le fit pendre. On croit que le musicien l'avoit plus chargée du crime d'adultère qu'aucun autre. Cependant la reine nia d'avoir jamais eu aucune familiarité avec lui; mais elle eut l'imprudence d'avouer qu'elle avoit donné parole à Noris de l'épouser, si le roi venoit à mourir. Sur cet aveu, on lui fit trancher la tête, le 19 de Mai, sur un échafaud qu'on avoit dressé dans une cour de la Tour. Avant que de mourir, elle se mit à genoux devant la femme du lieutenant de la Tour, & la pria, au nom de Dieu, d'aller trouver la princesse Marie, pour lui demander pardon de sa part des déplaisirs qu'elle lui avoit donnés, & de l'affront qu'elle lui avoit fait souffrir. Elle fit la même protestation en public. Ensuite elle monta sur l'échafaud, superbement habillée; parla beaucoup de son innocence, loua la clémence du roi; & s'étant apperçue que quelques dames rioient avec malignité, elle leur dit: « Je meurs Reine, malgré vous. » Selon Spelman, l'on vit bondir sa tête sur l'échafaud, après sa séparation, & remuer ses yeux & ses lèvres pendant quelques momens. Elle fut enterrée dans une chapelle de la Tour. Ce qu'il y a de surprenant, c'est qu'elle ne dit pas un mot d'Élizabeth sa fille, que le roi avoit donné ordre de lui mener, si elle demandoit à la voir.

Les Catholiques assurerent que Dieu avoit puni cette femme, pour avoir excité le roi à rompre avec la cour de Rome; & les partisans du roi publioient par-tout les désordres de cette reine, pour justifier la conduite de leur maître. Mais l'opinion générale étoit qu'il y avoit plus d'imprudence que de crime dans la conduite d'Anne de Boulen. Soit crime ou imprudence, elle méritoit le malheureux sort qui a terminé sa vie, par le trop de sécurité qu'elle témoignoit, & le peu de ménagement qu'elle avoit pour un roi qui l'avoit élevée sur le trône par un excès d'amour, & aux mépris de toutes les loix.

BOULOGNE. (*sainte Catherine de*) *Voyez* Catherine (*sainte*) de Boulogne.

BOURBON. (*Agnès de*) *Voyez* Agnès de Bourbon.

BOURBON. (*Anne de*) *Voyez* Anne de Bourbon.

BOURBON. (*Antoinette de*) duchesse de Guise. *Voyez* Guise.

BOURBON, (*Anne-Geneviève de*) duchesse de Longueville. *Voyez* Longueville.

BOURBON, (*Blanche de*) reine de Castille. *Voyez* Blanche de Bourbon.

BOURBON, (*Bonne de*) comtesse de Savoye. *Voyez* Bonne de Bourbon.

BOURBON, (*Catherine de*) princesse de Navarre. *Voyez* Catherine de Bourbon.

BOURBON, (*Eléonor de*) princesse d'Orange. *Voyez* Eléonor de Bourbon.

BOURBON. (*Louise de*) *Voyez* Louise de Bourbon.

BOURETTE, (*madame*) ci-devant madame Curé, & limonadiere de Paris, a joui, dans ces derniers tems, d'une grande réputation; & son esprit a fait une partie de sa fortune. On a d'elle une *Ode du roi de Prusse*; une autre *Ode en prose*; une *Prédiction sur la naissance d'un duc de Bourgogne*; un *Compliment à madame la Dauphine sur la convalescence de monseigneur le Dauphin*, & quelques autres piéces en vers. Le tout est recueilli dans deux volumes *in-12*, intitulés : *La Muse Limonadiere*.

BOURGES, (*Clémence de*) née dans le seizieme siécle, tient un rang distingué parmi les sçavantes Lyonnoises. On a d'elle quelques poësies assez estimées. Elle n'étoit point inférieure à Louise Labé, son amie, en génie pour la poësie, & en talent pour la musique ; mais elle lui étoit fort supérieure en noblesse & en vertu. Elle eut l'honneur d'entretenir nos rois, & de jouer des instrumens en leur présence, dans les diverses fêtes qu'on leur donna à

Lyon. Du Verdier la nomme, dans fa Bibliothèque p. 218, *la Perle des demoiselles Lyonnoifes de fon tems.* De Rubys l'appelle, dans fon Hiftoire, une *Perle vraiement orientale.* Elle fut promife en mariage & fiancée à Jean de Peyrat, fils d'un lieutenant général à Lyon, & depuis lieutenant de roi dans la province. Mais ce jeune homme, qui étoit capitaine des chevaux-legers, ayant été tué, le 30 de Septembre 1561, en combattant contre les Proteftans de Beaurepaire en Dauphiné, Clémence en mourut de douleur, à la fin de l'année fuivante; elle étoit encore à la fleur de fon âge. On la porta en terre, le vifage découvert & la tête couronnée de fleurs, pour marque de fa virginité. Les meilleurs poëtes de fon tems, ceux fur-tout qui vivoient dans le Lyonnois, confacrerent à l'envi des pièces de poëfie à fa mémoire. Le jeune de Peyrat en avoit fait auffi plufieurs à fa louange, avant la campagne où il fut tué.

BOURGEOIS *ou* BOURGOIS, (*Marguerite*) fondatrice d'une communauté en Canada. Elle étoit fille d'Abraham Bourgeois, & de Guillemette Garnier, gens pauvres, mais honnêtes, & naquit le 15 d'Avril 1620. Dès fon enfance, elle donna des préfages de ce zèle ardent qui l'anima dans la fuite pour la religion. A vingt-trois ans, elle fit volontairement vœu de chafteté, & fe préfenta fucceffivement aux Carmélites & aux filles de fainte Claire. Mais la Providence, qui l'appelloit ailleurs, ne permit pas qu'on la reçût. M. Jaudret fon directeur, dreffoit un plan de communauté de filles, qui fut approuvé. Il en donna la direction à Marguerite & à deux autres filles. Mademoifelle de Cheuli, fœur de M. de Maifon-neuve, gouverneur de Monréal en Canada, fournit un appartement; mais l'une des compagnes étant morte, & l'autre ayant pris parti ailleurs, on abandonna l'entreprife, & mademoifelle Bourgeois fe confacra entièrement à l'inftruction des perfonnes de fon fexe.

Ayant appris que de jeunes débauchés venoient

d'enlever une fille, elle s'arme aussi-tôt d'un crucifix, vole après les ravisseurs; & les conjure d'épargner cette jeune victime. Mais on ne lui répond qu'en la menaçant d'un coup de pistolet. La vue du danger redouble son courage : « Malheureux, » s'écrie-t-elle, c'est Jesus-Christ que vous attaquez » en ses membres; sçachez que tôt ou tard il se vengera de votre témérité sacrilège. » Les jeunes gens effrayés, abandonnerent leur proie; & mademoiselle Bourgeois l'associa dès-lors à ses travaux évangéliques.

Dans ce tems, M. de Maison-neuve faisoit plusieurs voyages dans son gouvernement de Monréal. Quelques religieuses de l'institut du P. Fourrier, lui demanderent la permission de l'accompagner en Canada, pour y planter une colonie de leur ordre; mais la sœur Bourgeois fut la seule acceptée pour ouvrir une école aux filles sauvages. La pudeur parla quelque tems contre ce voyage; le zèle l'emporta. Après avoir distribué tout ce qu'elle avoit en aumônes, & cédé tous ses droits à ses parens, elle prit le chemin d'Orléans au mois de Février 1653; elle avoit alors trente-trois ans. Arrivée dans cette ville, on lui refusa le logement, parce qu'elle étoit seule. Un charretier, qui étoit dans l'auberge, crut, comme les autres, que c'étoit une fille du monde; & pour s'en assurer la jouissance, il la prit sous sa protection, & lui fit donner une chambre à l'écart. La nuit, il vint l'assiéger inutilement. Le jour revenu fit voir à la sœur Bourgeois tout le péril qu'elle avoit couru; en détournant une tapisserie, elle trouva une porte ouverte, & vit sur le plancher une troupe d'yvrognes inondés dans l'excès de leur débauche. Elle partit sur le champ, s'embarqua pour Nantes, & arriva chez M. le Cocq, fameux négociant, connu sous le nom de *la Bessonière*, qui devoit équiper le vaisseau du Canada : c'étoit là que M. de Maisonneuve avoit assigné le rendez-vous de son monde. M. le Cocq, enchanté des vertus de Marguerite, ne voulut rien prendre pour sa pension ni pour son passage, & lui donna les meubles les plus utiles.

On parla diversement du voyage de la sœur Bourgeois ; les honnêtes gens la taxerent d'imprudence ; les gens du monde l'acuserent de libertinage ; mais le succès justifia l'entreprise. Le 22 de Septembre 1653, l'équipage prit terre en Canada. Tous nos auteurs de Voyages parlent de ce pays ; il est inutile d'en faire la description. Nous dirons seulement qu'après des peines infinies, la sœur Bourgeois vint à bout de former une communauté sur le plan de M. Jaudret, qu'elle nomma *Sœurs seculières de la Congrégation de Notre-Dame.* Écoutons-la s'expliquer elle-même : « Il faut avouer que le
» bon Dieu a fait subsister notre communauté d'une
» façon admirable. Je n'apportai pas un double
» quand je vins seule en Canada pour la premiere
» fois ; cependant j'entrepris de bâtir une chapelle
» à la sainte Vierge. Pour réussir dans cette entre-
» prise, j'excitai le peu de monde, qui étoit ici, à
» amasser de la pierre : je faisois quelque coutures,
» & en payement je demandois des journées de tra-
» vail. M. de Maison-neuve fit équarir le bois ;
» d'autres fournirent la chaux, le sable & les plan-
» ches. Bref, je trouvai suffisamment pour faire
» mon bâtiment & pour le couvrir....... Je fis un
» voyage en France, où j'obtins du roi des Lettres
» patentes pour l'établissement de notre commu-
» nauté. Revenue en Canada, j'eus le déplaisir
» de voir que tous les matériaux étoient dissipés.
» De plus, comme j'avois amené avec moi les de-
» moiselles Crolo, Raisin, Hioux & Châtel, & plu-
» sieurs autres sœurs, je fus contrainte, pour les lo-
» ger, de faire élever un édifice d'environ cent
» pieds de long..... La chapelle, qui consistoit déja
» en une petite charpente, que j'avois faite avant
» mon départ, fut achevée en 1677, & j'y plaçai
» une image de la sainte Vierge. »

Nous ne parlons point ici des motifs de la sœur

Bourgeois dans cette institurion, ni des règles qu'elle fit observer aux congréganistes ; il suffit de dire qu'elle s'appliqua toute sa vie à la conversion & à l'instruction des jeunes Canadiennes. Après qu'elle eut fait un troisieme voyage en France, elle eut la douleur de voir périr deux de ses compagnes, dans l'incendie qui consuma sa maison. Un nouveau bâtiment, plus vaste que le premier, fut le fruit du travail des congréganistes. La sœur Bourgeois mit le comble à ses vertus, en se démettant de la supériorité ; elle vécut dès-lors comme la derniere de la maison. Enfin, après avoir donné l'exemple de l'humilité la plus profonde, & de la charité la plus ardente, elle reçut la récompense de ses travaux, & mourut le 12 de Janvier, à l'âge de soixante-dix-neuf ans & neuf mois.

On assure qu'après sa mort, & même pendant sa vie, sa vertu éclata par des miracles. Il est inutile de les rapporter ; les actions des justes parlent mieux en leur faveur, que les prodiges les plus éclatans. Le séminaire de Quebec inhuma le corps à la paroisse, & laissa à la congrégation le cœur, qui fut enchassé dans une boëte de plomb, & scellé ensuite dans le mur de l'oratoire où les sœurs font leurs exercices de piété. L'affluence du peuple aux deux endroits fit autant l'éloge de Marguerite, qu'une canonisation solemnelle.

BOURGOGNE, (*Blanche de*) reine de France. *Voyez* BLANCHE DE BOURGOGNE.

BOURGOGNE. (*Marie de*) *Voyez* MARIE DE BOURGOGNE.

BOURGOGNE. (*Agnès de*) *Voyez* AGNÈS DE BOURGOGNE.

BOURGOGNE. (*Anne de*) *Voyez* ANNE DE BOURGOGNE.

BOURIGNON, (*Antoinette*) naquit à Lille, le 13 de Janvier 1616, si laide, que l'on délibéra quelques jours dans sa famille, s'il ne seroit pas à propos de l'étouffer comme un monstre. Sa difformité diminua, & l'on ne prit point ce parti. A quatre ans, elle connoissoit déja qu'il y avoit dans le monde bien des choses mauvaises, & qui eussent dû aller autrement ; par exemple, que l'on vieillissoit, que l'on mouroit, & qu'il auroit été meilleur qu'il y eût une vie, où rien ne se corrompît & ne mourût. Ayant ouï parler du paradis, & de Jesus-Christ, qui étoit venu nous en montrer le chemin, & qui avoit vécu en méprisant les biens de la terre, elle trouva cela si beau, qu'elle demanda s'il y avoit quelques personnes au monde, qui vécussent comme Jesus-Christ avoit enseigné. On lui dit que les Chrétiens le faisoient, & que nous étions ces Chrétiens-là. Mais elle ne le vouloit pas croire : « Car, disoit cet enfant, » Jesus-Christ étoit pauvre, & nous aimons l'or & » l'argent ; il étoit petit, & nous cherchons les gran- » deurs ; il étoit en mal-aise, & nous cherchons les » plaisirs. »

Une des plus grandes croix qu'elle eut à souffrir dans sa famille, fut qu'on la vouloit marier ; ce n'étoit point ce qu'elle cherchoit : un cloître lui paroissoit préférable à un mari. Elle voyoit sa mere trop malheureuse dans l'état de mariage, pour ne pas craindre le même inconvénient ; & c'est sans doute ce qui lui faisoit faire si souvent à Dieu cette priere : » Mon Dieu, mon Dieu ! faites que je ne me marie » jamais. » Son pere ne laissa pas de la promettre en mariage à un François. Le tems étoit déja pris pour solemniser les nôces ; & il fallut, pour détourner cette exécution, qu'elle prît la fuite le jour de Pâques 1656. Ce ne fut pas pour se jetter dans un cloître ; elle avoit connu que l'esprit de l'évangile ne règne pas toujours dans les couvens. Ce fut pour s'en aller dans quelque désert. Elle s'habilla donc en hermite, & gagna pays autant qu'elle put ; mais parce qu'on soupçonna, dans un village du Hainaut, qu'elle étoit fille, on l'arrêta.

Jamais elle ne courut autant de risque qu'alors, par rapport à l'état de sa virginité. Elle étoit tombée entre

entre les mains d'un homme de guerre, qui ne lâcha prise que par une espece de miracle. Le pasteur du lieu la délivra du péril ; & croyant remarquer en elle l'Esprit de Dieu, il en parla à l'archevêque de Cambrai, qui la vint interroger, & qui, l'ayant dissuadée d'embrasser la vie d'hermite, l'obligea de retourner chez son pere.

De nouvelles propositions de mariage la firent sortir une seconde fois de la maison paternelle. Elle alla trouver le même archevêque, & obtint de lui la permission de former une petite communauté à la campagne, avec quelques autres filles de son humeur. Il la lui ôta peu de tems après ; ce qui obligea Antoinette de s'en aller dans le pays de Liége, d'où elle retourna en Flandres, & y passa plusieurs années dans la retraite & dans une grande simplicité de vie, mais non pas sans inspirer beaucoup d'amour à un homme, qui contrefit le dévot, afin d'avoir accès auprès d'elle. Il s'appelloit *Jean de saint Saulieu*. On lit dans la Vie de mademoiselle Bourignon, que « la premiere fois qu'il l'accosta,
» il lui parla en prophète, mais en prophète modéré
» & retenu, qui, ayant achevé sa prophétie, se
» retire doucement sans rien expliquer, & sans in-
» sister à se faire croire ; & que, la seconde fois
» qu'il lui parla, il prit le personnage d'un homme
» illuminé, charitable & familier à Dieu. » Voici ce qu'en dit la dame : « Souvent, étant dans mon logis,
» il m'étoit si importun & insolent, qu'il me falloit
» avertir mes filles de veiller sur lui, & ne lui plus
» ouvrir la porte de mon logis ; car il venoit quel-
» fois avec un couteau en la main, qu'il me pré-
» sentoit à la gorge, si je ne voulois point céder
» à ses mauvais desseins ; ensorte que je fus à la
» fin obligée d'avoir recours au bras de la justice,
» parce qu'il menaçoit de rompre les portes & fe-
» nêtres de mon logis, voire de me tuer ; encore
» bien qu'on le devroit pendre sur le marché de
» Lille. Le prévôt me donna deux hommes de garde

» en mon logis, pendant qu'on tenoit les informa-
» tions des infolences qu'icelui S. Saulieu m'avoit
» faites. »

Antoinette, qui avoit réfolu de renoncer pour jamais à fon patrimoine, changea d'avis, & en reprit poffeffion. Elle devint, en 1653, directrice
de l'hôpital de Notre-Dame des Sept Douleurs à
Lille, & s'y enferma fous la clôture, en 1658, ayant
pris l'ordre & l'habit de S. Auguftin. Par une fa-
talité finguliere, le bruit s'étant répandu que toutes
les petites filles de cet hôpital avoient un engagement avec le diable, les magiftrats, pour arrêter le
defordre que cette opinion pouvoit occafionner,
envoyerent chercher la directrice, & l'interrogerent.
Elle leur répondit pertinemment; mais, comme elle
crut que fes parties avoient autant de crédit que de
paffion, elle ne jugea pas à propos de demeurer ex-
pofée à leurs pourfuites. C'eft pourquoi elle fe fauva
à Gand, où Dieu lui découvrit de grands fecrets.
Elle fit à Malines un ami, qui lui a été toujours fidèle.
Il fe nommoit *M. de Cort.*

» Lorfque Dieu le donna à mademoifelle Bouri-
» gnon, dit l'auteur de fa Vie auffi fingulier que fon
» héroïne, ce fut d'une maniere toute particuliere,
» & même comme le premier de fes enfans fpiri-
» tuels, au fujet duquel elle reffentit de grandes
» douleurs corporelles, & comme de preffantes
» tranchées d'un enfantement; car c'eft une chofe
» très-véritable, & connue par l'expérience de tous
» ceux qui ont converfé avec cette perfonne, (les
» méchants & les impies moqueurs en peuvent dire
» tout ce qu'il leur plaira) c'eft que toutes les fois
» que quelques-uns recevoient par fes paroles ou
» par fes écrits tant de lumieres & de forces, que
» de fe réfoudre à renoncer à tout pour fe rendre
» à Dieu, elle en reffentoit, quelque part qu'elle
» fût, des douleurs & des tranchées pareilles à celles
» d'une femme qui feroit dans le travail de l'enfan-
» tement, comme il eft marqué de la femme que

» S. Jean vit dans le XII de l'apocalypse; & elle
» en ressentoit plus ou moins, à proportion que les
» vérités, qu'elle avoit déclarées, avoient opéré plus
» ou moins fortement dans les ames; ce qui donna
» lieu à une innocente raillerie que fit l'archidiacre
» de M. de Cort; car, comme ils étoient eux deux
» avec mademoiselle Bourignon à s'entretenir de la
» vie chrétienne, & de leur bonne & nouvelle ré-
» solution, & que M. de Cort eut fait remarquer
» qu'elle avoit ressenti beaucoup plus de douleurs
» pour lui que pour l'autre, lorsqu'ils s'étoient ré-
» solus de naître de nouveau selon Dieu, l'archi-
» diacre, regardant M. de Cort, gros & corpu-
» lent, au lieu qu'il étoit lui-même petit; &, voyant
» qu'il vouloit se prévaloir d'avoir coûté plus cher
» que lui à sa mere spirituelle, lui dit en riant: Ce
» n'est pas merveille que notre mere ait souffert
» plus de travail pour vous que pour moi; car vous
» êtes un si gros enfant, au lieu que j'en suis un tout
» petit; ce qui les fit tous rire de cette belle dé-
» faite. »

Mademoiselle Bourignon fit un assez long séjour à Amsterdam, avec son cher M. de Cort: elle y composa beaucoup plus de livres, qu'elle n'y fit de sectateurs, & y publia son livre *de la Lumiere du Monde*. M. de Cort mourut le 12 de Novembre 1669, & l'institua son héritiere; ce qui l'exposa, pendant quelque tems, à plus de persécutions que ses dogmes. Elle quitta la Hollande en 1671, pour s'en aller en Noordstrand, isle du pays de Holstein, que la mer avoit inondé, & où M. de Cort, après avoir contribué de ses biens à la faire dessécher, avoit fait, de son vivant, de grandes acquisitions. Elle s'arrêta en divers lieux du Holstein, & fut obligée de congédier quelque disciples qui s'étoient venus ranger sous ses étendards. Ayant vu que chacun cherchoit ses propres commodités & ses aises, elle comprit que ce n'étoit pas le moyen de faire un troupeau de nouveaux Chrétiens. Elle se pourvut d'une imprimerie, & fit imprimer ses livres en françois, en flamand, & en allemand. Elle se vit horriblement diffamée par quelques livres que l'on publia contre ses dogmes & contre ses mœurs, & se défendit par un ouvrage qu'elle intitula : Témoignage de la vérité, où elle fronda durement les ecclésiastiques. Ce n'étoit pas le moyen de trouver la paix. On lui suscita diverses persécutions qui la firent errer long-tems de ville en ville, jusqu'à ce que le baron de Lutzbourg lui offrit sa protection & un asyle en Oostfrise, au mois de Juin 1677. Elle y fut directrice d'un hôpital, & consacra au bien de cette maison ses soins & son industrie. Elle trouva là aussi des persécuteurs ; de sorte qu'elle prit la route de la Hollande en l'année 1680. Elle mourut à Franeker, dans la province de Frise, le 30 d'Octobre de la même année.

Les traverses qu'on lui suscitoit en Allemagne ne l'empêchoient pas de composer plusieurs livres ; & nous avons d'elle dix-huit volumes in-8°, sur des matieres de théologie. Il seroit bien mal aisé d'exposer quel est son système. Il ne faut rien attendre de bien lié ni de bien suivi d'une personne qui donne tout aux inspirations immédiates. On ne sçauroit nier que ce ne soit un étrange égarement que de prétendre, comme on dit qu'elle faisoit, que la vraie église étoit éteinte, & qu'il falloit renoncer aux exercices liturgiques de la religion. Mademoiselle Bourignon, dit Bayle dans un autre endroit, n'a peut-être rien avancé de plus étrange que ce qui regarde le premier homme. « Les hommes, dit-elle, croient
» d'avoir été créés de Dieu, comme ils se trouvent
» à présent, quoique cela ne soit véritable, puisque
» le péché a défiguré en eux l'œuvre de Dieu ; &
» au lieu d'hommes qu'ils devoient être, ils sont devenus des monstres dans la nature, divisés en deux
» sexes imparfaits, impuissans à produire leurs semblables seuls, comme se produisent les arbres &
» les plantes, qui en ce point, ont plus de perfec-

B R E

» tion que les hommes ou les femmes, incapables
» de produire seuls, ains par conjonction d'un au-
» tre, & avec douleurs & miseres. »

BOUSSONET Stella, tient un rang parmi les plus célèbres artistes. Elle excelloit dans le dessein & la gravure. L'on voit des estampes de sa façon d'une beauté parfaite.

BOUVIERES, (*Jeanne-Marie*) de la Mothe-Guyon. *Voyez* GUYON.

BRAME, (*Marie de*) demoiselle du Bourbonnois, vivoit encore à la fin du seizieme siécle. On lui attribue quelques poësies qui ne le cédent point aux meilleures de son tems.

BRANDEBOURG, (*Anne de*) reine de Dannemarck. *Voyez* ANNE DE BRANDEBOURG.

BREGIDE, (*sainte*) abbesse de Kildare en Irlande, née vers le milieu du cinquieme siécle, dans le village de Fouchard, au diocèse d'Armach, étoit fille d'un homme de qualité, qui vouloit la marier; mais elle préféra l'état de virginité, & en fit profession avec trois autres filles, entre les mains de S. Melde, disciple de S. Patrice, dans la province de Méath. Elle établit ensuite une communauté religieuse, & fonda plusieurs monastères, dont le plus considérable étoit celui de Kildare, à sept ou huit lieues de Dublin, dans la province de Linster. Sa vie est pleine de quantité de miracles; ce qui lui a fait donner le surnom de *Thaumaturge*. On ne sçait pas l'année de sa mort, qui est marquée différemment depuis l'an 490 jusqu'à l'an 523, par différens auteurs. Bollandus a donné cinq histoires de sa Vie, toutes remplies de prodiges & de puérilités, sans ordre & sans discernement.

BREGI. (*Charlotte Saumaise de Chasan, comtesse de*) Elle naquit à Paris en 1619, & y reçut une éducation excellente, à laquelle le sçavant Claude Saumaise, son oncle, se fit un plaisir de présider. Etant fort jeune encore, elle épousa M. de Flecelles, comte de Bregi, lieutenant général des

D d iij

armées du roi, conseiller d'Etat d'épée, envoyé extraordinaire en Pologne, & depuis ambassadeur en Suède. Cette dame avoit beaucoup d'esprit, & l'on en juge par un Recueil de Lettres & de Poësies, de sa façon, qui ont été imprimées en 1668, à Leyde. Elle étoit en commerce de lettres avec les plus beaux esprits de son tems ; & l'on voit, par son Recueil, qu'elle a écrit même plusieurs fois aux têtes couronnées, comme à la reine Anne d'Autriche, à la reine d'Angleterre, & à la reine de Suède. Un grand nombre de ses autres Lettres sont adressées aux personnes de la cour les plus illustres, comme à Monsieur, frere du roi, à Madame, à la duchesse de Longueville &c. Elle étoit dame d'honneur de la reine mere de Louis XIV. Benserade lui a adressé une Epître en vers. Cette dame mourut à Paris le 3 d'Avril 1693, âgée de soixante-quatorze ans, & a été inhumée à S. Gervais, où l'on voit son épitaphe, conjointement avec celle de son mari.

BRETAGNE, (*Anne de*) reine de France. *Voyez* ANNE DE BRETAGNE.

BRETEUIL, (*Gabrielle-Emilie de*) marquise du Châtelet. *Voyez* CHASTELET.

BRETONVILLIERS, (*madame la présidente de*) l'une des sçavantes Françoises qui, par leur esprit, ont fait le plus d'honneur à la nation, & que l'académie des *Ricovrati* de Padoue, en Italie, a jugée digne de remplacer l'illustre *Elena Piscopia Cornaro*, qui lui a fait tant d'honneur. Voici ce que M. de Vertron dit de cette dame. « Il seroit à souhaiter qu'elle mît au jour sa Comédie en proverbes, ses Contes & ses Poësies sérieuses & galantes, & qu'elle fît graver ses Devises. Il n'y a rien de plus agréable. »

BRIGIDE *ou* BRITTE, compagne de sainte Maure, vivoit dans le cinquieme siécle de l'église. S. Grégoire de Tours fait mention de ces deux saintes, & de la découverte de leurs corps ; mais les Actes de leur vie & de leur martyre sont si fabuleux, que l'on n'y peut ajoûter aucune foi.

BRIGITTE *ou* Birgitte, (*sainte*) princesse de Suède, vivoit dans le quatorzieme siécle. Elle épousa Ulfon ou Wlfon, prince de Néricie, & fut mere de huit enfans, que l'on estime tous bienheureux, sçavoir Benoît & Guyomar, morts jeunes avec l'innocence de leur baptême ; Charles & Birgère, qui moururent en allant à Jérusalem pour la guerre sainte ; Marguerite & Marie, qui furent mariées, & parurent des modèles de vertu dans leur état ; Ingeburge, qui fut religieuse, & dont la sainteté fut marquée par plusieurs miracles ; & l'illustre sainte Catherine de Suède. Après la mort de son mari, qui se fit religieux de Cîteaux, & avec lequel elle alla en pélerinage à S. Jacques de Compostelle, elle passa en Italie, & s'établit à Rome, où elle fonda un ordre religieux, dit *de S. Sauveur*, & lui donna des règles, qu'elle écrivit en trente-un chapitres. Sur la fin de sa vie, elle fit un voyage en Palestine, pour visiter les lieux sanctifiés par le Fils de Dieu & par les apôtres. Elle écrivit à Avignon au pape Grégoire XI, afin de l'obliger à retourner à Rome. On a sous son nom un volume de révélations en huit livres : ces révélations furent examinées au concile de Basle, où Jean de Turre-cremata en fit un rapport favorable, & en sauva la censure, quoique Gerson & d'habiles théologiens fussent d'avis qu'elles la méritoient. Sainte Brigitte mourut à Rome, le 15 de Juillet 1373, & fut enterrée au monastère des filles de sainte Claire, dit *de S. Laurent in Panisperná*, d'où, l'année suivante, son corps fut transféré au monastère de Vasterna, qu'elle avoit fondé. On en conserva seulement un bras chez les religieuses de sainte Claire. Le concile de Constance confirma sa canonisation en 1415.

BRINON, (*madame de*) premiere supérieure de S. Cyr. Elle étoit fille d'un président au parlement de Normandie. Ayant fait profession de bonne heure dans un couvent d'Ursulines, & ce couvent ayant été ruiné, madame de Brinon erra d'abord quelque tems de clôture en clôture, & se détermina enfin à garder, même au milieu du monde, les vœux qu'elle avoit faits. Celui d'instruire la jeunesse avoit pour elle des charmes particuliers. Elle prit, dans différentes villes où elle demeura, des pensionnaires qu'elle se plut à former à la vertu. Ses succès lui firent une réputation. Elle vint à Ruel ; y loua une maison ; & bientôt, avec la protection & les bienfaits de madame de Maintenon, elle se vit jusqu'à cent jeunes filles confiées à ses soins. Tel fut le berceau de saint Cyr. Madame de Maintenon engagea Louis XIV à seconder cet établissement ; il accorda Noisy, maison située dans le parc de Versailles ; & les pensionnaires de Ruel y furent transportées & divisées par classes. Quelques années après, il fit élever S. Cyr, afin de rendre cette fondation digne de madame de Maintenon & de lui. Madame de Brinon dressa le plan des constitutions. La sagesse & le bon sens qui en font la base, lui méritèrent l'estime de tous ceux qui les virent, & particulièrement de Louis XIV. On déménagea de Noisy, quand tout fut prêt à S. Cyr ; & le jour de la prise de possession, la communauté se trouva complette.

Il étoit difficile qu'il ne s'y glissât point insensiblement quelques abus. Les demoiselles étoient bien élevées, dit l'auteur des Mémoires de madame de Maintenon ; mais les dames étoient mal conduites. La supérieure avoit tous les talens, hormis celui de gouverner. Madame de Brinon sçavoit le monde, les peres de l'église, les poëtes ; elle ne sçavoit que la théorie de son état. Elle étoit d'une humeur inégale, brusque, impérieuse, prodigue, avide de gloire & de biens.

Madame de Maintenon, continue le même auteur, l'avoit crue guérie de ses inconstances ; & la sagesse de ses discours lui avoit donné une haute idée de son ame. Elle la combloit de distinctions, qui, au lieu de l'attacher au nouvel institut, l'en éloignoient en lui en ôtant l'esprit. Madame de Brinon avoit des préférences sur le choix des novices, très-dangereuses pour la maison. Parmi celles qui se présentoient, elles choisissoit celles qu'elle aimoit, & elle étoit fort sujette à d'injustes aversions ; & madame de Maintenon vouloit qu'une supérieure s'oubliât sans cesse elle-même. Manseau (son écuyer & son maître-d'hôtel tout ensemble) eut ordre de modérer l'humeur prodigue & changeante de madame de Brinon, qui fut gouvernée sans sçavoir qu'elle l'étoit.

Bornée au spirituel, elle instruisoit tous les jours les professes & les novices ; & les dimanches, elle faisoit des exhortations sur les épîtres & les évangiles avec tant d'éloquence, qu'elle étoit admirée des étrangers même, qui la venoient souvent entendre à la grille du chœur.

La considération de madame de Maintenon étoit extrême pour elle ; présens, caresses, prévenances, rien n'étoit épargné. On la regarda comme une espece de favorite. Le roi n'alloit point à S. Cyr, qu'il ne l'entretînt avec bonté. Sa réputation s'étendit ; & son poste devint d'un prix à être envié de tout ce qu'il y avoit de plus grand dans les monastères. On n'en parloit que comme d'un esprit supérieur ; on venoit de toutes parts entendre ses exhortations, qu'on appelloit *l'Explication de l'Evangile*.

Le spirituel suffisoit pour l'occuper : elle fut choquée d'être dispensée du temporel, & témoigna qu'elle l'étoit. Ses manieres, ses meubles, ses sentimens tenoient plus d'une abbesse que d'une religieuse, qui devoit commander par l'exemple. Le roi, étant allé à S. Cyr, lui dit quelques mots à l'oreille. Cet air de familiarité la mit hors d'elle-même : elle ne traita plus les dames qu'avec hauteur ; on ne l'approcha plus sans trembler.

Madame de Maintenon fit plusieurs réglemens, toujours en consultant madame de Brinon. Leurs sentimens étoient presque toujours opposés. Madame de Brinon se prévaloit sans cesse de son titre de Supérieure, & des droits que les conſtitutions y attachoient. Accoutumée à une vie libre, elle avoit peine à ſe contenir dans la régularité où la retenoit la préſence importune de madame de Maintenon. Cependant l'eſtime de la cour augmentoit. Elle étoit en commerce avec les princeſſes, les miniſtres, les cardinaux: on briguoit à l'envi ſon amitié, & preſque ſa protection. Madame de Maintenon ajoûtoit à l'eſtime publique: elle lui donnoit par-tout le pas, à l'égliſe, au jardin, au réfectoire; ce qu'elle ſoutenoit avec un défaut de mémoire étonnant pour tous ceux qui s'en appercevoient.

La joie & la paix ſembloient régner à S. Cyr; la diſcorde y étoit. Madame de Brinon avoit aigri tous les eſprits. Les profeſſes ſe plaignirent à madame de Maintenon, qui gémit & renvoya à un autre tems la réponſe à leurs plaintes. En partant pour Fontainebleau, elle prit des meſures pour maintenir le bon ordre durant ſon abſence.

Elle apprit que madame de Brinon étoit très-malade: elle oublia tout, & fut ſenſiblement affligée. Elle lui envoya Fagon, & établit des couriers, pour être informée d'heure en heure de ſon état. Le roi alla la voir pendant ſa convaleſcence; cette faveur acheva de l'enorgueillir & de la perdre. Sa ſanté revint, & ſes caprices avec elle. On lui députa des eccléſiaſtiques de nom: on lui envoya M. de Chartres; elle ne revint point de ſes ſentimens, & objecta toujours les conſtitutions. Madame de Maintenon fut prête à lui tout abandonner; mais ſes directeurs lui repréſenterent que tout ſeroit perdu: ils peignirent madame de Brinon comme pleine de ſçavoir & d'éloquence, plus propre que perſonne à inſtruire, mais aimant au-delà de ſon état le commandement, la liberté, les commodités, la grandeur. Elle continua donc ſes ſoins, toujours prévenant madame de Brinon ſur tout ce qui pouvoit l'obliger ou lui déplaire.

Celle-ci, ſous prétexte de ſanté, alla voir ſes pa⸗

rens dans le Vexin, & apprit aux dames de S. Louis qu'elles pouvoient se gouverner elles-mêmes. A son retour, elle assura que son embonpoint n'étoit pas naturel, & que les seules eaux de Bourbon la pouvoient rétablir. Elle n'attendit point l'obédience pour le voyage, & partit pour Paris, avec mademoiselle de Blair, sa niéce. Elle reçut dans le Bourbonnois des honneurs extraordinaires. Elle avoit deux carrosses à elle, & souvent quatre de suite ; elle étoit précédée d'un homme qui faisoit préparer ses logemens. Les villes députoient pour la complimenter. Les villages se mettoient sous les armes. A l'église, ses genoux ne se plioient que sur un carreau de velours. Pendant son séjour à Bourbon, tous les plaisirs, tous les hommages furent pour elle. On lui donna des fêtes ; on lui rendit des soins assidus ; on lui fit des présens de goût ; on lui présenta des placets : elle fut accompagnée par tout ce qu'il y avoit de grand dans la province. La cour apprenoit les détails de ce fastueux voyage, & en plaisantoit. Le roi en fut blessé ; & madame de Maintenon, sur qui tomboit le ridicule de cette conduite, en gémit.

Après avoir été à Bourbon six semaines, s'être promenée quinze jours chez ses parens, & s'être laissée adorer de toute la noblesse du pays, elle arrive à Fontainebleau, où la cour devoit être encore quelques jours, & descend à l'Hôtel des Fermes. Madame de Maintenon lui fait dire de venir dîner avec elle. On la présente au roi, qui lui parle avec estime. Le lendemain, elle part pour se rendre à Paris, où elle séjourne quelques jours pour se remettre des fatigues du voyage. Marly venoit de s'achever aussi-bien que Trianon qu'on avoit démoli, pour le rendre aussi beau qu'il est. C'étoient pour le roi des lieux de délices : il y avoit établi des officiers particuliers qui dépendoient de Bontems. La nouveauté rendoit ces maisons respectables à toute la cour. Louis y déposoit sa majesté, pour y faire régner autant de liberté qu'en pouvoit permettre la présence d'un roi. Madame de Brinon, enflée de sa faveur, croit que l'attachement de Bontems pour madame de Maintenon doit rejaillir sur elle. On écrit à Bontems qu'on veut voir Marly; qu'il donne ses ordres pour qu'on l'y attende; & qu'après avoir dîné, on verra Trianon. Ce ton parut fort singulier à Bontems; c'étoit le ton que Monseigneur n'osoit prendre. Cependant le tems presse : Bontems, le plus régulier des hommes, ne pouvant recevoir les ordres du roi là-dessus, exécute ceux de madame de Brinon, incertain si madame de Maintenon approuve cette démarche; mais persuadé qu'elle sçaura la justifier auprès du roi. Tous les officiers se trouvent à leur poste, & madame de Brinon est servie à dîné, comme si c'étoit madame de Maintenon ou la reine. Bontems y fit les honneurs, aussi-bien qu'à Trianon, où elle se rendit ensuite.

Le lendemain, on sçut à Fontainebleau la conduite de madame la supérieure. Madame de Maintenon en fut outrée, en badina comme les autres, & dit qu'une religieuse ne pouvoit pas sçavoir la conséquence de ces sortes de choses, & que le repas s'étoit fait sans avoir été demandé. Rentrée à saint Cyr, madame de Brinon critiqua tout, & principalement ce que madame de Maintenon avoit fait. Elle lui écrivit à Fontainebleau, & s'emporta dans ses lettres, au point de dire que tous les accidens, toutes les maladies qui arrivoient à S. Cyr, provenoient des régles établies pendant son voyage. Ces lettres excédérent si fort madame de Maintenon, qu'elle songea sérieusement à délivrer sa communauté d'un esprit si inquiet & d'un cœur si ingrat; elle consulta des personnes sages; toutes se réunirent à éloigner madame de Brinon.

La marquise de Montchevreuil, intime amie de madame de Brinon, fut chargée d'une lettre de cachet, portant ordre de sortir le lendemain de la maion à pareille heure, d'une obédience de M. de

Chartres, & d'une décharge de la supériorité......
Madame de Brinon (après avoir fait d'inutiles efforts pour fléchir madame de Maintenon) tenta de se retirer dans quelque maison religieuse de Paris, les trouva toutes insupportables, & alla à Maubuisson, où elle s'établit à sa fantaisie, & sans dépendre de la communauté. Elle y entretint un commerce assez vif avec madame de Maintenon, qui la consola de sa disgrace par mille complaisances. Elle y mourut, regrettant le monde. S. Cyr & la vie.

BRINVILLIERS. (*Marie-Marguerite d'Aubray, marquise de*) La marquise de Brinvilliers, si fameuse par ses crimes & par sa mort, étoit fille de M. Dreux d'Aubray, lieutenant civil à Paris. Elle avoit une taille médiocre; mais sa physionomie avantageuse portoit le caractère de la vertu embellie par toutes les graces de son sexe. Ce dehors séduisant trompa le marquis de Brinvilliers, fils de M. Gobelin, président en la chambre des comptes, qui étoit mestre de camp du régiment de Normandie, & qui jouissoit de trente mille livres de rente. Il l'épousa; mais peu susceptible de jalousie, il crut devoir laisser à son épouse la liberté, dont il vouloit jouir lui-même. Il eut même l'imprudence d'introduire en sa maison un bâtard d'une illustre famille, qui prenoit le nom de *Sainte-Croix*, & qui étoit capitaine de cavalerie. C'étoit le même caractère que la marquise; mêmes qualités extérieures, même fond de méchanceté. A peine ces deux ames se virent-elles, qu'elles reconnurent leur affinité, se confondirent, & tramerent ce tissu d'horreurs, dont le récit est effrayant.

Cependant M. de Brinvilliers, toujours aussi peu jaloux, ne songeoit qu'à se divertir. Ses grands biens ne purent suffire à ses folles dépenses; & la marquise, qui n'attendoit qu'un prétexte pour éclater, obtint une séparation de biens. Alors on ne garda plus de mesures. Le mari, soit prudence ou foiblesse, ne fit aucune plainte; mais le lieutenant civil, indigné de la conduite de sa fille, fit arrêter Sainte-Croix dans le carrosse de la marquise, & conduire à la Bastille, où il resta enfermé pendant un an. Dans sa prison, il fit connoissance avec un Italien nommé *Exili*, fameux artiste de poison. Sainte-Croix devint par goût son élève, & montra tant de dispositions, qu'il surpassa bientôt son maître. Sorti de prison, il retira l'Italien chez lui, se perfectionna dans sa science, & se hâta de la communiquer à son amante.

La marquise, enchantée d'un secret si merveilleux, commence par se réconcilier avec son pere, pour en faire plus sûrement sa victime. La cupidité s'unit à la vengeance; Sainte-Croix partagea le crime, dans l'espérance de partager l'héritage. Il composa les poisons, & la marquise se chargea d'en faire les essais sur les malades de l'Hôtel-Dieu. Sous le prétexte affreux de les secourir, elle leur donnoit des biscuits empoisonnés, & veilloit attentivement aux progrès du poison. « Elle empoisonnoit, dit madame de Sévigné, des tourtes de pigeonneaux, dont plusieurs mouroient, qu'elle n'avoit pas dessein de tuer. Le chevalier du Guet avoit été de ces jolis repas, & s'en meurt depuis deux ou trois ans. » Elle fit un essai sur sa femme de chambre, à qui elle donna une tranche de jambon; mais elle en fut quitte pour une longue maladie. Ce poison parut trop foible pour le lieutenant civil. La marquise en composa un très-violent, & le donna à son pere dans un bouillon qu'elle lui présenta à Offemont sa maison de campagne. Personne ne la soupçonna de ce crime.

M. d'Aubray eut pour successeur dans sa charge son fils aîné. La marquise fit entrer au service du nouveau lieutenant civil, un nommé *Lachaussée*, ancien domestique de Sainte-Croix, qui l'empoisonna d'abord en lui donnant à boire; mais le poison rendit le vin si amer, que son maître n'acheva pas de boire. Lachaussée donna, pour raison de cette amertume, que le valet de chambre avoit pris médecine dans ce vase, & demanda pardon de son erreur. Cette excuse, faite avec le plus grand sang-froid du monde, écarta tout soupçon. En 1670, M. d'Aubray fut moins heureux. Étant parti à la campagne avec son frere, conseiller au parlement, & six de ses amis, ils mangerent d'une tourte empoisonnée. Le lieutenant civil devint étique, & mourut deux mois après. On l'ouvrit le 17 de Juin, & l'on reconnut la cause de sa mort. Malgré cela, Lachaussée voiloit si bien tous ses forfaits, que le conseiller, qui survécut de six semaines à son frere, lui laissa cent écus.

Ce digne ministre servoit si bien la marquise, qu'il ne lui restoit plus aucun obstacle que son mari; elle l'empoisonna pour épouser son amant. Mais Sainte-Croix qui ne vouloit pas, dit madame de Sévigné, d'une femme aussi méchante que lui, donna du contre-poison au marquis. Ce pauvre mari, tantôt empoisonné, tantôt désempoisonné, vécut malgré sa femme; mais ce fut pour être le témoin de son supplice. Sainte-Croix fut lui-même la victime de son art assassin. Un jour qu'il travailloit, le masque de verre, qu'il portoit pour se garantir des vapeurs du poison, étant tombé, il fut aussi-tôt étouffé. Personne ne se douta de la cause de sa mort; mais le commissaire ayant mis le scellé dans son appartement, parce qu'il ne se présentoit aucun héritier, l'on trouva dans une cassette un billet qui dévoila tous ses forfaits. Le voici.

» Je supplie très-humblement ceux ou celles en-
» tre les mains de qui tombera cette cassette, de
» me faire la grace de vouloir la rendre en main
» propre à madame la marquise de Brinvillers, de-
» meurant rue Neuve S. Paul, attendu que tout ce
» qu'elle contient la regarde, &c..... au cas qu'elle
» fût plutôt morte que moi, de la brûler, & tout
» ce qu'il y a dedans, sans rien ouvrir ni innover;
» & afin qu'on n'en prétende cause d'ignorance,

» je jure sur le Dieu que j'adore, & tout ce qu'il
» y a de plus sacré, qu'on n'expose rien qui ne soit
» véritable ; & si d'aventure l'on contrevient à mes
» intentions, toutes justes & raisonnables en ce
» chef, j'en charge en ce monde & en l'autre leur
» conscience, pour la décharge de la mienne ; pro-
» testant que c'est ma derniere volonté. Fait à Paris,
» ce 22 Mai 1672. Signé *de Sainte-Croix*. »

Il y avoit au bas : *Paquet adressé à M. Pénautier*, qu'il faut rendre. C'étoit le receveur général du
clergé.

Le commissaire se moqua de l'intention, & fit
ouvrir la cassette. On y trouva treize paquets, qui
avoient chacun plus de huit cachets, & sur lesquels
on lisoit : *Papiers à brûler, le tout sans ouvrir le
paquet*. Il y avoit dans un de ces paquets jusqu'à
soixante-quinze livres de sublimé : l'on trouva de plus
un grand nombre de lettres passionnées, avec une
promesse de trente mille livres, qu'il avoit exigé de
la marquise, pour s'assurer le fruit de ses crimes.

La marquise effrayée employa la séduction, pour
retirer la cassette ; n'ayant pu réussir, elle en donna
une procuration à un procureur, pour faire déclarer nul le billet de trente mille livres, comme une
promesse surprise, & se réfugia dans les pays étrangers. Sans l'imprudence de Lachaussée, on eut ignoré
tous ses crimes. Il alla faire opposition au scellé, déclara qu'il avoit servi Sainte-Croix pendant sept ans,
& qu'il lui étoit dû deux cens pistoles, & cent écus
blancs. Madame Villarceau, veuve du lieutenant
civil, eut des soupçons, & le fit arrêter. Il avoua
tous ses crimes, déclara que Sainte-Croix lui avoit
donné du poison pour faire mourir les freres de la
marquise, & que la marquise n'ignoroit pas ces em-
poisonnemens. Cette confession le fit condamner à
être roué vif, & jetta de grands soupçons sur la
fuite de la marquise. Glazer, apothicaire, avoit
fourni les drogues ; on l'arrêta, il déposa que la
marquise & Sainte-Croix travailloient de concert ;

mais

mais il prouva qu'il étoit innocent. Il fut abfous avec peine, & la marquife condamnée par contumace à avoir la tête tranchée.

Retirée dans un couvent de Liége, elle brava la fentence; elle ignoroit qu'il n'y a point de fûreté dans aucun pays pour les empoifonneurs. L'exempt Dégrais, qu'on avoit envoyé pour la faifir, obtint du confeil de Liége la permiffion de l'arrêter; mais il avoit à craindre le peuple. Pour le tromper, il fe déguifa en abbé; fit le galant auprès de la marquife, & fut accepté pour amant. On lui accorda une partie de promenade dehors la ville; mais elle y trouva plus de compagnie qu'elle n'en defiroit. Dégrais, après l'avoir fait partir fous l'efcorte des archers, fe rendit au couvent, & s'empara de tous fes papiers. Il ouvrit une caffette, dans laquelle il trouva un cahier de feize feuilles, qui contenoit une confeffion générale de toutes les actions de la marquife. Elle s'y accufoit d'avoir ceffé d'être fille dès l'âge de fept ans, d'avoir fait mettre le feu à une maifon, d'avoir empoifonné fon pere, fes freres, un de fes enfans, & de s'être empoifonnée elle-même. Pendant que fon amant prétendu faifoit la recherche de fes papiers, elle chercha à gagner un archer, & lui donna des lettres pour avertir un nommé *Théria* de venir l'enlever, & fur-tout la caffette; mais elle fut trahie, & l'on ouvrit fes lettres. Malgré cela, Théria fe trouva à Maftricht, & offrit aux archers mille piftoles, s'ils vouloient fauver la marquife. Que n'employoit-il plutôt cet argent à raffembler vingt hommes, qui l'auroient facilement enlevée des mains de huit gardes? Mais il étoit tems qu'elle expiât tous fes crimes.

Lorfqu'elle fut arrivée à Rocroi, le roi lui envoya un confeiller de la grand-chambre, pour l'interroger; elle nia tout. Pendant fon féjour à la conciergerie, on intercepta une lettre qu'elle écrivoit à Pénautier, où, comme amie, elle expofoit le danger où elle étoit; l'affuroit qu'elle avoit pris

F. C. *Tome I.* E e

le parti de tout diffimuler ; lui demandoit fon avis, & le prioit de lui ménager la protection de fes amis. Sur cette lettre, on arrêta le receveur général des finances, & on l'enferma dans le château de Ravaillac. On les confronta tous deux ; ils ne purent retenir leurs larmes ; la marquife le déclara innocent ; mais le public & la juftice même ne pouvoient s'imaginer qu'un homme, ami d'un pareil monftre, & qui avoit un paquet chez Sainte-Croix, ne fût point coupable.

La marquife avoit deux confeffeurs, dit madame de Sévigné; l'un difoit qu'il falloit tout dire ; & l'autre, non ; elle rioit de cette diverfité: « Je puis donc » faire, dit-elle, en confcience tout ce qu'il me » plaira. » Son mari follicita la grace de fon indigne époufe, & il eut la funefte confolation de lui parler jufqu'au moment de fon fupplice. Malgré tous fes crimes, elle efpéroit avoir fa grace; & l'efpéroit au point qu'elle dit, en montant fur l'échafaud : « C'eft donc tout de bon ? » En effet on n'avoit aucune preuve de fes crimes ; mais fa confeffion manufcrite fut regardée comme un aveu. Nivelle fit un Factum, pour prouver que cette confeffion ne devoit & ne pouvoit faire preuve contr'elle; mais le teftament de mort de Lachauffée, les conjectures qu'on tiroit de fa fuite, & des demi-confeffions qui lui étoient échappées, furent des preuves plus que fuffifantes.

Un jour qu'elle s'étoit enyvrée, elle montra à une femme une boëte, en lui difant : « Il y a là » dedans bien des fucceffions. » La femme qui étoit fille d'apothicaire, reconnut aifément du fublimé. La marquife fe rappella fon imprudence après fon yvreffe, & dit qu'elle avoit parlé en l'air. Cependant elle lui recommanda de jetter la boëte dans le feu, fi elle venoit à mourir. Elle avoit un mot favori qui lui étoit échappé bien des fois : « Quand un » homme déplaît, il faut lui donner un coup de piftolet dans un bouillon. » Ces différentes circonftances déterminèrent les juges. La Brinvilliers fut condamnée à la question, à faire amende honorable, à avoir la tête tranchée, ensuite à être brûlée.

Pendant sa prison, elle eut assez de courage. Un jour elle demanda à faire une partie de piquet, « pour » se désennuyer, disoit-elle. » Néanmoins elle chercha deux ou trois fois à se tuer. Elle en imagina tous les moyens ; & si l'on ne fût venu à son secours, on l'eut certainement trouvée morte.

Lorsqu'elle entra dans la chambre de la question, appercevant trois seaux d'eau, elle dit tranquillement : « C'est assurément pour me noyer ; car de » la taille dont je suis, on ne prétend pas que je » boive tout cela. » A peine l'eut-on menacée de la question, qu'elle confessa tous ses crimes, plus affreux encore qu'on ne s'étoit imaginé. Elle eut avec le procureur général une conversation d'une heure, dont le sujet n'a jamais été rendu public. L'arrêt, qui la condamnoit à mort, ne lui causa pas la moindre frayeur ; seulement sur la fin, elle fit recommencer, en disant : « Ce tombereau m'a d'abord » frappée, j'en ai perdu l'attention pour tout le » reste. »

Ses crimes se présenterent alors à son imagination dans toute leur noirceur ; elle en marqua un véritable repentir ; & le docteur Pirot qui la confessa, dit que, pendant les vingt-quatre dernieres heures de sa vie, elle fut si pénétrée de douleur, & si bien éclairée des lumieres de la grace, qu'il auroit souhaité tenir sa place. Ne pouvant obtenir le sacrement d'Eucharistie, elle demanda du pain bénit, ainsi qu'on l'avoit donné au maréchal de Marillac, son parent, dans une pareille circonstance. On lui refusa cette faveur ; elle n'en parut que plus contrite. Sa ferveur fut si grande, qu'on oublia, pour le moment, tous ses forfaits, & qu'on ne songea qu'à la plaindre.

Le 16 de Juillet 1676, dit madame de Sévigné, vers les six heures du soir, » on l'a menée nue en

» chemife, la corde au col, à Notre-Dame, faire
» amende honorable; & puis on l'a remife dans le
» même tombereau, où je l'ai vue jetter à reculons
» fur de la paille, avec une cornette baffe & en che-
» mife; un docteur auprès d'elle; le bourreau de
» l'autre côté. En vérité, cela m'a fait frémir. Ceux
» qui ont vu l'exécution, difent qu'elle eft montée
» fur l'échafaud avec bien du courage. Pour moi,
» j'étois fur le pont Notre-Dame avec la bonne
» d'Efcars : jamais il ne s'eft vu tant de monde; ja-
» mais Paris n'a été fi ému ni fi attentif.... Elle dit
» à fon confeffeur, en chemin, de faire mettre le
» bourreau devant elle, afin, dit-elle, de ne pas voir
» ce coquin de Dégrais qui m'a prife. Son confef-
» feur la reprit de ce fentiment; elle dit : Ah! mon
» Dieu, je vous en demande pardon. Qu'on me
» laiffe donc cette étrange vue. » Ayant rencontré
fur fon paffage des dames de diftinction & de fa
connoiffance, fort avides de la voir, elle les reprit
avec beaucoup de courage de leur curiofité, & leur
dit : « Voilà un beau fpectacle à voir. » Le fameux
le Brun fe plaça dans un lieu où il pût faifir les traits
d'une criminelle, qui a fans ceffe devant fes yeux
l'image de la mort. « Elle monta feule, continue ma-
» dame de Sévigné, & nuds pieds fur l'échafaud,
» & fut un quart d'heure mirodée, rafée, dreffée &
» redreffée par le bourreau; ce fut un grand murmure
» & une grande cruauté. Le lendemain on cherchoit
» fes os, parce que le peuple difoit qu'elle étoit
» fainte.... Enfin ç'en eft fait, la Brinvilliers eft en
» l'air; fon pauvre petit corps a été jetté, après
» l'exécution, dans un fort grand feu, & fes cendres
» au vent; de forte que nous la refpirerons; & par
» la communication des petits efprits, il nous pren-
» dra quelqu'humeur empoifonnante, dont nous fe-
» rons tous étonnés. »

On avoit arrêté plufieurs domeftiques de la Brinvilliers; ils furent relâchés après fa mort : on rendit

aussi la liberté à la femme de Sainte-Croix, qui avoit toujours ignoré la conduite infâme de son époux. Pénautier resta quelque tems en prison. Ce qui lui fit un grand tort dans l'esprit des juges, c'est qu'aussi-tôt après sa détention, Belleguise, son commis, prit la fuite. On le crut coupable ; deux mille écus que le procureur général sçut répandre à propos, la protection de l'archevêque de Paris & de Colbert tirerent Pénautier de prison ; mais il ne fut pas justifié dans l'esprit de tout le monde : ses richesses étoient un grand préjugé contre son innocence ; & le maréchal de Grammont, célèbre par ses bons mots, disoit : « Il en sera quitte pour supprimer sa table. »

Madame de Sévigné dogmatisa beaucoup sur la mort de la Brinvilliers ; elle dit à sa fille qui ne vouloit pas trouver cette célèbre criminelle dans le paradis : « Je crois que vous avez contentement ; car il n'est pas possible qu'elle y soit ; sa vilaine ame doit être séparée des autres. Assassiner est le plus sûr, nous sommes de votre avis ; c'est une bagatelle, en comparaison d'être huit mois à tuer son pere, & à recevoir toutes ses caresses & toutes ses douleurs ; à quoi elle ne répondoit qu'en doublant toujours la dose. Le monde est bien injuste, dit-elle plus haut dans la même Lettre. Jamais tant de crimes n'ont été traités si doucement ; elle n'a pas eu la question ; on lui faisoit entrevoir une grace. Enfin elle est au vent, & son confesseur dit que c'est une sainte. M. le premier président avoit choisi ce docteur comme une merveille ; c'étoit celui qu'on vouloit qu'elle prît. N'avez-vous point vu ces gens qui font des tours de cartes ? Ils les mêlent fort long-tems, & vous disent d'en prendre une, telle qu'il vous plaira, & qu'ils ne s'en soucient pas ; vous la prenez, vous croyez l'avoir prise, & c'est justement celle qu'ils veulent : à l'application elle est juste. »

Sans nous arrêter à faire voir la fausseté de ces ré-

flexions, nous nous contenterons de dire que jamais femme n'égala la Brinvilliers en scélératesse; elle possédoit si bien le déguisement, que jamais on n'a pu la convaincre d'aucun crime. Son art étoit si perfectionné, que les médecins les plus experts avouèrent leur ignorance, lorsqu'ils soumirent le poison aux recherches de la chymie. Voici le jugement qu'ils en porterent: « Le poison de Sainte-Croix a passé par
» toutes les épreuves; il surmonte l'art & la capacité
» des médecins, il se joue de toutes les expériences.
» Ce poison nage sur l'eau; il est supérieur & fait
» obéir cet élément; il se sauve de l'expérience du
» feu, où il ne laisse qu'une matiere douce & inno-
» cente. Dans les animaux, il se cache avec tant
» d'art & d'adresse, qu'on ne peut le connoître; tou-
» tes les parties de l'animal sont saines & vivantes,
» dans le même tems qu'il fait couler une source de
» mort. Ce poison artificieux y laisse l'image & les
» marques de la vie. »

BRIQUET, (*Madeleine*) fille d'Etienne Briquet, avocat-général au parlement de Paris, mort le 16 de Septembre 1645, & de Marie Bignon, quoique unique héritiere d'un bien très-considérable, préféra à tous les avantages du siécle l'état religieux; dans lequel elle entra, en faisant profession en 1660, dans le monastère de Port-Royal des Champs, où elle avoit été élevée dès l'âge de trois ans. Elle avoit beaucoup d'esprit, & son style est pur & plein d'énergie. Elle a écrit la Relation d'une guérison subite, & qu'elle a toujours regardée comme miraculeuse, opérée sur un de ses genoux, qui étoit attaqué depuis trois ans d'une loupe très-considérable. Cette Relation se trouve à la fin de la Vie de la sœur Marie des Anges. On a encore d'elle la Relation de quelques conférences de M. Chamillard, docteur de Sorbonne, avec quelques religieuses de Port-Royal; plusieurs Lettres, & une Relation fort ample de sa captivité en 1664. Elle avoit pris, à sa profession le nom de *Madeleine de sainte Christine*. M. de Saci étant mort, elle prit soin de recueillir ses Lettres : elle les transcrivit, y mit des titres, en supprima les noms propres, & obtint les approbations nécessaires. L'impression en étoit commencée, lorsque Dieu l'appella à lui le 30 de Novembre 1689, à l'âge de quarante-sept ans.

BRISÉIS, ainsi nommée, parce qu'elle étoit fille de Brisès ; car son véritable nom étoit Hyppodamie. Elle étoit femme de Mynos, roi de Lyrnesse. Achille ayant tué ce roi, pris & pillé ses états, emmena Briséis, dont il fit sa concubine. Agamemnon la fit enlever à ce prince, pour se venger de ce qu'il l'avoit forcé de rendre à son pere la belle Chryséide ; mais le vaillant fils de Pélée ayant refusé long-tems de combattre pour les Grecs, Agamemnon lui renvoya Briséis.

BRUN, (*madame*) femme du subdélégué de l'intendance à Besançon, est auteur du *Dictionnaire Comtois-François*, conjointement avec M. Petit-Benoît.

BRUNEAU, (*Marie*) dame des Loges. *Voyez* LOGES. (*des*)

BRUNEHAUD ou BRUNICHILDE, fille puînée d'Athanagilde, roi des Visigoths, en Espagne, & de Goswinthe, épousa Sigebert I, roi d'Austrasie, en 568, & fut mere de Childebert II, d'Ingonde & de Clodesinde. Elle abjura les erreurs d'Arius, & parut d'abord pieuse & libérale ; car on prétend qu'elle fut fondatrice des abbayes de S. Martin d'Autun, de S. Pierre, & d'Aisnai de Lyon, & de saint Vincent de Laon ; c'est ce que nous apprenons d'Aimoin. Apparemment ce sont ces actions de piété, que S. Grégoire le Grand & S. Germain de Paris, ont eu en vue dans les éloges qu'ils donnent à Brunehaud ; car elle est diffamée dans les écrits des autres auteurs, par sa cruauté, sa vengeance, son avarice & son impudicité. Après la mort de Sigebert, elle épousa Mérouée, fils de Chilpéric ; & ayant été rendue à son fils Childebert, elle devint régente du royaume d'Auſtraſie. Elle prit, contre ſon propre fils, le parti de Gombaud ou Gondebaud, qui ſe diſoit fils de Clotaire, & fut même accuſée de l'avoir empoiſonné; parce que ſa majorité ayant ôté à cette princeſſe l'autorité ſouveraine, elle ne pouvoit la recouvrer que par la minorité de ſes petits-fils. Elle gouverna les états de Théodebert qui avoit eu l'Auſtraſie en partage; & pour contenter ſon avarice & ſa lubricité, elle n'épargna ni le fer ni le poiſon. Wintrion, duc de Champagne, & pluſieurs autres, en firent une triſte expérience. Ces actions la rendirent ſi odieuſe à tous les grands du royaume, qu'ils la chaſſerent toute nue de l'Auſtraſie. Un pauvre payſan, nommé *Diſier*, l'ayant reconnue, la conduiſit à Châlons-ſur-Saone, vers ſon autre petit-fils Thierri, qui lui confia toute l'autorité. Son conducteur eut pour récompenſe l'évêché d'Auxerre. Cette cruelle mere excitoit ce prince elle-même à brûler d'un amour défendu; & de peur qu'une légitime épouſe ne vînt à lui ſouſtraire ſon autorité, elle prenoit ſoin de lui chercher des maîtreſſes. Quoiqu'elle fût deux fois grand-mere, elle ne laiſſa pas d'avoir des galants, & entr'autres, Protade, qu'elle éleva juſqu'à la charge de maire du palais, par la mort de Bertoalde, qui l'exerçoit. Ces déſordres cauſerent un ſi grand ſcandale, que ſaint Didier, évêque de Vienne, ſe vit obligé de lui en faire des remontrances. Cette Jézabel n'approuvant pas cette liberté, le fit condamner, l'an 603, à Châlons, dans une aſſemblée d'évêques dévoués à ſa paſſion; puis, deux ans après, elle le fit lapider par ſes ſatellites. Pour ſe venger de Theodebert, elle perſuada à Thierri II de lui faire une guerre qui ne finit que par la perte de toute la famille du premier, en 611. Enfin, à ce qu'on croit, elle donna au dernier du poiſon, qui le mit au tombeau en 612. Tant de crimes obligerent les François, aſſemblés militairement, de punir cette odieuſe princeſſe. Clotaire II s'y trouva, repréſenta ſes crimes, & même l'accusa d'avoir fait mourir dix rois. Elle fut condamnée à une mort infâme, l'an 613, ou, selon d'autres, l'an 614. On la gêna trois jours durant ; ensuite on la promena sur un chameau dans tout le camp ; puis on l'attacha à la queue d'une cavale indomptée, qui lui cassa la tête, en la traînant sur les cailloux. D'autres disent qu'on la fit tirer à quatre chevaux. Les flammes consumerent le reste de son cadavre. Quelques-uns disent pourtant qu'on l'enterra dans l'abbaye de S. Martin d'Autun. Quelques écrivains cependant ont fait l'apologie de cette princesse, entr'autres Cordemoi, qui tâche de la justifier sur la plûpart de tous ces faits.

BUCCA, (*Dorothea*) dame sçavante de Boulogne en Italie, dans le XVe siécle, « étoit, dit le
» P. Hilarion de Coste, fille d'un grand philosophe
» & médecin de la même ville, laquelle, dès son
» bas âge, ayant été nourrie aux études des bonnes
» lettres, y fit tel profit qu'elle mérita & s'acquit
» les marques & enseignes du doctorat, qui lui fu-
» rent données en l'école publique de l'université
» de ladite ville ; & peu après, qui fut l'an de grace
» 1436, elle eut une chaire en la même université,
» où elle enseigna plusieurs années avec beaucoup
» d'honneur & de réputation, tant sienne que de
» ceux à qui elle appartenoit, & de la ville de Bou-
» logne, où l'on accouroit de tous côtés, & des
» pays étrangers, pour ouir & admirer tout en-
» semble une femme faire leçon à quantité d'hom-
» mes, & leur enseigner la philosophie. »

BUDOS, (*Louise de*) seconde femme de Henri I, duc de Montmorenci, connétable de France. Le Laboureur, dans ses Additions aux Mémoires de Castelnau, prétend que « la jalousie que le duc de
» Biron portoit au duc de Montmorenci, à cause
» de sa charge de connétable, s'étendit jusqu'à Louise
» de Budos, sa femme ; qu'il lui fit parler de ma-
» riage, son mari vivant, comme celui qui croyoit
» devoir être son successeur, & que la partie étoit

» faite entr'eux, si leur destinée y eût consenti ;
» mais, ajoûte-t-il, tous deux moururent dans la
» fleur de leurs années & de leurs grands desseins. »

BUEIL. (*Jacqueline de*) *Voyez* MORET.

BUFFET, (*Marguerite*) qui fleurissoit à Paris en 1668, est auteur de l'ouvrage suivant : *Nouvelles Observations sur la langue françoise, où il est traité des termes anciens & usités, & du bel usage des mots nouveaux, avec les éloges des illustres Sçavantes, tant anciennes que modernes.*

BURE, (*Idellete de*) veuve d'un Anabaptiste, & que le fameux hérésiarque Jean Calvin épousa. Elle en eut un fils qui mourut avant son pere. Elle-même cessa de vivre en 1549, & son mari demeura veuf tout le reste de ses jours.

BURE, (*Catherine*) dame Suédoise très-sçavante, étoit non-seulement versée dans les sciences, mais écrivoit aussi parfaitement bien en latin, dont grand nombre de ses Lettres écrites la plûpart à madame Vendela Skytte, autre sçavante Suédoise, font foi. Elle mourut en 1679, âgée de 77 ans.

BUSSIERE, (*mademoiselle de la*) morte en 1730. On a d'elle les *Mémoires de M. de Gourville*, 2 vol. *in-*12.

BUSA, demoiselle de la Pouille, dont parle Valere-Maxime, laquelle, après la défaite de Cannes, nourrit dix mille Romains de ses propres deniers.

BUTTET, (*Louise-Marguerite*) connue sous le nom de *madame Vatry*, née en 1683, & morte à Paris en 1752, âgée de soixante-neuf ans, étoit amie intime de madame la marquise de Lambert, & jouissoit, comme elle, d'une grande réputation dans la république des lettres.

C A L

CALDERINA, (*Bettina* ou *Bitina*) sçavante Bolonoise, étoit fille de Jean-André, fameux jurisconsulte, que sa grande connoissance du droit canon & les ouvrages qu'il composa sur cette matiere, firent appeller *le Vaisseau des canons*. Ce docteur, né de basse extraction, fut adopté par Jean Calderini, seigneur Bolonois, & porta depuis les armes & le nom de cette maison, qu'il transmit à sa postérité. Bettina, sa fille ainée, dont il est ici question, s'adonna de bonne-heure à l'étude des lettres, & particuliérement à celle du droit, & fit, en peu de tems, des progrès si rapides, qu'étant mariée à un jurisconsulte de la même université de Bologne, nommé *Jean de S. George*, qui professa depuis à Padoue, elle donnoit pour lui des leçons publiques de droit, lorsque ses affaires ou quelque maladie le retenoient; & la réputation de cette femme sçavante attiroit aux écoles un grand nombre d'auditeurs, qui tous étoient enchantés de son mérite.

CALLIPATIRA, fille, sœur & mere d'athlètes fameux, & souvent vainqueurs aux jeux olympiques, vivoit environ 428 avant J. C. Malgré une loi qui défendoit aux femmes de passer le fleuve Alphée pendant la célébration de ces jeux, parce que c'étoit au-delà de ce fleuve que les athlètes nuds disputoient les prix, Callipatira voulut conduire elle-même dans la lice son fils Pisidore. Elle prit un habit de maître d'escrime, & vit, à la faveur de ce déguisement, combattre & couronner son fils. La joie qu'elle en ressentit, l'ayant fait franchir la barriere pour aller l'embrasser, elle laissa tomber son habit & découvrit son sexe aux spectateurs. La mort eût été le prix de son imprudence, si l'on n'eût eu égard au mérite de sa famille.

CALPURNIE, quatrieme femme de Jules-César, & fille de Calpurnius Pison, « étoit, dit M. de
» Serviez, d'une famille illustre, dont l'origine s'alloit
» perdre dans celle de Numa Pompilius, second
» roi de Rome. Sa beauté étoit accompagnée d'une
» grande sagesse, d'un esprit fort vaste, d'une élo-
» quence qui ne cédoit en rien à celle des plus ha-
» biles orateurs, & d'une générosité vraiment ro-
» maine, & telle qu'il la falloit à l'épouse d'un
» homme qui, ayant formé le projet le plus grand
» & le plus audacieux que l'esprit humain puisse en-
» fanter, aspiroit à la conquête de l'univers. Elle
» conserva dans l'une & dans l'autre fortune une
» égalité d'ame, que rien ne put jamais altérer. Quel-
» que haut que fût le point de gloire où César monta
» par ses victoires & par ses triomphes, elle n'en
» devint ni plus fière ni plus orgueilleuse. Tous
» les jours de sa vie, on la trouva toujours la
» même. »

La nuit qui précéda le jour auquel César fut assassiné, Calpurnie crut voir en songe le faîte de la maison s'écrouler, & son époux qu'on massacroit dans ses bras. Effrayée de cette vision, elle se hâta de la raconter à César, & joignit ses prieres & ses larmes aux avis que reçut ce dictateur pour le détourner d'aller au sénat. Rien ne fut capable de le faire changer d'avis. Il fut massacré par les sénateurs, à la tête desquels étoient Brutus & Cassius. Calpurnie passa le reste de ses jours dans la maison de Marc-Antoine, pleurant son époux, & ne négligeant aucune occasion de lui susciter des vengeurs.

CALPURNIE, femme Romaine, dont les talens égaloient l'effronterie. Elle aimoit à plaider elle-même ses causes, & le faisoit avec tant d'emportement, qu'on fut obligé de défendre, par un édit, aux femmes de plaider.

CAMBIS, (*Marguerite de*) baronne d'Aigremont, en Languedoc, doit avoir rang parmi les sçavantes Françoises du seizieme siècle. On a d'elle quelques traductions, entr'autres, *Les Devoirs du veuvage*, de l'italien de Jean-Georges Trissin, & une Lettre de consolation de Bocace.

CAMBRA, fille de Belin, un des anciens rois Bretons, étoit une mathématicienne habile, qui fit servir à l'avantage de son pays ses talens & son érudition. Elle fut surnommée *la Belle*, à cause de sa beauté. Jean Pits ou Pitseus dans son livre *des Illustres Ecrivains d'Angleterre*, rapporte que cette princesse inventa la maniere de construire & de fortifier les citadelles. Ses lumieres d'ailleurs étoient si étendues & ses connoissances si vastes, que les seigneurs de la cour & le roi lui-même la consultoient comme un oracle sur toutes sortes de matieres.

CAMBRY, (*Jeanne de*) dite aussi *Jeanne-Marie de la Présentation*, native de Tournai, étoit fille de Michel de Cambry, docteur en droit. Sa beauté, ses dispositions pour les sciences, & ses vertus pouvoient lui faire espérer de jouer un grand rôle dans le monde; elle préféra de renoncer aux plaisirs & aux vanités du siècle, & se consacra, dans l'ordre de S. Augustin, au service de Dieu. Depuis, elle vécut quelques années parmi les religieuses de l'hôpital de Menin. Elle se fit recluse à Lille en 1625, & y finit ses jours dans la lecture, dans la méditation & dans la composition de divers ouvrages de piété, l'un desquels a pour titre: *Le Traité de la ruine de l'Amour-propre, & du Bâtiment de l'Amour divin*, qui fut imprimé trois fois en peu d'années. Elle mourut le 19 de Juillet 1639.

CAMILLA, reine des Volsques, peuple d'Italie, qui vint au secours de Turnus & de Latinus, contre Enée & ses Troyens, à la tête d'un escadron d'Amazones formées comme elle aux exercices de la guerre. Elle se distingua par ses exploits; &, après avoir fait mordre la poussière à plusieurs illustres guerriers, elle fut tuée en trahison par Aruns.

CAMILLA, (*la Signora*) sœur du pape Sixte V, étoit femme d'un habitant du village des Grottes, proche la ville de Montalte, dans la Marche d'Ancône, en Italie. Lorsque son frere Felix Peretti, appellé depuis *le cardinal de Montalte*, eut été créé pape sous le nom de *Sixte V*, l'an 1585, elle fut mandée à Rome, & y vint accompagnée des enfans de sa fille. Comme elle approchoit de la ville, les cardinaux de Médicis, d'Est & Alexandrin furent au-devant d'elle, & la conduisirent dans un palais, où ils la firent habiller en princesse, croyant faire ainsi leur cour au pape, qui aimoit cette sœur avec beaucoup de tendresse. Ces cardinaux la conduisirent ensuite chez le pape, & la lui présenterent; mais Sixte V la voyant avec des habits si magnifiques, fit semblant de ne la pas connoître, & se retira dans une autre chambre. Camilla retourna le lendemain au Vatican avec ses habits ordinaires, & alors le pape l'embrassa, & lui dit : « Vous êtes à présent » ma sœur, & je ne prétens pas qu'un autre que » moi vous donne la qualité de princesse. » Il la logea dans son palais de sainte Marie Majeure, & lui assigna une pension fort honnête ; mais il lui défendit de se mêler d'aucune affaire, & de lui demander aucune grace ; à quoi elle obéit si ponctuellement, qu'elle se contenta d'obtenir des indulgences pour une confrérie établie dans l'église du Refuge de Naples, dont on l'avoit fait protectrice.

CAMILLE PALLAVICINE. *Voyez* PALLAVICINE. (*Camille*)

CAMILLE MACÉDONIA. *Voyez* MACÉDONIA.

CAMILLE PISCICELLA. *Voyez* PISCICELLA.

CAMMA, dame de Galatie, qui n'est connue que par le trait suivant, dont nous avons fait mention dans un autre ouvrage. Sinorix, amoureux de Camma, assassina, pour la posséder, Sinatus, son

époux. La vengeance que Camma fçut tirer d'un tel forfait, fait éclater fon amour & fon audace. Après avoir réfifté aux prieres & aux préfens de Sinorix, elle craignit qu'il n'y ajoûtât bientôt la violence, & feignit de confentir à l'époufer. Elle le fit venir dans le temple de Diane, dont elle étoit prêtreffe, comme pour rendre leur union plus folemnelle. C'étoit la coutume que l'époux & l'époufe buffent enfemble dans la même coupe. Camma, après avoir prononcé les paroles confacrées & fait le ferment ordinaire, prit la premiere la coupe qu'elle avoit remplie de poifon ; &, après avoir bû, la préfenta à Sinorix, qui, ne foupçonnant aucun artifice, avala fans crainte le poifon. Alors Camma, tranfportée de joie, s'écria qu'elle mouroit con-
» tente, puifqu'elle avoit vengé fon époux. Ils expirerent bientôt l'un & l'autre.

CAMPAGNOLE, (*mademoifelle de*) dont il eft quelquefois parlé dans les Lettres de monfieur de Balzac, étoit niéce de ce fçavant écrivain. Voici ce qu'en dit M. Coftar dans une lettre qu'il écrivoit à Voiture : « A Balzac, dit-il, vous verrez une
» niéce qui eft belle & fpirituelle, qui difcerne fort
» bien la vraie galanterie d'avec la fauffe, & à qui
» il ne manque rien pour vous, que de l'aimer un
» peu davantage. »

CAMPASPE ou PANCASTE, l'une des plus belles femmes de l'Afie, concubine d'Alexandre le Grand, qui la fit peindre nue par le fameux Apelles ; ce peintre en étant devenu amoureux, Alexandre la lui céda généreufement.

CAMUS, (*Charlotte le*) de Melfons, de l'académie des *Ricovrati* de Padouë, femme d'André-Girard le Camus, confeiller d'état, morte le 22 de Juin 1702, a mérité les éloges des beaux efprits de fon tems, par fon goût pour les fciences, & fon talent pour la poëfie françoife. On a de fes piéces dans plufieurs recueils.

CANDACE, nom générique des anciennes reines d'Ethiopie. Soit mérite de leur part, soit incapacité ou fainéantife de la part des rois leurs maris, on prétend qu'elles avoient l'adminiftration de l'État, & qu'elles alloient à la guerre.

CANTONA, (*Catherine*) demoifelle Milanoife, dont parle Hilarion de Cofte, dans l'Eloge de Damigella-Trivulzia, ne fut pas moins célèbre par fon talent à peindre fur la toile, que par fa nobleffe, fa modeftie & fes vertus.

CAPELLO, (*Bianca* ou *Blanche*) fille de Barthelemi Capello, fénateur de Venife, s'amouracha, dit-on, d'un jeune Florentin, nommé *Pierre Bonaventuri*, pour lequel elle ne balança pas de quitter fes parens & fa patrie. Elle le fuivit, ajoûte-t-on, à Florence, où elle vécut quelque tems avec lui, mariée & dans l'obfcurité. François-Marie de Médicis, fils de Côme, gouvernoit alors cette république. On prétend que le hazard lui ayant fait voir la belle Bianca, il en devint éperdûment amoureux; & que, comme c'eft l'ordinaire, il fit à fon mari les plus flateufes careffes. Le crédit de Bonaventuri lui fit des envieux. Il fut affaffiné. Le grand Duc perdit peu de tems après Jeanne, archiducheffe d'Autriche, fa femme, & fe voyant libre de difpofer de fa main, il l'offrit à Bianca, le 29 de Septembre 1579; &, le même jour, la république de Venife, pour reconnoître l'honneur que lui faifoit le grand Duc, en époufant une de fes fujettes, la fit déclarer, par fes ambaffadeurs à Florence, reine de Chypre, & fa fille adoptive. Bianca vécut près de huit ans, tendrement chérie de fon époux. En 1587, le 9 d'Octobre, le grand Duc, au retour d'une chaffe qu'il avoit faite avec le cardinal Ferdinand de Medicis, fon frere, & la grande Ducheffe, mourut, à ce qu'on croit, empoifonné. Bianca le fuivit au tombeau cinq heures après. Deux morts fi précipitées firent beaucoup de bruit. On foupçonna le cardinal.

On soupçonna Bianca ; mais les ténèbres de l'histoire enveloppent encore ce tragique évènement.

CARAFFE, (*Roberte*) princesse d'Avellino, au royaume de Naples, étoit femme de Camille-Caraccioli, créé chevalier de la toison d'or par Philippe III, roi d'Espagne. Elle eut, dès sa jeunesse, beaucoup de goût pour les belles lettres, & les cultiva même avec succès. La beauté, qu'elle avoit reçue de la nature, étoit relevée en elle par les qualités brillantes de l'esprit, par une sagesse singulière, & par une modestie charmante. Elle gouverna sa famille & sa maison avec prudence, tandis que le prince son mari servoit dans les armées du roi d'Espagne, & sçut maintenir la plus grande union parmi ses domestiques & ses vassaux. Elle s'acquit encore beaucoup de réputation par son éloquence & par ses doctes écrits, dont il ne paroît pas qu'aucun se soit conservé jusqu'à nous. Elle mourut saintement comme elle avoit vécu, l'on ne sçait point en quelle année.

CARETENE, reine d'une partie de la France, mere de Gondebaud, roi des Bourguignons-Vandales, est connue par sa vertu & par sa piété. Gondebaud, & son frere Gondesile, ayant vaincu leurs deux autres freres, Chilpéric & Gondemar, & les ayant renfermés dans Vienne, ce dernier y fut brûlé dans une tour avec les siens ; & Chilpéric, fait prisonnier, fut mis à mort avec sa femme & ses enfans. Clotilde, & sa sœur Sedeleube eussent éprouvé du barbare Gondebaud le même traitement que l'infortuné Chilpéric leur pere, si Caretene ne leur eût sauvé la vie, en les dérobant aux recherches du prince son fils. Elle fit bâtir à Lyon l'église de l'archange S. Michel, où l'on voit encore son épitaphe.

CARETTO, (*Constance de*) Napolitaine, est vantée par plusieurs auteurs pour sa science.

CARINES, (*les*) ainsi nommées de la Carie, leur pays, dans l'Asie mineure. Elles avoient le talent de

F. C. Tome *I*.   F f

pleurer avec une merveilleuse facilité ; ce qui faisoit qu'on les louoit pour les funérailles des morts, où elles crioient, se lamentoient, s'arrachoient les cheveux.

CARLIER, (*Angélique*) dame Tiquet. *Voyez* TIQUET.

CARMENTA, ancienne poëtesse du Latium, qui fleurissoit avant la fondation de Rome. C'est sans doute de son nom que le vers a été nommé *carmen* par les Latins. On lui bâtit à Rome un temple, où les dames célébroient des fêtes en son honneur.

CARO, (*Anne*) demoiselle Espagnole, est connue par les comédies ingénieuses qu'elle a composées.

CARTISMANDA, reine des Brigentes en Angleterre, vivoit vers l'an 43 de J. C. sous l'empire de Claude. Cete princesse, qui favorisoit les Romains, fit long-tems la guerre à leurs ennemis. Elle chassa comme tel Vénusius, son mari, qui la chassa bientôt après à son tour ; & les Romains, sous prétexte de la secourir, s'emparerent de son Etat.

CASSANDRE FIDÈLE, née à Venise, vers l'an 1465, s'y fit une réputation des plus éclatantes par son esprit & par son éloquence, & mérita les éloges de presque tous les poëtes & sçavans d'Italie, ses contemporains. Etant encore fort jeune, Augustin Barbarigo, doge de Venise, la fit amener dans une assemblée auguste des ambassadeurs des princes, & de tout le sénat, qu'il traitoit, la seconde fête de Noël, selon la coutume ; & lorsqu'on fut levé de table, cette sage & sçavante fille, ornée des graces & de la modestie de son sexe, prononça un discours latin, avec tant d'éloquence, qu'elle ravit en admiration tous les auditeurs.

Venise ne fut pas le seul théatre de la gloire de Cassandre. Elle soutint à Padoue des thèses en philosophie & en théologie ; &, quoiqu'attaquée dans ces exercices publics, par les plus sçavans théologiens & philosophes de ce tems, elle satisfit à toutes leurs demandes, & s'acquit un honneur & une réputation immortels. A la suite de ces thèses, elle prononça une belle harangue latine, qui fut jugée digne de l'impression, & fit plusieurs fois des leçons publiques dans l'université de la même ville, au grand étonnement de ceux qui l'entendirent. Non moins habile dans la musique que dans les sciences sublimes, elle jouoit en perfection du luth, de la lyre, de la viole & de l'épinette, & sçavoit marier sa voix à ces instrumens avec tant de délicatesse & de graces, qu'elle faisoit les délices & l'ornement des plus belles sociétés. On venoit de toutes les parties de l'Italie, pour la voir & l'entendre. Les étrangers curieux ne s'informoient presque que de Cassandre; & les princes les plus puissans de l'Europe, entr'autres Louis XII, roi de France; Ferdinand & Isabelle, rois de Castille & d'Aragon; les papes Jules II & Léon X lui donnerent à l'envi des témoignages de leur estime.

Elle avoit épousé, dans ses voyages en Italie, un médecin de Vicence, nommé *Mario Marpelio*, qu'elle perdit à son retour à Venise, en 1521, étant âgée de cinquante-six ans. Elle passa son veuvage chez les Hospitalières de S. Dominique, dont elle fut élue supérieure; & l'on dit qu'elle y finit ses jours, âgée de cent deux ans, en 1567. Ses Lettres & Discours ont été recueillis par Philippe Thomassin, & imprimés à Paris, *in-*8°, en 1636.

CASSIGNEL *ou* CASSINEL, (*Gérarde*) fille de Guillaume, chambellan du roi Charles VI, étoit une de filles d'honneur de la reine Isabeau de Bavière, & faisoit le principal ornement de la cour de France par sa beauté. Le dauphin Louis, mort jeune, d'autres disent Charles, qui fut depuis Charles VII, devint amoureux de cette demoiselle, comme on l'apprend par ce passage curieux de Juvenal des Ursins. « Le roi & monseigneur le

» dauphin, après qu'ils eurent été à Notre-Dame
» de Paris faire leurs offrandes & dévotions, (en
» 1414) partirent de Paris, & étoit monseigneur
» le dauphin bien joli, & avoit un moult bel
» étendard tout battu d'or, où avoit un K, un
» cygne, & une L; & la cause si étoit pource qu'il
» y avoit une demoiselle moult belle en l'hôtel de
» la roine, fille de messire Guillaume Cassinel,
» laquelle vulgairement on nommoit *La Cassinelle*;
» & si étoit belle, si étoit-elle très-bonne, & en
» avoit la renommée, de laquelle, comme on di-
» soit, ledit seigneur faisoit l'amoureux, & pource
» portoit-il ledit *mot.* »

CASTELNAU, (*Henriette-Julie de*) comtesse de Murat. *Voyez* MURAT.

CASTILLE, (*Blanche de*) reine de France. *Voyez* BLANCHE DE CASTILLE.

CASTILLE, (*Constance de*) reine de France. *Voyez* CONSTANCE DE CASTILLE.

CASTILLE, (*Eléonor de*) reine de Navarre. *Voyez* ELÉONOR DE CASTILLE.

CASTILLE, (*Elizabeth* ou *Isabelle de*) reine d'Espagne. *Voyez* ELIZABETH DE CASTILLE.

CASTILLE, (*Léonor de*) reine d'Aragon. *Voyez* LÉONOR DE CASTILLE.

CASTILLE, (*mademoiselle de*) Parisienne, pour laquelle M. de Vertron a fait le madrigal suivant, au sujet des vers qu'elle avoit faits sur la Naissance du Sauveur du monde.

> Lisez, lisez les vers de la sage Castille,
> Vous n'y trouverez point de puérilité;
> Tout est grand & pieux; & l'on voit d'une fille
> L'esprit, comme le cœur, rempli de vérité.

Mademoiselle de Castille est encore auteur d'autres vers sur la Comète de l'année 1680, & d'une Traduction en vers de la neuvieme Ode d'Horace, qui commence par *Donec gratus eram.*

CASTRO, (*Anne de*) sçavante Espagnole, dont on a plusieurs ouvrages assez ingénieux ; un, entr'autres, intitulé *Eternidad del rei Felippe III*, imprimé à Madrid l'an 1629. Le fameux Lope de Vega a célébré cette dame dans ses écrits.

CATHERINE, (*sainte*) vierge & martyre, d'Alexandrie, ne fut pas moins illustre par sa science que par sa piété, s'il est vrai, comme les actes de sa canonisation le rapportent, qu'à l'âge de dix-huit ans elle disputa contre cinquante philosophes payens ; les vainquit par la force de ses raisonnemens, & les convertit à la foi chrétienne. Elle étoit fille, dit-on, d'un nommé *Ceste*, qu'on prétend avoir été roi ou tyran d'Alexandrie. Cette sainte n'a été connue dans l'église Latine, que par ce qu'en ont dit les Grecs, qui célébroient sa fête le 25 de Novembre avant le VIIe siécle. Son culte fut depuis établi dans tout l'Occident, & l'on en fait la fête le même jour que les Grecs. Les philosophes prennent sainte Catherine pour leur patrone. On croit qu'elle fut martyrisée sous l'empire de Maximin.

CATHERINE, (*sainte*) de Suède, fille de sainte Brigitte, naquit en Suède, vers l'an 1330, & fut élevée par sa mere dans la piété chrétienne. On lui donna pour époux Egard ; mais elle avoit déja pris Jesus-Christ pour le sien, & elle vint à bout d'engager Egard à garder la continence. En 1348, elle alla trouver sa mere en Italie, & fit avec elle le voyage de Rome, & ensuite celui de la Terre-sainte. Brigitte étant morte à Rome, le 23 de Juillet 1373, sa fille rapporta son corps en Suède, & le déposa dans le monastère de Vasten, où elle se renferma. Ayant été choisie pour supérieure par les religieuses de ce monastère, elle leur donna la régle de S. Sauveur, qu'elle avoit pratiquée à Rome. Elle retourna en cette ville, en 1375, pour faire canoniser sa mere ; &, de retour dans son monastère, elle y mourut, le 24 de Mars 1381. L'église en fait la fête le même jour, quoiqu'elle n'ait point été canonisée.

CATHERINE DE SIENNE, (sainte) ainsi nommée du lieu de sa naissance, naquit au milieu du quatorzieme siécle, & fit vœu de virginité dès l'âge de huit ans. Elle prit quelque tems après l'habit du tiers ordre de S. Dominique. Son esprit & son sçavoir, autant que son zèle & sa piété, la rendirent célèbre. S'étant rendue dans la ville d'Avignon pour terminer un différend entre les Florentins & Grégoire XI, elle donna de si pressantes raisons à ce pape, pour l'engager à rétablir le siége pontifical à Rome, où l'absence des papes causoit des maux infinis, qu'il quitta la France, & retourna dans la capitale de l'Italie, en 1377. Catherine mourut en 1380, & fut canonisée en 1461. On lui attribue quelque Traités de dévotion.

CATHERINE, (sainte) de Boulogne, ville d'Italie, où elle naquit le 8 de Septembre 1413, fut mise de bonne heure auprès de la princesse Marguerite, fille de Nicolas d'Est, marquis de Ferrare; mais elle quitta la cour à l'âge de quatorze ans, & se retira dans une communauté de sœurs de sainte Claire, qui fut depuis érigée en monastère sous le nom de *Corps de Christ*. Elle y fit profession en 1432; & quelque tems après, elle fut demandée par les habitans de Boulogne, pour être supérieure du monastère qu'ils vouloient fonder dans leur ville. Elle se rendit à leurs instances; & eut la consolation de voir la maison achevée avant sa mort, qui arriva le 9 de Mars 1463. On a de cette sainte plusieurs écrits, tant en italien qu'en latin, entr'autres, le livre des Sept Armes spirituelles, & celui des Révélations. Elle fut canonisée par le pape Clément VII.

CATHERINE, (sainte) surnommée *de Gênes*, parce qu'elle étoit de cette ville; *de Fiesque*, du nom de son pere; & *d'Adorne*, à cause de son mari, naquit, en 1448, d'une des plus riches & des plus puissantes familles du pays. Le commencement de sa vie fut, pour ainsi dire, celui de sa pénitence, puisqu'à l'âge de sept à huit ans, elle imitoit déja dans leurs mortifications les anachoretes, dont elle avoit entendu lire les Vies. A treize ans, elle voulut se faire religieuse ; mais, comme elle étoit d'un tempérament fort délicat & d'une taille très-petite, on ne crut pas pouvoir l'admettre au noviciat. Ses parens, qui avoient d'autres idées sur son établissement, lui firent épouser un seigneur Génois, nommé *Julien A lorne*, qui ne lui rendit pas l'état du mariage bien agréable. Ce ne fut qu'au bout de dix ans de chagrins & de peines, après la mort de ce seigneur, qu'il lui fut permis de respirer & de suivre le penchant qui l'entraînoit vers Dieu. Elle se livra toute entière à la pratique des règles de la piété la plus sublime, & de la plus austere pénitence. Elle mourut le 14 de Septembre 1410. Son corps fut enterré dans l'église du grand hôpital de Gènes, dont elle avoit eu l'intendance pendant plusieurs années. On a de cette sainte deux Traités de dévotion ; l'un en dialogue entre l'ame, le corps, & Notre Seigneur; & l'autre sur le Purgatoire.

CATHERINE DE MEDICIS, reine de France. *Voyez* MEDICIS. (*Catherine de*)

CATHERINE DE FRANCE, reine d'Angleterre, fille du roi Charles VI, & d'Isabeau de Baviere, fut mariée en premieres nôces à Henri V, roi d'Angleterre, après la mort duquel, en 1422, elle épousa secrettement un gentilhomme Anglois, nommé *Owen Tudor*. Elle mourut en 1438.

CATHERINE D'ESPAGNE ou D'ARAGON, reine d'Angleterre, étoit la quatrieme fille de Ferdinand V, roi d'Aragon, & d'Isabelle. Ces illustres époux, recommandables par leur sagesse & par leur piété, sçurent inspirer de bonne heure leurs sentimens aux princesses leurs filles. Catherine, entr'autres, donna les plus grandes espérances, & cultiva les belles-lettres avec succès. En 1501, elle fut demandée en mariage par Henri VII, roi d'Angleterre, pour son fils aîné Artus, prince de Galles ; & la princesse ayant été conduite à Londres, fes nôces furent célébrées dans l'églife de S. Paul, la même année. Artus étant mort cinq mois après, fans avoir, dit-on, confommé le mariage, on fiança Catherine à fon frere, qui fut depuis Henri VIII, avec difpenfe du pape Jules II. Henri ne fut pas plutôt monté fur le trône en 1509, qu'il époufa celle que le roi fon pere lui avoit deftinée. Les premieres années de ce mariage furent heureufes, & Catherine eut plufieurs enfans, dont il ne refta qu'une feule fille nommée *Marie*; mais infenfiblement le repos & l'oifiveté ayant plongé le roi dans la débauche, la reine, fa femme, devint l'objet de fon averfion. Cette princeffe paffoit une partie des jours & des nuits dans la priere & la méditation des chofes faintes. Elle obfervoit fidèlement les jeûnes; fréquentoit les Sacremens; vifitoit les hôpitaux & les monaftères, tandis que fon volage époux méditoit déja de la chaffer honteufement de fon lit & de fon trône Il avoit pris une violente paffion pour une des filles d'honneur de cette princeffe, appellée *Anne de Boulen*, & réfolut de l'époufer. Il faifoit folliciter à la cour de Rome fon divorce avec Catherine. N'ayant pu l'obtenir, il prit le titre de Chef de l'églife Anglicane, après avoir fait déclarer fon mariage nul, & fe fépara de l'églife Romaine. Il exila Catherine d'Aragon à Kunbalton, maifon royale, mais mal-faine; & ce fut-là que cette pieufe princeffe redoubla fes exercices de piété, ne ceffant d'offrir au ciel fes prieres pour le falut du roi, fon époux, & de toute l'Angleterre. Elle compofa dans fa retraite quelques ouvrages de dévotion, entr'autres, des Méditations fur les Pfeaumes, & un Traité des Plaintes du Pécheur. Le 3 de Janvier 1536, elle mourut d'une violente colique caufée par fes déplaifirs. *Voyez* BOULEN. (*Anne de*)

CATHERINE D'AUTRICHE, reine de Pologne, fille de l'empereur Ferdinand I, & d'Anne de Hongrie, naquit à Vienne en Autriche, le 11 du mois de Novembre de l'an 1534, & fut mariée à François de Gonzague, duc de Mantoue. Ce prince étant mort en 1550, elle épousa, par dispense du saint siége, trois ans après, Sigismond-Auguste, roi de Pologne, lequel, veuf alors de Barbe Radzwil, avoit eu pour premiere femme Elizabeth, sœur de Catherine.

Ce prince, ne pouvant avoir d'enfans de sa troisieme femme, non plus que des deux autres, fut vivement sollicité de la répudier ; mais, touché de ses vertus, de sa douceur, & de sa piété éminente, il rejetta ces conseils pernicieux, & vécut toujours avec elle en bonne intelligence. Elle mourut, dans la pratique des bonnes œuvres, le 24 de Février 1572, estimée & regrettée des Polonois & de son époux.

CATHERINE D'AUTRICHE, reine de Portugal, née l'an 1506, étoit fille de Philippe, archiduc d'Autriche, & de Jeanne, reine de Castille, & sœur de l'empereur Charles-Quint. Dès ses jeunes ans, elle donna des marques qu'elle seroit un jour une sage & vertueuse princesse. Ses discours annonçoient dès-lors un jugement solide, que la lecture & la société des gens de lettres perfectionnerent dans la suite. En 1525, elle épousa Jean III, roi de Portugal, prince pieux & magnanime, dont elle eut un grand nombre d'enfans, six fils & trois filles. Le roi Jean étant mort d'apoplexie en 1557, Catherine gouverna le royaume avec beaucoup de prudence durant la minorité du roi Sébastien, son petit-fils, & gagna l'estime du peuple & de la noblesse. Elle mourut à Lisbonne, l'an 1577, âgée de soixante-douze ans.

CATHERINE JAGELLON *ou* DE POLOGNE, reine de Suède, étoit la derniere des filles de Sigismond I, roi de Pologne, & de Bonne Sforce, sa seconde femme. Quoique la plus jeune des infantes Polonoises, elle fut recherchée en mariage par plusieurs grands princes, entr'autres, par Basile ou Jean Basilide, grand duc de Moscovie, &

par Jean de Suède, duc de Finlande, fils de Gustave I, & frere d'Eric XIV, roi de Suède. Elle préféra ce dernier à tous les autres; mais elle ne fut pas plutôt arrivée en Suède, qu'elle se vit captive & prisonniere. Le roi Eric, prince vicieux, d'un caractère soupçonneux & jaloux, fit assiéger Jean, son frere, dans son château de Wibourg, où il étoit avec sa nouvelle épouse, & les contraignit de se rendre à discrétion. Il laissa Jean prisonnier dans le château, & fit offrir à Catherine de la mettre en liberté; mais cette vertueuse princesse ne voulut jamais se séparer de son mari. Compagne fidèle de sa captivité pendant sept ans, elle le consola de ses disgraces, & le fit pere de deux filles & d'un fils, qu'elle instruisit dans la Religion Catholique; car le duc, son mari, étoit Luthérien. Enfin le jaloux Eric remit son frere en liberté; le fit vice-roi de Suède, & lui donna pour conseiller le célèbre Pontus de la Gardie, qui, de simple soldat François du Languedoc, parvint au commandement des armées, & à la vice-royauté du royaume de Livonie. Peu de tems après, ce tyran, étant retombé dans ses premiers transports de jalousie, voulut se défaire de ses freres; & sçachant que Basile, grand duc de Moscovie, avoit été passionnément amoureux de la princesse, sa belle sœur, il résolut de la lui envoyer; mais ses desseins ayant été heureusement découverts, on l'enferma dans une prison; & le prince Jean fut mis sur le trône en 1568.

Catherine, se voyant reine du plus grand royaume du septentrion, où l'hérésie de Luther avoit fait de funestes progrès, tâcha d'y rétablir la Religion Catholique, & fit tous ses efforts pour inspirer ce généreux dessein au roi son mari; mais ce prince, qui, dans le fond du cœur, étoit bon Catholique, craignit de s'exposer à perdre sa couronne, par une démarche qui ne seroit point approuvée de la plus grande partie de ses sujets, & se contenta de ne point s'opposer au zèle de son épouse. Elle envoya la Gardie à Rome, pour y traiter avec le pape du rétablissement de la foi en Suéde; mais les seigneurs, & sur-tout les ecclésiastiques de ce royaume, ayant pris quelque ombrage de l'absence de la Gardie, le roi fut contraint de le rappeller. Malgré ces obstacles, il est à présumer que le zèle infatigable de Catherine auroit fait réussir ce pieux projet, si la mort ne l'eut enlevée en 1583.

CATHERINE D'AUTRICHE, duchesse de Savoye, étoit fille de Philippe II, roi d'Espagne, & de l'infortunée Elizabeth ou Isabelle de France, sa troisieme femme. Elle fut accordée, en 1584, avec Charles-Emmanuel, I du nom, duc de Savoye, qu'elle épousa l'année suivante à Saragosse. Elle en eut dix enfans, sçavoir cinq fils & cinq filles. C'étoit une princesse, dit un de ses panégyristes, douée d'un jugement admirable, prompte, courageuse & patiente, capable de conduire un grand royaume, modeste d'ailleurs dans la prospérité, charitable envers les pauvres, l'asyle & le support des innocens. Elle mourut à Turin, le 6 de Novembre de l'an 1597, âgée de trente ans.

CATHERINE DE BOURBON, princesse de Navarre, fille d'Antoine de Bourbon, roi de Navarre, & de Jeanne d'Albret, naquit à Paris le 7 de Février de l'an 1558, & fut mariée par le roi Henri le Grand, son frere, en 1599, avec Henri de Lorraine, duc de Bar. Elle mourut sans enfans en 1604.

CATHERINE DE COURTENAI, impératrice titulaire de Constantinople, qui transmit ses droits à Charles de France, comte de Valois, par son mariage avec ce prince, en 1300. Leurs enfans hériterent de leurs titres. Catherine mourut à Paris, en 1308.

CATHERINE DE PORTUGAL, duchesse de Bragance, fille d'Edouard de Portugal, II de ce nom, épousa Jean de Portugal, II du nom, duc de Bragance, dont elle eut une heureuse postérité. Cette princesse étoit douée des plus belles qualités. Elle étoit sçavante dans les mathématiques, dans l'étude des langues, & dans divers genres de littérature. En 1580, elle disputa au roi d'Espagne, Philippe II, la couronne de Portugal, dont elle étoit légitime héritiere. Elle mourut en 1582, long-tems après son mari.

CATHERINE DE PORTUGAL, femme de Charles II, roi d'Angleterre, & fille de Jean IV, roi de Portugal, naquit le 25 de Novembre 1638, son pere étant encore duc de Bragance. Elle fut mariée, en 1661, avec Charles II, roi d'Angleterre. Elle avoit, dit-on, l'ame plus belle que le corps ; ce qui lui mérita l'estime, mais non pas le cœur du roi son époux. Très-zélée pour la Religion Catholique, elle protégea de tout son pouvoir ceux qui la professoient ; mais elle s'attira par-là même beaucoup d'ennemis. La chambre des communes intenta plusieurs fois des accusations contre elle, tant à cause de sa religion, qu'à cause de sa stérilité. Mais Charles, l'un des plus absolus & des plus habiles monarques de l'Angleterre, la soutint toujours avec beaucoup de fermeté. Cette princesse contribua beaucoup à la conversion de Jacques duc d'Yorck, frere du roi, & à celle de ce monarque, qui mourut dans la communion Romaine. Pendant le règne de Jacques II, cette princesse jouit de beaucoup de tranquillité ; mais en 1688, elle résolut d'aller en Portugal, où elle ne se rendit cependant qu'au commencement de 1693. Elle y fut déclarée régente, en 1704, par le roi Pierre son frere, à qui les infirmités rendoient le repos nécessaire. Dans cet auguste emploi, Catherine fit éclater les grandes qualités qu'elle avoit reçues de la nature, & continua de faire la guerre à l'Espagne avec beaucoup de vigueur. Sage & prudente dans les conseils, elle sçut faire exécuter ce qu'elle avoit fait résoudre ; & pendant sa régence, l'armée Portugaise reconquit sur les Espagnols plusieurs places importantes. Cette princesse mourut le 31 de Décembre 1705.

CATHERINE ALEXIOWNA, seconde femme

de Pierre le Grand, Czar & Empereur de Moscovie, née le 27 de Janvier 1689, étoit, dit-on, fille d'un simple gentilhomme Suédois. Le Czar en devint amoureux, & l'époufa fecrettement au mois de Février 1703 ; il ne déclara fon mariage avec elle qu'en 1711. Voici ce que dit de cette princeffe le comte de Baffewitz, miniftre de Holftein à la cour de Ruffie, cité par M. de Voltaire, dans fon Hiftoire de l'empire de Ruffie : « La Czarine avoit
» été non-feulement néceffaire à la gloire de Pierre;
» mais elle l'étoit à la confervation de fa vie. Ce
» prince étoit malheureufement fujet à des con-
» vulfions douloureufes, qu'on croyoit être l'effet
» d'un poifon qu'on lui avoit donné dans fa jeuneffe.
» Catherine feule avoit trouvé le fecret d'appaifer
» fes douleurs par des foins pénibles & des atten-
» tions recherchées, dont elle feule étoit capable,
» & fe donnoit toute entiere à la confervation d'une
» fanté auffi précieufe à l'Etat qu'à elle-même. Auffi
» le Czar, ne pouvant vivre fans elle, la fit com-
» pagne de fon lit & de fon trône. »

Après la mort de ce prince, elle fut reconnue & déclarée grande ducheffe de Moscovie, & fouveraine impératrice de toutes les Ruffies, le 8 de Février 1725, par un acte folemnel, conformément aux volontés du feu Czar fon mari. « Cette prin-
» ceffe, dit un auteur moderne, fe montra digne
» de la fouveraineté, par la fageffe de fon gouver-
» nement. Elle fuivit toujours les maximes de Pierre
» le Grand ; c'étoit le génie de ce fouverain, qui
» étoit encore à la tête des affaires. Elle continua
» fa confiance aux miniftres & aux officiers qui
» avoient mérité celle de l'empereur. Elle mourut
» le 17 de Mai 1727, laiffant après elle le cœur de
» fes fujets pénétré d'amour & de reconnoiffance
» pour fes vertus bienfaifantes, & rempli d'admi-
» ration pour fes qualités héroïques. On peut dire
» de cette princeffe, comme de la reine Elizabeth
» d'Angleterre, que l'Europe la compte au rang
» des plus grands hommes. »

CATHERINE DE BADAJOZ, sçavante Espagnole du XVIe siécle, laquelle possédoit très-bien les langues, & faisoit des vers latins, mourut en 1553, âgée de vingt-sept ans.

CATHERINE DE LORRAINE, duchesse de Nevers & de Rhetelois, fille aînée de Charles de Lorraine, premier duc de Mayenne, & de Henriette de Savoye, sa femme, fut mariée, au mois de Février 1599, à Charles de Gonzague de Clèves, duc de Nevers & de Rhetelois. Elle étoit, dit un de ses panégyristes, douée & enrichie de toutes les vertus desirables dans une grande princesse. Sa prudence étoit capable de gouverner non-seulement une famille, mais un royaume ; c'est ce qu'elle fit voir dans la conduite de sa vie, dans l'ordre de sa maison, dans l'administration de ses biens, & dans le maniment des grandes affaires dont elle fut chargée. Le grand nombre d'églises & de monastères, qu'elle fit bâtir ou fonda dans ses terres, sont encore des marques authentiques de sa dévotion & de sa piété. Cette illustre duchesse mourut à Paris, au mois de Mars 1618.

CATHERINE DE NOGARET de la Valette, comtesse de Bouchage. *Voyez* NOGARET.

CATHERINE DE SOURDIS, comtesse de Tonnerre. *Voyez* SOURDIS.

CATHERINE, impératrice de Ceylon, dans les indes orientales. Elle fut tellement chérie de son époux, qu'en 1612, lorsque cette princesse mourut, l'empereur tomba dangereusement malade.

CAVALIER, (*Louise*) dame Lévêque, née à Rouen le 23 de Novembre 1703, & morte le 18 de Mai 1745, étoit fille d'un procureur au parlement de Rouen, & fut mariée à un gendarme de la garde, nommé *Lévêque*. Elle étoit d'une très-belle figure ; avoit un esprit vif & enjoué, & composoit également bien en prose & en vers. On a d'elle deux poëmes ; le premier intitulé *L'Augustin*, pièce grave ; le second, *Minet*, pièce comique & facétieuse, l'un & l'autre imprimés à Paris, avec un autre ouvrage intitulé *Le Siécle*, en 1737.

CAYLUS. (*madame de*) *Ses Souvenirs*, petit ouvrage fort ingénieux, sont connus de réputation par tous les gens de lettres; & l'on ne sçauroit trop regretter qu'ils n'ayent pas encore vus le jour. On y verroit quantité d'anecdotes interessantes, concernant la cour & le règne de Louis XIV, & des éclaircissemens sur quelques faits historiques, dont on n'a que des doutes ou des connoissances imparfaites. Madame de Caylus avoit beaucoup d'esprit, & cela, joint à beaucoup de beauté, la rendoit une des plus aimables personnes de son tems. M. le marquis de la Fare fit pour elle ce joli madrigal:

M'abandonnant un jour à la tristesse,
Sans espérance, & même sans desirs,
Je regrettois les sensibles plaisirs
Dont la douceur enchantoit ma jeunesse.
Sont-ils perdus, disois-je, sans retour?
  Et n'es-tu pas cruel, Amour,
  Toi que j'ai fait, dès mon enfance,
  Le maître de mes plus beaux jours,
  D'en laisser terminer le cours
  A l'ennuyeuse indifférence?
  Alors j'apperçus dans les airs
  L'enfant maître de l'univers,
  Qui, plein d'une joie inhumaine,
Me dit, en souriant: Tircis, ne te plains plus;
  Je vais mettre fin à ta peine;
Je te promets un regard de Caylus.

CECILE, duchesse d'Yorck, & mere d'Edouard IV, roi d'Angleterre, morte en 1495. Jamais princesse n'a vu plus de gloire dans sa maison, ni plus de désastres. Elle vit régner quatre de ses descendans, Edouard IV & Richard III, ses deux fils; Edouard V, son petit-fils, & Elizabeth, femme de Henri, sa petite-fille. Mais elle en vit périr un pareil nombre, qui s'égorgerent les uns les autres. Edouard IV fit mourir son frere le duc de Clarence; Richard fit massacrer ses deux neveux, fils de son frere Edouard, & fut tué lui-même à la bataille de Besworth, que Henri gagna contre lui.

CENTURION. (*Vincentine Lomelin*) *Voyez* LOMELIN.

CÉO ou CIEL, (*sœur Yolande de*) née à Lisbonne en 1603, religieuse de l'ordre de S. Dominique, au couvent de la Rose, a fait honneur au Portugal par ses poësies & par son éloquence. Dès sa plus tendre enfance, on vit se développer en elle ces talens précieux; & n'étant âgée que de seize ans, elle fut en état de composer une pièce de théatre, intitulée *la Transformation por Dios*, qui fut jugée digne d'être mise sur le théatre de Lisbonne, en 1619, pour y être jouée en présence de Philippe III, roi d'Espagne. Encouragée par le succès, la sœur Céo se livra toute entiere à son génie poétique; & le grand nombre de pièces, qui nous restent de cette sçavante, n'occupent pas moins que deux volumes *in-folio*. Elle mourut religieuse, en 1693, âgée de quatre-vingt-dix ans.

CERCHI, (*Umiliana de*) d'une des meilleures maisons de Florence, où elle naquit en 1219, est illustre par ses vertus, entr'autres, par sa patience & par sa piété. Ayant été mariée, à l'âge de seize ans, à un gentilhomme Florentin, elle ne vécut pas long-tems en bonne intelligence avec son mari. Jamais caractères ne furent plus opposés. L'un étoit dur & avare; l'autre tendre & compatissante. La femme donnoit non-seulement tout son argent aux pauvres; elle vendoit jusqu'à ses hardes & ses meubles pour les soulager. Le mari, au contraire, ne songeoit qu'à thésauriser; en sorte que, donnant à la générosité de sa compagne les noms odieux de dissipation & de prodigalité, il la maltraitoit souvent, & la faisoit passer pour une imbécille. Elle

resta

resta veuve, après cinq ans de mariage, & se mit alors sous la conduite du révérend pere Michel Albert, de l'ordre de S. François, des mains duquel elle prit l'habit du tiers ordre ; & ne s'occupa plus que des pratiques de la plus sublime dévotion. Elle fonda la congrégation des Terzins, dans l'église de sainte Croix de Florence. Son pere cependant, ayant trouvé pour elle plusieurs partis avantageux, la pressa de se remarier; mais n'ayant pu l'y faire consentir, il la dépouilla de sa dot, & ne lui laissa qu'une modique pension pour son entretien, & celui d'une servante. Elle supporta cette disgrace avec patience; s'enferma dans une tour de la maison, où elle passa le reste de sa vie, dans la pratique d'une oraison continuelle. Elle mourut, en 1246, âgée de vingt-sept ans.

CERDA, (*Bernarde Ferreira de la*) dame Portugaise, étoit fille d'Ignace Ferreira, chevalier de S. Jacques, & florissoit au commencement du dix-septieme siécle. Toutes les Académies d'Espagne & de Portugal ont retenti de ses éloges. Outre les langues qu'elle parloit avec une facilité peu commune, elle sçavoit la rhétorique, la philosophie, les mathématiques, & écrivoit fort bien en prose & en vers. On a d'elle un Recueil de Poësies; un volume de Comédies, &c.

CERETI *ou* CERETA, (*Laura*) née, en 1469, à Bresse, ville d'Italie, fit des progrès si rapides dans les sciences que, dès l'âge de dix-huit ans, elle soutint publiquement des théses de philosophie, & professa elle-même cette science pendant l'espace de sept ans ; ce qui lui acquit beaucoup de réputation dans tout le pays. Peu de personnes, dans son siécle, ont eu autant de sçavoir & d'érudition que cette dame ; c'est le témoignage que Thomassin rend à son mérite. On a un recueil de ses Lettres, qui sont toujours admirées.

CERTAIN (*mademoiselle*) vivoit au milieu du dix-septieme siécle. Ses poësies, imprimées en

F.C. *Tome I.* Gg

1665, font voir qu'elle a joui de quelque réputation.

CERVATON, (*Anne*) dame Espagnole, étoit fille de la reine Germaine de Foix, femme de Ferdinand V, roi d'Aragon. Aux charmes de la figure, qui la rendoient la plus belle personne de la cour, Anne joignoit encore ceux de l'esprit le plus délicat, & le mieux cultivé. Non-seulement elle parloit sa langue avec toute la pureté possible, elle s'exprimoit aussi facilement en latin, & écrivoit de même. Tant de mérites la firent considérer de tout ce qu'il y avoit de grand dans cette cour brillante. Frédéric de Tolède, duc d'Albe, l'aima passionnément. On ne sçait point si elle répondit à son amour.

CERVENTE, (*Claire*) dame Flamande, peut passer pour un modèle de patience & d'amour conjugal. Elle vivoit vers la fin du seizieme siécle. Etant encore fort jeune & très-belle, elle fut conduite à Bruges, ville de Flandres, & fut mariée à un homme de quarante ou cinquante ans, nommé *Bernard Valdaura*, qui, outre le désagrement de son âge, avoit encore, dit le P. Hilarion de Coste, « une » fâcheuse & honteuse maladie, » dont Claire ne s'apperçut que la premiere nuit de ses nôces. Quoique le mariage ne fût point consommé, cette sage dame n'eût pas même l'idée de vouloir dégager sa promesse & sa foi ; mais le regardant comme son légitime époux, elle commença de l'aimer & de le chérir comme tel.

Peu de tems après, il fut attaqué d'une grande maladie, que les médecins jugerent non-seulement incurable, mais contagieuse ; en conséquence, ils furent les premiers à abandonner le malade, & conseillerent fort à sa femme & à sa belle-mere, d'en faire autant. Ces généreuses dames, méprisant de pareils avis, aimerent mieux risquer leur vie & leur santé pour conserver ou du moins prolonger les jours d'un malheureux, dont tout le monde évitoit l'approche, & s'enfermerent avec lui durant six semaines, sans se coucher & sans se deshabiller. Elles le servoient; le pansoient avec courage; & leurs soins furent si heureux, que, pour cette fois, elles le tirerent du dernier danger. Il retomba peu de tems après, & demeura dans cet état l'espace de sept ans. Une affreuse pourriture exhaloit de son corps une odeur insupportable. Claire ne témoignoit aucun dégoût, & préparoit elle-même tous les remèdes. Pour suffire aux dépenses d'une maladie aussi grave, elle alla jusqu'à vendre ou engager ses habits, & ce qu'elle avoit de plus précieux; enfin, lorsque Bernard mourut, elle fit voir la plus vive douleur, & les regrets les plus sensibles. Avouons que, pour un héroïsme de cette nature, il falloit que Claire eût non-seulement beaucoup d'honneur & de vertu, mais encore un grand fonds de religion & de patience.

CESONIE ou MILONIA CESONIA étoit fille d'Orphetus, & de Vestilia, qui en étoit accouchée à huit mois. Elle étoit mariée, & même avoit trois filles, lorsque l'empereur Caïus Caligula la prit pour sa femme, l'an 39 de J. C. après avoir répudié Lollie Pauline. « Elle n'avoit, dit M. de Serviez,
» ni la beauté ni la sagesse des autres femmes de
» Caïus. Cependant ce fut celle qui fixa le cœur de
» ce prince, & à laquelle il s'attacha constamment.
» Il ne pouvoit pas faire un choix plus digne de
» lui, ni associer à ses crimes une personne qui
» entrât mieux qu'elle dans son humeur. Elle étoit
» effrontée, hardie & altiere au dernier point. Sa
» lubricité & sa cruauté alloient de pair avec celle
» de Caïus; & elle ne contribua pas peu à ces san-
» glantes exécutions, qui remplirent Rome de sang
» & de larmes, sous le règne de ce prince......
» Comme on sçavoit que Caligula n'aimoit que par
» caprice, & que son amour finissoit aussi brusque-
» ment qu'il naissoit, on ne douta point que son
» inclination pour Césonie ne fit place à quelque
» autre passion, & que ce prince ne se défit d'elle

» comme de ses autres femmes. Mais il lui fut tou-
» jours attaché, & cet amour constant fit juger
» qu'elle lui avoit donné quelque philtre amoureux. »
Elle fut tuée par Julius Lupus, auprès du corps
de Caligula, qu'on venoit d'assassiner l'an 41 de J. C.
Elle présenta la gorge nue aux conjurés avec une
constance admirable. Sa fille, Julie Drusille, qui
n'étoit encore qu'un enfant, fut aussi massacrée
auprès d'elle.

CETHURA, seconde femme d'Abraham, que les Rabbins croient faussement être la même qu'Agar.

CEZELLI, (*Constance de*) d'une ancienne maison de Montpellier, femme de M. de Barri de Saint-Aunez, est une des plus célèbres héroïnes dont l'Histoire de France fasse mention. « En 1590, dit M. de
» Saint-Foix dans ses Essais historiques, le parti de
» la Ligue, en Languedoc, demanda des troupes
» au roi d'Espagne. Sur la nouvelle de leur débarquement, Barri de S. Aunez, gouverneur pour
» Henri IV à Leucate, en partit pour aller communiquer un projet au duc de Montmorenci,
» commandant dans cette province. Il fut pris en
» chemin par les Ligueurs, qui marcherent aussitôt, avec les Espagnols, vers Leucate, persuadés qu'ayant le gouverneur entre leurs mains, cette
» place ouvriroit tout de suite ses portes, ou du
» moins ne tiendroit pas long-tems; mais Constance de Cezelli, sa femme, après avoir assemblé la garnison & les habitans, & leur avoir représenté leur devoir & leur honneur, se mit si
» fièrement à leur tête, une pique à la main, qu'elle
» inspira du courage aux plus foibles. Les assiégeans furent repoussés par-tout où ils se présenterent. Désespérés de leur honte, & du monde
» qu'ils avoient perdu, ils envoyerent dire à cette
» vaillante femme, que, si elle continuoit à se défendre, ils alloient faire pendre son mari. J'ai
» des biens considérables, répondit-elle, les larmes aux yeux; je les ai offerts & je les offre

» encore pour sa rançon ; mais je ne racheterai
» point, par une lâcheté, une vie qu'il me repro-
» cheroit, & dont il auroit honte de jouir ; je ne
» le deshonorerai point par une trahison envers ma
» patrie & mon roi. Les assiégeans, après avoir
» tenté une nouvelle attaque, qui ne leur réussit
» pas mieux que les autres, firent mourir Barri,
» & leverent le siége. La garnison voulut user de
» représailles sur le seigneur de Loupian, qui étoit
» du parti de la Ligne, & qui avoit été fait pri-
» sonnier ; notre héroïne s'y opposa. Henri IV
» lui envoya le brevet de gouvernante de Leucate,
» avec la survivance pour son fils. »

CHABOT, (*Jeanne*) abbesse du Paraclet, fondé par Abelard, morte le 25 de Juin 1593, professa hautement la religion protestante, « sans néanmoins
» se marier, dit le P. Maimbourg cité par Baile, ni
» quitter son habit de religieuse, qu'elle retint tou-
» jours, quoiqu'on l'eût chassée de son abbaye. »

CHAMPAGNE. (*Adélaïde de*) *Voyez* ALIX DE CHAMPAGNE.

CHAMPS DIVERS. (*Odette de*) *Voyez* ODETTE DE CHAMPS DIVERS.

CHANCE, (*mademoiselle de*) fille d'esprit, contemporaine de mademoiselle Certain, est connue par son talent à remplir des bouts rimés, par des vers en l'honneur de M. le duc de S. Aignan, & par une piéce en vers, intitulée *Requête du Secrétaire des Dames, présentée à messieurs de l'Académie Royale d'Arles*.

CHANG-CHI, reine de Corée, royaume tributaire de la Chine. De la condition de concubine, elle fut élevée sur le trône ; mais son ambition l'en fit décheoir peu de tems après. Le roi, voyant qu'elle mettoit le trouble & la division dans sa famille, fit demander, en 1694, à l'empereur de la Chine, Kang-Hi, la permission de faire rentrer Chang-Chi dans son premier état, & de rétablir la reine Minchi, qu'il avoit forcée de céder sa place à sa rivale.

CHANTAL. (*Jeanne-Françoise Fremiot, baronne de*) *Voyez* FREMIOT.

CHARCE, (*mademoiselle de la*) fille de madame la marquise de la Charce, & sœur aînée de mademoiselle d'Alerac, cultiva, comme cette derniere, les belles lettres avec succès, & fut, par ses talens pour la poësie, un des ornemens de son siécle.

CHARLOTTE DE SAVOYE, reine de France, seconde femme de Louis XI, étoit fille de Louis, duc de Savoye, & d'Anne de Chypre. Voici comme Brantome parle de cette princesse : « Il (Louis XI) eut pourtant très-bonne opinion de sa femme, qui étoit sage & vertueuse : aussi la lui falloit-il telle ; car étant ombrageux & soupçonneux prince, s'il en fut un, il lui eût bientôt fait passer le pas des autres ; & quand il mourut, il commanda à son fils d'aimer & honorer fort sa mere, mais non de se gouverner par elle ; non qu'elle ne fût fort sage & chaste, dit Louis, mais parce qu'elle étoit plus Bourguignone que Françoise : aussi ne l'aima-t-il jamais que pour en avoir lignée ; & quand il en eut, il n'en faisoit guère de cas. Il la tenoit au château d'Amboise, comme une simple dame, portant fort petit état, & étant fort mal habillée, comme une simple demoiselle, & la laissoit là, avec petite cour, à faire ses prières, & lui s'alloit promener & donner du bon tems. »

CHARLOTTE DE BOURBON, reine de Chypre, l'une des plus belles & des plus sages princesses de son tems, étoit fille de Jean de Bourbon I, comte de la Marche, & fut mariée, en 1489, à Jean II du nom, roi de Chypre, dont elle eut Jean III, pere de la suivante.

CHARLOTTE, reine de Chypre, princesse illustre par sa grande piété, épousa d'abord Jean de Portugal, duc de Conimbre, puis, après la mort de ce prince, en 1457, Louis, duc de Savoye, comte de Genève, second fils de Louis, duc de Savoye. Jean III étant mort sur ces entrefaites,

Charlotte, sa fille, fut couronnée à Nicosie, reine des trois royaumes de Chypre, de Jérusalem, & d'Arménie. De retour de l'église, où s'étoit faite cette cérémonie, la haquenée, qui portoit la princesse, s'étant cabrée, la couronne lui tomba de dessus la tête ; ce qui fut regardé comme un mauvais augure. En effet, Jacques, bâtard du roi Jean III, à qui ce prince avoit fait embrasser l'état ecclésiastique, prit les armes contre elle ; &, par le secours du Soudan d'Egypte, il la chassa du royaume. Charlotte tenta vainement d'y rentrer. En ayant perdu toute espérance, elle se retira en Savoye, & puis à Rome, où elle se livra toute entière aux saints exercices de la piété. Ce fut dans cette derniere ville qu'elle fit donation du royaume de Chypre à Charles, duc de Savoye, son neveu, en présence du pape & de plusieurs cardinaux. Elle mourut à Rome de paralysie, en 1487.

CHARLOTTE DE BOURBON, comtesse de Nevers, d'Eu, & de Rhetel, dont la vertu n'a pas été seulement connue des François, mais encore des étrangers, étoit fille de Jean de Bourbon, comte de Vendôme, & d'Isabelle de Beauveau, sa femme. Lorsqu'elle fut en âge d'être mariée, Charles VIII lui fit épouser, au mois de Février 1489, Engilbert de Clèves, comte de Nevers, l'un des plus braves seigneurs de la cour de France. Elle en eut sept enfans, dont quatre moururent fort jeunes ; les autres furent élevés à la piété par les soins & sous les yeux de leur digne mere, demeurée veuve en 1506 : s'étant retirée dans ses terres, & s'y livrant toute entière à la méditation, elle y prit tellement le goût de la solitude, qu'après avoir mis ordre à ses affaires, elle embrassa la vie religieuse de l'abbaye de Malnouë, d'où elle alla demeurer en celle de Fontevrault, où Renée de Bourbon, sa sœur, étoit abbesse. Joseph Betussi, Italien, dans l'éloge qu'il a fait de cette comtesse, dit que la modestie, la douceur, la candeur, la bonté, la charité & l'humilité ont orné & embelli son ame. Elle soulagea l'indigence, consola les affligés, secourut les malades, & ne fut sévere & rigoureuse que pour elle-même. On assure qu'elle exerça sur son corps foible & délicat de pieuses cruautés, qui la conduisirent au tombeau, le jour de S. Martin, l'an 1520.

CHARLOTTE D'ALBRET, duchesse de Valentinois. *Voyez* VALENTINOIS. (*Charlotte d'Albret, duchesse de*)

CHARLOTTE-MARGUERITE DE MONTMORENCI. *Voyez* MONTMORENCI.

CHARLOTTE DES ESSARTS. *Voyez* ESSARTS.

CHARTRI, (*Colombe*) femme d'un tailleur d'habits de la ville de Sens en Champagne, sous Henri III, se trouva grosse, après vingt ans de mariage, & ressentit des douleurs violentes comme pour accoucher. On fit d'inutiles efforts pour la délivrer; & ses douleurs continuerent pendant trois ans, au bout desquels, à l'enflure près, il ne lui resta rien de sa grossesse. Elle vécut encore vingt-quatre ans dans cet état; & lorsqu'elle fut morte, on trouva dans son corps une petite fille pétrifiée; ce qui exerça long-tems l'esprit des médecins.

CHATEAUBRIANT. (*Françoise de Foix, comtesse de*) S'il est dangereux d'éclairer les jeunes personnes sur les travers du monde, il l'est souvent davantage de leur laisser tout ignorer. Françoise, fille de Jean de Foix, née vers l'an 1495, fut recherchée en mariage, dès l'âge de douze ans, par le comte de Châteaubriant, de la maison de Laval. Ses charmes furent toute sa dot, & elle fut considérable. Ses parens, enchantés de la marier à ce prix, ne lui parloient que du bonheur d'une femme qui épouse un homme riche. La jeune victime se crut heureuse, parce qu'on lui dit qu'elle devoit l'être. Dédommagée du sacrifice de ses petites inclinations, par le brillant appareil d'une maison, & les premieres caresses d'un époux, Françoise ne regrettoit point sa liberté. Le comte, qui connoissoit tout le prix d'un cœur novice, courut se renfermer dans sa terre, résolu de ne jamais exposer ce trésor au grand jour. Mais le bonheur est imparfait, quand il ne fait point de jaloux. Le comte se hazarda d'en parler à quelques-uns de ses amis. Leur curiosité, en augmentant à ses yeux les charmes de son épouse, lui fit reconnoître son imprudence. Il cacha la comtesse avec plus de soin; & de crainte qu'on ne le crût capable de préjugé, c'est-à-dire d'amour pour sa femme, il parut à la cour, avec l'air contraint d'un mari qui ne veut pas qu'on l'appelle jaloux. Comme alors ce n'étoit point la coutume que les femmes suivissent leurs maris à la cour, la comtesse resta seule & isolée dans sa terre, persuadée que l'absence d'un époux doit bannir toute compagnie; mais bientôt, dans le sein des plaisirs, elle oubliera jusqu'au nom de son époux.

En 1515, François I monta sur le trône. Ce prince aussi galant que guerrier, voulut attirer les dames à la cour; « car, disoit-il, une cour sans » femmes est un printems sans roses. » Aussi-tôt on vit les courtisans dresser un état des beautés de la France; chacun vantoit son héroïne : tous se réunirent en faveur de la comtesse de Châteaubriant. Le roi voulut la voir. Le comte désespéré, dit beaucoup de choses au désavantage de sa femme, entr'autres, que c'étoit une belle figure sans esprit; une vraie statue de marbre, qui n'aimoit que la solitude & fuyoit le monde. Le roi ne le crut pas sur sa parole. Eh! comment croire un mari! Les courtisans allerent plus loin; & démêlant aisément le motif de ce discours, ils l'accablerent de railleries. On lui prouva qu'il étoit obligé de faire venir sa femme à la cour; qu'il y alloit de son honneur. » Je consens qu'elle y paroisse, disoit le pauvre mari, » avec l'air le plus indifférent qu'il lui étoit possible, » si je peux venir à bout de l'y déterminer. » Sur le champ il prit la poste. Arrivé chez lui, il recommanda à sa femme de ne point venir, quelque chose qu'on lui mandât, & de ne pas s'en rapporter même à ce qu'il lui écriroit, à moins qu'il ne donnât un certain signal, dont il la fit convenir. Toutes ces précautions ouvrirent les yeux de sa jeune épouse, & piquerent sa curiosité. Les femmes de tout tems ont été passionnées pour ce qui leur est défendu. La comtesse desira de voir la cour, pays jusqu'alors inconnu pour elle; & son mari, par son imprudence, lui donna lieu de satisfaire ce desir. De retour à la cour, il dissimula si bien, qu'on commençoit à le croire indifférent. La comtesse alloit passer pour une sotte femme, lorsqu'il s'avisa de dire à son valet de chambre, en lui montrant une bague, qu'elle avoit autant de pouvoir que celle des fées, & que s'il vouloit s'en servir, sa femme paroîtroit à l'instant devant lui. Le domestique adroit devina l'énigme, & entrevit aussi-tôt la route de la fortune. Il découvrit le secret à quelques courtisans; prit la bague de son maitre; en fit faire une semblable, qu'il lui remit dans sa poche, & saisit le tems où le comte écrivoit à sa femme, pour insérer la véritable dans la lettre. Cette lettre étoit encore une supercherie. On avoit obtenu du mari, qu'il l'écriroit pour inviter sa femme à une fête. Au signal convenu, la comtesse paroit à la cour. Le comte, surpris de cette trahison, & prévoyant les railleries qui alloient pleuvoir sur sa tête, sort brusquement de la cour, sans rien dire à la comtesse, & se retire en Bretagne. Sa femme, avec les meilleures volontés du monde pour lui, ne put entendre sans émotion les éloges qui retentissoient autour d'elle. François I lui fit la cour. Cet hommage fit évanouir en un instant les idées de vertu, dont on lui avoit fait un devoir; & l'ambition, de concert avec l'amour, acheva sa défaite. Cependant le comte étoit au désespoir: pour le consoler, on lui fit voir que lui-même l'avoit mise dans la nécessité de manquer à la foi promise, en l'abandonnant. « Mon cœur, lui écrivoit-elle, » n'est pas si rempli que vous ne puissiez toujours y

» conserver une place. » On lui offrit les premiers emplois, qu'il rejetta. Odet de Lautrec, & Lescun, freres de la comtesse, eurent moins de délicatesse, & plus de crédit. Tous les deux furent maréchaux de France, & s'attirerent beaucoup d'ennemis ; mais la beauté de leur sœur fit pardonner à Lautrec la perte du Milanès, dont il étoit en partie la cause. Pour réparer cette faute, François I, en 1525, repassa les Monts, & fut fait prisonnier à la bataille de Pavie. Cette disgrace exposa la comtesse à toute la haine de Louise de Savoye, mere du roi, ennemie déclarée des favorites. Françoise, dégoûtée de la cour, par les chagrins qu'elle essuyoit, & par l'humeur inconstante qu'elle connoissoit à son amant, se réconcilia avec son mari. Le comte, qui nourrissoit depuis long-tems l'espoir de se venger, parut oublier son ressentiment, pour mieux assurer sa vengeance. Mais à peine fut elle en son pouvoir, qu'il la fit enfermer dans une chambre du château, & ne lui donna pour compagnie que sa fille âgée de sept à huit ans. Cette chambre étoit tendue de noir, pour présenter sans cesse à ses yeux l'image effrayante de la mort. La petite fille mourut au bout de six mois. Ce fut alors que le comte, ne se voyant arrêté par aucun obstacle, consomma le crime qu'il méditoit depuis long-tems. Il entra dans la chambre de sa femme, avec six hommes & deux chirurgiens, qui la saignerent des quatre membres. Le cruel époux voyoit couler ce sang avec plaisir, sans être touché des larmes & de la beauté de sa victime. Lorsqu'elle fut expirée, il songea à se dérober à la vengeance du roi, & sortit de la France. Mais lorsqu'une nouvelle passion eut effacé dans l'esprit de François I le souvenir de la comtesse, le comte revint à la cour, en faisant donation au connétable de Montmorenci de la terre de Châteaubriant : la beauté du présent fit oublier entièrement l'horreur du crime.

Le P. D*** prétend que les circonstances de

cette mort font abfolument fauffes, & que la comteffe mourut tranquillement dans fon château, en 1537; d'autre part, Varillas affure qu'il n'a donné cette relation que fur la foi d'un Mémoire tiré des archives de Châteaubriant, par le préfident Ferrand. Voici ce que dit Châlon dans fon Hiftoire de France : « La prifon du roi fut funefte à la comteffe de Châteaubriant. Son mari prit ce tems-là pour lui faire fentir les effets de fa jaloufie & de fa vengeance ; il la fit mourir, en lui faifant ouvrir les veines. »

Quoi qu'il en foit, madame la comteffe de Châteaubriant fut une des plus belles femmes de fon tems. Elle mourut en 1537, & fut enterrée dans l'églife des Mathurins de Châteaubriant, où l'on voit encore fon effigie en marbre, avec cette épitaphe.

F F.   P E U D E T E L L E S   *F F.*

Sous ce tombeau gît Françoife de Foix,
De qui tout bien chacun fouloit en dire
Et le difant, onc une feule voix
Ne s'avança d'y vouloir contredire.

De grand' beauté, de grace qui attire
De bon fçavoir, d'intelligence prompte,
De biens, d'honneur, & mieux que ne raconte,
Dieu éternel richement l'étoffa.

O viateur, pour t'abréger le conte,
Cy gît un rien, là où tout triompha.

F F.   *F F.*

Décéda le 16 d'Octobre, l'an 1537.

(side borders: PROU DE MOINS / POINT DE PLUS)

CHÂTELET, (*Gabrielle-Emilie de Breteuil, marquife du*) l'honneur de fon fexe & de notre fiécle, naquit en 1706. " Dès fa tendre jeuneffe, dit » un auteur moderne, elle nourrit fon efprit de la

» lecture des bons auteurs en plus d'une langue.
» Le Tasse & Milton lui étoient aussi familiers que
» Virgile : les charmes de la poësie la pénétroient,
» & jamais oreille ne fut plus sensible à l'harmonie.
» Elle sçavoit par cœur les meilleurs vers, & ne
» pouvoit souffrir les médiocres. Elle étoit née
» avec une éloquence singulière, & bien éloignée
» de celle qui ne consiste qu'à montrer de l'es-
» prit. Le mot propre, la précision, la justesse
» étoient le caractere de la sienne ; & elle eut plu-
» tôt écrit avec le poids & la solidité de Pascal
» & de Nicole, qu'avec les agrémens de madame de
» Sévigné. La trempe vigoureuse de son esprit lui
» donna un attrait pour les sciences abstraites, &
» elle se livra toute entière à l'étude des mathé-
» matiques. Du fruit de son travail, on vit d'abord
» éclorre une explication de la philosophie de Leib-
» nitz, sous le titre d'*Institutions de Physique*,
» *in*-8°, & adressées à son fils. Le Discours pré-
» liminaire, qui y est en tête, est un chef-d'œuvre
» de raison & d'éloquence. Dans le reste du livre,
» elle rend les imaginations de Leibnitz intelligibles,
» ce qui n'est certainement pas peu de chose ; mais
» après en avoir rendu compte, elle fait com-
» prendre qu'elle ne goûte point son système des
» monades & de l'harmonie préétablie. Elle se con-
» tente de le regarder comme ingénieux, & d'en
» faire le même cas que des trois élémens de Des-
» cartes. Dans la suite, elle donna un *Traité de*
» *la nature du feu*, in-8°.

» Ce qui étoit beaucoup & bien extraordinaire
» pour une femme, je veux dire de sçavoir la
» géométrie ordinaire, ne fut pas assez pour elle.
» Elle entra dans la carriere que Newton avoit
» ouverte, & posséda si bien ce que ce grand
» homme avoit enseigné, qu'elle vint à bout de
» le traduire & de l'éclaircir par un Commentaire ;
» ce qui forme deux volumes *in*-4°. Il faut remar-
» quer que le livre de Newton est en latin, & que

» rien n'est plus difficile que de lire des choses abstrai-
» tes dans une langue étrangere. Aussi regarde-t-on
» cet ouvrage comme le chef-d'œuvre de madame
» du Châtelet, & la preuve de la force de son
» esprit. Il a pour titre : *Principes mathématiques*
» *de la Philosophie naturelle* ; & il est connu sous
» le nom de *la Physique de Newton*. Mais il faut
» dire en même tems, que cet ouvrage, en lui coû-
» tant un travail infini, & de longues veilles, usa son
» tempérament, & la mit au tombeau..... Elle
» mourut, en 1749, à l'âge de quarante-trois ans. »

CHATTE. (*madame de la*) *Voyez* VILLEDIEU.

CHÂTILLON, (*Marie de*) reine de Naples & de Sicile. *Voyez* MARIE DE CHÂTILLON.

CHÂTILLON, (*Jeanne de*) comtesse de Blois. *Voyez* JEANNE DE CHÂTILLON.

CHELIDONIS, maîtresse de Verrès, ce préteur ou magistrat Romain, dont Cicéron rapporte au long les brigandages. Elle dut être femme de mérite, si l'on en juge par le goût qu'avoit Verrès pour les belles choses. Elle eut du moins beaucoup de pouvoir sur son esprit ; ensorte que ceux qui vouloient obtenir quelque grace du préteur, étoient obligés de faire leur cour à sa maîtresse. « Le beau-
» pere, l'oncle, & l'un des tuteurs d'un pupille,
» le voyant menacé d'un grand procès, s'adresse-
» rent à Marcus Marcellus, autre tuteur du jeune
» garçon. Marcellus alla prier Verrès de protéger
» l'innocence du pupille, & n'obtint aucune pro-
» messe. Ce fut alors que, toute autre porte étant
» fermée, on recourut à Chelidonis. On la trouva
» toute environnée de plaideurs ; & il fallut, avant
» que d'avoir audience, la laisser expédier bien des
» gens. Enfin on eut son tour ; on lui exposa l'af-
» faire ; on lui demanda ses bons offices, & on
» lui promit de l'argent. Elle leur répondit en cour-
» tisane : Je vous servirai de tout mon cœur ; je lui
» en parlerai de la bonne sorte. Mais, le lendemain,
» elle déclara qu'elle n'avoit pu le fléchir, & qu'il

" attendoit de ce procès une grosse somme......
" Les avocats consultans n'avoient rien à faire ;
" on n'alloit plus chez eux ; on n'alloit que chez
" Chelidonis : c'étoit elle qui régloit les jugemens ;
" le préteur cassoit ses sentences, & en prononçoit
" de toutes contraires les unes aux autres, selon
" qu'elle le lui suggéroit. Cicéron décrit cela extrê-
" mement bien. " Ce passage, tiré de Bayle, n'apprend rien sans doute de bien surprenant au lecteur ; mais ce qui doit le paroître, & ce qui l'est en effet, c'est que Chelidonis institua, par son testament, Verrès son héritier.

CHÉLONIDE, Lacédémonienne, femme d'Acrotate. *Voyez* LACÉDÉMONIENNES.

CHELONIS, fille de Léonidas, roi de Lacédémone, & femme de Cléombrote, aussi roi de Lacédémone, vers l'an 484 avant J. C. se trouva, dit Bayle, dans un embarras fort délicat, dont elle se tira, non pas en habile femme, mais en héroïne de Roman. Une faction si redoutable s'éleva dans Lacédémone contre Léonidas, en faveur de Cléombrote, que le premier fut contraint de se refugier dans un asyle, & que le dernier fut élevé sur le trône. Chelonis, bien loin de prendre part à la fortune de son mari, se retira dans le même temple que son pere. Quelque tems après, on permit à Léonidas de se retirer à Tégée. Chelonis y fut avec lui la compagne inséparable de sa mauvaise fortune. A son tour, Cléombrote eut besoin de la franchise d'un temple. Léonidas fut rappellé, & remonta sur le trône. Alors Chelonis quitta son pere, & alla trouver son mari. Ce fut un spectacle très-digne d'admiration, que de la voir intercéder pour son mari auprès de son pere, très-résolue de partager avec celui-là l'état de la disgrace, quoiqu'elle n'eût point participé à son bonheur, & de ne point partager avec son pere l'état de prospérité, quoi qu'elle eût pris part à son infortune. Léonidas vint trouver à main armée son gendre, dans l'afyle où il fe tenoit, & lui reprocha avec toute l'aigreur imaginable les injures qu'il en avoit reçues, la perte du trône, l'exil & ce qui s'enfuit. Cléombrote n'avoit rien à répondre. Sa femme parla pour lui, & le fit d'une manière fi forte & fi touchante, en proteftant même qu'elle mourroit avec fon mari, en cas que fes larmes & fes prières fuffent inutiles, qu'elle lui fauva la vie, & lui obtint la liberté de fe retirer où il voudroit. Entr'autres chofes, elle repréfenta à fon pere, qu'il faifoit l'apologie de fon gendre, & qu'elle avoit fait, par fa conduite, un manifefte contre fon mari. « Si mon » mari, difoit elle, avoit eu quelques raifons fpé- » cieufes de vous ôter la couronne, je les réfutois; » je portois témoignage contre lui, en le quittant » pour vous fuivre ; mais fi vous le faites mourir, » ne montrerez-vous pas qu'il a été excufable ? » N'apprendrez-vous pas au monde, qu'un royaume » eft quelque chofe de fi grand & de fi digne de » nos vœux, que l'on doit, pour fe l'affurer, ré- » pandre le fang de fon gendre, & ne tenir aucun » compte de la vie de fes propres enfans ? » Après que Léonidas lui eut accordé la vie & la liberté de Cléombrote, il la pria tendrement de demeurer avec lui ; mais elle s'en excufa ; & donnant à tenir à fon mari l'un de fes enfans, pendant qu'elle tenoit l'autre, elle alla faire fes prières auprès de l'autel ; après quoi, elle partit avec fon mari pour le lieu de leur exil.

CHEMERAUT, (*Madeleine de*) native de Poitou, & parente de la fçavante Catherine des Roches, fe fit connoître, dans le feizieme fiécle, par plufieurs petits ouvrages en vers & en profe. Ses Sonnets fur-tout furent eftimés.

CHERESTRATE, mere du philofophe Epicure

CHERON, (*Elizabeth-Sophie*) naquit à Pari le 3 d'Octobre 1648, de Henri Cheron, fon pere peintre & Calvinifte, qui n'eut pas moins de foi de lui apprendre fes opinions, que de l'inftruir dans son art. Elle excella bientôt dans le dessein, & dans toutes les autres parties qui forment les grands peintres ; mais si ses progrès dans la peinture causerent de la joie à ce zélé partisan de Calvin, il eut, d'un autre côté, la douleur de voir sa fille abandonner les idées de ce novateur, pour embrasser la religion Catholique. Elle se maria, depuis sa conversion, avec M. le Hay, ingénieur du roi. Elle ne réussit pas seulement à peindre des portraits ; mais elle entendoit fort bien la figure ; & l'on a des tableaux de sa composition, dont les gens de goût font beaucoup de cas. M. le Brun lui procura un honneur singulier, en la faisant associer à l'académie royale de peinture & de sculpture. Elle sçavoit aussi fort bien la musique, possédoit les langues sçavantes, & avoit beaucoup de talent pour la poësie. Les traductions qu'elle a données, en 1693, de quelques Pseaumes & Cantiques en vers, sur le texte hébreu, sont assez estimées. Elle a laissé beaucoup d'autres poësies qui n'ont pas été imprimées. L'académie des *Ricovrati* de Padoue l'avoit honorée du titre d'Académicienne, en 1699. Elle mourut à Paris, le 3 de Septembre 1711, âgée de soixante-trois ans.

CHÉTARDIE, (*Françoise Trotti de la*) abbesse d'Essey, bourg de France en Normandie, se rendit recommandable par son esprit, par ses talens, & par son éminente vertu. Elle eut l'avantage d'être bénie, en 1684, par le grand Bossuet, évêque de Meaux qui avoit pour elle une estime particulière. Le saint abbé, réformateur de la Trappe, lui accorda aussi la sienne, & entretenoit avec elle un commerce de lettres. Madame la duchesse de Guise, qui, lorsqu'elle n'étoit point à la cour, résidoit à Alençon, la venoit voir souvent, & ne cessoit de l'admirer. Enfin, M. le comte du Maine étoit si édifié de ses conversations, que lorsqu'il ne voulut plus s'occuper que de son salut, il passa une partie de ses dernieres années dans le pays, uniquement pour en pouvoir profiter. Françoife de la Chétardie mourut dans les fentimens de la piété la plus tendre, en 1687, âgée de cinquante-huit ans, laiffant après elle des regrets proportionnés aux précieux dons qu'elle avoit reçus du ciel.

CHEVRI, (*madame de*) religieufe de S. Pierre de Lyon, fille de M. de Chevri, préfident à la chambre des comptes à Paris, s'eft fait quelque réputation à la fin du fiécle dernier, par un talent héréditaire pour la poëfie. On trouve dans la *Nouvelle Pandore*, un poëme de fa façon, adreffé au roi Louis XIV, *fur ce qu'on ne peut lui donner de nom qui réponde à fa grandeur*.

CHINOISES. (*les*) Nous ne craignons point de les mettre au rang des femmes courageufes, bien qu'elles ne foient, comme ailleurs, que de triftes victimes de l'ufage. On fçait que, de tous les agrémens, celui qu'elles eftiment le plus, eft la petiteffe de leurs pieds. Pour leur procurer cet agrément, on a grand foin, dès qu'elles font nées, de leur lier fi étroitement les pieds, qu'ils ne peuvent plus croître, & que les jambes en deviennent enflées & groffes du haut en bas. Auffi fe reffentent-elles toute leur vie de cette gêne : leur démarche eft lente, mal affurée, & l'on peut dire qu'elles fe traînent plutôt qu'elles ne marchent. Elles n'appuient que fur le talon, leurs fouliers étant faits de façon que la femelle ne porte jamais à terre : on diroit qu'elles marchent fur des échaffes ; ce qui n'eft pas moins incommode pour elles, que défagréable aux yeux des Européens. Cependant telle eft la force de l'ufage, que non-feulement elles fouffrent volontiers cette incommodité ; mais encore qu'elles l'augmentent, & fe rendent les pieds les plus petits qu'il leur eft poffible, pour avoir le plaifir de les montrer, quand elles marchent, au petit nombre de domeftiques & de perfonnes qui entrent dans leurs appartemens ; car il eft très-rare qu'elles fortent, & il n'y a guères que les femmes qui les servent, qui les voient. Leurs appartemens sont d'ordinaire dans l'endroit le plus retiré de la maison ; néanmoins la vanité, naturelle à leur sexe, les porte à passer plusieurs heures le matin à se parer & à s'ajuster.

CHIO, (*femmes de l'isle de*) aujourd'hui Scio, dans l'Archipel. Au rapport de Plutarque, elles se signalerent dans deux occasions différentes. Leurs maris, pour obéir aux ordres de l'oracle, étoient allés peupler la ville de Leuconie, dépendante de Chio : quelque tems après, se trouvant vivement pressés par les Erithréens leurs ennemis, ils avoient promis, par composition, de sortir de la ville, & de n'emporter avec eux qu'une robe & une saie, (espece de casaque ou surtout militaire.) Les femmes, indignées de cette honteuse capitulation, engagerent leurs maris à prendre les armes, & à dire aux ennemis, pour éluder les articles de composition, que, pour tout homme de cœur, la javeline étoit la robe, & le bouclier la saie. Cet avis sauva aux habitans de Chio l'honneur & la vie ; car les Erithréens, qui ne les avoient forcés de mettre bas les armes, qu'afin de les terrasser plus aisément, les laisserent sortir les armes à la main, sans oser leur faire aucune violence.

Ce que les femmes du même pays firent, du tems que Philippe, fils de Démétrius, tenoit leur ville assiégée, est encore plus généreux. Ce prince, par une politique lâche & honteuse, avoit fait solliciter les esclaves de Chio de se révolter contre leurs maîtres, leur promettant la liberté, & s'engageant de leur donner en mariage leurs propres maîtresses. Les femmes, animées d'une juste colere, aurecit de cette lâcheté, prirent les armes; monterent sur les remparts, & firent si bien qu'elles obligerent Philippe à lever le siége, sans qu'un seul esclave eût osé se déclarer pour lui.

La sagesse & la vertu des femmes de Chio ne sont pas moins recommandables que leur courage ;

puisque Plutarque rapporte que l'adultère & les mauvais commerces ont été de tout tems inconnus dans cette isle. On peut encore ajoûter que, depuis cet écrivain, elles n'ont pas dégénéré.

CHIOMARE, dame Galate, vivoit 189 ans avant l'ère chrétienne. Elle étoit femme d'Ostingon ou Ortiagonte, & avoit été quelque tems captive à Rome. Lorsque sa rançon fut payée, on lui rendit la liberté; & un tribun l'accompagna par honneur, jusqu'aux bords du fleuve où elle devoit s'embarquer. Chiomare ordonna en secret à un de ses esclaves de tuer ce Romain qui la suivoit; ce qui fut exécuté. L'esclave présenta la tête du tribun à Ostingon, qui, étonné de ce spectacle, demanda à son épouse " s'il n'étoit pas beau de garder » inviolablement sa foi? » ...... Oui, dit-elle; » mais il est encore plus beau qu'il n'y ait sur la » terre qu'un seul homme vivant qui ait reçu » mes faveurs. » Cette femme fut plus prudente que Lucrèce: elle vengea son honneur outragé, non sur elle-même, mais sur l'auteur même de l'outrage.

CHRISAME, prêtresse de Thessalie. On dit qu'après avoir empoisonné les principaux de l'armée ennemie, par la chair d'un taureau qu'elle avoit accoutumé à ne se nourrir que d'herbes venimeuses, elle tomba sur le reste avec des troupes, & en fit un grand carnage.

CHRISTINE DE FRANCE, fille de Henri IV, surnommé *le Grand*, & de Marie de Médicis, née le 10 de Février 1606, épousa Victor-Amé, duc de Savoye, le premier de Février 1619, & demeura veuve, l'an 1637. Après avoir eu six enfans, cette sage princesse gouverna les Etats de son fils, durant sa minorité, avec une prudence admirable, quoique dans un tems très-difficile. Elle fonda aussi grand nombre de monastères; répara plusieurs églises, & mit, par un vœu solemnel, les provinces & la personne de son fils, sous la protection de la sainte Vierge. Toutes ses belles actions furent coufomées par une sainte mort, le 27 de Décembre 1663.

CHRISTINE, reine de Suède, fille unique du grand Gustave Adolphe, roi de Suède, & de Marie-Eléonore de Brandebourg, naquit le 8 de Février 1626, & fut reconnue reine en 1633, après la mort de son pere, tué à la bataille de Lutzen en Allemagne, sous la tutelle de cinq grands officiers de la couronne. Quoique née avec beaucoup d'esprit & de talens, elle ignora l'art de se faire aimer des Suédois ; de sorte qu'elle n'eut pas d'autre parti à prendre que d'abdiquer la couronne en faveur de son cousin, Charles-Gustave, comte Palatin des Deux-Ponts ; ce qu'elle fit en 1654. Les gens de lettres qu'elle protégea, qu'elle récompensa même, par toute l'Europe, n'ont pas laissé de lui faire honneur de cette démission. Elle abjura depuis le Luthéranisme, & fit plusieurs voyages en Flandres, en France & en Italie. Elle fixa son séjour à Rome, où elle mourut, en 1689.

Mademoiselle de Montpensier a fait dans ses Mémoires un portrait de cette reine, que le lecteur lira sans doute avec plaisir.

« J'appris, dit-elle, que la reine de Suède devoit
» partir de Fontainebleau ; je devois la trouver sur
» mon chemin. Dès que je sçus qu'elle étoit à Essonne, je m'habillai & m'y en allai. Comme
» j'arrivai, MM. de Guise, Cominges, & tous les
» officiers du roi, qui étoient à la servir, vinrent
» au-devant de moi : elle étoit dans une belle
» chambre à l'italienne, où elle alloit voir un ballet ; ainsi elle étoit entourée d'un nombre infini
» de gens, de sorte qu'elle ne pouvoit faire que
» deux pas pour venir au-devant de moi. J'avois
» tant ouï parler de la maniere bizarre de son habillement, que je mourois de peur de rire lorsque je la verrois. Comme on cria *gare*, & que
» l'on me fit place, je l'apperçus : elle me surprit ;
» & ce ne fut pas d'une maniere à me faire rire :

» elle avoit une jupe grife avec de la dentelle d'or &
» d'argent, un jufte-au-corps de camelot couleur de
» feu, avec de la dentelle de même que la jupe,
» au cou un mouchoir de point de Gènes, noué
» avec un ruban couleur de feu, une perruque
» blonde, & derriere un rond comme les femmes
» en portent, & un chapeau avec des plumes
» noires, qu'elle tenoit. Elle eft blanche, a les yeux
» bleus; dans des momens elle les a doux, & dans
» d'autres fort rudes; la bouche affez agréable,
» quoique grande, les dents belles, le nez grand
» & aquilin: elle eft fort petite; fon jufte-au-corps
» cache fa mauvaife taille: à tout prendre, elle me
» parut un joli petit garçon. Elle m'embraffa, &
» me dit: J'ai la plus grande joie du monde d'avoir
» l'honneur de vous voir; je l'ai fouhaité avec paf-
» fion: elle me donna la main pour paffer fur le banc,
» & me dit: Vous avez affez de difpofition pour
» fauter. Je me mis dans la chaife à bras que l'on
» m'avoit deftinée: je m'amufai à caufer avec les
» gens qui étoient autour de moi. La reine me de-
» manda combien j'avois de fœurs, des nouvelles
» de mon pere, de quelle maifon ma belle-mere
» étoit, me fit plufieurs queftions & cajoleries in-
» finies. Lorfque je lui eus préfenté la comteffe de
» Fiefque, elle me dit tout bas: Elle n'eft pas fi
» belle pour avoir fait tant de bruit; le chevalier
» de Grammont eft-il toujours amoureux d'elle?
» Quand je lui préfentai madame de Béthune, elle
» lui parla de fes manufcrits: elle étoit bien-aife de
» faire paroître qu'elle connoiffoit tout le monde,
» & qu'elle en fçavoit des nouvelles. Après le bal-
» let, nous allâmes à la comédie: là, elle me fur-
» prit pour louer les endroits qui lui plaifoient; elle
» juroit Dieu, fe couchoit dans fa chaife, jettoit
» fes jambes d'un côté & de l'autre, les paffoit fur
» les bras de fa chaife: elle faifoit des poftures que
» je n'ai jamais vu faire qu'à Trivelin & à Jodelet,
» qui font deux bouffons, l'un Italien, l'autre Fran-

» çois ; elle répétoit les vers qui lui plaisoient : elle
» parla sur beaucoup de matieres ; & ce qu'elle
» dit, elle le dit assez agréablement. Il lui prenoit
» des rêveries profondes ; elle faisoit de grands sou-
» pirs, puis tout d'un coup elle revenoit comme
» une personne en sursaut ; elle est tout-à-fait ex-
» traordinaire. Après la comédie, on apporta une
» collation de fruits & de confitures : ensuite on alla
» voir un feu d'artifice sur l'eau : elle me tenoit par
» la main à ce feu, où il y eut des fusées qui vin-
» rent près de nous : j'en eus peur ; elle se moqua
» de moi, & me dit : Comment, une demoiselle
» qui a été aux occasions, & qui a fait de si belles
» actions, a peur ?... Je lui répondis que je n'étois
» brave qu'aux occasions, & que c'étoit assez pour
» moi : elle disoit que la plus grande envie qu'elle
» auroit au monde, seroit de se trouver à une ba-
» taille, & qu'elle ne seroit point contente que cela
» ne lui soit arrivé ; qu'elle portoit une grande en-
» vie au prince de Condé, de tout ce qu'il avoit fait.
» Elle me dit : C'est votre bon ami.... Je lui dis : Oui,
» Madame, & mon parent très-proche... C'est le plus
» grand homme du monde, dit-elle, on ne lui sçau-
» roit ôter cela... Je lui répondis qu'il étoit bien heu-
» reux d'être si avantageusement dans son esprit.
» Quand le feu fut fini, elle me prit en particu-
» lier, & me dit qu'elle vouloit s'employer par
» toute voie pour me raccommoder à la cour
» & avec S. A. R. que je n'étois pas faite pour de-
» meurer à la campagne ; que j'étois née pour être
» reine ; qu'elle souhaitoit avec passion que je la
» fusse de France ; que c'étoit le bien & l'avantage
» de l'Etat * ; que j'étois la plus belle, la plus ai-
» mable & la plus grande princesse de l'Europe ;
» que la politique vouloit cela ; qu'elle en parleroit
» à M. le Cardinal. Je la remerciai de tant d'hon-

---

* En 1654, Mademoiselle avoit vingt-sept ans, & le Roi Louis XIV n'en avoit que seize.

» nêtetés qu'elle me faifoit, & de la maniere obli-
» geante dont elle parloit de moi ; que pour le der-
» nier article, je la fuppliois très-humblement de
» n'en point parler. On lui vint dire que la viande
» étoit fervie ; je pris congé d'elle, & m'en retour-
» nai à Petitbourg..... Pendant qu'elle fut à Paris,
» elle vifita toutes les belles maifons & les biblio-
» thèques : tous les gens fçavans l'allerent vifiter.
» Après y avoir été quelques jours, elle alla à Com-
» piegne, & coucha à Chantilly, où M. le Cardinal
» l'alla vifiter. Il mena avec lui le roi & Monfieur ;
» ils avoient ôté tous deux leur ordre. M. le Car-
» dinal lui dit : Voilà deux gentilshommes de qua-
» lité que je vous préfente ; ils lui baiferent la robe :
» elle les releva, les baifa, & dit : Ils font de bonne
» maifon, & elle les entretint. Elle appella le roi
» mon frere, & Monfieur auffi. Après avoir fair leur
» vifite, ils retournerent toute la nuit au galop à
» Compiegne. Après cela, la reine de Suède fe
» rendit en ce lieu. Leurs Majeftés l'attendoient fur
» une terraffe de la maifon du maréchal de la Mothe-
» Houdancourt ; là fe fit l'entrevue : on tâcha de lui
» donner tous les divertiffemens poffibles. Il fe ren-
» contra que les Jéfuites de Compiegne firent jouer
» une tragédie par leurs écoliers ; on la convia d'y
» aller : elle fe moqua fort de ces pauvres peres,
» les tourna en ridicule au dernier point, & fit
» les poftures que je lui avois vu faire à Effonne,
» dont la reine fut fort furprife. Elle avoit entendu
» parler de l'amour du roi pour mademoifelle de
» Mancini ; de forte que, pour faire fa cour, elle
» alloit toujours fe mettre entre le roi & elle, &
» leur difoit qu'il falloit fe marier enfemble ; qu'elle
» vouloit être la confidente ; & elle difoit au roi :
» Si j'étois à votre place, j'époufcrois une perfonne
» que j'aimerois... Je crois que ces difcours ne plurent
» ni à la reine, ni à M. le cardinal, & qu'ils con-
» tribuerent à hâter fon départ ; car on lui fit dire,
» quoique fort honnêtement, qu'elle avoit été affez

» long-tems à la cour. On n'aime point en ce lieu
» les gens qui entrent en matiere sans qu'on les en
» prie. Lorsqu'elle fut partie de Compiegne, j'ap-
» pris qu'elle coucheroit à Montargis : la fantai-
» sie me prit de la voir encore une fois. Je lui de-
» mandai comment elle avoit trouvé le roi ; elle
» me dit : Fort bien fait, & fort honnête homme ;
» que c'étoit dommage qu'il n'aimât pas une plus
» belle personne que mademoiselle de Mancini.
» Après quelques autres discours, je m'en allai. Si
» elle eût été plus civile, elle me seroit venue voir
» le lendemain, avant que de partir ; ce seroit trop
» demander à une reine des Goths. Elle avoit pro-
» posé à madame de Thianges de s'en aller à Rome
» avec elle, & que c'étoit une sotise de s'amuser
» à son mari ; que le meilleur ne valoit rien : elle
» parla fort contre le mariage, & parla des dévo-
» tions de Rome, d'une maniere assez libertine. Elle
» monta en carrosse avec Sentinelli, un autre, & un
» gentilhomme qui étoit au roi. Rien n'est si bizarre
» que de voir une reine sans pas une femme. »

CHRISTINE DE DANNEMARCK, niéce de Charles-Quint, duchesse de Milan, puis de Lorraine, étoit fille de Christiern II, roi de Dannemarck, & d'Elizabeth d'Autriche. L'empereur, son oncle, la maria fort jeune encore, en 1534, à François Sforce, III du nom, duc de Milan, duquel étant demeurée veuve au bout d'un an seulement, & non quatre ou cinq ans après, comme les auteurs du Moreri le disent, elle fut mariée, en 1540, à François duc de Lorraine & de Bar, dont elle eut Charles II & deux filles, & qui mourut en 1545.

» Cette princesse, dit Brantome, a été une des
» plus belles princesses, & autant accomplie que
» j'aie point veu. Elle étoit de visage très-agréable,
» & eut la taille haute & le discours très-beau,
» sur-tout s'habillant très-bien ; si bien que de
» son tems, elle en donna à nos dames de France
» & aux siennes le patron & modèle de s'habiller,

» qu'on appelloit à la Lorraine........ Elle avoit
» sur-tout une des belles mains que l'on eut sçu
» voir ; aussi l'ai-je veu fort louer à la reine mere,
» & comparer à la sienne. Elle se tenoit fort bien
» à cheval, & de fort bonne grace, & alloit tou-
» jours l'estrieu sur l'arçon, dont elle avoit appris
» la façon de la reine Marie sa tante....... Cette
» tante l'aimoit fort, & la trouvoit selon son hu-
» meur, tant pour les exercices qu'elle aimoit, &
» des chasses & autres, que pour ses vertus qu'elle
» connoissoit en elle. »......

Henri II, roi de France, ayant fait venir à sa cour le fils de la duchesse, pour y être élevé auprès des princes ses fils, Christine en témoigna beaucoup de chagrin. « Elle résolut, continue le bon Bran-
» tome, de quitter la Lorraine, & de se retirer en Flan-
» dres vers son oncle l'empereur, & les reines ses
» tantes ; ce qu'elle fit, & n'en bougea jusqu'après
» la paix faite (en 1558) entre les deux rois, que
» celui d'Espagne passa la mer, & s'y en alla. A
» cette paix, elle y servit de beaucoup, voire du
» tout ; car les députés, tant d'une part que d'au-
» tre, à ce que j'ai ouï dire, après s'y être beau-
» coup peinés & consommés à cercan plusieurs
» jours, sans y rien faire ni arrêter, étant tous en
» défaut & hors de queste, à la mode des veneurs ;
» elle, ou qu'elle fut instincte d'un esprit divin, ou
» poussée de quelque bon zèle chrétien, & de son
» bon esprit naturel, entreprit cette grande négo-
» ciation, & la conduisit si bien, que la fin s'en
» ensuivit si heureuse alors pour toute la Chré-
» tienté. »

Elle s'acquit, comme on voit, la réputation d'une princesse très-habile & fort prudente. Elle contribua aussi à la conclusion du mariage de son fils Charles avec Claude de France, fille de Henri II. Elle mourut un an après avoir reçu la nouvelle qu'elle étoit reine de Dannemarck ; mais elle avoit resolu de ne jamais retourner dans ce royaume. Sa piété, sa douceur & ses libéralités envers les pauvres, & sur-tout envers les veuves, la firent extrêmement regretter.

CHRISTINE DE LORRAINE, grande duchesse de Toscane, fille de Charles II, duc de Lorraine, & de Claude de France, naquit le 6 d'Août de l'an 1565. On lui donna le nom de *Christine de Dannemarck*, son aïeule, dont elle imita parfaitement les vertus. Le 3 de Mai 1589, elle fut mariée à Ferdinand de Medicis, I du nom, grand duc de Toscane; & elle fut le bonheur & l'ornement de cet Etat, qu'elle gouverna sagement après la mort de son mari, arrivée en 1609. Christine en eut divers enfans, & entr'autres Côme II, qu'elle maria à Marie-Magdeleine d'Autriche, sœur de l'empereur Ferdidand II; ce qui lui inspira beaucoup d'inclination pour la maison d'Autriche. Elle envoya à l'empereur un secours considérable d'argent, après la révolte de la Bohême, en 1618 & 1619, & durant les guerres d'Allemagne. Elle mourut le 9 de Décembre 1637.

CHROBERGE ou CROTBERGE, & CHRODESINGE ou CROTESINDE, filles de Childebert I, roi de France, & de la reine Ultrogote, ne paroissent pas s'être acquis aucune espèce de célébrité. Childebert étant mort, Clotaire I, leur oncle, les chassa de la cour avec leur mere, où elles furent rappellées par le roi Charibert leur cousin. On ne sçait pas le tems de leur mort. Elles furent enterrées à S. Germain des Prés, auprès du roi leur pere.

CHRODIELDE, fille naturelle de Charibert, roi de Paris, ayant été quelque tems dans le monastère de sainte Croix de Poitiers, où elle reçut le voile de la religion, y causa de grands désordres. Elle suborna, en 589, Basine & quarante autres filles, aux quelles elle fit promettre d'accuser de plusieurs crimes l'abbesse Labovere, afin que quand on l'auroit déposée, on pût l'élire elle-même pour supérieure. Après ce complot, elle sortit avec elles du monastère, & exerça, par le moyen des satellites qu'elle payoit, de très-grandes cruautés contre les évêques même, qui l'excommunierent. Depuis, elle fut rétablie à la priere du roi Childebert II.

CHUSENE, dite aussi *Gonsine* ou *Gonsinde*, reine de France, troisieme femme de Clotaire dit *le Vieux*.

CHYPRE, (*Anne de*) duchesse de Savoye. *Voyez* ANNE DE CHYPRE.

CHYPRIOTES, femmes de l'isle de Chypre. En 1571, lorsque les Turcs assiégeoient Famagouste, l'une des principales places de cette isle, on dit que plusieurs femmes Chypriotes eurent le courage d'accompagner leurs maris sur la brèche; se mêlerent avec eux parmi les ennemis, & périrent les armes à la main.

CIA, femme d'Ordelaffy, tyran de Forly dans le XIVe siécle, étoit aussi brave & aussi courageuse que son mari. Au milieu des troubles qui agitoient alors l'Italie, Ordelaffy commandoit dans Forly, & Cia gouvernoit Cézène; c'étoit les deux places d'armes d'où ils bravoient leurs adversaires. Elles furent attaquées en même tems. Ordelaffy écrivit à sa femme pour l'exhorter à se bien défendre. Elle lui répondit: » Ayez soin de Forly, je réponds de Cézène. » Elle auroit tenu parole, malgré les forces du légat qui l'assiégeoit, si Ordelaffy n'eut encore écrit à Cia de faire décapiter Jean Zaganella, Jacques Bastardi, Palazzino, & Bertonuccio, quatre Cézénois, qu'il soupçonnoit d'être Guelfes, c'est-à-dire, favorables au pape. Cia n'obéit point à cet ordre; elle trouva les quatre accusés innocens; & d'ailleurs elle craignit que leur mort ne causât quelque révolte. Mais les interessés ayant sçu le danger qu'ils avoient couru, & craignant peut-être que leur innocence ne les rassurât pas contre un second ordre, se formerent un parti, avec lequel ils forcerent Cia à se renfermer dans la citadelle. Cette femme irritée, fit décapiter Scaraglino & Tumberti, deux confidens de son mari, qui lui avoient conseillé de ne point agir contre les quatre Cézénois, lorsqu'elle eut reçu l'ordre de les faire mourir. Le légat voyant qu'elle faisoit une forte résistance dans la citadelle, la fit miner ; & Cia voyant qu'elle étoit prête à crouler, s'avisa d'y enfermer un grand nombre de Cézénois, dont elle se défioit le plus. Le légat allant visiter les travaux, fut surpris de voir plus de cinq cens femmes échevelées, se jetter à ses pieds avec de grands cris, & demander grace pour leurs maris & leurs parens, qui alloient périr sous les ruines de la citadelle. Le légat, c'étoit d'Albornos, sentit l'artifice, & en profita pour presser la reddition de la place, qui, en effet, ne résista plus. Il sauva la vie à ceux qu'on avoit mis dans la tour, & Cia alla renfermer dans les fers son orgueil & sa fierté.

CIBO, (*Catherine*) duchesse de Camerino, dans la marche d'Ancone, fille de François Cibo, comte d'Anguillara, & de Madeleine de Medicis, avoit beaucoup de génie pour les langues & pour les sciences, qu'elle apprit avec facilité ; de sorte qu'elle sçavoit l'hébreu, le grec, le latin, la philosophie & la théologie. Le pape Léon X, son oncle maternel, la maria à Jean-Marie Varano, duc de Camerino, qui mourut peu de tems après, ne laissant qu'une fille nommée *Julie*. Mathias Varano voulut élever cette fille pour l'épouser ; mais la duchesse Catherine s'opposa courageusement à ce dessein. Depuis, elle maria Julie à Gui Ubaldo, duc d'Urbin, à qui le pape Paul III ôta le duché de Camerino. Elle supporta courageusement cette infortune, & elle se consola avec ses livres, s'occupant le reste du tems à des œuvres de piété. Ce fut elle qui fonda le premier couvent pour les Capucins. Elle mourut à Florence le 10 de Février de l'an 1557.

CLAIRE, (*sainte*) naquit à Assise, l'an 1193. Son pere, d'une des plus illustres familles de cette ville, s'appelloit *Favorin Sciffo*, sa mere *Hortolune*. Elle fut élevée dans les principes d'une piété solide; & étant encore très-jeune, elle fut si touchée de la vie admirable que menoit S. François, qu'elle voulut renoncer au monde entre ses mains. Elle exécuta sa résolution le 19 de Mars de l'an 1212, & eu d'abord à souffrir beaucoup de ses parens qui vouloient la marier avantageusement; mais au lieu de se rendre à leurs instances, elle engagea Agnès sa sœur, & plusieurs autres filles d'illustre naissance, à suivre son exemple. La sainte demeura quelque tems en diverses maisons, jusqu'à ce que S. François lui donnât l'église de S. Damien. On lui demanda bientôt quelques-unes de ses filles, pour les établir dans d'autres couvens. Il en alla en Espagne dès l'an 1219; & l'année suivante, Guillaume de Joinville en fit venir quelques autres à Reims, dont il étoit archevêque. Claire n'avoit pourtant point fait de régle : elle s'étoit engagée seulement à obéir à S. François, qui ne voulut se charger de la direction que du couvent de S. Damien. Il ne fit même de réglemens par écrit pour ce couvent, que vers l'an 1224. Les autres suivoient la régle de S. Bénoît, avec des constitutions particulières, qui leur furent données par le cardinal Hugolin, qu'Honorius II avoit autorisé à le faire. Mais on les vit bientôt après tous réunis sous la régle de S. François, qui fut approuvée solemnellement, l'an 1246, par Innocent IV. Quelque dure que fût cette régle, elle ne l'étoit pas encore assez pour sainte Claire. S. François l'obligea de modérer son zèle, & la contraignit de rester abbesse, quelque desir qu'elle montrât de devenir simple religieuse. Sa prélature ne l'enorgueillit point : elle se plaisoit aux ministeres les plus vils, & quelquefois même s'abbaissoit jusqu'à laver les pieds aux filles de service. Une si sainte vie se termina par une sainte mort. Le cardinal d'Ostie, protecteur de l'ordre de saint François, lui administra le S. Viatique. Le pape

Innocent IV la visita, & promit de ne point laisser introduire ou subsister de relâchement dans les couvens qui avoient embrassé la règle, qu'il confirma de nouveau. Enfin elle rendit son ame à Dieu, le 12 d'Août de l'an 1253, âgée d'environ soixante ans, dont elle en avoit vécu quarante-deux en religion. Le cardinal Hugolin, devenu pape sous le nom d'*Alexandre IV*, la canonisa, & fixa sa fête au jour de sa mort.

CLAIRE Cervente. *Voyez* CERVENTE, (*Claire*)

CLAIRE-MARIE DE LA PASSION, Carmélite-Déchaussée, fondatrice du monastère de *Regina-Cœli*, dans Rome, étoit fille de Philippe Colonne, duc de Paliano, & septieme grand connétable du royaume de Naples, & de dame Lucrèce Tornacelli, son épouse. Elle naquit à Ossogna, le 20 d'Avril 1610, & fut appellée *Victoire*. Peu sensible aux faux plaisirs du siécle, elle forma de bonne-heure le dessein de se donner à Dieu sans réserve; &, pour l'exécuter, elle se retira dans le monastère de S. Eloy, de l'ordre des Carmélites-Déchaussées, où elle prit l'habit, le 4 d'Octobre 1628. Les progrès qu'elle fit dans la vie religieuse, la firent bientôt regarder comme un modèle de vertu, digne d'être proposé aux autres. C'est pourquoi elle fut élue supérieure du consentement unanime de toutes les religieuses du couvent; mais elle ne gouverna pas long-tems le monastère de S. Eloy. Dès l'année suivante 1654, elle passa dans celui qu'on appelle *Regina-Cœli*, fondé par Anne Colonne, duchesse de Palestine. C'est-là que mourut la mere Claire-Marie de la Passion, le 22 d'Août 1675, dans la soixante-sixieme année de son âge, & la quarante-huitieme de sa profession. Les grands biens qu'elle fit à cette maison lui mériterent, sans doute, le titre de fondatrice.

CLAPISSON, (*madame de*) femme d'un controlleur général de l'artillerie de France, se distingua sur la fin du siécle dernier, par son talent pour la poësie. On a d'elle un sonnet sur *les Reclus du Mont-Valérien*.

CLAUDE DE FRANCE, reine de France, étoit fille du roi Louis XII, & d'Anne de Bretagne, sa seconde femme, & naquit à Romorantin le 13. d'Octobre 1499. « Une vertu sincere, dit un historien
» moderne, un esprit égal, la douceur, la bonté
» même formoient son caractère. Aussi les historiens
» de son tems l'appellent-ils communément *la bonne*
» *Reine*. Elle n'étoit pas si bien partagée du côté
» des qualités du corps ; elle étoit un peu boiteuse,
» défaut qu'elle tenoit de sa mere ; sa taille étoit
» médiocre ; & les traits de son visage, qui ressem-
» bloient à ceux de Louis XII, n'avoient rien qui
» pût fixer agréablement les yeux, que l'air de bonté
» qui brilloit dans toute sa personne. » Le roi, son pere, la destinoit à François, duc d'Angoulême, qui étoit le premier prince du sang, & l'héritier apparent de la couronne. Anne de Bretagne, au contraire, vouloit avoir pour gendre Charles d'Autriche, depuis l'empereur Charles-Quint ; & elle seroit venue à bout de son dessein, si les ministres du roi ne s'y fussent opposés. Claude fut fiancée à François en 1506 ; mais ce ne fut qu'après la mort de la reine Anne, en 1514, que le mariage fut consommé. Le duc d'Angoulême parvint à la couronne en 1515, & Claude vit son titre de duchesse changé en celui de reine ; mais pour être élevée si haut, elle ne changea ni d'humeur ni de conduite, & conserva toujours sa premiere douceur & sa modestie. A l'exemple de la reine, sa mere, elle s'occupoit une bonne partie des jours, avec ses dames & demoiselles, à filer, à travailler à l'aiguille pour vêtir les pauvres, ou décorer les autels. « Elle produisit, dit Bran-
» tome, une très-belle & généreuse lignée au roi,
» son mari ; trois fils, François, Henri & Charles ;
» & quatre filles, Louise, Charlotte, Madeleine
» & Marguerite. Elle fut fort aimée aussi du roi,
» son mari, & bien traitée, & de toute la France,
» &

» & fort regrettée après sa mort, pour ses admi-
» rables vertus & bontés. » Elle mourut le 26 de
Juillet au château de Blois, l'an 1524. On dit que
plusieurs personnes l'invoquerent comme sainte, &
furent guéries par son intercession.

CLAUDE DE FRANCE, duchesse de Lorraine, la
seconde fille du roi Henri II, & de Catherine de
Médicis, sa femme, naquit à Fontainebleau au mois
de Novembre 1547, & n'eut pas plutôt atteint l'âge
de raison, qu'elle se montra digne héritiere des vertus
de la reine Claude, son ayeule; mais elle la surpassa de beaucoup en beauté. Le P. Hilarion de
Coste parle ainsi de cette princesse; son style est
quelquefois plaisant.

» Notre Claude étoit jeune & néanmoins pru-
» dente, sage, devant le terme de l'expérience. Si
» le feu étoit en ses yeux, c'étoit un feu innocent,
» corrigé par la glace de son front. La grace étoit
» répandue en ses lévres; la pudeur de son cœur
» rejaillissoit sur son visage, & la modestie se fai-
» soit paroître en ses actions & en ses paroles. Le
» ciel, où les mariages se font, à ce qu'on dit, en
» théorie, & en terre en pratique, réserva le tré-
» sor de tant de vertus féminines aux mâles per-
» fections de Charles de Lorraine. Chacun bénit
» ce mariage, tant nos François que les Austra-
» siens. »

Claude fut mere d'une nombreuse famille, &
mourut en 1575, dans la vingt-septieme année de
son âge, « de mal d'enfant, dit Brantome, à l'ap-
» pétit d'une vieille sage-femme & grosse yvro-
» gnesse de Paris, en laquelle elle avoit plus de
» fiance qu'en tout autre. »

CLAUDE DE LA TOUR, comtesse de Roussillon, & baronne de Tournon. *Voyez* TOURNON.

CLAUDIA, vierge Vestale, chez les Romains.
Tite-Live, auteur payen fort estimé, mais trop
ami du merveilleux, raconte que cette dame ayant
été accusée d'inceste, parce qu'elle prenoit trop de

soin de sa parure, fut justifiée par un prodige. Dans le tems qu'Annibal ravageoit l'Italie, vers l'an 217 avant J. C. on avoit appris, par les livres de la sybille, que la statue de Cybèle devoit être amenée de Pessinunte à Rome; mais le vaisseau qui la portoit s'étoit arrêté dans le Tibre, & aucun effort humain ne pouvoit l'ébranler. On consulta l'oracle, qui dit que le vaisseau ne pouvoit être remué que par une fille chaste. Claudia s'offrit sans crainte pour tenter l'aventure; & avec sa ceinture seule, elle entraîna le vaisseau.

CLAUDIA, (*Junia*) fille de M. Junius Silanus, & premiere femme de C. Caligula, qui ne l'épousa que par ordre de Tibère, mourut, peu de tems après, dans les douleurs de l'enfantement.

CLAUDIA, niéce de l'empereur Claude II, mere de l'empereur Constance-Chlore, & ayeule du grand Constantin.

CLAUDIA RUFINA, native de la Grande-Bretagne, vivoit vers l'an 100 de l'ère chrétienne, & fut célèbre par son esprit. Elle composa quelques ouvrages en vers, qui ne sont point parvenus jusqu'à nous.

CLÉA, louée par Plutarque, & mise par cet historien au rang des femmes sçavantes & philosophes, avoit, selon lui, beaucoup de lecture & de connoissance des livres. Il ajoûte que, lorsqu'elle eut perdu sa mere Léontis ou Léontide, il eut avec elle un entretien, où la philosophie fut mise en œuvre pour la consoler.

CLEÆCHME, sœur d'un célèbre Lacédémonien, nommé *Autocharide*, est placée, par Iamblique, au rang des philosophes. C'est tout ce qu'on en sçait.

CLÉLIE, jeune fille Romaine, célèbre par son courage. Elle étoit du nombre de celles qu'on avoit données en ôtage à Porsenna, qui, pour rétablir les Tarquins, avoit assiégé Rome en 247 de la fondation de cette ville, & 507 avant J. C. On dit qu'après avoir trompé ses gardes, elle se sauva nuit du camp où elle étoit retenue, & que, s'étant saisie d'un cheval que le hazard lui présenta, elle traversa le Tibre avec ses compagnes. D'autres disent qu'elle passa ce fleuve à la nage. Elle fut, ajoûte-t-on, redemandée par Porsenna, qui lui permit ensuite de se retirer; & les Romains lui érigerent une statue.

CLÉMENCE Isaure. *Voyez* Isaure.

CLÉMENCE de Bourges. *Voyez* Bourges.

CLÉOBULINE, fille sçavante de l'ancienne Grèce, vivoit environ 490 ans avant J. C. Elle étoit fille de Cléobule de Linde, que plusieurs mettent au nombre des sept sages de la Grèce. Suidas nous assure qu'elle avoit un talent particulier pour la poësie, & sur-tout pour les énigmes, dont elle fit un grand nombre, aussi délicates qu'ingénieuses. Sa réputation s'étendit jusqu'en Egypte.

CLÉONICE, jeune fille de Bizance, que Pausanias, général des Lacédémoniens, après avoir soustrait cette ville au joug des Perses, envoya chercher pour passer la nuit avec elle. Ses parens n'ayant pu la refuser, elle se rendit au logis de Pausanias, & pria ses gens, avant que d'être introduite dans la chambre de leur maître, d'éteindre toutes les lampes; ce qu'ils firent. Mais comme elle s'avançoit vers le lit, elle en renversa une ; & le bruit ayant fait croire à Pausanias que quelque traître étoit caché dans sa chambre, il se leva tout furieux, & s'imaginant frapper un ennemi, il tua l'infortunée Cléonice, dont la mort révolta les Bizantins, & lusieurs autres villes alliées. On dit que le phantôme e Cléonice le poursuivit jusqu'à la mort, & ne cessa e troubler son repos.

CLÉOPATRE, seconde femme de Philippe de acédoine, que ce prince épousa après avoir répudié Olympias, qui lui étoit devenue insuportable par sa mauvaise humeur. Philippe ayant été ué par Pausanias, l'an 336 avant J. C. Olympias qui haïssoit Cléopatre comme une rivale, la contraignit de s'étrangler elle-même.

CLÉOPATRE, sœur d'Alexandre le Grand, & femme d'Alexandre, roi des Epirotes. Après la mort de son frere, elle se fit un parti considérable, & s'assujettit la Macédoine. Plusieurs princes aspirerent à la main de Cléopatre; mais un des chefs d'Antigonus la fit mourir à Sardes, vers l'an 308 avant J. C.

CLÉOPATRE, fille de Ptolémée Philométor, roi d'Egypte, ne fut pas moins célèbre par sa beauté que par son courage & sa cruauté. Elle avoit épousé Alexandre Balas, roi de Syrie, qu'elle quitta pour se marier à Démétrius Nicanor, son cousin germain, l'an 147 avant J. C. Ce dernier ayant été pris par les Parthes, & s'étant marié avec Rodogune, Cléopatre irritée épousa le prince Antiochus Sidétès, frere de Nicanor; & après sa mort, elle porta la guerre dans les Etats de Nicanor, le vainquit & le tua. Elle fit tuer aussi Séleucus, qui, sans son consentement, étoit monté sur le trône de son pere, & lui substitua Antiochus VIII, surnommé *Gryphus*, qui la fit mourir à son tour, en l'obligeant de boire le poison qu'elle lui avoit préparé.

CLÉOPATRE, fille de Ptolémée Epiphane, & femme en premieres nôces du frere aîné de ce prince, Ptolémée Philométor. Elle en eut un fils qu'elle voulut placer sur le trône après la mort de son pere, 146 ans avant J. C. Mais Ptolémée Physcon, oncle du jeune enfant, le fit tuer, & s'empara du royaume, après avoir épousé Cléopatre sa propre sœur. Il eut plusieurs enfans de ce mariage, & mourut l'an 117 avant J. C. Cléopatre, à qui, par son testament, il avoit laissé le pouvoir de donner la couronne à celui de ses fils qu'il lui plairoit de choisir, penchoit pour Alexandre le cadet; mais le peuple la contraignit de faire couronner l'aîné, qui fut Ptolémée Lathurus. Elle s'en vengea par les mauvais traitemens qu'elle lui fit ; & dans la suite, elle vint à bout de le chasser du trône. Elle y fit aussi-tôt monter Alexandre, qu'elle obligea pareillement de s'enfuir. Elle le rappella pourtant ; & ce prince la fit mourir peu de tems après, l'an 90 avant J. C.

CLÉOPATRE, fille de Ptolémée Physcon, & femme d'abord de Ptolémée Lathurus, puis d'Antiochus le Cyzicénien, ou de Cyzique, roi de Syrie, qui fit long-tems la guerre contre Antiochus Gryphus, son frere, mari de Gryphène, autre fille de Ptolémée Physcon. Ces deux princesses accompagnoient presque toujours leurs maris ; & dans une bataille qu'Antiochus de Cyzique perdit, Cléopatre s'étant réfugiée aux pieds des autels, Gryphène l'en fit arracher impitoyablement, & massacrer, l'an 116 avant J. C. Ce crime ne demeura pas impuni ; car le Cyzicénien, victorieux à son tour, traita Gryphène comme elle avoit traité sa sœur.

CLÉOPATRE, reine d'Egypte, célèbre par sa beauté, par ses débauches, & par la mort qu'elle préféra à l'esclavage, étoit fille de Ptolémée Aulètes, roi d'Egypte, auquel elle succéda conjointement avec Ptolémée Denys, son frere, l'an 51 avant J. C. Ce prince s'étant noyé dans le Nil quelques années après, elle gouverna seule les Etats de leur pere. Elle fut successivement maîtresse de Jules-César & de Marc-Antoine, ces fiers rivaux à l'empire de l'univers ; & elle eut du premier un fils, qui fut nommé *Cesarion*. Qu'il nous soit permis de reprendre ce que nous avons dit ailleurs de cette princesse.

En l'an 40 avant J. C. Antoine partant pour aller faire la guerre aux Parthes, fit dire à Cléopatre de le venir trouver en Cilicie, pour y être jugée du crime dont on l'accusoit, qui étoit d'avoir donné du secours à Cassius & à Brutus. Cette reine s'embarqua sur le fleuve Cydnus, avec la pompe la plus magnifique. Les voiles de son vaisseau étoient de pourpre, les cables de foie ; les rames étoient couvertes d'argent, & leurs coups mefurés s'accordoient avec le fon des flûtes. Cléopatre, auffi belle que Vénus, paroiffoit au milieu du vaiffeau fous un pavillon éclatant d'or. De jeunes filles habillées en nymphes étoient autour d'elle ; d'autres fe tenoient aux extrémités du vaiffeau, avec des encenfoirs d'or, & répandoient des parfums le long des rivages du fleuve. Chacun difoit que c'étoit Vénus qui alloit voir Bacchus. Lorfqu'elle fut débarquée, au lieu d'un jugement, on lui prépara une fête magnifique, un repas fomptueux ; ce fut-là qu'elle paria contre Antoine qu'elle dépenferoit plus dans un feul coup, que lui dans tout un feftin. Elle détacha une de fes boucles d'oreilles, qui étoit une perle d'une groffeur & d'une beauté incomparable; & l'ayant fait fondre dans du vinaigre, elle l'avala. Elle portoit déja la main à l'autre, mais Antoine l'en empêcha, & s'avoua vaincu.

Ce ne fut point à fa beauté feule que cette princeffe dut l'empire qu'elle avoit pris fur Antoine ; mais, par les charmes de fa converfation, l'agrément de fon commerce, & le manège le plus raffiné de la coquetterie, elle fçut maîtrifer ce grand homme. Le fon de fa voix étoit doux & enchanteur, & l'on reffentoit un plaifir infini à l'entendre feulement parler. Elle fçavoit prefque toutes les langues des peuples de l'Orient. Dans les affaires férieufes d'Antoine, dans fes jeux, dans fes plaifirs, par-tout elle fçavoit mêler un certain agrément qui prévenoit l'ennui. Elle ne le perdoit jamais de vue, & ne le quittoit ni jour ni nuit, toujours occupée à le divertir. Elle jouoit aux dés avec lui ; & quand il faifoit l'exercice des armes, elle étoit toujours préfente. La nuit, quand il couroit les rues, & qu'il s'arrêtoit aux portes ou devant les fenêtres des particuliers, pour y lancer contre eux des railleries & des quolibets, Cléopatre battoit le pavé avec lui, déguifée en fervante, comme Antoine en valet. Un jour qu'il pêchoit à la ligne, & qu'il ne prenoit rien, il en étoit très-fâché, parce que Cléopatre étoit présente. Il s'avisa donc de commander à des pêcheurs d'aller sous l'eau attacher secrettement à l'hameçon de sa ligne quelque gros poisson de ceux qu'ils avoient pris auparavant. Cela fut exécuté, & Antoine retira deux ou trois fois sa ligne, toujours chargée d'un gros poisson. Le manège n'échappa pas à Clépoatre. Elle fit semblant d'être étonnée & d'admirer ce bonheur d'Antoine ; mais en secret elle dit à ses amis ce qui s'étoit passé, & les invita à venir le lendemain être spectateurs d'une pareille plaisanterie. Ils n'y manquerent pas : quand ils furent tous montés dans des bateaux de pêcheurs, & qu'Antoine eut jetté sa ligne, elle commanda à un de ses gens de plonger promptement dans l'eau, de prévenir les plongeurs d'Antoine, & d'aller accrocher à l'hameçon de sa ligne quelque gros poisson salé. Quand Antoine sentit que sa ligne avoit sa charge, il la retira. A la vue de ce poisson salé, voilà des éclats de rire, tels qu'on peut se l'imaginer ; & alors Cléopatre lui dit : " Mon général, laissez-nous „ la ligne à nous autres ; votre chasse est de prendre „ des villes, des royaumes & des rois ; „ louange bien fine, & qui ne permettoit pas à Antoine de se fâcher du tour que Cléopatre venoit de lui jouer.

Après la bataille d'Actium, cette princesse sçachant qu'Auguste s'avançoit vers Alexandrie, songeoit à se préparer une ressource contre les caprices de la fortune. Elle ramassoit toutes sortes de poisons ; &, pour éprouver ceux qui faisoient mourir avec le moins de douleur, elle faisoit l'essai de leur vertu & de leur force sur les criminels condamnés à mort, qui étoient gardés dans les prisons ; mais ayant vu, par ses expériences, que ceux qui étoient forts faisoient mourir promptement, mais dans des douleurs insupportables, & que ceux qui étoient doux faisoient mourir sans de grandes douleurs, mais après un long tems, elle essaya des morsures des bêtes venimeuses, & fit appliquer en sa présence sur diverses personnes différentes sortes de serpens. Tous les jours elle faisoit de ces épreuves. Enfin elle trouva que l'aspic étoit le seul qui ne causoit ni convulsions ni tranchées, & que, précipitant seulement dans une pesanteur & dans un assoupissement accompagnés d'une petite moiteur au visage, il éteignoit doucement la vie ; de sorte que ceux qui étoient en cet état se fâchoient quand on les réveilloit, ou qu'on vouloit les lever. Elle résolut donc d'avoir recours à cette extrémité.

Elle avoit fait bâtir, près du temple d'Isis, des tombeaux & des salles superbes, tant par leur beauté & leur magnificence, que par leur élévation. Elle y avoit fait porter tous les meubles les plus précieux, l'or, l'argent, les pierreries, l'ébène & l'yvoire. Ce fut-là qu'elle se réfugia lorsqu'Antoine fut vaincu par Auguste devant Alexandrie. Elle se fortifia & se renferma dans ce tombeau le mieux qu'il lui fut possible. Auguste y envoya Proculcius, avec ordre de se rendre maître de Cléopatre & de la prendre en vie. Cette princesse refusa de se remettre entre les mains de Proculcius ; elle eut pourtant avec lui une longue conversation, sans qu'il entrât dans le tombeau. Il s'approcha seulement par-dehors de la porte d'entrée, qui étoit très-forte & très-exactement fermée, & qui, par des fentes, donnoit passage à la voix. Après qu'il eut bien observé le lieu, il alla faire son rapport à Auguste, qui, sur l'heure, envoya Gallus pour lui parler encore. Gallus s'approcha de la porte, comme avoit fait Proculcius, & parla au travers des fentes, faisant durer exprès la conversation. Pendant ce tems-là, Proculcius approche une échelle de la muraille, entre par une fenêtre, &, suivi de deux officiers, qui étoient montés avec lui, il descend à la porte où Cléopatre étoit à parler avec Gallus. Une des deux femmes, qui étoient en fermées avec elle, le voyant, s'écria toute éperdue : « Pauvre Cléopatre, vous voilà prise ! » A ce bruit, Cléopatre tourne la tête ; voit Proculcius, & veut se percer d'un poignard, qu'elle portoit toujours à sa ceinture ; mais Proculcius courant à elle très-promptement, la prit entre ses bras, lui arracha son poignard, & secoua sa robe, de peur qu'il n'y eût du poison caché. Auguste envoya un de ses affranchis, nommée *Epaphrodit*, auquel il commanda de la garder très-soigneusement, pour empêcher qu'elle n'attentât sur elle-même, & d'avoir d'ailleurs pour elle tous les égards & toutes les complaisances qu'elle pourroit desirer. L'excès de de son affliction, & les grandes douleurs qu'elle sentoit, (car sa poitrine étoit toute meurtrie des coups qu'elle s'étoit donnés) lui causerent une fièvre très-violente. Elle fut ravie d'avoir ce prétexte, dans l'espérance qu'il lui seroit permis de ne point manger, & que par-là, sans que personne s'y opposât, elle pourroit se faire mourir par une abstinence entière de toute nourriture. Mais Auguste, s'en étant douté, employa auprès d'elle les menaces, & lui fit de grandes frayeurs sur ses enfans. Cléopatre intimidée, se rendit, & se laissa traiter comme on voulut. Peu de jours après, Auguste alla lui rendre visite, & essaya de la consoler. Elle étoit couchée sur un petit lit, dans un état fort pauvre & fort négligé. Quand il entra dans sa chambre, quoiqu'elle n'eût sur elle qu'une simple chemise, elle se leva promptement, & alla se jetter à ses genoux, horriblement défigurée, les cheveux en désordre, le visage effaré & sanglant, la voix tremblante, les yeux rouges & enflés, le sein déchiré & meurtri. Cependant cette grace naturelle, & cette fierté que lui inspiroit sa beauté, n'étoient pas entièrement effacées ; &, dans le triste état où elle étoit réduite, elle conservoit encore des charmes capables d'attendrir un cœur sensible. Après qu'Auguste l'eût obligée de se remettre sur son lit, & qu'il se fût assis auprès d'elle, elle commença par vouloir se justifier; mais Auguste, l'ayant arrêtée sur chaque article, & convaincue par des faits qu'elle ne pouvoit désavouer, elle changea de ton, & eut recours aux prieres les plus touchantes, pour exciter sa compassion, comme si elle ne pensoit plus qu'à vivre. Auguste fut ravi de l'entendre parler ainsi, ne doutant point que ce ne fût l'amour de la vie, qui lui inspiroit ce langage; il l'assura qu'il la traiteroit avec plus de générosité & de magnificence qu'elle n'osoit l'espérer, & se retira, pensant l'avoir trompée, mais étant lui-même le seul trompé.

Auguste étant allé voir Cléopatre, s'occupoit avec elle à régler le compte de ses richesses, lorsque Séleucus, un de ses secrétaires, vint lui dire que la reine avoit soustrait quelques-uns de ses bijoux les plus précieux. Cléopatre indignée, s'élance sur le secrétaire, le prend par les cheveux, & lui donne plusieurs coups sur le visage. Auguste, en riant, s'efforce d'arrêter sa fureur. « Quoi, je souffrirai, lui dit-elle, tandis que vous me faites l'honneur de venir me voir, qu'un esclave vienne m'accuser d'avoir retenu quelques parures de femmes, non pas pour mon usage, mais pour en faire présent à Octavie & à Livie? » Cléopatre, par cet artifice, vouloit persuader à Auguste qu'elle étoit disposée à le suivre à Rome, tandis qu'elle se disposoit à mourir.

Ayant appris qu'Auguste se préparoit à s'en retourner à Rome par la Syrie, & qu'il avoit résolu de l'envoyer devant avec ses enfans, & de la faire partir dans trois jours, elle lui demanda la permission d'aller sur le tombeau d'Antoine, faire les effusions funèbres; ce qui lui fut accordé. Après avoir fait ses libations, couronné le tombeau de fleurs, & baisé, pour la derniere fois, la bière qui renfermoit le corps d'Antoine, elle commanda qu'on préparât son bain. Au sortir du bain, elle se mit à table, & elle fut servie magnifiquement. Sur la fin du repas, il arriva de la campagne un paysan qui portoit un panier. Les gardes lui demanderent ce qu'il portoit ; le paysan ouvrit le panier, retira les feuilles, & fit voir que c'étoit des figues. Les gardes admirerent leur beauté & leur grosseur. Le paysan souriant, les pressa d'en prendre ; cette franchise qui paroissoit si pleine de simplicité, acheva de les gagner & de dissiper toutes leurs défiances. Ils lui permirent d'entrer. Après le dîner, Cléopatre prit les tablettes où elle avoit écrit ; &, après les avoir cachetées, elle les envoya à Auguste ; ensuite, ayant fait sortir tous ceux qui étoient dans sa chambre, excepté ses deux femmes, elle ferma la porte sur elle. Mettant alors la main dans le panier de figues qu'on lui avoit apporté, il en sortit un aspic qui la piqua au bras. Cependant Auguste ayant décacheté la lettre, & voyant avec quelles instances Cléopatre le conjuroit de l'enterrer avec Antoine, comprit ce qu'elle avoit exécuté, & voulut d'abord courir lui-même vers elle ; mais il se contenta d'y envoyer des gens en toute diligence, pour voir ce qui s'étoit passé. La mort de Cléopatre fut très-prompte ; car les gens d'Auguste, se hâtant d'exécuter ses ordres, trouverent les gardes en faction comme à l'ordinaire, & ne se doutant de rien. Ils ouvrirent les portes, & trouverent la reine sans vie, couchée sur un lit d'or, & parée de ses habits royaux. Auguste, quoique très-fâché de sa mort, ne laissa pas d'admirer sa magnanimité, & commanda qu'on l'enterrât auprès d'Antoine avec une magnificence royale. Elle étoit âgée de trente-neuf ans ; elle en avoit régné vingt-deux, & en avoit passé quatorze avec Antoine. Les statues d'Antoine furent abbatues, & celles de Cléopatre demeurerent sur pied, un certain Archilius, qui avoit été de ses amis, ayant donné mille talens à César, pour qu'elles ne fussent point traitées comme celles d'Antoine.

CLÉOPATRE SELÈNE, c'est-à-dire *Lune*, reine d'Egypte, étoit fille de Marc-Antoine & de

Cléopatre, & fut mariée à Juba, roi de Mauritanie, qui vivoit encore sous le règne de Tibère. Elle épousa premierement Antiochus Gryphus, roi de Syrie, puis Antiochus Cyzicène, frere de Gryphus; & en troisiemes nôces, Antiochus Eusebe, fils de Cyzicène. Cette incestueuse princesse fut prise dans une bataille contre Tigrane, roi d'Arménie, & condamnée à mort pour expier tous ces incestes, qui, quoique permis en ce tems-là parmi ces peuples, ne laissoient pas de faire horreur quand ils étoient fréquens.

CLÉOPATRE, femme de Florus, gouverneur de Judée sous l'empereur Néron, fut complice de toutes les violences de son mari, & le soutint auprès de l'empereur, par le crédit qu'elle avoit sur l'esprit de l'impératrice Poppée.

CLÉOPHIS ou CLÉOPHÉE, reine des Massagètes, peuple de l'Inde, qui défendit généreusement la ville capitale de son royaume, contre l'armée d'Alexandre le Grand. Elle capitula cependant, & obtint des conditions honorables, avec la confirmation de son royaume. L'amour se mit ensuite de la partie, & elle eut d'Alexandre un fils nommé comme son pere.

CLERMONT D'AMBOISE, (*Renée de*) femme de Jean de Montluc, seigneur de Balagni. *Voyez* BALAGNI.

CLERMONT, (*Claude-Catherine de*) duchesse de Retz. Rapin, en parlant de cette femme illustre, & de Catherine Cibo, Italienne, dit:

> On les voyoit sur un tome
> Ou de saint Jean Chrysostome
> Ou bien de saint Augustin,
> Passant & soir & matin,
> Dessus la sainte Ecriture,
> En priere ou en lecture.
> Puis extraire de Platon,
> De Plutarque & de Caton,

De Tulle & des deux Seneques
Les fleurs latines & grecques,
Mêlant d'un foin curieux
Le plaifant au férieux.
De-là leur efprit agile
S'égayoit dans le Virgile,
Dont la pure netteté
Ne fent que la chafteté.

Joignons à cet amour infatigable pour l'étude, toutes les vertus perfonnelles, & tous les agrémens de la fociété, nous aurons un précis de la vie de la duchefle de Retz. Elle étoit fille unique de Claude de Clermont, baron de Dampierre, & de Jeanne de Vivonne, & petite-fille, par fa mere, d'André de Vivonne, feigneur de la Châtaigneraie. Son éducation doit effrayer nos jeunes dames, dont la fraîcheur du teint, & la délicateffe du tempérament, feroient altérées par une étude fi pénible. Cependant Catherine, après avoir paffé fur les livres les jours & les nuits, ne perdit rien de fa beauté ; donna le jour à dix enfans, & vécut jufqu'à foixante ans, dans une fanté parfaite. Ses connoiffances lui attirerent l'eftime des fçavans, & fa douceur modefte la fit aimer des femmes : les ignorans même recherchoient fa compagnie ; ils fe trouvoient plus d'efprit avec elle qu'avec tout autre. Tant de qualités réunies lui procurerent un grand nombre d'adorateurs; & parmi ceux-ci, Jean d'Annebaut, fils de l'amiral de ce nom, fe diftinguoit par une probité reconnue, embellie par tous les avantages extérieurs. « C'étoit, » dit M. de Thou, le plus honnête homme de fon fiécle. » Il fut choifi. Les nouveaux époux firent mutuellement leur bonheur; mais il ne fut pas de longue durée. D'Annebaut périt à la bataille de Dreux, victime des guerres civiles qui déchiroient la France. Sa mort ranima les efpérances de fes anciens rivaux. Catherine n'avoit que vingt ans. Lorfqu'elle eut donné le tems convenable à la mémoire de fon époux,

Albert, comte de Retz, essuya ses larmes, & l'obtint en mariage. Albert étoit de l'illustre maison des Gondis de Florence, & possédoit toute la faveur de Charles IX. Il avoit suivi en France la fortune de Catherine de Médicis. Maître-d'hôtel du roi sous Henri II, il fut gentilhomme de la chambre, & maréchal de France sous Charles IX; duc & pair, & général des galères sous Henri III, il conserva son crédit sous Henri IV. Ce n'est pas qu'il eut des qualités assez brillantes pour fixer la fortune auprès de lui; mais il avoit toute la souplesse d'un courtisan, sans en avoir la fierté ni la dissimulation. D'ailleurs que ne devoit-il pas aux conseils de sa femme? Pendant qu'il négocioit avec succès dans les cours d'Angleterre, d'Allemagne & de Pologne, la duchesse le remplaçoit auprès du prince, & écartoit de sa personne tous les ennemis secrets de la faveur de son époux. L'on voyoit, malgré le préjugé populaire, une femme sçavante, quitter pour un instant les poëtes & les philosophes de l'antiquité, & faire mouvoir les ressorts de la plus fine politique. Le roi avoit recours à elle pour les affaires étrangeres, comme à la seule personne de la cour, qui possédât les langues; & lorsque l'archevêque de Gnesne, chef de l'ambassade Polonoise, vint demander le duc d'Anjou pour roi, madame de Retz lui servit d'interprète, & lui causa la plus grande admiration. Ce prélat enchanté la prônoit par-tout, & publia dans son pays, qu'il venoit de voir en France une merveille qui devoit exciter la curiosité de toute l'Europe. Une partie de ces éloges rejaillit sur le maréchal de Retz; les Polonois ne pouvoient manquer de l'estimer, comme le possesseur d'un si rare trésor. Mais voici le plus beau trait de la vie de Catherine.

Pendant l'absence de son époux, qui étoit en Italie, le marquis de Belle-Isle, son fils, se laissa gagner par les Ligueurs, & résolut de s'emparer du bien paternel. Catherine fit voir alors toute la grandeur de son ame. Elle assembla des soldats,

& se mit à leur tête : ce mâle courage effraya les Ligueurs, dissipa les projets du rebelle, & maintint les vassaux de la duchesse dans l'obéissance qu'ils devoient à leur roi. Henri le Grand, digne appréciateur de l'héroïsme, honora la duchesse de ses éloges, & la combla de ses bienfaits. Personne ne fut plus heureux que Catherine, & ne le mérita davantage. Elevée au-dessus des honneurs, elle voyoit autour d'elle une nombreuse famille, qui marchoit sur ses traces : sa vanité étoit satisfaite ; mais son cœur ne l'étoit pas. Elle songea dès-lors à mériter des biens plus durables. Après avoir fait bâtir un superbe château à Noisy près de Mantes, elle fit bâtir au même endroit une église, & y fonda un beau monastère pour des Cordeliers. Elle ne survécut que de quelques mois à son mari, & mourut à Paris, au mois de Février 1603, à l'âge de soixante ans. Son corps fut porté chez les Filles de l'*Ave Maria*, pour être inhumé auprès de celui de madame de Dampierre sa mere, dame d'atour de la reine Elizabeth d'Autriche, femme de Charles IX, & dame d'honneur de Louise de Vaudemont, épouse de Henri III. Le tombeau de Catherine se voit encore dans cette chapelle.

Charles, son fils, marquis de Belle-Isle, fut tué par un Breton en 1596. Antoinette d'Orléans, sa femme, se fit Feuillantine, dans le chagrin où elle étoit de ne pouvoir venger la mort de son mari. » Elle avoit fait, dit l'Etoile, l'admiration de toute » la cour, par sa beauté & son esprit ; dans son cou- » vent, elle fut un exemple de vertu & de pénitence. » Elle laissa un fils. Le second fils de Catherine fut Henri de Gondi, cardinal-évêque de Paris ; le troisieme, Jean-François de Gondi, premier archevêque de Paris ; & Philippe, comte de Joigny. De six filles qu'elle eut, quatre furent mariées avantageusement ; les deux autres se firent religieuses à Poissi, & retracerent dans leur couvent les vertus morales, que Catherine avoit fait admirer dans le monde.

CLÈVES, (*Anne de*) reine d'Angleterre. *Voyez* ANNE DE CLÈVES.

CLISSON, (*Jeanne de Belleville, femme d'Olivier III du nom, sire de*) fut célèbre par son courage sous le règne de Philippe de Valois. Aussi-tôt après la mort de son époux, à qui le roi de France fit trancher la tête à Paris, le 2 d'Août 1343, sur le soupçon assez léger d'une intelligence avec l'Angleterre, elle commença, dit M. de Saint-Foix, par éloigner secrettement son fils, qui n'avoit que douze ans : elle l'envoya à Londres ; & dès qu'elle n'eut plus à craindre pour lui, elle vendit ses pierreries, arma trois vaisseaux, & courut la mer, vengeant la mort de son mari sur tous les François qu'elle rencontroit. Ce nouveau corsaire fit des descentes en Normandie, y força des châteaux ; & les habitans de cette province virent plus d'une fois, dans leurs villages embrasés, une des plus belles femmes de l'Europe, tenant l'épée d'une main & le flambeau de l'autre, presser le carnage, & fixer avec plaisir ses regards sur toutes les horreurs de la guerre.

CLITE, femme de Cyzique, qui, pour ne point survivre à son mari, qu'elle aimoit tendrement, s'étrangla de ses propres mains.

CLODIA, courtisane Romaine, qu'on croit être celle que le poëte Catule célébra dans ses vers, sous le nom de *Lesbia*. Elle étoit jeune & belle, mais plus débauchée que pas une de sa profession.

CLODOSVINDE, fille de Clotaire I, dit *le Vieux*, roi de France, fut femme d'Alboin I, roi des Lombards en Italie.

CLODOSVINDE, fille de Sigebert I, & de Brunehaut, mariée d'abord à Autharis, roi des Lombards, puis à Reccarede, roi des Wisigots en Espagne.

CLOTILDE, CHROTILDE *ou* ROTILDE, reine de France, femme de Clovis I, dit *le Grand*, étoit fille de Chilpéric, roi des Bourguignons. Elle fut élevée dans la religion Catholique, à la cour de
son

son oncle Gondebaud, qui avoit vaincu & fait mourir Chilpéric, le pere de la princesse. Clovis, roi de France, entendit parler des perfections de Clotilde; & songeant à joindre le royaume de Bourgogne à ses Etats, il l'envoya demander en mariage à Gondebaud, après toutefois avoir eu le consentement de la princesse; & l'ayant obtenue, il l'épousa, l'an 492, à Soissons. Clotilde n'oublia rien pour convertir son époux à la foi Chrétienne. Clovis ne se rendoit pas. Etant en guerre contre les Suèves & les Bavarois, & voyant la victoire s'échapper de ses mains aux plaines de Tolbiac, il invoqua le Dieu de Clotilde, promettant de se faire baptiser s'il étoit victorieux. Il tailla les ennemis en pièces, & se fit Chrétien. Clotilde, après la mort de Clovis, ne pouvant accorder les princes ses fils, se retira à Tours, où elle mourut. Son corps fut apporté à Paris, & inhumé auprès de son époux, dans l'église de S. Pierre & de S. Paul, aujourd'hui de sainte Genevieve. L'église célèbre sa fête le 2 de Juin.

CLOTILDE, fille de Clovis & de la précédente, fut femme d'Amauri, roi des Wisigoths, prince Arien, qui fit tous ses efforts pour faire changer de religion à sa nouvelle épouse. Caresses, menaces, outrages, mauvais traitemens, tout fut mis en usage, & sans succès. Clotilde, à la fin, avertit son frere Childebert, qui fit une irruption dans les Etats d'Amauri, le défit, & ramena sa sœur en France. Elle mourut dans le voyage, en 531.

CLOTILDE ou CROTILDE ou DODE, reine de France, femme de Thierri I. *Voyez* CROTILDE.

CLUSIA, fille du roi Thuscus, qu'un général Romain, nommé *Valerius Torquatus*, fit demander à son pere. N'ayant pu l'obtenir, il attaqua de force le château où elle étoit. Cette chaste fille, préférant la mort à la perte de son honneur, se jetta d'une tour en bas; & Plutarque ajoûte que le vent enflant sa robe, la porta doucement à terre, sans qu'elle se fût fait aucun mal.

CLYTEMNESTRE, fille de Léda, suivant la fable, & femme d'Agamemnon, roi de Mycène. S'étant fait aimer d'Égyste pendant l'absence de son époux, elle le fit assassiner à son retour de la guerre de Troye. Mais Oreste, fils d'Agamemnon & de Clytemnestre, punit de mort ces deux adultères.

COELLO, (Jeanne) femme d'Antoine Perez, ministre Espagnol. *Voyez* PEREZ.

COLETE BOILET, réformatrice de l'ordre de sainte Claire, naquit à Corbie en Picardie, le 13 de Janvier 1380, de Robert Boilet, charpentier, & de Marguerite Moïon, qui étoit presque sexagénaire. Elle passa les premieres années de sa vie dans la pénitence ; & après la mort de son pere & de sa mere, ayant distribué aux pauvres ce qu'ils lui avoient laissé, elle se retira dans un couvent de Béguines, qui vivoient sous la direction des religieux de S. François. Ayant trouvé cet institut trop relâché, elle passa dans celui des Urbanistes, puis dans celui des Bénédictines ; mais ne trouvant pas dans tous ces ordres de quoi satisfaire son zèle, elle prit l'habit du tiers ordre de S. François, dit *de la Pénitence* ; fit un vœu particulier de clôture, & pratiqua de grandes austérités. Elle se trouva ensuite engagée à travailler à la réforme des religieuses de sainte Claire, & alla, en 1406, trouver à Nice Pierre de Lune, que l'on reconnoissoit en France pour pape, sous le nom de *Benoît XIII*. Elle obtint de lui tous les pouvoirs qu'elle pouvoit souhaiter, & voulut mettre la réforme dans l'ordre de sainte Claire. N'en ayant pu venir à bout en France, elle se retira en Savoye, où elle établit sa réforme, qui se répandit, dans la suite, dans plusieurs provinces. Elle mourut à Gand, le 6 de Mars de l'an 1447, âgée de soixante-six ans & de cinquante-deux jours. Elle n'a point été canonisée ; mais les papes ont permis qu'on célébrât solemnellement sa fête dans l'ordre. Quelques religieux de S. François embrasserent aussi sa réforme; & l'opinion de sainteté que leurs austérités leur acquirent, engagea divers seigneurs à leur procurer des établissemens. Ils eurent sur-tout beaucoup de maisons en Bourgogne, où on les appelloit *les Coletens*; mais Léon X les réunit, en 1517, aux Observans.

COLIGNY, (*Henriette de*) comtesse de la Suze. *Voyez* SUZE.

COLOMBE, (*sainte*) vierge & martyre à Sens. On ne peut rien dire de certain au sujet de cette sainte, sinon qu'on en célèbre la fête au 31 de Décembre.

COLOMBE, (*sainte*) de Cordoue en Espagne, vivoit au IX siècle de l'église. Elle fit vœu de virginité dès sa plus tendre jeunesse, & se retira avec sa sœur Elizabeth dans une abbaye près de Cordoue. L'Espagne étoit alors soumise aux Sarasins. Mahomet, fils d'Abderam, ayant suscité contre les Chrétiens, en 851, une persécution violente, Colombe sortit de son couvent pour aller soutenir devant les magistrats la religion qu'elle professoit. Elle fut condamnée à avoir la tête tranchée, & souffrit la mort en confessant J. C. L'Eglise en fait mémoire le 17 de Septembre.

COLOMBIERES, (*Anne-Henriette de Briqueville de*) est connue en France, par un ouvrage moderne, intitulé: *Réflexions sur les causes des tremblemens de terre*, &c.

COLONNE, (*Victoire*) marquise de Pesquaire. *Voyez* PESQUAIRE.

COMBE. (*Marie de Cyz*) *Voyez* CYZ.

COMEIGE, (*madame de*) a fait, au rapport de M. de Vertron, une comédie intitulée: *Mahomet*.

COMMINGES, (*Marguerite de*) instituée par son pere héritiere du comté de ce nom, en 1375, se porta en premieres nôces à Jean III, comte d'Arragnac, puis à Jean II d'Armagnac, comte de Pardiac, enfin en troisiemes nôces à Mathieu de Grailli, dit *de Foix*, son cousin au troisieme degré. Ce dernier, méprisant bientôt la comtesse, la maltraita, & la retint même prisonniere, pendant quinze à seize ans, au château de Saverdun. Sans doute que la conduite de Marguerite n'étoit pas à l'abri de tout reproche : quoi qu'il en soit, elle fit porter des plaintes au roi Charles VII, qui l'envoya tirer de sa prison, & amener à Toulouse, où il se trouvoit alors. La comtesse lui témoigna sa reconnoissance par le don qu'elle lui fit de tous ses biens ; & l'acte en fut passé en 1442. Elle mourut l'année suivante, âgée de quatre-vingts ans. Mathieu de Foix ne manqua pas de faire valoir ses droits sur le comté de Comminges ; & le roi voulut bien lui en laisser la jouissance sa vie durant ; mais à sa mort, c'est-à-dire en 1454, le roi se mit en possession de ce comté.

COMNENE. (*Anne*) *Voyez* ANNE COMNENE.

CONDÉ, (*Eléonor de Roye, princesse de*) fille aînée & heritiere de Charles, sire de Rouci & de Muret, & de Madeleine de Mailli, dame de Conti, fut mariée, en 1551, à Louis de Bourbon, I du nom, prince de Condé, dont elle eut plusieurs enfans. Ce fut une princesse douce, pieuse, charitable. Elle mourut le 23 de Juillet 1564, âgée de vingt neuf ans.

CONDÉ. (*Charlotte-Marguerite de Montmorenci, princesse de.*) *Voyez* MONTMORENCI.

CONSTANCE ou CONSTANTIA, fille de Constance-Chlore & de Théodora, sa seconde femme, & sœur du grand Constantin, « étoit, dit M. de
» Serviez, une princesse qui n'avoit presque aucu[ne]
» des foiblesses de son sexe, & qui relevoit les ava[n]-
» tages de sa beauté par le mérite & les qualités [de]
» son esprit. Elle avoit un courage mâle, une p[ru]-
» dence sage, une politique fine, une vertu solide.
» L'on admiroit en elle beaucoup de force de géni[e,]
» une grande pénétration pour les affaires, u[ne]
» vive éloquence, & une fermeté qui ne se reb[ute]

» toit pas facilement, & sur-tout cet esprit de mé-
» diation, qui sçavoit ramener les esprits les plus di-
» visés; au reste, opiniâtrement attachée à ses sen-
» timens; n'abandonnant presque jamais ses pre-
» mieres idées, & n'en concevant que d'extraor-
» dinaires, & de celles qui la distinguoient du com-
» mun; aimant à raffiner sur toutes choses, même
» sur les matieres de religion; ce qui fut d'un grand
» préjudice aux intérêts de l'Eglise. »

Constantin fit épouser sa sœur à Licinius, son collégue à l'empire; & les nôces furent célebrées à Milan, avec la derniere magnificence. Dans la suite, Licinius força, par sa mauvaise conduite, Constantin de lui faire la guerre; & ce prince ayant appris qu'il entretenoit des intelligences avec les Barbares, le fit étrangler en 325. Constance alors s'attacha uniquement à l'empereur son frere, & mérita sa confiance, sur-tout après la mort de l'impératrice sainte Helene. L'usage qu'elle fit de son crédit fut, comme on l'a dit, très-funeste à l'Eglise, en protégeant de tout son pouvoir un certain Eusebe qu'elle fit évêque de Nicomédie, & qu'elle aida même à étendre dans l'empire la pernicieuse doctrine d'Arius. Elle mourut dans les sentimens que lui avoit inspirés cet hérétique, & le recommanda même, dans ses derniers momens, à l'empereur son frere.

CONSTANCE *ou* CONSTANTIA, fille de l'empereur Constance & de Faustine, fut mariée à l'empereur Gratien.

CONSTANCE *ou* CONSTANTIA, nom de deux filles du grand Constantin, lesquelles furent, d'inclinations & de caractères, bien différentes. L'aînée, douce & vertueuse, fit un sacrifice à Dieu de sa virginité; l'autre fut si méchante, qu'on lui donna le nom de *Mégere*.

CONSTANCE D'ARLES, reine de France, surnommée *Blanche* ou *Candide*, à cause de la blancheur de son teint, étoit fille de Guillaume V, comte d'Arles, & de Blanche, dite *Adele* ou *Adelaïde* d'Anjou. Elle épousa notre roi Robert le Pieux, vers l'an 998; & comme elle étoit impérieuse & fière, elle causa bien des chagrins à ce monarque, naturellement doux & pacifique. Elle avoit amené de Provence les meilleurs poëtes farceurs & troubadours du tems. Elle en peupla la cour & la ville, & ce fut ce qui donna naissance à notre poësie; car jusqu'alors on ne connoissoit de versification que la latine. « Mais, dit un auteur moderne, pour ce » léger avantage qu'elle procura à la France, où » elle introduisit sans doute le goût de la rime, » elle y donna bien des sujets de mécontentement » aux peuples, à son mari & à ses enfans. » Elle avoit pris un tel empire sur l'esprit de son époux, que ce bon prince se cachoit d'elle, en quelque sorte, lorsqu'il accordoit quelque grace, & disoit: » Je vous accorde ce que vous demandez; mais » faites ensorte que Constance n'en sçache rien. »

Le roi Robert avoit quatre fils de Constance; sçavoir, Hugues, Henri, Robert & Eudes; &, suivant la coutume de ses prédécesseurs, il avoit fait sacrer l'aîné de ces princes en 1017. Constance, qui n'avoit des yeux que pour le troisieme, traita les deux premiers de la maniere la plus indigne, jusqu'à faire arrêter le prince héréditaire, après l'avoir forcé de s'exiler de la cour, & de vivre en aventurier. Il mourut en 1026; & Henri son frere, ayant été couronné quelque tems après, devint plus que jamais l'objet de la haine & des persécutions de la reine Constance. Lors même qu'il fut monté sur le trône, en 1031, par la mort du roi son pere, elle souleva contre lui tous les grands du royaume, & s'empara de Soissons, de Sens & de plusieurs autres places considérables. Henri, abandonné de presque tout le monde, fut obligé de passer en Normandie, & d'implorer la protection du duc Robert, dit *le Diable*, qui lui fournit des troupes & de l'argent. Constance fit la paix à son grand regret, & alla mourir de chagrin au château de Melun, le 25 de Juillet 1032.

CONSTANCE DE CASTILLE, reine de France, est nommée *Beatrix* par les Espagnols, *Marie* par quelques-uns, & *Marguerite* ou *Elizabeth* par d'autres. Elle étoit fille aînée d'Alfonse VIII, roi de Castille, & de Bérengere de Barcelone, sa premiere femme, & fut mariée à notre roi Louis VII, dit *le Jeune*, en 1154, après que ce prince eut quitté Eleonore, duchesse de Guienne. Elle mourut en couches, au bout de six ans de mariage, & fut enterrée à S. Denys.

CONSTANCE DE FRANCE, reine d'Angleterre, étoit fille de Louis VI, & sœur de Louis VII, rois de France. Elle prit deux alliances, l'une en 1140, avec Eustache de Blois, qui fut couronné roi du vivant de son pere, & mourut avant ce prince; l'autre avec Raimond VI, comte de Toulouse. Elle mourut en 1176.

CONSTANCE DE FRANCE, fille de Phillippe I, fut mariée avant 1211, à Hugues, comte de Troyes, dont elle fut séparée, en 1214, sous prétexte de parenté, puis à Boëmond I, prince d'Antioche.

CONSTANCE, fille de Roger I, roi de Sicile, épousa, dans un âge fort avancé, l'empereur Henri VI, bâtard de Roger, en 1185. Quelques justes que fussent ses prétentions sur le royaume de Sicile, Tancrede les lui disputa les armes à la main. Ayant été prise par les Salernitains, elle fut arrêtée par son compétiteur, qui ne la relâcha qu'avec peine à la priere du pape Celestin III. Elle mourut en 1198, laissant le pape Innocent III tuteur de son fils Frédéric.

CONSTANCE, reine d'Aragon, fille de Mainfroi, bâtard de l'empereur Frédéric II, & femme de Pierre III, roi d'Aragon, vivoit vers l'an 1284. Cette princesse fit admirer sa piété & sa magnanimité en Sicile, dont elle étoit souveraine; car ayant délibéré avec les magistrats de venger la mort funeste de Conradin de Souabe par celle de Charles, prince de Salerne, elle envoya dire à ce prince, un vendredi matin, de penser à son ame, & de se résoudre à mourir de la même façon que Conradin étoit mort, c'est-à-dire sur un échafaud ; à quoi ce prince répondit avec un courage admirable, que la mort lui seroit d'autant plus agreable, qu'elle lui devoit être donnée au même jour que Jesus-Christ l'avoit soufferte. Cette pieuse réponse fut rapportée à la reine, qui dit : « Puisque le prince de Salerne accepte si volontiers la mort à cause de ce jour, je veux aussi lui pardonner pour l'amour de celui, lequel en ce jour souffrit la mort, afin de nous racheter. » En effet, cette généreuse princesse lui donna la vie.

CONSTANCE. (*madame*) Son mari, ministre du roi de Siam, ayant été supplanté & mis à mort en 1688, par le mandarin Pitracha, elle fut appliquée à la question, qu'elle endura plusieurs jours, sans rien avouer de ce que l'on attendoit ou souhaitoit. On la jetta ensuite en prison, où elle demeura quelques mois avec les fers aux mains & aux pieds. Au bout de ce tems, elle & sa famille furent condamnées à l'esclavage ; & ce fut en cette malheureuse qualité d'esclave qu'on lui ôta ses fers, & qu'on la mit hors de prison.

Kempfer nous apprend qu'en 1690, madame Constance & son fils alloient mendier de porte en porte, sans que personne osât intercéder pour eux. Dans la suite, elle se trouva dans une condition plus supportable ; car, en 1719, elle fut honorée de la surintendance des confitures du roi. Elle étoit née à Siam de parens honorables ; & en ce tems-là, elle étoit fort estimée à la cour & dans la ville pour sa sagesse & son humanité, tant envers les Siamois, qu'envers les étrangers, qu'elle étoit toujours prête à aider, quand ils se trouvoient dans l'embarras, ou qu'ils avoient à souffrir des vexations des grands.

CONSTANTIN, (*la*) sage-femme de Paris, dont parlent Gui-Patin, dans ses Lettres, & Bayle à l'article de ce médecin, peut être mise au nombre des fameux scélérats du dernier siécle. Elle faisoit son principal métier d'accoucher avant terme, les filles à qui les malheureux progrès d'une passion criminelle faisoient craindre le deshonneur. Cette Constantin fut pendue, par arrêt du parlement, au mois d'Août 1660, à la Croix du Trahoir.

CONSTANTINE, femme de l'empereur Maurice, mise à mort avec ses trois filles, par les ordres du tyran Phocas, en 603.

CONTARIN, (*Séraphine*) dame de Venise, & religieuse dans la même ville, ne fut pas moins illustre par toutes les vertus du cloître, que par une grande connoissance des langues, un sçavoir profond, & une mémoire heureuse. Elle a écrit des Lettres en italien-toscan & en latin.

CONTI, (*Louise-Marguerite de Lorraine, princesse de*) étoit fille du duc de Guise, surnommé *le Balafré*, & naquit, en 1582, du mariage de ce seigneur avec Catherine de Cleves. On ne sçait rien de particulier touchant la vie de cette illustre dame, sinon qu'elle épousa le prince de Conti en 1605. Devenue veuve en 1615, elle cultiva les belles-lettres, & ne passa guères de jours sans consacrer quelques momens à la lecture. Le goût qu'elle y prit insensiblement, lui fit naître l'envie d'écrire aussi quelque chose. Elle se plaisoit à faire des vers; & la plûpart des sçavans lui dédioient leurs ouvrages. C'est un malheur qu'il ne nous reste de sa façon qu'un *Roman Royal* ou *Aventures de la Cour*, publié en 1620, sous le nom du sieur de *Piloust*. On ne connoît guères aujourd'hui cet ouvrage que sous le titre des *Amours d'Henri IV*, qui se trouve dans la Bibliothèque de Campagne, sous un style plus correct & plus moderne. La princesse de Conti mourut en 1631, à l'âge de quarante-neuf ans.

CONTI. (*Anne-Marie Martinozzi, princesse de*) *Voyez* ANNE MARIE, &c.

CORDILLE ou CORDEILLE, princesse d'Angleterre, qui vivoit, dit-on, avant l'ère chrétienne, fut, suivant les historiens Anglois, une princesse d'un rare mérite, & qui posséda toutes les vertus d'un grand roi. Son pere, nommé Leïs, qui régnoit sur une partie de la Grande-Bretagne, la maria avec un roi voisin, & ne lui donna rien pour sa dot, parce qu'il ne l'aimoit pas. Il partagea ses Etats entre deux autres filles qu'il avoit, & leur fit épouser à l'une le duc d'Albanie, à l'autre le duc de Cornubie ; mais son injustice eut bientôt la punition qu'elle méritoit. Les gendres de ses filles bien-aimées lui firent la guerre, & le dépouillerent du peu qu'il s'étoit réservé. Se souvenant alors de Cordille, il l'envoya prier de le secourir ; ce qu'elle fit aussi-tôt, en engageant son époux à mettre une armée en campagne. Le succès couronna ces généreux efforts, & Leïs fut rétabli. Depuis, Cordille étant restée veuve, gouverna ses sujets avec beaucoup de sagesse & de prudence, pendant cinq ans, au bout desquels ses beaux-freres, qui n'avoient cessé de l'inquiéter, la firent prisonniere dans un combat. Elle mourut bientôt après de désespoir.

CORINNE, très-illustre poetesse Grecque, dite *Thébaine*, parce qu'elle étoit de Tanagre, petite ville dans le voisinage de Thèbes. On assure qu'elle donna d'excellens avis à Pindare, dont ce fameux poëte lyrique sçut profiter ; & qu'étant entrée souvent en lice avec lui, elle le vainquit jusqu'à cinq fois. Peut-être dut-elle ce succès à sa beauté, qui la distinguoit, autant que son esprit, de toutes les personnes de son sexe. Elle jouit du moins d'une grande réputation, & mérita les éloges de tous les sçavans son de tems. Elle composa quantité de poësies, dont il nous reste encore quelques fragmens.

CORNARO, (*Catherine*) reine de Chypre, & d'une illustre maison de Venise, fut mariée, l'an 1470, à Jacques, bâtard de Chypre, qui s'en fit roi. La république de Venise adopta cette princesse, & la dota comme fille de S. Marc. Jacques mourut le 5 de Juin 1473, laissant sa femme grosse,

Elle accoucha d'un fils qui ne vécut qu'un an. Depuis, elle gouverna ce royaume avec beaucoup de difficulté, & eut même le chagrin de voir tuer dans une fédition, André Cornaro, fon oncle. Les Vénitiens, craignant qu'elle ne fongeât à de fecondes nôces, lui envoyerent George Cornaro, fon frere, qui lui confeilla de venir paffer le refte de fes jours à Venife, & de remettre à la république l'Etat qu'elle avoit gouverné pendant douze ou quatorze ans ; ce qu'elle fit, ou ce qu'on lui fit faire.

CORNARO *ou* CORNARA PISCOPIA, (*Lucrèce-Hélène*) de la même famille que la précédente, fut une des plus fçavantes perfonnes du fiécle dernier. Elle naquit à Venife, en 1646. A peine eut-elle atteint l'âge de cinq ans, que l'on commença à remarquer en elle un mépris fingulier pour tout ce qui a coutume d'amufer les enfans. La facilité qu'elle avoit à retenir tout ce qu'on lui faifoit lire, & tout ce qu'on lui difoit pour fon inftruction, engagea fon pere Jean-Baptifte Cornaro, procurateur de S. Marc, à fuivre l'avis que lui donna le fçavant Jean-Baptifte Fabris, de lui faire étudier la langue latine. Elle s'y appliqua, n'ayant encore que fept ans, & fes maîtres furent Jean Valéfius, chanoine de S. Marc, & le docteur Bartolot. Le progrès furprenant qu'elle fit dans cette étude, fit juger que ce ne feroit point trop entreprendre, que de lui enfeigner la langue grecque; & c'eft de quoi fe chargea le docte Fabris, dont nous venons de parler; mais ce dernier étant mort quelques mois après, elle eut pour maître dans cette langue le directeur de la bibliotheque de Venife, lequel étoit Grec de nation. Peu d'années après, elle étudia la langue hébraïque, & le grec vulgaire, apprenant en même tems l'efpagnol & le françois. La connoiffance qu'elle acquit de l'hébreu étoit fi grande, qu'il n'y avoit point de Rabbin qui la furpaffât ; & pour le grec, elle le poffédoit fi parfaitement, qu'elle n'auroit pû le mieux fçavoir, quand elle auroit vécu à Athènes, même du tems de Démosthène. C'est de quoi on ne peut douter après les sçavantes Lettres qu'elle a écrites dans ces deux langues, & que l'on conserve précieusement dans la bibliotheque de Venise. A une si parfaite connoissance des langues, elle joignit une solide vertu; & elle n'avoit pas encore onze ans, qu'elle fit vœu d'une virginité perpétuelle. L'historien de sa Vie raconte que ce qui la porta à faire ce vœu, fut l'exemple du bienheureux de Gonzague, dont elle lut un jour la Vie. Elle vit que ce jeune homme s'étoit consacré à Dieu, dès ses premieres années; elle voulut l'imiter; & bientôt après, elle choisit pour son directeur le pere Charles-François Bosellus de la Compagnie de Jesus, homme d'une profonde piété, & d'une science consommée.

Notre illustre sçavante fit bientôt succéder à l'étude des langues, celle de la philosophie & de la théologie. Elle eut pour maître en philosophie Charles Rainaldini, célèbre professeur de Padoue, lequel a donné au public trois excellens ouvrages de mathématiques; les deux premiers imprimés à Florence, en 1665; & le dernier imprimé à Padoue, en 1684. Son maître en théologie fut Hyppolite Marchet, prêtre de l'oratoire. Elle ne songeoit qu'à se perfectionner dans la science de la religion, lorsque ses parens lui proposerent un mariage avantageux; mais elle ne voulut point les écouter; & pour mettre fin à leurs sollicitations, elle leur déclara le vœu qu'elle avoit fait. Ce moyen lui fut néanmoins inutile; on écrivit en cour de Rome, & on la fit relever de son vœu par un bref du pape. Cornara n'eut pas plutôt vu le bref, que, saisie de frayeur, elle demeura comme immobile, & s'évanouit. Quand elle fut revenue de cet état, elle forma la résolution de s'engager, par des vœux, à observer dans le monde la régle de S. Benoît, & à porter sous ses habits celui de l'ordre. L'exécution suivit de près le dessein. Hélène écrivit à l'abbé du monastère de S. George de Venise, qu'elle avoit quelque chose d'importance à lui communiquer. Cet abbé nommé *Corneille Codaninus*, & un des plus sçavans Bénédictins de son tems, s'étant rendu auprès d'elle, crut devoir consentir à la demande qu'elle lui fit, de recevoir ses vœux en qualité d'oblate de l'ordre de S. Benoît. Ses parens n'eurent pas plutôt nouvelle de ce qu'elle venoit de faire, qu'ils tenterent toutes sortes de moyens pour l'ébranler & lui faire changer de résolution; mais voyant que tous leurs efforts étoient inutiles, ils se retrancherent à lui demander qu'elle vécût au moins dans la maison paternelle, au milieu de la famille; ce qu'ils obtinrent enfin. Elle pratiqua, dans la maison de son pere, les plus grandes austérités; & non contente de porter le cilice & les chaînes de fer, elle vivoit dans une pauvreté extrême; se privoit des choses les plus nécessaires, & fuyoit toutes les occasions de paroître, ne cherchant qu'à être cachée. Elle sçavoit sept sortes de langues: elle possédoit la philosophie, la théologie, les mathématiques, la musique, & joignoit à tout cela une solidité & une justesse d'esprit, qu'on cherche souvent en vain dans bien des sçavans.

Un mérite si rare l'exposoit à une infinité d'occasions, où l'amour-propre auroit beaucoup trouvé à gagner; mais elle évitoit ces occasions, comme autant de piéges dangereux. Quelque soin cependant qu'elle eût de chercher l'obscurité, ses parens firent tant par leur instances, qu'elle ne put éviter la mortification de recevoir le bonnet de docteur ès arts, qui lui fut offert par l'université de Padoue. L'historien décrit ici toutes les circonstances de cette cérémonie, où la nouveauté du spectacle attira un nombre infini de personnes de tous états, de tous âges, & de toutes conditions. Ce fut dans la cathédrale de Padoue que se passa cette grande action, où notre illustre sçavante donna de nouvelles preuves de sa science & de sa profonde érudition.

Voici le précis du formulaire de sa réception, comme on le trouve dans les Actes de l'université de Padoue.

» Nous siégeans dans le tribunal de l'université de
» Padoue, reconnoissons que noble fille Hélène-Lu-
» crèce Cornara possède les sciences & les belles let-
» tres à un si haut point, qu'elle mérite d'avoir place
» parmi les docteurs de cette université ; & pour cela,
» nous la recevons maîtresse ès arts libéraux, & la
» reconnoissons telle, au nom du Pere, & du Fils,
» & du Saint-Esprit. Fait & passé à Padoue, le 25
» de Juin 1678, dans l'église cathédrale de la même
» ville, parce que les salles du collége n'ont pu suf-
» fire à l'affluence du monde. »

L'université vouloit aussi donner à Hélène Cornara le bonnet des docteurs en théologie ; mais le cardinal Barbarigo, alors évêque de Padoue, s'y opposa. Cette sçavante & pieuse fille mourut, le 26 de Juillet 1684, âgée de trente-huit ans, & fut enterrée dans l'église de sainte Justine, où son pere, qui étoit procurateur de S. Marc, c'est-à-dire qui occupoit la premiere charge de la république de Venise, après la dignité de doge, lui fit faire un tombeau de marbre.

CORNÉLIE, dame Romaine, fille de Cinna, qui la donna pour femme à Jules-César. Sylla, mortel ennemi de Cinna, fit tout ce qu'il put pour engager César à répudier Cornélie, & le dépouilla même de ses charges & de ses biens pour l'y faire consentir. César ne voulut jamais faire cet affront à une femme qu'il aimoit tendrement, & qui méritoit son amour. Lorsqu'elle mourut, vers l'an 46 avant J. C. il fit lui-même son oraison funèbre.

CORNÉLIE, (*Maximille*) vierge Vestale chez les Romains, fut une des victimes des extravagances de Domitien. Ce barbare empereur, dans la pensée ridicule d'illustrer son règne, fit accuser Cornélie d'entretenir un commerce de galanterie avec Céler, chevalier Romain. Sans autre forme de procès, il la condamna au supplice des Vestales cri-

minelles. « Quoi ! César, s'écria-t-elle, me déclare in-
» cestueuse, moi dont les sacrifices l'ont fait triom-
» pher ? » Comme il fallut l'enfermer dans le ca-
veau, & qu'en y descendant sa robe fut accrochée,
elle se retourna & se débarrassa tranquillement. Le
bourreau voulut alors lui présenter la main : elle en
eut horreur, & rejetta l'offre, comme si elle n'eût
pu l'accepter, sans ternir la pureté dont elle faisoit
profession ; & se souvenant jusqu'à la fin de ce qu'exigeoit d'elle la plus sévère bienséance, elle eut soin
de tomber modestement. *Voyez l'article* VESTALES.

CORNÉLIE, dame Romaine, de la famille des
Scipions, & la cinquieme femme du grand Pompée, ne fut par moins illustre par son mérite que
par sa beauté. Plutarque, dans le vieux françois
d'Amyot, va nous la faire connoître. « Pompeïus,
» dit-il, retournant en la ville, épousa Cornélia,
» la fille de Metellus Scipion, non fille, ains de
» n'aguères demeurée veuve de Publius Crassus,
» le fils, qui fut occis par les Parthes, auquel elle
» avoit été mariée la premiere fois. Cette dame
» avoit beaucoup de graces pour attraire un homme
» à l'aimer, outre celles de sa beauté, car elle étoit
» honnêtement exercitée aux lettres, bien apprise
» à jouer de la lyre, & sçavante en la géométrie,
» & si prenoit plaisir à ouïr propos de la philoso-
» phie, non point en vain & sans fruit. Mais, qui
» plus est, elle n'étoit point pour tout cela ni fâ-
» cheuse ni glorieuse, comme le deviennent ordi-
» nairement les jeunes femmes qui ont ces parties
» & ces sciences là. Davantage, elle étoit fille d'un
» pere auquel on n'eût sçu que reprendre, ni quant
» à la noblesse de sa race, ni quant à l'honneur de
» sa vie. Toutes fois les uns reprenoient en ce ma-
» riage que l'âge n'étoit point sortable, parce que
» Cornélia étoit jeune assez pour être plutôt mariée
» à son fils ; & les plus honnêtes estimoient qu'en
» ce faisant, il avoit mis à non chaloir la chose pu-
» blique au tems qu'elle étoit en si grande affaire,

» pour aufquels remédier elle-même l'avoit choifi
» comme médecin, & s'étoit jetté entre les bras
» de lui feul ; & cependant il s'amufoit à faire nô-
» ces & fêtes, là où plutôt il devoit penfer que fon
» confulat étoit une publique calamité, pour ce
» qu'il ne lui eût pas été ainfi baillé extraordinaire-
» ment à lui feul, contre la coutume & les loix, fi
» les affaires publiques fe fuffent bien portées. »

CORNIFICIA, fœur du poëte Cornificius, qui vivoit à Rome fous l'empire d'Augufte, fe livra toute entiere à l'étude de la poëfie, « par la feule raifon, » difoit-elle, que la fcience eft l'unique chofe qui ne » foit point fujette aux injures de la fortune. »

CORNUEL, (*madame*) la difeufe de bons mots, jouit d'une grande réputation dans le fiécle dernier, par fon efprit, & par les agrémens de fa converfation. La Houffaye nous apprend qu'elle s'appelloit *le Gendre*. Madame de Sévigné parle d'elle en plufieurs endroits de fes Lettres ; nous en tranfcrirons ici ce qui la concerne.

» Voici un bon mot de madame Cornuel, qui
» a fort réjoui le parterre. M. Tambonneau le fils
» a quitté la robe, & a mis une fangle autour de
» fon ventre & de fon derriere ; avec ce bel air,
» il veut aller fervir fur la mer : je ne fçais ce que
» lui a fait la terre ; on difoit donc à madame Cor-
» nuel qu'il s'en alloit à la mer : *Hélas*, dit-elle,
» *eft-ce qu'il a été mordu d'un chien enragé ?* Cela
» fut dit fans malice ; c'eft ce qui a fait rire extrê-
» mement.

» Madame Cornuel voyoit madame de Lionn
» avec de gros diamans aux oreilles ; & en fa pré-
» fence même elle dit : *Il me femble que vos gros*
» *diamans font du lard dans la fouriciere.*

» Elle parloit l'autre jour des jeunes gens,
» difoit *qu'il lui fembloit qu'elle étoit avec des morts*
» *parce qu'ils fentoient mauvais, & ne parloit*
» *point.*

» On parloit de la comteffe de Fiefque ; el-
» dif

» disoit *que ce qui conservoit sa beauté, c'est qu'elle*
» *étoit salée dans la folie.*

» La comtesse (de Fiesque) maintenoit l'autre
» jour à madame Cornuel que Combourg n'étoit
» point fou ; madame Cornuel lui dit : *Bonne com-*
» *tesse, vous êtes comme les gens qui ont mangé de*
» *l'ail.*

» (En parlant du coadjuteur.) Je n'ai jamais vu
» personne entendre si parfaitement la raillerie.
» Nous pensons que M. de V*** ne l'entend pas
» si bien, lui, qui, à ce que dit madame Cornuel,
» a mis un bon Suisse à sa porte ; c'est qu'on assure
» qu'il a donné une belle maladie à sa femme.

» Madame Cornuel étoit l'autre jour chez B***
» dont elle étoit maltraitée ; elle attendoit à lui par-
» ler dans une anti-chambre, qui étoit pleine de
» laquais. Il vint une espèce d'honnête homme, qui
» lui dit qu'elle étoit mal dans ce lieu-là. *Hélas!*
» dit-elle, *j'y suis fort bien ; je ne les crains point*
» *tant qu'ils sont laquais.* »

Madame Cornuel mourut, en 1693, âgée de quatre-vingt-sept ans.

CORRON, (*madame*) sage-femme & auteur d'une *Dissertation en forme de lettre sur l'accouche-ment*, imprimée en 1757.

COSME, femme qui, suivant le scholiaste d'A-pollonius, entreprit d'écrire une Histoire d'Egypte; c'est tout ce qu'on en sçait.

COSNARD. (*mademoiselle*) Elle étoit de Paris, & a donné, en 1650, une tragédie intitulée : *les chastes Martyrs*. On n'en sçait rien de plus.

COSTA, (*Marguerite*) native de Rome, a vécu dans le XVIIᵉ siécle. Elle « avoit, dit le pere
» Menestrier, Jésuite, du génie & du talent pour
» la poësie, & prépara, pour le roi de France,
» une fête à cheval, en forme de carrousel & de
» ballet. Le sujet de cette fête étoit un Défi d'A-
» pollon & de Mars. » L'exécution de ce dessein ayant paru trop difficile, on lui préféra l'Orphée,

qui fut représenté en 1647. On ne laissa pas de faire imprimer cette Fête de la signora Costa, avec ses autres poësies, qu'elle dédia au cardinal Mazarin.

COSTE-BLANCHE, (Marie de) née à Paris dans le seizieme siécle. Elle possédoit parfaitement les langues sçavantes, & cultivoit l'étude des mathématiques & de la philosophie. C'est à son goût pour cette derniere science qu'on est redevable d'une traduction de trois Dialogues espagnols, sur la nature de la terre, du soleil, & de toutes les choses qui se font ou apparoissent dans l'air, par Pierre Messia.

COURTENAI. (Catherine de) Voyez CATHERINE DE COURTENAI.

COURTIN, (madame) femme de mérite, contemporaine de M. de Vertron, qui la loue, dans sa *Pandore*, de la manière la plus flateuse pour une personne de son sexe. Voici ses propres paroles : « Madame *Courtin*, femme de tête sans entêtement. »

CRATÉA, mere de Périandre, tyran de Corinthe. Elle se prêta, dit-on, au commerce incestueux qu'entretint long-tems son fils avec elle ; d'autres disent qu'elle fut la premiere à le lui proposer. Quoi qu'il en soit, ce Périandre, qui fut d'ailleurs le bourreau de sa femme, le fléau de sa famille, & l'oppresseur de ses peuples, est compté parmi les sept sages de la Grèce.

CRATÉSIPOLIS, reine de Sicyone, fut redevable à sa valeur de la conservation de ses Etats, après la mort d'Alexandre son époux. S'étant mise à la tête des soldats qui lui étoient demeurés fidèles, cette héroïne marcha fièrement contre les révoltés, en fit pendre trente ou quarante des plus mutins, & rétablit le calme dans son royaume.

CRENNE, (Elisene de) demoiselle de Picardie, a traduit les quatre premiers livres de l'Enéide, qu'elle dédia à François I. On a d'elle encore un ouvrage intitulé *les Angoisses douloureuses qui procèdent d'amour*, avec un Discours sur l'amour.

CRÉTHÉIS, femme d'un roi de Theffalie, nommé *Acafte*, étant devenue amoureufe de Pélée, qui venoit d'époufer une belle princeffe nommée *Érigone*, & l'ayant vainement follicité de répondre à fa paffion, elle fit accroire à Érigone que Pélée étoit fur le point de fe marier avec une princeffe qu'il aimoit paffionément ; ce qui caufa tant de chagrin à cette jeune femme, qu'elle fe fit mourir de défefpoir. Créthéis, ne fe croyant pas encore affez vengée, accufa fon amant d'avoir voulu la féduire ; & le crédule Acafte condamna fur le champ Pélée à être expofé aux centaures ; c'étoit, felon la fable, des monftres moitié hommes & moitié chevaux, & pour parler plus vrai, d'excellens cavaliers d'un roi voifin, avec qui celui de Theffalie étoit en guerre. Pélée alla les combattre, revint victorieux, & fit mourir Acafte & fon époufe.

CREUSE, fille de Créon, roi de Corinthe. *Voyez ce qu'on en dit à l'article* MÉDÉE.

CREUSE, fille de Priam, & femme d'Enée, que ce pieux chef des Troyens fugitifs perdit ou laiffa fe perdre, en fe fauvant de l'embrafement de Troye.

CRITHÉIS, mere du célèbre Homère, qu'elle eut, dit-on, d'un commerce criminel avec Méon, fon oncle & fon tuteur, & dont elle accoucha fur les bords du fleuve Mélès.

CROIX, (*Jeanne-Ignès de la*) religieufe du Méxique, très-connue en Efpagne par fes poéfies fçavantes & fpirituelles.

CROTILDE, COSILDE *ou* DODE, reine de France, femme de Thierry II, nous eft entièrement inconnue. On fçait feulement qu'elle fut inhumée à S. Waaft d'Arras, où le fut auffi depuis le roi fon époux, fondateur de cette abbaye.

CUNEGONDE, impératrice, illuftre par fes vertus & par fa chafteté, étoit fille de Sigefroi, premier comte de Luxembourg, & femme de l'empereur Henri II, avec lequel elle vécut en perpétuelle virginité. Après la mort de ce prince, arrivée en 1024, elle se retira dans un monastère de filles qu'elle avoit fondé, & y finit ses jours dans les exercices de toutes les vertus chrétiennes.

CUNITZ, (Marie) native de Silésie, peut aller de pair avec les plus grands hommes qu'ait produits l'Europe au siécle dernier. Elle avoit appris les langues avec une facilité merveilleuse, & sçavoit l'allemand, le polonois, le françois, l'italien, le latin, le grec & l'hébreu. Les autres sciences ne lui avoient pas coûté davantage. L'histoire, la médecine, la peinture, la poësie, la musique, & les instrumens n'avoient été pour elle que des jeux. Mais elle s'étoit appliquée plus particuliérement aux mathématiques, & sur-tout à l'astronomie, dont elle avoit fait son étude principale. Les Tables astronomiques qu'elle mit au jour, & qui lui ont acquis une réputation infinie, sont des témoins qui déposent encore aujourd'hui en faveur de son sçavoir & de l'étendue de son génie.

CURÉ. (madame) Voyez BOURETTE.

CYNA, fille de Philippe II, roi de Macédoine, & sœur d'Alexandre le Grand, donna plusieurs preuves d'un courage heroïque, qui paroissoit héréditaire dans sa famille. Elle commanda des armées, & remporta plusieurs victoires.

CYNISCA, fille d'Archidamus, roi de Sparte, & sœur d'Agis, & d'Agésilas, vivoit environ 440 ans avant J. C. Elle fut la premiere de son sexe qui entra dans la carriere des jeux olympiques, & qui y remporta le prix de la course : les Lacédémoniens lui érigerent une statue dans leur ville.

CYRE. (sainte) Voyez MARANE.

CYTHÉRIS, comédienne à Rome & courtisane, ces deux professions étant inséparables alors. Elle fut aimée de Marc-Antoine.

CYZ, (Marie de) née à Leyde, en 1656, de parens nobles & Calvinistes, qui lui firent épouser, à dix-neuf ans, un gentilhomme fort riche, nommé *de Combe*. En étant demeurée veuve au bout de deux ans de mariage, elle vint en France avec le frere de fon mari; & peu de tems après, ayant connu les erreurs qu'elle avoit sucées avec le lait, elle en fit abjuration à Paris. Sa famille, irritée de cette démarche, lui refusa toutes sortes de secours; enforte qu'elle étoit à la veille de manquer même de pain, si le curé de S. Sulpice, sur la paroisse duquel elle demeuroit, n'eût eu soin de pourvoir à sa subsistance. Après quelques années d'une vie cachée & retirée, Dieu inspira à cette pieuse étrangere de retirer chez elle les filles & femmes pécheresses qui vouloient faire pénitence volontaire de leurs déréglemens; &, en peu de tems, elle en forma une espèce de communauté, qu'elle nomma *du bon Pasteur*. Le Seigneur ayant béni son œuvre, il fallut penser à avoir une maison plus étendue. Le roi, averti de cet heureux succès, donna, en 1688, une maison sise au fauxbourg S. Germain, rue Chassemidi, qui appartenoit à un Calviniste, qui s'étoit retiré du royaume, ajoûtant une ordonnance de quinze cens livres pour les réparations. C'est-là que madame de Combe eut la consolation de voir sous sa conduite une centaine de filles pénitentes, qu'elle gouverna sagement jusqu'à sa mort arrivée le 16 de Juin 1692, n'étant âgée que de trente-six ans. Son institut s'est répandu en plusieurs villes de France, & il y en a trois maisons dans Paris.

DAC

DABENTONE, (*Jeanne*) l'une des chefs des hérétiques appellés *Turlupins*, qui parurent en France dans le XIVe siécle, lesquels alloient nuds, & imitoient en tout l'impudence des Cyniques. On en brûla un grand nombre à Paris, entr'autres, cette Dabentone; dont parle Gaguin dans sa Vie de Charles V.

DACIER. (*Anne le Févre, plus connue sous le nom de madame*) étoit fille du célèbre Tanneguile-Févre, & de Marie Olivier, & naquit à Saumur en 1651. Elle étoit âgée de dix à onze ans, lorsque son pere, qui professoit les belles-lettres dans cette même ville, prit le dessein de la faire étudier; & voici quelle en fut l'occasion. Il avoit un fils qu'il instruisoit avec grand soin, & auquel il donnoit ordinairement des leçons de grammaire dans la même chambre où la jeune demoiselle le Févre travailloit en tapisserie. Quelque disposition qu'eût l'écolier; il lui arrivoit quelquefois d'hésiter, lorsque son pere l'interrogeoit; & souvent sa sœur, qui paroissoit uniquement occupée de son aiguille & de ses soies, lui suggéroit fort à propos les réponses aux questions les plus embarrassantes. Il n'en fallut pas davantage à M. le Févre, pour lui faire découvrir les véritables talens de sa fille, & pour l'engager à les cultiver. Quelque goût qu'elle ait eu dans la suite pour les lettres, elle avoue qu'alors elle eut un secret dépit de s'être ainsi décelée elle-même; & ce que peut avoir de plus remarquable un tel aveu, où certain rafinement de vanité auroit trouvé son compte dans une personne moins sincère & moins modeste; c'est qu'elle convenoit aussi, qu'une partie de son dépit venoit du retranchement des amusemens de son âge & de son sexe, que les ouvrages d'une demoiselle lui permettoient auparavant sous une mere tendre, & que l'assiduité à l'étude lui interdit aussi-tôt sous un peré vigilant.

M. le Févre, après lui avoir enseigné les élémens de la langue latine, l'appliqua au grec, où elle fit de très-grands progrès; & il la perfectionna de telle sorte dans la connoissance de l'une & l'autre langue, qu'au bout de huit ans, elle se vit en état d'étudier sans le secours d'aucun maître. Libre alors de penser pour elle-même, & de suivre les lumieres de la raison, plutôt que les impressions de l'autorité; quelque déférence qu'elle eut pour un peré aussi respectable, elle prenoit quelquefois la liberté de n'être pas d'accord avec lui. La traduction de Quint-Curce par le fameux Vaugelas, en est un exemple sensible. M. le Févre, ainsi que la plûpart du monde en ce tems-là, admiroit cet ouvrage comme le chef-d'œuvre de notre langue. Sa fille n'en étoit pas si contente, & trouvoit que le traducteur employoit souvent des tours peu naturels & peu françois.

M. le Févre étant mort en 1673, sur le point de partir pour Heidelberg, où l'électeur Palatin (Charles-Louis) l'appelloit, sous des conditions très-avantageuses, & où sa fille devoit l'accompagner, elle vint à Paris, & s'y fixa. Elle y publia, pour premier ouvrage, une édition des Poësies de Callimaque, avec les scholies grecques, une version latine, & ses notes critiques. Elle la dédia à M. Huet, alors sous-précepteur de monseigneur le Dauphin, & qui avoit communiqué à mademoiselle le Févre neuf épigrammes de ce poëte, non encore imprimées, dont elle enrichit sa nouvelle édition. Elle ne dissimule point dans sa préface, que certains sçavans avoient peine à deviner le motif, qui avoit porté M. le Févre à élever sa fille dans l'étude des belles-lettres; au lieu de l'occuper aux travaux ordinaires de son sexe. Elle leur répond en peu de mots, qu'en cela, son pere n'avoit eu autre chose en vue; que

de faire enforte qu'il y eût au monde une fille qui pût un jour leur reprocher à eux mêmes leur négligence & leur paresse à cultiver la littérature. Cette édition de Callimaque ne parut qu'en 1675, chez Cramoisy, en un volume in-4°. Voici comme en parle l'abbé Gallois, dans son Journal des Sçavans du onzieme Mars de la même année : « De quatre
» cens ouvrages différens que la république des let-
» tres doit aux femmes sçavantes, & qu'un curieux
» a pris plaisir de ramasser soigneusement, il n'y
» en a pas de plus hardi que celui-ci. Il ne faut sor-
» tir ni du royaume, ni de Paris même, pour sça-
» voir qu'il y a des dames qui écrivent avec la der-
» niere délicatesse. Ce n'est plus une chose rare que
» d'en voir qui entendent le latin, & qui écrivent
» avec une pureté digne de l'ancienne Rome. Mais
» mademoiselle le Févre a peu de compagnes de son
» application à la langue grecque. Nous lui devons
»' Callimachus dans toute la beauté dont il est ca-
» pable, &c. » L'Epitre dédicatoire de mademoiselle le Févre, sa Préface & ses Notes sur ce poëte Grec, ont été réimprimées, en 1697, à Utrecht, dans le Callimaque de Grévius, en deux volumes in-8°.

Ce coup d'essai, qui eût fait beaucoup d'honneur à un homme consommé dans les lettres, donna une grande idée de mademoiselle le Févre. Le duc de Montausier, qui présidoit alors à l'éducation du Dauphin, voulut absolument qu'elle entrât en société avec plusieurs sçavans, qu'il avoit chargés du soin de faciliter à ce jeune prince la lecture des anciens auteurs Latins, en y joignant une interprétation ou paraphrase des endroits les plus difficiles, avec des notes courtes, précises & dégagées de toute érudition superflue. Quelque résistance que mademoiselle le Févre opposât à un pareil engagement, que sa modestie naturelle lui faisoit paroître bien au-dessus des ses forces, il fallut enfin qu'elle y prît, pour sa part du travail, quatre auteurs Latins à éclaircir par de nouveaux commentaires ; & elle choisit ces quatre historiens, Florus, Dictys de Crète, Aurélius Victor, & Eutrope.

Feu M. Bayle, dans ses Nouvelles de la République des Lettres (Octobre 1684), observe « que la plûpart de ceux qui avoient été chargés de donner ces commentaires, n'ont fourni leur tâche que lorsqu'il n'a été plus tems de l'employer à ce à quoi on la destinoit, mais que mademoiselle le Févre surpassa tous les autres en diligence, & gagna le pas à je ne sçais combien d'hommes, qui tendoient au même but; son Florus ayant été imprimé dès l'an 1674; » le Dictys le fut en 1680; l'Aurélius Victor, en 1681, & l'Eutrope, en 1683. « Ainsi, ajoûte M. Bayle, voilà notre sexe hautement vaincu par cette illustre sçavante; puisque, dans le tems que plusieurs hommes n'ont pas encore produit un auteur, elle en a publié quatre; ce qui ne l'a pas empêché de publier d'autres livres. » Son Epître dédicatoire, sa Préface, & ses Notes sur Dictys ont été réimprimées en 1702, dans l'édition d'Amsterdam, *in-4°* & *in-8°*, procurée par les soins de M. Smids : M. Pitiscus a inséré dans son édition d'Aurélius Victor, faite à Utrecht, en 1696, *in-8°*, tout ce que mademoiselle le Févre avoit donné dans la sienne sur cet historien. Son Florus & son Eutrope ont été réimprimés en Angleterre, *in-8°*; le premier en 1692, le second en 1705. On peut dire, qu'en travaillant sur ces quatre auteurs, elle a suivi exactement les vues de M. de Montausier, par rapport à la précision & à la netteté qui règnent, soit dans les paraphrases, soit dans les notes qu'elle a jointes au texte de ces historiens.

Mademoiselle le Févre ayant appris que la reine de Suède (Christine), qui ne la connoissoit que sur le bruit de la renommée, avoit conçu de l'estime pour elle & pour ses ouvrages, prit la liberté de lui envoyer son Callimaque & son Florus accompagnés d'une belle Lettre latine. Cette princesse l'en remercia par une autre écrite en françois, datée du 21 Mai 1678, où elle lui marquoit combien un tel présent lui avoit fait passer d'agréables heures. » Par quel charme secret, lui disoit-elle entre plu- » sieurs autres choses obligeantes, avez-vous sçu ac- » corder les muses avec les graces ? Si vous pouviez » attirer la fortune à cette alliance, ce seroit un as- » sortiment presque sans exemple, & auquel on ne » pourroit rien souhaiter de plus; si ce n'est la con- » noissance de la vérité, qui ne peut être cachée long- » tems à une fille qui peut s'entretenir avec les saints » auteurs, dans leurs langues naturelles. » Quelques années après, la reine de Suède, pleine d'admiration pour un mérite dont on ne voyoit guères d'exemple que dans cette princesse même, invita, par une seconde Lettre, mademoiselle le Févre à se rendre auprès d'elle à Rome, où elle lui promettoit un établissement des plus considérables. Mais cette sçavante fille, peu sensible aux fortunes les plus brillantes, demanda d'être dispensée de ce voyage, en exposant avec autant de force que de modestie, les justes raisons qui l'empêchoient d'accepter des offres si honorables.

Tant d'ouvrages si utiles & si promptement exécutés, soutenus du crédit de M. de Montausier, protecteur déclaré des gens de lettres, valurent à mademoiselle le Févre plusieurs gratifications du roi, lesquelles, en 1685, furent suivies d'une pension réglée. Dès 1681, elle avoit donné à ce duc des marques publiques de sa reconnoissance, en lui dédiant les poësies d'Anacréon & de Sapho, accompagnées d'une traduction françoise, & de curieuses remarques sur le texte de ces deux auteurs, imprimées à Paris, chez Thierry, in-12. Elle a si bien sçu faire sentir en françois le tour naïf & les graces singulieres de ces petites odes, qui ne sont que des expressions vives & naturelles d'un cœur livré aux plaisirs de l'amour & de la table, que sa traduction, quoiqu'en prose, l'emporte, au jugement des connoisseurs, sur toutes les traductions en vers qu'on en a publiées. M. de la Motte le regarde comme un « ouvrage tout fait par l'Amour, » & imagine sur cela une fiction des plus flatteuses pour la traductrice, s'il est permis de hazarder ce terme. Il en a fait le sujet d'une petite Ode qu'il lui adresse, dont voici les premiers vers:

> Sçavante Dacier, cet ouvrage
> Où le galant Anacréon
> Parle si bien notre langage,
> Paroît en vain sous votre nom.
>
> L'amour lui seul a sçu le faire ;
> Et ce dieu m'en a fait serment.
> Voici comme il conte l'affaire ;
> Vous l'en désavouerez, s'il ment, &c.

Ce jugement de M. de la Motte s'accorde parfaitement avec celui du quatrieme Journal de 1682. » Comme la Grèce n'a jamais rien eu de plus ga- » lant ni de plus poli que les poësies de Sapho & » d'Anacréon, nous pouvons dire que la France n'a » guères vu rien de plus juste que cette traduction ; » tant par la délicatesse avec laquelle mademoiselle » le Févre a imité dans cette copie la naïveté pres- » que inimitable de l'original, que par le secret » qu'elle a sçu trouver la premiere, de faire passer » dans une prose fidèle toutes les graces que l'on » trouve dans les vers grecs. » On a réimprimé en Hollande, *in*-12, cette traduction d'Anacréon, en y joignant à la fin les notes latines de feu M. le Févre.

Mademoiselle le Févre conçut ensuite le dessein de travailler sur une bonne partie des piéces de théatre qui nous restent des Grecs & des Latins. Elle donna pour échantillon trois comédies de Plaute, l'*Amphitrion*, l'*Epidicus* & le *Rudens*, ou l'*Heureux Naufrage*, traduites en françois, avec des remarques & un examen de chaque piéce, suivant les régles du théatre. Elle dédia cet ouvrage à M. Colbert, qui l'honoroit de sa protection; & il fut imprimé en 1683, chez Thierry, en trois volumes *in*-12. Ces trois comédies ont été réimprimées à Amsterdam, en 1719, conjointement avec les dix-sept autres piéces de Plaute, traduites par M. de Limiers. Mademoiselle le Févre n'a rien oublié pour conserver dans sa traduction le caractère du poëte Latin, qui consiste principalement dans la vivacité du dialogue, & dans certaines plaisanteries qu'elle a sçu rendre en françois par d'heureux équivalens.

Si Plaute lui offrit à cet égard des difficultés, elle n'en trouva pas de moins embarrassantes dans la traduction d'Aristophane, dont elle donna deux comédies, le *Plutus* & les *Nuées*, qu'on n'avoit jamais traduites en françois, & qui parurent avec ses remarques & ses examens, en 1684, chez Thierry, en un volume *in*-12. On peut regarder cet ouvrage comme le plus hardi & le plus épineux qu'elle eût entrepris jusqu'alors, sans en excepter même son Callimaque. Rien n'étant plus difficile que de traduire en françois avec justesse, des comédies du caractère de celles d'Aristophane, & de répandre sur une semblable version assez d'agrément & de sel, pour faire goûter ce poëte en France, au bout de deux mille ans.

Elle fut associée cette même année à l'académie des *Ricovrati* de Padoue. Dès l'année précédente, elle avoit épousé l'illustre M. Dacier, qui, dans le commerce de M. le Févre, dont il avoit été disciple à Saumur, avoit puisé ce goût & ce talent pour les lettres, ausquels le public est redevable de tant de sçavantes productions.

Ils partirent pour le Languedoc, en 1684. Le principal motif de ce voyage étoit le desir qu'avoit madame Dacier de connoître plus particulièrement la famille de son époux. Mais elle y consomma une affaire bien plus importante, dont elle avoit formé à Paris le premier dessein. Il s'agissoit de rentrer dans la communion Romaine; c'est ce qu'ils firent enfin à Castres l'un & l'autre, vers le milieu de l'année 1685, après les réflexions les plus sérieuses, & plusieurs mois avant qu'il fût question de révoquer l'édit de Nantes.

Madame Dacier, à son retour de Languedoc, reprit ses exercices littéraires, que son voyage avoit interrompus. Il étoit naturel qu'après avoir traduit avec tant de succès les plus belles comédies d'Aristophane & de Plaute, elle prêtat le même secours à celles de Terence. Une seule considération combattoit dans son esprit l'idée d'une pareille entreprise. Un homme d'érudition & de pieté, par la version qu'il avoit donnée de trois de ces comédies, avoit enlevé les suffrages. Il paroissoit difficile, dans la prévention où le public se trouvoit sur cette version, de lui persuader qu'il n'étoit pas impossible de mieux réussir. Cependant madame Dacier, qui sentoit mieux que personne toute la perfection où certains ouvrages pouvoient être portés, & qui, dans les plus estimés, sçavoit remarquer des défauts qui échappoient au reste du monde, résolut d'essayer au moins en son particulier ce quelle pourroit, par rapport à un auteur si digne de nos soins. Dans cette vue, elle se levoit tous les jours à quatre heures, & travailloit toute la matinée, avec tant d'application, qu'en quatre mois elle vint à bout d'achever la traduction des quatre premieres comédies de Térence. Mais l'ayant relue à tête reposée, elle en fut si peu satisfaite, & la trouva si peu conforme au génie de l'auteur, que de dépit elle jetta tout au feu. Comme elle ne pouvoit pourtant abandonner son dessein, elle ne s'occupa, pendant trois mois entiers, qu'à relire sans cesse son original, & se transformer, pour ainsi dire, en lui; après quoi, s'étant remise à l'ouvrage avec une nouvelle ardeur, elle fit une seconde traduction, si différente de la premiere, que ceux de ses amis qui étoient le plus préoccupés en faveur de l'ancienne version, tomberent d'accord qu'elle n'oseroit plus se montrer auprès de la sienne. Leur sentiment fut justifié par l'approbation que reçut cet ouvrage imprimé à Paris, en 1688, chez Thierry, en trois volumes *in-*12, & réimprimé à Roterdam, en 1717. Il est surprenant qu'un si grand nombre de sçavans critiques, qui se sont exercés sur Térence, y ayent encore laissé à madame Dacier des découvertes à faire. Les plus importantes consistent en divers changemens qu'elle a faits au texte, pour la division des actes qu'on avoit souvent mal partagés; & ces changemens ont été confirmés par deux manuscrits de la bibliothèque du roi, qu'on ne lui a communiqués qu'après l'impression de cet ouvrage.

Pendant le cours de cette impression, M. Ménage, qui avoit eu autrefois une grande contestation avec l'abbé d'Aubignac, au sujet de l'*Heautontimorumenos* de Térence, ayant appris que madame Dacier, après avoir examiné tous les écrits concernant cette dispute, n'étoit pas de son avis, se détermina à faire réimprimer pour la troisieme fois son Discours sur Térence, avec des corrections & des additions, & à le dédier à Madame Dacier, dans l'espérance de l'attirer à son parti. « Je crois, dit-il dans l'Aver-
» tissement, avoir bien établi toutes mes opinions.
» J'avoue pourtant qu'il y a un argument contre
» moi, auquel je ne puis répondre; c'est l'autorité
» de madame Dacier. Je suis accablé de cette auto-
» rité; & si cette illustre personne, après avoir
» vu cette derniere édition de mon ouvrage, per-
» siste à être contre moi, je cesserai moi-même

» d'être pour moi. » Il ne paroît pas que les raisons ni les complimens de M. Ménage ayent fait revenir madame Dacier de son sentiment.

Cela n'empêcha pas que M. Ménage, quelque tems après, c'est-à-dire en 1690, ne lui dédiât un second livre, sous le titre d'*Historia Mulierum Philosopharum*, (Histoire des Femmes Philosophes,) lequel fut d'abord imprimé à Lyon en un volume *in-*12, & l'a été depuis une seconde fois dans la belle édition de Diogène Laërce, publiée à Amsterdam, en 1692, *in-*4°. Il qualifie madame Dacier du titre de la plus sçavante femme qui soit & qui fut jamais: *Fœminarum, quot sunt, quot fuere, doctissima*, & observe que personne ne doit être surpris qu'il lui dédie un ouvrage de cette nature, puisque Diogène Laërce lui en a donné l'exemple, en adressant son Histoire des Philosophes à une femme.

Ces deux livres de M. Ménage ne sont pas les seuls que l'on ait dédiés à madame Dacier. Les étrangers ont voulu partager cet honneur avec les François. En effet, le marquis d'Orsi, en 1703, lui dédia ses Réflexions sur la manière de bien penser du P. Bouhours, écrites en italien, & imprimées à Bologne, *in-*8°, sous ce titre: *Considerationi sopra un famoso Libro franzese intitolato &c*; ouvrage dans lequel il établit en quelque sorte madame Dacier l'arbitre de la dispute.

Quelque parfaite que fût l'union entre M. & Mme Dacier, elle n'avoit point encore paru dans leurs écrits: chacun travailloit en particulier; mais ils réunirent leurs travaux en faveur d'un ouvrage que leur proposa le premier président de Harlai, avec lequel ils étoient en grande liaison. Ce fut une Traduction françoise des Réflexions morales de l'empereur Marc-Antonin. Ils s'y appliquerent donc en commun sous ses yeux, s'étant retirés, pour être moins distraits, dans son agréable maison du Fresnil-Montant, où il venoit de tems en tems étudier le progrès & le succès du travail. Cette Traduction, accompagnée de Remarques, fut en état de voir le jour, en 1691, chez Barbin, en deux volumes *in-*12. Elle est précédée d'une Vie de Marc-Antonin, recueillie de divers auteurs de l'antiquité, & adressée à M. de Harlay. On fit à Amsterdam une seconde édition de ce livre, en 1710.

Ils entreprirent encore de concert un second ouvrage, presque aussi épineux, mais de bien plus longue haleine ; c'étoit de traduire en françois les Vies des hommes illustres de Plutarque, & de les éclaircir par des commentaires. Des six premieres qui parurent chez Barbin, en 1694, *in-*4°, madame Dacier en a traduit deux. Il est difficile, disent les auteurs du Journal des Sçavans de 1720, de qui nous empruntons cet article, de distinguer celles qui lui appartiennent véritablement ; & M. Dacier, qui jusqu'ici en a fait un secret, a eu le plaisir de les voir attribuer toutes six à son épouse, par différentes personnes, dont les conjectures, sans éclaircir l'énigme, prouvent quelque chose de plus merveilleux & de plus honorable pour l'un & l'autre ; une uniformité de pensées & de sentimens, si parfaite, qu'elle a passé jusqu'au style.

De nouveaux projets formés de part & d'autre, leur firent interrompre ce grand ouvrage. Madame Dacier qui, dès sa plus tendre jeunesse, & sous la conduite d'un pere passionné pour la belle antiquité, s'étoit familiarisée avec la poësie d'Homère, & avoit conçu pour ce poëte la plus haute estime, entreprit d'en faire connoître plus particulièrement les beautés à ses compatriotes, en le traduisant en françois. De toutes les versions qu'on en avoit publiées en cette langue, à peine s'en trouvoit-il une seule que l'on pût lire sans dégoût. Elle travailla la sienne avec tant d'application, pendant quinze ou seize ans, qu'elle parvint enfin à donner, en 1711, la Traduction de l'Iliade, accompagnée de Remarques

ques très-utiles pour l'intelligence parfaite du poëte Grec. Si le génie particulier de la langue françoise ne lui a pas toujours permis de rendre exactement toutes les beautés de son original, elle a sçu lui en prêter de nouvelles en beaucoup d'endroits ; &, toute compensation faite, on peut dire qu'Homère n'y a rien perdu.

Quoique l'Iliade françoise eût reçu les applaudissemens des personnes d'érudition & de goût pour le chef-d'œuvre des anciens, elle ne gagna pas également les suffrages d'un autre ordre de sçavans, toujours en garde contre les préjugés de l'autorité, & déterminés à ne décider du mérite des ouvrages d'esprit, que sur certaines règles qu'ils tirent d'une exactitude scrupuleuse, dont l'enthousiasme poëtique croit être en droit de s'affranchir. Cette précision géométrique suscita contre l'Iliade d'Homère diverses critiques, dont les principales furent celles de M. de la Motte, imprimées, en 1714, à la tête de sa nouvelle Iliade en vers ; & la Dissertation critique de M. l'abbé Terrasson, publiée en 1715, en deux volumes *in-12*.

D'un autre côté, les partisans d'Homère ne demeurerent pas dans le silence. On vit paroître coup sur coup plusieurs Apologies de ce poëte ; l'une de M. Boivin le cadet, en 1715 ; l'autre du P. Hardouin, de la même année ; une troisieme anonyme, sous le titre d'*Homère vengé*, sans compter quelques autres écrits, tels que l'*Homère en arbitrage*, & l'*Examen pacifique de M. Fourmont*, dans lesquels on s'efforçoit de concilier les deux partis. Madame Dacier répondit à M. de la Motte par un volume intitulé, *Des Causes de la corruption du goût*, où elle avoit rassemblé ce qui pouvoit contribuer à la justification d'Homère attaqué vivement par le poëte François. Après une pareille réponse, imprimée chez Rigaud en 1715, elle ne crut pas en devoir une particuliere au livre de M. Terrasson.

F. C. *Tome I.* M m

L'Odyssée d'Homère, qui devoit suivre de près l'Iliade, ne fut publiée qu'en 1716. L'affliction vive, que ressentit madame Dacier de la perte d'une fille unique très-aimable, & qui faisoit toute sa consolation, eut la meilleure part à ce long retardement, comme elle l'annonce elle-même à la fin de la Préface de son Iliade, en déclarant que, frappée du coup funeste qui l'accable, elle ne peut rien promettre d'elle, & n'a plus de force que pour se plaindre. La traduction de l'Odyssée, accompagnée de remarques, fut imprimée chez Rigaud en trois volumes in-12, comme l'Iliade.

Au commencement de la sçavante préface, qu'on lit à la tête de cette traduction, madame Dacier avertit qu'elle se réservoit à traiter de l'art du poëme épique dans une Dissertation à part, où elle se proposoit de rassembler les principales règles de ce poëme; de découvrir les véritables fondemens de ces règles, & d'en faire l'application; mais que des raisons, dont elle n'informera point le public, de peur qu'il ne l'accusât de vanité, quelque exempte qu'elle soit naturellement de ce vice, l'ont obligée à changer son plan. « On m'a fait voir, (continue-t-elle) que le lieu le plus naturel & le plus propre pour cette Dissertation, étoit la Préface même de l'Odyssée, afin que ceux qui liront Homère dans ma traduction, ayent sous la main tous les secours nécessaires pour le lire avec plus d'utilité & plus de plaisir..... J'ai obéi. » Cette déférence étoit bien dûe au juste discernement du grand prince de qui venoit un pareil avis. C'étoit M. le dauphin duc de Bourgogne, qui honoroit d'une attention particuliere les ouvrages de madame Dacier.

Vers la fin de cette même préface, on trouve quatre pages qui regardent M. l'abbé Terrasson. « Voilà, (dit madame Dacier en la terminant) toute la réponse que ce grand critique aura de moi. Un autre combat m'appelle; il faut réfuter l'Apologie que le

» R. P. Hardouin, un des plus sçavans hommes du siè-
» cle, vient de faire de ce poëte. Qui l'auroit cru,
» (poursuit-elle), qu'après avoir combattu les cen-
» seurs d'Homère, je dusse prendre les armes contre
» un de ses apologistes ? C'est à quoi je vais travail-
» ler ; ma réponse ne se fera pas long-tems attendre ;
» & j'ose espérer que les amateurs d'Homère, ou
» plutôt les amateurs de la raison, la verront avec
» quelque plaisir. » Cette réponse parut en effet quelques mois après, chez Coignard, en un petit volume
*in-*12, sous ce titre : *Homère défendu contre l'Apologie
du R. P. Hardouin,* ou *Suite des Causes de la corruption du goût.* On peut dire que c'est la circonstance
la plus singulière qu'il y ait eu dans toute la dispute concernant ce poëte Grec.

Madame Dacier comptoit de finir là sa carriere.
Cependant, lorsqu'elle donna une seconde édition
de l'Iliade, en 1719, elle y joignit quelques réflexions sur la premiere partie de la Préface que
M. Pope avoit publiée au commencement de sa
Traduction de l'Iliade en vers anglois. Ces réflexions
tendent à relever quelques méprises & quelques
contradictions de ce nouveau traducteur, au sujet
des divers jugemens qu'il porte sur le mérite d'Homère.

Après tant d'ouvrages si utiles à la république
des lettres, madame Dacier avoit résolu de ne continuer son commerce avec les Muses, que pour son
usage particulier. De si sages & si doux projets se
trouverent dérangés par une paralysie, dont elle
fut attaquée au mois de Mai 1720. Quoique l'esprit n'en eût rien souffert, il fallut suspendre ce
qu'il auroit demandé, & céder aux besoins du corps,
en se livrant à une longue suite de remèdes. Ils
parurent la soulager d'abord ; mais au bout d'environ trois mois, elle fut frappée d'une seconde attaque, plus violente que la premiere, & qui l'enleva, le 17 d'Août, âgée de soixante-huit ans.

M m ij

Si madame Dacier a fait grand honneur à son sexe & à sa nation, par tant d'excellens ouvrages, on peut dire que rien ne lui en a fait davantage à elle même, que le témoignage rendu à son mérite dans un édit authentique du mois de Janvier de la même année, pour réunir à la charge de M. l'abbé Bignon, bibliothécaire du roi, celle de garde des livres du cabinet du Louvre, dont M. Dacier est actuellement revêtu. Par cet édit, S. M. ne s'est pas contentée de conserver à M. Dacier toutes les prérogatives de sa charge durant sa vie ; les mêmes avantages s'y trouverent aussi réservés à madame Dacier, au cas qu'elle eût survécu à son époux ; & cette disposition sans exemple est justifiée par des traits à la gloire de cette illustre sçavante, qui font bien voir que rien de ce qui la regarde ne peut être tiré à conséquence.

Parmi ceux des amis de la défunte, qui ont répandu des fleurs sur son tombeau, nul ne s'en est acquitté d'une manière plus noble & plus touchante que M. l'abbé Fraguier dans sa belle Elégie latine, qu'il adressa à M. Dacier, sur la mort de son incomparable épouse. C'est une pièce achevée en son genre, & digne du siécle d'Auguste, sur-tout la description que le poëte fait de l'arrivée de madame Dacier aux Champs Elysées, où elle est d'abord reçue par l'ombre de sa chere fille, puis par celle d'Homère, qui la comble de louanges. Cet endroit présente une image si vive & si intéressante, qu'il est impossible de le lire sans en être véritablement attendri.

On trouve à la fin de cette Elégie, imprimée chez Coignard, l'épitaphe de madame Dacier, composée par M. de la Monnoye, en six vers, où il a renfermé avec beaucoup d'art, les principales circonstances d'une vie si précieuse aux gens de lettres.

DALET (*madame la comtesse*) est auteur d'une

petite piéce en vers, qui a pour titre: *La Calomnie confondue.* On ne sçait aucune particularité sur la vie de cette dame. Elle est de la fin du siécle dernier.

DALILA, femme du fameux Samson, dont parle l'Ecriture. Plus attachée à son pays qu'à son époux, elle trahit celui-ci, dont elle sçut arracher, à force de caresses, le secret qui devoit lui faire perdre ses forces prodigieuses ; c'étoit de lui couper les cheveux. Elle les lui coupa elle-même, & le livra dans cet état aux Philistins, ses ennemis mortels.

DAMARIS, Athénienne, qu'on a cru femme de S. Denys l'Aréopagite, fut convertie par saint Paul.

DAMATRION, Lacédémonienne, qui tua son fils de sa propre main, parce qu'il s'étoit comporté lâchement dans la guerre entre les Spartes & les Messéniens. On mit sur son tombeau une épitaphe grecque, qu'on a ainsi traduite en vieux françois :

> Damatrion tua ce gendarme fuitif
> Combien qu'il fût sorti de son ventre fidelle,
> Et puis le vint jetter dans ce vallon chétif,
> Comme du tout indigne & de sa ville & d'elle.

DAMBROWKA, fille de Boleslas, duc de Bohême, ayant été mariée, en 965, à Micislas I, duc de Pologne, engagea son époux à embrasser la Religion Chrétienne, qu'elle professoit, & à l'établir dans ses Etats. Micislas reçut le baptême; & son exemple fut suivi de la plûpart des Polonois, qui jusqu'alors avoient adoré les dieux du paganisme.

DAMERON. (*Elizabeth Plazet de*) Nous avons dit ailleurs qu'un gentilhomme Anglois, nommé *Thomas Osby*, étant à Paris, s'introduisit dans la maison d'une dame veuve qui avoit une fille de vingt-deux ans, très-bien faite & de beaucoup d'esprit, nommée *Elizabeth Plazet de Dameron.* Il eut de fréquentes conversations avec cette fille, & sçut si bien gagner

son cœur, qu'elle ne lui refusa rien ; & au moyen d'une promesse de mariage, il vécut avec elle pendant un mois, avec toute la liberté que donne le Sacrement. Ce tems étant écoulé, Osby témoigna qu'il souhaitoit avec passion pouvoir accomplir sa promesse ; mais qu'il lui falloit faire auparavant un voyage à Londres, pour obtenir le consentement de sa mere, & donner ordre aux affaires de sa maison. Il partit ; mais dès qu'il fut à Londres, il oublia bientôt sa maîtresse, & ne songea plus à revenir. Mademoiselle Dameron, après lui avoir écrit plusieurs lettres, sans en recevoir de réponses, vit qu'elle étoit trompée ; son dépit lui suggéra de passer en Angleterre avec un frere qu'elle avoit, qui étoit plus jeune qu'elle. Osby, instruit de son arrivée à Londres, quitta la ville, & alla voyager dans diverses provinces du royaume. Mademoiselle Dameron, ne trouvant point son infidèle, résolut d'aller demander justice à la reine Elizabeth. Elle s'habilla le plus proprement qu'elle put, & alla à Vithéal se présenter à la reine. Sa beauté lui ouvrit un chemin à travers la foule. Quand elle fut près d'Elizabeth, elle se mit à genoux, & lui dit qu'elle demandoit justice. On lui demanda qui elle étoit, quel tort on lui avoit fait ? Elle raconta toute l'affaire à la reine, jusqu'à lui dire qu'Osby avoit abusé d'elle, sous la foi d'une promesse de mariage. » Mais que ferez-vous, lui répondit la reine, s'il
» refuse de vous épouser, & que les loix du royaume
» ne puissent pas l'obliger à le faire ?...... » Il faut
» donc, repliqua-t-elle, que je me déguise en
» homme, & que ne pouvant être sa femme, je sois
» sa meurtriere ; car j'ai de si fortes raisons de me
» venger de sa perfidie, que je le poursuivrai jusqu'aux
» portes de l'enfer........ » Vous croyez donc, dit
» la reine, que la virginité est d'un si grand prix,
» qu'elle ne peut être vengée que par la mort de
» celui qui vous l'a ravie ? Mais, si cela est vrai

» d'une simple bourgeoise, que seroit-ce de la per-
» sonne d'une reine ?.....» Madame, répondit la
» Dameron, à l'égard de la conscience envers Dieu
» & de l'honneur parmi les hommes, nous sommes
» toutes égales.....» Mais, reprit la reine, quand on
» a une fois perdu sa virginité, c'est sans retour ; &
» il n'y a plus de remède......Si mon malheur veut
» que je ne sois plus vierge, je suis du moins toujours
» Elizabeth. » Tous les courtisans, dit le politique
Léti, admirerent la subtilité de cette fille, & le coup
quelle portoit à la reine, par l'équivoque de son
nom, comme si elle eût voulu dire que si elle n'é-
toit pas vierge, elle étoit pourtant toujours la même
Elizabeth ; mais elle vouloit dire sans doute, qu'elle
n'étoit pas plus vierge que la reine Elizabeth : on
crut que la reine l'avoit ainsi compris, sur ce
qu'elle rompit d'abord ce discours, & dit à la demoiselle : « Votre bel esprit mérite qu'on fasse
» quelque chose pour vous ; j'aurai soin de votre
» personne & de votre affaire. » La reine n'eut pas
plutôt dit ces paroles, qu'elle entra dans sa chambre : le comte d'Essex lui donnant la main selon
la coutume, elle parla de cette affaire à plusieurs
juges, qui lui dirent que cette demoiselle n'étoit pas
bien fondée dans sa prétention, n'ayant ni témoins, ni preuves, ni promesse par écrit. « N'im-
» porte, répondit Elizabeth, ses preuves sont sur
» son visage, dans ses yeux & dans ses discours. »
Elle manda ensuite la mere d'Osby, qui fut enchantée de l'esprit & des graces de mademoiselle
Dameron, & consentit avec joie à ce qu'elle fût
unie à son fils. Elle lui écrivit pour cet effet en
Ecosse, où il s'étoit retiré ; mais lorsqu'il reçut la
lettre, il étoit malade à l'extrémité. Sa mere, peu
de tems après, apprit qu'il étoit mort. Pour dédommager mademoiselle Dameron, on lui assigna
quinze cens livres de pension sur les biens d'Osby.

DAMIGELLE TRIVULCE. *Voyez* TRIVULCE.

DAMIGELLE DE SAINT-ANGE. *Voyez* SAINT-ANGE.

DAMO, fille sage, vertueuse, de beaucoup d'esprit, & dont l'histoire vante à regret la prudence & la discrétion, eut pour pere le fameux philosophe Pythagore, qui lui confia en mourant ses secrets & ses écrits, avec défense de jamais les divulguer. Damo se trouva dans la derniere misere; & pouvant tirer une grosse somme d'argent des livres de Pythagore, elle aima mieux supporter son indigence, que de manquer à ce qu'elle avoit promis à son pere. Elle mourut dans le célibat.

DANAÉ, fille de Léontium, courtisane Athénienne, ne nous est connue que par Athénée. Elle suivit la profession de sa mere, & devint, dit Bayle, concubine de Sophron, gouverneur d'Ephèse. Elle s'insinua aussi dans les bonnes graces de Laodice, jusqu'à être sa conseillere, & la confidente de tous ses secrets. Ayant sçu que Laodice vouloit faire mourir Sophron, elle lui fit signe de se retirer. Il comprit le péril dont elle l'avertissoit; & il fit semblant d'avoir oublié quelque chose, sans quoi il ne pouvoit pas répondre sur la matière qu'on donnoit à examiner. Il obtint du tems pour rappeller ses idées; mais il ne comparut plus; il se sauva de nuit à Corinthe. Laodice n'eut pas plutôt découvert que Danaé avoit été cause de cette évasion, qu'elle la condamna à être précipitée. Danaé, sçachant le péril qu'elle couroit, fut assez fière pour ne vouloir rien répondre aux questions de Laodice; mais elle ne fut pas muette en allant au supplice; il lui échappa des murmures très-insolens contre la divinité.

DANNEMARCK, (*Anne de*) duchesse de Saxe. *Voyez* ANNE DE DANNEMARCK.

DANTE, (*Théodore*) fameuse mathématicienne de Pérouse en Italie, laquelle ayant appris les mathématiques de son pere, les enseigna à un de ses neveux, qui se rendit, comme elle, très-habile dans cette science sublime, sur la fin du seizieme siécle.

DAPHNÉ, célèbre poëtesse grecque, du tems de la guerre de Troye. M. de Larrey, dans son Histoire des Sept Sages, dit qu'Homere avoit tiré des poësies de cette sçavante les plus grandes beautés de son Iliade & de son Odyssée, & que l'ingrat avoit supprimé l'ouvrage de sa bienfaitrice, mais sans avoir pu cacher son larcin à la postérité.

DAURAT, (*Madeleine*) sçavante Françoise. *Voyez* DORAT.

DÉBORA, prophétesse & juge d'Israël, tient le premier rang parmi les femmes illustres, dont l'Ecriture-sainte nous a transmis les noms. Elle affranchit le peuple Hébreu de l'esclavage des Chananéens, & le gouverna pendant quarante ans avec autant de gloire que de sagesse. « La merveille est,
» dit le P. le Moine, & il faut l'ajoûter ici pour
» couronner sa mémoire, qu'il ne s'est fait aucune
» plainte, ni ne s'est remarqué aucune faute de
» cette régence ; & l'Ecriture-sainte, qui n'a pas
» caché les manquemens des patriarches, & qui a
» montré à la postérité la défiance de Moyse &
» d'Aaron, l'imprudence de Josuë, l'incontinence
» de Samson, la chute de David, & les folies de
» Salomon, n'a rien trouvé à dire en Débora, &
» ne nous a laissé que ses prophéties & ses hymnes, que ses loix & ses victoires. »

DEBORA, femme de Rabbi-Joseph Ascaliel, Juif Romain, vivoit au commencement du dix-septieme siécle. Cette femme s'étant appliquée à la poësie italienne, traduisit quelques piéces hébraïques en italien, comme l'*Habitation des Demandans* de R. Moyse de Riéti ; ouvrage moral imprimé à Venise en 1602 & 1609. Elle traduisit aussi en vers italiens quelques autres opuscules du même Rabbin.

DÉIDAMIE, fille de Lycomede, roi de l'isle de Scyro, fut, selon la fable, aimée d'Achille, le plus vaillant des Grecs, que sa mere Thétis avoit fait cacher dans cette cour, sous un habit de fille, pour le garantir de la mort dont les destinées le menaçoient à la guerre de Troye.

DÉIPHILE, mere de Dioméde, l'un des plus fameux héros de la guerre de Troye, étoit fille d'Adraste, roi d'Argos, & femme de Tydée.

DÉMÉTRIADE, dame Romaine qui vivoit dans le Ve siécle de l'église. Pour se soustraire à la fureur des Goths, qui ravageoient l'Italie, elle s'enfuit en Afrique avec sa mere Julienne, & Proba son aïeule. Etant arrivée à Carthage, elle fut si touchée d'un discours de S. Augustin, sur la virginité Chrétienne, qu'elle résolut de l'embrasser. On a des Lettres de S. Jérôme, de S. Augustin, & du pape Innocent I, adressées à cette dame, pour la confirmer dans sa pieuse résolution.

DÉMODICE, reine de Thessalie, qui conçut une passion criminelle pour Phryxus son neveu. Cet autre Joseph, n'ayant point voulu consentir à ce qu'elle exigeoit de lui, fut accusé par Démodice du crime dont elle étoit coupable ; & le roi, nommé *Cretée*, le condamna à mort. Mais ayant reconnu l'innocence du jeune prince, il fit mourir la reine en sa place.

DÉMODICE. Son article peut servir de preuve à l'opinion de ceux qui prétendent qu'on trouve à-peu-près les mêmes histoires chez les différens peuples. Critolaüs, citoyen de Tégée en Arcadie, & frere de Démodice, revenoit dans sa patrie, vainqueur des trois Damostrates, dont l'un étoit l'amant de sa sœur. Celle-ci n'eut pas plutôt appris la victoire de Critolaüs, que, s'abandonnant aux larmes & au désespoir, elle lui fit mille reproches d'avoir tué son amant ; mais Critolaüs, indigné de la voir seule pleurer ce qui faisoit la joie de tout le monde, lui plongea son épée dans le sein. On sçait que le jeune Horace à Rome, ne traita pas autrement sa sœur, dans une circonstance tout-à-fait semblable.

DÉMONICE, jeune fille Ephésienne, qu'un excès de coquetterie & d'avarice rendit coupable de la plus infâme trahison. Brennus, prince des Gaulois, assiégeant Ephèse, elle s'offrit de la lui livrer, s'il vouloit lui donner les colliers, les bracelets, & les autres joyaux des dames de cette ville. Brennus accepta le marché. Lorsqu'il fut maître d'Ephèse, il commanda à ses soldats de jetter à Démonice tous les joyaux d'or qu'ils avoient; & le nombre en fut si prodigieux, qu'elle fut ensevelie toute vive sous les parures qu'elle avoit tant désirées.

DÉMOPHILE, sybille de Cumes. *Voyez* AMALTHÉE.

DENYS, (*madame*) niéce de M. de Voltaire, tient un des premiers rangs parmi les personnes sçavantes de son sexe. De toutes les faveurs qu'elle a reçues de la nature, la plus honorable pour elle & la plus avantageuse, est de posséder dans le plus grand poëte de notre siécle, non pas un oncle, mais un bienfaiteur, un pere.

DESCARTES, (*Catherine*) nièce du fameux René Descartes, se distingua par son esprit & par son sçavoir; ce qui fit dire fort ingénieusement que l'esprit du grand René étoit tombé en quenouille. Elle écrivoit avec beaucoup de naturel & de délicatesse, aussi-bien en vers qu'en prose. Le Recueil des vers choisis par le P. Bouhours, & les Poësies de madame la comtesse de la Suze offrent quelques-unes de ses pièces. Elle étoit liée très-étroitement avec mademoiselle de Scuderi, l'honneur & l'admiration de son sexe. Elle mourut en 1706.

DESCHAMPS, (*Madeleine*) mere de Louis Servin, avocat-général au parlement de Paris, sous Henri III, tint un rang distingué parmi les femmes sçavantes du seizieme siécle. Les langues grecque & latine lui étoient presque aussi familieres que la françoise, comme on n'en sçauroit douter par les poësies qu'elle fit dans ces trois langues, en l'honneur de François Baudouin, fameux jurisconsulte.

Nous n'oublierons pas une autre DESCHAMPS, qui fut religieuse à Port-Royal, sous le nom de *Jeanne de saint Aldegonde des Landes*, de qui l'on a plusieurs Lettres écrites en 1665. Elle étoit sœur de M. Deschamps, sieur des Landes, gentilhomme du pays de Caux en Normandie.

DES HOULIERES, (*Antoinette du Ligier de la Garde, dame*) dont les poësies sont connues de tout le monde, naquit à Paris d'une famille noble, sous le règne de Louis XIII, en 1638. Sa beauté la rendit recommandable : son esprit se trouva capable d'apprendre tout ce qu'il lui plut de sçavoir. Elle profita de cet avantage, & acquit en peu de tems la connoissance des langues latine, italienne & espagnole. Elle s'attacha sur-tout à l'étude de la langue françoise, & des règles de notre poësie. Ses parens la marierent fort jeune, en 1651, à messire Guillaume de Lafon de Boisguérin, seigneur des Houlieres, lieutenant-colonel du régiment de Condé, & depuis lieutenant de roi de Dourlens ; & elle vécut avec lui dans une grande union. Les soins de son ménage, l'éducation de ses enfans, & les grands voyages qu'elle fut obligé de faire, ne l'empêcherent pas de s'adonner toujours aux belles lettres, & sur-tout à la poësie. Elle a travaillé presqu'en tous genres, depuis la chanson jusqu'à la tragédie. Elle avoit l'esprit aisé, & sublime en même tems. Son style étoit pur, naturel & châtié ; ses expressions aussi nobles que ses pensées.

Les plus anciens ouvrages qu'on ait de cette sçavante, sont de l'an 1658 ; mais ce qu'on estime le plus, sont ses *Idylles* & ses *Réflexions morales*. Elle fut reçue dans l'académie de Padoue en Italie, & dans celle d'Arles en Provence. Les louanges fines

& délicates qu'elle donna au roi Louis XIV, dans plusieurs de ses ouvrages, lui firent obtenir de la libéralité de ce prince une pension de deux mille livres. Pendant un fort long tems, elle se contenta de communiquer ses ouvrages à ses amis, qui les répandoient dans le public; mais, à la sollicitation de ces mêmes amis, elle fit imprimer un volume de ses poësies, en 1688, avec une approbation générale de tout ce qu'il y avoit de gens de bon goût à la cour & à la ville. Elle se préparoit à en donner un second, lorsqu'elle mourut à Paris, le 17 de Février 1694, au commencement de la seconde année de son veuvage, âgée de cinquante-six ans.

DES HOULIERES, (*Antoinette-Thérèse*) fille de la précédente, hérita d'une partie de ses talens pour la poësie, & s'acquit dans le monde quelque réputation. En 1695, elle publia le second volume des poësies de madame sa mere, dans lequel elle inséra quelques-unes des siennes. Elle avoit remporté, en 1687, le prix de poësie de l'Académie Françoise. Elle mourut à Paris, le 9 d'Août 1718, d'un cancer au sein. M. Moreau de Montour, membre de l'Académie des belles lettres, a fait son éloge dans une piéce de vers, dont voici le commencement.

>Des Houlieres n'est plus, cette digne héritiere
>D'une illustre & sçavante mere;
>Un mal presque incurable en a borné le cours.
>Onze lustres au plus ont borné sa carrière.
>Autrefois dans mes vers ou tendres ou galans,
>Je chantois ses appas & ses rares talens;
>Mais, sans avoir recours aux louanges profanes,
>Ce n'est qu'un encens pur que je dois à ses *manes*, &c.

DES JARDINS, (*madame*) Provençale. Elle vivoit dans le sezieme siécle, & faisoit assez bien des vers. On a de sa façon plusieurs piéces de poësie, & des sonnets imprimés dans le Recueil des Œuvres de Joachim du Bellai.

DES JARDINS. (*Marie-Catherine*) *Voyez* VILLEDIEU.

DES LOGES. (*Marie Bruneau*) *Voyez* LOGES. (*des*)

DESPINA-KHATUN, fille de Calojean, empereur de Constantinople, & femme d'Ussum-Cassan, roi de Perse.

DEUTÉRIE, maitresse, puis femme de Théodebert I, roi de Metz, lequel en devint amoureux au château de Chevrieres en Languedoc, vers l'an 533 ; il l'engagea facilement à quitter, pour le suivre, un mari qu'elle avoit, & l'épousa l'année suivante, quoiqu'il fût lui même marié. Ce prince en eut Thibaud, son successeur, & une fille appellée *Bertoare* ; mais, ses sujets murmurant de son commerce avec Deutérie, il la renvoya sept ans après à son premier époux, & reprit Wisigarde, qu'il avoit répudiée pour l'amour d'elle.

DIANE, légitimée de France, duchesse de Castres, d'Angoulême, douairiere de Montmorenci. Personne ne sçut allier tant de douceur avec tant de vivacité, tant de piété avec autant de charmes. Quel courage contre les revers ! Modèle de toutes les vertus sociales, Diane naquit vers l'an 1539. Elle étoit fille de Henri II, & de Philippeduc, demoiselle Piémontoise ; d'autres disent d'une bourgeoise de Langey, ville de Touraine renommée par ses melons. Quelle que soit sa naissance, elle se montra digne du premier trône de l'univers. Sur la fin de 1552, son pere lui fit épouser Horace Farnèse, duc de Castres, second fils de Louis, duc de Parme & de Plaisance, que le roi protégeoit contre toute la puissance de l'empereur. Jamais union ne fut mieux assortie. Horace vivoit heureux dans les bras de son épouse; mais la gloire, jalouse de son bonheur, vint l'en arracher aprés six mois de mariage, & lui fit trouver la mort dans Hédin, où ce prince s'étoit enfermé, ou plutôt enseveli, avec l'élite de la noblesse. Il est aisé de dépeindre la douleur d'une veuve de quatorze ans, qui perd ce qu'elle a de plus cher au monde.

A peine eut-elle donné trois ans à la mémoire de son époux, qu'on lui destina la main de François de Montmorenci, fils aîné du connétable de ce nom. François aimoit la demoiselle de Prienne, & ne vouloit point avoir d'autre épouse. Son pere, favori & ministre du roi, après lui avoir représenté inutilement tous les avantages que cette alliance procuroit à leur maison, menaça de le deshériter, s'il persistoit dans son premier attachement, & fit donner l'édit, qui défend aux enfans de famille de se marier sans le consentement de leurs parens, avant l'âge de ving-cinq ans. L'édit fut inutile, aussi-bien que les menaces. François épousa son amante; & le connétable irrité la fit enlever & conduire dans un couvent. Les théologiens consultés furent favorables aux deux époux; mais le pape, qui avoit besoin de Henri II, n'osa pas prononcer. François changea tout-à-coup de sentiment; &, par l'injustice la plus criante, il déclara publiquement qu'il n'avoit jamais épousé la demoiselle. Dans une autre circonstance, le connétable auroit rougi de cette infâme conduite; mais le plaisir d'obliger un roi qui l'aimoit tendrement, & l'avantage qui résultoit du mariage de son fils avec Diane, étoufferent dans son cœur la voix de la probité. Le contrat fut passé, le 3 de Mai 1557, à Villers-Cotterets.

Diane, dans cette union, obéissoit à son pere; son inclination n'y avoit aucune part. En effet, comment aimer un homme qui l'avoit dédaignée, & qui ne revenoit à elle que par la plus noire indélité? Cependant la vertu & les charmes de cette princesse fixerent le cœur de Montmorenci; il aima sa femme & en fut aimé. Ils étoient tous les deux au comble de la félicité, lorsque le roi mourut en 1559. Quelque tems avant l'accident funeste qui termina sa vie, il avoit accordé à son gendre la survivance de grand-maître de sa maison, que le connétable possédoit, & le gouvernement de Paris ; mais les Guises tout-puissans sous François II., & toujours ennemis des Montmorenci, lui enleverent la survivance. Pour le dédommager, on lui donna le bâton de maréchal de France ; & même après la mort de son pere, arrivée en 1567, il auroit obtenu la dignité de connétable, sans son attachement pour les Châtillons. En 1572, le maréchal de Montmorenci fut envoyé en Angleterre, en qualité d'ambassadeur, & Catherine de Médicis le rappella pour être une des victimes de la S. Barthelemi ; mais Diane, qui veilloit sans cesse à la sûreté de son époux, le pressa de se retirer à Chantilli, la veille de cette horrible journée.

En 1574, Charles IX se mouroit ; & le duc d'Anjou, son héritier, étoit en Pologne. Catherine, craignant que ce prince ne la dépouillât de son autorité, par le conseil des Montmorenci, rappella le maréchal auprès d'elle. En vain Diane le conjura de ne point paroître à la cour, & de se défier de Catherine. Il se rendit à Vincennes, où il fut arrêté avec le maréchal de Cossé, son frere, par le vicomte d'Auchi, & conduit à la Bastille. Diane espéroit tout de la tendresse que le duc d'Anjou, devenu Henri III, lui avoit toujours témoignée ; mais ce prince obsédé par ses mignons, ne pensoit que par eux, n'agissoit que par leurs mains. Damville, frere du maréchal, étant tombé dangereusement malade, ils profiterent de l'occasion pour demander au roi les biens des Montmorenci. Mais, comme ils craignoient que le maréchal ne sortît un jour de la Bastille, & ne devînt ministre & favori du duc d'Alençon, héritier présomptif de la couronne, dont il étoit aimé, ils résolurent de s'en défaire. Le foible monarque leur donna son consentement ; Souvré fut chargé de la commission ; on lui promit pour récompense la capitainerie du
bois

Bois de Vincennes. Souvré parut en apparence se prêter au complot; mais c'étoit pour sauver le maréchal. Damville recouvra la santé, & parut en état de venger son frere; le duc d'Alençon se retira de la cour, résolu de n'y rentrer que quand le maréchal seroit en liberté. La cour effrayée, loua Souvré de sa prudence, & voulut se faire un mérite auprès de Diane, en élargissant son mari. Diane s'apperçut du manège; mais elle sacrifia toujours ses ressentimens au bien de l'Etat. Elle ne jouit pas long-tems de la vue de son cher époux, depuis sa liberté; il mourut le 5 de Mai 1579. Tous les gens de bien mêlerent ses larmes avec les siennes, & regretterent sincèrement un prince, qui, depuis son mariage avec Diane, c'est-à-dire pendant vingt-deux ans, s'étoit distingué par la conduite la plus honnête.

Après cette perte, la vie de Diane ne fut plus qu'un tissu de revers. Seule attachée à Henri III son frere, elle ne l'abandonna jamais dans ses malheurs. Elle fit plusieurs voyages pour rendre la paix à l'Etat. Ce fut elle qui, après la mort du duc de Guise, négocia le traité d'union entre Henri III & le roi de Navarre. Ce prince, toujours dupé par la cour, & toujours sur ses gardes, avoit tant de confiance dans la bonne foi de la maréchale, qu'il lui dit en la voyant: « Madame, si vous me » donnez votre parole que je ne dois avoir au- » cun sujet de défiance, & qu'on veut agir sincè- » rement avec moi, toutes stipulations sont inutiles; » j'en crois plus à votre parole qu'à mille pages » d'écriture. »

Jacques Clément rendit inutiles les démarches de la maréchale; ce scélérat, comme on le sçait, assassina Henri III à S. Cloud. Diane désespérée e la mort de son frere, se confina dans le château e Chinon en Touraine, revêtue du duché d'Angoulême, dont elle héritoit par la mort du roi. ependant Henri IV lui demandoit ses conseils, &

en profitoit ; & lorsque ce prince fut absolu dans son royaume, il appella auprès de lui la duchesse, & lui témoigna la plus sincère estime. Le comte d'Angoulême, son neveu, avoit eu part à la conspiration du maréchal de Biron, & à celle de la maison d'Entragues ; le roi lui pardonna son crime en faveur de la duchesse d'Angoulême. Elle demanda aussi la permission de faire inhumer le corps de Henri III, déposé à Compiègne, & celui de Catherine de Medicis, qui étoit à Blois. Le roi consentit qu'on amenât le corps de Catherine à S. Denis ; mais il craignoit que la vue de son prédécesseur ne rallumât les divisions ; & comme l'on soupçonnoit plusieurs seigneurs, il dit pour raison à la duchesse, qu'on lui avoit predit « qu'il seroit enterré dix jours après » Henri III. » En 1610, Henri IV fut assassiné. La duchesse s'adressa à la régente, pour obtenir les obsèques de Henri III, dont les funérailles furent célébrées quelques jours avant celles de son successeur.

Louis XIII fut le septieme roi que la duchesse d'Angoulême vit successivement sur le trône. Après tant de catastrophes, il ne pouvoit qu'être cher à la nation ; la duchesse sur-tout le regardoit avec une espece de saisissement mêlé de crainte & de joie. Elle présida à son éducation, & fut témoin des orages qui signalerent le commencement de son règne. Il triompha cependant ; & la duchesse, au comble de sa joie, se retira de la cour, dont son âge & ses infirmités lui défendoient l'entrée. De tous ses amusemens, elle ne regretta que la chasse, pour laquelle elle avoit une passion dominante. Pour les sciences, elle les cultiva jusqu'à la fin de sa vie. Peu de mois avant sa mort, elle répétoit encore des scènes entières d'une comédie où elle avoit jouée un rôle à l'âge de douze ans. Tous les historiens parlent avec éloge de sa piété. Sa maison étoit ouverte aux bons prédicateurs ; & pour les entendre, elle faisoit assembler tout son monde & ses connoissances. Enfin, après une longue maladie, elle mourut à Paris, le 11 de Janvier 1619, à l'âge de quatre-vingts ans, & fut enterrée dans l'église des Minimes de la Place Royale, en une chapelle qui porte son nom, & qu'elle avoit fondée. On y voit encore le tombeau élevé à sa mémoire par sa famille. L'hôtel d'Angoulême, qui est dans la rue Pavée, & qui depuis a passé dans la maison de Lamoignon, a été bâti par la duchesse. Elle n'eut point d'enfans du duc de Castres ; & du maréchal de Montmorenci, elle n'en eut qu'un, qui mourut le même jour de sa naissance. Elle institua son légataire universel, François de Valois, fils du comte d'Auvergne, qui hérita du duché d'Angoulême.

On trouve encore quelques exemplaires de l'Oraison funèbre de cette princesse, prononcée par le P. Morgues. Elle sert à faire connoître le mauvais goût de ce tems-là. « L'hôtel de la duchesse, dit-il en faisant allusion au nom de Diane, » étoit » un génicée de pudeur, en un mot, la maison de » Diane, l'entrée de laquelle étoit défendue aux Fau- » nes & aux Satyres lascifs ; que si quelque témé- » raire eut voulu tenter à la pudicité de ses filles, » la punition d'Actéon n'eût été rien au prix de » la sienne. »

DIANE, dite *Corisante*, comtesse de Guiche. *Voyez* GUICHE.

DIANE DE POITIERS, duchesse de Valentinois. *Voyez* VALENTINOIS.

DIANE *ou* DIANA-MANTUANA, de Volterre en Italie, s'acquit beaucoup de réputation, dans le XVIe siécle, par les ouvrages qu'elle fit en tailledouce. Les connoisseurs avouent que sa Bacchante de Jule Romain, qui est son chef-d'œuvre, est un des plus beaux monumens qu'ait produits la gravure

DIDON, reine de Carthage, fille de Bélus, roi de Tyr, & femme de Sichée, que Pygmalion, frere de cette princesse, fit mourir. Didon s'enfuit en Afrique, où, selon le poëte Virgile, elle fonda la ville de Carthage : elle y reçut Enée, & ses Troyens ; conçut une tendre passion pour ce prince ; ne négligea rien pour le retenir dans sa nouvelle ville, & se tua de désespoir, lorsqu'elle s'en vit abandonnée. D'autres, avec plus de fondement, prétendent qu'Enée vivoit plus de deux cens cinquante ans avant Didon ; ce qui détruit le récit du poëte Latin.

DIGNA, femme courageuse de la ville d'Aquilée, voyant qu'Attila, roi des Huns, vouloit lui faire violence, après la prise de cette ville, l'invita gracieusement à monter avec lui dans les appartemens supérieurs de la maison. Mais, lorsqu'elle fut arrivée en un endroit qui donnoit sur la riviere, elle s'y précipita, en criant au prince barbare : « Suis-moi, » si tu veux me posséder. »

DINA, fille de Jacob & de Lia, laquelle ayant été violée par Sichem, fils d'Hémor roi de Salem, fut cruellement vengée par ses freres Siméon & Lévi, qui massacrerent tous les Sichimites, pendant les douleurs de la circoncision, à laquelle ils les avoient fait consentir.

DIOTIME, sçavante Athénienne, dont le fameux Socrate prit des leçons, comme il avoit fait d'Aspasie.

DIRCÉ, seconde femme de Lycus, roi de Thebes. Les fils d'Antiope, que ce prince avoit répudiée, vengerent leur mere, en attachant Dircé par les cheveux aux cornes d'un taureau indompté.

DITIZELLE, femme de Nicomede surnommé *le Grand*, second roi de Bithynie. Comme elle embrassoit son mari, un chien la mordit à l'épaule, & elle mourut de cette morsure.

DODANE, femme de Bernard, duc de Septimanie ou de Gothie, au milieu du IXe siécle, ne fut pas moins illustre par sa piété que par ses talens. Elle composa, pour l'instruction de ses enfans, un Manuel en latin, divisé en soixante-trois chapitres, & rempli d'excellentes leçons de morale & de piété. Cet ouvrage fut achevé au mois de

Février 842. On ignore l'année de la mort de la duchesse.

DODE. *Voyez* CROTILDE.

DOMITILLE, (*Flavie*) nièce de l'empereur Domitien, & femme de Flavius Clément, qui fut honoré du consulat, l'an 95 de J. C. Ils étoient Chrétiens l'un & l'autre ; ce qui leur attira la disgrace de l'empereur, qui fit mourir Clément, & exila Domitille.

DOMNINE, (*sainte*) & ses deux filles, martyres. Domnine, poursuivie par les persécuteurs, se trouvoit arrêtée dans sa fuite avec ses filles, par la rencontre d'une riviere, & prête à tomber entre les mains de l'ennemi. Elle leur fit considérer le double péril où elles se trouvoient de perdre la foi ou l'honneur, tant qu'elles seroient à la discrétion des soldats ; deux malheurs qu'elles avoient toujours apprehendés beaucoup plus que la mort la plus cruelle ; & elle leur fit prendre avec elle le parti de se délivrer tout d'un coup de toutes leurs craintes ; ce qu'elles firent en se jettant dans la riviere. Elles n'avoient consulté, sans doute, pour une telle résolution, ni les loix de l'église, ni celles de la nature, qui sont les unes & les autres dans l'ordre de Dieu: aussi n'a-t-on pas entrepris de justifier une action si peu réguliere dans ces trois saintes, dans sainte Pélagie, sainte Apolline, & les autres qui se sont procuré la mort par elles-mêmes, que sur la persuasion où l'on est que le Saint-Esprit, qui souffle où il veut, inspire aussi de la maniere qu'il lui plaît ceux qu'il conduit, & qu'il a bien des mouvemens, & des routes qui nous sont inconnues.

DORAT ou DAURAT, (*Madeleine*) femme sçavante, fille du célèbre Jean Dorat, épousa Nicolas Goulu, à qui Dorat céda sa chaire de professeur royal en langue grecque. Elle sçavoit fort bien les langues latine, grecque, espagnole & italienne. Elle mourut, en 1636, âgée de quatre-vingt-huit ans.

DORIEUX, (*madame*) religieuse en France au siécle dernier, a fait des Réflexions sur les sept Pseaumes de la pénitence.

DORIS, premiere femme d'Hérode le Grand, roi des Juifs, & mere d'Antipater, conspira contre son mari, & fut chassée du palais honteusement.

DOROTHÉE (*sainte*) d'Alexandrie, vierge & martyre, étoit, si l'on en croit Eusebe, aussi sçavante que généreuse. Elle confessa la foi de Jesus-Christ, sous l'empereur Maximin, & fut dépouillée de tous ses biens, & bannie, vers l'an 311.

DORQUIER. (*madame*) On ignore quelle étoit cette dame; & son nom n'est connu que par quelques poësies imprimées dans le Triomphe de l'Eglantine, par M. Dader.

DOURLENS (*madame*) tient une place distinguée dans la *Pandore* de M. de Vertron, dont elle étoit amie particuliere. Voici une réponse qu'elle fit à une Lettre par laquelle il lui marquoit le sujet du prix de l'académie d'Arles. *Sur les premieres conquêtes de Monseigneur, & sur la satisfaction que le roi a d'avoir un fils digne de lui:*

 Il attaque un pays; aussi-tôt il le prend;
 Que de vigueur ! que de courage !
 Pour louer ce coup éclatant,
 Chacun veut faire un long ouvrage :
 Pour moi, je dirai simplement :
 Il est fils de Louis le Grand ;
 Qu'un autre en dise davantage.

DRAHOMIRE, femme de Wratislas, duc de Bohême, non moins célèbre par sa cruauté que par son impiété. Ayant été nommée tutrice de ses enfans, après la mort de Wratislas, & régente pendant la minorité de l'aîné, nommé *Wenceslas*, elle fit éclater contre les Chrétiens sa haine, qu'elle avoit eu soin de déguiser jusqu'alors. Résolue d'abolir entiérement le culte du vrai Dieu, elle ne mit dans les premieres places que des idolâtres, & les chargea de perfécuter les Chrétiens avec la derniere rigueur. Les églifes furent fermées; quelques-unes même réduites en cendres. Wenceflas, dont l'éducation avoit été confiée à Ludmilla, fa grand'-mere, étant devenu majeur, prit en main les rênes du gouvernement, & tint une conduite toute oppofée à celle de Drahomire. Cette princeffe, fâchée de voir que fon fils témoignoit plus de tendreffe pour fon aïeule que pour elle, fit affaffiner Ludmilla, dont le roi, par piété, ne voulut point venger la mort. Mais il fut lui-même la victime de la cruauté de fa mere, qui porta Boleflas, fon autre fils, à maffacrer le roi fon frere ; ce qu'il exécuta de fa propre main. La Juftice divine s'attribua d'une manière particuliere la vengeance des crimes de cette reine impie ; car, étant près de Prague, elle tomba dans un précipice qui parut s'ouvrir fous fes pieds.

DREUILLET, (*Elizabeth de Monlaur, depuis madame la préfidente*) a mérité, par fon efprit & par fon goût pour les belles lettres, l'eftime & les regrets de tous les fçavans. Elle étoit de Touloufe, & fut mariée à M. Dreuillet, préfident aux enquêtes au parlement de la même ville. Sa maifon étoit ouverte au mérite, & fut pour Touloufe un autre hôtel de Rambouillet. Après la mort de fon mari, madame Dreuillet vint à Paris, & foutint dans cette capitale la réputation qu'elle s'étoit acquife. Madame la ducheffe du Maine lui donna beaucoup de part à fon amitié, & l'admit à tous les divertiffemens de Sceaux. On a dans différens Recueils quelques poëfies de madame Dreuillet ; mais le plus grand nombre n'a pas été imprimé. Elle mourut à Sceaux, en 1730, âgée de foixante-quatorze ans.

DRIPÉTINE, fille de Mithridate le Grand, hérita de fon courage & de fa fierté. Après la défaite de ce prince par Pompée, elle l'accompagna dant sa fuite ; mais étant tombée malade, elle se fit tuer par un esclave, pour ne point tomber entre les mains des vainqueurs. On dit qu'elle avoit un double rang de dents.

DRUSILLE, fille d'Agrippa le Vieux, roi de Judée, la plus belle femme de son tems, & l'une des moins vertueuses. Ayant été mariée à Azize, roi des Eméséniens, elle le quitta pour suivre Félix, gouverneur de la Judée pour les Romains, & renonça même à sa religion. Elle vivoit du tems de S. Paul, qui parla devant elle & Félix, des devoirs de la justice & de la chasteté.

DRUSILLE. (*Livie*) *Voyez* LIVIE DRUSILLE.

DRUSILLE. (*Julie*) *Voyez* JULIE DRUSILLE.

DSINGU, impératrice du Japon. Les Japonois la mettent au rang des plus célèbres héroïnes. Elle accompagna l'empereur Tsiuu-ti, son époux, dans la conquête qu'il entreprit, en 201, de la péninsule de Corée. Ce monarque, étant mort dans les commencemens de son expédition, laissa à cette princesse le soin de l'achever ; ce qu'elle fit avec tant de succès & de rapidité, qu'en peu d'années toute la Corée fut réduite sous son obéissance, & rendue tributaire du Japon.

DSITO, impératrice du Japon, veuve & nièce de l'empereur Tenmu, mort en 687. Cette princesse lui succéda la même année, & gouverna dix ans.

DU BOIS. (*Madeleine*) *Voyez* BOIS. (*du*)

DUFRESNOY : (*mademoiselle*) avec beaucoup de disposition pour briller dans le monde, elle prit le parti de la retraite, & fit profession dans la congrégation des Filles de la Croix, à Paris. Elle faisoit joliment des vers ; & l'on a, dans le Recueil de l'Académie Françoise pour l'année 1691, une pièce de sa façon, qui est la troisième de ce volume.

DU HAMEL, (*madame*) fille de Henri du

Hamel, avocat célèbre au parlement de Paris, à qui son mérite fit donner une place de conseiller d'Etat, qu'il refusa par une modestie plus louable encore. Digne héritiere des talens de ce grand homme, elle sçavoit les langues & la philosophie. M. l'abbé Bosquillon a fait des vers pour cette aimable & sçavante demoiselle ; & M. Ménage l'a mise avec justice parmi ses Illustres, dans ses Œuvres mêlées & italiennes.

DUMÉE, (*Jeanne*) Parisienne, célèbre astronome du dix-septieme siécle, fut mariée fort jeune, & resta veuve à dix-sept ans. Rien ne l'empêchant alors de se livrer à son goût pour l'astronomie, elle le fit avec tant de succès, qu'en 1680 elle fit imprimer à Paris un ouvrage in-4°, intitulé : *Entretiens sur l'opinion de Copernic, touchant la mobilité de la terre*, dans lequel elle explique avec beaucoup de netteté les trois mouvemens qu'on donne à la terre, & les raisons pour & contre le systême de Copernic.

DU NOYER, (*Anne-Marguerite*) née à Nîmes, vers l'an 1663, & morte en 1720, a fait quelque figure dans la république des lettres. Son pere s'appelloit *Petit*, & sa mere *Coton*, de la même famille du P. Coton, confesseur de Henri IV. Comme elle étoit Protestante, elle erra quelque tems en Suisse & en Angleterre ; & ces voyages fournissent une grande partie des Mémoires qu'elle a fait imprimer. Après avoir abjuré sa religion à Paris, elle épousa M. du Noyer. Elle se fit voir depuis à la cour, où elle se couvrit de ridicules par sa fatuité, & dans la province où elle ne réussit pas mieux. On a du même auteur un Recueil de Lettres historiques & galantes, où se trouvent entassées les Nouvelles du tems, & la plûpart des choses qui la concernent. Il ne faut pas oublier qu'elle changea plusieurs fois de religion, & que ce peu de solidité d'esprit se retrouve dans ses ouvrages.

Ce que l'on a dit d'elle dans un autre Recueil, peut trouver ici sa place.

Quoi que cette femme ne se piquât pas d'une grande fidélité envers son époux; cependant, dès qu'elle apprenoit que M. du Noyer alloit d'habitude chez quelque femme, aussi-tôt le démon de la jalousie s'emparoit de son ame, & il n'y avoit point d'excès ausquels elle ne se portât; mais sa jalouse curiosité fut un jour bien punie.

Les espions, qu'elle avoit toujours en campagne pour observer son mari, vinrent lui rapporter que M. du Noyer rendoit de fréquentes visites à une madame Boulanger. Aussi-tôt la jalousie de madame du Noyer se réveille; elle va un matin à la fripperie; y achete un habit de livrée complet; &, sur le soir, ainsi déguisée, elle vient à la porte de madame Boulanger; se glisse dans la cour, lorsqu'un carrosse y entroit, & va se cacher dans une écurie, mais non pas si à couvert, qu'un cocher, en y entrant, ne l'apperçût. Le cocher ne fit pas semblant de l'avoir vue; la peur même le saisit. Il ferma les portes, assembla les domestiques, &, d'un air égaré, monta à l'appartement de la dame. » Au secours, s'écria-t-il, au secours, la maison » est pleine de voleurs; je les tiens enfermés dans » mon écurie. » Les dames se crurent perdues, les robins & les financiers ne sçavoient où se cacher. M. du Noyer, qui étoit présent, & qui avoit autrefois affronté le canon & le mousquet, se déclara le chef des exterminateurs des voleurs qui étoient cachés. Il prit un bon fusil, & fit armer les domestiques. Chacun prit ce qu'il rencontra sous sa main. Le cocher conduisit les combattans à l'écurie. Ils tomberent à grands coups de fourches & de bâtons sur le voleur, qui se mit à crier miséricorde. M. du Noyer reconnut aussi-tôt la voix de sa femme, & demeura étrangement surpris. Il fit cesser les coups, mais non pas si promptement qu'elle n'en reçût encore quelques-uns qui la mirent hors de connoissance. Il fit retirer tous les domestiques, & appeller ses gens. Son carrosse étoit heureusement dans la cour; il y fit porter sa femme & la reconduisit chez lui.

DU PRAT, (*Anne*) fille de François du Prat, baron de Thiers, & de l'illustre Anne Séguier, fut très-estimée à la cour de Henri III. Elle avoit une connoissance parfaite des langues grecque & latine, & beaucoup de goût pour la littérature. Elle mourut en 1569.

DU PRAT, (*Philippine*) sœur de la précédente, ne se rendit pas moins célèbre par son esprit & par l'étude qu'elle fit des mêmes langues. Elle étoit fort éloquente, & faisoit fort bien des vers françois.

DUPRÉ, (*Marie*) surnommée *la Cartésienne*, à cause de son goût pour la philosophie de Descartes, étoit de Paris, & eut pour pere Jean Desmaretz de S. Sorlin, de l'Académie Françoise, beaufrere de Roland Desmaretz. Celui-ci, homme très-sçavant, ayant remarqué dans sa nièce les plus heureuses dispositions, se chargea de l'élever lui-même. Il dit, dans une de ses Lettres, qu'elle fit voir dès l'enfance un grand éloignement pour les amusemens ordinaires à cet âge; qu'elle avoit un génie aisé & facile, beaucoup de mémoire, & qu'après avoir lu une partie des bons livres écrits en notre langue, il résolut de lui enseigner les langues sçavantes. Mademoiselle Dupré fit, sous son oncle, des progrès fort rapides. Elle apprit non-seulement la langue latine, mais encore le grec, la poëtique, la rhétorique & la philosophie. Née avec le goût des sciences, elle les cultiva toute sa vie; & lorsqu'elle eut perdu son oncle, en 1653, elle voulut encore sçavoir l'italien. Elle écrivoit sa langue avec autant de pureté qu'elle la parloit. Elle faisoit aussi fort bien des vers, & entretenoit un commerce de littérature avec les plus sçavans hommes de son tems. On trouve de ses poësies dans le Recueil de vers choisis par le P. Bouhours.

DU PUIS, (*Modeste*) ou MODESTA POZZO,

ou FONTE MODERATA, dame Vénitienne, née en 1555, fit également honneur à son sexe & à sa patrie, par le grand nombre d'ouvrages qu'elle composa. De ce nombre est un poëme intitulé *Floridore*, & un autre sur la Passion & la Résurrection de Jesus-Christ. Mais celui de tous ses ouvrages, qui lui fit le plus de réputation, est un Traité en prose du mérite des Femmes, en italien *De' Meriti delle Donne*. Outre sa langue naturelle, Modeste du Puis sçavoit encore fort bien la langue latine ; & sa mémoire étoit, dit-on, si heureuse, qu'elle retenoit mot pour mot tout un sermon. Elle fut mariée à Philippe Giorgi, homme de lettres, & mourut en 1592.

DUPUIS, (*Cécile*) une des filles de la précédente, cultiva, comme elle, l'étude des belles lettres, & fit une belle préface aux ouvrages de sa mere.

DURAND, (*Catherine Bédacier, depuis madame*) vivoit au commencement de ce siécle, & tient un rang distingué parmi les femmes auteurs. Elle a fait imprimer plusieurs Romans, qui sont : *La Comtesse de Mortane* ; les *Mémoires de la Cour de Charles VIII* ; les *Petits Soupers de l'été* ; le *Comte de Cardonne* ou *la Constance victorieuse*, Histoire Sicilienne : les *Belles Grecques* ; c'est une histoire des plus fameuses courtisanes de la Grèce : l'*Histoire de Henri, duc des Vandales* ; des *Comédies en proverbes*, & quelques poésies qui n'ont aucun mérite.

DU TORT, (*madame*) morte vers 1720, est connue par plusieurs ouvrages en prose & en vers, imprimés dans les Mercures, sur-tout par les vers suivans, que M. de Fontenelle mit au bas de son portrait :

> C'est ici Madame du Tott ;
> Qui la voit sans l'aimer, a tott ;
> Mais qui l'entend & ne l'adore,
> A mille fois plus tort encore.
> Pour celui qui fit ces vers-ci,
> Il n'eut aucun tort, Dieu merci.

E G E

EBBA, abbesse du monastère de Coldingham en Irlande, & ses religieuses, martyres, se distinguerent, vers la fin du neuvieme siècle, par un courage héroïque. Les Danois ravageoient le pays, & mettoient tout à feu & à sang. Ebba, pour se soustraire à leur brutalité, persuada ses religieuses de se couper le nez & la lèvre supérieure ; ce qu'elles firent sans balancer. Les Barbares, les ayant vu dans cet état, mirent le feu au monastère, & elles y consommerent leur martyre dans les flammes.

ÉDÉSIE, femme du philosophe Hermias, & l'une des plus belles & des plus vertueuses femmes de la ville d'Alexandrie, vivoit au cinquieme siécle de l'église. Elle fut chérie de son époux par sa douceur & ses belles qualités, aimée des pauvres dont elle étoit la mere, admirée de tout le monde par ses vertus & sa piété. Etant demeurée veuve, elle alla finir ses jours à Athènes, où le bruit de sa réputation l'accompagna.

EDITHE, (*sainte*) fille d'Edgard, roi d'Angleterre, & née en 961, fut élevée dans le monastère de Wilton, par les soins de la reine Wilfride, sa mere, qui s'y étoit retirée, du consentement de son époux. Elle y fit profession dès qu'elle eut atteint l'âge nécessaire. On prétend qu'après la mort de son pere & de son frere Edouard, les grands du royaume voulurent la placer sur le trône, mais qu'elle se refusa constamment à leurs invitations. Elle mourut dans l'exercice des vertus chrétiennes, le 16 de Septembre 984.

EDITHBERGE, fille de Charibert, roi de France. *Voyez* BERTHE.

EGÉE, reine des Amazones d'Afrique. On dit qu'elle passa de la Lybie en Asie, avec une puissante armée de ces guerrieres, & qu'elle fit des grands ravages. Laomédon, roi de Troye, ayant voulu s'opposer à leur fureur, elles le défirent, & reprirent la route de leur pays, chargées d'un butin prodigieux; mais elles périrent avec leur reine, en repassant la mer.

EGIALÉE, fille d'Adraste, roi d'Argos, & femme de Diomede. Les poëtes disent que la déesse Venus, irritée contre Diomede, qui l'avoit blessée au siége de Troye, alluma dans le cœur de sa femme tous les feux de l'amour, & que cette princesse fut, non-seulement infidèle à son mari, mais qu'elle attenta sur ses jours; ce qui fit que Diomede l'abandonna.

ELECTRE, fille d'Agamemnon, nous est aussi connue par les poëtes. Plus vertueuse que sa mere Clytemnestre, elle engagea son frere Oreste à venger la mort d'Agamemnon par celle d'Ægyste, son meurtrier.

ELÉONOR *ou* ALIÉNOR DE GUYENNE, reine de France, premiere femme de Louis VII, dit *le Jeune*, étoit fille de Guillaume X, duc de Guyenne, qui la destina pour femme, en mourant, à Louis VII, & lui donna pour dot la Guyenne & le Poitou. « Eléo-
» nor, dit l'auteur des Anecdotes de nos reines,
» née vers l'an 1122, étoit à peine âgée de seize
» ans, à la mort du duc d'Aquitaine, son pere. La
» nature sembloit avoir épuisé pour elle toutes ses
» faveurs. Au rang le plus élevé, à la dot la plus
» riche, Eléonor joignoit tous les charmes de la
» figure la plus touchante. Une bouche admirable,
» les plus beaux yeux du monde, un regard doux,
» un air affable, une beauté achevée. Son esprit na-
» turellement vif, orné & poli, répondoit au mérite
» dont les yeux sont les juges. On ne pouvoit enfin
» trouver plus d'avantages que cette alliance en
» présentoit au successeur de Louis le Gros; & l'on
» peut dire qu'il ne manqua à son bonheur que l'art
» d'en jouir. »

Louis le Jeune, déterminé par les prédications de

S. Bernard à secourir les Chrétiens de la Terre-sainte, partit en 1147, avec sa femme & quatre-vingt mille hommes. Cette expédition fut des plus funestes à la France : elle y perdit la fleur de sa noblesse, des richesses immenses ; & Louis y forma la résolution de répudier Eléonor, en lui rendant les deux belles provinces qu'elle avoit apportées en mariage. Il est certain que la reine donna lieu, par la conduite qu'elle tint en Asie, à des soupçons violens ; il est encore certain que Louis étoit un prince ombrageux, simple, de peu de génie, & que l'abbé Suger, un des plus grands ministres qu'ait eus la France, paroît avoir dissuadé le divorce, qui ne fut prononcé que trois mois après sa mort, le 18 de Mars 1152. Le 18 de Mai de la même année, la reine Eléonor épousa Henri, duc de Normandie, qui, par ce mariage, se trouva possesseur d'une grande partie de la France, puisqu'outre la Guyenne, le Poitou, la Saintonge, l'Auvergne, le Limosin, le Périgord, l'Angoumois, & des prétentions sur le comté de Toulouse qu'il acquéroit, il étoit déja possesseur de l'Anjou, de la Normandie, de la Touraine & du Maine.

Eléonor joua depuis un grand rôle en Angleterre par sa politique, par son ambition & par ses intrigues. Elle mourut, le 31 de Mars 1204, au monastère de Fontevrault, dans la quatre-vingt-unième année de son âge.

ELÉONOR D'AUTRICHE, reine de France & de Portugal, étoit la fille aînée de Philippe, archiduc d'Autriche, & naquit à Louvain le 24 de Novembre 1498. Elle épousa, l'an 1519, Emmanuel, roi de Portugal, duquel étant demeurée veuve deux ans après, elle fut promise, par l'empereur Charles-Quint, son frere, à Charles de Bourbon, connétable de France, pour prix de sa désertion ; mais, après la bataille de Pavie, Charles-Quint, de tous les princes le moins esclave de sa parole, donna sa sœur à François I, comme le gage & le sceau de la paix entre l'Empire & la France. Le mariage se fit près de Bordeaux, le 4 de Juillet 1530; & la reine fut couronnée à S. Denys, le 5 de Mars 1531. Elle n'eut aucun enfant de François I, avec lequel elle vécut dix-sept à dix-huit ans. Après la mort de ce prince, elle se retira dans les Pays-Bas, d'où elle suivit l'empereur, son pere, en Espagne, & mourut à Valladolid, au mois de Mars 1558.

» Sa bonté naturelle, dit l'auteur cité plus haut,
» sa douceur, & l'effet qu'on attendoit de cette al-
» liance, la rendirent extrêmement chere aux Fran-
» çois.... Les exercices de piété, & la lecture fai-
» soient ses occupations; la chasse & la pêche, ses
» amusemens. Elle y accompagnoit le roi, & ser-
» voit d'ornement aux parties qu'il faisoit à Fon-
» tainebleau ou à Saint-Germain. »

ELÉONOR DE PORTUGAL, impératrice, étoit fille d'Edouard, roi de Portugal. En 1450, elle épousa Frédéric IV, duc d'Autriche, depuis empereur, & fut mere de l'empereur Maximilien I. Elle mourut en 1467, âgée de trente-trois ans.

ELÉONOR, reine d'Angleterre, princesse d'un rare mérite, & d'une piété solide, eut pour pere Raimond-Bérenger V, comte de Provence, qui lui fit épouser, en 1236, Henri III, roi d'Angleterre, dont elle eut Edouard I. Elle mourut saintement en 1292, dans l'abbaye d'Ambresburi, qu'elle s'étoit choisie pour retraite, après la mort du roi son époux.

ELÉONOR DE PORTUGAL, reine d'Aragon, morte sans enfans, en 1348.

ELÉONOR DE PORTUGAL, reine de Danemarck, est célèbre par la tendresse singuliere qu'elle eut pour Valdemar III, son mari. Ce prince ayant été tué à la chasse, Eléonor mourut de regret de l'avoir perdu, l'an 1231.

ELÉONOR D'ARAGON, reine de Navarre, fille de Jean d'Aragon, femme de Gaston IV, comte de Foix, & mere, entr'autres enfans, de Gaston, prince de Viane, mourut en 1479.

ELÉONOR DE CASTILLE, reine de Navarre, fille de Henri II, dit *le Magnifique*, roi de Castille, s'acquit la réputation de femme intrigante, & d'un commerce difficile. Elle épousa Charles III, roi de Navarre, en 1375 ; & s'étant brouillée depuis avec lui, elle se retira en Castille, où elle excita quelques séditions contre le roi Henri III, son neveu. Ce prince la fit arrêter, & la renvoya sous sûre garde à son mari, qui la reçut fort bien, & vécut avec elle dans une parfaite intelligence. Éléonor mourut à Pampelune, en 1416.

ELÉONOR D'ARAGON, reine de Portugal, seconde fille de Ferdinand IV, roi d'Aragon, & femme d'Edouard, roi de Portugal, qui l'établit, en mourant, pour régente de ses états, en 1434. Les Portugais s'y étant opposés, elle se retira à Tolede, où elle mourut en 1445.

ELÉONOR DE PORTUGAL, reine de Portugal, & femme, en 1470, de Jean II du nom.

ELÉONOR TELLEZ, reine de Portugal, que sa grande beauté fit monter sur le trône ; le roi Ferdinand l'ayant demandée à Jean-Laurent d'Acugna, son mari, qui la lui céda. L'an 1371, après la mort de Ferdinand, elle se déclara pour Jean II, roi de Castille son gendre, contre Jean, grand-maître d'Avis, qui se fit proclamer roi de Portugal. Mais ayant inspiré de la défiance à l'un & à l'autre de ces princes, Jean, son gendre, la fit enfermer dans un monastère, où elle finit ses jours.

ELÉONOR, reine de Sicile, fille de Charles II, roi de Naples & de Sicile, mariée, en 1302, à Frédéric d'Aragon III du nom, roi de la Sicile, de-là le Phare, mourut en 1341.

ELÉONOR DE ROYE, princesse de Condé. *Voyez* CONDÉ.

ELÉONOR DE TOLEDE, grande duchesse de Toscane, fille de Pierre de Tolede, vice-roi du royaume de Naples pour l'empereur Charles-Quint, fut mariée fort jeune à Côme de Médicis, alors duc de Florence, & depuis grand duc de Toscane. Elle s'en fit aimer par une tendresse singuliere, qui la porta à l'accompagner par-tout, à ne le quitter ni jour ni nuit, dans un tems de troubles & de factions, où la vie de ce prince étoit continuellement exposée. Douce, affable, compatissante, elle fut l'asyle des malheureux, la protectrice de l'innocence, & la mere des orphelins.

ELÉONOR D'AUTRICHE, duchesse de Mantoue & de Montferrat, sixieme fille de l'empereur Ferdinand, née en 1534, épousa Guillaume de Gonzague, duc de Mantoue & de Montferrat, & ne démentit point la noblesse de son origine. Plusieurs historiens ont fait son éloge, & la louent en particulier de sa piété, de sa libéralité, de sa prudence. Elle mourut en 1594.

ELÉONOR DE GONZAGUE, duchesse d'Urbin. *Voyez* GONZAGUE.

ELISENNE DE CRENNE. *Voyez* CRENNE.

ELIZABETH, femme de Zacharie, & mere de S. Jean-Baptiste, qu'elle eut miraculeusement, dans un âge fort avancé, après avoir été jusqu'alors stérile.

ELIZABETH (*sainte*) de Schonaugie, abbesse d'un monastère de Bénédictines, & sçavante du douzieme siécle. On a d'elle un ouvrage *De l'Origine du Nom & de l'Invention des prétendues onze mille Vierges*, & trois Livres de Révélations.

ELIZABETH (*sainte*) de Hongrie ou de Thuringe, fille d'André II, roi de Hongrie, née en 1207, fit voir, dès ses plus jeunes ans, une piété solide & un détachement parfait des plaisirs & des vanités du siécle. Elle fut mariée, en 1221, à Louis, Landgrave de Thuringe, & vécut avec lui dans la pratique de toutes les vertus chrétiennes, sur-tout de la charité. Louis étant mort en 1227, les grands l'exclurent de la régence, quoiqu'elle lui eût été assurée par son mari. Elle eut bien d'autres occasions d'exercer sa patience; car ayant employé sa dot & vendu ses pierreries & ses habits pour nourrir les pauvres, elle se vit, dit-on, réduite à mendier son pain de porte en porte. On la rétablit pourtant dans le palais, & l'on fournit à ses besoins selon sa dignité; mais préférant aux grandeurs l'état de pauvreté & d'humiliation, elle se retira dans un monastère, & mourut en 1231, n'étant âgée encore que de vingt-quatre ans. Sa vie toute sainte & ses miracles l'ont fait mettre dans le Catalogue des Saints.

ELIZABETH ou ISABEAU DE FRANCE, (*la bien-heureuse*) sœur du roi S. Louis, imita ses vertus & sa piété. Recherchée plusieurs fois en mariage par des princes puissans, elle suivit son goût pour la retraite; & ayant fondé l'abbaye de Longchamp, près de Paris, elle y finit ses jours, en 1270.

ELIZABETH, (*sainte*) reine de Portugal, née en 1271, fut mariée, en 1281, à Denys, roi de Portugal, dont elle eut Alfonse IV, & deux filles; vécut saintement, & mourut de même en 1336.

ELIZABETH D'ARAGON. *Voyez* ISABELLE D'ARAGON.

ELIZABETH DE BAVIERE. *Voyez* ISABELLE DE BAVIERE.

ELIZABETH DE HAINAULT. *Voyez* ISABELLE DE HAINAULT.

ELIZABETH D'AUTRICHE, reine de France, née en 1554, étoit fille de l'empereur Maximilien II, & de Marie d'Autriche, fille de l'empereur Charles-Quint. Elle épousa Charles IX au mois de Novembre 1570, & fut une des plus vertueuses & des plus sages reines qu'ait eu la France. « Elle étoit très-
» dévote & nullement bigotte, dit Brantome; bien
» est vrai, ajoute-t-il, quand elle étoit dans le lit à
» part, & en cachette, ses rideaux très-bien tirés,
» elle se tenoit toute à genoux en chemise, & prioit
» Dieu une heure ou demie, battant sa poitrine, &
» la macéroit par très-grande dévotion. »

Au milieu d'une cour alors très-corrompue, intriguante, barbare, fanatique, Elizabeth conserva pures sa vertu, sa simplicité, sa douceur, sa charité. « J'ai ouï raconter, dit le même Brantome, » qu'au massacre de S. Barthelemi, elle, n'en sça- » chant rien, ni même senti le moindre vent du » monde, s'en alla coucher à sa mode accoutu- » mée; & ne s'étant éveillée qu'au matin, on lui » dit, à son réveil, le beau mystère qui se jouoit: » Hélas! dit-elle soudain, le roi mon mari le sçait- » il ?... Oui, madame, répondit-on; c'est lui-même » qui le fait faire.... O, mon Dieu! s'écria-t-elle, » qu'est ceci? & quels conseillers sont ceux-là qui » lui ont donné tel avis? Mon Dieu, je te supplie » & te requiers de lui vouloir pardonner; car si » tu n'en as pitié, j'ai grand'peur que cette offense » ne lui soit pas pardonnée; & soudain demanda » ses heures, & se mit en oraison, & à prier Dieu » la larme à l'œil. »

Tels furent les sentimens d'une reine étrangere, & très-zélée pour la religion Catholique, dans ces jours d'horreur, où le pere égorgeoit pieusement son fils; le fils, son pere; où les ministres même des autels offroient au Dieu de paix & de miséricorde leurs poignards teints du sang de leurs freres.

Elizabeth d'Autriche n'est pas seulement comptée au nombre de nos meilleures reines: elle tient encore un rang distingué parmi nos sçavantes, puisqu'elle composa un ouvrage de piété, & un autre sur ce qui s'étoit passé en France sous le règne de Charles IX & le sien. Elle mourut infiniment regrettée, & digne de l'être, le 22 de Janvier 1592.

ELIZABETH DE CARINTHIE, impératrice, femme de l'empereur Albert I.

ELIZABETH, fille de l'empereur Sigismond, impératrice, femme de l'empereur Albert II.

ELIZABETH ou ISABELLE DE PORTUGAL, impératrice & reine d'Espagne, fille aînée d'Emmanuel, roi de Portugal, & femme de Charles-Quint, qu'elle épousa, dans sa vingt-troisieme année, l'an 1526, eut la réputation d'être une des plus sages, des plus belles & des plus vertueuses princesses de son tems. Elle mourut en couches à Tolede, en 1539.

ELIZABETH *ou* ISABEAU D'ANGOULÊME, reine d'Angleterre, princesse presqu'aussi méchante que belle, étoit fille d'Aimar I, comte d'Angoulême, qui la fiança à Hugues X, dit *le Brun*, comte de la Marche; Jean Sans-Terre, roi d'Angleterre, la ravit à ce comte, & l'épousa pour son malheur; car Hugues lui suscita toutes sortes de mauvaises affaires; ce qui ne dut point déplaire à la reine, puisqu'après la mort de Jean, en 1216, elle se remaria avec Hugues, dont elle eut plusieurs enfans.

ELIZABETH *ou* ISABEAU DE FRANCE, reine d'Angleterre, fille de Philippe le Bel, née l'an 1282, & mariée en 1308, à Edouard II, prince de Galles, depuis roi d'Angleterre, étoit, selon Froissart, une des plus belles princesses de son tems; ce fut ce qui la rendit redoutable aux Spencers, favoris du roi son mari, qui, par leur avis, la déclara, elle & son fils Edouard, exclus de la couronne. Elle vint en France, d'où, étant passée à la cour de Guillaume III, comte de Hainault, elle retourna en Angleterre avec les secours de ce comte, & y fit couronner son fils. Elle y mourut, en 1357, âgée de plus de soixante-quinze ans.

ELIZABETH *ou* ISABELLE DE FRANCE, reine d'Angleterre, & depuis duchesse d'Orléans, étoit fille du roi Charles VI, & naquit à Paris, le 9 de Novembre 1389 : elle fut mariée à Calais, en 1396, à Richard III; elle eut beaucoup à souffrir en Angleterre, par les factions qui agitoient ce royaume. De retour en France, après la mort de son mari, l'an 1401, elle se remaria avec Charles, comte d'Angoulême, puis duc d'Orléans, & mourut en couches le 13 de Septembre 1409.

ELIZABETH, reine d'Angleterre, fille de Henri VIII, & de la reine Anne de Boulen, naquit, le 8 de Septembre 1533, dans le palais de Hamptoncourt; d'autres disent qu'elle vint au monde dans le château de Greenwick, & qu'elle y fut baptisée dans la chapelle, le 16 de Septembre, par l'archevêque d'Yorck : on ajoûte que la reine l'avoit ainsi souhaité, « afin que la même main, qui avoit » sacré la mere, sanctifiât la fille par les eaux du » baptême. » On lui donna pour nourrice la femme d'un gentilhomme nommé *Hokart*, que le roi fit baron ; & pour gouvernante, sa grand-mere maternelle, qui lui donna une excellente éducation. Le roi, plein d'admiration pour les qualités naissantes de cette jeune princesse, & toujours passionné pour la reine sa femme, déclara Elizabeth son héritiere, en 1535, au préjudice de la princesse Marie, qu'il avoit eue de la reine Catherine d'Aragon, & qu'il exclut du trône.

Après la mort d'Anne de Boulen, qui périt sur un échafaud, le roi, pour plaire à Jeanne de Seymour, sa nouvelle épouse, déclara les deux princesses Marie & Elizabeth également incapables de succéder à la couronne : l'on ôta la derniere des mains de sa grand-mère, pour la mettre sous le gouvernement de Catherine de Boulen, sa tante, ennemie jurée des intérêts du pape ; & elle fut élevée sous les yeux du roi & de la reine, qui se plaisoit à lui donner des marques de son amitié & de son estime. Jeanne de Seymour étant morte, dans un accouchement, de l'opération qu'on appelle *Césarienne*, le roi épousa, le 6 de Janvier, la princesse Anne, sœur du duc de Clèves ; mais peu content de sa beauté, il la fit consentir à une séparation ; & il donna sa main à Catherine Howard, niéce du duc de Norfolck, & la plus belle personne de la cour. La princesse de Clèves resta en Angleterre avec des rentes considérables, & obtint du roi qu'Elizabeth demeureroit auprès d'elle. Elle disoit souvent « qu'elle » préféroit le plaisir d'aimer cette jeune princesse » comme sa propre fille, à celui d'être reine. »

Catherine Howard, convaincue d'adultère, eut la tête coupée, le 22 de Février 1542 ; & le roi ne pouvant vivre sans femme, épousa Catherine Parre, veuve du baron de Latimer, & sœur de Guillaume Parre, comte d'Essex. Cette nouvelle reine, grande ennemie de la cour de Rome, pria le roi de donner un appartement à Elizabeth à la cour, auprès du sien. Le roi, pour ne pas la refuser, & craignant d'un autre côté de mortifier la princesse de Clèves, ordonna que la jeune Elizabeth passeroit deux jours entiers de la semaine avec la princesse Anne, & le reste auprès de la reine.

Elizabeth avoit reçu tant d'avantages de la nature, qu'elle faisoit l'admiration de l'Europe : une figure parfaitement belle, une taille régulière répandoient un air de majesté sur toutes ses actions. Dès l'âge de douze ans, elle possédoit les sciences les plus abstraites, & sçavoit parler latin, françois, italien, espagnol & flamand : la poësie l'occupa quelque tems ; mais elle la regarda bientôt comme un amusement frivole, & se consacra entièrement à l'étude de l'histoire & de la politique. Les Anglois la regardoient comme une merveille, & disoient souvent, « que le ciel, qui lui avoit donné tant de » rares qualités, l'avoit sans doute reservée à quel- » que grand emploi dans le monde. »

Le roi, s'étant ligué avec l'empereur Charles-Quint contre François I, convoqua le parlement le 24 de Janvier 1544 ; & dès la première séance, il fit passer un acte qui réhabilitoit les deux princesses Marie & Elizabeth, & leur donnoit droit à la couronne. Ce prince mourut le 27 de Janvier 1546 : son fils Edouard, âgé de dix ans, qu'il avoit eu de Jeanne de Seymour, lui succéda ; & selon le testament de son pere, on confia sa tutelle & la régence du royaume à Edouard de Seymour, comte de Hertfort, oncle du roi, qui obtint le duché de Sommerset, avec le titre de Protecteur. Thomas de Seymour, son frere cadet, fut fait grand amiral d'Angleterre. Ce jeune seigneur, plein de confiance en son propre mérite, & autorisé par le crédit qu'il avoit à la

cour, proposa sa main à la princesse Elizabeth, âgée pour lors de treize ans. Elizabeth, qui commençoit à acquérir cette dissimulation profonde, dont elle donna tant de marques dans la suite, reçut obligeamment l'amiral, & l'assura qu'elle n'avoit aucun goût pour le mariage. Cet honnête refus ayant fait évanouir les espérances de l'amiral sur la couronne, il voulut au moins avoir la gloire d'épouser une tête couronnée. Il s'adressa à la reine douairiere, qui répondit, à la premiere ouverture de mariage, « qu'ayant passé sa jeunesse auprès d'un
» mari vieux & malade, elle ne seroit pas fâchée de
» passer le reste de sa vie avec un autre qui fût jeune
» & vigoureux. » Les deux princesses, filles de Henri VIII, désapprouverent hautement un mariage qui deshonoroit la mémoire du roi leur pere. Marie même voulut s'y opposer ; mais Elizabeth plus sage, lui répondit : « Nous ne sommes en état ni
» vous ni moi d'y apporter aucun obstacle, sans
» courir risque de rendre notre condition encore pire qu'elle n'est ; du moins je le crois ainsi.
» Nous avons affaire à un parti trop puissant, qui
» a toute l'autorité en main, & nous n'avons aucun crédit en cour. J'estime donc que le meilleur
» parti que nous puissions prendre, c'est celui de
» dissimuler, afin que la peine retombe sur les coupables...... Si notre silence ne nous fait pas
» honneur, du moins il ne nous attirera pas de
» nouvelles disgraces. »

La reine ne jouit pas long-tems des plaisirs de son nouveau mariage : elle tomba malade ; & se voyant près d'expirer, elle donna à la princesse Ellizabeth, par son testament, la moitié de ses pierreries, & une grosse chaine d'or, & lui dit : « Ma chere princesse,
» Dieu vous a donné des qualités extraordinaires;
» cultivez-les toujours, & travaillez à les augmenter; car je crois que le ciel vous a destinée à être
» reine d'Angleterre. » Trois jours après la mort de cette princesse, l'amiral eut l'imprudence de re-

nouveller ses prétentions auprès d'Elizabeth. Il mit dans ses intérêts une de ses femmes de chambre, nommée *la Monjoye*, qui parla beaucoup en sa faveur. La princesse lui imposa silence, en lui disant „ qu'elle la mettroit dehors, si elle ne se taisoit. „ Le protecteur, qui craignoit les desseins ambitieux de son frere, fit passer cette loi en parlement: « Que „ quiconque entreprendroit d'épouser aucune des „ sœurs du roi, sans une expresse permission de lui „ & du conseil, seroit réputé coupable de haute „ trahison, & tous ses biens confisqués. » A cette nouvelle, l'amiral désespéré leve une armée de dix mille hommes, résolu d'enlever le roi, & de le forcer à consentir à ce mariage ; mais il fut arrêté & condamné à mort, le 27 de Février 1550. Elizabeth ayant appris son malheur, dit « qu'il étoit „ mort ce jour-là un homme de beaucoup d'esprit, „ mais de peu de jugement. » Le protecteur subit le même sort quelque tems après ; le crédit & les prières d'Elizabeth ne purent le sauver.

Cependant le roi, prévenu tous les jours contre la Religion Romaine, par les Protestans ses ministres, achevoit le grand ouvrage de la réformation. Il voulut défendre à la princesse Marie de faire dire la messe dans sa chambre ; mais avant que d'en venir à l'extrémité, il pria Elizabeth d'employer ses soins auprès d'elle, pour l'éloigner du Papisme. Elizabeth promit de le faire ; mais loin de tenir parole, elle insinuoit adroitement à sa sœur, « qu'elle devoit „ toujours demeurer ferme dans sa religion ; qu'elle „ en seroit plus estimée de tout le monde, ajoûtant „ que quant à elle, pour tous les biens du monde, „ elle ne quitteroit pas la religion où elle avoit „ été élevée. » Mais quand elle parloit au roi, ou aux personnes du conseil, elle disoit « que ce n'é- „ toit rien que d'avoir établi la réformation, s'ils „ ne trouvoient les moyens de l'affermir pour tou- „ jours. Que les Catholiques travailloient jour & „ nuit à se relever, & que c'étoit fait de la réfor-

» mation, si la couronne retomboit entre leurs
» mains. » Cependant elle recherchoit avec empressement l'amitié des Catholiques, qu'elle vouloit ménager, & affecta de s'unir étroitement avec sa sœur.

Au commencement de l'année 1551, le roi, déja sorti de sa minorité, tomba dangereusement malade. Le duc de Northumberland, le plus puissant seigneur du royaume, profita de ce moment favorable, pour marier son fils Guifford avec Jeanne Gray, petite-nièce de Henri VIII, & fille du duc de Suffolck. Il fit déclarer au roi, dans son testament, que les filles du duc de Suffolck, ses cousines, monteroient sur le trône, à l'exclusion des princesses Marie & Elizabeth. Après la mort d'Edouard, Marie & Jeanne Grai eurent leurs partisans. Elizabeth suggéroit aux uns & aux autres de demeurer fermes dans leurs prétentions, & ne cessoit de les décrier également. Jeanne Gray l'emporta d'abord, & fut proclamée reine. Aussi-tôt Marie s'éloigna de Londres; prit la qualité de Reine, & fit ordonner aux magistrats & aux officiers de cette capitale de la venir reconnoître. Le duc de Northumberland effrayé, quitta le parti de Jeanne Gray, & vint se jetter aux gênoux de Marie. Elizabeth alla au-devant d'elle avec une suite nombreuse, & l'embrassa avec toutes les marques de la plus vive tendresse. « Ma chere
» sœur, lui dit la reine, je veux que vous soyez
» bonne Catholique. » .... Hors la conscience, ré-
» pondit Elizabeth, je suis entièrement à votre
» Majesté, à quoi trois qualités que je porte, de
» sœur, de servante & de sujette de votre Majesté
» m'obligent. » Cette réponse refroidit beaucoup la reine à son égard. Le parlement assemblé déclara légitime le mariage de Henri VIII avec Catherine d'Aragon; & par la même raison, on traita de nul & d'illégitime celui de ce prince avec Anne de Boulen. Ainsi la princesse Elizabeth fut déclarée déchue de tous les priviléges des enfans des rois, & privée

de la plûpart de ses pensions. La reine Marie ne manquoit pas de motifs d'aversion pour elle; mais la principale raison fut un dépit amoureux. Edouard de Courtenay, comte de Devonshire, étoit aimé de la reine, qui le rétablit dans toutes les dignités dont Edouard l'avoit dépouillé ; mais Marie n'étoit ni jeune ni belle, & sa sœur avoit ces deux qualités. Le comte méprisa tous les avantages que la reine lui offroit en faveur de sa sœur, dont il étoit passionnément amoureux. Irrité de ces mépris, la reine ordonna à la princesse de se retirer au château d'Ashriedge, à trois journées de Londres. Dans ce tems, il s'éleva une conspiration contre le gouvernement. Le chevalier Wiat au premier interrogatoire, nomma, entre les complices, Elizabeth & le comte de Devonshire. Ce dernier fut accusé » d'avoir voulu chasser Marie du trône, pour y » mettre en sa place Elizabeth, à laquelle il avoit » fait promesse de mariage. » Pour surprendre la princesse, on lui dit que le comte avoit eu recours à la clémence de la reine, en avouant sa faute ; mais Elizabeth qui connoissoit mieux son amant, nia toutes les accusations, & dit « qu'elle ne croyoit » pas le comte capable d'avoir jamais rien entre-» pris contre l'état ni contre la reine, & encore » moins qu'il eût confessé une faute dont il ne pou-» voit être coupable. »

Le même jour, on la conduisit à la Tour, où elle fut traitée comme un criminel de lèse-Majesté ; on ne lui donna, pour la servir, que trois hommes & trois femmes, tous gens affidés à la reine ; & le chevalier Gage, lieutenant de la Tour, eut ordre de la traiter avec toute la rigueur possible. Elizabeth se plaignit à ses gardes de cette cruauté, disant » qu'elle ne pouvoit croire que ce fût par ordre » de la reine, naturellement très-clémente, qu'on » faisoit cet outrage à une personne comme elle, » & que c'étoit sans doute la malignité de quelques » ministres ses ennemis, qui l'avoit donné. Qu'étant

» innocente, & les juges n'ayant aucune preuve
» contre elle, c'étoit une injustice & une violence
» manifeste de la traiter ainsi. » Milord Chandois, gouverneur de la Tour, employa le crédit qu'il avoit à la cour, pour adoucir la prison d'Elizabeth; mais on ne veilla pas avec moins d'exactitude sur toutes ses démarches, jusques-là qu'un jour un enfant de quatre ans s'étant approché d'elle pour lui donner un bouquet de fleurs, les gardes l'arracherent des mains de la princesse, croyant qu'il y avoit quelque billet caché, & chasserent le pere & l'enfant, après les avoir cruellement maltraités. La cour, craignant quelque effet de la pitié de Chandois pour la princesse, résolut de l'envoyer à Woodstock, dont le chevalier Benefield étoit gouverneur; &, en même tems, l'on dépêcha trois assassins pour la poignarder. Mais quand ils furent entrés dans sa chambre, ils furent si éblouïs de sa beauté, & de la majesté de son maintien, qu'ils reculerent, en disant « qu'ils ne sçau-
» roient assassiner une personne de cette qualité,
» sans en avoir un ordre par écrit de la reine. » Cependant Elizabeth se plaignoit toujours à Benefield des mauvais traitemens qu'elle enduroit. Benefield fatigué de ses reproches continuels, lui permit d'écrire à la reine, mais à condition qu'il verroit la lettre, avant qu'elle fût envoyée. Elizabeth accepta cette dure condition, & se plaignit.

La reine, touchée de la situation de sa sœur, se rendit aux conseils du roi Philippe son époux, & adoucit la prison de cette malheureuse princesse. Elle ordonna au chancelier Gardiner, & au cardinal Polus, Catholiques zélés & sçavans, de l'exhorter à quitter sa religion. On voit, par le Dialogue de ce prélat avec Elizabeth, qui est imprimé, que cette princesse n'avoit qu'une religion de politique. Enfin elle fut déclarée innocente, malgré son aversion pour la Religion Romaine, & rétablie dans tous les priviléges dont elle avoit joui pendant la vie du roi Edouard; à la réserve du rang de princesse du sang, & d'héritiere présomptive de la couronne.

Dès qu'on apprit que la princesse étoit libre, le peuple en marqua sa joie sans aucun ménagement; & l'on fit des feux de réjouissance en présence même de la cour. Elizabeth ne sortoit jamais qu'au milieu des acclamations & des cris de joie. Le chancelier dit à la reine « que la liberté d'Elizabeth menaçoit » l'Angleterre de quelque grand malheur. » Marie, qui ne voyoit pas sans jalousie les marques d'estime que le peuple donnoit à sa sœur, & les déférences que le roi même lui témoignoit, éclaira de si près ses démarches, & lui marqua tant de froideur, que la princesse résolut de quitter la cour. Quand elle en demanda la permission à la reine, Marie lui répondit: « Je trouve que vous faites bien. » Sous prétexte de lui faire honneur, elle mit auprès d'elle un de ses gentilshommes, & une de ses dames, pour veiller sur sa conduite. Elizabeth se retira dans le comté de Harford, & s'appliqua entièrement à l'étude. C'est là que, dans la lecture des plus habiles historiens, & des plus consommés politiques, elle acquit cette sagesse profonde, qui lui fit tant de réputation, & dont elle connoissoit déja la pratique par ses malheurs.

Cependant, malgré les défenses & la vigilance des espions de la reine, Elizabeth entretenoit toujours commerce de lettres avec le comte de Devonshire. Il ne dura pas long-tems; ce seigneur mourut à Gand, le 22 de Septembre 1555, d'une maladie si prompte & si courte, qu'on soupçonna qu'il y avoit eu du poison. Avant de mourir, il écrivit la lettre la plus tendre à sa chere princesse. Elizabeth ne put se consoler de cette perte; elle l'aimoit véritablement; & souvent elle disoit à ses demoiselles, » que jamais personne n'avoit mieux mérité d'être » aimé des princesses, que le comte de Devonshire; » parce que jamais personne n'avoit mieux sçu que » lui l'art d'aimer. » C'étoit un ange en amour, disoit-elle en italien : *Il Devonshire nell' amore humano, haveva talenti angelici.*

Le roi Philippe avoit promis à Philibert-Emmanuel, duc de Savoye, de lui donner Elizabeth en mariage, & de la faire nommer princesse de Galles ; le duc ayant été chassé de ses Etats, malgré sa valeur, qui le faisoit passer pour le premier capitaine de son siécle, renouvella ses instances pour le mariage ; mais Philippe, résolu d'épouser Elizabeth, si la reine Marie venoit à mourir sans enfans, se contenta de réitérer ses promesses. Lorsqu'on parla de ce mariage à la princesse, elle répondit sagement, « que la nation avoit plutôt besoin d'un roi » sage & politique que grand guerrier...... Que » l'Angleterre n'a pas besoin de penser à faire des » conquêtes, mais seulement à conserver ce qu'elle » possede déja ; que son intérêt étoit de n'entre- » prendre la guerre que quand elle y est forcée, à » cause des grandes dépenses qu'elle entraine, & » qu'un roi, qui aime trop la guerre, seroit d'humeur » de la commencer sur le moindre prétexte. »

On peut juger de cette princesse par cette réponse ; car elle fut le modèle de toute sa conduite. Henri V, roi de Suède, l'avoit déja demandée deux fois en mariage, mais inutilement. Lorsqu'il fut monté sur le trône, il envoya en Angleterre une ambassade magnifique, au commencement de Janvier 1558, sous prétexte de féliciter la reine des avantages que le roi Philippe avoit remportés sur les François ; l'ambassadeur eut ordre de sonder les dispositions d'Elizabeth qui répondit « que si la reine » lui laissoit la liberté de se marier ou de ne pas » se marier, elle étoit résolue de suivre son incli- » nation, qui étoit de demeurer toujours fille. »

Le 17 de Novembre de la même année, la reine Marie, désespérée d'avoir perdu Calais, & de ne pouvoir secourir son époux, mourut de chagrin. Le chancelier assembla le parlement, & lui dit « que » le royaume auroit grand sujet de pleurer la perte

» de la reine Marie, s il ne lui étoit resté une prin-
» cesse capable de gouverner l'Angleterre, & qu'Eli-
» zabeth étoit cette héritiere légitime de la cou-
» ronne, à laquelle on n'en pouvoit disputer les
» droits. » Toute l'assemblée s'écria aussi-tôt : « Vive
» la reine Elizabeth. Que Dieu lui donne longue vie,
» & un heureux règne ! » Tous les plus grands seigneurs du royaume se rendirent auprès d'elle dans la
maison de Herfield, & l'accompagnerent à Londres ;
lorsqu'elle apperçut Benefield, qui l'avoit traitée si
durement pendant sa prison, elle lui présenta sa
main à baiser, en disant à ceux qui l'environnoient:
» Voilà mon concierge. » Malgré cette faveur apparente, il craignit le ressentiment de la reine, &
résolut de ne plus paroître devant elle.

Lorsqu'Elizabeth fut arrivée à la Tour, elle confirma tous les ambassadeurs qui résidoient dans les
cours étrangères, & leur ordonna de faire sçavoir
à chaque souverain son avènement à la couronne.
Le pape Paul IV, naturellement dur & fier, donna
des preuves de son caractère en cette occasion : il
traita Elizabeth de *bâtarde*, & voulut l'obliger à
remettre la décision de ses droits au siége apostoli-
lique. Elizabeth, voyant qu'il n'y avoit pas d'autre moyen de se conserver la couronne, qu'en se
déclarant l'ennemie du pape : « La cour de Rome
» veut donc tout perdre, dit-elle, pour me faire
» gagner beaucoup. »

Cependant le roi Philippe, sans sçavoir si le pape
reconnoîtroit Elizabeth pour reine, ordonna au duc
de Féria, qui résidoit pour lui en Angleterre, de
féliciter Elizabeth sur son avènement, & de traiter
de son mariage avec elle. Elizabeth avoit les plus
grandes obligations à Philippe ; elle reçut son ambassadeur avec tant de marques d'honneur & d'estime, & écouta sa proposition avec un visage si
riant, qu'il écrivit à son maître, « qu'il espéroit
de le voir bientôt marié avec la reine. » Mais lorsqu'il en vint à la conclusion, Elizabeth donna beau-

coup d'éloges au roi Philippe, & avoua « que son
» mariage même ne pouvoit pas payer les obliga-
» tions qu'elle avoit au roi. »... Tout cela est bon,
» madame, répondit le duc de Féria; mais je prie
» votre Majesté d'en venir au fait; » mais il ne put
l'y déterminer ; ce qui fit dire à l'ambassadeur, « que
» la reine Elizabeth étoit comme une anguille, qui
» échappe, lorsqu'on croit la mieux tenir. »

Le 13 de Janvier 1559, la reine fut couronnée,
avec le faste le plus brillant, par Ovier Ogilthorpe,
évêque de Carlile, Catholique. Lorsque le prélat lui
fit l'onction des saintes huiles, elle se retourna vers
les dames qui étoient auprès d'elle, & leur dit : « Ne
» m'approchez pas, de peur que cette huile puante
» ne vous fasse devenir malades. » Ensuite elle fit
serment sur les saints Evangiles « de maintenir la Foi
» Catholique, & de conserver à l'Eglise ses pri-
» viléges & ses libertés. » On verra par ce qui
suit, si elle fut fidèle à ce serment. Après la cérémonie du couronnement, elle fit élargir tous les
prisonniers, sans distinction de personnes ni de religion ; le chevalier Bacon se trouvant dans la chambre de la reine, au moment que plusieurs prisonniers venoient la remercier de la liberté qu'ils avoient
obtenue, s'approcha d'elle, & lui dit : « Madame,
» Votre Majesté accorde-t-elle la grace aux uns &
» non pas aux autres ? » La reine répondit « qu'elle
» ne vouloit pas qu'il y eût d'exception : Il y a
» pourtant encore quatre prisonniers, repliqua Ba-
» con, qui sont bien étroitement détenus depuis le
» règne de Marie, jusqu'aujourd'hui ?... Qui sont-ils
» donc, reprit Elizabeth, vous n'avez qu'à me don-
» ner leurs noms, & je les ferai mettre en liberté. Ils
» s'appellent, Madame, ajoûta Bacon, l'un Ma-
» thieu, l'autre Marc, le troisieme Luc, & le der-
» nier Jean ; & votre peuple attend avec beau-
» coup d'impatience, que votre Majesté leur donne
» la liberté. La reine souriant, lui répondit : Je le
» ferai, sans doute, avec la bénédiction de Dieu,
» &

» & j'espere de m'entretenir avec eux, & de m'ins-
» truire par leur propre bouche, de ce que je dois
» faire en leur faveur. »

Cependant la France ne voulut point reconnoître Elizabeth. Quelques mois auparavant, le Dauphin, fils de Henri II, avoit épousé Marie Stuard, reine d'Ecosse : elle fut proclamée en France & en Ecosse, reine d'Angleterre & d'Irlande ; & le roi Henri II négocia un traité de paix avec le roi d'Espagne, pour mieux soutenir les prétentions de cette princesse ; mais la reine Elizabeth fit tant par son habileté, que les deux rois jurerent qu'ils ne feroient jamais de paix, sans y comprendre la reine d'Angleterre.

Délivrée de cette inquiétude, elle ne travailla plus qu'au rétablissement de la réformation, & à tromper les Catholiques, qui avoient deux puissans soutiens dans le duc de Nortfolck & le comte d'Arondel. Elle commença par leur donner les premieres charges de l'Etat. Le duc de Nortfolck sollicitoit depuis trois ans une dispense de la cour de Rome, pour épouser une cousine germaine, dont il étoit fort amoureux ; la reine lui fit espérer qu'elle obtiendroit la dispense, & le mit par-là entièrement dans ses intérêts. Elle flatta & caressa le comte d'Arondel, qui, par sa figure, son crédit & ses richesses, se croyoit digne de la main d'Elizabeth. Ces deux seigneurs, toujours dans l'espérance de posséder ce qu'ils desiroient, n'oserent traverser les desseins d'Elizabeth contre les Catholiques. Le 25 de Janvier 1559, le parlement s'étant assemblé, Elizabeth y parut avec la plus grande magnificence, portant le sceptre & la couronne. On fit l'honneur aux dames de sa suite de les laisser entrer dans la salle du parlement, où elles furent assises auprès de la reine ; mais elles se retirerent, quand elle voulut commencer à parler. Quelques-uns des évêques, qui n'étoient qu'au nombre de quatorze dans l'assemblée, ne purent s'empêcher de dire hautement : « Voilà la premiere scène

» de la comédie ; voyons quelle en sera la seconde. »
L'évêque de Wincester dit à celui de Lincoln : « Je
» crois que si la reine fait une nouvelle religion,
» elle sera aussi riche en vanité, que vuide de mo-
» destie. » L'autre répondit : « Elle a si fort l'air
» de comédienne, qu'elle ne fera qu'une religion
» de théatre. »

Le résultat de cette assemblée fut qu'on accorda
à la reine une somme de cinq cens mille livres sterling, & qu'on restitua à la couronne, malgré les
oppositions de quelques prélats, les dixmes, les
annates & autres droits auxquels la reine Marie
avoit renoncé.

Le 4 de Février, le parlement envoya l'orateur,
avec quarante députés, à la reine, pour la prier, de
la part de tout le royaume, de se choisir un mari.
La reine répondit « qu'elle avoit épousé le royaume
» par la cérémonie du couronnement ; ajoûtant
» qu'elle ne manqueroit pas de successeurs, & que
» si elle venoit à mourir, elle souhaitoit qu'on gra-
» vât cette épitaphe sur son tombeau :

Cy gît une reine qui a régné tant d'années, & qui a vécu
& est morte vierge.

Elle ne voulut pas qu'on lui donnât d'autre éloge
après sa mort, quoique la virginité fût la plus dou-
teuse de ses qualités.

La reine, après s'être rendue maîtresse de l'esprit du duc de Nortfolck & du comte d'Arondel,
fit passer, le 18 de Février, un acte solemnel, qui la
déclaroit souveraine gouvernante de l'église dans son
royaume, tant au temporel qu'au spirituel. Tous
les prélats, qui refusèrent de lui prêter serment en
cette qualité, furent dépouillés de leurs dignités &
de leurs biens, & condamnés à une prison perpétuelle. Ensuite elle fit recevoir la liturgie de l'église
Anglicane ; mais comme elle ne vouloit pas, disoit-elle, « être gouvernante d'une église dénuée,

elle conserva les cérémonies & les ornemens pontificaux, qui flatoient son goût pour le faste & la magnificence; ce qui fit dire aux plus sensés, « que l'on avoit fait de l'église un théatre, pour y jouer la comédie devant la reine. »

Le roi Philippe, apprenant par le duc de Féria, « que son mariage avec la reine n'étoit qu'un jeu, & qu'il n'en devoit rien espérer, » se hâta de conclure la paix avec la France, & son mariage avec la princesse Isabelle, fille de Henri II. Elizabeth, craignant pour son royaume les suites de cette alliance, écouta les propositions de paix que la France lui faisoit par le connétable de Montmorenci. Après la mort de Henri II, tué d'un coup de lance dans une course de bague, la reine conclut le traité qui ne fut pas fort avantageux à François II, successeur de Henri; ce qui fit dire à Pasquin à Rome, « que les François avoient donné un petit soufflet à la reine Elizabeth, quand ils avoient conservé Calais, par le traité de paix conclu avec Philippe II, mais qu'en revanche la reine Elizabeth avoit donné un grand coup de pied aux François, avec lequel elle les avoit honteusement chassés d'Ecosse. »

Le pape Paul IV étant mort, le cardinal de Médicis lui succéda sous le nom de *Pie IV*; ce nouveau pontife, oubliant que la reine d'Angleterre avoit été déclarée hérétique par ses prédécesseurs, résolut de lui envoyer un nonce, pour travailler à donner du secours aux Catholiques de son royaume, & l'obliger d'envoyer des ambassadeurs au concile de Trente; mais ce dessein fut inutile. Malgré les sollicitations du roi Philippe, la reine ne voulut pas recevoir le nonce dans son royaume.

Dans ce tems, c'est-à-dire en 1561, il s'éleva des troubles en France, au sujet de la religion. La reine Catherine de Médicis & le duc de Lorraine étoient les ennemis jurés des Protestans qui avoient à leur tête le prince de Condé. Elizabeth résolut de favoriser le parti des Protestans, qui vouloient se rendre formidables en France, afin de donner plus de courage à ceux d'Angleterre. Pour venir à bout de son projet, elle eut besoin de tout son génie: son conseil étoit partagé entre les Catholiques & les Réformés; ceux qui avoient le plus d'autorité dans le gouvernement étoient très-Catholiques, & il s'agissoit d'une affaire de la derniere conséquence pour l'Eglise Romaine: cependant, par son esprit & par la sagesse de sa conduite, elle réunit tout son conseil, & le détermina à donner du secours au prince de Condé. Les ambassadeurs qui résidoient à sa cour, voyant la prudence avec laquelle elle conduisoit tous ses desseins, écrivoient à leurs maîtres qu'Elizabeth « faisoit également servir les Catholiques & les Protestans à ses intérêts, & les tournoit de telle maniere, qu'elle faisoit une comédie, qui faisoit tantôt rire ceux qui avoient sujet de pleurer, & tantôt pleurer ceux qui avoient sujet de rire. »

Le premier article du traité avec le prince de Condé, fut que l'on remettroit entre les mains de la reine la citadelle du Havre de Grace, & qu'elle fourniroit aux Protestans tous les trois mois la somme de cinq cens mille livres. Les premieres armes du prince furent heureuses; mais le duc de Guise & le connétable de Montmorenci l'attaquerent pendant qu'il étoit occupé au siége de Dreux, & remporterent sur lui une victoire signalée. Elizabeth, craignant que la fin des guerres civiles ne l'obligeât à restituer le Havre de Grace, envoya en diligence assurer les Protestans qu'elle leur enverroit un nouveau secours d'hommes & d'argent; mais la paix fut conclue avant que l'on eût reçu ces nouvelles propositions.

Marie, reine d'Ecosse & de France, devenue veuve par la mort de François II, dont elle n'avoit point eu d'enfans, s'embarqua pour l'Ecosse, sur la fin de l'année 1562. Les Catholiques de son royaume la reçurent avec une joie inexprimable. Pour la reine d'Angleterre, dès qu'elle eut appris l'embarquement de Marie, elle fit mettre en mer plusieurs vaisseaux, sous prétexte de les envoyer aux Indes, mais en effet pour enlever la reine d'Ecosse, & la conduire prisonniere en Angleterre; mais les vents furent si contraires aux Anglois, qu'ils ne purent jamais approcher de celui de Marie. Elizabeth, voyant ses espérances trompées, envoya à Marie une ambassade magnifique, pour lui témoigner la joie qu'elle avoit de son heureux retour en Ecosse, & l'assurer qu'elle vouloit entretenir avec elle la plus grande intelligence. Marie, dont l'ame étoit franche & sincère, répondit à ces marques d'affection, en lui envoyant un diamant d'une grosseur extraordinaire, taillé en forme de cœur, « la priant de conserver ce petit » gage de sa foi, qui seroit toujours & plus pure & » plus ferme que le diamant. »

Catherine de Médicis, après avoir donné la paix aux Huguenots, & rendu la liberté au prince de Condé, fit demander à Elizabeth la restitution du Havre, offrant de lui rendre les cinq cens mille livres qu'elle avoit donnés au prince. Elizabeth, loin d'y consentir, envoya le comte de Warwick avec six mille hommes de bonnes troupes, pour défendre la place; mais le connétable de Montmorenci l'assiégea, & força les Anglois à la retraite.

Sur la fin de la même année 1563, Elizabeth fit un grand coup de générosité publique, le seul, dans toute sa vie, qui n'eût point pour motif son inclination pour le faste. *Guillaume Paget*, homme de basse naissance, mais que son mérite avoit élevé aux plus grands honneurs, avoit rendu des services importans à Henri VIII, qui disoit de lui, « qu'il étoit » né pour être ambassadeur. » Après la mort de ce prince, Edouard VI lui marqua son estime, quoiqu'il fût Catholique Romain, & le nomma chancelier de la principauté de Lancastre, & chevalier de la Jarretiere. On se doute bien que, sous le règne de Marie, il jouit des plus grandes charges;

mais se sentant vieux & valétudinaire, lorsqu'Elizabeth monta sur le trône, il obtint la permission de se retirer à la campagne, & d'y mener une vie privée. Il y mourut cette année, à l'âge de soixante-seize ans. Elizabeth, pour récompenser les services qu'il avoit rendus à l'Etat, fit transporter son corps à Londres, aux dépens du trésor royal, & lui fit rendre les honneurs qu'on auroit faits à l'ambassadeur d'une tête couronnée. Paget est le seul homme en Angleterre, dont les funérailles se sont faites aux dépens du public.

Le roi d'Espagne ayant rappellé le duc de Féria, envoya à sa place *dom Alvaro de Quadra*, évêque d'Aquila. La reine ne put voir sans chagrin, qu'après s'être déclarée si ouvertement contre l'Eglise Romaine, & avoir refusé de recevoir un nonce & la publication du concile de Trente dans ses Etats, on lui envoyât un évêque pour ambassadeur. Le prélat affecta de ne paroître à la cour, que revêtu de tous les ornemens pontificaux: ce faste plut d'abord à la reine; mais ayant appris que, non content de célébrer solemnellement toutes les fêtes dans sa chapelle, avec le plus grand concours de Catholiques qu'il se pouvoit, il alloit baptiser & porter l'Extrême-Onction dans les maisons particulieres, & entretenoit une grande liaison avec la maison du cardinal Polus, la plus puissante du royaume, elle pria le roi Philippe de rappeller son ambassadeur, & lui marqua tous les sujets de plainte qu'elle avoit contre lui. Philippe l'exhorta à ne point ajoûter foi à de faux rapports, & l'assura qu'il connoissoit le mérite de son ambassadeur. Après ce refus, la reine crut avoir un juste sujet de violer le droit des gens: elle traita l'évêque d'Aquila, comme s'il avoit été le moindre de ses sujets; lui donna sa maison pour prison, sans en avertir le roi d'Espagne, & l'obligea de comparoître devant la justice ordinaire, pour y répondre à plusieurs chefs d'accusation intentés contre lui. Pendant qu'on travailloit à son procès, le prélat infortuné, dont les Protestans même révéroient le mérite, vint à mourir, au grand déplaisir des autres ambassadeurs qui se voyoient deshonorés, & leur caractère avili.

Philippe dissimula d'abord son ressentiment, & nomma aussitôt *dom Diégo Gusman de Sylva*, à la place de l'évéque. La reine, croyant que la crainte empêchoit le roi d'Espagne de se venger, prit occasion de le chagriner en toute rencontre. Les Anglois eurent l'audace d'insulter des vaisseaux François sur les côtes d'Espagne, sous prétexte d'aller aux Indes occidentales. Alors Philippe éclata: il fit confisquer des vaisseaux richement chargés, qui étoient à l'ancre dans ses ports, & renvoya à la reine Elizabeth l'ordre de la Jarretiere par un simple gentilhomme, sans daigner lui en écrire. Ce mépris marqué fut moins sensible à la reine que le choix que fit le roi d'Espagne de Richard Chelley, pour l'envoyer en ambassade vers l'empereur Maximilien: c'étoit un Anglois, homme de mérite, qui étoit entré au service de Philippe, sans en avoir eu la permission d'Elizabeth. Cependant, quoique résolue de se défendre vivement contre Philippe, elle n'osa jamais l'attaquer: « L'Espagne, disoit-elle, » est un monstre qui mord quand on l'approche, & » qui dévore, si on le touche. » Elle ajoûtoit « qu'il » étoit dangereux de faire la paix avec cette nation, » mais qu'il y avoit encore plus de péril à lui faire » la guerre. »

Elizabeth avoit permis à Mathieu Stuard, comte de Lenox, & à son fils Henri, de passer en Ecosse, pour visiter la reine Marie leur tante; mais ayant appris que Marie vouloit épouser le comte, elle envoya deux ambassadeurs en Ecosse, le comte de Bedfort & le comte de Barwick. Le premier devoit ordonner à Mathieu Stuard & à son fils, de revenir incessamment en Angleterre, sans quoi la reine les mettroit au ban, & confisqueroit leurs biens; l'autre devoit proposer à la reine de la marier avec le comte de Leicester, favori d'Elizabeth, lui promettant qu'elle seroit déclarée héritiere du royaume d'Angleterre, si la reine Elizabeth mouroit sans enfans. Ce n'est pas que la reine souhaitât le succès de ce mariage; mais son motif étoit d'empêcher Marie d'écouter les propositions qu'on lui faisoit de la part de l'archiduc Ferdinand, frere de l'empereur. Elle étoit en cela de l'avis des François, qui redoutoient l'aggrandissement de la maison d'Autriche.

Le parlement assemblé résolut de faire prier la reine de vouloir entendre à un mariage; mais auparavant, il donna les ordres nécessaires pour lever cinq cens mille livres sterling, dont la reine pourroit se servir en ses besoins. Ensuite on lui envoya l'orateur avec trente députés, pour la supplier de se choisir un mari ou un successeur; on lui nomma Edouard d'Hastingues, comte d'Huntingdon, & au défaut de celui-là, Thomas Howard. Elizabeth répondit « qu'elle ne pouvoit se résoudre à faire part
» de son lit à ceux qui avoient accoutumé de la
» servir à table; qu'elle souhaitoit bien de conten-
» ter son peuple, mais non pas en se faisant du
» tort à elle-même. »

Cependant Marie Stuard, reine d'Ecosse, & qui portoit encore la qualité de reine douairiere de France, ne pouvoit renoncer aux plaisirs du mariage. Après la mort de François II, elle épousa le comte d'Arley; mais, au bout de deux mois de discorde, le comte fut trouvé étranglé dans son lit. Quelques jours après, la reine se maria avec le comte de Bothuel; ce qui le fit soupçonner d'avoir été l'auteur de la mort de son prédécesseur. On se prépara à lui faire son procès; mais il évita le coup, & s'enfuit en Dannemarck, où il fut arrêté & conduit en prison. Il y mourut bientôt de poison, à ce que l'on prétend. Marie fut aussi arrêtée dans son propre royaume; mais elle trouva moyen de s'échapper, & de mettre sur pied une armée de Catholiques, pour punir ses sujets Protestans; mais ces derniers furent les plus forts, & l'obligerent de se retirer en France. La tempête écarta ses vaisseaux, & les conduisit en un port d'Angleterre. Elizabeth, à cette nouvelle, donna ordre de l'arrêter; & dans les transports de sa joie, elle dit: « Voici le premier sujet que j'ai de » me réjouir des maximes de ma politique, depuis » que je suis reine. » Elle envoya aussi-tôt des ambassadeurs en Ecosse, pour faire couronner le prince Jacques, fils de Marie, qui n'avoit encore que treize mois.

Ce fut dans ce tems, au commencement de l'an 1569, que le pape Pie V, à la sollicitation du roi d'Espagne, fulmina une excommunication contre la reine Elizabeth, & la fit publier avec toutes les cérémonies lugubres & usitées en pareil cas. Elizabeth se moqua d'abord des foudres du pape; mais ayant appris qu'on avoit osé l'afficher aux portes de l'église de S. Paul à Londres; que le peuple murmuroit, & que les grands menaçoient d'une révolte, elle ordonna un silence profond sur les matieres de Religion & d'Etat. Les peines rigoureuses dont on punit les coupables, souleverent tous les Catholiques qui avoient à leur tête Thomas Piercy, comte de Northumberland, & Charles de Névil, comte de Westmorland. La défaite des Protestans, & la mort du prince de Condé en France, releva leur courage: ils prirent les armes contre Elizabeth; & pour émouvoir le peuple, ils firent courir par-tout des écrits, *sur l'obligation où étoient tous les Catholiques de prendre les armes pour la défense de la véritable religion contre la fausse.* Ces démarches ne furent préjudiciables qu'aux Catholiques; plus de huit cens des plus considérables périrent par la main du bourreau.

Pour consoler le peuple de tant de sang répandu, & assoupir les murmures qui s'élevoient au sujet de la prison de Marie, la reine assembla le parlement au mois de Mars 1570. Le jour qu'elle y assista, l'orateur la supplia au nom de Dieu & de toute la nation, de se choisir un mari, ou de nommer un successeur ; alors il s'éleva une voix générale qui lui dit : « Oui, notre reine, nous vous conjurons tous » de nous vouloir accorder cette grace. » Elizabeth répondit « qu'elle recevoit avec toute la joie dont » elle étoit capable, ces témoignages d'affection » que son cher peuple lui donnoit ; mais qu'elle ne » pouvoit lui donner d'autre réponse, sinon qu'elle » étoit trop vieille pour se marier, & trop jeune » pour faire son testament. »

L'année suivante, la reine, par l'entremise d'un marchand Anglois, nommé *Jean Talbot*, qui entendoit parfaitement la langue turque, porta le Grand-Seigneur à attaquer les royaumes de Naples & de Sicile : à cette nouvelle, le roi d'Espagne conclut une ligue entre le pape, les Vénitiens & lui : on nomma pour chef dom Juan d'Autriche, fils naturel de Charles-Quint. Elizabeth voulut semer la division entre Rome & Venise ; mais sa politique échoua. L'armée Chrétienne tailla en piéces les Turcs. Cette victoire causa autant de joie à tous les Catholiques, que de déplaisir à la reine d'Angleterre ; elle dissimula pourtant, & envoya un gentilhomme à Philippe, pour le féliciter de cet heureux succès.

Depuis que le duc de Nortfolck avoit fait demander à Elizabeth la permission d'épouser la reine Marie, elle avoit ordonné que l'on veillât sur ses actions. De ces précautions générales, on en vint aux soupçons. Le duc fut arrêté & conduit à la Tour ; mais la reine, touchée de la sincérité apparente de sa soumission, le délivra bientôt. On avoit mis en prison avec le duc, un abbé nommé *Robert Ridolfi*, qui entretenoit avec lui une étroite liaison. Le pape & le roi Philippe l'avoient envoyé de Rome, avec des ordres secrets, & de bonnes lettres de change, pour soutenir les Catholiques ; &, au cas qu'ils prissent les armes, de les assurer de la protection du saint siége & de la cour d'Espagne : il sortit de prison avec le duc de Nortfolck, à la sollicitation de tous les ambassadeurs Catholiques, mais avec ordre de retourner à Rome dans deux mois. L'abbé partit en moins de quinze jours ; & ce ne fut qu'après son départ que la reine apprit toutes ses pratiques secrettes, par des lettres qu'elle intercepta, écrites de sa main.

Le danger, que le duc de Nortfolck avoit couru, ne le rendit pas plus sage. Encouragé par les cours de Rome & d'Espagne, il résolut d'épouser Marie, à quelque prix que ce fût, & s'ouvrit de son dessein au comte de Leicester, son ami, qui le trahit & découvrit tout à la reine. Elizabeth fit arrêter le duc de Nortfolck avec plusieurs autres seigneurs, & le conseil nomma des commissaires pour les interroger. On envoya à la cour de France, pour l'informer des cabales que les partisans de Marie fomentoient dans le royaume : on fit cette démarche, dans la crainte que les François ne voulussent protéger leur reine douairiere. L'évêque de Rosse, qui faisoit la fonction d'ambassadeur de Marie, & qui étoit reconnu en cette qualité, quoiqu'elle fût en prison, fut censuré pour ne s'être pas conduit d'une maniere digne du caractere dont il étoit revêtu, & reçut l'ordre de sortir du royaume sous quinze jours. Le duc de Nortfolck, convaincu de haute trahison, eut la tête coupée le 12 de Juillet 1572. La reine étoit au conseil secret, lorsqu'on lui porta la nouvelle de cette exécution ; elle dit aussi-tôt : « Nous avons coupé les branches & les racines du Papisme, il faut à présent travailler à arracher le tronc qui reste encore, & l'empêcher de pousser de nouvelles branches. » Ces paroles furent un arrêt de mort prononcé contre la reine Marie. On lui envoya des commissaires dans sa prison, pour lui lire tous les sujets d'accusation que l'on formoit contre elle : A l'ouïe de ces accusations, Marie se mit à pleurer, donnant de grandes marques d'innocence & par ses larmes & par ses réponses.

Le parlement, pour plaire à la reine, & prévenir les troubles que cette affaire pourroit exciter dans l'Etat, publia une ordonnance ignominieuse à la nation, contraire à l'usage du royaume, & même aux droits de l'humanité : elle défendoit « d'oser parler » en faveur de ceux qui seroient mis en prison pour » crime d'Etat, & que tous ceux qui contribueroient » à les faire mettre en liberté, par quelque voie » que ce fût, hors ceux qui le feroient par auto- » rité de la justice, seroient eux-mêmes réputés cou- » pables de lèse-Majesté. » L'inquisition de Rome adopta cette loi sévère, inconnue jusqu'alors, qui fut si pernicieuse aux Protestans qui en étoient les auteurs.

Ce fut dans ce tems que la France donna la scène horrible de la S. Barthelemi: tous les princes Protestans d'Allemagne se plaignirent de cette barbarie à Catherine de Médicis par leurs ambassadeurs. Elizabeth fut la seule dont le silence parut approuver ces cruautés inouïes. On eût dit qu'elle avoit abandonné les Protestans, dont cependant elle étoit le chef & le défenseur. Les Rochelois, assiégés par le duc d'Anjou, lui demanderent du secours; elle leur répondit « qu'elle feroit des vœux ardens au » Ciel pour leur conservation. »

Après la mort de Charles IX, son frere quitta le trône de Pologne, où il avoit été élevé, pour monter sur celui de France, qui lui appartenoit. Après son couronnement, il envoya en Angleterre Henri de Bourbon, duc de Montpensier, prince souverain de Dombes, pour demander Elizabeth en mariage. La reine lui fit rendre les plus grands honneurs, & lui répondit « qu'elle ne pensoit point à » se marier ; mais que si cela arrivoit, elle ai- » meroit mieux épouser un prince qu'elle feroit roi, » qu'un roi qui la feroit reine. » Elle feignit toujours beaucoup d'amitié pour la France, quoiqu'en secret elle ne travaillât qu'à augmenter les troubles de l'Etat.

Cependant Robert d'Evreux, comte d'Essex, fut

élevé aux plus grandes charges de l'Etat ; & la reine avoua plus d'une fois, « qu'elle n'avoit aimé le comte d'Arondel, que par des motifs de religion, ni le comte de Leicester, qu'à cause des obligations qu'elle lui avoit, ni le comte de Sommerset que par politique, & pour être mieux servie par un nombre de favoris ; se servant de la jalousie des uns envers les autres, pour les attacher davantage tous à son service ; mais qu'elle n'avoit jamais véritablement aimé que le comte de Devonshire & le comte d'Essex. » Ce nouveau favori avoit une clef de la chambre de la reine, qui lui donna un gant de sa main droite, pour le porter sur son chapeau. C'étoit en ce tems-là la plus grande preuve d'amour qu'une maîtresse pût donner à son amant, quant à l'extérieur. Le comte de Leicester, jaloux d'une si grande faveur, mais désespérant d'épouser jamais la reine, jetta les yeux sur la comtesse d'Essex, tante de son rival, & résolut de s'unir avec elle. Le comte d'Essex approuva fort ce mariage qui le laisseroit seul favori & seul prétendant à la main d'Elizabeth ; mais cette princesse s'y opposa hautement par un motif de jalousie. Elle ordonna à la comtesse de se retirer à la campagne, & au comte de rester à la cour. Cet ordre fut inutile pour un homme passionnément amoureux : il se rendit auprès de son amante, l'épousa secrettement ; & le lendemain il vint se jetter aux genoux de la reine, & lui avouer sa faute. Elizabeth le releva avec bonté ; mais elle ne put pardonner à la comtesse, qu'elle regardoit comme sa rivale.

Le pape Grégoire XIII avoit fort à cœur la réunion de l'Angleterre à la Religion Romaine ; mais, pour y réussir, il n'employoit d'autres armes que celles de la prière & de son éloquence. On l'a vu parler avec chaleur dans le consistoire pendant deux heures de suite sur les malheurs de l'Angleterre. Comme il étoit fort dévot à l'ordre des Jésuites, il fonda une mission toute de Jésuites, qui appartenoient aux premieres maisons du royaume. Dans peu de tems, ils convertirent beaucoup de Réformés; mais il arriva un accident, qui leur fit beaucoup de tort. Guillaume Parri, leur grand partisan, fut convaincu par la déposition de deux témoins, selon l'usage d'Angleterre, d'avoir voulu tuer la reine. On ne douta plus que les Jésuites ne fussent les premiers auteurs d'un projet si atroce; Parri & son confesseur, le pere Chretkton, furent pendus: l'on défendit aux Jésuites de mettre le pied en Angleterre, & aux Anglois de les recevoir, sous peine de la vie. Cet arrêt sévère, ne fit qu'enflammer le zèle des Jésuites; dont le nombre augmentoit de jour en jour. Encouragés par la cour de Rome, & le roi d'Espagne, ils semoient des libelles injurieux contre la reine, & exhortoient les Catholiques à prendre les armes pour détrôner une hérétique, & couronner la reine Marie. La reine, irritée de voir qu'on méprisoit ses loix, ordonna aux juges de procéder contr'eux à toute rigueur: trente-quatre Jésuites périrent par la main du bourreau, comme criminels de lèse-Majesté; le pere provincial les mit au nombre des saints martyrs.

Les Pays-bas ne pouvant plus supporter la tyrannie des Espagnols, implorerent la protection d'Elizabeth, qui promit de rendre les Hollandois un peuple libre, à condition qu'elle nommeroit les gouverneurs de toutes les places. Le traité conclu, la reine déclara le comte de Leicester, son favori, lieutenant général & gouverneur pour elle des Pays-bas, & lui ordonna de se préparer à donner du secours à la Hollande. Les Espagnols, voyant qu'on leur déclaroit la guerre si ouvertement, se plaignirent, dans un manifeste, de l'ingratitude d'Elizabeth envers le roi Catholique, qui lui avoit sauvé la vie, lorsque la reine Marie l'avoit condamnée à la mort.

Les Espagnols, ayant appris la conclusion du traité que la reine avoit fait avec les Flamands, & la détente du comte de Leicester dans les Pays-bas, arrêterent tous les vaisseaux Anglois qui se trouverent dans leurs ports; & le roi fit défense à tous ses sujets de donner la qualité de reine à Elizabeth, ni de l'appeller autrement que *bâtarde hérétique*, & usurpatrice de la couronne. Il ordonna d'effacer le nom de *reine* de tous les papiers où il se trouveroit écrit, & de faire brûler par la main du bourreau tous les livres qui lui seroient dédiés avec cette qualité. Ensuite il fit une trève avec la cour Ottomane, par l'entremise d'un Juif nommé *Abimaï*, qui avoit quelque crédit à la Porte, afin d'employer toutes ses forces « à châtier, comme il disoit, la témérité d'Elizabeth, cette femmelette, » plus propre à être comédienne, qu'à gouver- » ner un Etat. » La reine chargea de sa réponse François Drack, amiral d'Angleterre, un des plus terribles corsaires, & des plus grands hommes de mer que l'on ait jamais vus; aussi l'appelloit-on *le fléau de la mer*. Il surprit les Espagnols qui ne sçavoient rien de la rupture; saccagea leurs isles de l'Amérique, & mit tout à feu & à sang. Le pape, qui ne songeoit qu'à recouvrer le royaume de Naples, exhortoit le roi d'Espagne à détrôner cette *furie déchaînée contre l'église*; & il faisoit dire secrettement à la reine, qu'elle devoit tout mettre en usage pour porter le Turc à susciter quelque guerre à la maison d'Autriche, & qu'elle s'acquerroit une réputation immortelle, quand elle ne feroit qu'ébranler ce géant, il vouloit dire Philippe, qui prétendoit faire trembler tout l'univers.

En 1586, Elizabeth, prévoyant ce qu'elle avoit à craindre des partisans de la reine Marie, résolut de la faire mourir; elle fut confirmée dans ce projet inhumain par une lettre que Philippe écrivoit à Marie, & qu'elle intercepta; en voici le contenu: «Je prie Votre » Majesté d'avoir bon courage, puisque j'espere, » avec le secours de Dieu, & celui de mes armes, » de vous voir bientôt sur le trône, où vous verrez

» à vos pieds celle qui vous opprime mainte-
» nant. »

Indignée de ces vaines menaces, Elizabeth ordonna qu'on achevât le procès commencé depuis quelques années contre la reine d'Ecosse. Elle lui envoya vingt-sept juges pour l'interroger ; Marie leur répondit par une protestation, « qu'elle étoit reine, » & qu'elle n'étoit obligée à rendre compte de ses » actions qu'à Dieu seul. » Mais la force & l'injustice étoit contre elle ; on lui prouva qu'elle étoit coupable, & sujette d'Elizabeth. Le parlement la condamna à la mort, *pour le maintien du service de Dieu, la conservation de la reine, & le bien du royaume.* A cette nouvelle, le roi de France envoya M. de Bellièvre en Angleterre ; & le roi d'Ecosse, milord Gray, pour demander la liberté de Marie, & représenter à Elizabeth tout l'odieux qu'elle alloit s'attirer, en faisant mourir une reine, & cela par des juges qui n'avoient aucun pouvoir sur elle. Ces représentations furent inutiles. Le 18 de Février 1586, Marie Stuard périt par la main du bourreau, au grand regret des Catholiques & des Protestans désintéressés, qui voyoient avec horreur une tête couronnée mourir sur un échafaud, comme le plus grand des scélérats. Le jour de cette sanglante exécution, on fit des feux de joie dans tout le royaume, comme si l'on avoit remporté une victoire considérable. Elizabeth ne se dissimuloit pas l'horreur que sa conduite devoit inspirer ; mais pour l'adoucir, elle résolut de la couvrir du voile de l'hypocrisie : elle demanda ce que vouloient dire ces feux de joie ? On lui répondit qu'on les faisoit à l'occasion de la reine Marie. A ces mots elle marqua le plus grand étonnement : « Quoi ! la reine, ma sœur, est-elle donc » morte ? Et qui est-ce qui l'a fait mourir ? On m'a » donc trompée ? » Cependant elle avoit signé l'arrêt de mort ; & elle osoit parler de la sorte devant plusieurs ambassadeurs. Un d'entr'eux ne put s'empêcher de dire : « Voilà un vrai tour de comédienne...
» Il

» Il faut que la reine foit bien maligne & bien dif-
» fimulée, ou qu'elle foit bien fotte de fe laiffer
» tromper dans une affaire de cette conféquence. »
Après cela, la reine s'enferma, pendant trois jours,
dans fon appartement, répétant fans ceffe, « qu'elle
» ne pouvoit fe confoler de la mort de la reine
» Marie. » Elle ajoûtoit « qu'on devoit avoir plus
» de refpect pour les têtes couronnées. »

En 1587, la reine fit une action d'éclat, qui lui
regagna l'affection de fes fujets, qu'elle avoit en
quelque forte perdue, par la mort injufte de la reine
d'Ecoffe. *Voyez* LAMBRUN.

Cependant Philippe II fit fçavoir au pape que la
flotte la plus nombreufe & la plus puiffante que
l'Océan eut jamais portée, & qu'il appelloit *l'Invincible*, partiroit du port de Lisbonne au commencement de l'année 1588. Le pape en avertit Elizabeth, qui rappella auffi-tôt le comte de Leicefter de
fon gouvernement de Hollande, & lui donna pour
fon lieutenant général le baron de Viffoughi. Enfuite elle convoqua le parlement, & lui fit une peinture vive de l'ambition du roi d'Efpagne. Son éloquence enflamma tous les auditeurs qui s'écrierent
d'une commune voix, « qu'ils étoient prêts d'em-
» ployer pour fon fervice & celui du royaume,
» non-feulement tout ce qu'ils avoient, mais jufqu'à
» la derniere goutte de leur fang, & qu'on lui feroit
» connoître, dès ce moment-là, la fincérité de leurs
» fentimens, par la promptitude avec laquelle on
» lui alloit fournir toute forte de fecours néceffai-
» res, & qu'ils n'attendoient que les ordres de Sa
» Majefté, pour les mettre en exécution. »

Nous n'entrerons point dans tous les détails de
cette guerre : il fuffit de dire que la flotte *Invincible*
du roi d'Efpagne fut diffipée par les vents, & par
des tempêtes continuelles. Dans toute l'Europe, on
croyoit la reine Elizabeth perdue fans reffource ; &
l'on attendoit de toutes parts, d'un courier à l'autre, la nouvelle « qu'on avoit coupé la tête à la

F. C. *Tome I.* Q q

» reine, par ordre de Philippe II, au même lieu où
» cette reine avoit fait décapiter la reine Marie. »
On fut bien surpris d'apprendre le désastre des Espagnols. Dom Antonio de Montès, chargé d'en instruire le roi d'Espagne, ne lui dit que ces mots :
» Sire, tout est perdu. » Le roi écrivoit une lettre dans le moment ; il répondit froidement « qu'il
» n'avoit pas envoyé son armée pour combattre
» contre les vents & la tempête, mais contre la
» fierté des Anglois. » Il acheva sa lettre avec la même fermeté que s'il eût reçu la nouvelle d'une victoire.

Elizabeth, de son côté, célébra sa délivrance par des fêtes magnifiques, & vit avec plaisir que le pape ordonnoit à tous les Jésuites d'Angleterre de revenir à Rome ; elle dit dans le conseil, « que Sixte
» étoit le plus grand pape que Rome eût jamais vu,
» & que c'étoit un pape prince, & non pas un pape
» prêtre. » Dans un traité qu'elle conclut avec lui, elle s'engagea à lui fournir des vaisseaux, des armes, des soldats & des provisions, pour recouvrer le royaume de Naples ; mais la mort le surprit le 27 d'Août 1590, & on le crut empoisonné par les ministres Espagnols : d'autres en ont accusé les Jésuites, que Sixte V vouloit dépouiller de ce nom, pour les appeler *Ignatiens*. Elizabeth fut très-affligée de la mort de ce pontife ; & dans sa douleur, elle ne put s'empêcher de dire « qu'elle prendroit le deuil
» du pape, si cela se pouvoit faire sans scandaliser
» le monde. »

Cependant Philippe II, indigné des pertes que la reine faisoit essuyer tous les jours aux Espagnols, s'écria : « O Dieu ! ne se trouvera-t-il donc personne
» au monde, qui puisse délivrer l'Eglise & l'Espa-
» gne de ce démon infernal, qui fait tant de mal
» à l'un à l'autre ? » Mendozza, touché de ses plaintes, promit de le délivrer de ce monstre hérétique ; c'étoit le plus habile empoisonneur de son tems : on l'envoya en qualité d'ambassadeur à Paris. Mais un

billet qu'il écrivit à un de ses complices, tomba dans les mains d'un jeune homme qui le porta à la reine. Les coupables furent arrêtés, & la reine fit sçavoir cette conjuration à tous les princes Chrétiens; elle en donna même la nouvelle au Grand-Seigneur, pour lui montrer les armes que Philippe II employoit contre ses ennemis.

Philippe, pour se justifier, envoya des manifestes à ses ambassadeurs dans toutes les cours, pour faire voir que cette conjuration n'étoit qu'une maligne imposture de la reine, qui vouloit rendre odieux les Espagnols, & exterminer les Catholiques. Chacun raisonna diversement sur cette affaire; mais le sentiment commun fut que la reine Elizabeth & le roi d'Espagne étoient également capables de ce dont ils s'accusoient l'un & l'autre.

Cette princesse, sollicitée par le comte d'Essex, grand ennemi des Espagnols, & par un certain Anglois nommé *Morgan*, qui étoit à la cour d'Espagne en qualité d'espion de la reine, quoiqu'il fit semblant d'être son plus grand ennemi & bon Catholique, prit la résolution d'attaquer les Espagnols par mer, & jusques dans le cœur du royaume. On l'avoit assurée qu'elle pourroit facilement se rendre maîtresse de Lisbonne, de San-Lucar, ou de Cadix. Comme elle desiroit d'ailleurs de faire une diversion en faveur de Henri IV, elle mit en mer une flotte de cent soixante vaisseaux, dont elle donna le commandement au comte d'Essex. Ce seigneur marcha vers Cadix, qu'il emporta, après avoir taillé en pièces une partie de la flotte espagnole. Philippe II perdit en cette journée plus de douze millions de ducats. La reine ordonna des réjouissances & des prières publiques, & reçut les complimens de félicitation du roi Henri IV par le seigneur de Manté. Pour comble de bonheur, Philippe II vint à mourir, le 13 de Septembre 1598. Elizabeth, à cette nouvelle, dit « que la paix de Vervins (en-
» tre la France & l'Espagne) avoit donné sujet de

» craindre à bien des gens, mais que la mort du
» roi Philippe avoit assuré le repos de toute l'Eu-
» rope. » Dès ce moment, elle négligea les desseins
qu'elle avoit formés sur les Pays-bas, avec les Protestans d'Allemagne & les Réformés de France. Elle
répondit aux ambassadeurs Hollandois, qui lui pro-
posoient un traité, « qu'il n'étoit plus tems d'alam-
» biquer son esprit à chercher des intrigues, mais
» de s'appliquer à chercher les moyens de détacher
» sa conscience des affaires du monde. »

Les guerres civiles qui régnoient en Irlande, ne lui en donnerent pas le tems. Elle avoit pris beaucoup de peine, pour établir la réformation dans ce royaume; mais comme il y avoit beaucoup de Catholiques, elle fut obligée, pour les soumettre, d'employer la voie des armes. La province d'Ulster se souleva; & comme elle est pleine de bois & de marais, elle repoussa & vainquit plus d'une fois les troupes de la reine. La force étant inutile, Elizabeth eut recours à la ruse; mais les rebelles apperçurent le piége, & ne quitterent point les armes. On fut obligé d'y envoyer le comte d'Essex, qui remporta plusieurs avantages sur les Irlandois.

En 1600, on vit arriver à Londres des ambassadeurs de plusieurs princes infidèles. Le premier fut celui de Muley-Hamet, roi de Barbarie, de Fez & de Maroc, qui demandoit l'amitié d'Elizabeth, & une liberté de commercer entre ses sujets & les Anglois. La reine parut devant eux dans une magnificence étonnante, & leur fit de riches présens. Cependant le comte d'Essex, au lieu de poursuivre les Irlandois, eut une conférence avec le comte de Tiron, leur chef, sans en rien communiquer au conseil de guerre que la reine lui avoit donné. Ses ennemis ne manquerent pas cette occasion pour le décrier dans l'esprit d'Elizabeth, qui commença à le priver de sa faveur, & à lui parler avec indifference. Le comte s'étant apperçu qu'on le soupçonnoit, au lieu de s'humilier ou de se justifier auprès de la reine, fit éclater son dessein, & résolut de mourir ou de monter sur le trône. La reine irritée, envoya des commissaires en Irlande, avec ordre de se saisir du comte, & de le conduire à la tour de Londres. Quand ils furent arrivés, ils firent semblant de lui rendre visite, & d'être venus de la part de la reine, pour régler quelques différends dans le gouvernement ecclésiastique. Mais le comte, averti de l'ordre qu'ils avoient reçus, les fit arrêter eux-mêmes; &, après leur avoir donné des gardes, il s'en alla à Londres, avec trois cens de ses meilleurs amis, & ne s'occupa qu'à se faire des partisans, sans paroître à la cour. La reine espéroit que le tems ouvriroit les yeux de ce rebelle, & lui feroit reconnoître sa faute; mais, voyant qu'il ne perdoit pas de vue son projet téméraire, elle déclara publiquement « que le comte faisoit une conspiration contre » elle, contre l'état, & contre la religion. » On n'eut pas plutôt appris cette déclaration de la reine, que le comte fut abandonné de ses meilleurs amis, & obligé de s'embarquer pour l'Irlande. A peine fut-il arrivé dans cette isle, qu'il apprit qu'un de ses complices, pour obtenir sa grace, avoit mis en liberté les commissaires. Il se vit bientôt assiégé de toutes parts, par les ordres de la reine, & contraint de se retrancher dans sa maison : il se défendit vigoureusement ; mais voyant qu'on le menaçoit de le faire sauter en l'air avec des poudres, lui, sa femme & ses enfans, il se rendit, & fut conduit à la Tour de Londres. Le comte de Southampton fut arrêté en même tems & accusé du même crime ; mais la sentence de mort prononcée contre lui, fut changée en une peine pécuniaire, sur ce que le comte d'Essex avoit dit à sa décharge.

Ce seigneur fut conduit dans la salle de Westminster, devant trente juges, tous pairs du royaume. Convaincu de haute trahison, on le condamna à être écartelé, & son corps placé dans quatre différens endroits de la ville. Lorsqu'on lui prononça cette

sentence, il dit aux juges en souriant, « qu'ils avoient
» bien fait de le condamner à être écartelé, parce
» que si les parties de son corps n'étoient séparées,
» il auroit pu faire beaucoup de mal à l'Angleterre. »
La reine fit différer son supplice pendant huit jours,
pour lui donner le tems de lui demander sa grace, ou
par une lettre ou par une requête. Tous les amis du
comte le pressoient tous les jours de le faire ; mais il ne
le voulut jamais, disant « qu'il aimoit mieux mourir
» que de demander sa grace, & qu'il n'y avoit rien
» de plus honteux à un gentilhomme, que de vivre
» d'une vie qu'on avoit obtenue par grace. » Ainsi
périt le comte d'Essex, chéri de la reine & du peuple, & parvenu à la plus haute faveur. Lorsque le
roi Henri IV envoya en Angleterre le maréchal de
Biron, en qualité d'ambassadeur, trente milords, qui
l'accompagnoient, lui faisoient remarquer ce qu'il y
avoit de plus beau dans leur capitale. Entr'autres
choses, on lui fit voir le pont, qui mérite l'attention des voyageurs. Il y avoit alors sur ce pont quantité de têtes de malfaiteurs, entre lesquelles étoit
celle du comte d'Essex, qu'on lui montra. L'ambassadeur, feignant d'ignorer pourquoi on l'avoit fait
mourir, en demanda les raisons : « C'est, lui dit-
» on, pour avoir fait une conspiration contre la
» personne sacrée de la reine... Il faudroit bien des
» ponts, repartit le duc de Biron, si on y mettoit
» la tête de tous ceux qui ont conspiré contre leurs
» princes. » La reine lui raconta elle-même toutes
les particularités de la mort du comte d'Essex ; puis
elle ajoûta, en lui montrant son portrait en émail,
qu'elle avoit dans une cassette : « Voilà l'image du
» traître dont je viens de vous parler ; si mon frere,
» le roi de France, châtioit ainsi les traîtres de son
» royaume, il y seroit plus craint, & mieux obéi. »
Cette réflexion, qui ne paroissoit avoir été faite que
pour le duc de Biron, ne rendit pas ce seigneur
plus sage ni plus heureux que le comte d'Essex.

 Le duc de Lerme, favori de Philippe III, avoit

entre ſes mains toute l'autorité royale. Pour montrer aux Eſpagnols qu'il en étoit digne, il propoſa au conſeil, « qu'il falloit une bonne fois ſortir d'af-
» faires avec la reine hérétique. » Auſſi-tôt il aſſembla toutes les forces maritimes de ſon maître, & en compoſa une flotte preſque auſſi nombreuſe que l'Invincible. L'amiral Eſpagnol eut ordre d'aller battre la flotte Angloiſe, avant le mois de Juillet de cette année 1602, & de faire une deſcente en Angleterre. La reine, qui mépriſoit ſes ennemis, juſqu'à dire « que
» dix de ſes vaiſſeaux battroient vingt vaiſſeaux Eſ-
» pagnols, » donna ordre au vice-amiral Luiſſon de ſe mettre en mer le plutôt qu'il pourroit, & d'aller ravager les côtes d'Eſpagne. En même tems, elle envoya le chevalier Grana en Hollande, pour prier les Etats de ſe joindre à elle. On lui donna dix vaiſſeaux Hollandois, qui ſe joignirent à la flotte Angloiſe, & mirent à la voile le dernier jour de Mai. A peine furent-ils arrivés à la hauteur de Calais, qu'ils rencontrerent trente vaiſſeaux de guerre Eſpagnols, qui alloient joindre la flotte à la Coruna. Les Anglois remporterent ſur eux une victoire ſignalée. A cette nouvelle, la reine ſe rendit en grande pompe dans l'égliſe de S. Paul, pour en rendre graces à Dieu. Mais, quel fut ſon étonnement & ſon chagrin de ne plus entendre les acclamations que le peuple avoit coutume de lui faire dans ces occaſions ! Elle crut que ſes ſujets, depuis la mort du comte d'Eſſex, avoient perdu toute l'affection qu'ils avoient eue pour elle.

D'un autre côté, les rebelles d'Irlande ne ceſſoient de l'inquiéter par les nouveaux avantages qu'ils acquéroient tous les jours. Dans ſa douleur, elle diſoit à ſes confidens : « Le comte eſt mort ; & au lieu de
» m'être ſervie des bons conſeils qu'il me donnoit,
» je l'ai fait périr par le conſeil des autres. Cepen-
» dant les Anglois ont répandu beaucoup de ſang
» en Irlande, ſans rien avancer. Les rebelles triom-
» phent ; la guerre dure toujours ; la religion en

» souffre; & j'ai perdu la réputation de mes armes, » & l'amitié de mon peuple. » Elle apprenoit, par des avis secrets, que les rois de France & d'Espagne négocioient ensemble avec le pape un traité, pour empêcher que la couronne d'Angleterre ne tombât entre les mains du roi d'Ecosse, non-seulement parce qu'il étoit protestant, mais encore dans la crainte que la possession de deux royaumes ne le rendît trop redoutable à ses voisins. Les Catholiques d'Angleterre cabaloient aussi dans l'Etat, pour avoir un roi de leur religion. Lorsque la reine songeoit aux guerres civiles que sa mort alloit faire naître, elle en avoit un chagrin d'autant plus grand, que la source de tous ces malheurs venoit uniquement de son caprice & de son obstination à n'avoir pas voulu se marier. Dès ce moment, elle oublia les plaisirs, les fêtes & les divertissemens. Enfin sa mélancolie devint si profonde, qu'elle refusoit tout ce qu'on lui présentoit, jusqu'aux alimens. « Laissez-moi mourir en » repos, disoit-elle; car aussi-bien les Anglois sont-» ils déja las de moi, comme je suis lasse d'eux. »

Quand le conseil la vit dans ce triste état, qui la rendoit incapable d'aucune affaire, il fit appeller les plus habiles médecins du royaume, pour voir s'il n'y auroit pas moyen de redonner à la reine quelque force d'esprit. Mais quand ils auroient pu trouver dans leur art quelque ressource, elle seroit devenue inutile, par l'aversion insurmontable que la reine avoit toujours eue pour les remedes & pour leurs auteurs. « Je n'ai point voulu me servir de médecins, » lorsque j'étois jeune, disoit-elle, sans quoi ils se » vanteroient, peut-être, d'avoir prolongé ma vie » jusqu'à l'âge de soixante-dix ans, où je me trouve. » Pourquoi les ferois-je appeller aujourd'hui, que » n'y ayant plus d'huile dans la lampe, cela ne ser-» viroit qu'à leur attirer la mauvaise réputation de » m'avoir tuée? » Cependant le conseil conclut unanimement qu'il falloit appeller à la succession de la couronne Jacques IV, roi d'Ecosse, fils unique de l'infortunée Marie Stuart, & le plus légitime héritier du trône d'Angleterre. L'archevêque de Cantorbéry communiqua cette résolution à la reine, qui leur répondit : « Vous avez bien fait, & j'approuve » votre choix. »

Ce prélat, qui l'assistoit dans les dernieres heures de sa vie, voulut la consoler, en lui détaillant tout ce qu'elle avoit fait de louable ; elle l'interrompit aussi-tôt, & lui dit : « Milord, la couronne, que j'ai » portée pendant long-tems, m'a assez donné de va- » nité pendant que j'ai vécu ; je vous prie de ne la » pas augmenter à cette heure que je suis si près de » la mort. » Elle mourut assez tranquillement, le 3 du mois d'Avril 1603. Aussi-tôt après son décès, tous ses officiers & domestiques allerent lui baiser la main avec beaucoup d'affection, & dirent, les larmes aux yeux : « Notre chere reine, nous ne sça- » vons ce que nous deviendrons après votre mort, » ni quel sera le gouvernement qui succédera à un » règne aussi heureux que le vôtre. » Un autre trait qui prouve encore l'amour que les Anglois avoient pour elle, c'est que pendant la cérémonie des funérailles, tout le peuple s'empressoit autour de son corps, & s'écrioit unanimement : « Que votre mé- » moire soit bénie, notre reine, comme vous l'avez » été pendant votre vie ; car c'est à vous que nous » devons notre salut, & la conservation de notre » religion. »

Telle fut la fin d'Elizabeth, après un règne de quarante-quatre ans ; les uns l'ont surnommée *l'Héroïne vierge*, & les autres, *la Comédienne politique*. Toujours est-il certain qu'elle fut la merveille de son siécle, & qu'elle auroit surpassé les plus grands rois, si elle avoit autant aimé la générosité & la reconnoissance, qu'elle a recherché le faste & la vanité. Personne ne lui conteste une supériorité de génie dans le gouvernement ; & Sixte V a dit plus d'une fois, « qu'il n'y avoit au monde que trois person- » nes qui sçussent l'art de régner, le roi de Navarre,

» qui a été enfuite roi de France, fous le nom de
» *Henri IV*, la reine Elizabeth, & lui pape,
» *Sixte V.* » Au fujet de fa chafteté, les Proteftans
& les Catholiques raifonnent diverfement ; mais fans
adopter les éloges outrés de fes partifans, ni les critiques injuftes de fes ennemis, on peut dire qu'Elizabeth s'eft acquis une gloire immortelle, par fon courage dans les revers, fa pénétration à découvrir les différens intérêts des princes fes voifins, & le bonheur avec lequel elle diffipa les projets formidables de Rome, de l'Empire & de l'Efpagne.

ELIZABETH ou ISABELLE DE FRANCE, reine de Navarre, fille du roi S. Louis, & femme de Thibaud II, roi de Navarre, fut une fage & pieufe princeffe. Elle mourut à Hières en 1271.

ELIZABETH DE BOSNIE, reine de Pologne, fille d'Etienne, roi de Bofnie, & femme de Louis le Grand, roi de Hongrie & de Pologne, eft célèbre par fon ambition & par fa fin malheureufe. Après la mort de Louis, en 1382, elle fut nommée régente & tutrice de Marie, fa fille, élue reine de Hongrie ; mais Charles de Duras les dépouilla l'une & l'autre de leurs droits, & envahit le royaume. Il les retint prifonnieres jufqu'en 1386, qu'il fut maffacré. Le gouverneur de Croatie, un des partifans de ce prince, le vengea la même année, en faifant étrangler, d'autres difent noyer, la reine mere, qui tomba entre fes mains.

ELIZABETH D'AUTRICHE, fille de l'empereur Ferdinand I, mariée à Sigifmond-Augufte, roi de Pologne, & morte fans enfans, en 1545.

ELIZABETH, reine de Portugal, femme d'Alfonfe V, furnommé *l'Africain*, morte en 1436.

ELIZABETH D'ARAGON ou DE CASTILLE, reine de Portugal, fille aînée de Ferdinand le Catholique, & d'Ifabelle, hérita de la prudence & de la fageffe des rois fes pere & mere. Elle époufa en fecondes nôces Emanuel, dit *le Grand*, roi de Portugal, & mourut en couches en 1498, âgée de vingt-huit ans.

ELIZABETH *ou* Isabeau de France, fille du roi Philippe V, mariée en 1323, à Guigues, douzieme Dauphin de Viennois, mort en 1333, au siége du château de la Perriere.

ELIZABETH *ou* Isabelle de France, duchesse de Milan, fille du roi Jean, mariée, en 1360, à Jean-Galéas Visconti, premier duc de Milan, morte en 1372.

ELIZABETH *ou* Isabelle-Claire-Eugénie d'Autriche, fille de Philippe II, roi d'Espagne, qui la maria, en 1598, avec Albert VI, archiduc d'Autriche, & lui donna pour dot les Pays-bas & la Franche-Comté, se distingua par sa douceur & sa piété. Elle mourut à Bruxelles, en 1633, âgée de soixante-sept ans.

ELIZABETH de Bohême, l'une des plus sçavantes personnes de son sexe, dans le dix-septieme siècle, étoit fille aînée de Frédéric V, électeur Palatin du Rhin, qui fut élu roi de Bohême en 1619. Elle renonça aux plus illustres alliances, afin de suivre en liberté le goût qu'elle avoit pour l'étude de la philosophie. Elle y fit des progrès rapides, particulièrement dans celle de Descartes ; & ce grand homme, parlant de cette princesse, avoua lui-même qu'il n'avoit connu personne qui fût arrivé à une connoissance plus parfaite de ses ouvrages. Elle accepta, sur la fin de ses jours, l'abbaye d'Herworden, dont elle fit une académie philosophique, où, sans distinction de sexe ni de religion, tous les gens d'esprit & de mérite étoient reçus. Elle mourut en 1680, âgée de plus de soixante & un ans.

ELIZABETH-Charlotte *ou* Charlotte-Isabelle de Baviere, duchesse d'Orléans, fille de Charles-Louis, électeur Palatin du Rhin, se distingua par son mérite & par ses vertus. Elle épousa Monsieur, frere unique du roi Louis XIV, & fut un des plus beaux ornemens de sa cour. Elle mourut vingt & un ans après son mari, en 1722, fingulièrement regrettée des pauvres, auxquels elle fit d'abondantes aumônes.

ELIZABETH Plazet de Dameron. *Voyez* Dameron.

EMILIE, Veſtale Romaine, voyant le feu ſacré éteint par la négligence d'une autre Veſtale, fit ſa priere devant l'image de Veſta, & le feu ſe ralluma, dit-on, auſſi-tôt de lui-même.

EMILIE, femme d'Italie, laquelle, après douze ans de mariage, devint homme, & ſe remaria depuis pour jouir des nouveaux droits que lui donnoit ſa métamorphoſe.

EMILIENNE, tante de S. Grégoire le Grand. *Voyez* Gordienne.

EMMA, fille de Richard II, duc de Normandie, femme d'Ethelred, roi d'Angleterre, eut beaucoup de part au gouvernement ſous le règne d'Edouard, ſon fils. Le comte de Kent, un des plus puiſſans miniſtres qu'ait eu l'Angleterre, indigné qu'une femme partageât avec lui l'autorité, réſolut de ſe défaire d'une telle rivale. Il l'accuſa de pluſieurs crimes, & gagna quelques grands ſeigneurs, qui confirmerent ſes accuſations auprès d'Edouard. Ce prince crédule & violent, dépouilla auſſi-tôt ſa mere des biens & des honneurs dont il l'avoit comblée. Emma déſeſpérée ſe plaignit de l'injuſtice qu'on lui faiſoit à l'évêque de Winchester, ſon parent; mais cette démarche innocente donna occaſion à ſes ennemis de l'accuſer d'un commerce illégitime avec cet évêque. Edouard, ſans examiner les preuves d'une accuſation ſi grave, contraignit ſa mere à ſe juſtifier par les moyens alors en uſage. Emma ſe vit réduite à marcher ſur des fers rougis au feu; mais ſon innocence triompha, dit-on, d'une ſi cruelle épreuve.

EMME, femme de Eadbolde, fils d'Ethelbert, roi de Kent, en Angleterre, fut une princeſſe très-ſage & très-vertueuſe. Quelques auteurs modernes la croient fille de Clotaire II, roi de France.

EMMELIE. *Voyez* MACRINE.

ENCAUSSE-BERAT, (*madame d'*) de Toulouse, se distingua par son esprit dans le siécle dernier. Voici ce qu'en dit M. de Vertron dans le madrigal suivant:

C'est honorer dame Clémence
Qui fonda, ce dit-on, les prix des Jeux Floraux,
Que de les remporter sur d'illustres rivaux
Pour la prose & pour l'éloquence.

ENGELBERDE *ou* ENGELBERGE, fille, à ce que l'on croit, d'un duc de Spolete, ou, selon d'autres, d'Etico, duc de Suève, épousa l'empereur Louis II. La dignité d'Impératrice que sa naissance ne sembloit pas lui promettre, excita contre elle la haine & la jalousie de plusieurs princes & princesses d'Allemagne. Le prince d'Anhalt & le comte de Mansfeld, ses ennemis les plus acharnés, l'accuserent d'avoir été infidèle à l'empereur, son époux; & ils appuyerent leur calomnie des raisons les plus plausibles. L'innocente princesse ne pouvoit se justifier qu'en s'exposant à l'épreuve terrible de l'eau, que la superstition avoit introduite dans ces tems d'ignorance. Elle devoit la subir dans deux jours, lorsqu'on vit arriver à Ausbourg, où la cour étoit alors, un chevalier armé de toutes piéces, monté sur un très-beau cheval, accompagné d'un écuyer & d'un page. Il s'avança jusqu'aux portes du palais impérial, & y afficha un cartel de défi, par lequel il s'offroit de soutenir en champ clos l'innocence de l'impératrice contre ses accusateurs. L'empereur approuva ce combat; le prince d'Anhalt & le comte de Mansfeld parurent successivement dans la lice, & furent terrassés par le généreux chevalier, qui leur fit avouer leur lâche calomnie. Le marquis d'Halberstad voulut prendre le parti de ces deux seigneurs; mais lorsqu'il s'avançoit au combat, il tomba de dessus son cheval, & se tua. Le chevalier victorieux, alla saluer l'empereur, la visiere baissée, & partit sans vouloir se faire connoître ; mais l'empereur le fit suivre, & apprit que ce brave chevalier étoit Bozon, comte d'Arles. Pour lui témoigner son estime, il lui envoya une couronne, & lui donna le titre de Roi d'Arles. Engelberde, après la mort de son époux, se consacra à Dieu, dans le monastère de sainte Julie de Bresse, d'où elle passa dans celui de S. Sixte de Plaisance. Elle vivoit encore en l'an 880.

ENIMIE, (*sainte*) qu'on croit sœur du roi Dagobert, ou de Clovis II, fils de ce prince, est célèbre par sa piété & par la fondation d'un monastère double dans les montagnes du Gévaudan, pour des personnes de l'un & de l'autre sexe. Elle en fut la premiere abbesse.

ENNETIERES, (*Marie d'*) native de Tournai, l'une des sçavantes du seizieme siécle, publia divers ouvrages, entr'autres, une Epître contre les Turcs, les Juifs, les Luthériens, imprimée en 1539.

ENTRAGUES. (*Henriette d'*) *Voyez* VERNEUIL.

EPICHARIS, affranchie & maîtresse de l'empereur Néron, convaincue d'avoir eu part à la fameuse conjuration de Pison, témoigna dans les tourmens un courage au-dessus de sa naissance & de son sexe. L'empereur voulant la faire appliquer une seconde fois à la torture, Epicharis, qui craignit que la douleur ne lui arrachât les noms de ses complices, se donna généreusement la mort.

EPPODICE, dame Gauloise, dont parle Plutarque, étoit femme d'un certain Julius Sabinus, lequel, ayant voulu prendre le titre de César, fut défait & contraint de se tenir caché, pour ne point tomber entre les mains des vainqueurs. Fidèle compagne de sa disgrace, elle devint enceinte ; &, craignant que cet accident ne décelât son époux, elle se frotta d'un onguent qui lui enfla tout le corps. Plutarque ajoûte « que le même motif lui fit supporter

» les douleurs de l'enfantement, sans se plaindre ;
» de sorte que sa grossesse demeura cachée, & que
» son mari ne put être découvert. »

ERARD, (*Marie-Therese*) supérieure de Notre-Dame du Refuge à Nanci, née en 1652. L'humilité, la mortification & l'obéissance sont les vertus qui la distinguent particulièrement. Elle mourut d'un cancer, en 1699, âgée de quarante-sept ans.

ERICI ou ERIZZO, (*la fille de Paul*) Vénitienne, dont le P. le Moine, dans sa Galerie des Femmes fortes, loue beaucoup le courage & la chasteté. Son pere, gouverneur de Négrepont, ayant été cruellement mis à mort par ordre de Mahomet II, sultan des Turcs, qui venoit de conquérir cette isle, on la réserva pour les plaisirs du vainqueur ; mais ce fut en vain qu'il employa les promesses & les caresses les plus séduisantes pour la faire condescendre à ses desirs brutaux. Violent & furieux de sa résistance, il lui trancha la tête, comme il avoit fait à une autre Chrétienne, appellée *Irène*.

ERIGONE, fille d'Icarius, célèbre par sa piété filiale. Son pere ayant été assassiné, elle en conçut une si vive douleur, qu'elle se pendit à un arbre. On institua, en l'honneur du pere & de la fille, des jeux solemnels, dans lesquels les filles se balançoient sur une corde attachée par les deux bouts à des arbres ; exercice que nous nommons *escarpolette*.

ERINNE DE LESBOS, célèbre par son talent pour la poësie lyrique. Stobée nous a conservé une de ses odes, dans laquelle elle fait l'éloge de la ville de Rome ; en voici la traduction.

Je te salue, ô fille illustre de Mars ! puissante reine, dont la tête est parée d'une couronne d'or ; Rome, dont l'empire est inébranlable sur la terre, comme l'olympe dans les cieux.

A toi seule les destins ont accordé un règne ferme & durable ; ils veulent que ta force, toujours invincible, donne des loix à l'univers.

Tes fers vont enchaîner au loin le sein de la terre & des mers, tandis que, tranquille, tu gouvernes les villes & les peuples.

Le tems, qui détruit tout, n'altère point ta puissance; la fortune, qui se joue des sceptres, semble respecter les fondemens de ton trône.

Seule, entre toutes les villes, tu vois chaque année éclotre de ton sein une riche moisson de héros pour le soutien de ton empire: ainsi la féconde Cérès couvre tous les ans la terre d'épis dorés pour la nourriture des hommes.

ERO. *Voyez* HÉRO.

EROPE, femme d'Atrée, roi d'Argos, eut un commerce incestueux avec Thyeste, son beau-frere, dont elle eut deux fils, qu'Atrée fit manger à leur pere.

ERP, (*Henriette d'*) sçavante Hollandoise, abbesse du couvent de Vrouwen-klooster, au fauxbourg d'Utrecht, en 1503. Elle écrivit dans sa langue naturelle les Annales de son couvent.

ESCALE, (*Alexandre de l'*) femme du sçavant Michel Marule, possédoit le grec & le latin, & écrivit dans ces deux langues. Elle mourut à Florence en 1506.

ESCLACHE, (*madame de l'*) s'est distinguée, dit-on, dans le dix-septieme siécle, par quelques ouvrages de philosophie. Ce qui pourroit laisser là-dessus quelque doute, c'est que ces ouvrages n'ont paru que sous le nom de M. de l'Esclache, son mari. Nous voyons quelquefois des maris sacrifier une portion de leur gloire à leurs femmes; mais peu de femmes s'avisent d'être auteurs pour leurs maris.

ESCOBAR, (*Marine d'*) dévote Espagnole du seizieme siécle, & fondatrice de la Récollection de sainte Brigitte en Espagne. Sa Vie, écrite par le pere Dupont, son confesseur, est remplie de visions & de miracles. Marine d'Escobar mourut le 9 de Juin 1633, en odeur de sainteté.

ESCOUBLEAU DE SOURDIS. (*Madeleine d'*) *Voyez* SOURDIS.

ESPAGNE. (*Jeanne d'*) *Voyez* JEANNE D'ESPAGNE.

ESSARS, (*Charlotte des*) comtesse de Romorentin,

rentin, célèbre par sa beauté, fut aimée d'Henri IV, qui en eut deux filles, & de Louis de Lorraine, cardinal de Guise, qu'on dit qu'elle épousa par dispense du pape. Elle fut mariée depuis, en 1630, à François du Hallier, qui fut le maréchal de l'Hôpital, & mourut en 1651.

EST, (*Anne d'*) duchesse de Guise. *Voyez* ANNE D'EST.

ESTAMPES, (*Anne de Pisseleu, duchesse d'*) maîtresse de François I, étoit fille d'honneur de la duchesse d'Angoulême, mere du roi, & s'appelloit *mademoiselle de Heilly*, lorsque François, au retour de sa captivité, la vit pour la premiere fois à Bayonne, en 1526, & prit pour elle une forte passion. Mademoiselle de Heilly n'étoit pas seulement jeune & belle; les agrémens de l'esprit, joints aux charmes de la figure, en faisoient une personne parfaite. Aussi l'amour de François pour elle dura-t il autant que sa vie. Il commença par lui chercher un mari *, qu'il fit duc d'Estampes & gouverneur de Bretagne, mais qui n'eut que les titres de mari, de duc & de gouverneur.

La duchesse d'Estampes fut bientôt l'idole de la cour, & le canal de toutes les faveurs; mais, disent la plûpart des historiens, une jalousie effroyable contre la maîtresse du dauphin, Diane de Poitiers, lui fit entretenir des intelligences avec les ennemis de l'Etat. Après la mort de François I, elle fut obligée de quitter la cour, & vécut fort ignorée, dans quelqu'une de ses terres. L'année de sa mort n'est point connue.

ESTHER, fille Juive, de la tribu de Benjamin, nièce de Mardochée, étoit captive avec toute sa nation dans les états du roi Assuérus. Ce prince ayant répudié Vasti, son épouse, fit conduire dans son

---

* Jean de Brosse, fils de René de Brosse tué à la journée de Pavie, combattant contre son roi.

palais les plus belles filles de son royaume, pour choisir entr'elles une reine. Esther fixa l'attention du monarque, & partagea son trône. Aman, premier ministre d'Assuérus, indigné que le Juif Mardochée ne se courbât pas devant lui, obtint un ordre du roi pour faire périr toute la nation des Juifs. Esther, allarmée du danger de ses compatriotes, osa se présenter devant Assuérus, quoiqu'il fût défendu, sous peine de mort, de paroître devant le prince, sans être demandé. Assuérus, épris de ses attraits, adoucit, en sa faveur, la rigueur de la loi: Esther rassurée, invita Assuérus à un repas auquel Aman fut lui-même appelé. Là elle se jetta aux pieds du roi; lui découvrit sa naissance, & lui représenta l'injustice de l'ordre donné contre les Juifs. Assuérus détrompé, fit périr le fier Aman, & révoqua l'arrêt porté contre un peuple innocent. Les Juifs, en mémoire de cet événement, ont institué la fête de *Purim* ou *des Sorts*, parce qu'il est dit dans le livre d'Esther, qu'Aman employa le sort pour sçavoir quel seroit le jour le plus malheureux pour la nation Juive. Ils célèbrent cette fête le 14 du mois d'Adar (Février).

ESTHER DE BEAUVAIS, sçavante du seizieme siécle. On a d'elle plusieurs pièces de poësies, imprimées dans le Recueil des ouvrages de Béroalde de Verville, en 1583.

ESTRADA, (*Marie d'*) femme d'un soldat de Fernand-Cortez, conquérant du Méxique. « Elle
» montra, dit le traducteur de Féijoo, beaucoup
» de valeur dans les combats qu'il fallut essuyer:
» armée d'une épée & d'une rondache, elle fit des
» exploits admirables. Oubliant son sexe, & se revêtissant du courage que les hommes braves &
» jaloux de gloire ont coutume d'avoir en pareille
» occasion, elle se faisoit jour au travers des ennemis, avec autant d'intrépidité & de hardiesse, que
» si elle eût été un des guerriers les plus intrépides du monde. Enfin ses actions furent si admirables, qu'elles étonnerent tous ceux qui en furent
» témoins. »

ESTRÉES, (*Gabrielle d'*) duchesse de Beaufort, surnommé *la Belle*, étoit fille de Jean d'Estrées, grand maître d'artillerie, de la plus ancienne maison de Picardie, & de Françoise Babou de la Bourdaisiere. Une figure aimable, des traits charmans sans être parfaitement réguliers, un teint d'une blancheur éclatante, toutes les graces enfin de la beauté firent de Gabrielle un objet d'admiration & de jalousie. Elle passa ses premieres années dans le couvent. Bientôt le bruit de ses charmes se répandit par-tout, & parvint aux oreilles de Henri IV. Ce prince, toujours flaté quand il s'agissoit de conquête, lui envoya faire sa déclaration d'amour, par un émissaire dont on ignore le nom, mais qui devoit être fort habile ; car la belle étoit gardée à vue dans le château de Cœuvres, par son pere, l'homme le plus sévere sur l'article de l'honneur. Au mois de Novembre 1590, le roi quitta son armée, pendant qu'elle poursuivoit le prince de Parme, & rendit sa premiere visite à Gabrielle ; mais pour ne point allarmer son pere, « il se contenta, dit le P. Mathieu, de prendre du pain & du beurre à la porte ; puis remonta à cheval, en disant qu'il alloit vers l'ennemi, & que bientôt la belle entendroit ce qu'il auroit fait pour l'amour d'elle. » La gaieté franche de ce prince, & l'éclat d'une couronne subjuguerent le cœur de Gabrielle. Le roi l'alloit voir souvent en secret ; mais enfin il rendit sa passion publique, & fit venir sa maîtresse à Saint-Quentin, en 1591. Tout occupé de ses charmes, il resta avec elle, pendant que son armée faisoit le siége de Corbie. Le péril, que couroit la ville de Rouen assiégée par le prince de Parme, le réveilla enfin de sa léthargie ; mais il fut exposé lui-même au plus grand danger dans le combat d'Aumale. Il eut le bonheur d'en sortir avec une seule blessure.

Gabrielle, prévoyant le sort qui la menaçoit après la mort de son amant, le conjuroit de ne plus exposer une vie si chere ; mais le prince ne se corrigeoit point. Souvent il arrivoit chez elle, après avoir traversé les gardes ennemies à la faveur d'un déguisement. Si sa tête n'essuya aucuns périls, sa réputation en souffrit quelquefois. Lorsque le duc de Parme eut traversé la Seine à Caudebec, au lieu de le poursuivre dans sa retraite, comme la prudence le demandoit, il préféra le conseil du maréchal de Biron, & se rendit en Picardie, auprès de sa maîtresse. C'est une tache dans la vie de ce grand homme ; mais elle est effacée par l'éclat des plus belles actions. Henri demeura quelque tems à Compiegne. Gabrielle, qui nourrissoit depuis long-tems le desir de partager son trône, l'exhortoit sans cesse à embrasser la Religion Catholique. Le roi lui représenta tous les inconvéniens qui alloient naître de sa conversion ; & trois jours avant, il lui écrivit : « Ce sera » dimanche que je ferai le saut périlleux ; à l'heure » que je vous écris, j'ai cent importuns sur les bras, » qui me feront haïr S. Denys, comme vous faites » de Mante. » Ce fut le 25 de Juillet 1593, que ce prince fit abjuration dans l'église de S. Denys. Le roi parcourut, après son abjuration, quelques villes du royaume, & se fit sacrer à Chartres, en 1594. Le pere de Gabrielle saisit ce tems, pour obliger sa fille à épouser Nicolas d'Amerval, seigneur de Liancourt ; mais Henri empêcha que le mariage ne fût consommé, & le fit rompre dans la suite. Gabrielle eut un autre sujet de chagrin plus sensible ; Sanci du Harlai publia contr'elle une histoire scandaleuse, que Sulli lui-même regarde comme un conte fait à plaisir ; la voici : « Alibour, premier médecin du » roi, ayant été envoyé par S. M. visiter madame » de Liancourt, qui avoit mal passé la nuit, vint » redire qu'il avoit trouvé un peu d'émotion dans la » malade ; mais que la fin de sa maladie en seroit » bonne. »... Ne la voulez-vous pas saigner & purger, » lui dit le roi ? »... Je m'en donnerai bien de garde, » répondit ingénûment le vieillard, avant qu'elle » soit à mi-terme. »…. Comment, reprit le roi sur-

» pris, que voulez-vous dire, bon homme ? »... Ali-
» bour appuya son sentiment de bonnes espérances
» que le prince crut bien détruire, en lui apprenant
» plus particulièrement en quels termes il en étoit
» avec la dame. »…. Je ne sçais, dit le médecin, ce
» que vous avez fait ou point fait ; mais je vous ren-
» voie à six ou sept mois d'ici, pour connoître la
» vérité de ce que je dis. »…. Le roi quitta Alibour,
» &, fort en colère, fut chez la belle malade, non
» cependant si fâché qu'il paroissoit, puisqu'il n'y
» eut aucune mésintelligence entre lui & sa maî-
» tresse. » Sanci, par ces dernieres paroles, prouve
lui-même la fausseté de son anecdote. Il est vrai que
la prédiction du médecin fut accomplie ; mais le
roi, loin de désavouer l'enfant, le reconnut pour
le sien, & le fit nommer *César*. La mort d'Alibour,
qui arriva dans le même tems, donna lieu au satyrique Sanci de publier que Gabrielle l'avoit fait empoisonner, pour le punir de sa prophétie. Il ne cessa
de tenir des propos injurieux contre la favorite & le
nouveau César. Il disoit, entr'autres choses, qu'un
certain bouffon, nommé *la Regnaudiere*, s'étoit offert
de convaincre le roi de l'infidélité de sa maîtresse,
& avoit été chassé de la cour. Pour le punir, Gabrielle fit supprimer la charge de surintendant des
finances que le roi lui destinoit, bien certaine qu'elle
n'obtiendroit pas de lui tout ce que d'O lui accordoit. L'Etoile nous apprend qu'elle pleura beaucoup
la mort de ce surintendant..

Après la réduction de Paris, le roi vint demeurer dans cette capitale avec sa maîtresse. Ils vivoient
dans la plus douce union, rien n'altéroit leur bonheur ;
mais au retour de la campagne de 1595, le roi étant
allé descendre à l'hôtel de Schomberg, où logeoit
la marquise de Monceaux (le prince, depuis peu,
avoit ainsi nommé sa maîtresse) tous les courtisans
allerent en foule lui rendre leurs hommages : parmi
eux il se glissa un assassin, qui saisit le moment où
le roi se baissoit pour embrasser Montigny, & lui

donna dans la bouche un coup de couteau si violent, que le sang sortit en grande quantité. La marquise s'évanouit de frayeur : le roi, touché de l'intérêt qu'elle prenoit à ses jours, la consola, en lui disant qu'il n'avoit que la lèvre supérieure fendue, & une dent cassée. Dès ce moment, il se plaisoit à parler de la tendresse qu'il avoit pour elle ; à traverser Paris à ses côtés ; il la menoit à la chasse ; lui prodiguoit publiquement les caresses les moins équivoques. S'il étoit absent de sa belle un seul moment, il lui écrivoit aussi-tôt dans les termes les plus touchans. Nous avons, par le soin de M. Servien, avocat général, les Lettres de ce prince, contenues dans le Journal de Henri III. Elles respirent toutes le sentiment & la naïveté, & caractérisent parfaitement le cœur d'un roi chéri, dont les François ne peuvent prononcer le nom qu'avec attendrissement.

Gabrielle devint le canal de toutes les graces, & l'idole de la cour. Elle suivit le roi en Picardie ; & ce fut pendant ce voyage qu'elle lui donna le conseil de mettre à la tête des finances le baron de Rosni, qui n'étoit rien moins que courtisan. Rosni aimoit la gloire de son prince plus que sa maîtresse ; la marquise faisoit bien l'éloge de son cœur, en élevant un homme aussi peu dévoué à son service.

Au sortir d'Amiens, le roi passa dans le marquisat de Monceaux, qui l'arrêta fort long-tems. C'est-là qu'il reçut le premier hommage du duc de Mayenne. L'assemblée, qu'il avoit convoquée à Rouen pour l'année 1597, l'obligea de quitter sa maîtresse. Il revint ensuite jouir des divertissemens de la cour, que sa présence fit naître ; mais la surprise d'Amiens par les Espagnols jetta tout le monde dans la consternation ; la marquise pleuroit aux genoux de Henri ; ce prince, supérieur à l'adversité, la releva, en lui disant : « Ma maîtresse, c'est assez faire le roi de » France ; il est tems de faire le roi de Navarre ; » il faut quitter nos armes, & monter à cheval, » pour faire une autre guerre. » La marquise le suivit, & logea à Pecquigni, contre l'avis de Biron, & des officiers généraux, qui ne vouloient pas être si près de celle qui avoit tant d'empire sur l'esprit du roi. Elle ne tarda pas à donner des preuves de son pouvoir. Le brave d'Epinai de Saint-Luc, grand-maître d'artillerie, ayant été tué dans une bataille, la marquise demanda cette charge pour son pere; le roi, qui le trouvoit trop âgé, la refusa. Les pleurs coulerent aussi-tôt; on reprocha de n'être point aimée, & l'on menaça de se retirer dans un couvent. Le roi, craignant les suites de ce dépit, se hâta de la satisfaire. L'année suivante, il lui accorda une grace bien plus importante, & qui prouva jusqu'à quel point elle étoit aimée de ce prince.

Après la prise d'Amiens, le roi passa huit jours à Monceaux; revint à Paris pendant l'hiver; & au printems, il partit pour la Bretagne. Le succès suivoit par-tout ses armes; c'en étoit fait du duc de Mercœur, le plus opiniâtre partisan de la Ligue. Sa femme implora la protection de Gabrielle; demanda un passeport, pour aller trouver le roi qui étoit à Angers, & lui offrit de donner sa fille unique en mariage au jeune César. Cette alliance flatta la marquise; elle obtint sans peine du roi tout ce qu'elle voulut. César n'avoit que quatre ans, & la fille six, lorsqu'on célébra leurs fiançailles à Angers, avec autant de pompe, que pour un fils de France légitime. Le duc de Mercœur donna à son gendre le gouvernement de Bretagne, & le roi fit un voyage à Nantes, où les dames lui témoignerent leur joie par les fêtes les plus galantes. La marquise, fort avancée dans sa grossesse, ne pouvoit jouir de toutes ces parties de plaisir.

Le roi fit éclater alors le dessein qu'il avoit de se marier avec elle. Il en parloit chaque jour à ses confidens, sous une énigme adroite. Il craignoit, disoit-il, de renouveller les troubles de l'État : il desiroit laisser un héritier; mais il falloit y préparer ses sujets, & faire rompre son mariage avec Marguerite.

Rr iv

Ce dernier obstacle étoit le plus considérable. On sçavoit, il est vrai, que ces deux époux n'avoient jamais consenti à leur union, & qu'ils avoient passé vingt-deux ans ensemble, dans une séparation volontaire; mais la reine refusoit d'accepter le divorce, parce qu'on vouloit lui substituer une maîtresse. Le roi, étant à Saint-Germain, quelques mois après son retour de Bretagne, fit appeller Villeroi, Silleri & Rosni, pour les consulter sur ce mariage. Rosni, jaloux de la gloire de son roi, lui dit franchement, que personne n'excuseroit cette foiblesse. Villeroi lui conseilla de laisser sa couronne au prince de Condé, l'héritier présomptif, & de ne songer à aucun mariage. Mais Silleri, qui étoit dans les intérêts de la marquise, assura qu'il ne pouvoit faire un meilleur choix que d'épouser sa maîtresse, & qu'il n'avoit qu'à légitimer l'enfant qu'il en avoit eu. Le roi approuva ces trois avis, & feignit de prendre du tems pour se fixer; mais son parti étoit tout pris. La paix avec l'Espagne fit goûter à la France une tranquillité profonde. La marquise mit le comble à l'amour du roi, en lui donnant un second fils, qui fut baptisé à Saint-Germain en Laye. On lui rendit tous les honneurs dûs aux enfans de France; & il fut nommé *Alexandre* par madame Catherine, sœur du roi, & M. le comte de Soissons. Le roi vouloit faire croire qu'on avoit passé ses ordres dans l'ordonnance de cette cérémonie; mais les courtisans, qui s'appercevoient de sa joie, donnoient, pour lui plaire, le nom de *Monsieur* à cet enfant; nom qui n'appartient qu'au frere du roi. La marquise fut appellée *duchesse de Beaufort*. Sans avoir le titre de Reine, elle en avoit tous les honneurs & tous les priviléges; souvent même on la traitoit de Majesté. Le roi publiquement paroissoit s'en fâcher; mais intérieurement il aimoit qu'on lui donnât souvent de pareils sujets de colère. Ceux qui lui étoient le plus attachés, comme Chiverni, Dufresne, madame de Sourdis, dont le fils avoit obtenu un chapeau de cardinal, difpofoient le public à ce mariage; mais la duchesse reçut une nouvelle qui l'affligea beaucoup.

La reine Marguerite écrivit à la cour, qu'elle ne donneroit jamais fon confentement de féparation d'avec le roi, s'il ne promettoit auparavant de donner l'exclufion à fa maîtreffe. Cette condition, fuggérée par les ennemis de la ducheffe, ne pouvoit que deshonorer la reine Marguerite, dont la conduite étoit beaucoup plus licencieufe que celle de la duchesse. Ainfi cette derniere feignit de confentir au facrifice, bien affurée que le roi manqueroit de parole. Elle preffa plus vivement la conclufion du traité. Le duc de Luxembourg avoit été envoyé à Rome pour cela; mais la ducheffe ne le crut pas affez dans fes intérêts; elle fit mettre à fa place Chiverni, à qui elle promit les fceaux & la dignité de chancelier, s'il pouvoit réuffir au gré de fes defirs. Elle prit foin elle-même de lui faire donner les équipages les plus magnifiques, perfuadée que la pompe & la grandeur avancent beaucoup les affaires à la cour de Rome.

Dans ce tems, Rofni encourut la difgrace de la ducheffe, pour avoir effacé d'un Mémoire le nom de *fils de France*, qui étoit donné à fon dernier enfant. Pour fe réconcilier & obéir au roi, il alla la voir dans le cloître S. Germain où elle logeoit, chez madame de Sourdis, fa tante. La ducheffe, le voyant entrer dans un éclairciffement qui ne lui plaifoit pas, lui dit avec colère, « qu'il féduifoit le roi, & lui fai-
» foit croire que le blanc étoit noir. » Rofni fe retira auffi-tôt, en lui difant: « Madame, je vous baife
» les mains. » Il courut chez le roi, & lui fit le rapport de la fcène qui venoit de fe paffer. Le roi, piqué contre fa maîtreffe, monta dans le carroffe de Rofni, trouvant que le fien tardoit trop à venir, & lui dit: « Vous allez voir que, par complaifance
» pour une femme, je ne mécontente point des fer-
» viteurs qui ne cherchent que ma gloire. » Le roi

entra chez la duchesse, sans l'embrasser, & sans lui témoigner aucune marque d'amour. Après avoir visité l'alcove & la garde-robe, pour s'assurer que personne ne les entendroit, il s'enferma avec elle & Rosni dans son cabinet. Là il fit plusieurs reproches à sa maîtresse; combla Rosni de louanges, & conseilla à la marquise de vaincre l'aversion qu'elle avoit pour le meilleur de ses sujets. Madame de Beaufort pleura beaucoup, & s'écria qu'elle étoit bien malheureuse d'avoir de la foiblesse pour un prince qui la sacrifioit à un de ses valets. Ensuite elle se laissa tomber sur un lit, & jura qu'elle vouloit mourir après un pareil outrage. Le roi fut ému, mais non pas ébranlé; il répondit à la duchesse que, pour si peu de chose, il ne falloit pas recourir à tant d'artifices; ce reproche la piqua. Les pleurs coulerent en abondance, & elle s'écria qu'elle étoit abandonnée; mais toute son éloquence ne put faire changer le cœur de Henri. « Je vous déclare, lui dit-il, » que si j'étois réduit à la nécessité de choisir de perdre l'un ou l'autre, je me passerois mieux de dix » maîtresses comme vous, que d'un serviteur comme lui. » Il lui reprocha amèrement le terme de *valet*, & voulut sortir brusquement de sa chambre. Son amante effrayée, se jetta à ses pieds; promit de ne plus affliger Rosni, & obtint le pardon de sa faute.

Madame de Beaufort, sur la fin d'Octobre 1598, eut à Monceaux une frayeur plus réelle. Le roi, riant avec elle & Bellegarde, de vers satyriques, eut un si prompt dévoiement, qu'il fut sept heures en grand danger. Comme il avoit sans cesse une soif ardente, on le crut empoisonné; mais l'on reconnut que son mal étoit une carnosité. La frayeur de la duchesse se dissipa avec le danger où avoit été le prince. Comme elle avoit un grand foible pour l'astrologie judiciaire, elle consultoit tous ceux qui passoient pour devins & sorciers. Dans ce tems, leurs prédictions étoient regardées avec autant de respect que les vérités les plus saintes. Le connétable de Montmorenci, disoit-on, n'avoit reçu la mort que de la main du diable & des sorciers. La duchesse, pour les rendre favorables à son mariage, demandoit humblement leurs lumières : l'un lui disoit qu'elle mourroit jeune ; l'autre, qu'elle ne seroit mariée qu'une fois ; qu'elle seroit trahie par celui qu'elle aimoit, ou qu'elle se donnât de garde d'un enfant. Ces avis si opposés lui tourmentoient tellement l'esprit, qu'au rapport d'une de ses femmes, elle renvoyoit tout son monde, pour passer les nuits à pleurer sur ces prophéties imaginaires. Sa beauté dépérissoit insensiblement, & l'on crut que ce changement étoit l'effet de sa grossesse. Malgré sa maladie, elle suivit le roi à Fontainebleau, & revint à Paris au commencement de la Semaine-sainte de l'année 1599, autant par le motif de bienséance, que pour passer le contrat de l'acquisition de Château-neuf. Le départ fut touchant ; la duchesse disoit en pleurant qu'elle ne verroit plus son amant ; toutes les caresses du roi ne pouvoient la rassurer. Elle lui recommanda ses trois enfans, sa maison de Monceaux, ses amis, ses domestiques. Le roi la baignoit de ses larmes ; on eût dit que ces deux amans avoient un secret pressentiment de leur séparation.

La duchesse alla coucher à Melun ; le lendemain elle s'embarqua dans un bateau. Le roi, qui l'y avoit conduite, ne pouvoit la quitter ; & sans le maréchal d'Ornano, il seroit parti avec elle. Après l'avoir embrassée de la maniere la plus touchante, il la recommanda à la Varenne, & le supplia d'en avoir tous les soins imaginables. La duchesse descendit heureusement à l'Arsenal, & de-là chez Zamet. Le marquis de Rosni, ayant sçu son arrivée, alla prendre congé d'elle, & partit en campagne. Son épouse lui rendit aussi visite. Madame de Beaufort lui dit, par amitié, qu'elle pouvoit venir quand elle voudroit à son lever & à son coucher. La marquise irritée, dit à son mari, au rapport d'Amelot : « Me » croit-elle si bête que je puisse tenir à honneur la

» liberté qu'elle me donne d'aller à son lever, qui
» est tout ce que je pourrois faire auprès d'une reine
» de France très-vertueuse. » Cependant les plaisanteries & l'enjouement de Zamet ne pouvoient guérir la duchesse de sa mélancolie. Le Jeudi saint, elle alla entendre les ténébres au Petit Saint-Antoine. Quelques éblouissemens l'obligerent de revenir chez Zamet. Pendant qu'elle prenoit l'air dans un jardin, elle fut attaquée d'apoplexie. Lorsque les remèdes lui eurent rendu l'usage de la parole, elle s'écria qu'elle étoit empoisonnée, & se fit conduire chez sa tante. Les convulsions redoublerent au point, que tout l'art des médecins ne put les calmer. Elle mourut le Samedi saint, dans des agitations si violentes, qu'elles lui tournerent la bouche jusques sur le derriere du col. L'on ouvrit son corps, dans lequel on trouva son enfant mort. D'Aubigné donne à entendre qu'elle mourut de poison. Il dit « qu'ayant
» mangé d'un citron ou bien d'une salade, elle sentit aussi-tôt un tel feu au gosier, & » des tranchées à l'estomac si furieuses, qu'elle fit des cris
» épouvantables. » Le Grain n'attribue sa mort qu'au suc glacé du citron.

Le roi, sur la premiere nouvelle de l'accident de la duchesse, étoit monté à cheval. La Varenne, pour lui épargner un spectacle si affreux, lui envoya dire, par un second courier, qu'elle étoit morte. Le roi étoit par-delà la Saussaie, près de Ville-Juif. Lorsque le maréchal d'Ornano lui eut annoncé cette triste nouvelle, le prince tomba évanoui dans les bras du grand écuyer. On le porta dans l'abbaye de la Saussaie, & on le mit au lit. Il s'écrioit dans sa douleur, qu'elle n'étoit point morte, ou que, si ce malheur étoit vrai, il vouloit avoir la consolation de la voir encore. Depuis ce tems, Henri IV n'aima plus aucune femme avec passion : il répétoit sans cesse, que sa chere duchesse étoit née pour lui, & que le sentiment, plutôt que le plaisir, avoit serré les nœuds de leur union. Il fit rendre à son corps tous les honneufs dûs à une reine; il porta le deuil en noir, pendant huit jours, l'espace de trois mois en violet, & le fit porter à toute sa cour.

La duchesse de Beaufort avoit d'excellentes qualités. Le satyrique d'Aubigné dit lui-même : « C'est » une merveille comment cette femme, de laquelle » l'extrême beauté ne sentoit rien de lascif, a pu » vivre plutôt en reine qu'en concubine, tant d'années, & avec si peu d'ennemis. » La raison est très-simple ; c'est qu'elle ne fit jamais un mauvais usage de l'ascendant qu'elle avoit sur l'esprit de son amant. Le P. Mathieu, entre plusieurs avantages qu'il lui accorde, dit « qu'elle avoit celui d'avoir donné » souvent de très-bons conseils au roi. » Quant à sa fidélité, le Grain assure qu'elle ne pouvoit souffrir aucun homme auprès d'elle. Rosni même, dont le témoignage n'est pas suspect sur cet article, dit positivement, « que s'il s'est répandu dans le monde » des bruits sur l'irrégularité de quelques démarches » de jeunesse, ces traits satyriques sont un pur effet » du déchaînement de ses ennemis..... Je ne me » repentis jamais, ajoûte-t-il, d'avoir retenu six ans » à la Bastille, un mari & une femme à qui elle » avoit fait du bien, & qui continuoient à déchirer » sa mémoire après sa mort. » Ce trait fait honneur à Rosni, & justifie amplement la duchesse sur les soupçons injurieux de ses ennemis.

Le duc de Vendôme, son fils aîné, qui avoit épousé la fille héritiere du duc de Mercœur, mourut en 1665. Alexandre, dit *le chevalier de Vendome*, grand prieur de France, mourut en 1629 ; & sa fille Catherine Henriette, épouse de Charles de Lorraine, duc d'Elbeuf, en 1663.

ETHRA, fille de Pitthée, roi de Trézène, entretint un commerce galant avec Ægée, roi d'Athènes, qui étoit venu passer quelque tems à la cour de son pere. Elle étoit enceinte, lorsque son amant fut obligé de la quitter. Il lui recommanda en partant, si elle accouchoit d'un garçon, de le lui envoyer, lorſqu'il ſeroit grand : il lui laiſſa une épée & des ſouliers, par le moyen deſquels ce fils pourroit ſe faire connoître. Æthra accoucha en effet d'un garçon, qui fut ce Théſée, ſi fameux chez les poëtes : elle l'envoya à ſon pere avec les gages qui devoient prouver ſa naiſſance.

ETIENNE, (*Nicole*) ſçavante Françoiſe du ſeizieme ſiécle, compoſa pluſieurs ouvrages, tant en proſe qu'en vers, qui n'ont point été imprimés.

ETRUSCILLA. (*Herennia*) *Voyez* HERENNIA ETRUSCILLA.

EVADNÉ, fille de Mars & de Thébé, ſelon la fable, & femme de Capanée, eſt une des héroïnes de l'amour conjugal. Lorſqu'elle apprit que ſon époux avoit été foudroyé au ſiége de Thèbes, elle ne voulut pas lui ſurvivre, & ſe précipita dans les flammes.

EUBULE. *Voyez* ATHÉNIENNES.

EUCHROCIA, femme du rhéteur Delphidius, laquelle reçut dans ſa maiſon de campagne Priſcillien, héréſiarque Eſpagnol, lorſqu'il traverſoit l'Aquitaine avec ſes diſciples, pour aller ſe juſtifier à Rome. Elle fut ſi charmée de ſa doctrine, qu'elle le ſuivit par-tout, & prêta beaucoup à la médiſance. Elle fut punie, comme lui, du dernier ſupplice, en 385.

EUDOXIE, ſurnommée *Licinie*, femme de l'empereur Arcadius, ternit l'éclat de ſes belles qualités, par la haine conſtante qu'elle porta à S. Jean Chryſoſtome ; elle fit exiler deux fois cet illuſtre prélat. En 404, il tomba dans Conſtantinople & aux environs, une grêle ſi terrible, que tout le territoire en fut ravagé : cet orage cauſa une ſi grande frayeur à Eudoxie, alors enceinte, qu'elle accoucha d'un enfant mort, & mourut elle-même le 6 d'Octobre.

EUDOXIE ou EUDOCIE. *Voyez* ATHÉNAÏS.

EUDOXIE, fille de Théodoſe le Jeune, & d'Athénaïs, & femme de l'empereur Valentinien III. Elle fit le voyage de la Terre-ſainte, pour accomplir un vœu que ce prince avoit fait, & y fit de magnifiques présens. En 455, Maxime fit mourir l'empereur; usurpa son trône, & épousa par force Eudoxie, qui, pour s'en venger, appella en Italie Genseric, roi des Vandales. Ce prince barbare pilla Rome en quatorze jours, & emmena captives en Afrique, l'impératrice & ses deux filles, Placidie & Eudoxie. Cependant, à la priere des empereurs Marcien & Léon, elle fut renvoyée à Constantinople avec sa fille Placidie.

EUDOXIE, fille de l'empereur Valentinien III, que l'usurpateur Maxime força d'épouser Palladius. Elle fut depuis emmenée captive en Afrique par Genseric, roi des Vandales, & donnée en mariage à Hunneric, fils de ce prince. Mais trouvant sa religion trop exposée au milieu d'une cour Arienne, elle s'enfuit à Jérusalem, où elle mourut saintement.

EUDOXIE, impératrice, femme de l'empereur Constantin Ducas, qui l'établit en mourant régente & tutrice de ses enfans, à condition qu'elle ne se remarieroit jamais; mais elle épousa Romain Diogène, son successeur. Michel, fils de Constantin, s'étant fait déclarer empereur en 1071, fit enfermer sa mere dans un couvent.

EUDOXIE, femme de l'empereur Constantin Copronyme.

EUDOXIE, femme de l'empereur Héraclius, morte en 612.

EVE, la premiere des femmes, formée d'une des côtes d'Adam, à qui Dieu la donna pour compagne. Elle se laissa séduire par le serpent; mangea du fruit défendu; en fit manger à son mari. Mais elle fut condamnée, & dans sa personne tout le sexe féminin, à enfanter avec douleur, & à être soumise à son mari.

EUGÉNIE, (*sainte*) vierge que l'on prétend avoir souffert le martyre à Rome sous Valérien.

EULOGIE, sœur aînée de l'empereur Michel Paléologue, prédit, à ce qu'on prétend, la grandeur future de son frere, lorsqu'il n'étoit encore qu'au berceau. Ne pouvant réussir à l'endormir, elle s'avisa, après plusieurs chansons, d'en chanter une qui commençoit par ces paroles : « Courage ! empereur de » Constantinople, tu y feras ton entrée par la porte » dorée, & l'on t'y verra faire des merveilles ; » & l'on remarque que l'enfant s'endormit aussi-tôt. Eulogie, sous le règne de son frere, jouit de la plus grande autorité ; mais sa haine contre l'Eglise Romaine, & son attachement pour le schisme, troublerent l'union qui régnoit entre le frere & la sœur. Cette princesse cabala contre l'empereur avec les moines schismatiques, & envoya jusqu'en Egypte solliciter le Soudan de faire la guerre à Michel ; mais elle ne recueillit de toutes ses intrigues que la honte d'avoir fait un éclat inutile.

EUNICE, femme Juive, convertie par S. Paul. Elle fut mere de Timothée, disciple de cet apôtre.

EUPHÉMIE, (*sainte*) vierge, souffrit le martyre à Calcédoine, vers l'an 307, sous la persécution de Dioclétien.

EUPHÉMIE, femme de l'empereur Justin I, célèbre par son zèle pour la défense de la foi & de l'unité de l'Eglise, fut couronnée avec son époux, en 518, & mourut en 523.

EUPHRASIE, (*sainte*) fille d'Antigone, gouverneur de Lycie, & d'Euphrasie, parens ou alliés de l'empereur Théodose l'Ancien, naquit sous le règne de ce prince, l'an 380. Etant allée avec sa mere visiter les monastères de la Thébaïde, un saint desir la porta à renoncer aux plaisirs que sa naissance lui promettoit dans le monde, pour se renfermer dans un de ces monastères : elle n'avoit encore que sept ans, lorsqu'elle s'y consacra à Dieu. Elle y vécut dans la pratique des vertus, jusqu'à l'âge de trente ans. Sa mémoire est en vénération parmi les Grecs ; & lorsqu'ils reçoivent une fille au nombre des religieuses, le prêtre demande à Dieu qu'il lui fasse part des graces dont il combla sainte Euphrasie.

EUPHROSINE, (*sainte*) vierge, qu'on croit être

née

née à Alexandrie, dans le cinquieme siécle. Elle résista aux sollicitations de son pere Paphnuce, qui vouloit la marier, & s'enfuit dans la solitude, à l'âge de dix-huit ans : elle se déguisa en homme, & se présenta dans un couvent de religieux, où elle fut reçue sous le nom de *Smaragde* : on l'enferma dans une cellule, où elle vécut pendant trente-huit ans.

EURYCLÉE, nourrice d'Ulysse, & la premiere qui le reconnut à son retour à Ithaque.

EURYDICE, femme d'Orphée, mourut, disent les poetes, le jour même de ses nôces, piquée par un serpent. Son époux, ajoûtent-ils, inconsolable de sa perte, descendit pour la chercher jusques dans les enfers. Il fléchit par les doux sons de sa lyre les divinités infernales. Eurydice lui fut renduë, à condition qu'il ne la regarderoit point qu'il ne fût arrivé sur la terre ; mais un excès d'amour lui fit oublier la condition : l'impatient Orphée tourna trop tôt la tête, & Eurydice lui fut ravie pour jamais. On a fait bien des plaisanteries sur la folie d'un époux qui va chercher sa femme jusques dans les enfers ; mais les plaisans n'ont pas fait attention qu'Eurydice mourut le jour même de ses nôces : il est probable qu'Orphée, après six mois de mariage, n'eût point été troubler le repos des ombres.

EURYDICE, femme d'Amyntas, roi de Macédoine, eut trois fils, Alexandre, Perdiccas, Philippe, & une fille nommée *Euryone*. Elle conçut une si violente passion pour son gendre, qu'elle résolut de se défaire de son époux, pour placer son amant sur le trône ; mais sa fille Euryone découvrit au roi ce complot : Amyntas pardonna à son épouse, en faveur des enfans qu'il avoit eus d'elle. Eurydice, après la mort de son époux, fit périr successivement Alexandre & Perdiccas, qui avoient succédé à leur pere. On ignore quelle fut la fin de cette cruelle princesse.

EURYDICE, fille d'Amyntas, roi de Macédoine, & femme d'Aridée, fils naturel de Philippe, pere d'Alexandre le Grand. Aridée, devenu roi de Macédoine, laissa à son épouse l'administration des affaires & le commandement des armées. Eurydice, abandonnée par ses soldats, tomba, avec son époux, entre les mains d'Olympias, mere d'Alexandre, leur mortelle ennemie, l'an 318 avant J. C. Ils furent tous deux renfermés dans un noir cachot. Aridée fut la premiere victime qu'Olympias immola à sa haine. Quelque tems après, elle envoya à Eurydice une épée, un cordon, & un verre de ciguë, lui laissant à choisir un de ces trois genres de mort. Eurydice, sans donner aucune marque de foiblesse, prit sa ceinture & s'étrangla.

EURYDICE, dame Illyrienne. Quoique née dans un pays barbare, & déja avancée en âge, elle commença à s'appliquer à l'étude, afin de pouvoir instruire elle-même ses enfans. Ce trait lui a mérité les éloges de Plutarque.

EUSEBIE, (sainte) aussi nommée Eusoie & Ysoie, fille d'Adalbaud, seigneur François, aux Pays-bas, & de sainte Rictrude, naquit en 637, & fut tenue sur les fonts par la reine Nantilde. A l'âge de douze ans, elle fut élue abesse de Hamei. Elle mourut dans ce monastère, le 16 de Mars 660, âgée de vingt-trois ans. Hamei est aujourd'hui un prieuré dépendant de Marchienne, abbaye de Bénédictins.

EUSEBIE, femme de l'empereur Constance, célèbre par son esprit, par sa science, par son attachement à la secte des Ariens, & par sa méchanceté. L'on assure qu'elle tenta tout pour se guérir de sa stérilité, & que, jalouse de ce qu'Hélène, sœur de Constance, & femme de Julien, étoit enceinte, elle lui fit donner un breuvage pour la rendre stérile; & qu'ayant corrompu la sage-femme, qui accoucha cette princesse, elle fit mourir son fils au moment de sa naissance. Eusébie mourut vers l'an 360.

EUSTOCHIUM ou EUSTOCHIE, dame Romaine, illustre par sa naissance, par ses vertus &

par son mérite, fut une des disciples de S. Jérôme. Sous cet illustre maître, elle apprit parfaitement l'hébreu, le grec, le latin, & employa ces connoissance à l'étude de l'Ecriture sainte : elle s'y rendit si habile, qu'elle embarrassa souvent son maître lui-même, par la finesse de ses questions. Nous avons encore la Lettre que S. Jérôme lui écrivit sur les moyens de garder la virginité. Elle suivit ce saint docteur dans le voyage qu'il fit en Syrie, en Palestine & en Egypte, pour visiter les monastères & les lieux saints. Elle se renferma ensuite dans le monastère de Bethléem, dont elle eut la conduite, après la mort de sainte Paule. Eustochium mourut en 419.

EUTROPIE, fille de Constance Chlore, & sœur de Constantin le Grand, fut mere de l'empereur Népotien. Elle fut assassinée avec son fils, vingt-huit jours après son avènement à l'empire, par les partisans de Magnence.

FAR

FABIOLE, dame Romaine, de l'illustre famille des Fabiens: dégoûtée de l'époux que ses parens lui avoient donné, elle le quitta pour en prendre un autre; mais quelque tems après, ayant reconnu sa faute, elle se couvrit d'un sac à la vue de toute la ville de Rome, & fit la plus rigoureuse pénitence. Elle mourut à Ostie, l'an 400.

FAGNAN, (*Marie-Antoinette-Marie*) l'une des femmes sçavantes de ce siécle, qui lui font le plus d'honneur. On a d'elle, entr'autres ouvrages, *Kanor*, conte, traduit du Sauvage, & *le Miroir des Princesses Orientales*.

FAILEUBE, reine de France, femme de Childebert II, n'est presque point connue. Quelques-uns l'ont accusée d'avoir empoisonné son mari; d'autres, avec plus de vraisemblance, assurent que ce fut le crime de Frédegonde, & que Faileube mourut de poison en même tems que Childebert.

FANNIA, femme de Caïus Titinius, bourgeois de Minturne. Ce fut dans sa maison que fut mis C. Marius, lorsqu'on l'arracha des marais de Minturne: quoique cette femme eût quelque sujet de se plaindre de Marius, elle eut pour lui tous les égards qu'on doit aux malheureux.

FANNIA, fille de Petus Thrasea, imita le courage d'Arria, son aïeule, & suivit en exil Helvidius, son époux, qu'elle accompagna jusqu'à sa mort. Sa vertu la rendit suspecte à Domitien, qui fit confisquer tous ses biens: Fannia, de toute sa fortune, ne sauva que la Vie de son époux, composée par Sénécion.

FARE, (*sainte*) vierge, abbesse de Farmoutier, en Brie, fille de Chaneric, un des principaux seigneurs de la Brie, qui vivoit à la cour de Théogebert, roi d'Auſtraſie, bâtit le monaſtère de Far-moutier, dont elle fut abbeſſe, & mourut vers l'an 655, âgée de ſoixante ans.

FARIATA, comédienne Arabe, qu'un particulier avoit louée, avec une autre appellée *Khariba*, pour chanter des vers ſatyriques contre le faux prophète des Muſulmans. Immédiatement après la priſe de la Mecque, Mahomet les condamna l'une & l'autre à mort; mais Fariata obtint ſa grace, en embraſſant l'Iſlamiſme.

FASTRADE, troiſieme femme de Charlemagne, mariée à ce prince en 783, & morte en 794, » étoit, dit Fauchet, fâcheuſe & ſuperbe femme, » & qui aigriſſoit ſon ſeigneur de nature douce. » Ses hauteurs & ſes mépris firent révolter la plûpart des grands de la cour, & ce fut à ſa ſollicitation que Charlemagne les punit avec la derniere rigueur.

FATIME, fille de Mahomet, & femme d'Ali, chef d'une ſecte des Muſulmans, appellée *la ſecte des Fatimites* : ceux de cette ſecte la regardent comme une vierge, quoiqu'elle ait eu pluſieurs enfans. Elle mourut à Médine, ſix mois après ſon pere, âgée de vingt-huit ans.

FAUQUES, (*mademoiſelle de*) Avignonnoiſe, célèbre de nos jours par pluſieurs productions fort ingénieuſes. De ce nombre ſont les ſuivantes : *Contes du Serrail*, traduits du Turc; *Le Triomphe de l'Amitié*; *La derniere des Gueres-Bêtes*, fable, pour ſervir à l'Hiſtoire du dix-huitieme ſiécle; *Abbaſſai*, Hiſtoire orientale; Roman intéreſſant, quoique le ton de morale y ſoit trop affecté.

FAUSTA, (*Flavia Maxima*) fille de l'empereur Valère-Maximien, & femme du grand Conſtantin. Elle accuſa fauſſement Criſpus, ſon beau-fils, d'avoir voulu attenter à ſon honneur; l'empereur crut trop légèrement, & fit mourir ſon fils; mais yant découvert, quelque tems après, l'impoſture de auſta, il la fit étouffer dans un bain, l'an 323.

FAUSTA vivoit dans le quatrieme ſiécle, & n'eſt

connue que par une médaille, où elle est appellée *nobilissima fœmina*.

FAUSTA, (*Livia*) dame Siennoise très-courageuse, qui, pendant le siége de sa patrie, en 1552, se mit à la tête des femmes, secondée de la signora Forte-guerra, & de la signora Picolomini, & prit les armes pour la défense des remparts. Plusieurs se signalerent dans une aussi glorieuse entreprise, entr'autres, les trois chefs de cette singuliere milice.

FAUSTINE ou GALERIA FAUSTINA, fille d'Annius Verus, & femme d'Antonin le Pieux.

FAUSTINE, impératrice, fille d'Antonin le Pieux, & femme de Marc-Auréle-Antonin le Philosophe, se signala par ses déréglemens, que son époux supporta avec une patience plus que philosophique. Faustine devint amoureuse d'un gladiateur, & avoüa sa passion à son époux. Ce prince, par le conseil de quelques Chaldéens, lui fit boire le sang de ce gladiateur, & la guérit de son amour par ce breuvage. Après la mort de cette infâme princesse, Marc-Auréle lui fit élever un temple, comme pour consacrer sa honte, & institua en son honneur les fêtes Faustiniennes.

FAUSTINE, (*Maxime*) femme de l'empereur Constance, fils du grand Constantin.

FAUSTINE, en latin *Annia Faustina*, impératrice Romaine. « C'étoit, dit un auteur moderne, une
» des plus accomplies personnes de Rome, soit pour
» sa naissance, soit pour sa beauté. Elle étoit arriere-
» petite-fille de l'empereur Marc-Auréle, dont le
» nom & la mémoire étoient en singuliere véné-
» ration dans Rome. A la splendeur de cette illus-
» tre origine, elle joignoit le mérite de sa personne:
» ses attraits n'avoient pas à redouter ceux des plus
» aimables Romaines : ils étoient relevés par le vif
» éclat d'une tendre jeunesse; &, dans un âge qui,
» pour l'ordinaire, est indiscret, elle faisoit paroî-
» tre une grande sagesse ; ce qu'on n'avoit pas ac-
» coutumé de trouver dans le sang des Faustines. »

Elle étoit mariée à Pomponius-Baſſus, perſonnage conſulaire, lorſque Héliogabale parvint à l'empire. Épris des charmes de cette Romaine, il fit mourir ſon époux, & partagea avec elle ſon lit & ſon trône; mais naturellement volage & capricieux, il ſe dégoûta bientôt de Fauſtine; & l'hiſtoire ne nous apprend plus rien de cette impératrice.

FAVART. (*madame*) Ce nom, aujourd'hui célèbre par le poëte ingénieux qui le porte, eut auſſi, vers la fin du ſiécle dernier, quelque célébrité dans la perſonne d'une dame qu'on dit avoir excellé à faire des énigmes.

FAYETTE, (*Louiſe de la*) fille d'honneur de la reine Anne d'Autriche, & favorite de Louis XIII, fut une des plus aimables & des plus vertueuſes perſonnes de la cour de ce tems. Louis, qui n'aimoit les dames que comme on aime les fleurs, ſe plaiſoit ſingulièrement avec mademoiſelle de la Fayette, qui, née ſans ambition & ſans paſſion, n'entretenoit le plus ſouvent le monarque que de pieux établiſſemens & de projets utiles. Cependant, comme elle étoit parente du fameux Capucin Joſeph le Clerc du Tremblay, confident & rival de Richelieu, ce miniſtre craignit tout de ces deux perſonnes, & réſolut de les ſacrifier à ſa ſûreté. Il commença par faire éloigner de la cour mademoiſelle de la Fayette, & n'eut pas beſoin pour cela de beaucoup d'intrigues. Elle étoit depuis longtems dégoûtée de la cour & des vanités du ſiécle; ſes vœux n'aſpiroient qu'après la retraite: elle s'y réſolut enfin, au grand regret de Louis, vers le mois de Mars 1637; & ce fut dans le couvent de la Viſitation qu'elle ſe conſacra, comme elle diſoit, *à un plus grand Seigneur*. Le P. Joſeph mourut à Ruel, le 28 de Décembre 1638. Louis XIII alla pluſieurs fois à la Viſitation; il ne put rien gagner ſur l'eſprit de mademoiſelle de la Fayette, qui mourut aux filles de Sainte-Marie de Chaillot, en 1665, dans la pratique des vertus monaſtiques.

FAYETTE, (*Marie-Madeleine Pioche de la Vergne, comtesse de la*) est une des femmes dont les talens ont illustré le siécle de Louis XIV. Elle étoit amie particuliere du sçavant M. Huet, évêque d'Avranches, qui publia son Traité sur l'origine des Romans, à l'occasion du Roman de Zaïde, attribué à Segrais, mais dont madame de la Fayette est l'auteur. Ses principaux ouvrages sont *Zaïde*; *la Princesse de Clèves*; *la Princesse de Montpensier*; ce sont presque les seuls Romans du siécle de Louis XIV, qu'on lise encore aujourd'hui avec plaisir. Madame de la Fayette mourut au mois de Mai 1693.

FEDELI, (*Aurélia*) célèbre comédienne d'Italie, connue par ses poësies italiennes, imprimées à Paris, en 1666, sous le titre de *Restituti di Pindo*.

FELICIENNE EUPHROSINE DE S. JOSEPH, religieuse Carmélite, fille de Jean-Baptiste de Santoro, née à Calahorra, dans la vieille Castille. La lecture des ouvrages de sainte Thérèse lui inspira le desir de se faire Carmélite. Elle mourut à Saragosse, le 7 de Juin 1652.

FÉLICITÉ, (*sainte*) aussi courageuse que la mere des Machabées, vit mourir ses sept enfans pour la foi, & eut elle-même la tête tranchée à Rome, sous l'empire de Marc-Auréle.

FÉLICITÉ. (*sainte*) *Voyez* PERPÉTUE.

FERONIERE, (*la belle*) une des maîtresses de François I, & qu'on croit être la même que cette femme d'un avocat, dont on a rapporté l'article sous le titre AVOCATE. Comme cette opinion ne paroît pas assurée, nous ajoûterons ici ce que rapporte Mézerai dans sa grande Histoire, à l'année 1539, parlant de la belle Féroniere. « J'ai quelquefois en
» tendu dire, dit cet historien, au sujet de l'abscès
» dont mourut François I, qu'il prit ce mal de la
» belle Féroniere, l'une de ses maîtresses, dont
» portrait se voit encore aujourd'hui dans quelque
» cabinets curieux, & que le mari de cette femme
» par une étrange & sotte espece de vengeance

» avoit été chercher cette infection en mauvais lieu,
» pour les infecter tous deux. »

FERRANT, (*madame la présidente*) morte âgée de quatre-vingts ans, en 1740. Quelques-unes de ses Lettres, qu'elle avoit écrites au baron de Breteuil, se trouvent dans un Roman qui a pour titre : *Histoire des amours de Cléanthe & de Bélise*, avec un recueil de ses lettres. Elle s'appelloit, étant fille, *Bellisani*.

FERRARE. (*Renée de France, duchesse de*) *Voyez* RENÉE, &c.

FEUILLET (*mademoiselle*) a mis au jour plusieurs ouvrages de piété. Voici ce qu'en dit le Journal des Sçavans du mois de Juillet 1690, à l'occasion d'un Livre de cette religieuse, qu'il annonce. » Sans parler des autres sçavantes, ni des siécles » passés, ni de celui-ci, nous voyons que made- » moiselle Feuillet s'y distingue par les productions » de son esprit. Elle a déja donné au public des tra- » ductions de quelques Traités de piété. Depuis, elle » lui a donné un Livre sous le titre de *Sentimens Chré- » tiens*; aujourd'hui elle lui donne cette *Concordance » des Prophéties avec l'Evangile*, où elle établit so- » lidement les principes de la Religion Chrétienne, » en faisant voir que les principaux mystères, pré- » dits par les saints de l'ancien Testament, ont été » accomplis dans la personne du Fils de Dieu. »

FEVRE, (*Marthe le*) de la Faluere, sœur d'un premier président au parlement de Bretagne, & célèbre par sa charité & par sa piété, mourut à l'âge de quatre-vingt-dix ans, le 25 de Juillet 1716, dans le couvent des Ursulines d'Angers, où elle avoit passé la plus grande partie de sa vie.

FEVRE. (*Anne le*) *Voyez* DACIER.

FIESQUE, (*Catherine de*) fille de Jacques de Fiesque, distinguée par sa piété, mourut le 14 de Septembre 1510.

FISCHER (*Marie*) forma le projet extravagant d'aller prêcher les dogmes de sa secte jusqu'à Andrinople, à la cour du Grand-Seigneur; elle traversa toute l'Italie, & s'embarqua pour Smyrne, dans un vaisseau de sa nation; mais son dessein fut découvert à Smyrne, & on la fit reconduire à Venise. Cet obstacle ne la rebuta pas; elle se rendit par terre à Andrinople, se présenta à la cour, & obtint une audience du sultan Mahomet IV. Ce prince fut surpris de sa hardiesse, & du ton avec lequel elle lui parla: il la regarda comme une folle, & ordonna qu'elle fût ramenée dans son pays sur le premier vaisseau. A son retour, elle fut reçue en triomphe par les Quakers, qui, pour récompenser son zèle, lui donnèrent pour époux un des prophètes de la secte.

FLACCILLA, (*Ælia*) femme du grand Théodose, joignit à la douceur du caractère, une prudence consommée, une piété solide, un zèle ardent, mais éclairé pour la Religion. Elle mourut le 14 de Septembre l'an 388.

FLAMINIA. (*mademoiselle*) Voyez RICCOBONI.

FLAMY. (*mademoiselle*) Voyez LEWISTON.

FLAVIA DOMITILLA. Voyez DOMITILLA.

FLEURS, (*Philiberte de*) sçavante du seizieme siécle, étoit dame de Tours & de la Bastie, en Mâconnois. Elle excelloit dans la poësie; & ses pièces lui méritérent quelque réputation. Il ne nous est resté qu'un poëme de sa façon, intitulé *Les Soupirs de la viduité*.

FLEXELLES, (*mademoiselle*) de la ville d'Amiens, vivoit sur la fin du règne de Louis XIV. Elle avoit du talent pour faire des anagrammes; ce qui n'étoit pas alors un mérite médiocre.

FLORA, fameuse courtisane à Rome, pour qui le grand Pompée eut une longue & tendre passion. Il paroît que sa beauté l'en rendoit digne, & que, contre la coutume de ces sortes de créatures, elle fut susceptible d'attachement.

FLORE, (*Jeanne*) sçavante Françoise du seizieme siécle. On a d'elle des *Contes amoureux*.

FOIX, (*Catherine de*) reine de Navarre, sœur & héritiere de François-Phœbus, dont elle porta les états à Jean d'Albret qu'elle époufa vers l'an 1484. Leur méfintelligence mit le royaume à deux doigts de fa perte, & favorifa les projets ambitieux de Ferdinand, roi d'Efpagne, qui l'ufurpa fans peine, & qui colora depuis fon ufurpation d'une prétendue bulle du pape Jules II, comme fi le trône & la majefté des rois n'étoient pas à l'abri de l'autorité purement fpirituelle des pontifes Romains.

FOIX, (*Françoife de*) comteffe de Châteaubriant. *Voyez* CHATEAUBRIANT.

FOIX, (*Marguerite de*) ducheffe d'Epernon, eft célèbre par fon courage & fon intrépidité. En 1588, les chefs de la Ligue ayant réfolu de perdre le duc d'Epernon, le rendirent fufpect à la cour, & obtinrent un ordre de l'enlever du château d'Angoulême, dont il étoit gouverneur. Le magiftrat, chargé de l'exécution, crut faire un coup de parti, que de fe faifir de la ducheffe, afin d'obliger le duc à fe rendre, & fit conduire cette dame à la principale porte de la citadelle, pour qu'elle pût déterminer le duc à ce qu'on exigeoit de lui. Mais, infenfible au danger qui la menaçoit, elle exhorta fon époux à fe bien défendre, & à ne pas fe laiffer toucher par la tendreffe conjugale. Tant de courage étonna les magiftrats. Ils délibérerent fur d'autres moyens de réduire le duc; mais il fut fecouru dans cet intervalle, & fa femme rentra comme en triomphe dans le château.

FONTAINES, (*madame la comteffe de*) morte il y a quelques années, étoit fille du marquis de Givri, ancien commandant de Metz. Elle fut mariée au comte de Fontaines, dont elle eut deux enfans; c'eft tout ce qu'on fçait de particulier au fujet de cette dame, qui s'eft diftinguée par deux productions fort ingénieufes. Ce font deux petits Romans intitulés, l'un *Aménophis*, & l'autre *la Comteffe de Savoye*.

FONTAINE, (*madame de la*) époufe de l'auteur

des Fables & des Contes qui portent son nom, étoit sçavante, & corrigeoit elle-même les œuvres de son mari.

FONTANGES, (*Marie-Angelique de Scoraillé de Roussille, duchesse de*) née en 1661, « étoit, dit l'auteur des Mémoires de madame de Maintenon, une grande fille, bien faite, d'un grand éclat, parfaite, si ses cheveux n'eussent un peu tiré sur le roux. Elle se hâta de remplir sa destinée. Maîtresse déclarée (de Louis XIV) elle se livra toute entiere à la grandeur; passa devant la reine sans la saluer; rendit au centuple à l'orgueilleuse Montespan les insultes qu'elle en reçut; dépensa cent mille écus par mois; fut surprise qu'on nommât cela prodigalité; irrita ses amis par son indifférence; étonna jusqu'aux courtisans par son ingratitude. »

» A une partie de chasse, le vent ayant dérangé la coëffure de mademoiselle de Fontanges, elle la fit attacher avec un ruban, dont les nœuds tomboient sur le front. Cette singularité plut si fort au roi, qu'il la pria de ne pas se coëffer autrement de tout le jour. Le lendemain, toutes les dames parurent coëffées dans le goût nouveau. De la cour de France, ce goût passa dans toute l'Europe, avec le nom de mademoiselle de Fontanges. » Elle mourut en 1681, dans un couvent du fauxbourg S. Jacques.

FONTE MODERATA. *Voyez* DUPUIS (*Modeste*)

FONTEVRAULT. (*une religieuse de*) Voici ce qu'en rapporte le P. Mainferme, ancien directeur de cette abbaye. Un prince, qu'il ne nomme pas, en devint amoureux, & la fit pressentir sur sa passion, par un de ses courtisans. Celui-ci, dans une entrevue qu'il eut avec la religieuse, lui dit que ses beaux yeux avoient charmé le prince; & la pressa de lui rendre une réponse favorable. Sans trop refuser ni promettre, elle demanda du tems ; se retira dans sa chambre ; s'arracha les yeux avec la pointe d'un couteau ; puis, retournant au parloir, elle les présenta sur une assiette au médiateur du prince, en lui disant de porter à son maître ces yeux dont il étoit si fort amoureux.

FORBES. (*Marguerite Gordong, comtesse de*) *Voyez* MARGUERITE.

FORCE (*Charlotte-Rose de Caumont de la*) naquit en Guyenne dans le château de Casenove, vers l'an 1650. Son pere s'appelloit *François de Caumont*, marquis de Castelmoron, & maréchal de camp. Marguerite de Vicof, sa mere, étoit dame de Casenove, & fille du baron de Castelnau. Il paroît que mademoiselle de la Force n'étoit pas aussi-bien partagée des dons de la fortune, que de ceux de la naissance & de l'esprit ; c'est ce que prouvent ces vers qu'elle adressoit à madame de Maintenon :

> Ton sort est glorieux, & le mien est fatal.
> Nos aïeux autrefois marchoient d'un pas égal :
> Cependant entre nous que je vois de distance !
> Et combien ton mérite y met de différence !

Mademoiselle de la Force mourut à Paris en 1724. Elle a donné plusieurs ouvrages au public, tous romans, & fort bien écrits. En voici la liste, 1º *l'Histoire de Marguerite de Valois*, reine de Navarre ; 2º *l'Histoire de Gustave Vasa* ; 3º *l'Histoire secrette de Bourgogne* ; 4º *Mémoire historique* ou *Anecdote galante & secrette de la duchesse de Bar, sœur de Henri IV* : 5º *Les Fées, Conte des Contes*, & plusieurs pièces de poësie.

FORÊT, [*la*] servante de Moliere, avoit un jugement fort sain. Son maître lui récitoit les comédies qu'il vouloit donner au public ; elle ne manquoit pas de lui dire les endroits qui plairoient ou ne plairoient pas ; & la chose arrivoit toujours comme elle l'avoit prévue.

FORNARI, (*Marie-Victoire*) née à Gênes en 1562, institua l'ordre des religieuses de l'Annonciade, & mourut le 15 de Décembre 1617.

FORTE-GUERRA. *Voyez* FAUSTINA. (*Livia*)

FORTIA, (*Marie de*) religieuse de Poissy, s'est fait honneur par son esprit. Elle a mis une très-belle préface à la tête des ouvrages d'Anne de Marquet, religieuse de la même maison.

FOUQUART, (*Gabrielle*) fille de François Fouquart, receveur des tailles à Abbeville, naquit en 1568. Elle fonda en France l'ordre des religieuses de S. François de Paule, & mourut en 1639.

FRANCE. (*Agnès de*) *Voyez* AGNÈS DE FRANCE.

FRANCE. (*Alix de*) *Voyez* ALIX DE FRANCE.

FRANCE, (*Anne de*) dame de Beaujeu. *Voyez* BEAUJEU.

FRANCE. (*Blanche de*) *Voyez* BLANCHE DE FRANCE.

FRANCE. (*Catherine de*) *Voyez* CATHERINE DE FRANCE.

FRANCE. (*Claude de*) *Voyez* CLAUDE DE FRANCE.

FRANCE. (*Constance de*) *Voyez* CONSTANCE DE FRANCE.

FRANCE. (*Elizabeth* ou *Isabeau de*) *Voyez* ELIZABETH DE FRANCE.

FRANCE. (*Jeanne de*) *Voyez* JEANNE DE FRANCE.

FRANCE, (*Madeleine de*) reine d'Ecosse. *Voyez* MADELEINE DE FRANCE.

FRANCE. (*Marguerite de*) *Voyez* MARGUERITE DE FRANCE.

FRANCE. (*Marie de*) *Voyez* MARIE DE FRANCE.

FRANCE, (*Renée de*) duchesse de Ferrare. *Voyez* RENÉE DE FRANCE.

FRANCE. (*Marie de*) On ignore la naissance la vie de cette femme, qui n'étoit point de la famill royale, quoique son nom semble l'indiquer. Ell jouissoit de quelque réputation vers le milieu du treizieme siécle. Tout ce qu'on sçait, c'est qu'elle éto

Parisienne, & qu'elle traduisit en vers françois un ouvrage anglois, contenant plusieurs Fables morales tirées d'Esope.

FRANCESCA, pauvre fille Italienne, native de Casal, dans le Montferrat, se signala par son courage au siége de cette ville. En 1630, elle combattit vaillamment dans différentes sorties, & tua plusieurs ennemis de sa propre main. Jean de Thoiras, depuis maréchal de France, qui défendoit Casal, lui donna pour récompense la paye de quatre soldats, & une place de chevau-léger dans sa compagnie.

FRANCHEVILLE, (*Catherine de*) dame Bretonne, née le 21 de Septembre 1620. Etant allée à Rennes, pour conclurre son mariage avec le doyen des conseillers du parlement de Bretagne, le premier objet, qui se présenta à elle, en entrant dans la ville, fut son futur époux qu'on portoit en terre ; cet accident la frappa vivement. Depuis ce moment, elle s'adonna toute entiere à la piété & aux bonnes œuvres. Elle mourut le 23 de Mars 1689, à l'âge de soixante-neuf ans.

FRANÇOISE, (*sainte*) née à Rome en 1384, se retira, après la mort de son mari, dans le monastère des Oblates, y mourut le 9 de Mars 1440, & fut canonisée en 1608.

FRANÇOISE D'ALENÇON *ou* DE VALOIS, duchesse de Vendôme, de Beaumont & de Longueville, aïeule du roi Henri IV, fut une des plus sages & des plus vertueuses princesses de son siécle. Demeurée veuve, en 1512, de François d'Orléans, II du nom, comte de Dunois, & premier duc de Longueville, elle fut mariée, un an après, avec Charles de Bourbon, premier duc de Vendôme, dont elle eut sept fils & sept filles, entr'autres, Antoine de Bourbon, roi de Navarre, & pere de Henri IV. A l'exemple de Marguerite d'Alençon, sa mere, elle fut la protectrice des malheureux, & la nourrice des pauvres & des orphelins. Elle mourut dans son château de la Flèche en Anjou, le 14 de Septembre 1550.

FRANÇOISE DE BESANÇON, ainsi nommée du lieu de sa naissance, fondatrice des religieuses du tiers-ordre de S. François de l'étroite observance, mourut à Salins, le 4 d'Avril 1619.

FRANDONET ou FRANTONET, (*Catherine*) sçavante Françoise. *Voyez* ROCHES.

FRANGIPANI, (*Anne-Catherine*) comtesse de Serin, & sœur du comte François Frangipani, fut une dame de beaucoup de mérite; mais ses grandes qualités la précipiterent, elle & toute sa famille, dans les derniers malheurs. Elle fomenta la révolte des Hongrois contre l'empereur Léopold, & fit prendre les armes au comte de Serin, son époux, & à son frere; mais ils payerent de leur tête leur rebellion, en 1671; & la comtesse elle-même perdit la vie sur un échafaud, le 18 de Novembre 1673, avec de grands sentimens de repentir & de piété.

FRÉDEGONDE, reine de France, née dans un village de Honnecourt en Picardie, d'une famille obscure, s'éleva jusques sur le trône par ses rares qualités. Sa beauté n'eût fait qu'une impression légère sur le cœur volage & inconstant de Chilpéric; mais elle sçut le captiver & le subjuguer par son génie: l'éloignement de ses rivales ne fut qu'un jeu de sa politique. Audovere & Galsonte, femmes de Chilpéric, furent sacrifiées aux intrigues de l'adroite Frédegonde. On lui imputa la mort de ces deux princesses; mais elle méprisa ces accusations frivoles. Née pour gouverner, elle régna sous le nom de l'indolent Chilpéric, & soutint avec courage le poids des plus importantes affaires.

Sigebert, roi d'Austrasie, menaçoit d'envahir les Etats de Chilpéric: ce prince haï de ses sujets, qu'il accabloit d'impôts, étoit réduit aux dernieres extrémités. Frédegonde, dont la politique ne s'effrayoit point des crimes, quand ils étoient utiles, gagna deux jeunes gens de Téroüenne, & employa les motifs

motifs de l'intérêt & de la religion même, pour les engager à remplir ses vues : « Si vous réussissez, » leur dit-elle, comptez sur une reconnoissance ; si » vous périssez, les aumônes que je ferai pour vous » aux églises & au clergé, vous assurent le ciel. » Pleins de cette espérance, ces deux furieux se rendirent au camp de Sigebert, & le poignarderent. Sa femme Brunehaut, ennemie mortelle de Frédegonde, après avoir fait de vains efforts pour la supplanter auprès de Chilpéric, épousa un des fils de ce prince, nommé *Mérovée*. Chilpéric, animé par Frédegonde, dégrada son fils. Ce jeune prince, poursuivi par son pere, se voyant encore abandonné par sa femme, fut réduit à prier un ami de le percer de son épée, & reçut de lui ce triste service. Prétextat, évêque de Rouen, qui avoit célébré le mariage de Mérovée avec Brunehaut, n'échappa pas à la vengeance de Frédegonde. Elle engagea Chilpéric à accuser lui-même Prétextat dans une assemblée d'évêques; démarche honteuse pour un prince qui pouvoit faire punir cet évêque, suivant les loix de l'Etat. Les prélats, qu'on avoit établi juges, ne paroissant pas disposés à condamner l'accusé, il fallut employer la calomnie & l'artifice pour obtenir que Prétextat fût éxilé dans une isle aux environs de Coutance.

Cependant Chilpéric, délivré du redoutable Sigebert, ne songeoit plus qu'à piller ses sujets, & qu'à amasser des trésors. Frédegonde, qui gouvernoit Chilpéric, étoit regardée comme l'auteur des malheurs publics. Les peuples indignés murmuroient hautement, & annonçoient une révolte prochaine. La reine allarmée saisit la premiere occasion qui se présenta, pour représenter à Chilpéric le danger de sa conduite. Des phénomènes effrayans parurent alors dans l'air. La nature sembloit bouleversée : les fleuves se déborderent & firent d'affreux ravages. La terre fut ébranlée. Le feu du ciel consuma des bourgades entières. Une furieuse peste se joignit à ces fléaux : Chilpéric, & les deux fils de Frédegonde en furent attaqués. Cette princesse, qui sçavoit allier les crimes de la politique avec les sentimens de la religion, représenta alors à son époux qu'un Dieu vengeur punissoit sans doute dans sa personne & dans celle de ses enfans l'oppression du pauvre & de l'orphelin, & les vexations qu'il faisoit souffrir à son peuple. Chilpéric persuadé, jetta au feu les rolles des nouveaux subsides ; mais cette action ne sauva pas la vie à ses deux fils. Frédegonde, désespérée de leur mort, se voyoit sans appui à la cour, si elle venoit à perdre Chilpéric. Il restoit encore à ce prince un fils d'Audovère, sa premiere femme, âgé d'environ vingt-cinq ans. Clovis (c'est le nom du jeune prince) se regardant comme l'unique héritier de la couronne, eut l'imprudence de dire hautement qu'il se vengeroit un jour de Frédegonde ; mais il fut prévenu par cette princesse, qui l'accusa d'avoir employé la magie pour se défaire de ses deux freres morts de la peste. Elle fit appliquer à la question la magicienne, dont elle prétendoit qu'il s'étoit servi. Cette malheureuse, vaincue par la douleur, avoua tout ce qu'on voulut : le crédule Chilpéric livra son fils à la vengeance de Frédegonde, qui le fit charger de chaînes & conduire en prison. Il fut ensuite renfermé par son ordre au château de Noisy-sur-Marne, où quelques jo[urs] après, il fut trouvé mort d'un coup de couteau.

Frédegonde ne négligeoit rien pour assurer sa fortune. Elle fit alliance avec Childebert, roi d'Austrasie, héritier de Sigebert, qui eût été pour elle un ennemi redoutable. Un fils nommé *Thierri* qu'elle eut en 582, sembla relever ses espérances mais la mort le lui ravit presque aussi-tôt après [sa] naissance : un autre fils nommé *Clotaire*, qu'elle mit au monde deux ans après, répara cette perte mais un nouvel évènement la replongea dans [les] plus extrêmes embarras. Chilpéric fut assassiné, [au] retour de la chasse, dans une maison qu'il avoit

Chelles, auprès de Paris, sur la fin de Septembre 584. On ignore les auteurs de cette attentat : les ennemis de Frédegonde l'accusent sans fondement d'avoir fait exécuter ce meurtre par Landri, son amant.

La mort de Chilpéric étoit ce qui pouvoit arriver alors de plus fâcheux pour Frédegonde. Pour se dérober à la fureur de ses ennemis, elle fut obligée de se réfugier dans l'église cathédrale de Paris, qui étoit un asyle inviolable. Gontran s'empara des Etats de son frere Chilpéric, & commença par y faire tous les actes d'un souverain. Ce fut alors que Frédegonde eut besoin de toutes les ressources de son génie, pour échapper au danger pressant où elle se trouvoit. Childebert demandoit qu'on la lui livrât. On publioit que son fils Clotaire étoit le fruit de ses galanteries. Les grands & le peuple s'élevoient à l'envi contre elle. Dans cette extrémité, elle sçut manier avec tant d'adresse l'esprit de Gontran; elle lui inspira tant de compassion pour une femme persécutée de tous côtés, & pour un jeune prince qui étoit son neveu; elle employa tant d'art pour lui rendre Childebert suspect, que Gontran prit sous sa protection Frédegonde & son fils Clotaire, qu'il voulut lui-même tenir sur les fonts de baptême.

La vengeance étoit la passion dominante de Frédegonde : elle oublia bientôt le péril extrême qu'elle avoit couru, pour ne songer qu'à faire périr l'évêque Prétextat, son ennemi, qui, après la mort de Chilpéric, avoit trouvé le moyen de remonter sur son siége. Le prélat fut poignardé dans son église, le jour de Pâques, 586; on l'emporta chez lui tout sanglant. Frédegonde, habile dans l'art de dissimuler, alla voir Prétextat; affecta de le plaindre, & lui offrit tous les secours dont il pouvoit avoir besoin; mais le prélat ne lui répondit que par les reproches les plus amers. Un seigneur François eut la hardiesse de l'aller trouver, & lui reprocha en face un assassinat si odieux. Frédegonde, cachant son ressentiment, invita ce seigneur de boire avant de s'en aller, & lui fit présenter une boisson, alors en usage, mêlée d'absynthe, de vin & de miel ; mais à peine eut-il bu cette funeste liqueur, qu'il se sentit atteint d'une douleur aiguë ; sa vue s'obscurcit ; il remonta à cheval avec peine, & tomba mort à quelque distance du palais.

Pendant que Frédegonde se rendoit odieuse par de nouveaux crimes, elle perdit Gontran, son unique appui. Cette perte n'abbatit point son courage : elle prit en main le gouvernement des états de son fils, alors âgé de neuf ans. Après avoir remporté quelques avantages sur Childebert, elle résolut de lui livrer une bataille décisive : le combat se donna près de Soissons. Landri de la Tour, favori de Frédegonde, homme brave & expérimenté, commandoit ses troupes : on voyoit la princesse aller de rang en rang, animant les soldats, & leur montrant son fils. Pour suppléer au petit nombre de ses troupes, elle fit traverser un bois à son armée, & ordonna à chaque cavalier de couper une branche d'arbre, de la porter droite devant soi, & de pendre une clochette au col de son cheval. A la pointe du jour, elle s'avança vers le camp des Austrasiens, qui furent bien surpris de voir une forêt, où il n'y avoit auparavant qu'une campagne. Le bruit des clochettes augmenta leur étonnement : pendant qu'ils étoient ainsi en suspens, on les attaqua si vivement, qu'ils furent taillés en pièces avant que d'avoir eu le tems de se reconnoître.

Childebert ne survécut pas long-tems à la honte d'avoir été vaincu par une femme & par un enfant ; il laissa deux fils en bas âge. Brunehaut, leur aïeule, s'empara du gouvernement, sous leur nom, de même que Frédegonde gouvernoit sous le nom de Clotaire. Ces deux illustres rivales, animées par une haine implacable, ne tarderent pas à se déclarer la guerre ; mais Frédegonde, toujours supérieure, défit Brunehaut, & les deux princes ses petits-fils, dans un endroit appellé *Latofao*, entre le Soissonnois & le Laonnois. Cette princesse ne jouit pas long-tems du fruit de ses travaux; elle mourut à Paris, âgée de cinquante ans, en 556, laissant son fils, quoique jeune, paisible possesseur d'un royaume florissant. Elle fut inhumée dans l'église de S. Vincent, aujourd'hui S. Germain des Prés. On y voit encore le tombeau & la statue de cette illustre reine, dont on s'est efforcé de flétrir la mémoire; mais qui sçut couvrir de grands crimes par des vertus encore plus grandes.

FREDERUNE, reine de France, premiere femme de Charles le Simple, fonda la chapelle de saint Clément dans l'église de S. Corneille de Compiégne; elle mourut vers l'an 917.

FREDINIE, (*mademoiselle de*) de Pontoise, a joui de quelque réputation au siécle dernier, par ses vers galans, imprimés dans le Mercure d'Avril 1679.

FREMIOT, (*Jeanne-Françoise*) baronne de Chantal, fondatrice, & premiere mere & religieuse de la Visitation de sainte Marie, naquit à Dijon le 23 de Janvier 1572, de Bénigne Frémiot, avocat général, puis second président au parlement de Dijon, & de Marguerite de Berbisey, ses pere & mere. A l'âge de vingt ans, elle épousa Christophe de Rabutin, baron de Chantal; avec lequel elle vécut dans la plus parfaite union. Elle le perdit huit ans après, & le pleura long-tems, jusqu'à ce que l'éducation de quatre enfans qu'il lui laissoit, & les saints exercices de la piété la plus sublime eurent mis des bornes à sa juste douleur. Elle se mit, dans la suite, sous la direction de S. François de Salles; & ce fut avec lui qu'elle concerta, en 1607, l'établissement de l'ordre de la Visitation de sainte Marie. Rien ne s'opposant à cette pieuse entreprise, elle l'exécuta le 6 de Juin 1610, & prit l'habit de religieuse au fauxbourg d'Annecy dans le Génevois. Elle fonda plusieurs maisons de sa congrégation dans différentes villes, & mourut à Moulins, le 13 de Décembre 1741. Elle fut béatifiée en 1750.

FRENOY. (*du*) *Voyez* DUFRENOY.

FRITIGILDE, reine des Marcomans, dans le quatrieme siécle, fut convertie à la foi Catholique par S. Ambroise.

FULVIA-PIA, mere de l'empereur Septime Sévere.

FULVIA-MORATA. *Voyez* MORATA.

FULVIE, dame Romaine, de l'illustre famille des Fulviens, femme du fameux Marc-Antoine. Lorsqu'on apporta la tête de Cicéron à son époux, elle en arracha la langue, & la perça de plusieurs coups avec une aiguille. Elle mourut à Sicyone, l'an de Rome 714.

FULVIE, courtisane Romaine, découvrit à Cicéron la conjuration de Catilina, dont elle avoit appris le secret par le moyen de Lucius, son amant, qui en étoit complice.

FULVIE, dame Romaine, fut chassée de la ville de Rome, pour avoir embrassé la religion des Juifs.

FUNDANA. (*Galeria*) *Voyez* GALERIA FUNDANA.

FURNILLE. (*Marcie*) *Voyez* MARCIE FURNILLE.

GAL

GABRIELLE D'ESTRÉES. *Voyez* ESTRÉES (*d'*)

GABRIELLE DE JESUS-MARIE. *Voyez* FOUQUART.

GAILLARDE, (*Jeanne*) de Lyon, se distingua par ses poësies dans le seizieme siécle.

GALATHÉE, reine des anciens Celtes, & femme d'Hercule le Lybique.

GALERIA FUNDANA, impératrice Romaine, femme de Vitellius, se distingua par une sagesse exemplaire & par une grande modestie, dans un tems où le vice étoit en crédit à la cour. Après la mort tragique de son époux, elle passa ses jours dans le deuil & dans la tristesse.

GALINDO, (*Béatrix*) de Salamanque en Espagne, fut demoiselle de la reine Isabelle de Castille, & épousa François Ramirès, secrétaire du roi. La connoissance parfaite qu'elle avoit du latin, la fit surnommer *la Latina*: ce nom est demeuré à un hôpital qu'elle fonda à Madrid, en 1506. Elle mourut le 23 de Novembre 1535.

GALIOTE DE GOURDON-GENOUILLAC, réformatrice de l'ordre de S. Jean de Jérusalem en France, se distingua, dans le dix-septieme siécle, par sa piété, par sa régularité, par sa prudence, & par les autres vertus qu'elle fit éclater, étant prieure du monastère de Beaulieu, où elle mourut en 1618.

GALLA, fille de l'empereur Valentinien, & de Justine, fut mariée à Théodose, l'an 386, & mourut en couches à Constantinople, vers le mois de Mai de l'an 394.

GALLA-PLACIDIA. *Voyez* PLACIDIA.

GALLE, (*sainte*) fille du patrice Symmaque le Jeune, se rendit célèbre par sa piété, & mourut saintement vers le milieu du sixieme siécle.

GALLIENNE, cousine germaine de l'empereur Gallien.

GALLIGAI, (Leonora) femme du maréchal d'Ancre, étoit fille d'un menuisier, & de la nourrice de Marie de Médicis. Cette princesse l'aima tendrement, & l'amena en France, lorsqu'elle y vint pour épouser Henri IV. La Galligai, sous le titre de femme de chambre de cette reine, la gouvernoit tout comme bon lui sembloit. Elle étoit furieusement laide ; mais elle avoit infiniment d'esprit. Elle épousa Concino Concini, domestique de la même reine, & fit avec lui une fortune prodigieuse. Il y avoit plus de liaisons d'intérêt entre eux que d'amitié. Ils avoient entretenu la discorde entre Henri IV & la reine ; car leurs artifices & leurs rapports furent cause du mauvais ménage qui rendit la vie si amère à Henri le Grand. Après la mort de ce prince, ils eurent encore plus de facilité de gouverner leur maîtresse ; & ils se gorgerent de biens & de charges, & se bouffirent d'un orgueil inouï & monstrueux ; mais la conclusion de tout cela fut extrêmement tragique. Le maréchal d'Ancre ayant été massacré par ordre de la cour, sa femme fut menée à la Bastille, & puis à la Conciergerie du palais. Le parlement lui fit son procès, & la condamna à avoir la tête tranchée, & à être réduite en cendres. Cela fut exécuté le 8 de Juillet 1617. Elle prit enfin sa résolution, & mourut assez constamment & chrétiennement. Elle fut convaincue, entr'autres choses, d'avoir non-seulement judaïsé, mais aussi d'avoir employé l'art magique. *Bayle* art. GALLIGAI. *Voyez* notre Dictionnaire de Faits & Dits mémorables, art. ANCRE. (*la maréchale d'*)

GALSONTE ou GALSUINTE, seconde femme de Chilpéric I, roi de Soissons, apporta de grandes richesses à ce prince. Elle étoit fille d'Athanagilde, roi des Visigoths. Elle fut très-vertueuse & très-sage ; mais elle eut le malheur d'avoir Frédegonde pour rivale. On assure que Chilpéric la fit étrangler dans son lit, l'an 568, quatre ans après son mariage. Elle avoit, quelque tems auparavant, abjuré l'Arianisme.

GAMBARA, (*Véronique*) dame de Corrégio, fille du comte Jean-François Gambara, se distingua dans la littérature.

GANGE. (*Marie de Rossan, marquise de*) *Voyez* ROSSAN.

GARDE. (*Antoinette de la*) *Voyez* DESHOULIERES.

GARDE (*Victoire de la*) de Thomassin, née à Aix en Provence, en 1725, est auteur d'un Recueil de Lettres & de Poësies, imprimé à Paris, chez Mouchet.

GARNACHE, (*Françoise de Rohan, dame de la*) fille de René de Rohan I du nom, & d'Isabelle d'Albret, se laissa séduire par le duc de Nemours, qui obtint d'elle les dernieres faveurs, en lui promettant de l'épouser : lorsqu'elle se vit enceinte, elle somma le duc de tenir sa parole; mais ce fut en vain ; ce prince perfide épousa la veuve du duc de Guise, & méprisa les plaintes de son ancienne maîtresse.

GARNIER. *Voyez* HUBERT (*Françoise*).

GAULOISES. (*femmes*) Du tems de César, dit M. de Saint-Foix dans ses Essais historiques, « l'ad-
» ministration des affaires civiles & politiques avoit
» été confiée pendant assez long-tems à un sénat de
» femmes choisies par les différens cantons. Elles dé-
» libéroient de la paix, de la guerre, & jugeoient
» les différends qui survenoient entre les Vergobrets
» (les souverains magistrats) ou de ville à ville.....
» Les Druides, mécontens de quelques arrêts de ce
» tribunal, userent, avec tant de souplesse & d'arti-
» fices, du crédit que la religion leur donnoit sur les
» esprits, qu'ils le firent abolir, & érigerent le leur,
» dont la puissance s'accrut bientôt au point que,
» dans les assemblées générales, ils devinrent abso-
» lument les maîtres des délibérations. »

GENEVIEVE, (*sainte*) que les services signalés

qu'elle a rendus à la ville de Paris, ont fait choisir pour patrone de cette ville, naquit à Nanterre, bourg à deux lieues de Paris, vers l'an 419, au commencement du règne de Clodion, premier roi de France. La plus commune opinion est qu'elle passa sa jeunesse dans l'état de bergere. Elle en eut toute l'innocence & toute la vertu. Dieu, qui l'enrichit de ses plus précieuses faveurs, ne permit point qu'elles fussent concentrées dans les heureuses prairies que parcouroit Géneviève. Il la fit connoître à S. Germain, évêque d'Auxerre, lorsque ce prélat passa par Nanterre avec S. Loup, pour aller combattre dans la Grande-Bretagne, l'hérésie de Pélage. Géneviève, quelque tems après, vint à Paris, pour y recevoir le voile des mains de l'évêque, qu'on croit avoir été S. Marcel. Les filles, qui faisoient vœu de virginité, n'avoient pas besoin alors de plus de cérémonies ; c'est que l'état qu'elles embrassoient étoit volontaire. Elles retournoient dans leur famille qu'elles édifioient par leurs vertus & par leurs exemples. Ainsi fit l'illustre Géneviève.

Vers l'an 456 ou 457, Mérouée, roi des François, ayant mis le siége devant Paris, & s'en étant rendu maître, une famine horrible, suite ordinaire de la guerre, désola cette ville, qui, sans le secours miraculeux de Géneviève, eût vu périr presque tous ses habitans. On dit que, s'étant embarquée sur la Seine, elle alla de ville en ville, & qu'elle revint bientôt avec la charge de douze grands vaisseaux de bled, qu'elle fit distribuer aux pauvres. Sous le règne de Chilpéric, elle fit bâtir une église sur les tombeaux de S. Denys & de ses compagnons, dans l'endroit où est à présent la ville de S. Denys. Elle mourut le 3 de Janvier 499 ; & son corps fut inhumé dans la chapelle souterraine de l'église de S. Pierre & de S. Paul, qui porte aujourd'hui le nom de cette sainte.

Entre un grand nombre de miracles opérés en faveur des Parisiens par l'intercession de sainte Géneviève, un des premiers & des plus éclatans, fût la cessation de la peste, appellée *le mal des ardens* ou *feu sacré*, qui fit les plus grands ravages dans le royaume & dans cette capitale, vers l'an 1131, sous le règne de Louis le Gros. On porta solemnellement, de sainte Géneviève à l'église de Notre-Dame, la châsse où reposoient les reliques de la sainte; &, pendant la procession, tous les malades, à l'exception de trois qui manquerent de foi, furent guéris. Les Parisiens ont imploré plusieurs fois depuis la protection de sainte Géneviève; & les graces qu'ils en ont obtenues, ont affermi de plus en plus leur dévotion.

GENMEI, impératrice du Japon, hérita de l'empire en 708, & régna, pendant sept ans, avec autant de sagesse que de prudence; elle donna des noms aux provinces, villes & villages du Japon, & voulut qu'ils fussent marqués dans les registres publics.

GENSIOO, impératrice du Japon, petite-fille de l'empereur Tenmu, parvint au trône en 715, & l'occupa glorieusement pendant neuf ans. Dès la premiere année de son règne, elle fit des réglemens nouveaux, concernant les habits des femmes; mais ce qui lui mérita les plus grands éloges, ce fut la résignation qu'elle fit de la couronne à Sionuc, son neveu. Gensioo vécut encore vingt-cinq ans, après avoir abdiqué, & mourut âgée de quarante-huit.

GEOFFREYN, (*N.*) dame illustre par son esprit, par ses vertus, & par l'emploi glorieux qu'elle fait de ses richesses. Protectrice des sçavans, sçavante elle-même, elle est l'objet de l'estime universelle. Depuis le sceptre jusqu'à la houlette, chacun s'empresse à la voir, à l'entendre; & celui qui ne peut y parvenir, s'en dédommage en le desirant.

GERBERGE *ou* HELIMBRUCH, fille de saint Guillaume, duc de Toulouse, vivoit à Châlons dans la piété & dans la retraite, lorsque l'empereur Lothaire, fils de Louis le Débonnaire, la fit enfermer dans un tonneau, comme une sorciere & une empoisonneuse, & la fit précipiter dans la Saône, où elle périt, en 834.

GERBERGE, femme de Carloman, roi de Bourgogne & d'Austrasie, & frere de Charlemagne, fut une princesse de beaucoup de courage & de mérite. Après la mort de son époux, elle prit en main les rênes du gouvernement; mais Charles, son compétiteur, l'emporta par la force, & se fit reconnoître roi d'Austrasie. Gerberge s'enfuit en Baviere, puis en Lombardie, auprès de Didier, qui recommanda les intérêts de cette reine au pape Adrien; mais ce pontife avoit les siens à ménager. Il n'eut aucun égard à la priere du roi des Lombards, & seconda de tout son pouvoir Charlemagne, duquel il espéroit de grands avantages. Charlemagne s'empara de Vérone, où Gerberge s'étoit retirée, & la fit renoncer à ses prétentions. La conquête de l'Italie suivit de près celle de Vérone. L'histoire ne fait plus mention de Gerberge depuis cet évènement.

GERBERGE DE SAXE, reine de France, femme de Louis IV, dit *d'Outremer*, étoit fille de Henri I, dit *l'Oiseleur*, roi d'Allemagne & duc de Saxe. Elle fut mariée, en premieres nôces, à Gilbert, duc de Lorraine, dont elle demeura veuve, vers 940. Louis d'Outremer fut son second mari. Elle fut, en quelque sorte, son conseiller & son ministre, & se donna tous les soins imaginables, pour obtenir la liberté de ce prince, fait prisonnier par les Normands. Lothaire, son fils, étant monté sur le trône en 954, elle eut beaucoup de part aux affaires, pendant les premieres années du nouveau règne. Elle vivoit encore en 968. Elle est inhumée dans le chœur de l'abbaye de S. Remi de Reims.

GERSUINDE, Saxonne d'origine, & l'une des maîtresses de Charlemagne.

GERTRUDE, (*sainte*) fille de Pépin de Landen, prince de Brabant, maire du palais, & ministre des rois d'Austrasie, naquit à Landen en Brabant. Elle fut abbesse du monastère de Nivelle, où elle mourut, en 659, âgée de trente-trois ans.

GERTRUDE, (*sainte*) religieuse célèbre par sa pieté & par ses ouvrages, dans le treizieme siécle.

GHOZIA, la quatrieme femme du prétendu prophète des Musulmans. Elle étoit veuve, quand Mahomet l'épousa; & c'est la seule de ses femmes qu'il ait répudiée, après la consommation du mariage.

GIGE, (*Marguerite*) Angloise, se distingua par son esprit & par sa vertu. Elle puisa l'un & l'autre dans la maison de Thomas Morus, chancelier d'Angleterre, où elle fut élevée avec Marguerite Morus, fille de ce grand homme. Jean Clément, précepteur des enfans du chancelier, épousa Gige, qui mourut à Malines, en 1570.

GIGÉE, fille d'Amyntas I, roi de Macédoine. Sa beauté procura la paix à sa patrie. Bubarès, général Persan, qu'elle épousa, étoit venu avec une nombreuse armée, pour venger un meurtre commis en la personne des ambassadeurs de son roi. La vue de Gigée lui fit tomber les armes des mains. Il oublia sa commission, & fit la paix avec Amyntas.

GIGONNE: (*la*) c'est le nom d'une maîtresse de Louis XI, veuve d'un marchand de Lyon.

GILLET, (*Hélène*) fille de Pierre Gillet, châtelain royal de Bourg en Bresse, au commencement du dix-septieme siécle. Cette fille, convaincue d'avoir fait mourir son fruit, fut condamnée à perdre la tête, par arrêt du parlement de Dijon. Le bourreau la manqua par deux fois; sa femme, qui étoit présente, voulut réparer sa faute, & ne réussit pas mieux que lui. Le peuple furieux, accabla de pierres le bourreau & sa femme. Hélène fut conduite chez un chirurgien, qui guérit ses blessures. Le roi lui accorda ensuite sa grace en faveur du mariage de la princesse Henriette.

GILLOT DE SAINTONGE. *Voyez* SAINTONGE.

GINGA, reine d'Angola, royaume d'Afrique, entre le Congo & le Bengale. On assure que, pour venger plus vîte, plus cruellement, & d'une nouvelle maniere, la mort de son pere, à qui les Portugais avoient fait couper la tête, elle se fit voleuse de grands chemins, croyant par-là se dispenser de toute sorte d'humanité : dans cette fureur, elle commença de courir le pays, avec une suite de quelques sujets & de quelques domestiques du feu roi, son pere. Elle n'épargnoit rien ; elle pilloit tout, saccageoit des villages entiers ; & là, après avoir fait décoller les vieillards, les femmes & les enfans, elle faisoit esclaves les jeunes garçons de bonne mine, & les filles de dix-sept jusqu'à vingt ans. Cette reine cruelle se nourrissoit de chair humaine avec tous ses barbares courtisans. Elle étoit extrêmement courageuse; alloit toujours habillée en homme, avec six cens Négres à sa suite, trois cens desquels étoient des hommes habillés en femmes, & les autres trois cens étoient des femmes habillées en hommes. Dans cette monstrueuse famille, le plus grand crime étoit celui de la luxure. Elle avoit établi de séveres peines pour le punir ; cependant elle prenoit souvent plaisir d'exposer ses gens au danger de le commettre. On coupoit la tête à celui qui en étoit convaincu ; & la fille, qui s'étoit laissée abuser, par un ordre inviolable & qui ne se révoquoit jamais, étoit obligée de se retirer de sa présence, tandis qu'elle étoit enceinte ; & dès que la petite créature venoit au jour, elle la faisoit mettre en piéces, & dévorer par des chiens qu'elle avoit accoutumés à ce carnage. Cependant, bien loin que ces cruautés lui attirassent l'horreur & la haine de ses gens, ils la respectoient jusqu'à l'adoration ; car ils ne se présentoient jamais devant elle, que le visage contre terre. Elle passa plusieurs années dans cette abominable vie ; mais enfin elle fut touchée de la Grace ; & ayant eu le bonheur d'avoir été baptisée dans sa jeunesse, elle finit ses jours dans le sein de l'église, avec des marques d'une véritable pénitence.

GIOÉ, (*Brigitte*) fille de Magnus Gioé, épousa Herlof Trolle, sénateur & grand amiral de Dannemarck. Elle fonda l'école illustre d'Herlorfshom, qui fleurit encore aujourd'hui, & où les jeunes gens nobles & autres, sont élevés. Il y a eu dans le dix-septieme siécle deux demoiselles du nom de *Gioé*, célèbres par leur amour pour les sciences.

GIOERIDA. (*Maani*) *Voyez* VALLÉE.

GISELLE *ou* GISELE DE FRANCE, fille du roi Charles le Simple, & femme de Raoul ou Rollon, premier duc de Normandie.

GISELE, abbesse de Chelles, fut tendrement aimée de l'empereur Charlemagne son frere, & mérita de l'être par une sagesse toujours soutenue, par une piété solide, & par de grandes vertus. Elle aimoit les sciences, & protégeoit les gens de lettres. Elle engagea le célèbre Alcuin, de concert avec Rotrude, fille aînée de Charlemagne, à composer son Commentaire sur S. Jean; & par reconnoissance, Alcuin dédia son ouvrage à ces deux princesses. Gisele mourut vers l'an 810.

GLAPHYRA, maîtresse du célèbre Marc-Antoine, fut une des plus belles femmes de son tems. Elle étoit de Cappadoce, dans l'Asie mineure, & fille d'Archélaüs, grand-prêtre de Bellone, la déesse de la guerre. Marc-Antoine, en considération de Glaphyra, couronna ses deux fils, Archélaüs & Sisinna, rois de Cappadoce.

GLAPHYRA, fille d'Archélaüs, roi de Cappadoce, & petite fille de la précédente, épousa le prince Alexandre, fils d'Hérode & de Mariamne. Sa fierté la fit haïr dans cette cour, & lui en rendit le séjour insupportable. Elle voulut s'enfuir en Cappadoce avec son mari; mais Hérode, qui ne les aimoit ni l'un ni l'autre, accusa le prince Alexandre de vouloir attenter à sa vie, & le fit mourir sur ce prétexte. Il renvoya la princesse dans son pays, qui mourut au commencement de l'ère Chrétienne.

GLOSSINE ou GLOSINDE, abbesse de Metz, vivoit, à ce qu'on croit, dans le huitieme siécle, & se distingua par sa piété. L'amour de la retraite & de la priere la porta à se consacrer à Dieu dans un couvent de Trèves. Elle fonda depuis à Metz une communauté, qu'elle gouverna sagement jusqu'à sa mort.

GODELENE ou GODELIVE, que l'église honore comme sainte & martyre, étoit née au commencement du onzieme siécle, de parens nobles, dans le diocèse de Térouanne. Elle eut beaucoup à souffrir de Berthou, gentilhomme Flamand, qu'on lui fit épouser; & l'on doit croire que sa patience & sa douceur ne purent rien gagner sur l'esprit de son époux. Elle se retira chez son pere, qui se plaignit à Baudouin VI, comte de Flandres. Berthou, contraint juridiquement de reprendre sa femme, & de la mieux traiter à l'avenir, la fit étrangler par deux valets.

GOMATRUDE, premiere femme de Dagobert I, roi de France, qu'elle épousa, l'an 625, à Clichy, près de Paris, fut répudiée trois ans après, sous prétexte de stérilité.

GONDIODE ou GONDIUQUE, femme de Clodomir, fils de Clovis, roi d'Orléans, & mere de Thibaut, de Gontier & de S. Cloud.

GONSINDE. *Voyez* CHUSENE.

GONZAGUE, (*Louise-Marie de*) reine de Pologne, étoit fille de Charles de Gonzague, duc de Nevers, puis de Mantoue, & fut une princesse pieuse, courageuse & de beaucoup d'esprit. Ayant été mariée à Paris, par procureur, le 6 de Novembre 1645, à Ladislas Sigismond IV du nom. roi de Pologne, elle fut couronnée à Cracovie, le 16 de Juillet 164 Elle épousa depuis, par dispense du pape Innocent X, Jean Casimir, roi de Pologne, frere du roi Ladislas. Elle fut pour lui, non-seulement une compagne

compagne fidèle, mais encore un conseiller prudent & sage. Elle mourut d'apoplexie à Warsovie, le 10 de Mai 1667.

GONZAGUE, (*Anne de*) dite *la Princesse Palatine*, sœur de la précédente, fut très-célèbre par son esprit, par sa piété, & par sa charité pour les pauvres. Elle épousa, le 24 d'Avril 1645, le prince Édouard, comte Palatin du Rhin, & mourut à Paris, le 6 de Juillet 1684.

GONZAGUE, (*Julie de*) femme de Vespasien Colonne, duc de Tayette, & comte de Fondi, dans le seizieme siécle. Soliman II, empereur des Turcs, épris de sa beauté, chargea son amiral Barberousse de l'enlever. Ce général surprit, pendant la nuit, la ville de Fondi, séjour de Julie, & l'emporta d'assaut. Julie, au premier bruit, se sauva en chemise; & il s'en fallut peu qu'elle ne tombât entre les mains de Barberousse. On croit qu'elle embrassa les erreurs de Luther. Quoi qu'il en soit, ce fut une femme de mérite. M. de Thou, François Billon, & d'autres auteurs, la louent pour son sçavoir, qui la fit estimer par les plus habiles hommes de l'Italie.

GONZAGUE, (*Cécile de*) fille de François I de Gonzague, marquis de Mantoue, fut une des plus vertueuses & des plus sçavantes filles du quinzieme siécle. Sa mere, nommée *Paule Malateste*, dame très-illustre par sa vertu, par son sçavoir, & par sa beauté, lui inspira le mépris du monde, & la porta à se faire religieuse; ce qu'elle fit malgré es oppositions de sa famille.

GONZAGUE, (*Eleonor de*) fille de François II, arquis de Mantoue, & femme de François-Marie e la Rovere, duc d'Urbin, au seizieme siécle, se endit illustre par ses belles qualités. Le duc ayant 'té dépouillé de son duché d'Urbin par le pape éon X, « Eleonor, dit Hilarion de Coste, mon- ' tra une grande constance aux adversités & aux coups injurieux de la fortune que reçut son mari,

F. C. Tome I. V u

» quand il fut privé, pour quelque tems, de son
» état; ce qui ne la fit jamais démordre de sa géné-
» rosité ordinaire, ni de garder à son mari une en-
» tiere fidélité; lui faire bonne compagnie, & le
» consoler en ses disgraces, auxquelles, comme une
» femme d'honneur, elle voulut toujours avoir part.»

GONZAGUE, (*Isabelle de*) femme de Gui-Ubalde de Monte-Feltro, duc d'Urbin, & oncle maternel de François-Marie de la Rovere, dont on vient de parler, doit être mise au nombre des femmes les plus illustres. Elle fut deux ans, dit-on, sans s'appercevoir qu'elle avoit un mari impuissant; &, lorsqu'il lui eut avoué lui-même son infirmité, elle lui garda fidélement le secret, pendant plus de quatorze ans qu'elle vécut avec lui. Elle le regretta sincérement, & passa le reste de sa vie dans un veuvage glorieux.

GONZAGUE (*Lucrèce de*) est, dit Bayle, une des plus illustres femmes qui ait vécu au seizieme siécle. Elle releva la noblesse de sa naissance par l'éclat de son esprit, par son sçavoir & par la délicatesse de sa plume. Les beaux esprits de ce temslà, ne manquerent pas de la louer. Elle écrivoit de si belles Lettres, qu'on les ramassa avec un extrême empressement; & le recueil en fut imprimé à Venise en 1552. Elle épousa, n'étant âgée que de quatorze ans, Jean-Paul Manfrone, brave officier, mais riche, qui ne la rendit pas heureuse. Elle lui fut pendant très-fidèle & très-attachée, & ne voulut jamais se remarier, lorsqu'il fut mort.

GOODVINE, femme du comte Léofrid, dont l'historien Coulon rapporte une anecdote très-curieuse dans sa Description de l'Angleterre. Cette dame aimoit fort les habitans de Coventre, qui étoit le lieu de son séjour, & dont son mari étoit souverain. L'amour, qu'elle avoit pour ce peuple, l'engagea à prier son époux de l'affranchir de toutes sortes d'impôts. Le comte ne voulut pas la refuser; mais il ne l'accorda que sous une condition qu'il croyoit ne devoir pas être acceptée par la comtesse; ce fut qu'elle iroit toute nue à cheval, en plein midi, au travers de la ville. L'envie de rendre un bon office aux habitans, fit que la dame, vertueuse & sage, accepta la condition, & l'exécuta; mais ce ne fut qu'après avoir ordonné, sous peine de la vie, à tous les habitans de se tenir enfermés dans leurs maisons, sans que personne parût aux fenêtres, ni aux endroits d'où on auroit pu la voir. Par ce moyen, elle obtint une grace pour le peuple, sans qu'il en coûtât rien à sa modestie.

GORDIENNE, THARSILLE & EMILIENNE, tantes du pape S. Grégoire le Grand, furent élevées par Gordien leur pere, dans la pratique des vertus chrétiennes, & firent profession de virginité, sans embrasser pour cela l'état monastique. Tharsille & Emilienne, fidèles à leur vœu, menerent une vie toute pure & toute exemplaire, & moururent dans la paix du Seigneur. Gordienne, dont les inclinations étoient portées vers le siécle, n'imita point ses sœurs, & se maria avec un receveur du revenu de ses terres.

GORDONG. (*Marguerite*) *Voyez* MARGUERITE ORDONG.

GORGONES: c'est le nom que donne la fable aux trois filles de Phorcus, Méduse, Euryale & Sthéio. Les poëtes disent qu'elles avoient la vertu de pétrifier ceux qui les regardoient.

GORGONIE, (*sainte*) sœur de S. Grégoire de Nazianze, vécut & mourut saintement dans l'état du mariage: de trois filles qu'elle eut, deux se consacrerent à Dieu.

GORGOPHONE, fille de Persée & d'Andromede. L'histoire remarque que c'est la premiere femme qui se soit remariée.

GOULU, *Philippe*) fille de Jérôme & de Charlotte de Monantheuil, célèbre par sa charité envers les pauvres, mourut le 11 d'Avril 1649, à l'âge de vingt-neuf ans, & fut inhumée dans l'église de saint

V u ij

» en 1645, la reine Marie-Louise de (Gonzague)
» Mantoue, en est une preuve authentique; car, à
» son arrivée à Warsovie, où elle croyoit n'avoir
» autre chose à faire qu'à mettre la reine au lit avec
» Vladislas son mari, elle trouva ce roi si prévenu
» de certains bruits qui couroient, qu'il vouloit à
» toute force renvoyer sa femme en France......
» Bien en prit à la reine d'être accompagnée de la
» maréchale, qui montra, dans cette rencontre im-
» prévue, une supériorité d'esprit, à laquelle Vla-
» dislas ne put résister long-tems; de sorte que, cé-
» dant à la force de la raison, de la bienséance &
» de la politique, il consomma son mariage avec la
» princesse; & que, pour témoigner la haute es-
» time qu'il faisoit de la personne de l'ambassadrice,
» il déclara que son intention étoit qu'on lui fît tous
» les mêmes honneurs qui avoient été rendus à l'ar-
» chiduchesse d'Inspruck, Claude de Médicis, en
» 1637. » La maréchale mourut à Périgueux, le 2
de Septembre 1659.

GUERCHEVILLE, (*Antoinette de Pons, marquise de*) qui remplaça la comtesse de Guiche auprès de Henri IV, étoit fille d'Antoine, sire de Pons,
comte de Marenne, & de Marie de Monte-Chenu,
dame de Guercheville, sa seconde femme. Mille
graces touchantes composoient sa figure & sa taille.
Elle étoit encore plus spirituelle que belle. Henri IV
qui la vit dans ses terres, en 1590, pendant la campagne de Normandie, en devint passionnément
amoureux, & commença, dès ce moment, à trouver la comtesse de Guiche moins aimable. La marquise étoit veuve alors de Henri de Silly, comte de
la Roche-Guyon; mais, quoique libre, elle crut
que son honneur, sa vertu, sa naissance étoient des
barrieres suffisantes à l'amour du monarque. En effet,
elle résista courageusement à ses attaques; de sorte
que Henri, touché de sa vertu, lui dit, en renonçant à ses projets galans, « que, puisqu'elle étoit
» réellement dame d'honneur, elle le seroit de la

» reine, qu'il mettroit sur le trône par son mariage. »
Il tint parole ; & madame de Guercheville fut la premiere qu'il nomma dame d'honneur de Marie de Médicis. Elle mourut estimée & respectée généralement, le 16 de Janvier 1632.

GUERIN. (*Claude*) DE TENSIN *Voyez* TENSIN.

GUICHARD, (*mademoiselle*) morte à Paris en 1756, est auteur des *Mémoires de Cécile*, donnés au public par M. de la Place.

GUICHE, (*Diane*, dite Corisande d'Audouins, *comtesse de*) & surnommée aussi *la Belle*, fut une des plus parfaites beautés de la cour de Henri IV. Elle étoit fille unique de Paul, vicomte de Louvigny, seigneur de l'Escun. Demeurée veuve en 1580, de Philibert de Grammont, dit *le comte de Guiche*, tué au siége de la Fere, elle fut tendrement aimée de Henri IV ; & l'on dit même qu'il fut tenté de l'épouser. C'étoit une des foiblesses de ce grand prince, de vouloir épouser ses maîtresses. Il cessa son commerce avec elle, vers 1589, & ne cessa depuis de l'estimer & de l'honorer singuliérement.

GUILLAUME, (*Jacquette*) fille sçavante du dix-septieme siécle. On a d'elle un ouvrage publié en 1665, avec ce titre : *Les Dames illustres, où , par bonnes & fortes raisons, il se prouve que le sexe féminin surpasse en toute sorte de genre le sexe masculin.*

GUILLAUME, (*Marie-Anne*) florissoit à Paris en 1668. Elle est auteur d'un discours intitulé : *Que le sexe féminin vaut mieux que le masculin.*

GUILLET, (*Pernette du*) Lyonnoise, étoit contemporaine de Louise Labé. A toutes les vertus de son sexe, elle en joignoit tous les agrémens. Une physionomie vive & spirituelle prévenoit d'abord en sa faveur. Une voix touchante & belle lui gagnoit bientôt tous les cœurs. Elle s'accompagnoit elle-même de plusieurs instrumens, & possédoit la musique comme un maitre de l'art. Les langues latine, espagnole, italienne lui étoient presque aussi familieres que la Françoise. Ces talens cependant l'eussent, peu fait connoître à la postérité, sans celui de la poësie, dans lequel elle excelloit. On a d'elle plusieurs piéces dédiées aux dames Lyonnoises.

GUISE, (*Antoinette de Bourbon, duchesse de*) fille de François de Bourbon, comte de Vendôme, & de Marie de Luxembourg, née à Ham, le 25 de Décembre 1493 ou 1494. Le roi Louis XII la maria, le 18 d'Avril 1515, à Claude de Lorraine, duc de Guise, grand-veneur de France, gouverneur de Champagne, de Brie & de Bourgogne. Elle eut de ce mariage huit fils & quatre filles, à qui elle donna une éducation vertueuse. Elle se rendit célèbre par sa piété, & fit diverses fondations. Elle eut toujours une grande charité pour les pauvres. Les hérétiques la haïssoient, & dans leurs prêches l'appelloient *la Mere des tyrans & des ennemis de l'Evangile.* Elle mourut au château de Joinville, le 20 de Janvier 1583, & fut enterrée auprès de son mari, dans l'église collégiale de S. Laurent.

GUYENNE. (*Eléonor de*) *Voyez* ELÉONOR DE GUYENNE.

GUYON, (*Jeanne-Marie Bouviere de la Mothe*) illustre par sa piété & par ses disgraces, naquit à Montargis, le 13 d'Avril 1648. Elle fut mariée à seize ans, & resta veuve à vingt-huit. Pour se délivrer entièrement des soins terrestres, elle abandonna ses biens à sa famille, & ne se réserva qu'une modique pension. M. d'Aranthon, évêque de Genève, l'engagea à se retirer dans la communauté des Nouvelles Catholiques, qu'il avoit établie dans son diocèse; mais quelques tracasseries ne lui permirent pas de rester long-tems dans cette retraite. Elle séjourna successivement à Turin, à Grenoble, à Verceil : ce fut pendant ce tems qu'elle composa & fit imprimer son ouvrage intitulé : *Le moyen court & facile de faire oraison,* & une *Interprétation mystique du Cantique de Salomon.* Le soin de sa santé la fit venir à Paris : à peine y fut-elle arrivée, qu'on s'éleva de tous côtés contre sa doctrine. Le roi la fit enfermer au couvent de la Visitation, rue saint Antoine; mais madame de Miramion ayant parlé pour elle à madame de Maintenon, on lui rendit la liberté : cette disgrace lui donna un nouvel éclat, & lui attira d'illustres amis, entre lesquels on distingue l'abbé de Fénelon. Madame Guyon ne resta pas long-tems tranquille; on déclama de nouveau contre ses ouvrages, & même contre ses mœurs. Pour fermer la bouche à ses ennemis, elle confia tous ses écrits à l'illustre Bossuet. Le prélat les lut avec soin : il interrogea madame Guyon, & ne parut pas fort content de ses réponses. Madame de Maintenon, informée qu'il y avoit des erreurs dans les livres de madame Guyon, ne voulut plus parler en sa faveur. Elle prit enfin le parti de demander des commissaires, pour examiner ses écrits & sa personne; ce qui lui fut accordé. Le résultat de cet examen fut qu'il s'étoit glissé plusieurs erreurs dans les livres de madame Guyon; elle se soumit humblement à cette décision, & protesta que du moins son intention avoit toujours été droite. Sa soumission n'appaisa pas ses ennemis; on la renferma à Vincennes, ensuite chez les filles de S. Thomas, à Vaugirard, & enfin à la Bastille, d'où elle ne sortit qu'après que le saint siége eut terminé, par sa décision, la grande dispute sur le pur amour, entre MM. Bossuet & Fénelon. Madame Guyon se retira à Blois, où elle finit paisiblement une vie toujours agitée, le 9 de Juin 1717.

HAB

HABABAH, concubine d'Yézid II, quinzieme Calife, successeur de Mahomet, dans le huitieme siécle. Elle étoit parfaitement belle, & très-habile chanteuse ; aussi la passion qu'elle sçut inspirer au Calife fut-elle des plus violentes. Il se divertissoit un jour avec elle dans un jardin ; & on lui servit à sa collation des fruits les plus excellens de la Palestine, où il se trouvoit alors. Pendant le petit repas, il prit un grain de raisin qu'il jetta à sa maîtresse : celle-ci le prit & le porta à sa bouche pour le manger ; mais ce grain, qui étoit fort gros, passant de travers dans sa gorge, la serra si fort, qu'elle perdit la respiration, & fut étouffée sur le champ. Yézid fut si touché de ce funeste accident, qu'il tomba dans la plus profonde tristesse, & fut inconsolable de la perte d'un objet si aimable. Le transport de son amour & de sa douleur alla même si loin, qu'il ne voulut pas permettre, pendant une semaine entière, qu'on l'enterrât ; & sans les instances réitérées de ses domestiques, qui ne pouvoient plus supporter l'infection de ce cadavre, il n'eût jamais permis qu'elle fût enterrée ; mais le sépulcre ne fut pas capable de guérir sa frénésie : il voulut qu'on la déterrât, pour la voir encore. Enfin, n'ayant pu modérer l'excès de son affliction, il ne survécut que quinze jours à sa chère Hababah, dans le tombeau de laquelle il voulut être inhumé.

HABERT, (*Suzanne*) femme de Charles du Jardin, officier du roi Henri III. Etant demeurée veuve, en 1585, à l'âge de vingt-quatre ans, elle s'appliqua à l'étude des langues, & se rendit habile dans la philosophie & la théologie. Elle mourut au monastère de Notre-Dame de Grace, à la Ville-l'Evêque, près de Paris, en 1633.

HACHETTE, (*Jeanne*) femme illuftre par fon courage, native de Beauvais en Picardie. Les Bourguignons ayant mis le fiége devant cette ville, en 1472, Jeanne, à la tête d'une troupe de femmes, foutint vaillamment leurs efforts : elle les repouffa lorfqu'ils montoient à l'affaut; arracha le drapeau des mains du foldat qui vouloit l'arborer fur la brèche, & le précipita lui-même au bas de la muraille. En mémoire de cette action, on lui accorda le droit de marcher à la tête des troupes, tenant en main ce drapeau. Après fa mort, il fut mis dans l'églife des Dominicains. Le portrait de cette héroïne fe voit encore dans l'hôtel de ville de Beauvais. Ses defcendans jufqu'à ce jour, ont été exempts de taille; & tous les ans, le 10 de Juillet, il fe fait dans Beauvais une proceffion où les femmes marchent les premieres.

HADWIDE, HADWIGE ou AVOYE, femme de Hugues le Grand, comte de Paris, & mere de Hugues Capet, roi de France.

HADWIDE, HADWEIDER ou ADELE DE FRANCE, fille de Robert, roi de France, & femme de Renaud I, comte de Nevers, d'Auxerre & de Tonnere, fonda les monaftère de Crifenon & de la Ferté-fur-l'Iffeure, l'an 1063.

HADWIGE ou AVOYE, fille de Hugues Capet, mariée à Reinier V, comte de Mons en Hainaut, & en fecondes nôces, à Hugues III, comte de Dasbourg.

HAFFA, l'une des femmes du faux prophète Mahomet, qui l'époufa la troifieme année de l'hégire, & la répudia quatre ans après.

HAI. (*madame le*) *Voyez* CHÉRON.

HALDETRUDE, premiere femme ou concubine de Clotaire le Grand ou le Jeune, roi de France, & mere de Dagobert I.

HAMEL. (*du*) *Voyez* DU HAMEL.

HANAU, (*Amelie-Elizabeth de*) veuve de Guillaume V, landgrave de Heffe-Caffel. *Voyez* HESSE-CASSEL.

HARCOURT, (*Marie d'*) fille de Jean VII,

comte d'Harcourt, & femme d'Antoine de Loraine, comte de Vaudemont, se distingua par un courage au-dessus de son sexe. Les ennemis étant venus assiéger Vaudemont, la comtesse, nouvellement relevée de couches, monta à cheval; fit prendre les armes à plusieurs seigneurs, & fit lever le siége. Cette héroïne mourut le 19 d'Avril 1476, âgée de soixante-dix-huit ans.

HARMONIE, fille de Thrasibule. Dans une révolte des habitans de Syracuse contre son pere, pendant que les mutins la cherchoient pour la mettre à mort, une autre fille de son âge se présenta pour elle aux meurtriers, & fut poignardée sous son nom. Harmonie ne voulut pas survivre à cette généreuse fille; elle se fit connoître aux séditieux, & fut égorgée.

HARPALICE, fille de Lycurgue, célèbre par son courage, délivra son pere fait prisonnier par les Gètes.

HARPALICE, une des plus belles filles d'Argos. La fable dit que son pere en devint amoureux, & fit mourir son époux. Harpalice, pour s'en venger, tua son frere, & le donna à manger à son pere.

HAUTEFORT. (*Marie de*) *Voyez* SCHOMBERG.

HECALE, vieille femme très-pauvre & très-vertueuse, qui donna l'hospitalité à Thesée: ce héros, par reconnoissance, institua une fête en l'honneur de Jupiter *Hécalien*.

HECUBE, femme de Priam, roi de Troye, la plus féconde & la plus malheureuse des meres, vit expirer cinquante enfans, soutiens de sa maison: elle vengea la mort du plus jeune sur Polymnestor, roi de Thrace, à qui elle creva les yeux: le désespoir lui ayant troublé la raison, la fable dit qu'elle fut métamorphosée en chienne enragée.

HEDILE ou HEDYLE, femme de Samos ou d'Athènes, célèbre par son talent pour la poësie.

HEDWIGE, (*sainte*) duchesse de Pologne. Après avoir donné six enfans à Henri, duc de Silésie & de Pologne, son époux, elle se retira, de son consentement, dans un monastère, où elle vécut saintement jusqu'à sa mort, arrivée en 1243.

HEDWIGE ou HEDUIGE, fille de Louis, roi de Hongrie, & femme de Jagellon-Vladiflas, grand duc de Lithuanie & roi de Pologne, qu'elle ne voulut épouser qu'après qu'il se fut fait Chrétien. Elle mourut en 1399.

HEÈRE, (madame de) fille de l'illustre Marie-Catherine Jumelle de Berneville, comtesse d'Aunoy, ne s'est pas moins distinguée par son esprit & par ses ouvrages, tant en prose qu'en vers. De ce nombre sont *la Tulipe, reine des fleurs*, & *les Qualités d'un bon cœur*, adressées à madame la présidente de Bretonvilliers. M. de Vertron, zélé panégyriste des femmes d'esprit, a fait pour madame de Heère le madrigal suivant;

> Dans la prose & les vers de l'aimable Heère,
> Je le dis comme je le crois,
> La fille est semblable à la mere :
> On y voit tout l'esprit de l'illustre d'Aunoy.

HELEINE. (*la comtesse de Sainte*) Voyez SAINTE-HELEINE.

HELENE, fille de Tyndare & de Léda, Grecque célèbre par sa beauté. Paris l'enleva à Ménélas son époux; & cet enlevement fut le sujet du fameux siège de Troye.

HELENE ou SELENE, concubine de Simon le Magicien, qui portoit l'impudence jusqu'à la faire passer pour l'Esprit de Dieu.

HELENE, princesse Arabe, vivoit dans le premier siécle. Pendant une grande famine, elle fit acheter du bled à Alexandrie, & des raisins secs dans l'isle de Chypre, & envoya ces provisions à Jérusalem, pour être distribuées aux pauvres habitans.

HELENE, impératrice, femme de l'empereur Constance, & mere du grand Constantin, se rendit célèbre par sa piété & par l'église magnifique qu'elle fit bâtir à Jérusalem dans l'endroit où fut trouvée la vraie croix. Elle mourut à l'âge de quatre-vingts ans, le 18 d'Août 327.

HELENE, impératrice, fille de Constantin le Grand, épousa Julien l'Apostat, en 355, & mourut vers l'an 360.

HELENE, femme de Crispus, fils aîné de Constantin le Grand.

HELENE, impératrice d'Abissinie, femme de l'empereur Béda-Mariam, qui mourut en 1475, & laissa le gouvernement à sa veuve. Cette princesse, renommée par sa prudence & par sa piété, tint les rênes de l'empire d'Abissinie, pendant les règnes d'Alexandre & de Naod, fils de Béda-Mariam, & ceux d'Amdaizgon & de David, ses petits fils. Helene avoit des richesses immenses, & possédoit de vastes & fertiles terres dans le royaume de Goïam. Elle employoit la plus grande partie de ses revenus en œuvres de charité, sur-tout à bâtir de belles églises, & à les doter avec une magnificence vraiment royale. Mais, tandis qu'elle s'occupoit & employoit ses trésors à ces magnifiques ouvrages, elle vit l'empire attaqué au-dehors par les Mahométans, & sa régence troublée par des partis & des factions au-dedans; ce qui la porta, d'après les conseils de Corilhan Portugais, à implorer le secours du roi de Portugal, par une ambassade solemnelle, en 1519. Elle favorisa beaucoup les Portugais, qui ne réussirent cependant que plusieurs années après à s'établir en Abissinie.

HELIOT, (*Marie Herinx, depuis madame*) a joui pendant sa vie & après sa mort, d'une grande réputation de sainteté. Elle naquit à Paris, le 6 de Mai 1644, & « fut élevée, dit l'auteur de sa Vie, partie
» dans la maison de ses parens, partie dans un cou-
» vent de sainte Claire, nommé vulgairement *le*
» *petites Cordelieres*, près l'hôtel d'Angoulême.
» Elle avoit tous les avantages du corps que
» femmes desirent avec tant de passion, & qui

» font distinguer dans le monde ; je veux dire la
» beauté, la grace, le port, la taille avantageuse,
» & la modestie. Dieu, ce semble, avoit bâti ce
» beau palais, pour y loger une belle ame ; car elle
» avoit un esprit vif, fort & pénétrant, un juge-
» ment solide, une mémoire heureuse, un naturel
» sincere, honnête, obligeant, qu'elle rendoit ai-
» mable à tout le monde, par ses manieres hum-
» bles & respectueuses, par une modestie angéli-
» que, par un accès aisé, par une gaieté de visage
» toujours serein & content, & par une démonstra-
» tion d'amitié qui inspiroit le respect en même tems
» qu'elle gagnoit les cœurs.

» Quelqu'inclination que mademoiselle Herinx eût
» pour la religion, on parla de la marier à l'âge de
» dix-huit ans. Elle, qui étoit dans la derniere in-
» nocence, & qui eût cru s'opposer aux desseins de
» Dieu, si elle eût résisté aux volontés de ses parens,
» se soumit à tout ce qu'ils voudroient faire d'elle.
» Le premier parti, qui se présenta & qui fut agréé
» de la famille, fut M. Heliot, conseiller du roi en
» sa cour des aides de Paris... Dix huit mois ou en-
» viron après son mariage, Dieu lui donna un fils,
» qu'il lui enleva à l'âge de quatre ans....

» Il faut remarquer que ce fut à la fête de sainte
» Madeleine (1668), qu'elle se convertit ; car étant
» au sermon, magnifiquement parée, Dieu la toucha
» si vivement par la bouche d'un prédicateur, que
» depuis, elle ne pensa plus qu'à quitter le monde,
» & à faire pénitence. »

L'auteur s'étend beaucoup sur les vertus de madame Héliot, sur sa charité envers Dieu, sur son
zèle pour le salut des ames, sur ses pénitences &
mortifications, sur son humilité, sur son obéissance,
sur sa charité envers les pauvres, sur sa dévotion, sur
sa pureté, sur sa douceur & sa patience. Ce sont
autant de traités particuliers, remplis de faits surpre-
ans & tout-à-fait admirables. Qu'on en juge par la
description qu'il fait des armes de sa pénitence.

» Tout ce que j'ai dit de sa mortification n'est que
» douceur en comparaison des rigueurs extrêmes
» qu'elle a exercées sur son corps. Il n'y avoit aucune
» sorte de pénitence qu'elle ne fît ; & elle étoit admi-
» rable à en inventer tous les jours de nouvelles. On
» a trouvé après sa mort, en plusieurs endroits de
» sa maison, ces instrumens de pénitence dont elle
» se servoit ; un cilice en morceaux, usé & presque
» tout pourri ; un autre encore tout entier ; une
» haire, une ceinture de crin, une de fer à quatre
» rangs, toute armée de pointes, & large de trois
» doigts ; deux disciplines, l'une de corde & l'au-
» tre de parchemin ; plusieurs petits scapulaires hé-
» rissés de cloux. Son confesseur lui a ôté deux cein-
» tures de fer à cinq rangs, dont chaque anneau a
» quatre pointes ; des brasselets de la même ma-
» tiere, des haires & des cilices qu'il lui fit pren-
» dre pendant une maladie qu'elle eut ; mais elle
» en acheta d'autres, dès-lors qu'elle fut retournée
» en santé.

» Madame Héllot commençoit à être connue dans
» Paris. Le bruit de sa réputation s'étoit déja ré-
» pandu dans tous les quartiers de la ville ; & l'odeur
» de sa sainteté attiroit quantité de gens à l'Hôtel-
» Dieu, pour avoir la consolation de la voir & de
» lui parler ; car on étoit toujours assuré de la trou-
» ver dans ce lieu de misere & de miséricorde......
» Ses infirmités, pendant deux ans, étoient de pe-
» tites fiévres, des enflures de jambes, des dyssen-
» teries, des érésipèles, des maux de côté, des co-
» liques, des douleurs de tête, des amertumes de
» bouche, & des pétillemens de sang, qui lui cau-
» soient des activités d'esprit, dont elle ne faisoit
» rien paroitre au dehors. Au reste, dans toutes ces
» indispositions, elle n'alitoit point,...

» Enfin, le samedi 20 de Février 1682, ayant été
» le matin, à son ordinaire, entendre ses quatr
» messes à Notre-Dame, & fait ses dévotions a
» mêm

» même lieu, elle s'en alla de-là, (à pied) avec une
» dame de ses amies, sur le pont Notre-Dame, vi-
» siter une femme qui avoit la fièvre, & de-là à la
» rue S. Honoré, acheter de l'or & des étoffes pour
» des ouvrages destinés aux autels, qu'elle vouloit
» achever. A son retour, elle se trouva échauffée
» & fatiguée; & son mari l'ayant reprise d'être re-
» tournée si tard & à jeun, infirme comme elle étoit,
» & dans un tems de Carême, elle avoua sa faute,
» & lui promit qu'elle ne feroit plus de ces sortes de
» voyages, qu'il ne lui en eût donné la permission.

» Le soir, sa chaleur s'étant augmentée, elle se
» sentit saisie d'un mal de gorge; &, quoiqu'il l'in-
» commodât beaucoup, il ne l'empêcha pas d'aller,
» à son ordinaire, se confesser aux peres Jésuites,
» & d'y demeurer assez de tems. Etant de retour
» au logis, elle dit à son mari d'un air assez gai : *Je*
» *viens de me confesser comme pour mourir;* ce qui le
» surprit un peu. Le jour suivant, son confesseur
» ayant appris qu'elle étoit malade, l'alla trouver;
» & bien que son mal ne parût pas bien considé-
» rable, après s'être confessée, ce qu'elle faisoit tou-
» tes les fois presque qu'il l'alloit voir, elle lui dit
» nettement qu'elle mourroit de cette maladie.....

» Le jour de sa mort, & le dixieme de sa mala-
» die, la fiévre continuant & le transport commen-
» çant à lui monter à la tête, avant que de lui
» faire aucun remède, on envoya à la paroisse,
» pour lui faire apporter le sacré Corps de Notre
» Seigneur... Les dernieres paroles qu'elle dit, fu-
» rent, lorsqu'après que le médecin eut vu l'état
» où elle étoit, elle prononça tout haut : *Je suis*
» *une victime; je m'abandonne à la volonté de Dieu..*

» Etant munie de tous les secours spirituels,
» on abandonna le corps à la volonté des méde-
» cins, qui résolurent, dans une consultation, qu'on
» la saigneroit à la gorge ; ce qui fut exécuté, afin
» qu'elle fût immolée, ainsi qu'elle avoit dit, comme
» une pauvre victime. On lui tira deux grands ver-

» res de sang ; mais il s'en perdit bien davantage
» dans son lit, car on l'en trouva toute baignée.
» Cette grande évacuation épuisa toutes ses forces,
» & on la vit aussi-tôt après entrer dans l'agonie. »

Elle mourut âgée de trente-sept ans, laissant tout son bien à l'Hopital général. Sa Vie, écrite en un gros volume *in* 8°, par le pere P. J. C. Jésuite, a fourni l'extrait qu'on vient de voir. Elle est terminée par le récit des graces spirituelles & des guérisons obtenues par l'intercession de madame Héliot, & des prédictions qu'elle a faites pendant sa vie.

HELISENNE DE CRENNE. *Voyez* CRENNE.

HELLE, fille d'Athamas, roi des Thébains, fuyant la fureur de sa belle-mere, tomba dans le canal qui sépare l'Europe de l'Asie, & donna son nom au détroit de l'Hellespont.

HELLEBIC, (*Agnès*) jeune Parisienne, qu'un désespoir amoureux força de se précipiter dans un puits, qu'on appella, dans la suite, à cause de cette aventure, *le Puits d'amour*. La petite place où il étoit situé, à la pointe d'un triangle que forment les rues de la grande & de la petite Truanderie, avec la rue de Mondétour, conserve encore aujourd'hui ce nom. Agnès Hellebic vivoit sous Philippe Auguste.

HELOISE *ou* LOUISE, abbesse du Paraclet, ne fut pas moins célèbre, dans le douzieme siécle, par son esprit & son érudition, que par ses amours avec le fameux Abélard. « C'étoit, dit l'auteur de la Vie
» de ce philosophe, une demoiselle de dix-sept ou
» dix-huit ans, d'un génie si élevé & si propre pour
» les sciences, que, non contente de sçavoir par-
» faitement sa langue où les filles se bornent ordi-
» nairement, elle avoit encore appris le latin, le
» grec & l'hébreu, & commençoit déja à faire de
» grands progrès dans la philosophie, dans les ma-
» thématiques, & dans l'étude des saintes lettres.
» Peu de filles la surpassoient en beauté. Elle étoit
» niéce d'un chanoine de la cathédrale de Paris,
» nommé *Fulbert*, qui avoit été aumônier du roi

» Henri I. Cet oncle, qui l'aimoit tendrement, fai-
» soit ses délices de l'élever auprès de lui, avec tous
» les soins imaginables. Il lui tenoit lieu de pere &
» de mere, qu'elle avoit perdus dès sa plus tendre
» jeunesse. Non content de lui inspirer de grands
» sentimens d'honneur & de piété, il n'épargnoit rien
» pour seconder le noble desir qu'elle avoit de deve-
» nir sçavante. Le plaisir qu'il sentoit de voir qu'un
» jour sa niéce seroit l'oracle de son siécle & l'hon-
» neur de sa famille, lui tenoit lieu de récompense,
» & le consoloit de l'argent qu'il étoit obligé de dé-
» penser pour son éducation ; car il étoit avare, &
» ce fut la source de ses déplaisirs. »

Il y avoit alors à Paris un fameux docteur qui, depuis quatre ans, enseignoit la théologie, avec un applaudissement universel, après s'être fait long-tems admirer par des leçons de philosophie & de dialectique. Il se nommoit *Abélard*; il étoit dans la fleur de l'âge, parloit bien, chantoit encore mieux, & faisoit des vers françois avec une grande facilité. Sur ce qu'il apprit du mérite d'Héloïse, il voulut voir cette aimable personne ; mais la premiere en-trevue qu'ils eurent ensemble, les fit passer rapide-ment de l'estime à l'amour. Ils consulterent entr'eux sur les moyens de s'entretenir aussi souvent qu'ils le souhaitoient ; & le docteur imagina de se mettre en pension chez le chanoine Fulbert, qui n'eut rien de plus à cœur que de s'assurer les grands avantages qu'un tel pensionnaire pouvoit lui procurer. Abélard ne contesta point sur la forte pension qu'on exigea de lui. Quant aux propositions que lui fit le chanoine de donner *gratis* des leçons à sa niéce, & d'employer même, s'il le falloit, les menaces & les châtimens pour la rendre docile, on peut croire qu'elles ne fu-rent pas acceptées avec beaucoup de peine. L'amour fit de furieux progrès dans deux cœurs déja prépa-rés à le recevoir.

» Sous prétexte d'étude, on cherchoit les lieux
» les plus écartés. Le maître, à l'entendre dire, étoit

» trop occupé durant le jour : il ne pouvoit donner
» que les soirées & une partie de la nuit à l'instruc-
» tion d'Héloïse. Le chanoine, qui, pour aller à ma-
» tines, se retiroit de bonne heure, les laissoit dans
» une entiere liberté. Ils sçurent en tirer avantage ;
» tout sembloit contribuer à leur satisfaction. »

Il n'est point de bonheur parfait. La négligence du professeur éclaira ses écoliers sur sa conduite. Les amours d'Abélard & d'Héloïse ne furent bientôt plus un mystère que pour le chanoine. Ayant sçu, le dernier, ce qui se passoit dans sa maison, il chassa le pensionnaire, qui fut très-honteux de cette aventure. Quelque tems après, Héloïse se trouva grosse ; elle en donna avis à son amant, qui l'enleva de chez son oncle, & la fit conduire en Bretagne, où elle fit ses couches chez la sœur d'Abélard. Cependant le bon homme Fulbert ne pouvoit digérer l'affront fait à sa famille, & la perte d'une nièce tendrement aimée. Il méditoit mille projets de vengeance, lorsqu'Abélard s'offrit de le satisfaire, en épousant Héloïse, & ne demanda, pour toute condition, que le secret ; parce qu'étant en passe d'être évêque, il ruineroit, par un mariage public, ses espérances & sa fortune. Fulbert, content de la réparation, promit tout ce qu'on voulut. Abélard partit aussi-tôt pour la Bretagne ; mais quelle fut sa surprise, en voyant sa trop tendre maîtresse s'opposer à une union qui sembloit devoir combler tous ses vœux! Elle mit en usage, pour le détourner de son dessein, toutes les ressources de l'éloquence & de l'amour. Abélard ne se rendit point. Il revint à Paris avec Héloïse, & l'épousa secrettement, en présence de Fulbert & de quelques-uns de ses parens.

L'imprudence du chanoine fut encore une nouvelle source de malheurs. Contre sa promesse, il divulgua le mariage ; & chacun en vint faire compliment à sa nièce, qui jura qu'il n'en étoit rien ; & brocards de tomber sur le bon homme. On le connoissoit avare : ç'en fut assez pour le soupçonner

d'avoir semé ce bruit par quelque vue d'intérêt. « Ce
» mauvais succès l'irrita davantage contre sa nièce ;
» & n'ayant pu lui persuader qu'il étoit de son hon-
» neur & de celui de toute sa famille, de déclarer
» son mariage, il en vint jusqu'à la menacer, &
» des menaces passa aux effets, la maltraitant d'une
» maniere indigne d'un homme de son caractère.
» Héloïse en donna avis à son époux, & lui en fit
» ses plaintes. Il résolut de la tirer, à quelque prix
» que ce fût, des mains de ce barbare. »

Il épia le moment où l'oncle étoit hors du logis, & conduisit Héloïse dans une abbaye de Bénédictines à Argenteuil, près de Paris. La fureur du chanoine, en apprenant cette nouvelle, ne sçauroit s'exprimer. Il assemble quatre ou cinq de ses parens, & les anime à la vengeance. Un d'eux propose de punir le coupable, par l'endroit même qui les a deshonorés. On applaudit à ce projet. On l'exécute la nuit suivante. Tout Paris s'affligea du malheur d'Abélard, & accourut le lendemain à son logis. Les cris & les gémissemens retentissoient de toutes parts. On décréta Fulbert de prise de corps. Il fut dépouillé de ses bénéfices ; & ses biens furent confisqués au profit de l'église. Deux des assassins, les seuls qu'on put arrêter, furent condamnés à la peine du talion, & de plus à perdre les yeux.

La malheureuse Héloïse s'abandonnoit cependant à la plus excessive douleur. Abélard ne se vit pas plutôt hors de danger, qu'il écrivit à cette chere épouse, pour la consoler, & pour l'exhorter en même tems à renoncer au monde, comme il étoit résolu lui-même d'y renoncer. Quel sacrifice pour une amante passionnée ! Elle obéit pourtant, & prit le voile de la religion au monastère d'Argenteuil. Abélard, peu de jours après, embrassa l'état monastique à S. Denis. Ils continuerent d'entretenir un commerce de lettres ; mais ce n'étoit plus un commerce de galanterie. La piété, la religion en faisoient le plus souvent la matiere.

Cependant les mœurs corrompues & la vie licentieuse des moines de S. Denys dégoûterent Abélard du cloître. Il obtint avec beaucoup de peine la permission d'en sortir, & résolut, à l'exemple des premiers anachoretes, d'aller finir ses jours dans la solitude. Il choisit pour cet effet un lieu près de Nogent-sur-Seine, dont l'évêque de Troyes lui fit présent : il y fixa sa demeure, & y bâtit une petite chapelle avec des joncs & des branches d'arbres, qu'il dédia à la sainte Trinité. Depuis, ses facultés l'ayant mis en état de la rendre plus magnifique, il la dédia au Saint-Esprit, & lui donna le nom de *Paraclet*, c'est-à-dire Consolateur. Les persécutions que lui suciterent depuis S. Norbert & S. Bernard, au sujet de cette dénomination, lui rendirent sa solitude insupportable. Il fut nommé pour-lors à l'abbaye de saint Gildas de Ruys en Bretagne ; &, peu de tems après, celle d'Argenteuil ayant été réunie à celle de saint Denys, à cause des déréglemens des religieuses, il établit sa chere Héloïse au Paraclet, & la fit premiere abbesse du monastère qu'il y fonda. Ce grand philosophe mourut à Cluni, le 21 d'Avril 1142, âgé de soixante-trois ans. Héloïse lui survécut vingt-deux ans, & mourut au Paraclet en 1164.

HEMORRHOISSE. On connoît sous ce nom une femme Juive, dont la foi est louée dans l'Evangile, & qui fut guérie d'un flux de sang, en touchant le bord de la robe de J. C.

HENRIETTE MARIE DE **F**RANCE, reine d'Angleterre, célèbre par ses malheurs & par sa constance à les supporter, eut pour pere le meilleur de nos rois, Henri IV, & pour mere Marie de Médicis. Elle naquit en 1609, & fut mariée, en 1625, à Charles I, roi d'Angleterre, que ses propres sujets firent mourir sur un échafaud. Dans ces tems de troubles & de confusion, Henriette vint en France, où ses vertus lui gagnerent l'estime & l'affection des François. Neanmoins elle fut quelquefois réduite à de fâcheuses extrémités. Sa constance & son courage la rendirent toujours supérieure aux revers. Elle eut la consolation de voir le roi Charles II, son fils, remonter sur le trône de ses peres. Cette princesse mourut subitement en sa maison de Colombes, à deux lieues de Paris, le 10 de Septembre 1669.

HENRIETTE ANNE, duchesse d'Orléans, fille de la précédente, & du malheureux Charles I, naquit en Angleterre en 1644, & fut élevée à la cour de France pendant les persécutions de sa famille. Elle épousa, le 31 de Mars de l'an 1661, Philippe de France, duc d'Orléans, frere unique du roi Louis XIV, & mourut en 1670, au retour d'un voyage en Angleterre.

HERENNIA ETRUSCILLA, impératrice Romaine, femme de Dèce, ce fameux persécuteur des Chrétiens, ne nous est connue que par des médailles.

HERINNE. *Voyez* ERINNE.

HERITIER DE VILLANDON, (*Marie-Jeanne l'*) sçavante Françoise, née à Paris en 1664. Son pere, homme de lettres, lui donna une éducation conforme à son goût. Les progrès de sa fille surpasserent ses espérances : elle remporta les prix de plusieurs académies, & fut reçue dans celle des *Ricovrati* de Padoue. Elle composa plusieurs ouvrages qui eurent de la réputation dans leur tems; ce sont des Romans, des Historiettes, des Poësies galantes. Mademoiselle l'Héritier mourut le 24 de Février 1734, âgée de soixante-neuf ans.

HERMAN, (*Catherine*) femme d'un pilote Hollandois. Son mari ayant été fait prisonnier par les Espagnols pendant le siége d'Ostende, elle se déguisa en homme & passa dans le camp des Espagnols, dans le dessein de délivrer son époux. Son extrême beauté la fit remarquer; on la prit pour un espion, & en cette qualité, on la mit en prison. Un pere Jésuite étant venu, selon la coutume, visiter les prisonniers, elle se confessa à ce religieux, & lui découvrit son dessein. Le pere attendri, obtint qu'elle fût transférée dans la même prison que son époux. Catherine, à la vue d'un objet si cher, s'évanouit. Lorsqu'elle eut repris ses esprits, elle déclara qu'elle avoit vendu ce qu'elle avoit de plus précieux, pour payer la rançon de son époux ; que, si on ne vouloit pas lui accorder sa liberté, on lui permît du moins de partager ses peines & sa prison. Le comte de Buckoi, admirant la générosité de cette femme, lui accorda sans rançon la liberté du prisonnier.

HERMENGARDE, fille de Didier, dernier roi des Lombards en Italie, & premiere femme de Charlemagne.

HERMENGARDE, femme de Louis I, dit *le Débonnaire*, morte à Angers le 3 d'Octobre 818.

HERMENGARDE, impératrice, fille de Hugues, comte d'Alsace, dit *le Poltron*, mariée à Thionville, en 821, à l'empereur Lothaire I, & morte en 851.

HERMENGARDE, fille de l'empereur Louis II, femme de Boson, comte de Provence, défendit Vienne assiégée par les rois Louis & Carloman, & les contraignit de lever le siége. Elle vivoit encore en 890.

HERMENGARDE, fille de Charles de France, duc de Lorraine, & femme d'Albert I, comte de Namur.

HERMIONE, fille de Ménélas & d'Hélene, fut, après sa mere, une des plus belles princesses de la Grèce.

HERO, prêtresse de Venus, demeuroit à Abydos, dans une tour située sur le bord de l'Hellespont. Léandre, son amant, qui demeuroit à Sestos, de l'autre côté du détroit, passoit tous les soirs la mer à la nage, pour se rendre auprès d'elle. Héro, pour l'éclairer, allumoit un flambeau sur la tour; mais un soir une violente tempête l'éteignit ; Léandre se noya : Héro désespérée, se précipita dans la mer.

HÉRODIADE *ou* HÉRODIAS, sœur du roi

Agrippa le Grand, abandonna Philippe, son époux, & se maria avec Hérode Antipas, son beau-frere. S. Jean-Baptiste osa lui reprocher ses amours criminelles. Hérodias indignée, ne songea qu'à se venger ; elle fit danser sa fille dans un festin en présence d'Hérode. Ce prince, charmé des graces de cette jeune princesse, promit de lui accorder tout ce qu'elle lui demanderoit. Par le conseil de sa mere, elle demanda la tête de S. Jean-Baptiste, qui lui fut apportée sur le champ. Hérodias triomphante, perça avec le poinçon de ses cheveux la langue qui lui avoit reproché ses crimes.

HERSILIE, l'une des Sabines qui furent enlevées par les Romains. Elle fut choisie pour être la femme de Romulus.

HESIONE, fille de Laomédon, roi de Troye. Ayant été, par ordre de l'oracle, exposée à un monstre marin, Hercule la délivra ; mais, Laomédon refusant de le récompenser, il assiégea Troye; la prit, & donna la princesse à Télamon, un de ceux qui l'avoient le plus aidé dans son entreprise.

HESSE-CASSEL, (*Amélie-Elizabeth de Hanau*, landgrave de) femme de Guillaume V., dit *le Constant*, landgrave de Hesse-Cassel, & régente de ses Etats après sa mort, se rendit célèbre par son courage & par sa politique. Voici comme parlent de cette princesse les *Mémoires concernant Christine, reine de Suède*. « La landgrave Amélie-Elizabeth tient
» sa place parmi les premieres dames qui illustre-
» rent le siécle passé, avec d'autant plus de droit,
» qu'elle avoit directement part aux grandes affai-
» res de la guerre & de la paix, qui occupoient
» alors la meilleure partie de l'Europe. M. Salvius,
» chancelier de la cour de Suède, avoit déja écrit
» à son sujet à sa reine, l'an 1643, lui disant, en-
» tr'autres choses, qu'on devoit admirer la Provi-
» dence qui avoit bien voulu que trois dames ; sça-
» voir, la reine Christine, la reine de France, &
» la landgrave Amélie de Hesse fissent la guerre

» & abbatiſſent la puiſſance exorbitante des deux
» grands potentats de la Chrétienté, qui ſont l'em-
» pereur Romain & le roi d'Eſpagne.

» Auſſi la princeſſe Amélie y concourut-elle très-
» efficacement, non-ſeulement par les alliances con-
» clues avec la Suède & la France, qu'elle entre-
» tint juſqu'au traité de la paix de Weſtphalie, &
» à celui de l'exécution de Nuremberg, mais auſſi
» par l'entretien d'un corps reſpectable de troupes,
» qui alloit à vingt mille hommes, que madame la
» landgrave faiſoit agir, tant pour la défenſe des
» États du landgraviat, que pour incommoder ſes
» propres ennemis & ceux de ſes alliés.

» Elle entra en régence dans un tems que le pays
» de Heſſe avoit été foulé par les guerres précé-
» dentes, du vivant de ſon époux, le landgrave,
» qui mourut jeune en Ooſtfriſe, en 1637. Ceux
» qui avoient envie d'envahir le pays de Caſſel, &,
» parmi ceux-là, ſes parens & ſes plus proches voi-
» ſins, crurent que c'étoit juſtement le tems de met-
» tre leur deſſein en exécution ; mais ils eurent bien-
» tôt lieu de s'en repentir, quand ils virent qu'ils
» avoient à faire à une dame qui avoit le cœur d'un
» héros, & la tête d'un miniſtre conſommé dans
» les affaires du cabinet. Le landgrave George de
» Darmſtadt prétendoit réunir à ſa maiſon tout ce
» qu'avoit poſſédé autrefois Philippe le Magnanime,
» tige commune des maiſons de Heſſe. Elle le chaſſa
» des pays conteſtés, & l'obligea de s'accommoder
» avec elle, ayant embraſſé le parti de la Suède &
» de la France, comme le landgrave de Darmſtadt
» avoit embraſſé celui de l'empereur.

» Preſque toute ſa régence ſe paſſa dans le trou-
» ble ; à donner des batailles, à forcer des places ;
» & de la maniere qu'elle agiſſoit, elle fit avouer
» qu'elle en ſçavoit autant que ſes généraux. Elle
» en ſçut traiter un, comme il méritoit, pour lui
» avoir répondu trop fièrement ; & quoique peut-
» être il lui fût encore néceſſaire, elle lui témoi-

» gna pourtant qu'elle pouvoit se passer de lui, &
» que, dans le bonheur qui accompagnoit ses ar-
» mes, elle ne manqueroit pas de gens pour la
» servir.

» A la paix de Westphalie, elle sçut si bien mé-
» nager les intérêts du landgrave son fils, que, de
» tous les princes qui y étoient intéressés, aucun
» n'y fut plus avantagé, à proportion de la séré-
» nissime maison de Cassel, à la gloire de la prin-
» cesse Amélie, dont le grand génie fut admiré de
» tous ceux qui la connoissoient.

» Jamais on n'a vu une dame plus intrépide qu'elle,
» ni plus modérée dans les adversités. En voici un
» grand exemple. L'an 1646, l'armée de Cassel as-
» siégea Paderborn; mais la ville étant secourue,
» cette armée fut battue & obligée de lever le siége.
» La landgrave en reçut la nouvelle, étant à table;
» & ayant lu la letttre elle dit : *Mon armée a été*
» *battue, & le siége de Paderborn est levé. Quelque*
» *mauvaise que soit cette nouvelle, il faut toujours*
» *supporter le malheur, pour ne pas s'enorgueillir*
» *dans le bonheur* ; & cela dit, elle continua de
» dîner, comme si de rien n'étoit. Au sortir de la
» table, elle fit aussi-tôt entrer ses ministres dans
» le cabinet, pour aviser avec eux de ce qu'il y
» avoit à faire.

» Ce qu'on a toujours admiré dans cette prin-
» cesse, c'est sa promptitude dans l'expédition des
» affaires, & qu'elle a été infatigable dans le gou-
» vernement. On a admiré son éloquence au con-
» seil, en proposant les matieres sur lesquelles il
» falloit délibérer ; sa subtilité à pénétrer dans l'in-
» térieur des affaires en question ; sa capacité à
» comprendre les sentimens d'autrui, & sa prudence
» à choisir le meilleur parti ; de sorte que, dans son
» conseil, ou son sentiment prévaloit toujours sur
» celui des autres, ou celui-là l'emportoit qu'elle
» jugeoit être le meilleur.

» Son nom étoit en si haute estime au dehors,
» qu'on accorda à ses envoyés & ministres, des
» hon eurs extraordinaires par-tout. Elle avoit le
» don particulier de se faire aimer & craindre ; elle
» étoit toujours obéie de ses peuples par tendresse
» & par affection. Sa cour étoit brillante. Elle en-
» tendoit différentes langues. Elle parloit avec grace,
» & écrivoit avec solidité. Elle avoit l'air sérieux,
» mais non pas hautain. Toujours affable avec tout
» le monde ; généreuse à récompenser les services
» rendus ; gracieuse & humaine. Elle aimoit beau-
» coup les belles lettres, & faisoit du bien aux gens
» sçavans.
» Elle se démit de la régence l'an 1650, & rendit
» les Etats à son fils beaucoup plus étendus qu'ils ne
» l'étoient, quand elle en prit le gouvernement. Elle
» ne vécut guères plus d'une année après avoir ré-
» signé la régence, & mourut comblée de gloire,
» le 8 d'Août 1651, étant née le 22 de Janvier
» 1602. »

HESSELIN. *Voyez* SABLIERE.

HESTIÉE *ou* HISTIÉE, femme sçavante d'Alexandrie, qui fit une Dissertation sur les champs de batailles qu'Homère a décrites dans ses poëmes.

HIÉMERE, femme de Syracuse, dont nous avons fait mention ailleurs. Denys, tyran de Syracuse, étoit universellement haï de ses sujets. Ils desiroient tous sa mort. Une seule femme fort âgée, nommée *Hiémère*, prioit tous les jours les dieux pour la conversion du tyran. Denys en fut informé ; il la fit venir, & lui demanda pourquoi elle faisoit ainsi des vœux pour lui : « Pendant ma jeunesse, lui répondit
» la vieille, nous avions un tyran très-cruel ; je priai
» les dieux de nous en délivrer : ils m'exaucerent ;
» mais ils nous en donnerent un plus cruel encore.
» Je demandai aussi la mort de celui-là : je l'obtins ;
» mais vous avez pris sa place, & vous êtes pire
» que lui. Je prie donc les dieux qu'ils vous conser-
» vent, de peur que votre successeur ne soit encore
» plus méchant que vous. »

HIÉRA, femme de Thélephe, roi des Myfiens, célèbre par fa beauté.

HILDE, princeffe d'Ecoffe, fe rendit très-habile dans l'Ecriture-fainte, & compofa plufieurs ouvrages. Elle fit bâtir le couvent de Fare, dont elle fut abbeffe, & où elle mourut en 685.

HILDEGARDE, fçavante Allemande, abbeffe du Mont-Saint-Rupert, de l'ordre de S. Benoît, compofa quelques ouvrages de piété. Elle mourut en 1180.

HILDEGONDE, (*fainte*) née au douzieme fiécle, dans le diocèfe de Cologne, accompagna fon pere dans un voyage qu'il fit à la Paleftine, déguifée en garçon, fous le nom de Jofeph. Le pere étant mort en chemin, *Jofeph* refta fous la conduite d'un ancien domeftique, qui fut affez lâche pour s'enfuir avec tout l'argent de fon maître. Jofeph eut le bonheur de trouver à Jérufalem un de fes compatriotes, qui le ramena à Cologne. Un chanoine de cette ville lui donna un logement dans fa maifon, & entreprit de faire avec lui un voyage à Rome. Jofeph, en revenant, prit la réfolution de fe retirer dans un monaftère. Il fut reçu dans l'abbaye de Schonaug, à deux lieues d'Heidelberg, & y vécut faintement. Son fexe ne fut connu qu'après fa mort.

HIMILTRUDE, femme ou concubine de Charlemagne, qu'elle fit pere de Pépin le Boffu, & d'une princeffe appellée *Rothaïs*.

HIPPARCHIE, née à Maronéa fous le règne d'Alexandre le Grand, devint amoureufe de Cratès, philofophe cynique, l'homme de fon tems le moins propre à plaire aux femmes, & l'époufa malgré fes parens. Elle embraffa la profeffion de fon époux, & fe diftingua par une impudence plus que cynique.

HIPPATHIE. *Voyez* HYPACIE.

HIPPO, fille de Chiron le Centaure, eft mife au rang des philofophes célèbres de la Grèce.

HIPPODAMIE, fille d'Œnomaüs, roi d'Elide,

qui la proposa pour prix à celui qui pourroit la vaincre à la course du chariot, avec cette condition que le vaincu perdroit la vie. Il fit ainsi mourir treize amans de sa fille. Pélops se présenta enfin; mais il trouva le moyen de corrompre le conducteur du char d'Œnomaüs, qui le fit rompre au milieu de sa course; Œnomaüs fut tué, & Hippodamie resta à Pélops.

HIPPOLYTE, reine des Amazones. Hercule, dit-on, la vainquit, & la donna pour femme à Thésée qu'elle fit pere d'Hippolyte, connu par la tragédie de Phédre.

HOLDA, prophétesse Juive, qui prédit à Josias les malheurs qui devoient accabler son peuple, après son règne.

HOLLANDE. (*Berte de*) *Voyez* BERTE DE HOLLANDE.

HOMBLINE, (*sainte*) sœur de S. Bernard, se retira, du consentement de son époux, dans le monastère de Julli, où elle mourut, le 21 d'Août 1141.

HOMMETS PATIN. *Voyez* PATIN.

HONGKILA, (*la princesse de*) femme de Hupilay ou Kublay-Khan, cinquieme empereur des Mogols, de la famille de Genghizkhan, & conquérant de la Chine. La capitale de la Chine ayant été prise par les Mogols en 1276, on envoya prisonniers à Changtu, capitale de la Tartarie, l'empereur Komsong, & toute la famille impériale. Hupilay envoya pour les recevoir le premier ministre & la princesse de Hongkila, impératrice & premiere femme du monarque Mogol. Les Chinois louent extrêmement la vertu & la modération de cette princesse. Quand les trésors pris à Lingan arriverent à la cour, les princes & les princesses les contemploient avec de grandes démonstrations de joie; mais l'impératrice ne fit que pleurer: « Seigneur, dit-elle à Hupilay, les dynas» ties ne sont pas éternelles; jugez par ce que vous » voyez arriver à celles des Song, ce qui arrivera

» à la nôtre. » Cette incomparable princesse mourut en 1281. Elle aimoit les peuples, & portoit toujours l'empereur à la clémence. Elle eut grand soin des princesses ci-devant impératrices des Song (Chinois), & prisonnieres à Tatu.

HONGRIE. (*Clémence de*) *Voyez* CLÉMENCE DE HONGRIE.

HONORIA, (*Justa Gratiana*) fille de Constance César, & de Galla Placida, née vers l'an 417, n'est connue que par la foiblesse qu'elle eut de se laisser débaucher dans sa jeunesse par un homme de néant, nommé *Eugène*.

HORTENSE, fille d'Hortensius, fameux orateur Romain, se distingua par son éloquence dans une occasion mémorable. Les Triumvirs, magistrats de Rome, avoient mis sur les dames les plus riches de la ville, une certaine taxe, pour subvenir à quelque nécessité publique. Soit que cette taxe fût trop forte, ou que les dames ne voulussent pas la payer, elles murmurerent beaucoup, & résolurent d'en obtenir l'abolition; mais, craignant que l'avocat, qu'elles chargeroient de leur cause, ne fût partie intéressée, elles choisirent pour cet emploi celle d'entr'elles qu'elles connoissoient avoir le plus de talens. Ce fut Hortense. Cette dame se présenta devant le tribunal des Triumvirs avec une contenance assurée; & portant la parole pour ses compagnes, elle fit valoir leurs intérêts avec tant de force & d'éloquence, qu'elle obtint la remise d'une bonne partie de la taxe.

HOSPITAL, (*Louise de l'*) d'une des plus nobles maisons de France, se distingua, dans le seizieme siécle, par son esprit & par son goût pour la poësie. Elle étoit fille aînée de François de l'Hospital, seigneur de Vitry & de Coubert, & d'Anne de la Chastre. Non moins vertueuse que sçavante, elle composa des *Méditations sur la Vie de la Madeleine*, & fit des vers sur la mort de Catherine de Rohan, duchesse des Deux-Ponts. Sur la fin de sa vie, elle fit une fondation à la maison de Sorbonne en faveur des pauvres prisonniers, & de ceux qui font condamnés à la mort.

HOSPITAL, [*Lucrèce de l'*] demoiselle de Vitry, mérita par sa piété la réputation & l'estime que s'étoit acquises la précédente par ses talens & par sa science. Elle étoit la troisieme fille de Nicolas de l'Hospital, duc de Vitry, premier maréchal de France, gouverneur de Meaux, &c. & de Lucrèce-Marie Bohier, dame Duplessis-aux-Tournelles, son épouse. Dès sa plus tendre jeunesse, elle aima la vertu & la lecture des livres pieux. La douceur & la bonté faisoient le fond de son caractère. Elle visitoit souvent les églises & les hôpitaux. Ses entretiens étoient toujours sur des choses saintes. La priere ne lui donna jamais de peine; & plus elle avançoit en âge, plus elle découvroit de charmes dans l'oraison; de sorte qu'il falloit quelquefois user de contrainte, pour la distraire de cette heureuse occupation. Son détachement du siécle & des plaisirs lui fit opposer une résistance courageuse aux projets de ses pere & mere pour son établissement. Elle redoubla, sur la fin de sa vie, ses exercices de piété, ses jeunes & ses austérités. Elle mourut en odeur de sainteté, le 7 de Mai 1645; & son corps fut inhumé dans l'église des Minimes de la Place Royale.

HOSTILIA Severa, dont on ne connoît que le nom & la qualité, fut femme de Gallus, empereur Romain, successeur de Dèce.

HOULIERES. (*madame & mademoiselle des*) *Voyez* Des Houlieres.

HOYER, (*Anne-Owene*) sçavante Allemande, d'une famille noble du Holstein, vivoit sur la fin du seizieme siécle.

HUBERT, (*Françoise*) native de Nogent au Perche, étoit femme de Robert Garnier, un de nos premiers poëtes tragiques, qui florissoit sous les règnes de Charles IX, de Henri III & de Henri IV.

On dit qu'elle faisoit d'assez bons vers. Son mari du moins en faisoit beaucoup.

HUMILITÉ, (*sainte*) fondatrice des religieuses de Vallombreuse en Italie, naquit en 1226 à Faënza; mena la vie la plus austère & la plus mortifiée, & mourut âgée de quatre-vingt-quatre ans.

HUMIERES, (*Elizabeth de Crevant d'*) premiere abbesse de Monchi, près de Compiegne, depuis que cette abbaye, fondée en 1238, eut été retirée, en 1671, des mains des religieux d'Orcamp, ordre de Citeaux, qui l'avoient usurpée. La prudence, la piété, des talens supérieurs caractérisent cette illustre abbesse.

HUMIERES, (*Anne-Louise de Brigueil d'*) niéce de la précédente, & fille du fameux maréchal d'Humieres, hérita des vertus d'Elizabeth, & porta plus loin encore l'esprit de régle & de religion. Nommée par le roi pour succéder à sa tante, elle établit, en 1684, la réforme dans l'abbaye de Monchi, non sans avoir surmonté par sa patience, par sa charité, par sa douceur, une infinité d'obstacles qui s'opposerent à sa pieuse résolution.

HUNEGONDE, religieuse du monastère d'Homblieres en Vermandois, se distingua par sa ferveur & ses mortifications, sous le règne de Clovis II.

HYPACIE, fille de Theon, née à Alexandrie sous l'empire de Valens, cultiva avec succès la philosophie & les mathématiques, & se rendit si habile dans ces sciences, qu'on lui confia la fameuse école d'Alexandrie. Accusée faussement d'empêcher la réconciliation d'Oreste, gouverneur d'Alexandrie, avec S. Cyrille, le peuple la mit en piéces, l'an de J. C. 415. On a prétendu, sans aucun fondement, que S. Cyrille, par jalousie ou par quelqu'autre motif, avoit contribué beaucoup à soulever le peuple contre cette illustre fille. Les historiens contemporains n'en disent mot; & le récit de Damascius, auteur payen du sixieme siécle, est démenti suffisamment par la vie exemplaire & la probité de S. Cyrille

HYPERMNESTRE, une des cinquante filles de Danaüs, roi d'Argos. Seule d'entre ses sœurs, elle ne voulut point obéir à l'ordre cruel que Danaüs avoit donné à ses filles de tuer leurs maris, la premiere nuit de leurs nôces. Danaüs irrité, la renferma dans une étroite prison, dont Lyncée, son époux, la délivra quelque tems après.

HYPSICRATÉE, femme de Mithridate, célèbre par sa tendresse pour ce prince. Elle accoutuma son corps tendre & délicat aux exercices les plus durs, à monter à cheval, à porter le poids des armes & de la chaleur, enfin à suivre le roi, son époux, dans ses expéditions.

IND

ICASIE, fille sçavante, dont l'esprit nuisit à sa fortune. L'empereur Théophile ayant fait assembler les plus belles filles de son empire, pour choisir entr'elles une épouse, penchoit pour Icasie, & étoit prêt à la couronner ; mais une réponse trop fine & trop spirituelle qu'elle lui fit, lui fit changer de dessein : il craignoit sans doute d'être dominé par une femme qui auroit plus d'esprit que lui. Icasie se retira dans un monastère, où elle composa plusieurs ouvrages.

IDE, (*sainte*) fille de Godefroi le Barbu, duc de Lorraine, née en 1040, épousa Eustache II, comte de Boulogne, & fut mere du fameux Godefroi de Bouillon, roi de Jérusalem. Elle mourut le 15 d'Avril 1113.

ILIERS, (*Catherine d'*) nommée, en 1555, abbesse d'Essey, bourg de France en Normandie. Cette maison étoit, dans son origine, destinée à recevoir des femmes débauchées, qui vouloient faire pénitence. Catherine d'Iliers parut digne d'exercer ses vertus sur une portion du sexe plus noble & plus estimable. La réputation qu'elle s'étoit faite à saint Avit, n'étant que simple religieuse, la fit choisir par le roi pour gouverner Essey ; & l'on ne reçut plus dans cette abbaye que des filles d'honneur.

INCARNATION. (*Marie de l'*) *Voyez* ACARIE.

INDIENNES. (*femmes*) Depuis que la coutume de brûler les corps s'étoit introduite dans l'Inde, c'étoit aussi la mode que les veuves se brûlassent avec le corps de leurs maris. Celles qui ont habité avec le défunt, ne peuvent se remarier ; & comme elles sont obligées de se couper les cheveux, & de passer leurs jours dans un rigoureux veuvage, il s'en trouve qui, pour éviter cette condition forcée, & quelquefois par amour pour leurs maris, aiment mieux se brûler. En général, elles n'y sont pas contraintes, sinon lorsque quelque grand seigneur vient à mourir; alors on oblige une ou quelques-unes de ses femmes à se brûler pour honorer ses funérailles. Quelquefois aussi les femmes accompagnent volontairement le corps de leur mari sur le bûcher.

Voici de quelle maniere se fait cette tragique cérémonie. Le jour marqué pour brûler le corps, la femme se met en chemin, parée de ses plus beaux ornemens, comme si elle alloit aux nôces, & accompagnée de ses parentes ou amies. Elle témoigne sa joie en dansant & en chantant des vers à la louange du défunt, où elle exprime en même tems le desir qu'elle a d'aller le rejoindre dans l'autre vie.

Quand elle est arrivée au lieu du bûcher, lequel est, tantôt dans une petite hute, tantôt dans une fosse quarrée de deux pieds de profondeur, elle renouvelle ses transports de joie avec sa compagnie, chantant & dansant autour de la fosse. A la fin, après qu'elle a pris congé de ses parentes, & qu'elle leur a distribué ses joyaux, on lui verse de l'huile sur la tête, & on met le feu au bûcher sur lequel le corps est placé : prenant ensuite un pot d'huile à la main, elle se précipite à corps perdu dans les flammes; quelquefois aussi elle fait quelques tours autour de de la fosse, & s'y jette brusquement. Les assistans se dépêchent en même tems d'y jetter du bois & des pots d'huile, autant pour hâter sa mort, en l'accablant, que pour rendre le feu plus violent. On bat du tambour ; on sonne de la trompette, & l'on fait grand bruit, pour étouffer les horribles cris que ces malheureuses victimes poussent ordinairement. Quelquefois aussi la femme se place sur le bûcher avant qu'il soit allumé; se met auprès du corps de son mari, tenant sa tête sur ses genoux, & se laisse ainsi brûler héroïquement.

Bernier a souvent été présent à ce spectacle, & a vu des femmes se brûler avec une fermeté & une résolution qu'il est aussi difficile de bien représenter que l'horrible tragédie dont elles font l'objet. Une fois il vint dans un lieu où il vit quatre ou cinq Brammans, (ce sont des prêtres Indiens,) qui mettoient le feu de tous côtés à un bûcher sur lequel il y avoit une femme assise auprès du corps de son mari : cinq femmes de moyen âge se tenoient par la main, en chantant & en dansant autour de la fosse, tandis qu'une grande foule de peuple les regardoit. Le bûcher fut incontinent tout en feu, sans que la femme parût s'inquiéter ni se tourmenter ; mais ce qu'il y eut de plus extraordinaire, c'est qu'une des danseuses se laissa aller la tête la premiere dans la fosse ; & les autres la suivirent sans faire paroître la moindre frayeur. C'étoient cinq esclaves qui, ayant entendu leur maîtresse promettre à son mari, pendant sa maladie, de se brûler avec lui, s'engagerent par compassion & par tendresse de se brûler avec elle.

Le même voyageur en vit une autre à Surate entre deux âges, & qui n'étoit pas laide. Il est impossible d'exprimer la gaieté féroce qui paroissoit sur son visage, avec quelle fermeté elle marchoit, se laissoit laver, & parloit à l'un & à l'autre ; avec quelle insensibilité elle regarda les spectateurs, considéra sa petite cabane, y entra, s'assit sur le bûcher, prenant la tête de son mari dans son giron, & mit elle-même le feu avec un flambeau à la main par dedans, tandis que les Brammans l'attisoient & l'allumoient par dehors de tous côtés.

A ces exemples du courage & de l'intrépidité des Indiennes, nous en joindrons un particulier de leur esprit.

Un riche Banian ou marchand Gentil, étant mort au service du roi, laissa un fils fort dépensier & fort débauché, à qui sa mere, par cette raison, refusoit de l'argent. Ses amis lui persuaderent de s'en plaindre à Schah-Jehan ; & il fut assez simple pour découvrir à ce prince combien son pere avoit laissé de bien, qui montoit à deux cens mille roupies. Schah Jehan, qui eût déja voulu tenir cet argent, fit venir la veuve, & lui ordonna, en pleine assemblée, de lui envoyer cent mille roupies, & cinquante mille à son fils, commandant en même tems qu'on la mît dehors. La vieille, quoique fort surprise de cet ordre, & bien embarrassée de se voir poussée dehors si vîte, sans pouvoir dire ses raisons, ne perdit pas néanmoins le jugement. Elle cria tout haut qu'elle avoit encore quelque chose à découvrir au roi; ce qui fit qu'on la ramena. Voici la belle harangue qu'elle fit à Schah-Jehan : « Dieu garde Votre » Majesté ! Je trouve que mon fils a quelque raison » de me demander le bien de son pere, parce qu'il » est son sang & le mien, & par conséquent notre » héritier ; mais je voudrois bien sçavoir quelle parenté Votre Majesté pouvoit avoir avec mon défunt mari, pour s'en porter héritier. »

Quand Schah-Jehan entendit cette naïve harangue, il ne put s'empêcher de rire, & commanda qu'on la renvoyât sans lui rien demander.

INGELBURGE ou ISEMBURGE, fille de Voldemar, premier du nom, roi de Dannemarck, & femme de Philippe-Auguste, roi de France. Ce mariage, qui fut célébré avec une magnificence extraordinaire, eut des suites bien funestes. Le roi se dégoûta de sa nouvelle épouse, la premiere nuit de ses nôces: On attribue la cause de ce dégoût à un défaut secret que le prince remarqua dans la personne de la reine; mais on ignore quel étoit ce défaut. Ingelburge étoit d'ailleurs pourvue de toutes les qualités qui peuvent rendre une femme aimable; & suivant le portrait des auteurs contemporains, cette princesse étoit aussi vertueuse que belle. Quoi qu'il en soit, Philippe la répudia, sous prétexte de parenté; fit prononcer à Compiegne une sentence de divorce par l'archevêque de Reims, légat du saint siege, & épousa Agnès de Meranie en 1196. Ingelburge réclama vivement contre cette sentence, & soutint avec une fermeté incroyable ses droits d'épouse & de reine : en vain, pour la fléchir, le roi lui fit-il endurer tout ce que l'exil, la captivité & l'indigence ont de plus affreux ; rien ne put l'engager à renoncer à son rang & à sa dignité. Canut IV, son frere, roi de Dannemarck, se plaignit au pape Celestin III, de l'outrage fait à sa sœur. Ce pontife déclara nulle la sentence de séparation prononcée à Compiegne ; mais la mort l'empêcha de poursuivre cette affaire. Innocent III, son successeur, qui n'aimoit pas le roi Philippe, la poussa avec vigueur : il enjoignit au roi de reprendre Ingelburge, sa légitime épouse. L'archevêque de Reims, & les autres évêques qui avoient prononcé la séparation, loin de soutenir leur ouvrage, tremblerent devant le pontife, & abandonnerent la cause du roi. Ce prince ne se hâtant pas d'obéir au pape, la sentence d'interdit fut prononcée contre Philippe & contre tout son royaume. Le roi, devenu furieux, se vengea sur les ecclésiastiques : il chassa les évêques de leurs siéges, les chanoines de leurs églises, les curés de leurs paroisses, & confisqua leurs biens ; mais voyant enfin que le désordre augmentoit chaque jour dans ses états, il chercha à se réconcilier avec Innocent, & consentit que la cause du divorce fût jugée par les deux légats du saint siége, & les prélats du royaume, en présence des parens de la reine. L'assemblée se tint à Soissons, & l'affaire y fut discutée avec beaucoup de chaleur de part & d'autre ; mais Philippe, ayant appris que le jugement ne devoit pas lui être favorable, prit le parti de le prévenir. « Il alla, dit Mézerai, prendre un » matin Isemburge en son logis, & la montant en » trousse derriere lui, l'emmena où il lui plût, ayant » fait dire au légat qu'il la reconnoissoit & la vou- » loit pour sa femme. » Isemburge, rétablie dans ses droits, n'en fut guères plus heureuse. Son époux la regarda toujours avec indifférence, ou plutôt avec aversion. Elle lui survécut, n'étant morte que le 29 de Juillet 1236, âgée d'environ soixante ans.

INGELTRUDE, fille de Théodebert, comte

de Matrie, épousa, en 822, Pepin, premier du nom, roi d'Aquitaine, & mourut à Poitiers, en 858.

INGOBERGE, femme de Chérebert, roi de France, ayant appris que son époux entretenoit un commerce de galanterie avec deux de ses filles d'honneur, qui étoient d'une basse naissance, & dont le pere étoit ouvrier en laine, fut indignée d'un tel outrage; & pour faire sentir plus vivement au roi la bassesse de son choix, elle fit venir à son insçu le pere de ces filles, & lui ordonna de travailler à des ouvrages de son métier. Elle introduisit ensuite le roi dans l'appartement où il travailloit. Le prince demeura surpris à la vue du pere de ses maîtresses. Ingoberge voyant son embarras lui dit d'un ton ironique: «J'ai » voulu vous donner le plaisir de voir l'adresse avec » laquelle votre beau-pere démêle sa laine. » Elle n'eut pas lieu de s'applaudir de son stratagême. Le roi, outré de cette sanglante raillerie, répudia son épouse, & mit en sa place une des deux filles qui avoient causé sa jalousie. Ingoberge détrônée, se jetta dans la dévotion, & vécut très-long-tems dans la retraite. Elle mourut en 589, âgée de soixante-dix ans.

INGONDE, femme de Clotaire I, dit *le Vieux*, roi de France, n'est connue dans l'histoire que par un discours qu'elle tint à ce prince dans une occasion singuliere, qui prouve sa soumission pour son époux, & l'empire que Clotaire prenoit sur ses femmes. On croit entendre parler une esclave d'un serrail. «Le roi mon seigneur, lui dit-elle, a fait ce » qu'il lui a plu de sa servante, & il m'a honorée de » sa couche. Je supplie maintenant mon seigneur & » mon roi, de vouloir bien entendre ce que sa très- » humble servante a à lui proposer. S'il daigne met- » tre le comble aux faveurs dont il l'honore, je le » conjure de vouloir bien donner à ma sœur Aré- » gonde, sa servante, un mari, dont le rang & » le mérite répondent à l'état & au rang où il m'a » élevée, afin de m'attacher par une pareille al-

» liance de plus près encore, s'il se peut, à la
» personne de mon roi. » Clotaire fit plus qu'Ingonde ne lui demandoit: il se rendit aussi-tôt à la maison de campagne où demeuroit Arégonde, & l'épousa, quoiqu'elle fût sa belle-sœur. Il ne paroit pas qu'il ait employé dans ce mariage aucune cérémonie ni la moindre solemnité. Il revint auprès d'Ingonde, & lui dit: « Vous m'aviez demandé pour
» votre sœur un mari puissant & riche; je n'en ai
» point trouvé qui convînt mieux à vos vues que
» moi-même. Je l'ai épousée, & je crois que cela
» doit vous faire plaisir. » Clotaire se trompoit. Ingonde fit voir par sa réponse, quoique modeste & soumise, qu'elle eût été plus contente de n'avoir point sa sœur pour rivale. « Je tâcherai, lui répondit-
» elle, de ne rien faire qui puisse deplaire à mon sei-
» gneur. La seule grace que je lui demande, c'est que
» sa servante ne perde pas l'honneur de son estime. »

IOLE, fille d'Euryte, roi d'Œcalie, fut aimée d'Hercule, & causa sa mort. Déjanire jalouse, envoya à son époux la robe empoisonnée du centaure Nessus, qui le fit périr.

IPHIGÉNIE, fille d'Agamemnon, que les poëtes disent avoir été sacrifiée par son pere à Diane.

IRENE DE SPILEMBERGUE. *V.* SPILEMBERGUE.

ISABEAU D'ANGOULÊME. *Voyez* ELIZABETH D'ANGOULÊME.

ISABEAU DE FRANCE. *Voyez* ELIZABETH DE FRANCE.

ISABELLE DE CASTILLE. *Voyez* ELIZABETH DE CASTILLE.

ISABELLE-CLAIRE-EUGÉNIE. *Voyez* ELIZABETH, &c.

ISABELLE DE FRANCE. *Voyez* ELIZABETH DE FRANCE.

ISABELLE DE VALOIS. *Voyez* VALOIS.(*Elizabeth de*)

ISABELLE, (*Marie*) reine de Hongrie, femme de Jean Zapolski. *Voyez* MARIE-ISABELLE.

ISABELLE ou ISABEAU DE HAINAUT, dite *de Flandre*, reine de France, & fille de Baudouin V, comte de Haynaut, & de Marguerite d'Alsace, comtesse de Flandre, fut mariée à Philippe-Auguste, roi de France. On rapporte que cette princesse, grosse de quatre mois, étant allée à Notre-Dame de Paris, on y vit quatre lampes s'allumer d'elles-mêmes, comme un témoignage de la splendeur future de l'enfant qu'elle portoit dans son sein. Elle accoucha le 3 de Septembre 1187, d'un prince qui fut Louis VIII, surnommé *le Lion*, dont la naissance fut célébrée par des fêtes d'une magnificence extraordinaire. Isabelle mourut en couches à Paris, le 15 de Mars 1190, à l'âge de vingt ans.

ISABELLE D'ARAGON, reine de France, eut pour pere Jacques I, roi d'Aragon, & fut mariée le 28 de Mai 1262, à Philippe III, dit *le Hardi*, roi de France. Elle accompagna son époux, en 1270, dans son voyage de la Terre-sainte. A son retour, elle tomba de cheval à Cozence en Calabre, en passant une petite riviere à gué, & mourut de sa chute, le 28 de Janvier 1271, âgée de vingt quatre ans.

ISABELLE ou ISABEAU DE BAVIERE, reine de France, dont la mémoire sera odieuse à jamais à tout bon François, étoit fille d'Etienne II, dit *le Jeune*, duc de Baviere, & de Thadée Visconti, dite *de Milan*. Elle fut accordée avec Charles VI, roi de France, qui n'avoit encore que dix-sept ans; & elle vint en France, conduite par le duc Frédéric, son oncle. Le jeune roi la vit pour la premiere fois, à Amiens. L'éclat de sa beauté le frappa; le vif intérêt avec lequel il la regardoit, fit dire au connétable de Clisson : « Par ma foi, cette dame nous demeurera » Le roi n'en peut ôter ses yeux ; » ce prince l'épousa en effet à Amiens, le 17 Juillet 1385; & cette union, si fatale à la France, fut célébrée avec une magnificence extraordinaire. Malgré l'épuisement de l'Etat, le luxe étoit alors excessif. La nouvelle reine fit une entrée pompeuse dans cette même ville de Paris qu'elle devoit un jour remplir de sang & de carnage. On n'avoit rien épargné pour embellir cette fête. Lorsque la reine passa sur le Pont-au-Change, qui étoit tendu d'un tafetas bleu à fleurs de lys d'or, on vit « un homme assez léger, habillé en guise d'un » ange, lequel, par engeins bien faits, vint des tours » de Notre-Dame de Paris, à l'endroit dudit Pont, » entra par une fente de ladite couverture, & lui mit » une belle couronne sur la tête, & puis par les » habillemens qui étoient faits, fut retiré par ladite » fente, comme s'il s'en retournât de soi-même au » ciel. » On admira sur-tout au-devant du grand Châtelet, un lit tendu & environné de tapisseries d'azur à fleurs de lys d'or, en forme de lit de justice, au milieu duquel étoit placé un grand cerf, dont le bois étoit doré, & qui avoit une couronne d'or au col. Un homme renfermé dedans lui donnoit du mouvement. Lorsque la reine passa, celui qui faisoit agir la machine, fit prendre au cerf une épée nue placée à côté de lui ; ce qui rendoit cette invention piquante, c'est que Charles VI avoit pris un cerf pour devise. Ce prince assista déguisé à cette fête, & reçut même plusieurs coups de la part des sergens qui écartoient la foule.

Pendant que la cour étoit occupée à des plaisirs toujours nouveaux, l'Etat étoit déchiré par les factions des grands ; le peuple gémissoit dans l'oppression. Philippe le Hardi, duc de Bourgogne, & Louis de France, duc d'Orléans, frere du roi, avoient deux puissans partis, qui ne cherchoient qu'à se détruire. Isabelle qui eût dû employer ses talens pour rétablir le calme dans l'Etat, ne songeoit qu'à allumer le feu de la discorde. Charles, d'un caractère foible & bon, ne pouvoit remédier à tant de maux ; son esprit s'affoiblissoit tous les jours. Un phantôme qui se présenta à lui dans la forêt du Mans, acheva de troubler sa raison. On confia à Isabelle le soin de la personne & de la santé du roi. Le duc de Bourgogne fut chargé du gouvernement de l'Etat ; mais le duc d'Orléans, frere unique du roi, mécontent de ces dispositions, prétendit que l'autorité lui appartenoit, en qualité de premier prince du sang. La reine, qui entretenoit, dit-on, un commerce criminel avec lui, appuya ses prétentions ; & le duc de Bourgogne fut contraint de céder à son rival. Ce différend ne servit qu'à enflammer la haine qui régnoit entre ces deux princes. Cependant, après bien des débats, ils se réconcilierent par politique, & se jurerent une amitié sincere ; mais ces apparences trompeuses couvroient les plus noirs projets. Trois jours après, le duc d'Orléans étant chez la reine, qui relevoit de couche, un valet de chambre du roi vint l'avertir sur les sept heures du soir, que le roi le demandoit. Le duc sort, monté sur une mule, suivi de deux écuyers & de quelques valets qui portoient des flambeaux. Il étoit déja près de l'hôtel Saint-Paul où logeoit le roi, lorsqu'il fut attaqué par dix-huit assassins qui, après l'avoir tué, se sauverent à l'hôtel d'Artois, où logeoit le duc de Bourgogne. La reine épouvantée, sortit de Paris avec le Dauphin ; mais son intérêt la fit ensuite se réconcilier avec le duc de Bourgogne. Ce fut dans ces malheureuses circonstances, que Henri V, roi d'Angleterre, gagna la fameuse bataille d'Azincourt, qui coûta vingt-cinq mille hommes à la France. Cette défaite fut suivie de la mort de deux fils de France, Louis & Jean. Charles resta l'unique héritier de la couronne. Ce jeune prince, âgé de treize ans, se mit à la tête du parti du duc d'Orléans, & commença par faire enlever les trésors que la reine sa mere avoit mis en dépôt en différentes églises. Isabelle désespérée, quitta la cour & se retira à Vincennes. Le Dauphin, pour prévenir les suites de son ressentiment, la relégua Tours, où il la fit garder soigneusement. Cette princesse ne respirant que la vengeance, s'unit avec l duc de Bourgogne, qui la délivra de l'espece de prison où on la retenoit. Le bruit courut qu'elle avoi pour ce prince les mêmes complaisances que po le duc d'Orléans ; mais Isabelle, depuis long-tems, s'étoit accoutumée à mépriser les discours du public. Fortifiés l'un par l'autre, ils se rendirent maîtres de Paris, où ils exercerent tous les ravages que peut inspirer la vengeance. Plus de trois mille hommes périrent dans ce massacre : le Dauphin échappa à peine à leur fureur, par les soins de Tannegui du Châtel, qui l'enveloppa dans ses draps pendant qu'il dormoit, & le porta à la Bastille. Le duc de Bourgogne ne jouit pas long-tems du fruit de tant de cruautés. Ce prince s'étant rendu à Montereau-Faut-Yonne, pour conférer avec le Dauphin, Tannegui du Châtel, & quelques autres partisans de Charles l'assassinerent. Ce fut alors que l'implacable Isabelle conçut le projet affreux d'enlever la couronne à son fils, & de faire passer la France sous une domination étrangere. Elle fit épouser à Henri V, roi d'Angleterre, Catherine de France, sœur du Dauphin, & stipula, dans le fameux traité de Troyes, du 21 de Mai 1420, qu'après la mort du roi, la couronne passeroit à Henri ; que le gouvernement de l'Etat lui seroit confié, & qu'il s'emploieroit de tout son pouvoir à soumettre les partisans du Dauphin ; mais la fortune de la France s'opposa à l'exécution de cet infâme traité. Charles, secondé par la valeur de ses généraux, & par les efforts heureux de la Pucelle d'Orléans, se fit sacrer à Reims ; &, après avoir long-tems lutté contre la fortune, chassa les Anglois de la France, & recouvra le trône de ses peres. Isabelle, désespérée des succès de son fils, ne survécut pas long-tems à la honte d'avoir commis tant de crimes inutiles : elle mourut dans l'opprobre & dans le mépris, à l'hôtel de Saint-Paul, le dernier jour de Septembre 1435.

ISABELLE *ou* ELIZABETH DE CASTILLE, reine d'Espagne, est célèbre dans l'histoire par son courage & par sa prudence. Née en 1461 de Jean II, roi de Castille & de Léon, & d'Elizabeth de Portugal sa seconde femme, elle fut mariée, en 1469 à Ferdinand V, roi d'Aragon. « Il ne seroit pas aisé

» de décider, dit le P. Duponcet dans son Histoire
» de Gonsalve de Cordoue, si, de régner en Cas-
» tille, fut un sort plus heureux pour Ferdinand,
» que d'avoir eu une épouse telle qu'Isabelle ; car, à
» la considérer, comme la représentent ceux qui en
» ont écrit, un agrément particulier répandu sur
» son visage, & tous les traits fort réguliers ; un
» teint blanc & délicat ; un air modeste & gra-
» cieux ; une pudeur qui étoit l'exemple de sa cour ;
» une gravité naturelle, & qui n'attendoit rien de
» l'art & de l'affectation ; le moyen que tout cela
» se trouvât dans cette princesse, sans donner beau-
» coup de goût pour elle à son époux ! Toutefois
» ce qui la rendoit plus digne encore de son estime
» & de son attachement, c'est qu'elle l'aimoit ten-
» drement ; & qu'encore qu'elle ne fût pas sans
» quelque jalousie, à quoi Ferdinand ne donnoit
» que trop de lieu, elle sçut toujours la renfermer
» dans son cœur, & la tenir dans le silence. Au-
» tant qu'on l'aimoit de la voir si bienfaisante, &
» sçachant toujours assaisonner de politesse & d'es-
» prit les graces & les dons qu'elle faisoit, autant
» admiroit-on son courage de vouloir partager avec
» son époux tous les travaux & toutes les fatigues
» de la guerre. Elle se trouvoit presque toujours à
» l'armée avec lui ; & quand il avoit entrepris quel-
» que siége, il n'y avoit rien qu'elle ne fit pour lui
» en assurer le succès. On la voyoit tantôt parcou-
» rir divers lieux, & donner ses ordres pour les
» vivres & les munitions ; tantôt occupée à faire
» applanir les chemins pour la facilité des convois.»
On prétend même qu'ayant encore l'esprit & le cœur
plus élevés que Ferdinand, c'étoit elle qui lui inspiroit tous ses grands desseins ; qui le soutenoit dans
l'exécution, & qui en inventoit les moyens.

ISABELLE D'ARAGON, célèbre par ses malheurs
& par sa mauvaise conduite, étoit fille d'Alfonse,
duc de Calabre. Elle épousa, en 1489, Jean Galéas
Sforce, duc de Milan. Louis Sforce, son oncle,

l'avoit demandée pour lui-même ; & n'ayant pu l'obtenir, il s'attacha à la persécuter. Isabelle fut, pendant plusieurs années, la plus malheureuse princesse de son tems. Sur la fin de sa vie, elle fit un voyage à Rome, & s'y deshonora par un commerce criminel avec Prosper Colonne. Elle mourut en 1524.

ISABELLE-LOUISE, infante de Portugal, fille de dom Pédre, roi de Portugal, née à Lisbonne le 6 de Janvier 1669. Cette princesse, héritiere présomptive de Portugal, qui faisoit l'ornement de la cour par son esprit & par sa piété, fut enlevée par une mort prématurée, le 21 d'Octobre 1690.

ISAURE, (*Clémence*) demoiselle de Toulouse, vivoit au quatorzieme siécle, & tenoit un rang distingué parmi les sçavantes de son tems. On croit qu'elle institua les Jeux Floraux de Toulouse. Elle laissa du moins un fonds considérable, afin qu'on pût distribuer tous les ans des prix à ceux qui auroient mieux réussi dans les différens genres de poësie qu'on leur propose.

ISJE, fille de Tsike-Kugu, prince du sang impérial du Japon, née l'an de J. C. 868. Cette princesse se rendit célèbre par son sçavoir extraordinaire ; & ses ouvrages sont encore fort estimés au Japon.

ISOTTA ou ISOTA NOGAROLE. *Voyez* NOGAROLES.

JEA

JACQUELINE DE BUEIL. *Voyez* MORET.

JACQUELINE DE BAVIERE, fille de Guillaume de Baviere, comte de Hainaut, née en 1401, époufa d'abord Jean de France, Dauphin de Viennois, fils de Charles VI, & fe remaria depuis avec Jean de Bourgogne, duc de Brabant. Du vivant de ce prince, elle alla en Angleterre, & époufa Humfroi, duc de Glocefter. Cette démarche téméraire lui attira bien des malheurs qui ne finirent qu'avec fa vie, en 1436.

JACQUELINE, fameufe hypocrite, fit beaucoup de bruit en Italie dans le fiixeme fiécle. On prétend qu'elle étoit poffédée d'un démon, qui répondoit à toutes les queftions qu'on lui faifoit, & découvroit les chofes les plus cachées.

JACQUETTE GUILLAUME, fçavante Françoife. *Voyez* GUILLAUME.

JAGELLON, (*Anne*) reine de Hongrie. *Voyez* ANNE JAGELLON.

JAQUINTE, fille d'Argyre, homme illuftre de Bari, fut mariée à Conftantin Bodin, roi de Servie, vers l'an 1081. Cette princeffe, fameufe par fes crimes & par fa cruauté envers fes plus proches parens, mourut à Conftantinople.

JARDINS. (*des*) *Voyez* DES JARDINS.

JEANNE DE FRANCE. Cette princeffe, fille de Louis XI, eut lieu d'accufer la nature, qui fembla ne l'avoir fait naître dans un fi haut rang, que pour faire éclater davantage fa laideur & fa difformité. Elle étoit petite, contrefaite de corps, & même boffue : ces défauts, il eft vrai, étoient compenfés par des qualités plus folides. Jeanne avoit un efprit droit & un cœur excellent. Quoique fon pere, qui ne l'aimoit pas, eût abfolument négligé fon éducation, il la deftina cependant pour époufe au duc d'Orléans, d'Orléans, premier prince de son sang, qui régna depuis sous le nom de Louis XII. Jeanne n'avoit que douze ans, & le duc d'Orléans quatorze, lorsque le roi fit la proposition de ce mariage. Le jeune prince ne goûta pas beaucoup une pareille union; mais la volonté du roi étoit un ordre auquel il falloit souscrire : il n'étoit pas sûr de contredire un homme tel que Louis XI. Quelles que soient les raisons qui ayent engagé ce prince politique à former un nœud si mal assorti, ses ordres furent exécutés; & le mariage fut célébré en 1476. Pendant la vie de Louis XI, le duc d'Orléans n'osa faire éclater l'aversion qu'il avoit pour son épouse; on le força même à lui donner tous les témoignages de tendresse qu'un époux donne à une femme qu'il aime. Il se contraignit moins sous le règne de Charles VIII, & sa conduite fit comprendre à Jeanne que son époux ne songeoit qu'aux moyens de se séparer d'elle; mais fidèle à ses devoirs, elle ne lui en témoigna pas moins d'affection. Elle souffrit ses dédains avec une patience héroïque, ne l'abandonnant point dans l'adversité; & lorsqu'il fut retenu prisonnier à Bourges, après la bataille de S. Aubin, Jeanne obtint du roi son frere la liberté d'un époux qui lui étoit toujours cher. Le duc d'Orléans, naturellement bon & généreux, ne pouvoit manquer d'être sensible à des sentimens si nobles; mais il ne pouvoit s'attacher à une princesse qui n'avoit aucun des charmes qui fixent agréablement les yeux, & qui paroissoit condamnée à la stérilité. Dès qu'il se vit sur le trône, il résolut de faire casser son mariage, & d'épouser Anne de Bretagne, veuve de Charles VIII, qu'il avoit toujours aimée. Il allégua pour cause de séparation, qu'il n'avoit jamais consenti à cette union; qu'il y avoit une alliance spirituelle entre lui & le roi Louis XI, qui étoit son parrein; enfin que le mariage n'avoit jamais été consommé. Jeanne, interrogée sur ces trois articles par les commissaires que nomma le pape Alexandre VI, répondit qu'à l'égard de la parenté spirituelle, c'étoit un fait qu'elle ignoroit, lors de son mariage ; sur le fait de la violence, qu'elle n'en avoit apperçu aucune, & que le roi, son pere, n'avoit pris que des voies légitimes. Pour ce qui regarde le dernier article, Jeanne répondit que l'honnêteté ne lui permettoit pas de s'expliquer nettement, mais que sa conscience l'empêchoit d'en demeurer d'accord. Ces réponses n'étoient pas favorables à la cause du roi ; mais les commissaires eurent plus d'égard au serment du mari qu'à celui de l'épouse, & le mariage fut déclaré nul. Jeanne se soumit à ce jugement. Elle ne chercha à se consoler qu'avec Dieu de la perte d'un époux & d'un trône. Louis, charmé de sa modération, lui donna, pour son entretien, le duché de Berry, les domaines de Châtillon sur-Indre, de Château-neuf-sur-Loire, & de Pontoise, & une pension de douze mille écus. Cette princesse se retira à Bourges, & y fonda l'ordre des religieuses de l'Annonciade : elle y fit elle-même profession le jour de la Pentecôte, 1504, & mourut le 4 de Février de l'année suivante, avec une grande réputation de sainteté.

JEANNE DE NAVARRE, fille de Henri, I du nom, roi de Navarre, née en 1271, fut mariée à l'âge de treize ans, à Philippe dit *le Bel*, le 15 d'Août 1284. Cette princesse protégea les sçavans, & fonda avec une magnificence royale, le collége de Navarre, & fit plusieurs établissemens utiles pour le réglement de cette maison. Elle mourut au château de Vincennes, le 2 d'Avril 1304, âgée de trente-trois ans.

JEANNE DE BOURBON, née au bois de Vincennes, le 3 de Février 1337, de Pierre I, duc de Bourbon, & d'Isabeau de Valois, fut mariée avec Charles V, dit *le Sage*, le 8 d'Avril 1350. Jeanne, une des plus belles princesses de l'Europe, mérita, par des qualités plus solides que la beauté, l'estime & la confiance de son époux. Ce sage prince l'appelloit ordinairement *le Soleil de son royaume* : il n'entreprenoit rien sans la consulter, & la menoit même côté de lui. Cette illustre princesse mourut en couches à Paris, à l'hôtel de Saint-Paul, le 6 de Février 1377, à l'âge de quarante ans.

JEANNE, fille de Guillaume XII du nom, comte d'Auvergne & de Boulogne, & de Marguerite d'Evreux, épousa d'abord Philippe de Bourgogne, comte d'Artois. Etant devenue veuve, elle contracta une nouvelle alliance avec le roi Jean, le 19 de Février 1349. Le mariage fut célébré dans la chapelle de sainte Genevieve de Nanterre. Après quelques années d'une prospérité passagere, Jeanne eut la douleur de voir la France & toute la cour en deuil, par la captivité du roi son époux, qui fut fait prisonnier par les Anglois à la bataille de Poitiers, le 19 de Septembre 1356. Jeanne passa le reste de ses jours dans la tristesse, & mourut le 21 de Novembre 1361, âgée de quarante ans.

JEANNE DE BOURGOGNE, fille de Robert II, duc de Bourgogne, épousa Philippe VI, roi de France, & fut couronnée à Reims le 18 de Mai 1328. Les échevins & les bourgeois de Reims furent chargés, pour la premiere fois, du soin du festin qui accompagna cette fête. Le roi son époux, lui donna, au mois d'Août 1338, le titre de *Régente du royaume* pendant son absence. L'histoire ne nous apprend pas qu'elle ait jamais fait usage du pouvoir que lui donna ce titre. Elle mourut à Paris, dans l'hôtel de Nesle, le 12 de Septembre 1348.

JEANNE D'EVREUX, fille aînée de Louis de France, comte d'Evreux, fut mariée à Charles le Bel, roi de France, son cousin germain. Il est à remarquer que son pere ne lui donna pour dot que sept cens livres de rente, & une somme de vingt mille francs une fois payée. Elle ne donna point d'enfans mâles à son époux, qui fut le dernier de la race des Capétiens. Cette princesse mourut à Brie-Comte-Robert, le 4 de Mars 1300.

JEANNE DE BOURGOGNE, fille aînée d'Othon IV,

tesse d'Artois, fut femme de Philippe V, dit *le Long*. Son mariage fut célébré à Corbeil au mois de Janvier 1306. On remarque comme une chose singuguliere, que Mahaud, sa mere, assista à la cérémonie de son sacre, « en nom & qualité de pair, & » soutint avec les autres pairs la couronne sur la » tête du roi. » Jeanne fut accusée d'adultere, & releguée au château de Dourdan; mais Philippe, naturellement doux & amoureux, lui rendit, quelque tems après, la liberté avec ses bonnes graces. Cette princesse mourut à Roye en Picardie, le 21 de Janvier 1329. Elle a fondé le collége de Bourgogne, près les Cordeliers de Paris.

JEANNE DE FRANCE, fille du roi Jean, née à Château-neuf-sur-Loire, le 24 de Juin 1343, mariée en 1351, à Charles dit *le Mauvais*, roi de Navarre, & morte le 3 de Novembre 1375.

JEANNE D'ALBRET, fille & héritiere de Henri d'Albret II du nom, roi de Navarre, & femme d'Antoine de Bourbon, duc de Vendôme, roi de Navarre, & mere de notre roi Henri IV, fut une princesse sage & courageuse, amie des sciences, & protectrice des sçavans. Cayet, sous-précepteur de Henri IV, rapporte que « Jeanne d'Albret voulant » suivre son mari aux guerres de Picardie, le roi » son pere lui dit qu'il vouloit que, si elle devenoit » grosse, elle lui apportât sa grossesse en son ven- » tre, pour enfanter en sa maison, & qu'il feroit » nourrir lui-même l'enfant, fils ou fille... que cette » princesse se trouvant enceinte, & dans son neu- » vieme mois, partit de Compiegne; traversa toute » la France jusqu'aux Pyrénées, & arriva en quinze » jours à Pau dans le Béarn.... Elle étoit curieuse » de voir le testament de son pere; il étoit dans » une grosse boëte d'or sur laquelle étoit aussi une » chaîne d'or, qui eût pu faire autour du cou vingt- » cinq ou trente tours. Elle la lui demanda... Elle sera » tienne, lui dit-il, dès que tu m'auras montré l'en- » fant que tu portes; & afin que tu ne me fasses pas

» une pleureuse ou un rechigné, je te promets le
» tout, pourvu qu'en enfantant, tu chantes une
» chanson Béarnoise ; & quand tu enfanteras, j'y
» veux être.... Entre minuit & une heure, le 13
» de Décembre 1553, les douleurs prirent à la prin-
» cesse : son pere averti, descend. L'entendant ve-
» nir, elle chanta la chanson Béarnoise qui com-
» mence par *Notre-Dame du bout du pont, aidez-
» moi en cette heure....* Etant délivrée, son pere lui
» mit la chaîne d'or au cou, & lui donna la boëte
» d'or où étoit son testament, lui disant : Voilà qui
» est à vous, ma fille ; mais ceci est à moi, prenant
» l'enfant dans sa grande robe, sans attendre qu'il
» fût bonnement accommodé, & l'emporta dans
» sa chambre. » Jeanne d'Albret mourut à Paris, en
1572, âgé de quarante-quatre ans.

JEANNE *ou* BLANCHE DE FRANCE, fille posthume de Philippe de Valois, morte à Béziers, en
1371, allant en Espagne pour épouser Jean, fils de
Pierre III, roi d'Aragon.

JEANNE DE FRANCE, fille de Charles VI, femme
de Jean VI, duc de Bretagne, morte en 1433.

JEANNE DE FRANCE, fille de Charles VII,
femme de Jean II, duc de Bourbon, morte en 1482.

JEANNE DE FRANCE, comtesse de Bourgogne
& d'Artois, fille aînée de Philippe le Long, mariée
à Eudes IV, duc de Bourgogne, morte en 1347.

JEANNE, comtesse de Montfort, princesse très-
courageuse, étoit fille de Louis de Flandres, comte
de Nevers, & fut mariée à Jean IV, duc de Bretagne, & comte de Montfort. Après la mort de ce
prince, elle songea à conserver ses Etats ; & s'étant
mise à la tête de ses troupes, elle reprit plusieurs
villes en Bretagne sur le comte de Blois. Elle se distingua singulièrement dans un assaut que ce prince
donna à la ville d'Hennebon. Jeanne, après avoir
encouragé ses gens, sortit de la ville par l'endroit
qui n'avoit point été assiégé, & alla, suivie seulement
de soixante hommes, brûler les tentes des en-

nemis. Ce coup hardi fit lever le siége, & Jeanne recouvra bientôt après son duché de Bretagne.

JEANNE DE CHATILLON, comtesse de Blois & de Chartres, mariée, en 1272, à Pierre, comte d'Alençon, un des fils de S. Louis, laissa plusieurs monumens de sa piété. Elle fit bâtir dans la maison des Chartreux de Paris quatorze cellules pour quatorze religieux, & laissa pour leur subsistance une rente de deux cens vingt livres tournois. Cette princesse mourut en 1291.

JEANNE D'ESPAGNE, fille de Ferdinand & d'Isabelle, rois d'Espagne. Les Espagnols la nomment *la Folle*. Elle le devint en effet pour avoir, à ce qu'on prétend, trop aimé Philippe, archiduc d'Autriche, son mari. L'Espagne lui doit l'illustre Charles-Quint. Elle mourut le 4 d'Avril 1555, âgée de soixante-treize ans.

JEANNE D'ARAGON, fille de Ferdinand d'Aragon, duc de Montalto, femme d'Ascagne Colonne, prince de Tagliacozzi, fut célèbre par sa beauté, son esprit & son courage, & mourut en 1577.

JEANNE, infante & régente de Portugal, fille d'Alfonse V, roi de Portugal, fut une princesse très-sage & très-prudente. Sa conduite, dans l'administration du royaume, la fit adorer des Portugais. Elle se retira dans un monastère de religieuses de l'ordre de S. Dominique, où elle mourut en 1490, âgée de trente-huit ans.

JEANNE I, reine de Naples, issue de Charles d'Anjou, frere de S. Louis, roi de France, succéda au roi Robert, son grand-pere, l'an 1343. Elle étoit déja mariée avec son cousin André, fils de Charles, roi de Hongrie. Ils régnerent ensemble pendant trois ans, au bout desquels on prétend qu'elle le fit étrangler. Elle eut depuis trois maris, dont le premier, fils du prince de Tarente, mourut exténué, bientôt après. Elle fit trancher la tête au second, l'infant de Majorque, parce qu'il avoit une maîtresse. Enfin elle épousa, l'an 1376, un prince Allemand, & véeut bien avec lui. Charles de Duras, général des troupes du roi de Hongrie, fit cette princesse prisonniere, & vengea par sa mort celle du fils de son maître. Plusieurs historiens ont fait le panégyrique de Jeanne; d'autres en ont parlé comme d'une princesse très-galante & peu scrupuleuse. Ce qui paroît certain, c'est qu'elle aima les sciences, & protégea les gens de lettres. Elle fut libérale & magnifique. Elle vendit ou plutôt donna le Comtat d'Avignon au pape Clément VI; &, dit Brantome à ce sujet, « je m'en rapporte » aux grands légistes, si cette donation peut encore » tenir »; elle *tenoit encore* du tems de Brantome.

JEANNE II, nommée aussi *Jeannelle*, reine de Naples, étoit fille de ce Charles de Duras, qui fit mourir la reine Jeanne I du nom. Née en 1371, elle demeura veuve en 1406, de Guillaume d'Autriche, qu'elle avoit épousé en 1403. Elle succéda à son frere Ladislas, roi de Naples, mort sans enfans, en 1414. Jacques de Bourbon, qu'elle épousa, ne put souffrir sa vie scandaleuse & débauchée. Il la priva de ses galans & de l'autorité; mais Jeanne, fine & rusée princesse, épia le moment favorable, fit massacrer tous les officiers François, & mettre en prison le roi son époux. Il eut le bonheur de se sauver en France, où il se fit moine. Le pape Martin V s'étant brouillé depuis avec Jeanne, donna l'investiture de ses États à Louis d'Anjou, qui s'en seroit rendu maître, si le roi d'Aragon, Alfonse V, n'eut envoyé du secours à la reine. Cette princesse adopta son bienfaiteur; mais il fut si peu reconnoissant, qu'elle transporta son adoption à Louis d'Anjou. Ce dernier en usa si bien avec elle, qu'étant mort en en 1434, la douleur qu'elle en conçut la fit mourir en peu de tems. Elle institua son héritier René d'Anjou, frere de Louis, qui n'eut pas la force de s'établir dans le royaume. Personne ne nie que Jeanne ne se soit deshonorée par ses impudicités.

JEANNE D'AUTRICHE, grande duchesse de Toscane, fille de l'empereur Ferdinand I, femme de

François de Médicis, & mere de Marie de Médicis, femme de notre roi Henri IV, fut une princesse très-pieuse & très-magnanime. « Elle étoit, dit Hilarion de Coste, qui en fait un pompeux éloge, l'unique refuge des malheureux, le support des foibles, la consolation des affligés, le recours des misérables, l'asyle des veuves, le repos, la paix & le contentement de tous.... Elle mourut fort chrétiennement à Florence, au mois de Juin, l'an 1578. Sa douceur, sa modestie & sa bonté l'ont rendue une des parfaites & accomplies princesses de son tems. »

JEANNE, papesse prétendue. On ne fait cet article que pour avertir le Lecteur, que cette papesse n'a jamais existé. Bien des gens en parlent encore comme d'un personnage réel ; il ne faut pas plus ajoûter foi à ce qu'on en débite, qu'aux contes de sorciers & d'esprits, dont les nourrices & les servantes bercent tous les jours les enfans.

JEANNE D'ARC. *Voyez* PUCELLE D'ORLÉANS.

JEANNE FLORE, fille sçavante. *Voyez* FLORE.

JEANNE, femme de Chusa, intendant d'Hérode-Antipas, tétrarque de Galilée, étoit du nombre de ces femmes qui accompagnerent le Sauveur du monde jusqu'à sa mort, & auxquelles il apparut après sa résurrection.

JEHAN ARA BEGUM. Ce nom mogol signifie *la princesse qui est l'ornement du monde* ; c'est la même que quelques écrivains appellent *Begum Saheh*. Elle étoit fille de Schah-Jehan, cinquieme empereur de l'Indoustan, & naquit en 1614.

Jehan Ara Begum étoit très-belle, avoit beaucoup d'esprit, & son pere l'aimoit passionnément. Le bruit couroit même qu'il l'aimoit à un point, qu'on a de la peine à concevoir ; mais s'il eut eu une passion criminelle pour elle, il n'auroit pas permis qu'un musicien du palais fût son favori ; il n'auroit pas souffert leurs rendez-vous, & il n'auroit pas comblé ce galant de bienfaits. Quoi qu'il en soit, il avoit une si grande confiance en elle, qu'il l'avoit préposée pour veiller à sa sûreté, & que, dans les plus grandes affaires, elle le faisoit pencher du côté que bon lui sembloit.

Elle étoit extrêmement riche des grandes pensions qu'elle avoit, & des présens qu'elle recevoit de toutes parts ; & en même tems, elle étoit fort libérale & généreuse. Elle s'attacha entièrement au parti de Dara, son frere, & se déclara ouvertement pour lui, parce qu'il lui avoit promis de la marier, dès qu'il seroit monté sur le trône ; mais ni cette promesse, ni le galant qu'elle avoit dans le palais, ne furent pas suffisans pour l'empêcher de chercher au dehors de quoi se satisfaire.

On dit que cette princesse trouva moyen de faire entrer dans son appartement un jeune homme, qui n'étoit pas de grande condition, mais beau & bien fait. Elle ne put, parmi tant de jalouses & d'envieuses, conduire son affaire si secrettement qu'elle ne fût découverte. Schah-Jehan en fut averti, & résolut de l'aller surprendre, sous prétexte de lui rendre visite.

La princesse voyant inopinément arriver son pere, n'eut que le tems de cacher le malheureux dans une de ses grandes chaudieres de bains. Schah-Jehan, qui s'en douta, ne laissa pas de s'entretenir assez long-tems avec elle à l'ordinaire ; & enfin il lui dit qu'il la trouvoit mal-propre & négligée, qu'il falloit qu'elle prît le bain plus souvent. Il commanda fort sévèrement qu'on mît le feu à l'heure même sous la chaudiere, & ne voulut point partir de-là, que les eunuques ne lui eussent fait comprendre que le misérable étoit expédié.

Quelque tems après, elle prit d'autres mesures, & jetta les yeux sur son maître d'hôtel, nommé *Nazer-Khan*. C'étoit un jeune seigneur Persan, le mieux fait & le plus accompli de toute la cour, & qui étoit aimé de tout le monde, jusques-là que Schah-Hest-Khan, oncle d'Aureng-Zeb, proposa de le marier avec la princesse ; mais Schah-Jehan reçut fort mal cette proposition.

Il découvrit bientôt une partie des intrigues secrettes de sa fille avec Nazer-Khan, & résolut de se défaire de lui ; ce qu'il exécuta quelques jours après, par le moyen d'un *bétel* qu'il lui présenta comme par honneur. Ce jeune seigneur, qui ne pensoit point du tout être empoisonné, sortit de l'assemblée, fort joyeux ; mais le poison étoit si violent, qu'il mourut dans son palankin avant que d'être arrivé chez lui.

JEZABEL, fille d'Ethbaal, roi des Sidoniens, & femme d'Achab, roi d'Israël, fameuse dans l'Ecriture par son impiété & par sa haine contre les prophètes, fut précipitée du haut de son palais par l'ordre de Jéhu successeur d'Achab. Son corps fut foulé aux pieds des chevaux, & dévoré par les chiens, l'an du monde 3151, 884 ans avant J. C.

JOCASTE, fille de Créon, roi de Thèbes, & femme de Laïus, épousa, sans le connoître, son propre fils Œdipe, & en eut deux enfans, Ethéocle & Polynice, qui se tuerent l'un l'autre. La malheureuse Jocaste se donna la mort.

JOCHABED, fille de Lévi, mere de Moyse & d'Aaron.

JOIE. (*Isabelle* ou *Elizabeth de*) *Voyez* ROSERES.

JOYEUSE. (*Marie de Batarnai, vicomtesse de*) *Voyez* BATARNAY. (*Marie de*)

JONSONN. *Voyez* BEHN.

JOSABA ou JOSABET, sœur d'Okosias, roi de Juda, femme du grand-prêtre Joïada, déroba à la fureur d'Athalie Joas, seul reste de la race de David, &, de concert avec son époux, l'éleva dans le temple.

JOWEIRA, l'une des femmes du faux prophète Mahomet.

JUDITH, sainte veuve Juive, de la tribu de Siméon, voyant la ville de Béthulie réduite à l'extrémité par Holoferne, se para de ses plus magnifiques habits, & se rendit au camp de ce général,

Holoferne, frappé de la beauté de Judith, la reçut avec la plus grande joie. Le même jour, il l'invita à souper avec lui ; & dans ce repas, il s'enyvra d'amour & de vin : lorsque l'yvresse lui eut entièrement ôté l'usage de ses sens, on le mit sur son lit, & on le laissa seul avec Judith, qui, saisissant le cimeterre d'Holoferne, lui en trancha la tête. Après ce coup hardi, elle retourna triomphante à Béthulie. Le lendemain, les Assyriens voyant leur général mort, prirent la fuite.

JUDITH, fille de Charles le Chauve, épousa Etélulfe ou Etelrede, roi d'Angleterre. Après la mort de ce prince, elle revint en France, & se fit enlever par Baudouin, surnommé *Bras-de-fer*, comte de Flandres, qu'elle épousa à Auxerre en 863.

JUDITH, fille de Welf ou Guelfe, comte de Rawensbourg, s'éleva par sa beauté jusqu'au rang d'impératrice. L'empereur Louis le Débonnaire ayant perdu sa premiere femme, fit venir, en sa présence, les plus belles personnes de sa cour, & choisit Judith comme la plus belle. Ce mariage fut célébré, l'an 819, au palais d'Aix-la-Chapelle. Quatre ans après, l'impératrice mit au monde un fils, qui fut depuis Charles le Chauve, dont la naissance fut pour Louis & pour sa maison, la source des plus grands malheurs. L'empereur avoit trois princes du premier lit, entre lesquels il avoit déja partagé ses Etats : cependant, sollicité par Judith, à laquelle il ne vouloit rien refuser, il voulut faire un établissement considérable au jeune Charles. De-là les révoltes fréquentes des princes du premier lit, qui réduisirent le foible & malheureux Louis aux plus dures extrémités. Deux fois obligé de se renfermer dans un monastère, il remonta deux fois sur le trône ; mais, dans la prospérité comme dans les revers, il conserva toujours une tendresse aveugle & sans bornes pour l'ambitieuse Judith. La conduite de cette princesse n'étoit cependant pas à l'abri de tout soupçon. On ne parloit que de ses amours avec Bernard, comte de Barcelone, duc de Septimanie; mais Louis, enyvré de sa passion, faisoit peu d'attention à ces bruits populaires: cependant, pour se mettre en régle, il fit faire une sommation publique à quiconque voudroit accuser l'impératrice de se présenter. Il étoit hors de doute que personne n'oseroit accuser ouvertement une princesse qui gouvernoit à son gré l'empereur. Les accusateurs ne paroissant point, l'impératrice & ses parens jurerent solemnellement qu'il n'y avoit jamais eu aucun commerce criminel entr'elle & le duc de Septimanie. L'empereur parut content de cette vaine formalité: sa tendresse pour Judith n'en devint que plus vive. Pour lui en donner la preuve la plus sensible, il régla que l'empire, à l'exception de l'Aquitaine & de la Baviere, seroit partagé entre Lothaire son fils aîné, & Charles, fils de Judith. Pépin, roi d'Aquitaine, étant mort, Judith fit donner le royaume de ce prince à son fils bien-aimé, au préjudice des enfans de Pépin. Cette injustice excita des guerres cruelles, & fit répandre des ruisseaux de sang. Enfin les princes du premier lit se réconcilierent avec le fils de Judith, & firent entr'eux un nouveau partage. Judith, au comble de ses vœux de voir l'exécution d'un projet qui l'avoit occupée toute sa vie, mourut à Tours le 19 d'Avril 843.

JUIVES. (*filles*) La synagogue enfanta, dans le douzieme siécle, des femmes sçavantes. Un des voyageurs Juifs rapporte que le chef de la captivité avoit une fille si sçavante dans la Loi & le Talmud, qu'elle avoit un grand nombre de disciples auxquels elle faisoit des leçons publiques; mais de peur que quelqu'un de ses écoliers ne prît de l'amour pour elle, ou ne lui en donnât, elle faisoit ses leçons à la fenêtre de la maison, derriere un treillis.

JULIA MŒSA, nommée aussi *Varia*, aïeule de l'empereur Héliogabale, princesse très-vertueuse, grande politique, & qui ne méritoit pas d'avoir un monstre pour petit-fils. On sçait à quels excès de débauches & de folies se porta l'empereur Héliogabale. Sa mere Sœmie entretenoit elle même, par ses conseils & par ses exemples les pernicieux penchans de ce jeune prince; Mœsa, son aïeule, tenoit une conduite bien différente. Née ambitieuse, elle voyoit avec plaisir son petit-fils assis sur le premier trône du monde, & s'applaudissoit de l'en avoir mis en possession par ses intrigues & par son courage; mais elle rougissoit de ses extravagances, & s'efforçoit, par de sages leçons, de le ramener au devoir, à la raison, à la vertu. Ses soins furent inutiles. Elle prévit que les Romains ne tarderoient pas à secouer un joug honteux & insupportable; & voulant assurer sa fortune contre tous les revers, elle engagea l'empereur à adopter son cousin, prince dont les qualités brillantes & les vertus donnoient les plus belles espérances. Héliogabale y consentit par pure déférence pour son aïeule, & donna le nom d'*Alexandre* au jeune Alexien, qu'il désigna pour son successeur. C'est ainsi que la sagesse & la politique de Mœsa seconderent son ambition. Elle ne perdit rien de ses honneurs, lorsqu'Héliogabale & Sœmias sa mere furent massacrés par les soldats. Aimée & respectée généralement, elle parvint à une heureuse vieillesse, & l'empereur Alexandre Sévère, son petit-fils, la fit placer au rang des divinités.

JULIA Sœmias. *Voyez* Semiamire.

JULIA Procla, femme, à ce qu'on croit, de Probus, un des meilleurs empereurs qu'ayent eus les Romains.

JULIA Aquila-Severa. *Voyez* Aquilia-Severa.

JULIA Cornelia Paula, impératrice, femme d'Héliogabale, étoit veuve quand cet empereur se prit tout-à-coup d'une belle passion pour elle. Il lui donna la place de Faustine qu'il venoit de répudier, & célébra ces nouvelles nôces avec une magnificence inconcevable. Cependant il la répudia, peu de jours après qu'il l'eut épousée.

JULIE, (*sainte*) native de Carthage, fut prise au siége de cette ville, en 439, & vendue comme esclave. Elle fut mise à mort pour la foi au Cap de Corse.

JULIE D'ANGENNES, marquise de Rambouillet, duchesse de Montausier. *Voyez* RAMBOUILLET.

JULIE, fille de César, & femme de Pompée, fut tendrement aimée de son époux, & digne de l'être. Elle rompit, par sa mort, les liens qui unissoient ces deux grands hommes, & fit naître les guerres civiles qui ruinerent la république.

JULIE, fille unique de l'empereur Auguste, est célèbre par ses galanteries. Elle eut successivement trois maris, Marcellus, Agrippa, & Tibere qui fut empereur ; mais ces mariages furent de trop foibles freins à ses penchans voluptueux. Elle mena la vie d'une prostituée. Auguste, irrité de ses déréglemens, la relégua dans l'isle de Pandataire ; & Tibere, qu'elle avoit méprisé comme indigne d'être son époux, la laissa périr de faim & de misere dans son exil, l'an de J. C. 41.

JULIE, fille de la précédente & d'Agrippa, mariée à Emilius Lépidus, dont elle eut deux enfans, imita les déréglemens de sa mere, & fut reléguée par Auguste dans l'isle de Trimete, sur la côte de la Pouille. Elle y mourut après vingt ans d'exil.

JULIE, fille de Titus, princesse d'une grande beauté, mariée à Sabinus, cousin germain de l'empereur. Domitien, à qui son frere l'avoit offerte en mariage, & qui l'avoit refusée, ne la vit pas plutôt dans les bras de Sabinus, qu'il en devint passionnément amoureux. Il l'enleva, probablement d'intelligence avec elle ; & après l'avoir rendue grosse, il la contraignit de faire périr son fruit ; ce qui causa la mort de la mere.

JULIE, (*domna*) Syrienne de nation, & femme de l'empereur Septime-Sévère, qui l'épousa sur la foi d'un horoscope. Cette princesse deshonora son rang par ses débauches : elle mourut sous le règne de Caracalla, son fils aîné, de désespoir de ne pouvoir régner, & d'un cancer qui la rongeoit depuis long-tems.

JULIE DRUSILLE, fille de Germanicus, & petite-fille de Drufus, frere de Tibere, fut débauchée par fon frere, l'empereur Caligula, qui témoigna les plus grands regrets de fa mort.

JULIE DRUSILLE, nom que Caligula fit prendre à Céfonie fa troifieme femme. *Voyez* CÉSONIE.

JULIE MAMMÉE *ou* MAMÉE, mere de l'empereur Alexandre Sévère, auffi fage & non moins ambitieufe que Mœfa, gouverna l'empire & fon fils, pendant plufieurs années, avec beaucoup de prudence & d'autorité. L'empereur ne faifoit rien fans prendre fes confeils, & s'y conformoit, lors même qu'il en avoit de meilleurs. Cette princeffe ayant entendu parler d'Origène, voulut le voir. Dans les conférences qu'elle eut avec ce grand homme, elle conçut une fi haute idée du Chriftianifme, que plufieurs auteurs affurent qu'elle fe fit Chrétienne. Elle fut tuée avec fon fils dans les Gaules, par des foldats mécontens.

JULIE *ou* JUNIE FADILLE, arriere-petite-fille d'Antonin, & femme de Maximin le Jeune.

JULIE DE GONZAGUE. *Voyez* GONZAGUE.

JULIENNE, née au village de Rétines, près de Liége, l'an 1193, fut prieure du Mont-Cornillon ou des Cornouilles, & mourut le 5 d'Avril 1258, âgée de foixante-fix ans.

JULIENNE, mere de la vierge Démétriade. *Voyez* DÉMÉTRIADE.

JUNIE. *Voyez* JULIE FADILLE.

JUSTINE, (*fainte*) vierge & martyre de Padoue, pendant la perfécution de Maximien Hercule.

JUSTINE, femme du tyran Magnence, & enfuite de l'empereur Valentinien l'Ancien, perfécuta les Catholiques, & fur-tout S. Ambroife. Elle mourut à Theffalonique, l'an 388.

JUSTINIANI, (*Violantine*) *Voyez* VIOLANTINE.

JUVENALE DES URSINS. *Voyez* URSINS.

KET

KARIBA, comédienne Arabe, compagne de Fariata. *Voyez* FARIATA. Cette femme fut la victime du ressentiment du faux prophète Mahomet, qui, voyant son pouvoir affermi, la fit mettre en croix, & expirer dans les tourmens.

KEMISKI, (*Marie*) Géorgienne, d'une beauté extraordinaire, qui, si ce qu'on rapporte de ses aventures est vrai, fut exposée à mille dangers, tous plus grands les uns que les autres. Enlevée plusieurs fois, & plusieurs fois reprise, elle parcourut l'Arabie, la Grèce & l'Asie mineure, à la suite de ceux de ses amans que le hazard ou la force rendoit maîtres de sa personne. Elle finit par être la proie d'un chevalier Chrétien, qui lui donna civilement retraite dans sa famille, & qui lui rendit sa liberté peu de tems après. Elle alla se marier en Morée (cette partie de la Grèce, appellée autrefois *Peloponése*); &, lorsque la mort lui eut ravi son époux, elle retourna dans sa patrie avec ses enfans, & y mourut dans les plus austères pratiques de la pénitence chrétienne.

KÉTAVANE, appellée aussi *Marianne*. Cette princesse étoit femme d'Alexandre, roi de Géorgie, & vivoit au commencement du dix-septieme siécle. Aussi sage que belle, Kétavane, à la mort de son mari, se chargea de l'administration des affaires, & conserva la couronne à son fils aîné Taymuras-Khan.

En 1613, Abbas, roi de Perse, ayant déclaré la guerre aux Géorgiens, Taymuras, qui vit que la plûpart des grands inclinoient à se rendre, envoya sa mere Kétavane à Abbas, qui étoit encore à Ispahan, pour demander pardon pour son fils. Comme cette princesse étoit encore belle, quoiqu'assez âgée, Abbas en devint amoureux, ou feignit de le devenir le jour qu'il la vit. Il lui offrit de l'épouser, si elle

elle vouloit se faire Mahométane. Elle le refusa, & il l'envoya prisonniere dans une maison écartée. Elle demeura plusieurs années dans les fers, & fut ensuite transférée à Schiras, où elle expira dans les tourmens qu'on lui fit souffrir par ordre d'Abbas, pour l'obliger à se faire Mahométane.

KHADIJAH, la premiere femme du faux apôtre des Musulmans. Il l'épousa, disent les Mahométans, dans le tems de l'ignorance ou du paganisme; elle étoit alors âgée de quarante ans, & Mahomet en avoit vingt-cinq. Elle fut la premiere qui embrassa l'Islamisme; ce qui lui mérita le titre honorable de mere des fidèles. Elle mourut dans sa soixante-cinquieme année, selon Abulfeda.

KHAN-ZADEH. *Voyez* SEVINA-BEY.

KHATUN, reine de la grande Bukharie, sur la fin du septième siécle. Elle gouvernoit ses états avec autant de bonheur que de prudence. Les Arabes Musulmans lui ayant déclaré la guerre, elle se mit à la tête d'une armée nombreuse; &, secondée d'un roi, son voisin, elle alla présenter la bataille aux Arabes; mais, la fortune ne secondant point son courage, elle fut défaite, & reçut la loi du vainqueur.

KHAWLAH, Amazone Arabe. *Voyez* ARABES (FEMMES.)

KHIAZARAN, mere du calife Mousa Al-Hadi. Cette princesse, au rapport d'Abulfarage, gouvernoit despotiquement. Soit foiblesse, soit amour pour sa mere, Al-Hadi se conduisoit en tout par ses conseils. Honteux cependant de cette espèce d'esclavage, il voulut enfin s'en affranchir. Une prompte mort fut le fruit de sa tentative. Khiazaran l'ayant pressé un jour avec une chaleur extraordinaire de lui accorder une grace qu'elle avoit promis d'obtenir pour un de ses cliens, il la lui refusa; & comme elle le quitta fort irritée, en disant qu'elle ne lui demanderoit jamais rien, il lui dit en colere, qu'elle n'avoit qu'à se mêler de ses affaires, & rester dans son appartement, à lire ou à filer. Ce discours la mit en fureur; &, quelque tems après, dans une indisposition qui survint au Calife, elle l'étouffa avec un oreiller, l'an de J. C. 786.

KIOSEM, femme d'Achmet, empereur des Turcs, mère du Sultan Ibrahim, aïeule de Mahomet IV, princesse très-ambitieuse, qui fut exécutée à mort par les Icoglans ou pages du serrail. Nous avons décrit au long sa fin tragique dans notre *Histoire Ottomane*, tom. II. pag. 41 ».

KIRCH, (*Marie-Marguerite*) née à Panitzsh, le 25 de Février 1670, se rendit très-habile dans l'astronomie, & se fit connoître avantageusement par ses découvertes dans cette partie. M. Leibnitz la produisit à la cour du roi de Prusse, où elle reçut les plus grands honneurs. Elle mourut le 29 de Décembre 1720, âgée de cinquante ans.

KOERTEN, (*Jeanne*) femme de M. Adrien Blok, d'Amsterdam, née en 1650, s'acquit une grande réputation par son adresse à couper du papier blanc avec des cizeaux, & à exécuter par ce moyen tout ce que les peintres produisent avec le pinceau. Elle fit de cette maniere le portrait de l'empereur Léopold, qui fut trouvé si beau, qu'on le plaça parmi les raretés du cabinet de ce prince. Cette dame mourut le 28 de Décembre 1715.

KOOKEN, impératrice du Japon, fille de l'empereur Siomu, mort en 749; elle hérita de son sceptre, & le tint pendant dix ans.

KOTLUK-TURKHAN AGA. Cette princesse étoit sœur du fameux Timur ou Tamerlan, conquérant de l'Asie, qui déféroit beaucoup à ses conseils. En 1381, Timur, extrêmement affligé de la mort de sa fille, parut insensible à tout autre évènement, au point qu'il laissa ses ennemis faire des progrès rapides dans l'empire. Il seroit même demeuré dans l'inaction sans les remontrances de sa sœur, qui lui représenta les fâcheuses suites de son désespoir, & le détermina à reprendre les armes. *Voyez* TAJI KHAN.

KUTUKI, femme de Mergus, chef ou roi d'une tribu Tartare, un des aïeuls de Van-khan. Ce dernier fut connu en Europe sous le nom de *prêtre Jean*, & vivoit à la fin du douzieme siécle. Vivement irritée de la trahison d'un prince Tartare nommé *Naour*, qui avoit livré Mergus aux Chinois ses ennemis, Kutuki lui fit dire, après quinze mois de veuvage, qu'elle souhaitoit avec passion de faire la débauche avec lui; & que, s'il avoit encore quelque reste de cet amour qu'il lui avoit témoigné avant son mariage avec Mergus, elle ne refuseroit pas de l'épouser. Naour donna dans le piége. La dame partit avec des chariots chargés d'outres de peaux de bœufs, cent moutons & dix cavales. Le Khan reçut la princesse avec de grandes démonstrations de joie; & ayant bû copieusement de la liqueur qu'elle avoit apportée, il s'enyvra. Elle donna alors le signal à ses gens, qui ouvrirent les grandes outres; il en sortit à l'instant des hommes armés, qui se jetterent sur Naour, qu'elle avoit déja poignardé, & le taillerent en piéces avec tous ses domestiques. Elle se retira ensuite sans obstacles; & une action si hardie lui acquit l'estime de tous les princes de son tems.

KWOOGOKU, femme de Dsiome, empereur du Japon. Ce monarque étant mort l'an de J. C. 642, sa veuve lui succéda, & ne régna que trois ans.

KYLE, (*Heldevig*) sçavante Suédoise, fille de la baronne Vendela Skytte, hérita de son sçavoir & de ses talens.

Fin du Tome I.

SUPPLÉMENT
AU
DICTIONNAIRE
HISTORIQUE-PORTATIF
DES
FEMMES CÉLÉBRES.

LE tems, à mesure qu'il s'écoule, acheve les réputations commencées, & présente à l'histoire une matiere & une tâche nouvelles. Ce Dictionnaire imprimé à grand nombre, en 1769, ne pouvant encore être réimprimé, on a pris un parti également honnête, utile & juste, en y donnant un Supplément, qui contient les noms de toutes les Femmes célèbres qui ont brillé depuis l'époque de sa publication. Elles ne peuvent être qu'en grand nombre ; car dans aucun tems, les femmes n'ont aussi généralement desiré de s'illustrer dans tous les genres : les unes par des actes de vertus éclatantes ; les autres par des ouvrages marqués au coin du goût & quelquefois du génie.

On tâchera de n'omettre aucune des dames

qui se sont distinguées dans tous les genres; on y trouvera les auteurs du sexe, les artistes distinguées, &c. Une nation est toujours flattée de connoître combien elle renferme de femmes ingénieuses qui s'élevent au niveau des hommes de mérite, & dont quelques-unes surpassent le mérite ordinaire : c'est un tableau charmant qui console également les deux sexes, qui empêche les hommes de s'enorgueillir & d'avilir leurs aimables compagnes : il est sur-tout infiniment agréable à l'honnête homme qui, au sein de sa famille, en a plus de confiance dans les lumieres & les talens de son épouse : — Elle est du même sexe, se dit-il à lui-même, que madame *de Genlis*, madame *Ricoboni*, mademoiselle *de Keralio*; elle peut avoir le même mérite, sans le montrer au dehors.

A

ABAS, fille de Xénophanes, tyran d'Olbus, ville de Cilicie qu'elle régissoit au nom de son pere, sous la protection d'Antoine & de Cléopatre.

ABUSAID. L'épouse de ce roi de Perse gouverna le royaume avec une sagesse digne d'être comparée à celle de CATHERINE II.

ACANTHE, jeune nymphe qui ne fut pas cruelle pour Apollon.

ACCIAIVOLI, (*Magdeleine Salvietti*) née à Florence, surpassa en beauté toutes les plus belles femmes de son siecle, & s'occupa, toute sa vie, de l'étude des sciences & des belles-lettres. Douée d'un talent singulier pour la poésie, elle composa beaucoup d'ouvrages en vers qui furent imprimés à Florence en 1590, en 2 volumes *in-4°*. Cette savante avoit entrepris un Poème, intitulé, *David persécuté;* mais sa mort, arrivée en 1610, la surprit avant qu'elle eût pu l'achever.

ADÉLAÏDE, veuve de Lothaire, roi d'Italie, dont toute l'Europe admira l'esprit & la vertu.

ALBE-ROYALE. (*les femmes d'*) En 1543, cette ville ayant été assiégée par les Turcs, les femmes, de toute condition, s'unirent à la garnison pour repousser les ennemis, & firent, pendant tout ce siege, paroître le plus grand courage, disputant souvent aux hommes les actions les plus périlleuses. Une d'entr'elles, montée sur une brèche qu'elle aidoit à défendre, abattit avec une faux dont elle étoit armée, les têtes de plusieurs Turcs.

ALÈS DU LUDE, (*mademoiselle*) née à Blois & fixée à Orléans. Nous avons de cette dame un abrégé de vie de M. *le Pelletier* mort en odeur de sainteté. Elle vivoit encore en 1769. C'étoit une dame pieuse qui faisoit beaucoup de bonnes œuvres.

ALEXANDRINE ou CASSANDRE, fille de Priam, étoit d'une prudence consommée : elle fut violée par Ajax, & depuis sa conduite fut fort irréguliere. Cependant sa statue devint un refuge pour les filles qu'on importunoit trop ; dès qu'elles l'avoient embrassée, elles étoient inflexibles.

ALFARO. (*les femmes d'*) En 1379, la garnison d'Alfaro, ville d'Espagne, ayant quitté les murs de cette ville, au moment où les Anglois, qui l'assiégeoient, alloient y livrer un assaut, les femmes s'armerent, coururent remplacer les hommes, soutinrent l'assaut avec intrépidité, repousserent les assaillans, &, par une suite d'actions héroïques, firent lever le siege.

ALISSANT DE LA TOUR, femme d'un Payeur des rentes, a fait une *épitre à Jéliote* & une autre *à mademoiselle Duménil*.

ALLARD, (*mademoiselle*) de Marseille. Cette excellente danseuse dans le vrai genre, débuta d'abord aux *François* en 1758, d'où bientôt elle passa au théâtre de l'Opéra. C'est là qu'elle a fait, pendant vingt-cinq ans, les délices de la nation. Elle avoit un talent supérieur pour la pantomime même tragique, comme on l'a vu par le rôle de *Médée* qu'elle rendoit avec une énergie terrible.

ALPHAIZULI, (*Maria*) née à Séville, passoit dans son tems, en Espagne, pour la Sapho de la poésie arabe, & on trouve, dans la bibliotheque de l'Escurial, d'excellens ouvrages de sa composition. Plusieurs femmes Espagnoles, ses contemporaines, & sur-tout dans la province d'Andalousie, cultivoient les muses avec succès.

ALTOUVITIS, (*Marseille*) originaire de Florence, & née à Marseille dont elle joignoit le nom à celui de sa famille, parce qu'elle avoit été tenue sur les fonts de Baptême au nom de cette ville, se distingua, dans le seizieme siecle, par son savoir, & mérita d'être placée parmi les femmes illustres de la France. Elle mourut à Marseille en 1606. Pierre de S. Romuald composa son épitaphe.

AMESTRIS, niece du dernier Darius, commanda seule dans Héraclée & toute la province qui en dépendoit, & mérita l'admiration de son siecle par son esprit, sa grande habileté & les talens supérieurs avec lesquels elle gouverna ses peuples.

AMORETTI (*la signora Maria Pellegrina*) née à Oneglia, sur le lac majeur, le 25 Juin 1677. L'université de Pavie conféra à cette demoiselle le bonnet de docteur en droit civil & canon. L[a] cérémonie se fit, à la requisition de la cour de Toscane, dans l'Eglise *del Giesu*, & aux frais d[e] l'université. La *signora Amoretti* soutint sa thes[e] avec un éclat surprenant & l'éloquence la plus n[o]ble. Elle fut ensuite décorée publiquement d'un *becca* (devise) sur laquelle étoit écrit, en caracteres brodés en or, *academia Ticinensis dat lu[...] bens merito, ob juris scientiam.* Le cardinal D[...]

rini, le comte Firman, le confulteur Picci, quantité d'autres perfonnes de diftinction, &, en général, une foule prodigieufe d'étrangers affifterent à ce fpectacle intéreffant. La thefe étoit dédiée à l'archiducheffe gouvernante, qui ne manqua pas de faire briller, dans cette occafion, fa généreufe bienfaifance, par le préfent dont elle fit gratifier la récipiendaire. Cet événement étoit de nature à faire prendre un effor général aux mufes: auffi Modene, Milan, Pavie & plufieurs autres villes d'Italie ont-elles été inondées d'un déluge de vers en l'honneur de l'illuftre favante Amoretti.

ANDICINI, (*Ifabelle*) chanteufe & comédienne charmante. Elle aimoit les lettres, & fon talent pour la poéfie la fit aggréger dans l'académie des *intériti* de Padoue : elle fut toujours vertueufe.

ANGELUCIE & fa fœur, Religieufes de l'abbaye de Fontevrault, furent connues, dans le douzieme fiecle, par leur érudition. Il ne refte de leurs ouvrages que la vie de l'aînée, écrite par la cadette.

ANGOULEME, (*Louife de Savoie, ducheffe d'*) mere de François premier, fit prefqu'autant de mal à la France que Catherine de Médicis.

ANGUISCIOLA, (*Sophonifbe, Lucie & Europe*) natives de Crémone, toutes trois éleves de Jules Campo, & célèbres par leurs talens pour la peinture. Sophonifbe fur-tout excelloit pour le portrait. Philippe II, roi d'Efpagne, l'attira à fa cour, & pour l'y fixer, lui donna un rang parmi les dames du palais de la reine, fon époufe.

ANIA, veuve Romaine. Quelqu'un l'excitant à fe remarier, parce qu'elle étoit encore jeune & jolie, elle répondit : —— Je n'en ferai rien ; car fi j'avois encore un bon mari, comme celui que les dieux m'ont ôté, je ferois toujours tremblante de le perdre : fi, au contraire, je tombois entre les mains d'un mauvais, quelle trifte comparaifon n'aurois-je pas à faire ?

ANTIER, (*Marie*) Lyonnoife, vint à Paris en 1711, & fut reçue à l'Opéra pour la grandeur & la beauté de fa voix. Elle joignoit, à cette voix admirable, une riche taille, une phyfionomie noble, fiere, impofante, convenable dans les rôles de magicienne, de princeffe & de divinité. La demoifelle Rochois prit plaifir à la former, & elle a été, pendant vingt-neuf ans au théâtre, avec fuccès. La reine, à fon mariage, lui fit préfent d'une tabatiere d'or, avec le portrait de fa majefté. M. & madame de Touloufe la gratifierent de plufieurs bijoux de prix, & de vaiffelle d'argent, pour les voyages qu'elle fit à Rambouillet: elle eut l'honneur de repréfenter les premiers rôles dans les ballets danfés par fa majefté. Elle quitta le théâtre en 1741, avec une penfion de 1500 livres de l'Opéra, & mourut quelques années après.

ANTREMONT, (*madame la marquife d'*) actuellement en fecondes noces, madame *Bourdic*, eft auteur de nombre de pieces fugitives de poéfies pleines d'efprit & de graces. En fe remariant, elle a fait fes adieux aux mufes. Il feroit affligeant, pour les amateurs de jolis vers, qu'elle tînt fa parole.

ARCHAMBAUD DE LAVAL. Cette demoifelle eft du Bas-Maine. Les femmes, en général, lui ont une grande obligation, puifqu'elle a fait une differtation expreffe dans laquelle il réfulte que les femmes font plus conftantes, plus fermes, plus eftimables enfin que les hommes. On ne pouvoit mieux s'y prendre pour démentir *Virgile*, & le proverbe qui difent, que rien n'eft auffi changeant que la femme:

Varium & femper mutabile femina.

ARCONVILLE. (*madame la préfidente d'*) femme refpectable par fes qualités fublimes, autant qu'aimable par la bonté de fon caractère. Elle a compofé plufieurs Ouvrages d'un grand mérite. Hiftoire de François II, —— de Saint-Kilda; les Samiens, Contes; Leçons de chimie, propres à perfectionner la physique, le commerce & les arts, traduites de l'Anglois. Romans traduits de l'Anglois. De l'amitié. Des passions. L'amour éprouvé par la mort. Essai pour servir à l'histoire de la putréfaction, Pensées & réflexions morales sur divers sujets, Mémoires de mademoiselle de Valcourt. Les malheurs de la jeune Emélie. Vie de Catherine de Médicis, &c.

ARETE, (*les deux*) l'une femme, l'autre fille d'Aristipe, de Cyrene. Ce célèbre philosophe les avoit instruites avec tant de succès, que la mere fut en état d'enseigner elle-même son fils, & la fille présidoit souvent, sous les yeux de son pere, aux sublimes conférences qu'il avoit établies à Cyrène, & où se rendoit tout ce qu'il y avoit de plus savant dans les deux sexes. Après la mort d'Aristipe, son illustre fille fut unanimement élue pour rester à la tête de l'école. Tous ses contemporains l'ont citée comme un prodige de beauté, de vertus, d'esprit & de science.

ARGENIS, fille d'Aliate, roi des Lydiens, & femme d'Astiages, roi des Medes, par son éloquence & son génie, reconcilia & porta à la paix les Lydiens & les Medes qui, depuis cinq ans, se faisoient une guerre sanglante.

AR**. (*mademoiselle*) Epître à Acaste, dans l'almanach des muses 1765.

ARNOULT, (*mademoiselle*) actrice célèbre de l'ancien Opéra qu'elle a quitté à l'arrivée du célèbre *Gluck*. Cette femme d'esprit est non-seulement connue comme excellente actrice, mais par une infinité de bons mots qui ne ressemblent pas aux misérables calembourds d'aujourd'hui. Jamais actrice ne fut aussi belle sur la scene. Elle jouoit, en 1758, le rôle de *Psyché*, dans le troisieme acte des *Amours des Dieux*, & elle y fit une sensation prodigieuse. L'illusion étoit complette. On voyoit *Psyché* avec tous ses charmes. Elle a fait depuis le rôle de *Télaïre* dans *Castor & Pollux* avec un succès plus grand encore. C'est que sa figure, réellement théâtrale, avoit en outre le charme de la beauté : elle savoit sur-tout s'habiller d'une maniere piquante & voluptueuse, conformément à ses rôles ; science aussi rare que précieuse dans toutes les femmes, & sur-tout pour une actrice.

ASAMOUCHE, reine de Guiomré, royaume voisin de celui d'Issini, sur la côte d'Ivoire, en Afrique, vivoit sur la fin du dernier siecle. Les voyageurs qui ont fréquenté ses états, l'ont représentée comme une autre Elisabeth, continuellement occupée de la gloire de son trône & du bonheur de ses peuples. Ses sujets avoient tous une égale part à sa tendresse, & lui rendoient tous, à l'envi, le même tribut d'amour & de soumission. Lorsqu'elle avoit des guerres à soutenir ou à entreprendre, on les voyoit se ranger, avec une ardeur incroyable, sous ses étendarts, &, animés par sa présence, se précipiter dans les plus dangereux hasards des combats ; sa prudence, son génie & son courage ne manquoient jamais de lui rendre la fortune favorable, & de lui assurer la victoire. A toutes les qualités que l'on admire dans les plus grands princes, Asamouche joignoit celles qui enchantent & gagnent les cœurs, & la douceur de son caractere égaloit la vivacité de son esprit. On en peut juger par les adieux qu'elle fit au chevalier d'Amon, que Louis XIV avoit envoyé pour obtenir d'elle un établissement dans ses états. Cet établissement n'ayant pu subsister que quelques années, Louis XIV ordonna d'en retirer la garnison, & le chevalier allant prendre congé de la reine, elle lui dit, du ton le plus affable: « Si vous
» aviez, vous autres François, autant de solidité
» dans vos paroles que vous montrez de politesse
» & d'agrémens dans vos manieres, toute la côte
» d'Afrique seroit à vos ordres ; mais vous êtes si

» légers, si faciles à manquer à vos engagemens, » que vos amis mêmes ne peuvent compter sur » vos fermens ».

ASELLA, dame Romaine, s'acquit une grande réputation par son esprit & son érudition. S. Jérôme, dans une de ses lettres à Marcelle, en fait de grands éloges.

ASTIANASSA, femme-de-chambre d'Hélene. Elle a la premiere fait un livre obscene, *de variis concubitûs modis :* elle fut ensuite imitée par Eléphantine & Philénis.

ATTIS, fille de Granaüs, roi d'Athenes, dont le nom d'*Attique*, donné au territoire de cette ville, est dérivé.

AVEIRO, (*Marie Guadeloupe, fille du duc d'*) une des plus vertueuses & des plus savantes femmes de l'Europe, possédoit les langues grecque & latine, & étoit en état d'entendre presque toutes celles vivantes de l'Europe. Elle étoit surtout très-versée dans l'histoire sacrée & prophane.

AUCHI, (*la vicomtesse d'*) a fait une paraphrase sur S. Paul.

AUDIFRET. (*madame*) Après le désastre & la malheureuse affaire d'Exiles, où la téméraire intrépidité du chevalier de Belle-Ile sacrifia tant de braves gens, tous les blessés furent transportés à Briançon où il ne se trouva rien de préparé pour les recevoir. M. d'Audifret, qui étoit lieutenant-deroi de cette place, vendit sur-le-champ sa vaisselle d'argent, pour se mettre en état de secourir tous ces infortunés : mais sa femme, qui étoit alors prête d'accoucher, enchérit encore sur cette générosité. Cette courageuse femme, oubliant son état, se mit à la tête des hôpitaux, y établit tout l'ordre qu'il étoit possible d'y mettre, pansa, de ses propres mains, nombre de blessés, &, épuisée de fatigues, mourut en s'acquittant de cet héroïque emploi.

AUGUSCIVOLE, (*Sophonisbe, Lucie & Eu-*

rope) trois sœurs Italiennes, du tems de Philippe II, roi d'Espagne.

AURORE, (*mademoiselle*) de l'Opéra. On ne peut disconvenir qu'il ne soit très-louable à une jeune personne, par état au centre de la dissipation, d'honorer les muses, & de chercher à s'occuper avec autant d'innocence que d'agrément. On a vu, dans le Journal de Paris, plusieurs pieces de vers de cette jeune musicienne. On doit la louer & l'encourager, parce que son exemple ne peut être que profitable à ses pareilles : dans tous les états, ceux qui se distinguent par des points estimables méritent d'être célébres ou de le devenir.

AXA, fille du Juif Caleb, contemporain de Josué, étoit si belle que son pere la promit, pour récompense, à celui qui ruineroit la ville de Cariath-Sépher, habitée par les ennemis du peuple d'Israël.

AYSCHA, (*à corriger :*) fille d'Abubeker, & femme de Mahomet, montra un courage digne des plus grands capitaines : malheureusement elle attaqua un des princes les plus vertueux & les plus dignes du trône, Ali, gendre de Mahomet. Elle avoit fait inférer, dans le Coran, le vingt-huitieme chapitre, pour justifier ses galanteries.

AYSSA, fille maurisque d'une naissance illustre, à la prise de Tunis par Charles-Quint, échut en partage à un officier Espagnol. Muley-Ascen qui avoit été roi de Tunis, & détrôné par Barberousse, servoit alors sous Charles-Quint. Il offrit de payer la rançon de cette fille : Ayssa rejeta ses offres avec la plus grande fierté : Muley ne se rebutant point, elle lui cracha au visage, & lui dit, du ton de la plus vive indignation, qu'elle ne vouloit point devoir sa liberté à un traître. C'étoit, en effet, par les conseils de ce même Muley-Ascen, & à la faveur des connoissances qu'il avoit fournies, que Charles-Quint avoit entrepris le siege de Tunis, & réussi à en faire la conquête.

B

BACCELLI. Les comédiens Italiens, pour réparer les pertes que leur avoient causées la retraite de madame Vezian, connue sous le nom de Piccinelli, & la mort de madame Savi, chargerent, au mois d'Avril de l'année 1766, le sieur Colalto, qui jouoit les rôles de pantalon, d'aller, en Italie, chercher deux actrices pour les rôles de premiere & seconde amoureuses. Les signora Sanareni & Baccelli, mere & fille qu'il ramena, débuterent, le 22 Août, dans *les Amours d'Arlequin*, comédie en trois actes, de M. Goldoni. Ceux qui possédent la langue italienne applaudirent beaucoup à la maniere de dialoguer de la mere ; mais comme ce talent n'est pas à la portée de tous les spectateurs François, elle n'eut pas tout le succès qu'elle pouvoit espérer ; l'une & l'autre furent cependant reçues à pension, & continuerent de remplir, la mere l'emploi de premiere amoureuse, & la fille celui de soubrette.

BALDRUCA, fille pauvre, mais vertueuse, qui refusa de se rendre aux desirs de l'empereur Othon qui lui faisoit des promesses magnifiques.

BALETTI, (*Hélene*) dite Flaminia, a fait une lettre critique sur la *Jérusalem delivrée* du Tasse ; *le Naufrage*, comédie ; *Abdity, roi de Grenade*, comédie.

BALETTI, (*Gianetta-Rosa Benozzi*) dite Silvia, née à Toulouse, de parens Italiens, & venue fort jeune à Paris, en 1716, où elle épousa Joseph Baletti, dit Mario. Elle a joué, pendant 42 ans, les rôles d'amoureuse avec des applaudissemens & un succès toujours soutenus, & elle est morte regrettée du public en 1758.

BALICOURT, (*Marguerite-Thérèse de*) débuta aux *François*, en 1727, par le rôle de Cléopatre dans *Rodogune*, & fut reçue dans la même année. Elle rempliſſoit les rôles de reines & de meres, & quitta le théâtre en 1738, avec la penſion de 1000 liv. dont elle a joui juſqu'à ſa mort arrivée en 1743.

BAPTISTE, fille de Galéas, prince de Pézaro, & femme de Guido, comte d'Urbin, étoit appelée *prodige de ſcience ;* elle a compoſé pluſieurs ouvrages eſtimés.

BARBANÇON, (*Marie de*) femme de Jean Barret, ſeigneur de Neuvy-ſur-Allier, s'étant trouvée après la mort de ſon mari, pendant les guerres civiles de France, aſſiégée dans ſon château de Beugnon, en Berri, par Montal, lieutenant-de-roi du Bourbonnois, elle ſoutint ce ſiege avec la plus intrépide fermeté. Les tours & les murs de ſon château renverſés par l'artillerie, cette courageuſe femme défendit elle-même la brêche la plus dangereuſe, une demi-pique à la main, & anima ſi bien ſes ſoldats par la hardieſſe de ſa contenance, que les aſſaillans furent toujours repouſſés avec perte. Elle ſe ſoutint, en cet état déſeſpéré, pendant quinze jours entiers, & il n'y eut que la famine qui la força de ſe rendre. Le roi, inſtruit de la bravoure héroïque de cette femme, défendit d'en exiger aucune rançon, & ordonna qu'elle ſeroit reconduite chez elle avec honneur.

BARD, (*mademoiſelle*) née en Bourgogne, & réduite à l'indigence par la perte d'un procès, imagina qu'il lui ſeroit plus facile de remédier à ſon infortune ſous un habit d'homme. A la faveur de ce déguiſement, elle ſervit, à Paris, un Genevois, en qualité de laquais. Se trouvant enſuite à Rochefort, au moment où M. de Commerſon s'embarquoit, elle ſe préſenta à lui pour domeſtique, & fut agréée. Elle le ſuivit par-tout dans ſon long

& pénible voyage, & dans ses herborisations sur les monts glacés du détroit de Magellan, dans les pays brûlans du continent méridional, &, par son application, y acquit des connoissances supérieures à son état & à son sexe. Elle portoit les provisions, les armes, les cahiers de son maître, sans jamais se rebuter des fatigues attachées à tous les détails de son service. Dans l'île de Taïti, où les habitans passent pour avoir l'odorat d'une finesse surprenante, ils devinerent son sexe & le divulguerent ; en sorte qu'aussi tôt après son départ de cette île, elle se vit forcée d'en faire elle-même l'aveu à M. de Bougainville. Cet officier général atteste, comme une justice qu'il doit à cette singuliere héroïne, qu'elle s'est toujours conduite avec la sagesse la plus scrupuleuse. Elle est sans doute la premiere personne de son sexe qui ait eu le courage de faire le tour du monde, & elle offre, aux femmes, un exemple bien sensible de la force & de la constance dont elles peuvent être capables dans les entreprises les plus difficiles.

BARNEVELT. (*la femme du célèbre Hollandois de ce nom*) Quoique vivement attachée à son mari, elle eut le mâle courage de résister aux invitations qui lui furent faites de demander la grace de cet illustre proscrit. Elle répondit fierement à ceux qui la sollicitoient, que l'on ne demandoit grace que pour des coupables, & qu'elle étoit incapable de déshonorer à ce point la vie glorieuse d'un si grand-homme. La constance de ses larmes & de sa douleur prouva bien qu'une si héroïque fermeté n'avoit pour principe que la vertu la plus sublime.

BARON, (*madame*) comédienne de la troupe de Moliere, & mere du célèbre Baron, étoit la plus belle personne de son tems. On rapporte que lorsqu'elle se présentoit pour avoir l'honneur de paroître à la toilette de la reine-mere, Sa Majesté disoit à toutes les Dames, Voici la Baron, & elles prenoient la fuite. Cette actrice étoit dans le foyer de la comédie, lorsqu'un amant, qui l'avoit quittée, vint se reconcilier avec elle. La paix se fit, & l'amant demanda à l'actrice la clef de son appartement pour aller, disoit-il, se reposer & attendre la fin de la piece; mais le misérable, abusant de la confiance qu'on avoit en lui, prit l'argent avec tous les meubles de prix, & se sauva. Mademoiselle Baron étoit dans une situation critique: cette nouvelle, causant chez elle une révolution subite, lui donna la mort.

BARRI DE S. AUNEZ. (*Constance de Ceseli, femme de*) La ville de Leucates, en Languedoc, étant assiégée par les Ligueurs en 1590, M. de Barri, qui en étoit gouverneur, fut pris par trahison, sous le prétexte d'une entrevue qui lui avoit été demandée. Il trouva sur-le-champ le moyen d'écrire à sa femme, dont il connoissoit le génie & le courage, pour l'inviter à prendre le commandement de Leucates, & à défendre cette place jusqu'à la derniere extrêmité. Cette généreuse femme ne perdit pas un moment de tems, mit ordre à tout, & se montra souvent elle-même sur les murs une pique à la main, encourageant la garnison par son exemple. Dès que les Ligueurs s'apperçurent de ses vigoureuses dispositions, ils chercherent à l'intimider, en la menaçant, si elle ne rendoit pas la place, d'ôter la vie à son mari. Constance inébranlable, leur fit répondre qu'elle avoit de grands biens, qu'elle les offroit de bon cœur pour la rançon de son mari; mais qu'elle ne racheteroit jamais, par une lâcheté, sa vie dont il auroit lui-même honte de jouir, s'il ne la devoit qu'à la perfidie. Ils se retournerent ensuite du côté de M. de Barri, & lui firent craindre les plus cruels tourmens, s'il ne déterminoit sa femme à leur ouvrir les portes de Leucates. Il sut également braver leurs menaces,

& refusa constamment de manquer à la fidélité qu'il devoit à son roi. Les Ligueurs au désespoir de ne pouvoir réussir dans leurs desseins, & de se voir forcés de lever le siege, eurent l'atrocité de faire étrangler M. de Barri. Sa femme ne tarda pas d'en recevoir la cruelle nouvelle, & fut frappée de la plus vive douleur ; mais étouffant le cri de la vengeance, & n'écoutant que celui de l'honneur, elle s'opposa aux représailles que sa garnison vouloit absolument exercer sur de braves gentilshommes qu'elle tenoit prisonniers, & voulut généreusement qu'on leur conservât la vie. Henri IV fut si pénétré de tant d'héroïques vertus, qu'il voulut que le gouvernement de Leucates restât à madame de Barri ; elle en jouit & en remplit les fonctions pendant vingt-sept années.

BASSEPORTE (*Magdeleine*) s'est adonnée, dès sa jeunesse, à la peinture, & a excellé supérieurement à rendre les oiseaux, les plantes, les fleurs, les reptiles, & presque tout ce qui appartient à l'histoire naturelle. Les ouvrages qui naissent sous son pinceau sont regardés, par tous les connoisseurs, comme des chefs-d'œuvre, où l'art le dispute à la nature, pour la vérité de l'expression, la délicatesse & la précision du coloris. Quoiqu'actuellement âgée de 78 ans, on voit encore cette infatigable artiste, exposée, pendant des journées entieres, aux ardeurs du soleil, dans les attitudes les plus gênantes, copier, pour le cabinet du roi, tout ce que la nature offre de plus magnifique, de plus précieux & de plus rare dans les plantes que rassemble le jardin du roi.

BASTIDE. (*mademoiselle*) On a d'elle deux pieces de vers dans *l'almanach des muses* 1767, pp. 49 & 127 ; elle a fait, en outre, quelques petits ouvrages en prose ; mais sa modestie ne nous permet pas d'étendre davantage cet article.

BAVAROISES. (*les femmes*) L'Empereur Conrad III, dans le douzieme siecle, tenant le duc de Baviere assiégé dans sa capitale, réduisit la ville à la derniere extrémité, & ne voulut accorder d'autre grace, que celle de permettre aux femmes d'en sortir leur honneur sauf, mais à pied, & sans pouvoir emmener autre chose que ce qu'elles pourroient porter sur elles. Ces braves femmes, profitant de toute l'extension qu'elles crurent pouvoir donner à cette condition, s'aviserent de charger leurs maris sur leurs épaules, & de prendre leurs enfans dans leurs bras : une d'entr'elles se chargea de leur duc. L'Empereur les voyant défiler, courbées sous les poids énormes dont elles étoient chargées, fut si touché de leur magnanimité, qu'il en versa des larmes d'attendrissement, & sur-le-champ accorda la paix au duc de Baviere, qu'il traita depuis avec les plus grands égards.

BEAUHARNAIS, (*madame la comtesse de*) femme aimable & pleine de mérite. On a compté jusqu'à sept de ses pieces dans *l'almanach des muses* de 1775. Cette dame est connue très-avantageusement dans la littérature, par différens ouvrages, intitulés *Mélanges de poésies* ou *les Amans d'autrefois*, *Abeillard supposé*, *Lettres de Stéphanie*, *l'Aveugle par amour*, ouvrage rempli de sentimens honnêtes, quoiqu'il soit écrit d'un style léger, & qu'on pourroit dire à la mode. Toutes les lettres de femmes des *Sacrifices de l'Amour*, & des Malheurs de l'Inconstance, ouvrages de *Dorat*, sont de Madame de Beauharnais. Cette dame a composé en outre une piece de théâtre intéressante, intitulée *la fausse Inconstance* que la cabale la plus furieuse & la plus injuste est parvenue à interrompre au troisieme acte. Notre siecle est celui de l'indécence & du manque de considération pour les femmes, en même tems qu'il est celui de l'adulation pour celles qu'on veut séduire. Madame de Beauharnais vient de faire imprimer sa piece, &

la vengeance a été aussi complette qu'elle pouvoit le desirer : les lecteurs sensés ont vu, avec surprise, comme on pouvoit pervertir leur jugement à la représentation, par une impatience trépignante, & mille autres petits moyens que savent employer les sots.

Distique mis, par madame la vicomtesse de Tous-tain, sous le portrait de madame la comtesse de Beauharnais.

Muses, graces, vertus, en mélangeant vos traits,
A mes regards charmés vous peignez Beauharnais.

Traduction latine par M. Georgelin, secrétaire de la société patriotique Bretonne.

Ingenio, illecebris ecce Minerva, Venus.

BEAUMER, (mlle) connue dans ce siecle par ses talens littéraires, a travaillé quelque tems au Journal des dames, & donné au public un volume *in*-12 d'œuvres mêlées.

BEAUMESNARD. *Voyez* BELLECOURT.

BEAUMESNIL, (mademoiselle) actrice de l'ancien Opéra & du commencement du nouveau. Elle a fait une nouvelle musique à l'acte de *Tibulle & Delie*, des *Fêtes Grecques & Romaines*. C'étoit une actrice aimable. Elle ôta un jour subitement son rouge dans une représentation de tragédie, au moment où il falait de la pâleur ; ce qui fit un grand effet, par la vérité qui rendoit ainsi visible la douleur & l'effroi.

BEAUMONT, (madame le Prince de) Il faut ajouter, à son article, un trait qui lui est arrivé à Lyon. Elle étoit dans la boutique d'un Libraire. Un petit-maître arrive & demande du nouveau. Le Libraire lui présente les ouvrages de madame de Beaumont. —Fi donc (s'écria-t-il) vous voulez donc me donner des vapeurs... Au reste, je ne lis pas ; c'est pour des femmes que je fais emplette. — Pour des femmes (reprend le Libraire) vous ne pouvez mieux faire ; tous les ouvrages que je vous présente sont destinés aux femmes, & ne peuvent que les porter au bien. —Je le nie... A ce mot, madame de Beaumont, sans se faire connoître, prend le parti de ses ouvrages, & prouve, en citant, leur utilité, leur pureté. Le petit maître l'écoute en ricannant. —Vous n'auriez pas dit tout cela, madame, à vingt ans. —Dans la chaleur de la replique, la dame auteur répondit, qu'elle avoit commencé d'écrire à cet âge. —Ha! c'est à madame de Beaumont que je parle... Hé bien, il faut s'expliquer; lorsque je me marierai, j'acheterai vos ouvrages pour ma femme & pour mes filles; mais à présent, madame, j'achete *Crébillon* fils, *Dorat* & quelques-autres jolis modernes, pour les femmes & les filles des autres. Cependant il fit l'emplette de tous les ouvrages de madame de Beaumont, & voulut les emporter lui-même.

BEAUMONT. (*madame Elie de*) Son article est vague dans le dictionnaire: on y dit qu'elle a peint, dans les *Lettres du marquis de Roselle*, les ridicules de nos petits-maîtres; il falloit dire les vices : au reste, ce n'est pas le but principal de l'ouvrage charmant de madame Elie de Beaumont, elle a particuliérement voulu préserver nos jeunes gens des embûches des femmes-de-théâtre; elle a voulu, d'après un fait confié à sa discrétion, éclairer nos imprudens qui se laissent tromper par une fausse vertu : mais après avoir présenté le tableau du vice, pour en éloigner les jeunes gens, elle n'a pas négligé de présenter celui de la vertu; c'est ce qu'elle fait en présentant, dans une jeune & touchante personne, le charme de l'amour le plus tendre, & l'ame la plus pure. *Léonore* étoit une séductrice dangereuse, sans principes, sans délicatesse, une ame basse, intéressée; mademoiselle *de Fréval* est belle, honnête, désintéressée, généreuse, sensible; elle a toutes les vertus unies à de la naissance & quelque fortune. Les jeunes gens, après avoir lu cet ouvrage, seront plus prudens, plus soumis, plus disposés à contracter des nœuds à l'abri du repentir.

BEAUNOIR, (madame) auteur de *Fanfan & Colas*. Quelques personnes dirent que cette piece est du mari de cette dame : elle ne pourroit qu'y gagner ; car ce seroit une belle preuve de tendresse conjugale de la part de l'époux.

BEAUPRÉ (mademoiselle) est une des premieres actrices qui aient joué en femme sur le théâtre, car auparavant il n'y avoit que des hommes. Elle disoit de Corneille : « Il nous a fait grand tort ! nous
» avions ci-devant des pieces de théâtre pour trois
» écus, que l'on nous faisoit en une nuit ; on y
» étoit accoutumé, & nous gagnions beaucoup ;
» présentement les pieces de M. Corneille nous
» coûtent bien de l'argent, & nous gagnons peu
» de chose : il est vrai que ces vieilles pieces étoient
» misérables, mais les comédiens étoient excellens,
» & ils les faisoient valoir ».

BEAUPRÉ, (mademoiselle), comédienne de la comédie-ariette, aujourd'hui madame *Nainville*. Elle a fait le charme du théâtre Italien, dans les rôles de naïveté enfantine, pendant presque tout le tems de son service. Le son de sa voix & la forme de son visage lui faisoient accorder l'âge qu'elle vouloit avoir dans son rôle. Elle étoit l'une du trio enchanteur qu'animoit alors la musique des *Monsigni*, des *Grétri*, &c. On la regrette encore.

BECCARI (madame) est auteur de deux ouvrages de fiction, qui ont pour titre *Milord Dambi* & les *Lettres de Lucie d'Olbery*, où la fécondité d'une brillante imagination, se trouve réunie aux agrémens d'un style intéressant.

BEJART, (*Armande-Gresinde-Claire-Elisabeth*) épousa, en premieres noces, Moliere ; en secondes, Guérin Détriché. Elle étoit très-aimable, jouoit supérieurement dans le comique noble, chantoit avec des graces & un goût qui lui ont attiré, dans son tems, autant d'adorateurs que d'applaudissemens. Elle faisoit les reines & les soubrettes, assemblage bizarre qui n'a plus lieu de nos jours, parce qu'il nuit trop à l'illusion. On sait les galanteries de mademoiselle Moliere (car on ne devroit jamais nommer une actrice madame). Nous nous étendrions davantage sur cette actrice, plus célébre par son mari que par elle-même, si nous ne craignions de répéter des choses trop connues. Elle quitta le théâtre le 14 Octobre 1694, & mourut le 3 Novembre 1700. La demoiselle Béjart, sa mere, qui avoit épousé, en secret, le sieur de Modene, étoit aussi comédienne, jouoit les soubrettes & les rôles ridicules, & mourut en 1672.

BELLECOURT (*auparavant mademoiselle Beaumenard*). Elle avoit débuté au théâtre de l'Opéra comique, par le joli petit rôle de *Gogo*, dans *le Coq du village*, & le nom lui en resta pendant longtems; ce rôle avoit été fait pour elle. En 1744 elle quitta ce spectacle & s'engagea dans différentes troupes de province. Elle débuta ensuite à la cour, en 1749, par *Finette* dans *les Ménechmes*, & à Paris, avec beaucoup de succès, par *Dorine* dans le *Tartuffe*: elle fut reçue la même année. Une querelle avec une tragédienne célébre la fit renoncer, pendant quelques années, à un état pour lequel la nature sembloit l'avoir formée. Cette interruption eut lieu en 1755 & 1756; mais elle y revint bientôt, & depuis ce tems elle a toujours montré un véritable talent pour la gaîté franche; car c'est peut-être la seule des soubrettes qui rit sans grimacer. Elle a épousé feu Bellecourt, acteur devenu précieux, lorsque le théâtre de la nation l'a perdu.

BENOIT, (*madame Françoise-Albine de la Martiniere*) née à Lyon en 1724. Cette dame a fait plusieurs ouvrages dont le premier fut une espece de *Journal* de Lyon, qui lui attira des desa grémens. Elle quitta Lyon & vint à Paris, où l'intendant de Lyon avoit procuré à son mari une place de dessinateur aux *Gobelins*. C'est à Paris que madame Benoit se montra réellement femme-de-lettres. Son début fut heureux : c'est le roman d'*Elisabeth*, recommandable par l'aménité des mœurs de l'héroïne, & l'honnêteté de ses sentimens. Elle publia ensuite les *Lettres du colonel Talbert*, foible imitation de *Clarisse-Harlove* ; *Agathe & Isidore*, joli roman, où l'on ne trouve pas néanmoins le ton du monde ; *Céliane, ou les Amans séduits par leur vertu*, est un roman utile ; *le Triomphe de la Probité*, comédie en deux actes, est un beau sujet, foiblement traité. On lui attribue *l'Officieux*, qui, sans contredit, seroit son meilleur ouvrage.

BERENICE, femme intrépide, dont parle Valere-Maxime. Ayant vu tuer son fils dans une bataille, elle monta sur un chariot, bien armée, poursuivit le meurtrier, le terrassa, lui fit passer les roues sur le corps, & revint saine & sauve au travers des troupes ennemies.

BÉRÉNICE, femme de Ptolomée-Évergetes, voua sa chevelure à Vénus, si son mari revenoit victorieux ; ce sacrifice parut si beau, pour le tems, qu'on donna le nom d'une constellation à cette belle chevelure.

BÉRÉNICE qu'aima Titus. *Voyez* la tragédie de Racine.

BERMANN. (*mademoiselle*) Cette dame est maraine & sœur d'un avocat à Nanci, qui a fait plusieurs ouvrages utiles : mais son titre particulier est un discours qui remporta le prix à l'académie de Nanci sur cette question : « Lequel seroit le plus » utile, dans notre siecle, d'écrire un ouvrage pu- » rement de belles-lettres, ou de morale » ? Mademoiselle Bermann se décide pour la seconde alternative, & elle en apporte pour raison principale, qu'un ouvrage de morale peut être fait de telle sorte, qu'il soit auſſi dit belles-lettres, de ſorte qu'il réunit les deux avantages. Elle paſſe en revue toutes les ſortes d'ouvrages de belles-lettres & de morale : les premiers ont trop ſouvent un vuide d'objet & de but, qui doit leur donner néceſſairement l'infériorité ; car les ſeconds peuvent être une excellente tragédie, une bonne comédie, un roman bien inſtructif, comme *Télémaque*, *Paméla*, *Clariſſe*, &c. La morale peut encore être miſe en dialogue très-piquant, en allégorie, en fable, & ſous toutes ces formes, elle n'en eſt pas moins morale. Concluſion : « Il eſt plus utile, dans notre ſiecle, » d'écrire un ouvrage moral, amuſant, piquant, ca-» pable d'attacher, qu'un ouvrage purement de litté-» rature ; d'où il faut conclure encore qu'un drama » très-attachant, & bien inſtructif, eſt au-deſſus » d'une bonne comédie ». C'eſt auſſi notre ſentiment.

BERNARD (*mademoiſelle*) s'étoit adonnée avec ſuccès à l'étude des belles-lettres. En 1694, elle prononça avec un applaudiſſement général, en préſence des perſonnes les plus diſtinguées de la ville de Lyon, le panégyrique de ſainte Catherine.

BERRI (*la ducheſſe de*) ſauva Charles VII que tout le monde abandonnoit, lorſque, dans un bal, le feu prit à ſon habit de maſque, en le couvrant de ſa robe, & étouffant le feu.

BERRI, (*la ducheſſe de*) femme du petit-fils de Louis XIV.

BERTHE, (*ajoutez*) femme de Pepin-le-bref, contribua beaucoup à mettre la couronne de France ſur la tête de ſon mari. Cette princeſſe tenoit une cour de dames, à l'imitation de celles des pairs ou ſeigneurs du royaume. Une autre Berthe, fille de Charibert, roi de France, épouſa Ethelbert, roi de Kent, en Angleterre, & policía ſon mari & ſes ſujets.

BERTIN, (*mademoiſelle*) célèbre marchande de modes, qui a porté ce genre de travail au plus haut degré de perfection. Quelque futile que cet art paroisse à certains esprits secs & bisarres, il est pourtant vrai de dire, qu'il est au-dessus de la peinture, de la sculpture, de la musique, de la danse, de l'actricisme, en un mot, de tous les arts d'agrément & d'imitation, parce qu'il en est le modele & la base; il embellit la plus belle moitié du genre humain, il offre aux yeux l'objet le plus agréable de tous, une femme brillante & plus belle: aussi jamais ce bel art ne fut-il négligé. Mademoiselle Bertin a mis par lui toute l'Europe à contribution, & son commerce égaloit celui des plus fortes maisons, avec un bénéfice plus net, une rentrée d'especes plus confidérable; par conséquent, cette artiste est une femme utile & digne de confidération.

BERTHAUD, (*Françoise*) dame de Motteville. *Les Mémoires de Motteville.*

BETHSABÉE, d'abord femme d'Uri, ensuite de David, & mere du roi Salomon.

BEZUCHET. (*mademoiselle*) Cette bonne & estimable Parisienne, née en 1704, publia, en 1765, des stances sur le *Miserere* qui marquent combien sa dévotion étoit tendre.

BIANCOLLELI, (*mademoiselle Thérese*) ci-devant actrice de la comédie Italienne, amie de madame Riccoboni.

BIBLIE, femme de Duillius, le premier des Romains qui ait triomphé sur mer, n'avoit jamais regardé fixement d'autre homme que son mari.

BIERON, (*mlle*) née avec le goût le plus vif pour les beaux arts & les sciences, employa sa premiere jeunesse à l'étude de la musique, de la peinture, de l'histoire & de la géographie, & y obtint des succès flatteurs. Rassasiée, pour ainsi dire, de ces premiers talens, & cherchant à en acquérir de nouveaux, l'illustre demoiselle Basseporte, son amie, lui conseilla de profiter de l'aptitude qu'elle avoit remarquée en elle pour réussir dans l'anatomie. Mademoiselle Biéron entreprit de se consacrer à toutes les recherches qui conviennent à cet art aussi difficile qu'intéressant. Sans autre secours que ses dispositions naturelles, la force de son ame & une lecture assidue des ouvrages des plus savans anatomistes; surmontant les répugnances, les préjugés, la délicatesse auxquels son sexe est si sujet, & les difficultés qu'il y avoit, pour une fille, de pénétrer dans les hôpitaux, & dans les amphithéâtres de chirurgie, aux heures où elle ne fût pas exposée à s'y rencontrer avec les étudians, on la vit le scalpel à la main, appliquée avec une ardeur incroyable à découvrir les secrets les plus cachés de la structure humaine. Livrée sans relâche à ces rebutantes occupations, elle ne les suspendoit que pour consigner chez elle, dans les plus ingénieux modeles, les connoissances & les découvertes dont elle s'étoit enrichie. Après plus de trente ans d'une étude aussi laborieuse, & d'une multitude d'expériences particulieres, faites chez elle, & à ses frais, sur des corps humains, elle a du moins aujourd'hui la satisfaction de recueillir les justes éloges que les savans & les curieux de tous états & de toutes conditions, s'empressent de donner aux chef-d'œuvres que sa savante main a su produire : mais qui pourroit le croire? Parvenue à l'âge de cinquante-six ans & bornée à un modique patrimoine que, par sa grande économie, elle trouve encore le secret de partager avec les pauvres, la fortune n'a point jusqu'ici daigné jetter sur elle aucun regard ; elle languit dans cet oubli qu'éprouvent trop souvent les grands talens, lorsque l'intrigue & la protection ne se mêlent pas de les faire valoir. Si les femmes, en général, étoient jugées capables de s'adonner aux sciences & à tous les beaux arts dont les hommes se sont exclusivement arrogé l'étude & l'exercice, quelle ressource ne trouveroient-elles pas aujourd'hui, pour la partie de l'anatomie, dans les talens si supérieurement acquis de cette savante &

laborieuse demoiselle! Affranchies de la nécessité de passer sous les leçons des hommes, elles n'auroient point à redouter la foule des inconvéniens qui sont si capables de les détourner d'entrer dans une pareille carriere. Combien de sagesfemmes, combien de sujets qui se consacrent au service des malades, seroient à portée d'y puiser les lumieres essentielles à leurs intéressantes fonctions!

BISZFUSKA, dame Polonoise, vient, tout recemment, d'offrir à son sexe un exemple bien frappant de la force & du courage dont une femme peut être capable. Voyageant seule dans une voiture, elle est attaquée par des voleurs, cette femme intrépide met pied à terre, un pistolet dans chaque main, &, par cette contenance hardie, met ces brigrands en fuite. Remontée dans sa voiture, elle s'apperçoit qu'il y avoit eu de ses effets pillés & emportés par quelques-uns de ces misérables qui avoient profité du moment où elle avoit poursuivi les autres. Les appercevant qui fuyoient pour rejoindre leurs camarades, elle court aussitôt à eux & les suit avec tant de vivacité, qu'au moment de les atteindre, ils jettent & abandonnent ce qu'ils emportoient, pour pouvoir se sauver plus promptement. *Ann. pol. de Linguet*, n°. 6, *page* 338.

BLANCHE, c'étoit le nom appellatif des reines douairieres de France, qui portoient le deuil en blanc; on les appelloit *reines blanches*: la mere de S. Louis gouverna sagement pendant la minorité & la premiere croisade de son fils. Elle avoit pourtant une maxime dangereuse: c'est qu'une princesse peut inspirer de l'amour aux grands, pour les retenir dans le devoir. Elle le fit à l'égard du comte de Champagne.

BLANCHE BORROMME, de Padoue, parloit, avec facilité, plusieurs langues étrangeres.

BOHON, (*Gertrude*) qu'on appelloit dans le monde *la belle Tourneuse*, parut avec un succès étonnant sur le théâtre de la dame Baron. Tout aidoit aux louanges qu'elle s'attiroit des spectateurs. Elle étoit jeune, belle; avoit des graces toutes particulieres, en faisant ses exercices. Sa grande sagesse, vertu peu commune aux personnes de son état, la faisoit admirer de tout le monde. Tant de qualités, réunies dans la personne de la demoiselle Bohon, la rendirent l'objet des vœux d'un grand nombre de soupirans. Le sieur Gervais, qui avoit fait une fortune très-considérable au jeu, parut le plus empressé, & pour prouver à cette vertueuse fille qu'il lui rendoit la justice qu'elle méritoit, il ajouta à l'offre de son cœur celle de sa main & de sa fortune. La proposition fut acceptée, mais avec toute la bienséance d'une personne qui se rend plutôt aux sentimens qu'elle inspire, qu'aux appas d'une fortune brillante. Ce mariage, qui sembloit promettre aux époux un bonheur complet, devint bientôt pour eux une chaîne pesante & insupportable. Gervais voulut faire rompre son mariage, mais la validité en fut confirmée par un arrêt de la Grand-Chambre. Ce qui avoit fait donner à Gertrude Bohon le nom de *la belle Tourneuse*, c'est qu'après s'être piqué trois épées dans le coin de chaque œil, où elle les faisoit tenir aussi droites que si elles eussent été piquées dans un poteau, elle prenoit son mouvement de la cadence des violons, qui jouoient un air qui sembloit exciter les vents, & elle tournoit d'une vîtesse si surprenante, pendant un quart d'heure, que tous ceux qui la regardoient attentivement en demeuroient étourdis.

BOIS DE LA PIERRE, (*Louise-Marie de Lanfernat de*) née dans la religion réformée, y resta quelque tems attachée; mais ses pere & mere en ayant fait l'abjuration, elle suivit leur exemple. Mariée à un gentilhomme qui fut tué à la bataille de Malplaquet, cette dame ne trouva point de plus grande consolation dans sa vive douleur, que l'étude des sciences pour laquelle, dès sa premiere jeunesse, elle avoit toujours eu beaucoup de goût. A un esprit solide, capable des choses les plus relevées, & remplie des lumieres que lui avoit données une application suivie, elle joignoit le talent de la poésie, & écrivoit en prose avec une facilité, une élégance & une précision qui n'appartiennent qu'aux plus célébres écrivains. En commerce avec les plus savans hommes de ce siecle, elle les a enrichis de beaucoup d'excellens mémoires sur l'histoire. La république des lettres perdit cette illustre femme le 14 Septembre 1730.

BOISMORTIER, (*ajoutez*) née à Perpignan. *Mémoires de la comtesse de Marienberg. Histoire de Jacques Féru & d'Agathe Mignard.*

BOLOGNE, ville d'Italie, a l'honneur d'avoir élevé dans son sein un grand nombre de femmes qui ont excellé dans les sciences. Dans le treizieme siecle, une demoiselle, à vingt-trois ans, prononça dans la grande église de cette ville une oraison funebre en latin qui fut généralement applaudie. A vingt-six ans, on lui conféra les honneurs du doctorat en droit, & elle commença alors à donner chez elle des leçons de jurisprudence A trente ans, ses talens, de plus en plus décidés & connus, lui firent donner la chaire de droit public, & elle s'attira un si grand nombre d'auditeurs, que les étrangers mêmes se rendoient de fort loin à Bologne, pour y suivre ses leçons, &, souvent, uniquement pour avoir le plaisir de la voir & de l'entendre. Dans le quatorze & le quinzieme siecles, le même phénomene reparut avec autant d'éclat, & il y a très peu de tems que, dans la même ville, une femme occupoit, avec la plus grande distinction, une chaire de physique.

BOROMÉE, (*Blanche*) demoiselle née à Padoue, cultiva les sciences avec beaucoup de succès, réunissant à cet avantage une grande beauté, une

C

CAILLOT. (*mademoiselle ou madame de Lintot*) Trois nouveaux contes des fées; *Histoire de mademoiselle de Sallens*; *la jeune Américaine*, & les *Contes marins*; *Histoire de madame d'Atilli*.

CALAGE (*mademoiselle*) s'est fait connoître, avec distinction, par son esprit, son érudition, & un talent décidé pour la poésie. Elle remporta plusieurs prix aux jeux floraux de la ville de Toulouse, sa patrie. On a d'elle un poëme estimé qui a pour titre *Judith*. Mademoiselle l'Héritier en fut l'éditeur, & le dédia à la reine Anne d'Autriche.

CALLICRETE, de Ciane, célébrée par Anacréon, étoit savante dans la politique, & l'enseignoit. Platon en parle, avec de grands éloges, dans son *Théagès*.

CAMARGO (*Marie-Anne Cupis de*) naquit à Bruxelles, le 15 Avril 1710, d'une famille noble, originaire de Rome, qui a donné, à ce qu'on assure, plusieurs cardinaux à l'église, & entr'autres Jean-Dominique de Cupis de Camargo, évêque d'Ostie, Doyen du sacré college. L'ayeul de mademoiselle Camargo, tué au service de l'Empereur, laissa un fils au berceau, & très-peu de bien; ce qui obligea la mere de cet enfant de lui faire acquérir des talens, tels que la musique & la danse, qui pussent suppléer à ce qui lui manquoit du côté de la fortune. Il épousa, dans la suite, une demoiselle sans bien, & c'est de ce mariage que naquit notre célèbre danseuse. Elle reçut en naissant ces dons heureux que l'art perfectionne, mais qu'il ne donne pas, & l'on dit qu'étant dans les bras de sa nourrice, entendant son pere jouer du violon, elle fut animée par des mouvemens si vifs, si gais, si mesurés, qu'on augura, dès lors, qu'elle seroit, un jour, une des plus grandes danseuses de l'Europe. Lorsqu'elle eut atteint l'âge de dix ans, la princesse de Ligne, & d'autres dames de la Cour de Bruxelles firent les frais de l'envoyer à Paris, avec son pere, pour y recevoir des leçons de danse de la légereté, la cadence charmoit la cour & la ville. Elle profita si rapidement de ses leçons, qu'en moins de trois mois elle retourna à Bruxelles, pour être la premiere danseuse de l'Opéra de cette ville. Le sieur Pélissier, entrepreneur de celui de Rouen, sur la réputation de cette jeune personne, offrit à son pere des avantages si considérables, qu'il l'engagea avec sa fille pour son spectacle : mais cet Opéra ne pouvant se soutenir, le directeur fut obligé de l'abandonner, & ses débris enrichirent celui de Paris de trois grands sujets, savoir, des demoiselles Pélissier, Petit-Pas & Camargo. Celle-ci, présentée par mademoiselle Prevôt, débuta la premiere par *les caracteres de la danse*. Jamais spectacle ne retentit d'autant d'applaudissemens qu'en reçut la débutante. Il ne fut plus question, pendant la vivacité de l'enthousiasme du public, de parler d'autre chose, dans les sociétés, que de la jeune Camargo ; toutes les modes nouvelles porterent son nom; & un jour madame la maréchale de Villars vint à elle, auprès du bassin des Tuileries, avec tant de bonté que tout ce qui étoit à la promenade s'attroupa autour d'elles, & remplit le jardin du bruit des battemens de mains & des applaudissemens. Des succès si distingués déplurent à la demoiselle Prevôt, qui voulut humilier son éleve, en l'obligeant d'entrer dans les ballets ; ce qui occasionna l'aventure suivante : La jeune éleve, figurant dans une danse de démons, Dumoulin, surnommé *le diable*, qui devoit y danser seul, ne s'y trouva pas, lorsqu'on vint à exécuter son air. La jeune danseuse, toute hors d'elle-même, voyant que cette entrée n'étoit pas remplie, s'élança de son rang, dansa de caprice, & transporta les spectateurs d'admiration. Ce trait

étoit née comédienne dans toute la signification du terme : elle dansoit la pantomine avec une vérité parlante ; elle étoit comique, attendrissante, tout ce qu'elle devoit être, à un degré supérieur. Elle jouoit, un jour, dans *le Fils d'arlequin perdu & retrouvé* : elle s'élance au milieu des flammes ; elle y cherche son enfant, & revenue sans l'avoir trouvé, elle pousse le cri maternel avec autant d'énergie ; sa douleur avoit si vivement l'expression du désespoir, que les spectateurs, quoiqu'instruits du sort de cet enfant, suffoquoient de sanglots : il fallut des larmes abondantes pour soulager les cœurs oppressés. Camille avoit toujours le geste du sentiment le plus délicat, ce ton de la nature, que l'art ne peut jamais donner, & qui ne part que d'un cœur pénétré. Son caractere se peignoit dans sa figure ; on y voyoit la noblesse & la franchise, l'esprit & la gaïté. Nulle femme de son état ne porta plus loin le désintéressement, & l'ingratitude ne la dégoûta point de la bienfaisance ; un homme, dont elle avoit à se plaindre, ne balança point, dans une occasion essentielle, à la prier de le servir du crédit de ses amis dans une affaire importante, lui promettant une reconnoissance éternelle. Voici la réponse qu'elle lui fit. Votre lettre m'a fait de la peine & du plaisir ; de la peine, parce qu'elle m'a rappellé nos différends que j'avois oubliés ; du plaisir, parce qu'elle m'offre une occasion de vous être utile dans une affaire qui me paroît juste : mais je n'accepte que la moitié de votre proposition : je demanderai ce que vous desirez, & j'espere l'obtenir : quant à votre reconnoissance, je n'en veux aucune preuve ; je n'en doute point, car j'aurois trop de plaisir à vous rendre ce léger service, pour que vous n'en ayez pas un peu à le recevoir. Cette lettre, qui existe en original, peint mieux l'ame de Camille qu'un long *éloge* historique... Mais c'est du cœur sur-tout qu'il faut donner l'histoire. Jamais Camille n'eut d'intrigue basse & déshonorante ; mais elle aima : son ame étoit faite pour la tendresse. Un homme de mérite gagna son estime par ses sentimens analogues aux siens : ils devinrent amis, & le furent un tems assez long, avant que d'être amans.

CAPILLANA, princesse Péruvienne, étant restée veuve très-jeune encore, s'étoit retirée de la cour & avoit préféré le séjour de ses terres où elle étoit assurée de jouir, sans contrainte, de tous les avantages de sa naissance & de son rang. A peine y étoit-elle établie que François Pizarre parut sur la côte avec les vaisseaux qu'il commandoit, pour entreprendre la conquête du Pérou. Ayant envoyé de ses gens pour reconnoître le pays, ils pénétrerent jusqu'au palais de Capillana qui, après les avoir beaucoup questionnés, leur fit donner tous les secours dont ils pouvoient avoir besoin, & les assura qu'elle verroit avec plaisir leur général. Pizarre, sur un accueil si favorable à ses desseins, ne tarda pas de se rendre au palais de la princesse. Il y fut reçu avec les plus grandes marques de bienveillance, & cette premiere entrevue fut même le prélude d'un attachement réciproque, aussi tendre que vif, & qui dura jusqu'à la mort de Pizarre. Pizarre, qui sentoit tout l'avantage d'une pareille conquête, voulut profiter de l'ascendant qu'il avoit pris sur le cœur de Capillana, pour lui faire embrasser la Religion chrétienne ; mais son zele & ses talens théologiques échouerent vis-à-vis des raisonnemens que la jeune princesse employa pour lui démontrer qu'elle ne pouvoit & ne devoit point abjurer si légérement la créance de ses peres & de son pays. Pizarre, étonné de l'esprit & des connoissances de son amante, ne se sentit pas assez fort pour insister plus long-tems & se borna à se ménager avec elle de fréquentes entrevues dans lesquelles ils se jurerent de plus en plus une fidélité inviolable. Après que les Espagnols eurent réussi dans la conquête du Pérou, l'envie & la jalousie ne manquerent pas de susciter des ennemis & des persécutions à Pizarre, & ce célébre capitaine, victime de leur rage, mourut assassiné au milieu de son palais. Capillana qui, depuis peu, avoit enfin embrassé la Religion chrétienne, désespérée de la mort tragique de son illustre amant, quitta les lieux qui en avoient été le théâtre, & dans la retraite qu'elle se choisit, à l'aide des connoissances qu'elle avoit acquises dans le commerce des Espagnols, chercha sa consolation dans l'étude. On conserve, dans la bibliotheque des Dominicains de Puna, un manuscrit de sa composition où sont peints, & tracés de sa main, d'anciens monumens de son pays, & à chaque figure se trouve une courte explication historique en langue castillane. On y voit aussi, avec de pareils ornemens, la description de beaucoup de plantes du Pérou, accompagnée de dissertations très-curieuses sur leur mérite & leurs propriétés. Cette aimable & savante Péruvienne mourut vers le milieu du seizieme siecle.

CARDON (*mde*) auparavant mademoiselle Pitrot. Cette actrice aimable fait les premieres amoureuses dans les pieces de déclamation, c'est-à-dire les seules qui soient raisonnables au nouveau théâtre Italien.

CARDOSO, (*mademoiselle*) née à Lisbonne. Jérôme Cardoso, son pere, avoit ouvert, en cette ville, une école de grammaire, qui étoit devenue très-célébre. Il eut le malheur de devenir aveugle. Sa fille qu'il avoit instruite dans cette science avec le plus entier succès, donnoit, tant qu'il vécut, ses leçons publiques, & mérita toujours les applaudissemens de ceux qui y assistoient. Elle eut grande part à tous les ouvrages de son pere, entr'autres à une réfutation de Despautere, & à un dictionnaire latin & portugais, le premier qui eût paru en Portugal.

CARLINE, (*mademoiselle*) jeune actrice du nouveau théâtre Italien, qui remplit, avec succès, les rôles de naïveté.

CAR 777

CARRIERA, (*Rosa-Alba*) célébre, dans l'école de Vénise, par son talent pour la poésie, réussissoit supérieurement dans le portrait & la miniature. Cette grande artiste a traité ce dernier genre dans un goût qui lui étoit particulier, & qui a été généralement applaudi de tous les connoisseurs, pour l'expression singuliere qu'il donne aux objets. Les beaux arts la perdirent en 1761.

CASSINI (*madame*) ne paroît encore connue, dans la république des lettres, que par différentes pieces de poésie de sa composition, qui ont paru à différentes époques ; mais ces prémices suffisent pour annoncer l'esprit le plus cultivé & les plus heureux talens.

CASS···.(*madame*) Différentes pieces dans l'Almanach des muses, recueil où le choix est très-sévere.

CATELANS (*madame*) a fait l'admiration des savans, ses contemporains, par sa vaste érudition, & un singulier talent pour la poésie. Après avoir plusieurs fois remporté les prix aux jeux floraux à Toulouse, sa patrie, elle fut aggrégée à cette académie, honneur qui, avant elle, n'avoit point encore été, dit-on, accordé à aucune personne de son sexe.

CATHERINE CANTONI, Italienne, s'est immortalisée par le dessin de la broderie.

CATHERINE II, impératrice de toutes les Russies, née le 2 Mai 1729, princesse d'*Ankautzerbst*, & portant le nom de *Sophie-Auguste-Fréderique*. Elle fut mariée le   au grand-duc, depuis Pierre III : elle est devenue, en 1762, impératrice de Russie, proclamée le 9 Juillet de la même année. On connoît les grandes actions de cette illustre princesse : la plus belle de toutes est son code de loix. Elle a vaincu les Turcs, ajouté la *Crimée* à ses vastes états ; elle a protégé les savans, honoré plusieurs de nos grands hommes. La postérité la mettra au rang des héros.

CATINON, (*mademoiselle Foulquier, l'aînée*,

D d d iij

dite) aujourd'hui madame Riviere, débuta à la comédie Italienne par le rôle d'*Angelique* dans *la Mere confidente* ; ensuite par celui de *Silvia* de *la double Inconstance*, dans lequel elle n'eut pas un succès moins complet, & moins mérité, par la décence de son maintien & les graces naturelles de sa déclamation. Elle joignoit à ce talent celui de la danse qu'elle possédoit dans un degré supérieur. Cette actrice avoit un air de douceur & un son de voix intéressant qui répandoient sur ses rôles un ton de naïveté, de candeur. Elle jouoit dans les pieces de déclamation, les rôles que fait aujourd'hui madame Cardon. Elle a quitté le théâtre, pour un mariage avantageux.

CATINON, (*Suzette*) sœur cadette de la précédente, & depuis madame Carlin, femme du célébre acteur de ce nom, chargé des rôles d'Arlequin. Elle a fait, quelque tems, les soubrettes dans les pieces où jouoit sa sœur aînée. Elle a quitté le théâtre, lors de la réunion de l'Opéra comique à la comédie Italienne.

CAULAH, fille Arabe, sœur de Dérat, fameux capitaine sous le Califat d'Abubecre, successeur de Mahomet. Pierre, qui commandoit dans Damas pour l'Empereur Héraclius, prit, dans une de ses courses, plusieurs Musulmanes parmi lesquelles se trouvoit Caulah. Pierre ne l'eut pas plutôt vue que, frappé de sa beauté singuliere, il conçut pour elle une passion violente. Dans toute sa marche, pour retourner à Damas, il la traitoit avec les plus grandes attentions, & n'oublioit rien de tout ce qui pouvoit adoucir sa captivité. Un jour que Pierre étoit avec ses troupes, campé dans une plaine, Caulah remarqua que la tente que l'on avoit dressée pour elle, & pour les autres captives, étoit éloignée des gardes du camp. Cette généreuse fille, voulant profiter de cette négligence, proposa aux compagnes de son sort, de se dérober à leurs ravisseurs, & de préférer même, s'il le falloit, une mort glorieuse à la honte de se voir bientôt les tristes victimes de la lubricité de leurs ennemis. Il n'en fallut pas davantage pour les animer toutes. Elles s'arment à l'instant de leurs poignards, & des piquets ferrés qui soutenoient leurs tentes, & rangées en bon ordre, se mettent en marche pour sortir du camp. Pierre accourt aussi-tôt avec une troupe de soldats; mais ces braves filles, se servant de leurs armes, renversent les premiers qui se présentent. Pierre, après avoir hésité long-tems de donner l'ordre pour les forcer, voyant qu'il ne gagnoit rien par la douceur, s'ébranle enfin pour charger sans ménagement; mais au même moment, Dérat, qui s'étoit mis à la poursuite des ravisseurs de sa sœur, arrive, suivi de l'élite des plus vaillans hommes de ses troupes, fond, comme une aigle, sur les Grecs, en tue un grand nombre, met les autres en fuite, délivre sa chere Caulah & toutes ses compagnes, & les ramene triomphant dans leur camp où elles furent reçues avec tous les éloges que méritoient leur vertu & leur intrépidité.

CAUMONT. (ou mademoiselle de la Force) Ses œuvres sont en 9 volumes. *Histoire secrete de Bourgogne, ou histoire de Marguerite de Valois, reine de Navarre, sœur de François I. Gustave Vasa. Les Fées, contes des contes, Histoire secrete de Catherine de Bourbon, comtesse de Bar, ou mémoires historiques, ou anecdotes galantes & secretes de la duchesse de Bar, sœur de Henri IV.*

CENIS. C'est la premiere femme qui de fille soit devenue garçon. Elle porta le nom de *Cénéus.*

CENTLIVRES, (*Suzanne*) née en Angleterre en 1680, est auteur de deux tragédies & de dix-huit comédies dont plusieurs sont encore estimées & jouées sur le théâtre de Londres. La mort l'enleva à la fleur de son âge en 1717.

CHAMPMESLÉ, (*Catherine Desmarrés, femme du sieur*) célèbre actrice sur la fin du dix-septieme siecle, fit, par la supériorité de son talent, l'admiration de la cour & de la ville. Le grand Racine avoit lui-même pris la peine de la former dans l'art de la déclamation. Elle mourut en 1698, âgée de cinquante-sept ans.

CHARCE, (*Philis de la Tour du Pin-Gouvernet, demoiselle de la*) a bien mérité d'être placée au rang des héroïnes Françoises. Lors de l'irruption que le duc de Savoie fit en Dauphiné en l'an 1692, cette courageuse demoiselle monta à cheval, fit armer les villages de son canton, se mit à leur tête, livra plusieurs petits combats dans les défilés des montagnes, &, par sa bravoure, contribua beaucoup à faire abandonner le pays par les ennemis. Dans les mêmes instans, sa mere exhortoit les peuples de la plaine à se maintenir dans le devoir, & mademoiselle Durtis, sa sœur, couroit le long de la Durance, & faisoit couper les cables de tous les bateaux qui servoient à la passer, afin que les Barbets ne pussent pas en profiter. Louis XIV gratifia mademoiselle de la Charce d'une pension, & lui permit de faire placer au trésor de S. Denis son épée, ses pistolets & l'écusson de ses armoiries.

CHARDON. (*madame*) Cette dame, qui est de Paris, a fait des *mémoires* intitulés *de madame C***. Dès qu'on se couvre d'une abbréviation, il est défendu de lever le voile.

CHARIERE. (*madame de*) *Lettres Neuf-Châteloises. Lettres de Lauzanne, ou de quelques dames Suisses*. Cette dame, Hollandoise de naissance & femme de M. de S. Hyacinthe, fils du célèbre S. Hyacinthe, auteur du *Chef-d'œuvre d'un inconnu*, a prouvé, par les deux ouvrages dont nous rapportons les titres, un mérite éminent. Elle est amie de M. Mercier & d'autres gens-de-lettres très-distingués:

mais on dit qu'elle n'est pas également recherchée des femmes-auteurs ; sans doute, parce qu'elles craignent d'être éclipsées. Madame de Chariere est fort riche, elle jouit de 40 à 50000 livres de rentes.

CHATEAUGIRON (*madame de*) a fait la *Bibliotheque des femmes*.

CHEMIN, (*Catherine du*) femme du célébre Girardon, & digne de tenir d'aussi près à ce grand artiste, peignoit les fleurs avec un talent si supérieur que l'académie de peinture s'empressa de se l'aggréger. Les beaux arts la perdirent en 1698. L'on voit à S. Landri, à Paris, le beau mausolée que Girardon consacra à sa mémoire.

CIRANI, (*Elisabeth*) un des ornemens de l'école de Bologne par son singulier talent pour la peinture. Formée sur les originaux des plus grands maîtres, elle avoit puisé dans cette étude de belles idées qu'elle rendoit très-heureusement. Les sujets terribles lui plaisoient de préférence.

CLAIRON, (*la demoiselle Claire de la Tude, dite*) après avoir joué en province, vint en 1736 débuter à la comédie Italienne par un rôle de suivante dans la piece de *l'Ile des Esclaves*. Elle parut ensuite, en 1743, sur le théâtre de l'Opéra ; enfin ayant débuté sur celui des François, dans la même année, par le rôle de *Phedre* dans la piece de ce nom, elle fut reçue avec applaudissemens, & les a toujours mérités depuis dans les rôles de force, &c., qu'elle rend supérieurement. Cette actrice sublime, la perfection de l'art, n'a jamais été remplacée, & peut-être ne pourra l'être jamais. Son jeu avoit une noblesse, une vérité, un pathétique toujours parfaitement d'accord avec son sujet. Un jour, dans *Ariadne*, à Marseille, elle jouoit avec tant de vérité, que, lorsqu'elle demande le nom de sa rivale, un homme de l'orchestre, tendu vers elle, & tout en larmes, lui disoit à demi-voix : *c'est Phedre ! c'est Phedre !* Jouer avec une magie qui transportoit le spectateur dans le palais de Thésée... pourquoi un si beau talent n'est-il pas immortel?

CLEOFÉE, reine des Massagas dans l'Inde, se défendit contre Alexandre avec tant de courage qu'elle mérita son estime.

CLEVES, (*Henriette de*) fille de François de Cleves, duc de Nevers, & femme de Louis de Gonzague, prince de Mantoue, a traduit l'*Aminte* du Tasse.

COLOMBE, (*mademoiselle*) grande & belle actrice du théâtre des ariettes, où elle remplit plusieurs rôles brillans, entr'autres ceux de *Nicolette* dans *Aucassin*, & celui de *Marguerite* dans *Richard-cœur-de-lion*: elle a des rôles plus étendus où sa beauté naturelle, le charme & la noblesse de son jeu font une illusion complette.

COLOMBE, (*Adeline*) sœur cadette de la précédente, est au même théâtre, & joue dans les mêmes rôles. Elle est aussi jolie que sa sœur est belle.

CONTAT, (*mademoiselle*) charmante actrice du théâtre François. La maniere dont elle joue le rôle de *Suzanne* dans *Figaro*, est délicieuse. Le public, qui l'idolâtre, l'appelle à tous les rôles, par les encouragemens flatteurs qu'il lui donne. On lui a vu jouer supérieurement le rôle de *coquette* dans l'*Ecueil des mœurs* de M. Palissot, dans *la Coquette corrigée* de *la Noue*; & il est à présumer qu'elle égalera madame *Grandval* dans le rôle si fin & si difficile de *Célimene* dans le *Misanthrope*. Elle a joué dernierement le rôle d'épouse dans le *Tartuffe*, d'une maniere qui prouve que tout le grand comique est aujourd'hui de son ressort. On ose le dire au public: c'est qu'il aura toujours de bons acteurs quand il le voudra; il ne s'agit que de les encourager d'une maniere éclairée....: on pourroit presqu'en dire autant des auteurs. Mademoiselle Contat est aujourd'hui dans tout son brillant.

CORALINE, (*Anne Véronese*) sœur aînée de *Camille*, débuta au théâtre Italien, le 6 Mai 1744, pour les soubrettes, avec son pere Carlo Véronese, pour les rôles de Pantalon. Tous deux parurent dans la même piece, intitulée *le double Mariage d'Arlequin*, canevas Italien de l'ancien théâtre. Tous les deux sont originaires de Venise ; le pere étoit âgé d'environ quarante-deux ans, & la fille en avoit à peine quatorze ; ils firent le plus grand plaisir, & furent également applaudis : mais les talens, ainsi que la beauté de la jeune débutante, n'ayant fait qu'augmenter chaque jour, elle se vit long-tems sans rivale sur ce théâtre où elle fut reçue, ainsi que son pere, peu de tems après leur début. On se rappelle délicieusement avec quelle vérité elle jouoit, dans *Arlequin sauvage*, le rôle de *Violette* : jamais la beauté ne fut si naturelle à force d'art. Coraline est morte depuis quelques années, mere d'un fils charmant, & comblée d'autant de bonheur qu'une mortelle en peut desirer.

CORONEL, (*Marie*) épouse de Jean de la Cerda, craignant de ne pouvoir vaincre une tentation violente qui la pressoit d'être infidele à son mari, se fit mourir en s'enfonçant dans les entrailles un tison ardent.

CORSON DE LA CRESSONIERE. (*mademoiselle*) Différentes pieces de vers.

COUVREUR, (*Adrienne le*) fille d'un chapelier de Fismes, en Champagne, naquit en 1695. Ce fut une des plus célébres actrices que la France ait produites. Son jeu étoit plein d'expression & de vérité, & elle parvint, par son exemple, à bannir du théâtre François les cris, les lamentations mielleuses & forcées qui faisoient la ressource des actrices médiocres. Etant venue à Paris, le comédien le Grand lui donna les premieres leçons de la déclamation, & lui fit représenter quelques pieces dans des maisons particulieres ; ensuite elle alla jouer la comédie à Strasbourg. Revenue à Paris, elle y débuta par le rôle de *Monime* dans *Mithridate*, fut reçue en 1717. Mal partagée, à quelques égards, des graces de la figure, son ame lui tint lieu de toutes celles qui lui manquoient, & la noblesse de ses sentimens honora plus d'une fois sa vie, & même dans des occasions éclatantes. La parque coupa le fil de ses jours le 20 Mars 1730, quoiqu'elle ne fût encore âgée que de trente-sept ans, & les poëtes les plus célèbres semerent à l'envi les plus belles fleurs sur sa tombe. Mademoiselle le Couvreur ne fut célèbre que dans le tragique; elle étoit médiocre, & très-médiocre dans le haut comique: elle voulut essayer de jouer le rôle de *Célimene* dans *le Misanthrope*, & elle fut obligée d'y renoncer. Dans *Bazile & Quitterie*, elle manqua celui de *Quitterie*. Ce n'est point qu'elle eût une déclamation chantante; au contraire, elle récitoit comme l'on parle, & lorsqu'elle étoit en scene avec le fameux Baron, ils y mettoient, l'une & l'autre, le ton familier de la conversation, sans jamais trop l'élever, & ils avoient tout le naturel qu'il est possible de conserver, en gardant toute la noblesse & la dignité convenables à leurs rôles. Mademoiselle le Couvreur avoit toute l'intelligence, la finesse & l'art que nous avons admirés dans mademoiselle Clairon; mais elle avoit infiniment plus de sensibilité & d'entrailles. Elle rompoit d'ailleurs davantage la mesure des vers; ce qui donnoit un air beaucoup plus naturel à son débit, & augmentoit l'illusion de la représentation. Cette actrice fut attachée jusqu'à sa mort à M. le comte, depuis maréchal de Saxe, qu'elle enleva, dit-on, à une très-grande dame. L'on a fait des comptes sur la façon dont elle mourut. Quoi qu'il en soit, elle a vécu long-tems avec ce héros de la France, lorsqu'il étoit dans sa premiere jeunesse, & qu'il n'étoit encore héros qu'en amour, & il l'étoit. Le comte de Saxe écrivit de

Courlande à mademoiselle le Couvreur de lui chercher un secours d'argent ; cette fameuse actrice vendit sa vaisselle & ses bijoux, & lui fit une somme de quarante mille livres. — Il s'éleva dans le public une dispute au sujet de la déclamation des demoiselles Duclos & le Couvreur. M. de Beauchamps adressa à cette derniere une épître à cette occasion ; il y caractérise ainsi la déclamation de cette actrice.

Enfin le vrai triomphe, & la fureur tragique
Fait place sur la scene au tendre, au pathétique.
C'est vous qui des douceurs de la simplicité
Nous avez fait connoître & sentir la beauté.
C'est vous qui méprisant le prestige vulgaire,
Avez su vous former un nouvel art de plaire ;
Vous dont les sons flatteurs, ignorés jusqu'alors,
Des passions du cœur expriment les transports.
Avant que vous vinssiez par mainte réussite
D'un heureux naturel nous montrer le mérite,
Tel étoit de Paris le fol entêtement
Qu'on donnoit tout à l'art & rien au sentiment ;
Et le théâtre en proie à des déclamatrices
N'offroit aux spectateurs que de froides actrices.

Lettre de mademoiselle le Couvreur, écrite le 5 Mai 1728, à M. * * *.

Vous connoissez la vie dissipée de Paris & les devoirs indispensables de mon état : je passe mes jours à faire les trois quarts, au moins, de ce qui me déplaît ; des connoissances nouvelles, mais qu'il m'est impossible d'éviter tant que je serai liée où je suis, m'empêchent de cultiver les anciennes ou de m'occuper chez moi selon mon gré. C'est une mode établie de dîner ou de souper avec moi, parce que quelques duchesses m'ont fait cet honneur. Il est des personnes dont les bontés me charment, & me suffiroient, mais auxquelles je ne puis me livrer, parce que je suis au public, & qu'il faut absolument ou répondre à toutes celles qui ont envie de me connoître, ou passer pour impertinente. Quelque soin que j'y apporte, je ne laisse pas de mécontenter, si ma pauvre santé qui est foible, comme vous savez, me fait refuser ou manquer à une partie de ces dames que je n'aurois jamais vues ; qui ne se soucient de moi que par curiosité, ou, si je l'ose dire, par air; car il en entre dans tout : « vraiment, » dit l'une, elle fait la merveilleuse ; une autre ajoute : c'est que nous ne sommes pas titrées ». Si je suis sérieuse, parce qu'on ne peut pas être fort gaie au milieu de beaucoup de gens qu'on ne connoît pas : « c'est donc-là cette fille qui a tant d'esprit, dit quelqu'un de la compagnie ; ne voyez» vous pas qu'elle nous dédaigne, dit un autre, & » qu'il faut savoir du grec pour lui plaire ; elle va » chez madame de Lambert ». Je ne sais pourquoi je vous fais tout ce détail, car j'ai bien d'autres choses à vous dire ; mais c'est que je suis encore toute remplie de nouveaux propos de cette espece, & plus occupée que jamais du desir de devenir libre, & de n'avoir plus de cour à faire qu'à ceux qui auront réellement de la bonté pour moi, & qui satisferont & mon cœur & mon esprit. Ma vanité ne trouve point que le grand nombre dédommage du mérite réel. Je ne me soucie point de briller ; j'ai plus de plaisir cent fois à ne rien dire, mais à entendre de bonnes choses ; à me trouver dans une société douce, de gens sages & vertueux, qu'à être étourdie de toutes les louanges fades que l'on me prodigue à tort & à travers. Ce n'est pas que je manque de reconnoissance ni d'envie de plaire, mais je trouve que l'approbation des sots n'est flatteuse que comme générale, & qu'elle devient à charge quand il la faut acheter par des complaisances particulieres & réitérées.

CRUSSOL, (*Anne-Charlote de*) duchesse d'Aiguillon, annonça, dès sa jeunesse, le goût le plus vif pour l'étude des sciences ; & la facilité avec laquelle elle étoit parvenue à parler plusieurs langues savantes & étrangeres, fit l'admiration des savans qu'elle admettoit dans sa société. Elle a traduit, avec succès, quelques ouvrages anglois aussi difficiles qu'intéressans. Cette illustre dame poussa sa carriere jusqu'à un âge très-avancé, & la finit le 15 Juin 1772.

CUNITZ, (*Marie*) fille aînée d'un docteur en médecine, du même nom, & née en Silésie, au commencement du dix-septieme siecle, fut élevée & instruite avec tant de soins que, très-jeune encore, elle parloit familièrement le françois, l'italien, le latin, le grec & l'hébreu, & étoit également versée dans l'histoire de la médecine, les mathématiques, la philosophie, la peinture, la musique & les instrumens ; faisoit des vers avec beaucoup de facilité ; excelloit dans la science des astres & dans l'astrologie qui, de son tems, étoit en grande faveur. En relation suivie avec les plus grands astronomes, elle en fut singulièrement estimée & recherchée, & communiqua même à plusieurs des mémoires & des découvertes utiles. En 1630, elle épousa Elie de Liewen, docteur en médecine & homme très-savant. Les sciences & les beaux arts la perdirent en 1664. L'on a de cette illustre femme des tables astronomiques, connues sous le nom d'*Urania propitia*.

D

DE HESSE, (*Catherine Vicentini*) fille de Thomassin, ancien Arlequin, avoit été fort applaudie, étant encore toute jeune, dans plusieurs petits rôles dont on l'avoit chargée. Elle fut reçue, en

1727, pour les rôles d'amoureuses & de soubrettes. Elle chantoit aussi dans les parodies, & dansoit dans les ballets; elle a quitté le théâtre depuis plusieurs années.

DE LAISSE (*mademoiselle*) est auteur de nouveaux *Contes moraux*, & d'une espece de roman intitulé *Ouvrage sans titre, Minerve le donnera*. L'une & l'autre productions ont été goûtées du public.

DÉON DE BEAUMONT (*Charles-Génevieve-Louise-Auguste-Andrée-Thimotée*) née le 5 Octobre 1728, à Tonnerre, en Bourgogne. On ignore dans quelles vues les parens de cette demoiselle en imposerent sur son sexe à sa naissance; mais on sait que cette demoiselle, constamment réputée garçon depuis ce tems, fit ses études au college Mazarin; qu'elle suivit ensuite celles de droit & parvenue, dans cette faculté, au doctorat, elle fut reçue avocat au parlement de Paris. M. Linguet, dans le n°. 7 de ses *Annales*, annonce de plus, sur cette demoiselle, que, s'étant fait connoître par plusieurs ouvrages littéraires, elle fut nommée censeur royal pour l'histoire & les belles-lettres; que ne se sentant point de goût pour pousser plus loin dans ces premieres carrieres, elle embrassa l'état militaire, obtint une lieutenance de dragons, & ensuite une compagnie; servit en qualité d'aide-de-camp du maréchal de Broglie; se trouva à plusieurs sieges & batailles, & fut blessée à la tête & à une cuisse au combat d'Ultrop. Près d'Osternwich, en 1761, se trouvant comme plus ancien capitaine à la tête de quatre-vingts dragons des volontaires de S. Victor, elle chargea si à propos, & avec tant de bravoure, qu'elle fit prisonnier de guerre le bataillon entier, franc Prussien, de Rhée, composé de 800 hommes. La Croix de S. Louis fut la récompense de ses belles actions. Ces talens héroïques, condamnés au repos par la paix, mademoiselle Déon ne put se résoudre à végéter dans l'oisiveté des garnisons; elle suivit successivement, en qualité de secrétaire d'ambassade M. le marquis de l'Hôpital en Russie & M. le duc de Nivernois en Angleterre, & s'y distingua par la sagacité de son génie & ses profondes connoissances. Après cette brillante esquisse, M. Linguet ajoute que le sexe de cette héroïne ayant été reconnu en Angleterre, on grava à Londres, en 1773, son portrait où elle est représentée en Pallas, le casque en tête, l'égide au bras gauche, & la main droite armée d'une lance. On lit au bas, en anglois, un abrégé historique de sa vie, & à la fin, cette inscription en latin : « A Pallas blessée & non vaincue, devenue célèbre par des combats & des actions publiques en l'honneur de sa patrie, dont ses ennemis n'ont jamais pu ternir les vertus; dont peu d'hommes ont pu égaler le courage; dont l'ingrate patrie n'aura pas même les ossemens.

» *Par ses anciens camarades de guerre, en mémoire de leur tendre attachement.* »

Cette demoiselle vivoit alors retirée en Angleterre par des raisons qui ne nous sont pas assez connues pour en pouvoir entreprendre le récit. Tout ce que nous pouvons ajouter à ce qui vient d'en être dit, est qu'avant de s'engager dans la carriere militaire, elle s'étoit distinguée dans des négociations importantes auprès de la cour de Russie, & que leur succès lui mérita la confiance la plus distinguée du feu roi Louis XV qui entretint avec elle, jusqu'à sa mort, une correspondance continuelle, &, en différens tems, la gratifia de plusieurs pensions considérables. Ces bienfaits lui ont été confirmés par sa majesté actuellement regnante qui a enfin permis à cette incomparable héroïne de rentrer dans sa patrie, & d'y jouir, sous les habits de son sexe, de la décoration que sa bravoure & son intrépidité lui ont si justement méritée. Dans le cours d'une vie si tumultueuse, mademoiselle Déon a su encore ajouter à sa gloire une ample moisson de lauriers littéraires, dans un grand nombre d'excellens ouvrages qui sont sortis de sa plume.

D'EPINAI, (*madame de la Live*) née à Valenciennes, épouse du fermier général de ce nom, est auteur des *Conversations d'Emilie*, nouvel ouvrage, très-intéressant pour l'éducation des jeunes demoiselles, & qui a été très-accueilli du public. L'Académie Françoise l'a couronné en 1783, comme le meilleur ouvrage sur l'éducation. Il est en 2 vol. in 12, à la cinquieme édition, & se trouve chez Belin, libraire, rue S. Jacques.

DESCHAMPS (*la demoiselle*) étoit, depuis plusieurs années, une des meilleures actrices de l'Opéra comique, pour les rôles de caractere & de mere, lorsque ce spectacle fut réuni à la comédie Italienne, en 1762. Elle fut admise à ce théâtre où on la voit encore avec plaisir. Elle a épousé, depuis quelques années, le sieur Bérard.

DESFORGES, (*madame*) actrice des Italiens, qui joue ordinairement les rôles comiques dans les drames. Elle est femme de l'auteur de *la Femme jalouse*, de *Féodore & Lysinka*, & de quelques autres pieces.

DOLIGNI, (*mademoiselle*) charmante actrice du théâtre François, qui avoit succédé à mademoiselle Gaussin dont elle faisoit les rôles. Mademoiselle Doligni avoit un jeu à elle, accompagné d'un accent particulier qui, sans être celui de mademoiselle Gaussin, n'alloit pas moins à l'ame: le son de sa voix étoit clair, doux, un peu enfantin, mais de la maniere la plus charmante pour l'oreille. Elle fut médiocre dans la tragédie, à cause de la foiblesse de ses moyens; mais dans la bonne comédie, elle n'avoit personne au-dessus d'elle. On l'a vu jouer, d'une maniere enchanteresse, le rôle de *Victoire* dans *le Philosophe sans le savoir*

Elle rendoit supérieurement les rôles d'*Eugénie*, de *Lindane*, &c. Elle a quitté le théâtre en 1785, au grand regret des auteurs.

DROIN, (*mademoiselle*) sœur de M. Droin, beaucoup plus connue sous le nom de madame Préville. C'est l'épouse du célèbre acteur de ce nom : ils se sont retirés tous deux en 1786. Madame Préville a excellé dans certains rôles, faits pour elle, ou qu'elle s'étoit appropriés, comme celui de la *Marianne* dans *Dupuis & des Ronais*, celui de *Cécile* dans *le Père de famille*, & quelques autres. Elle a toujours été inférieure à madame Grandval, dans la *Célimene* du *Misanthrope*, la *Florise* du *Méchant*, &, en général dans tous les rôles de noblesse de jeu, unis à une grande finesse. Cette actrice a cependant eu de grands succès, & il fut un tems où le public étoit toute admiration pour elle.

DRUCOURT, (*madame*) femme du gouverneur de Louisbourg, de ce nom, en 1758. En cette même année, Louisbourg étant assiégé par dix-huit mille Anglois soutenus de vingt-trois vaisseaux de ligne & de dix-huit frégates, on vit cette dame, dit l'auteur de l'histoire philosophique & politique du commerce, jours & nuits sur les remparts, la bourse à la main, pour encourager les soldats par ses largesses; ajuster elle-même plusieurs fois le canon sur les ennemis, & y mettre le feu. Dans toutes les autres manœuvres de la défense de cette place, cette héroïne partagea constamment la gloire & tous les périls des fonctions de son mari.

DUBEC, (*Renée*) maréchale de Guébriant, fut un des ornemens du dix-septieme siecle par son esprit & ses grands talens, & revêtue de la qualité d'ambassadrice extraordinaire auprès de la république de Pologne, soutint cet emploi avec la plus grande dignité. Le Laboureur a écrit la vie de cette illustre dame. Elle mourut à Paris en 1659,

DUBOIS, (*mademoiselle*) fille d'un acteur de ce nom, actrice du théâtre François. Jamais actrice n'auroit eu des succès plus brillans, que cette grande & belle fille, si elle avoit jugé à propos de travailler: mais elle abandonna son art pour lequel la nature sembloit l'avoir formée, & n'y obtint que de médiocres succès. Elle a quitté le théâtre, & jouit de la pension de 1000 livres.

DUCOUDRAI (*madame*) s'est rendue si célébre dans l'art des accouchemens, que le gouvernement pénétré des rares talens de cette femme, non content de les récompenser par une forte pension, l'emploie à parcourir successivement toutes les généralités du royaume, pour y donner des leçons publiques à toutes les femmes qui y exercent la partie des accouchemens, & par-tout où elle passe, elle laisse les plus heureuses traces de ses bienfaisantes lumieres & de son zele pour l'humanité. Elle a écrit sur son art, & donné à son sexe de très-sages conseils.

DUFAYEL, jeune actrice dont le début eut le plus grand succès. Elle joue aujourd'hui dans les opéras comiques, & quelquefois dans les drames.

DUGAZON, (*mademoiselle*) actrice du théâtre François, pour les rôles de soubrettes, & sœur de l'acteur de ce nom. Elle a le jeu infiniment sage, peut-être trop; en quoi elle differe du tout en tout de son frere dont le jeu chargé, fou quelquefois, sort toujours du naturel; ce sont les deux extrêmes.

DUGAZON, (*madame*) actrice des *Italiens* & femme de l'acteur de ce nom aux *François*. Madame Dugazon a débuté au théâtre par la danse avec ses deux sœurs, sous le nom de mesdemoiselles Lefêvre. Elle fit ensuite quelques petits rôles dans les opéras comiques. Les pieces de MM. *Piis & Barré* commencerent sa réputation qui est portée aujourd'hui au zénith, par le rôle de *Nina*

Le public doit chérir cette actrice, puisqu'elle est son ouvrage: c'est lui qui l'a formée par ses applaudissemens, & qui lui a créé un talent que naturellement elle n'avoit pas, & souvent le public peut en faire autant: dès qu'il adopte un acteur ou une actrice, il leur donne par-là même l'assurance, l'aisance, qui sont les trois quarts du talent. C'est une vérité dont il est peut-être utile d'être persuadé.

DUMESNIL, (mademoiselle Marie) née à Paris, actrice du théâtre François, y débuta en 1737, après avoir joué la comédie en province. Les rôles de *Clytemnestre*, de *Phedre* & d'*Elisabeth* furent ceux qu'elle choisit à son début. Mademoiselle Dumesnil avoit joué deux ans à Strasbourg, avant que de venir faire l'ornement de notre théâtre, dans les roles de fureur, de reine & de mere. Elle fut reçue la même année. C'est la plus grande des actrices qui aient paru au théâtre François. Il a fallu la voir dans *Mérope*, dans *Athalie*, dans *Rodogune*, dans *Andromaque*, pour le rôle d'*Hermione*, dans le rôle de *Cornélie*, de *La mort de Pompée*, &c., pour avoir l'idée de la sublimité du talent dans la tragédie: il a fallu lui voir faire *la Gouvernante* dans la piece de ce nom, la *mere* dans *l'Ecole des meres*, pour se former une idée du jeu noble & décent. Mademoiselle Dumesnil, dans le role de *Cléopatre*, au cinquieme acte, lorsqu'après toutes ses horribles imprécations, & prête à expirer dans sa rage, elle dit:

Je maudirois les dieux, s'ils me rendoient le jour,

se sentit frappée d'un grand coup de poing dans le dos par un vieux militaire qui étoit dans les balcons du théâtre, précisément derriere elle, & cela en lui disant à haute & intelligible voix, « Va, chienne, à tous les diables ». Ce trait de délire, qui interrompit & le spectacle & l'actrice, n'empêcha pas celle-ci de remercier l'officier après la piece, comme de l'éloge le plus flatteur qu'elle eût pu jamais recevoir dans ce rôle; tant elle avoit fait illusion par la vérité de son jeu.

DUMONT, (*madame*) connue avec distinction par ses heureux talens, a donné au public un recueil d'ouvrages de sa composition en vers & en prose: elle passe aussi, parmi les connoisseurs, pour être excellente musicienne.

DUPLANT, (*mademoiselle*) actrice de l'Opéra, célébre par la force de sa voix. C'étoit une des plus belles figures théâtrales qu'on puisse voir: elle faisoit les rôles de fée & de magicienne. Quant à son jeu, il étoit approuvé dans le tems; mais on n'avoit pas encore vu madame Saint-Huberti déployer dans la *Phedre* toutes les richesses de l'art dramatique, adapté au genre de l'Opéra.

DURANCI, (*mademoiselle*) actrice de l'Opéra, d'une figure peu attrayante, mais qui avoit du talent. Elle savoit même paroître aimable, en profitant de quelques avantages que la Nature lui avoit donnés; elle avoit la jambe parfaite, & se chaussoit toujours bien. Elle voulut débuter aux François pour la tragédie; mais son jeu étoit moins propre à ce genre qu'à l'Opéra.

E

ELISABETH PETROWNA, impératrice de toutes les Russies, fille du Czar Pierre I, monta sur le trône, en vertu des dispositions testamentaires de son père, le 6 Décembre 1741. Pendant vingt-un ans que cette Princesse a régné, elle sut réunir à l'éclat des plus solides vertus, les plus rares talens pour le gouvernement de ses vastes états. Sans cesse occupée du bonheur de l'humanité, elle n'entreprit de guerres que pour soutenir ses alliés, s'empressa de soulager ses peuples par la diminution des impôts, & brisa les fers d'une foule de malheureux qui étoient détenus dans les prisons pour des dettes qu'elle acquitta de ses épargnes. A son avénement à la couronne, cette généreuse impératrice avoit fait vœu de ne condamner personne à mort tant qu'elle régneroit, & elle le tint si scrupuleusement, que l'amour & la reconnoissance de ses heureux sujets la décorerent unanimement du beau surnom de *Clémente*. Ils eurent la douleur de la perdre le 5 Janvier 1762, n'étant encore âgée que de 51 ans.

F

FALAISE. (*l'Héroïne de*) M. de Saint-Foix, qui ne laisse échapper aucun trait à l'avantage du beau sexe, rapporte celui ci : La ville de Falaise étoit dans le parti de la Ligue. Henri IV l'assiégeoit ; on alloit donner un assaut. Lachenaie, marchand de cette ville, amoureux, & aimé d'une fille de son état, lui proposa un moyen qu'il avoit imaginé pour sortir de la ville & la mettre en sûreté. « Comme je suis persuadée, lui répondit cette gé-
» néreuse fille, que vous ne pensez à abandonner
» vos concitoyens, lorsqu'ils vont combattre, que
» parce que vous tremblez pour moi, la propo-
» sition que vous me faites ne vous ôtera ni mon
» estime, ni mon amour ; & pour vous le prouver,
» je suis prête à m'unir à vous. Venez, je vais
» vous donner ma foi ; mais je veux que ce soit sur
» la brêche. Les représentations, les craintes, les
» larmes de Lachenaie sont vaines ; il arrive avec
» son amante sur le rempart : l'un & l'autre, dit
» Mézerai, combattirent avec tant de courage,
» qu'Henri IV les remarqua, & admirant leur va-

» leur, commanda qu'on leur sauvât la vie, s'il
» étoit possible ; mais Lachenaie ayant été pres-
» qu'aussi-tôt tué d'un coup de fusil, sa maîtresse
» refusa quartier, & continua de combattre avec
» encore plus d'acharnement. Se sentant blessée à
» mort, elle s'approcha du corps de son amant
» pour mêler son sang avec le sien, & expirant le te-
» nant embrassé ».

FANIER, (*mademoiselle*) actrice du théâtre Français pour les rôles de soubrette. Sa figure éveillée, son nez en l'air la firent bien accueillir par les jeunes gens, & cette faveur d'une partie du public lui donna de l'aisance dans son débit : mais son ton aigre & dur, qu'elle affectoit de rendre plus dur encore, dénaturoit ses rôles, & au lieu d'une soubrette fine, que nous y avoit offert mademoiselle Dengeville, on n'y trouvoit, avec mademoiselle Fanier, qu'une insolente, une acariâtre. Ce que nous en disons ici, n'est pas pour critiquer cette actrice, qui tira de son talent tout le parti possible, mais pour empêcher celles qui lui succèdent de la prendre pour modèle ; elles outreroient ses défauts, sans avoir ses qualités.

G

GAUSSIN ou GAUSSEM, (*Jeanne-Catherine*) actrice célèbre de la comédie Françoise, naquit à Paris en 1711 : elle étoit fille d'*Antoine Gaussem*, & de Jeanne Collot, ouvreuse de loges à la comédie Françoise. Son goût & ses talens pour le théâtre s'étoient manifestés de bonne-heure ; &, par son jeu, ainsi que par sa beauté, elle avoit déjà fait les délices de la société de M. le duc de Gêvres, qui donnoit des comédies à Saint-Ouen, lorsqu'à l'âge d'environ dix-sept ans, elle partit pour Lille, où elle joua près de deux ans. Ses succès dans cette ville la firent désirer à Paris, où elle débuta en 1731, par les rôles de Junie, dans *Britannicus*; d'Aricie dans *Phedre*, & d'*Iphigénie*. Nous ignorons les rôles comiques dans lesquels elle parut alors ; mais, dans ces deux genres, elle annonça de si heureuses dispositions, qu'elle fut reçue la même année, avec l'approbation générale. Ses succès furent extraordinaires ; elle réussissoit sur-tout dans les rôles d'amour. Mademoiselle Gaussin savoit allier les talens qui semblent les plus incompatibles. Lorsqu'elle vouloit bien déroger au genre noble, & aux grâces pour lesquelles elle étoit née, elle faisoit encore le plus grand plaisir : on l'a vue, pour se prêter aux amusemens de quelques sociétés, jouer des personnages grotesques, tels que celui de Cassandre dans plusieurs parades, avec le plus singulier succès. Mademoiselle Gaussin épousa, en 1758, un Italien, nommé Toalaigo, qui avoit été danseur à l'Opéra ; cinq ans après, par un principe de religion, elle quitta le théâtre, & elle mourut en 1767.

GAVAUDAN. (*mesdemoiselles*) Deux sœurs du théâtre de l'Opéra. Mademoiselle Gavaudan l'aînée a un genre aimable, & rend agréablement les rôles nécessaires. Sa sœur s'élance dans une carrière plus brillante, & ses succès dans l'Opéra de Tarare, où elle joue avec une gaîté qui la rend admirable, lui méritent une place distinguée parmi les actrices d'un théâtre, qui tous les jours acquiert plus d'importance.

GENLIS, (*madame la comtesse, aujourd'hui marquise de Silleri*) On regrette encore en quelque sorte, que cette femme de lettres ait quitté un nom qu'elle a illustré. Madame de Genlis est un de ces phénomènes rares, pour son sexe & la littérature. Après avoir fait des petits drames pour l'éducation, telle que la *Curieuse*, qu'on a jouée dernièrement dans une pension à *Popincourt* ; les jeunes élèves, qui jouoient pour la première fois, s'en sont acquittées d'une manière noble & naïve, vraiment digne de la pièce, on a vu cette femme au génie mâle publier successivement, *les Annales de la Vertu*, *Adèle & Théodore*, *les Veillées du Château*, qui enfanterent *les Veillées du Marais*. Un libraire frappé de leur succès a donné ce titre à un Ouvrage important, intitulé de la *Religion*. On ne peut trop louer une femme, qui, chargée d'une éducation importante, emploie ainsi les canevas des leçons qu'elle donne à ses illustres élèves, & en fait des ouvrages que le public reçoit avec empressement.

GEOFFRIN, (*à corriger.*) (*madame veuve de M.*) se fit honneur de rassembler chez elle les plus savans hommes & de la cour & de la ville, ce qui y conduisoit en même-temps les étrangers les plus distingués que la noble passion de s'instruire & de connoître les merveilles de la capitale attiroit à Paris. Tous en sortoient, enchantés du goût exquis & des rares connoissances qui brilloient dans cette précieuse société. Favorisée d'une fortune considérable, madame Geoffrin n'avoit point de plus délicieuse passion que celle de chercher des occasions de secourir des indigens, ou de concourir au progrès des sciences & des beaux-arts, sitôt qu'elle pouvoit découvrir quelque savant ou quelque artiste qui avoit besoin de secours ou de protection. Ces belles qualités avoient rendu son nom célèbre jusques chez les étrangers. Allant en Pologne & passant à Vienne, leurs Majestés Impériales l'honorèrent de l'accueil le plus distingué ; & arrivée à Varsovie, toute la cour de Pologne s'empressa de partager avec le roi Stanislas-Auguste le plaisir de posséder cette illustre femme. On pourroit ajouter encore bien des traits à cet éloge ; mais il ne s'agit point ici d'une histoire complette de la vie de cette dame. Au reste, elle a eu le sort commun à toutes les femmes qui ont osé avoir de l'esprit, du goût & des connoissances. Un écrivain célèbre ne lui a pas épargné ses sarcasmes; mais heureusement le public instruit n'a pas eu de peine à reconnoître que ce n'étoit pas précisément à elle que l'auteur en vouloit, & qu'il n'a fait, pour ainsi dire, que placer sous son nom les élans de sa rancune contre plusieurs grands hommes qui étoient assidus chez cette dame. Madame Geoffrin mourut à Paris en 1777, dans un âge très-avancé. Les gens de lettres, après sa mort, ont célébré ses bienfaits. MM. d'Alembert & de la Harpe se sont distingués.

GILLOT, (*Louise-Geneviève Gomez de Vasconcelles, femme du sieur*) connue dans le dix-septième siècle par divers ouvrages qui furent très-accueillis du public lorsqu'ils parurent. Plusieurs savans, ses contemporains, ont beaucoup vanté son génie & ses talens littéraires.

GOMEZ, (*Madeleine-Angélique Poisson de*) fille de *Paul Poisson*, comédien françois, sœur du dernier comédien de ce nom, & veuve de don Gabriel de Gomez, gentilhomme espagnol, naquit à Paris en 1684. Outre les romans qui ont fait la réputation de madame de Gomez, comme le *Triomphe de l'Eloquence*, les *Entretiens nocturnes*, les *Journées amusantes*, les *Cent-une Nouvelles*, &c. on connoît encore ses pièces de théâtre, qui sont, *Habis*, *Sémiramis*, *Cléarque*, *Marsidie*, & *les Epreuves*. Cette dame est en grande réputation par la beauté de son génie & la fécondité de son imagination. Les laborieux efforts qu'elle a faits pour bien mériter par ses ouvrages auprès du public, ont été récompensés par ses applaudissemens. Dans le grand nombre de productions dont elle a enrichi la littérature françoise, il se trouve plusieurs tragédies où cette savante femme a voulu essayer ses talens,

» leur, commanda qu'on leur fauvât la vie, s'il
» étoit poffible; mais Lachenaie ayant été pref-
» qu'auffi-tôt tué d'un coup de fufil, fa maîtreffe
» refufa quartier, & continua de combattre avec
» encore plus d'acharnement. Se fentant bleffée à
» mort, elle s'approcha du corps de fon amant
» pour mêler fon fang avec le fien, & expirant le te-
» nant embraffé ».

FANIER, (*mademoifelle*) actrice du théâtre Français pour les rôles de foubrette. Sa figure éveillée, fon nez en l'air la firent bien accueillir par les jeunes gens, & cette faveur d'une partie du public lui donna de l'aifance dans fon débit: mais fon ton aigre & dur, qu'elle affectoit de rendre plus dur encore, dénaturoit fes rôles, & au lieu d'une foubrette fine, que nous y avoit offert mademoifelle Dengeville, on n'y trouvoit, avec mademoifelle Fanier, qu'une infolente, une acariâtre. Ce que nous en difons ici, n'eft pas pour critiquer cette actrice, qui tira de fon talent tout le parti poffible, mais pour empêcher celles qui lui fuccèdent de la prendre pour modèle; elles outreroient fes défauts, fans avoir fes qualités.

G

GAUSSIN ou GAUSSEM, (*Jeanne-Catherine*) actrice célèbre de la comédie Françoife, naquit à Paris en 1711: elle étoit fille d'*Antoine Gauffem*, & de Jeanne Collot, ouvreufe de loges à la comédie Françoife. Son goût & fes talens pour le théâtre s'étoient manifeftés de bonne-heure; &, par fon jeu, ainfi que par fa beauté, elle avoit déjà fait les délices de la fociété de M. le duc de Gêvres, qui donnoit des comédies à Saint-Ouen, lorfqu'à l'âge d'environ dix-sept ans, elle partit pour Lille, où elle joua près de deux ans. Ses succès dans cette ville la firent désirer à Paris, où elle débuta en 1731, par les rôles de Junie, dans *Britannicus*; d'Aricie dans *Phedre*, & d'*Iphigénie*. Nous ignorons les rôles comiques dans lesquels elle parut alors ; mais, dans ces deux genres, elle annonça de si heureuses dispositions, qu'elle fut reçue la même année, avec l'approbation générale. Ses succès furent extraordinaires ; elle réussissoit sur-tout dans les rôles d'amour. Mademoiselle Gaussin savoit allier les talens qui semblent les plus incompatibles. Lorsqu'elle vouloit bien déroger au genre noble, & aux grâces pour lesquelles elle étoit née, elle faisoit encore le plus grand plaisir : on l'a vue, pour se prêter aux amusemens de quelques sociétés, jouer des personnages grotesques, tels que celui de Cassandre dans plusieurs parades, avec le plus singulier succès. Mademoiselle Gaussin épousa, en 1758, un Italien, nommé Toalaigo, qui avoit été danseur à l'Opéra ; cinq ans après, par un principe de religion, elle quitta le théâtre, & elle mourut en 1767.

GAVAUDAN. (*mesdemoiselles*) Deux sœurs du théâtre de l'Opéra. Mademoiselle Gavaudan l'aînée a un genre aimable, & rend agréablement les rôles nécessaires. Sa sœur s'élance dans une carrière plus brillante, & ses succès dans l'Opéra de Tarare, où elle joue avec une gaîté qui la rend admirable, lui méritent une place distinguée parmi les actrices d'un théâtre, qui tous les jours acquiert plus d'importance.

GENLIS. (*madame la comtesse, aujourd'hui marquise de Silleri*) On regrette encore en quelque sorte, que cette femme de lettres ait quitté un nom qu'elle a illustré. Madame de Genlis est un de ces phénomènes rares, pour son sexe & la littérature. Après avoir fait des petits drames pour l'éducation, telle que la *Curieuse*, qu'on a jouée dernièrement dans une pension à *Popincourt* ; les jeunes élèves, qui jouoient pour la première fois, s'en sont acquittées d'une manière noble & naïve, vraiment digne de la pièce, on a vu cette femme au génie mâle publier successivement, *les Annales de la Vertu*, *Adèle & Théodore*, *les Veillées du Château*, qui enfanterent *les Veillées du Marais*. Un libraire frappé de leur succès a donné ce titre à un Ouvrage important, intitulé de la *Religion*. On ne peut trop louer une femme, qui, chargée d'une éducation importante, emploie ainsi les canevas des leçons qu'elle donne à ses illustres élèves, & en fait des ouvrages que le public reçoit avec empressement.

GEOFFRIN, (*à corriger.*) (*madame veuve de M.*) se fit honneur de rassembler chez elle les plus savans hommes & de la cour & de la ville, ce qui y conduisoit en même-temps les étrangers les plus distingués que la noble passion de s'instruire & de connoître les merveilles de la capitale attiroit à Paris. Tous en sortoient, enchantés du goût exquis & des rares connoissances qui brilloient dans cette précieuse société. Favorisée d'une fortune considérable, madame Geoffrin n'avoit point de plus délicieuse passion que celle de chercher des occasions de secourir des indigens, ou de concourir au progrès des sciences & des beaux-arts, sitôt qu'elle pouvoit découvrir quelque savant ou quelque artiste qui avoit besoin de secours ou de protection. Ces belles qualités avoient rendu son nom célèbre jusques chez les étrangers. Allant en Pologne & passant à Vienne, leurs Majestés Impériales l'honorèrent de l'accueil le plus distingué ; & arrivée à Varsovie, toute la cour de Pologne s'empressa de partager avec le roi Stanislas-Auguste le plaisir de posséder cette illustre femme. On pourroit ajouter encore bien des traits à cet éloge ; mais il ne s'agit point ici d'une histoire complette de la vie de cette dame. Au reste, elle a eu le fort commun à toutes les femmes qui ont osé avoir de l'esprit, du goût & des connoissances. Un écrivain célèbre ne lui a pas épargné ses sarcasmes ; mais heureusement le public instruit n'a pas eu de peine à reconnoître que ce n'étoit pas précisément à elle que l'auteur en vouloit, & qu'il n'a fait, pour ainsi dire, que placer sous son nom les élans de sa rancune contre plusieurs grands hommes qui étoient assidus chez cette dame. Madame Geoffrin mourut à Paris en 1777, dans un âge très-avancé. Les gens de lettres, après sa mort, ont célébré ses bienfaits. MM. d'Alembert & de la Harpe se sont distingués.

GILLOT, (*Louise-Geneviève Gomez de Vasconcelles, femme du sieur*) connue dans le dix-septième siécle par divers ouvrages qui furent très-accueillis du public lorsqu'ils parurent. Plusieurs savans, ses contemporains, ont beaucoup vanté son génie & ses talens littéraires.

GOMEZ, (*Madeleine-Angélique Poisson de*) fille de *Paul Poisson*, comédien françois, sœur du dernier comédien de ce nom, & veuve de don Gabriel de Gomez, gentilhomme espagnol, naquit à Paris en 1684. Outre les romans qui ont fait la réputation de madame de Gomez, comme le *Triomphe de l'Eloquence*, les *Entretiens nocturnes*, les *Journées amusantes*, les *Cent-une Nouvelles*, &c. on connoît encore ses piéces de théâtre, qui sont, *Habis*, *Sémiramis*, *Cléarque*, *Marsidie*, & *les Epreuves*. Cette dame est en grande réputation par la beauté de son génie & la fécondité de son imagination. Les laborieux efforts qu'elle a faits pour bien mériter par ses ouvrages auprès du public, ont été récompensés par ses applaudissemens. Dans le grand nombre de productions dont elle a enrichi la littérature françoise, il se trouve plusieurs tragédies où cette savante femme a voulu essayer ses talens, mais sans succès. On ne peut cependant nier que madame de Gomez n'ait eu quelque talent pour le genre dramatique ; mais elle choisissoit mal ses sujets. Sa plume, propre à peindre des passions délicates, étoit peut-être un peu trop foible pour tracer le caractère des héros, & inspirer la terreur. On l'admire, lorsqu'avec finesse elle fait arracher un secret par un confident, & découvrir les mystères de l'amour. Mais, s'il s'agit de décrire un combat, & de peindre une ame forte, son coloris, vif & riant par-tout ailleurs, s'affoiblit devant ces grands objets. On lui refuse l'art de conduire bien une intrigue ; mais on lui accorde le mérite de l'exposition. Sa poésie est aisée & naturelle, mais souvent foible & négligée. Madame de Gomez s'étoit retirée à Saint-Germain-en-Laye, & y a fini ses jours en 1771, dans un âge très-avancé.

GONTHIER, (*madame*) actrice actuelle du théatre Italien, pour les rôles de mère & les paysannes, qu'elle rend avec une grande vérité. C'est sur-tout ce qu'on a remarqué dans *Fanfan & Colas*, piéce de M. de Beaunoir, quoique toutes les situations données par l'auteur manquent de naturel, ce qui fait quelquefois tourner le jeu de l'actrice en ridicule. Madame Gonthier a su éviter cet inconvénient ; en quoi elle est admirablement secondée par mademoiselle *Carline*, qui joue le rôle de *Colas*. En général, madame Gonthier rend tous ses rôles avec affection ; c'est-à-dire, qu'elle joue avec tout son talent.

GORSE, (*Marguerite de Beauvoir du Bourg, marquise de la*) a été couronnée plusieurs fois par l'académie des Jeux Floraux de Toulouse, à laquelle ils lui méritèrent l'honneur d'être aggrégée.

GOSTERWICK, (*Marianne*) Hollandoise, peignoit les fleurs avec le plus grand succès.

GRANDVAL, (*madame Dupré*) épouse du sieur Grandval, célèbre comédien françois, fille d'un horloger de la rue Dauphine, débuta à la comédie Françoise par le rôle d'*Atalide* dans *Bajazet*, & joua dans les principaux rôles comiques avec les plus grands applaudissemens. Tout le monde se rappelle avec quelle noblesse & quelle vérité cette actrice rendoit le rôle de la Coquette *du Misanthrope*. C'étoit un chef-d'œuvre de grâce, de finesse & pourtant de naturel ; car on doit entendre par ce dernier mot, ce que sont les gens de tel & tel état, quoique leurs manières soient hors de la nature. Il y a un naturel dans l'art même & dans la dépravation. Le naturel d'une fille de l'Opéra, est loin de la nature, & cependant il peut être très-naturellement rendu. Madame Grandval quitta le théâtre en 1760.

GRAY, (*Jeanne*) (*à corriger.*) comtesse de Suffolk, du sang royal d'Angleterre, étoit née avec toutes les plus belles qualités possibles de l'esprit & du corps. Outre sa langue naturelle, elle possédoit à fond le latin, le grec & l'hébreu, & quoique jeune encore, n'ignoroit rien de tout ce qui se peut acquérir par l'étude & par la méditation. Toutes les vertus sembloient s'être réunies pour former son caractère & ses mœurs. Edouard, fils & successeur de Henri VIII, étant mort, Jeanne se trouva appellée par son testament à la couronne d'Angleterre. Lorsque les grands du royaume, & à leur tête, son père, son mari & son beau-frère la pressèrent d'en prendre possession, elle refusa généreusement, & leur représenta qu'il y avoit d'autres héritiers du trône, dont les droits étoient mieux établis, & que, contente de sa vie privée, elle n'avoit garde de songer à la quitter pour s'exposer à tous les dangers qu'elle pourroit courir si le trône lui étoit disputé. De si sages raisons ne purent contenir l'ambition de ceux qui avoient intérêt de lui faire accepter la royauté ; ils redoublèrent leurs efforts, & parvinrent enfin à lui arracher son consentement. A peine les cérémonies du couronnement étoient-elles achevées, que le parlement & le peuple se dédisant tout-à-coup des acclamations & des éloges qu'ils lui avoient jusque-là prodigués, la sacrifièrent à Marie, qu'ils reconnurent pour légitime héritière, & qu'ils s'empresserent de placer sur le trône. L'infortunée Jeanne, abandonnée, totalement livrée au parti de sa rivale, ne tarda pas d'être, avec son mari, enfermée dans la tour de Londres. On y instruisit leur procès, & ils furent l'un & l'autre condamnés à perdre la tête. Jeanne entendit prononcer son arrêt de mort avec la plus grande fermeté, se plaignant seulement, mais sans amertume, de n'avoir pas assez résisté aux cruelles instances de tous ceux qui s'étoient réunis pour la précipiter dans l'abîme. Elle soutint, avec un courage vraiment héroïque, le fatal moment de l'exécution, se banda elle-même les yeux avec ses cheveux, pria l'exécuteur de la frapper avec la même hache dont il s'étoit servi pour son mari. Quelques jours avant, cette infortunée princesse avoit prononcé, en présence de plusieurs de ses amis, un discours éloquent, dans lequel elle leur avoit dit que de toutes les grâces & de tous les talens dont le ciel l'avoit favorisée, rien ne lui étoit si agréable & plus précieux que la science qu'elle avoit acquise de bonne heure des langues latine, grecque & hébraïque, qui l'avoit mise en état d'étudier la divine morale dans les sources les plus pures, d'y puiser le bonheur dont elle avoit joui pendant sa vie, & d'y trouver sa consolation dans la cruelle catastrophe qui alloit la lui ravir.

GRÉTRI, (*mademoiselle*) fille du célèbre musicien de ce nom, âgée de quatorze ans, a déjà donné la musique de deux pièces aux Italiens. Tout ce qu'on peut craindre pour cette jeune personne, c'est qu'une application précoce ne nuise au développement avantageux des facultés intellectuelles & matérielles.

GRIGNAN, (*Françoise-Marguerite de Sévigné, comtesse de*) réunissoit à la figure la plus charmante, l'esprit le plus cultivé. C'étoit à elle que madame de Sévigné, sa mère, écrivoit ces lettres qui ont immortalisé son nom. Madame de Grignan mourut en 1720.

GUEMENÉE, (*Princesse de*) la plus belle personne de la cour de Marie de Médicis : le peintre Rubens devina son nom à sa beauté. Cette princesse savoit parfaitement l'hébreu, elle est citée dans la *Gallia Orientalis* de Colomiez, comme femme de beaucoup d'esprit & très-savante. On connoît le bon mot du prince son mari, qui, voyant entrer tous les matins le maître d'hébreu, assez mal en ordre, dans la chambre de sa femme, ne savoit que penser. Enfin, rencontrant un jour cet homme avec un haut-de-chausse déchiré, il demanda à la princesse, ce qu'il venoit faire. — Il me montre l'hébreu, répondit-elle. — Madame, reprit le prince, il vous montrera bientôt le derriere.

GUERCHOIS, (*madame le*) née d'Aguesseau, & sœur du célébre chancelier de ce nom, naquit à Paris en 1679. Pendant tout le cours de sa vie, cette dame fut un modèle accompli de sagesse, de vertus, & de goût pour l'étude, & elle employa les talens de son esprit à nourrir la piété dans les ames bien nées. Il est sorti de sa plume des *Réflexions chrétiennes sur les livres historiques de l'Ancien Testament*, des *Avis d'une mère à son fils*, des *Instructions ou Exercices pour les Sacremens de Pénitence & d'Eucharistie*, & des *Pratiques pour se disposer à la mort*. Après avoir enrichi & édifié le monde chrétien par un aussi utile emploi de ses lumières, elle descendit dans le tombeau le 9 Décembre 1740.

H

HAIE VAUTELAI, (*madame de la*) fut ambassadrice de France à Venise, ce qu'elle ne dut qu'à son rare mérite.

HARCOURT, (*madame la comtesse d'*) nouvelle Artemise, donne dans Paris un exemple bien éclatant de la force de l'amour conjugal. La mort lui enleva son mari en 1769; cette tendre épouse, entiérement livrée à sa vive douleur, s'est appliquée à imaginer tous les moyens possibles de l'entretenir. Elle a fait élever à Notre-Dame, à la mémoire de son époux, un riche mausolée de la composition du célébre Lemoyne, & elle s'y est fait représenter elle-même dans la plus douloureuse attitude. Non contente de ce lugubre tribut, elle avoit fait jetter en cire la figure en grand du comte. Elle l'a fait revêtir de la robe-de-chambre dont il se servoit, & l'a fait placer dans un fauteuil à côté du lit où il avoit coutume de coucher. Plusieurs fois chaque jour, elle va, dit-on, s'enfermer dans ce triste lieu, pour s'entretenir avec cette image muette, & de la constance de son amour, & de la vivacité de ses regrets.

HUS, (*mademoiselle*) actrice de la comédie Françoise, a débuté en 1751, par le rôle de *Zaïre*, par celui d'*Hermione* dans *Andromaque*, & d'*Agathe* dans l'*Ecole des Femmes*. Elle excelloit dans *la Fausse Agnès*, dans *Pourceaugnac*, & quelques autres rôles. Elle est aujourd'hui madame *Lelièvre*.

J

JOLI, (*mademoiselle*) soubrette intelligente & très-goûtée au théâtre François. Mademoiselle Joli a tout ce qu'il faut pour faire une excellente soubrette, le minois chiffonné, le son de voix aigu & sentant la fille du commun, la taille & l'air. La différence donc entre cette actrice & mesdemoiselles *Luzi* & *Fanier*; c'est que la premiere, dans toutes les occasions, par la noblesse & la beauté de sa figure, faisoit une soubrette de sa maîtresse, ce qui est une invraisemblance choquante, qu'elle augmentoit encore par la recherche & l'importance de sa *mise* théâtrale : la seconde étoit une jolie petite maîtresse, bien impertinente, qui n'avoit de soubrette que le nom ; on disoit : voilà une actrice qui fait la soubrette, au-lieu que mademoiselle Joli est soubrette réellement. Les comédiens & le public lui-même devroient par la suite, rejetter toutes soubrettes qui ne le sont pas.

JONCOURT. (*Françoise - Marguerite*) *Notes de Pierre Nicole, sur les fameuses Lettres Provinciales de Blaise Pascal*, traduites en François.

JUDITH DE NORMANDIE, épouse de Roger, comte de Sicile, vers 1064, partagea la gloire & les dangers de son mari dans plusieurs siéges & combats. M. le *vicomte de Toustain*, dans l'Essai sur l'Histoire de Normandie, ouvrage très-estimé, publié en 1765, dont il prépare une édition qui sera bien différente de la première, compare le courage de cette héroïne à celui de Jeanne de Flandre, comtesse de Montfort, de Catherine Sforce, princesse de Forli, & de Marguerite d'Anjou, reine d'Angleterre.

JUILLI DE THOMASSIN, (*mademoiselle*)

Tome I. Suppl. F ff

d'Arc en Barrois, adonnée dès sa jeunesse à l'étude des belles-lettres, a soumis au jugement du public les preuves de ses succès, dans plusieurs productions qui ont été insérées dans le Recueil des Œuvres de son frère.

JULIEN, (*madame*) femme de l'acteur de ce nom, au théâtre Italien, & actrice elle-même. Elle fait entr'autres, avec une vérité frappante, le rôle d'amante, dans le *Déserteur*, drame de M. Mercier ; cependant elle commence à n'être plus assez jeune pour les rôles de cette espèce ; mais il seroit fort à désirer qu'elle adoptât dans quelque-temps les rôles de mere, en double de madame Gonthier ; son physique & son organe annoncent qu'elle y réussiroit complettement. C'est l'estime pour son talent, qui engage à lui donner ce conseil.

JULIEN, (*Marie-Louise-Angélique Lemire, épouse du sieur*) s'est adonnée avec le plus grand succès à l'étude des hautes sciences, & principalement des mathématiques. Elle est auteur du *Quadricide, ou Paralogisme prouvé dans la quadrature du cercle, du chevalier de Causans*, ouvrage qui a paru en......

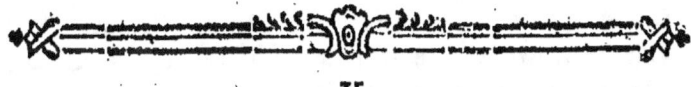

K

KERALIO, (*Marie-Françoise Abeille, dame de*) Fables de Gay, traduites de l'Anglois ; & mère de la suivante.

KERALIO, (*mademoiselle Louise-Félix Guynement de*) fille de messire Louis-Félix de Guynement, comte de Keralio ; chevalier de S. Louis, membre de l'académie royale des Inscriptions & Belles-Lettres de Paris, de celle des Sciences de Stockolm, & de la Société patriotique d'Education de la même ville ; & de demoiselle Marie-

Françoise Abeille. Voici la liste des ouvrages de cette jeune & brillante littératrice : *Traduction d'un bon ouvrage Anglois de J. F. Gregory*, intitulé : *Essai sur les moyens de rendre les facultés de l'homme plus utiles à son bonheur*. Paris, Lacombe, 1775, 1 vol. in-12. *Traduction des quatre derniers volumes de l'Histoire du Grand Duché de Toscane, sous le Gouvernement des Medicis*, 4 vol. in-12. Paris, Cuchet, 1783. *Traduction de différens morceaux des Mémoires de l'Académie de Sienne en Italie*. Paris, Panckoucke, 1777, 1 vol. in-12. *Traduction des Voyages de Sicile, de Henri Swinburne*, Paris. 1784, Barois le jeune, 1 vol. in-8. *Histoire d'Elizabeth, Reine d'Angleterre*. Paris, Lagrange, 1786, 3 vol. in-8. Les deux derniers sous presse. *Collection des meilleurs ouvrages des Femmes Françaises*. Paris, Lagrange, 1787, 2 vol. in-8. Coopération au *Censeur universel*. Les autres sous presse. Toutes ces productions de mademoiselle de Keralio, annoncent un talent distingué, qui honore notre sexe. Quelques personnes savent qu'outre ces productions, cette jeune, belle & vertueuse demoiselle, qui joint à ces qualités celle d'être extrêmement laborieuse, a revu les épreuves de toutes les belles collections qu'a fait réimprimer le libraire Cuchet, rue *Serpente*. Quand une jeune personne, née dans l'aisance, emploie ainsi l'âge des fleurs & des plaisirs, que ne doit-on pas attendre de la maturité ! Le comte de Keralio, pere de cette aimable littératrice, est lui-même un auteur distingué : le goût, l'honnête, le travail & les graces sont héréditaires dans cette illustre famille. Lorsqu'on voit le premier des ouvrages de mademoiselle de Keralio, daté de 1775 ; on est étonné, comment une jeune personne a pu écrire dans un âge aussi tendre ! Mais outre que mademoiselle Levêque vient de renouveler ce prodige, on doit conclure des deux exemples, que les femmes, beaucoup plutôt formées que les hommes, font en état de réfléchir & de mettre leurs pensées fur le papier beaucoup plutôt que les hommes. Il est dans la nature que la femme soit formée, pour l'esprit & le cœur, avant le développement entier de son corps, & l'achevement de sa croissance. La raison en est, suivant les Naturalistes, que la femme, sujete à être attaquée par un être aussi violent que l'homme, dès sa plus tendre jeunesse, doit aussi avoir, dès qu'elle peut plaire, des moyens raisonnés de défense : &, dans le cas où elle seroit violentée par l'homme, la sage & bienfaisante nature a voulu que sa raison précoce la rendît assez raisonnable, pour se conserver elle-même & son fruit. Nous ajouterons que l'*Histoire d'Elisabeth, reine d'Angleterre*, fait le plus grand honneur à l'érudition, à l'esprit & au cœur de mademoiselle de Keralio. La Collection des meilleurs ouvrages composés par les femmes, est une entreprise glorieuse pour tout notre sexe & dont chaque femme doit se féliciter d'autant plus, que personne, parmi nos littératrices, n'est aussi capable de bien faire ce choix que mademoiselle de Keralio, tant par le goût, que par l'exactitude. Je m'en félicite en mon particulier, & je suis charmée d'avoir été chargée de faire ce Supplément, parce qu'il me procure l'occasion de témoigner mon estime & ma reconnoissance à la jeune héroïne, qui devient le chevalier du sexe qu'elle honore.

MARION R. D.

Fin du Tome premier.

www.ingramcontent.com/pod-product-compliance
Lightning Source LLC
Chambersburg PA
CBHW070715020526
44115CB00031B/1107